荆楚文库

湖北通史

晚清卷

章开沅　张正明　罗福惠　主编

罗福惠　著

荆楚文库编纂出版委员会

华中师范大学出版社

荆楚文库

湖北通史·晚清卷

HUBEITONGSHI · WANQINGJUAN

图书在版编目（CIP）数据

湖北通史·晚清卷/章开沅 张正明 罗福惠 主编；罗福惠 著．
—武汉：华中师范大学出版社，2017．6

ISBN 978-7-5622-7722-4

Ⅰ．①湖…

Ⅱ．①罗

Ⅲ．①湖北—地方史—1840—1911

Ⅳ．①K296．3

中国版本图书馆 CIP 数据核字（2017）第 082138 号

责任编辑：张建英

整体设计：范汉成　曾显惠　思　蒙

责任校对：缪　玲

责任印制：王兴平

出版发行：华中师范大学出版社（中国·武汉）

地址：湖北省武汉市珞喻路 152 号

电话：027-67863220　　　　邮编：430079

录排：武汉兴和彩色印务有限公司

印刷：湖北新华印务有限公司

开本：720mm×1000mm　　1/16

印张：41．25　　　　插页：12

字数：573 千字

版次：2018 年 3 月第 1 版　2018 年 3 月第 1 次印刷

定价：165．00 元

ISBN 978-7-5622-7722-4

9 787562 277224

汉口开埠后，外国势力迅即进入。图为外国货船和兵轮在汉口江面停泊、游弋的情景。

列强在汉口开设工厂、洋行和银行。图为德国德华银行汉口分行。

张之洞督鄂期间，在湖北创设了一批近代工业。图为汉阳铁厂全景。

张之洞督鄂期间，在湖北开办了一批新式学堂。图为两湖书院一角。

花园山机关创始人、策划在石家庄起义的吴禄贞。

湖北青年学生积极投身孙中山先生领导的民主革命。图为1905年春夏湖北留欧学生魏宸组、胡秉柯、史青、朱和中与孙中山先生在比利时的合影。

湖北革命团体日知会领导人刘静庵。

武昌首义之后，革命军占领谘议局，将其作为湖北军政府。

阳夏战争期间，革命军在汉水江面铺设浮桥，准备反攻汉口。

前　言

晚清湖北历史是晚清中国历史的一部分。这种局部与整体的关系，一方面表现为某一地区的历史进程和发展状况，必然受到宏观的整体的发展变化过程的制约；另一方面也表现为某一地区或因其地理位置，或因其政治经济文化的势能而对全局产生重大的影响，甚至在某种程度上改变和决定了整体的历史进程。中国疆域辽阔，族群和人口众多，无论是在上古的文明萌发阶段，还是在漫长的王朝专制时代，以及在近代进入早期现代化时期以后，中国各地区的历史进程既具有相对的一致性，又呈现出某种程度的差序梯次。因此，在各个不同的历史阶段上，各族群、各地区无论是受到中国整体历史的影响，还是反过来施加影响于中国整体，其情形可以说是丰富多彩的。

从《湖北通史》的前六卷可以看到：从远古直到战国时期，湖北地区的史前文明和南土大国楚国，对于华夏民族的影响甚巨；在中国的统一格局形成之后，湖北仍然以其重要的战略位置、便利的交通和丰富的物产而成为中国的要地和腹心；从东汉至三国，从南宋到明朝，湖北还以其人才鼎盛、生产和商业贸易发达而对当时的历史产生较大影响。民国初年修成的《湖北通志》曾说，“论湖北之人才，春秋楚为首，三国时次之，明又次之”，可知上述三个时期是历史上湖北文化发展的三个高峰。我们知道，人才鼎盛和文化高峰的形成，不可能是孤立的文化现象，必定还具有其他的多种条件和原因。例如楚文化富有生命力且独具特色，就同楚国的政治经济发达有关；从东汉至三国湖北人才辈出，可能与当时湖北绾毂中原与南部，兼蓄南北文化之长有关；至于明代湖北人才众多，则明显是因为经济发展和教育发达。因而上述三个阶段，也是湖北这一局部对中国的整体历史具有较大影响的三个时期。

而本卷所记述的晚清湖北历史，则可以说是湖北对于全国产生较大影响的第四个时期。

在这一阶段，中国内部整体与局部的关系中，加上了外国资本主义的进入和影响这一重要因素。从鸦片战争开始，列强不断以其武力、商品和文化对中国发起攻势，但由于中国幅员广大，各地区所受到的影响、所发生的变化，在时间先后和程度深浅上并不完全相同。这不仅反映在各地人民的直接受害和直接反抗的情形多种多样，也反映在各个地区的经济、文化和人的观念在走向早期现代化的时间、速度和方式上也呈现出差别。总的来说，带有某些西方印记，亦即具有某种早期现代化色彩的事物和现象，往往在东南沿海的粤、闽、苏、浙等省先行出现，而腹地、西部和北部则出现较迟。于是，地处长江中游，又是东西部、南北方枢纽的湖北，就成为不同思想氛围犬牙交错、反复冲突的“锋面”①。在19世纪五六十年代的太平天国运动、1911年的辛亥革命、1924—1927年的大革命等一系列风云变幻中，湖北都是重要的通道和舞台，这对湖北社会当然会产生重大影响。同样，湖北本身的状况和条件如何，又会反过来影响全局。

晚清历史总共七十余年，根据湖北的实际状况，又可以分为四个阶段。

从鸦片战争前夕到19世纪50年代初是第一阶段。在这一阶段的十余年中，湖北社会仍然是在原有的轨道上，依惯性的作用而运行，在落后的农业生产和传统的商业贸易的基础上，维持着因循窳败、一切听命于王朝中央的地方政府。故以精明干练、力图振作著称的林则徐，在担任湖广总督的一年半期间，也只能忙于诸如修堤抢险、缉私（盐）禁（白莲）教、考校文武属吏、促销官盐、催收钱粮以及收缴鸦片之类的工作。“救弊”无暇，“开新”更无财力和人才等条件，连修缮被洪水毁坏的省城城墙，都要靠商、绅捐款和官员掏出“养廉”银。所以当时的湖北，除了率先销烟之外，并无其他新气象可言。第一次鸦片战争之后，

① 此系借用气象学语言，原指从西北部和北部南下的干冷气流与从东南部北上的暖湿气流相碰相激所形成的交界面。

由于湖北地处腹心，所受震动亦不大。目前可以知道的反应，只有较关心国事的士人如王柏心、刘淳所写的几篇有感而发的诗文。

在第二阶段的十年，湖北经历了太平天国运动的战火洗礼。从1852年冬太平军进入湖北，到1856年以前，太平军曾经四克阳夏，三克武昌，使湖广总督、湖北巡抚频频易人；1856年以后，太平军仍多次进入鄂东北，给清军和地方政府以重大打击。当然湖北境内，尤其是武汉三镇人民的生命财产、房屋建筑以及文化古迹，因为战火而遭受到严重的损失和破坏。受到太平天国运动的影响，省内各地亦发生多股小型群众起事，固有的社会结构受到冲击。讲求经世实学的胡林翼在鄂7年，整军经武，厉行保甲团练，扶植士绅，推行厘金制度，百计搜刮以供军需，竭力恢复旧的体制和秩序。然而，皇权的削弱、绅权的张大、商人势力的迅速恢复，已成为当时的一种趋势。尤其是农民战争在湖北基本平息之后，外国资本主义凭借不平等条约迅速进入湖北，凡此皆使一切恢复旧观的努力归于失败。

从19世纪60年代初到80年代末，是晚清湖北历史的第三阶段。这一阶段最突出的变化，是西方资本主义势力在湖北的扩大，具体表现为划定租界，派驻领事，控制海关，开设洋行，开办轮船公司和工厂，倾销洋货和掠购原材料及初级农副产品，设立教堂以传教布道，开办教会医院、教会学校，创办报刊等，这使湖北社会真正感受到了外来势力的能量。但直到80年代末以前，湖北历届地方政府无所作为，在沿海地区甚至内地兰州出现了洋务企业，在湖北却付之阙如。除了教会学校以外，国人自办的新式学堂也没有出现。士绅和部分群众频频与教会和教徒发生冲突。商人则出现分化，既产生了少数买办，也有一些商人与外商往来，销售洋货或供给土货。

从19世纪90年代初到1912年初清王朝灭亡，可视为第四阶段。这一阶段中有18年与张之洞的活动有关。张之洞于1889年底担任湖广总督以后，大力推行其洋务新政，在19世纪的最后10年中，湖北出现了枪炮厂、炼铁厂、大冶铁矿及多处煤矿，还有布纱丝麻四局及其他官办工厂，初步形成了早期不完善的重工业和轻工业体系。与此同时，湖北开办了各级各类新式学堂，并开始派遣留学生；还编练新军，设立多所军事学堂。湖北社会从“物”到“人”，真正发生了前所未有的变化。进入20世纪，地方政府虽因财力不支，官办企业多数陷于亏损和停顿，或者被迫出租转让给商人经营，但其示范和诱导工作却收到了成效。湖北民营工业成批涌现，商人群体迅速壮大。地方政府在减少对工业制造的投资以后，加强了城市堤防、道路的基础建设，亦曾融借巨资支持民营水电企业。尤其是加大了对新式教育的投入，省内的新式学堂进一步增加，因而逐渐形成了较完备的教育体系，为旧士绅提供了更多的再学习的场合和机会，公派或自费出国留学、游历的人数大增。故湖北一度出现了工商兴旺、教育初步发达的景象。

上文所说的湖北对于全国历史进程产生较大影响的第四个阶段，实际就是指清末这20年而言。在这一阶段，湖北发挥了区位优势，成为中西部数省物资流通的集散地和进出口的转运站，因而汉口得以超过广州和天津，成为仅次于上海的大商埠，湖北因此成为仅次于江苏的税源大省。湖北的重、轻工业设施和多种军工、民用产品，一时为全国瞩目。湖北的新式学堂成为中西部各省的样板，其教科书亦为数省购用。湖北的留学生在日本和欧洲人数众多而且活跃，湖北新军亦被视为仅次于北洋新军的劲旅。还有湖北所造就的新式人才，主要是教师和新军干部，不仅基本满足了省内需求，还成批地走向全国各地。尤其是随着革命思想的深入传播，革命团体和组织经过长期坚持不懈的努力，使军学两界中的革命思想不断滋长，革命力量逐渐壮大，最后终于在各省反清起义迭遭失败的低迷气氛中和极端困难的条件下，成功地举行了武昌起义，使武汉成为全国关注、世界知名的首义之地。

当然，这里有两点应作说明。其一，张之洞举办各项新政，其原意本在维护清王朝的统治，但客观上却使得湖北风气大开、社会剧变，为当时的革命派在中部腹地率先举义并坚持一个半月之久的武汉保卫战，作了“人”和“物”的准备，从而得以在全国多数省区的响应、配合和共同努力之下，最终推翻了中国的最后一个专制王朝。应该说这只能归因于历史的大势。历来史家对此已多有阐释，无需重复。

其二，湖北社会在清末20年的急剧转变和快速发展，明显缺乏坚实的基础。从全国的大环境而言，专制政治制度未曾变更，外国侵略势力日益深入和强化，大环境并不利于各地区的建设和发展。从省内的小环境而言，张之洞只是抓住了朝廷为牵制李鸿章、袁世凯等实力派而对其特意扶持的机会，充分利用湖北的区位优势，迅速地铺开各项新政摊子，可说是准备不足，战线过长，而有关调查研究、科学论证、经营管理、技术条件等，均不能配套。1901年后，因朝廷需要偿还庚子赔款和举行新政，湖北得到的财政支持锐减，并须分担巨额赔款和外债，而官办企业又基本上没有多大经济效益，故地方财政日益困难。于是从中央到地方政府，只有加紧向人民搜刮和举借外债，而这些措置又必然招致人民的不满和反抗。还有，湖北农业生产力低下，缺乏抵抗自然灾害的能力；人民贫困，购买力不足；民营资本幼弱，难以和外国资本主义势力抗衡。种种因素决定了清末湖北的经济和社会难以形成可持续性的发展。这种态势实际上从1908年起已经充分显示出来，而在辛亥革命失败之后，湖北落入北洋军阀的反动统治之下，各种轻重工业、商业贸易、文化教育和农业生产均呈停滞和萎缩状态，首义之区一派萧条和黑暗。可以说，湖北历史上的第四个辉煌阶段是极为短暂的。

本卷就是这样从总体上分四个阶段来把握晚清湖北历史的。而在展开每一个阶段的具体内容时，除了反映晚清湖北地方政府的重要行政措施、吏治状况，农民起义及农民战争，清末的体制内外的变革和革命，即通常所说的政治史之外，尤其加强了对经济、社会、文化诸领域的探讨和分析。

广义的经济问题，涉及晚清湖北历史的诸多方面，如地方政府的财政收支，外商和华商的投资设厂和各种贸易，工业、农业、手工业和交通运输业的发展或衰退，城乡人民的捐税负担及生活状况等等，上自数千万两的财政收支，下至斗米斤盐的价格，均与当时的政局、社会和群众心理息息相关，通史中理应作出记载和分析。对此，本卷不是仅将有关经济问题作为政治变化的背景或结果来表现，而是视其本身即是历史的组成部分，既有集中的篇幅作系统叙述或综合分析，也有分散的交代和相关介绍，以使之符合通史的体例。对晚清湖北经济的研究，最能说明当时的湖北是一个正在转型的二元社会，即转型较快的城市和转型较慢甚至尚未开始转型的乡村并存，较先进的工商业和落后的农业并存，而这正是湖北在20世纪初期终究未能成为中西部经济发展中心和火车头的重要原因。

社会状况的研究更是千头万绪，限于体例和容量，本卷在若干章节中安排了一定篇幅对社会群体及其组织，如转型之前的商人群体及其会馆、公所组织，士绅群体、农民群体及乡村宗族组织，转型之中的商人群体及商会组织，分化后的士绅群体、新出现的学生、新军群体以及他们各自的多种次级团体组织等等，作了必要的介绍，对于各种群体的社会心理亦有初步的分析。人口、妇女等问题，在有关部分也有涉及。社会风俗则辟有专节，讨论其在转型和革命中的变化。

有关文化的内容，本卷采取了有分有合的处置安排。诸如教会学校、教会医院、报纸杂志（包括外国人、官方、民间三者之所创办）、新式学堂等，尽可能在有关章节中集中介绍；文人著述则分散在各个阶段之中，以体现其思想与时代脉动的关系；民间文化的时间不易确切断定，故将其集中介绍。从晚清的情形来看，湖北的精英文化仍然多少带有一些楚文化的流风余韵，不仅屈原的形象、《离骚》式的文句反复出现在士人和新式知识分子的文字著述之中，尤其表现为以历史和现实经验为基本内容的批判性思考，以民本位为思想核心的忧患意识，以及放任天性、反对束缚、蔑视权贵和功名利禄的人格追求。这种文化特性，常常表现为一种与西方文化不同，但仍然是导向思想解放之路的鲜明个性。清末湖北的民间文化，则既有本地特色，又有五方杂汇的因素。但无论是精英文化还是民间文化，当时与西方文化都还只是初步接触，人们还没有在张之洞的“中体西用”框架之外，找到更好的结合方式。

通史是记叙体史书，不同于专门研究某一方面或某一问题的专门史和专题史，也不同于志书和论著。因此，以叙述为主、以史料为主，加上必要的分析评论，是最基本的方法。内容则应围绕人（个体或群体的行为与思想等）、事（制度设施、战争、生产、商贸、交往关系等）、文

（文书、著述、报刊言论等文字记载）、物（自然或人工的空间存在、工程、工具和物资等）四者展开。而关键在组织结构和剪裁史料，以免取精微而遗广大。除了这些根本性的原则之外，本卷在构思和撰写时，还作过一些理论和方法上的思考。整个晚清湖北历史，可以说有几条主要线索，诸如地方政府的行政运作及其最终失败，外国资本主义对湖北的渗透和影响日益加深，人民群众对腐朽的王朝统治和外来势力的反抗斗争，还有政治、经济、文化诸领域的早期现代化过程等，都可以作为本卷纲目来考虑。但通过分析史料，最终还是以历时态的总体把握与各个阶段上的综合分析相结合形成本卷经纬。如在第一、二两阶段，地处内陆的湖北还找不到早期现代化的踪迹，就以写传统的地方政治架构和社会情形入手，然后重点反映农民群众的革命斗争和胡林翼如何维护、恢复旧秩序；在第三阶段，侧重介绍外国政治、经济、宗教文化势力的渗入及其对湖北的影响；在第四阶段，则既写因地方政府的自救性改革和民间资本主义的发展而合成的早期现代化进程，同时系统介绍人民群众的反抗斗争和资产阶级民主革命的发生和发展。总之是从史实出发，使客观存在的历史进程中的多条线索互相补充。

历史之所以丰富多彩，就在于其本身由多个侧面和层次构成，故政治格局的演变、不同性质的斗争和战争的发生、不同层次经济状况的变化、社会群体的兴衰分合、思想文化的流变，都应各有呈现而又彼此联系。至于研究和介绍的空间范围，则应以晚清中国的整体历史为背景，在分配武汉三镇和省内各州县的篇幅上作适当安排，以突出重点且兼顾全面。

行文以叙述为主，略加简要的评论。对材料分散或事件零星，但集中起来却能体现某种规律或本质者，也加以综合和必要的分析议论。通史中不宜出现纪传体的写法，但有关少数重要人物，除了主要让其在历史过程中和事件中自然显现之外，也适当加以归纳和略作评说。

当然，上述设想不一定都很妥当，而且在实际撰写中也不一定得到了贯彻实行，欢迎专家学者和广大读者批评指正。

目　录

第一章　鸦片战争前后的湖北

第一节　萎痹封闭的地方政治局面

本书所说的晚清，系指1840年鸦片战争到1912年初清朝灭亡这七十余年时间。在这一阶段，湖北省的区域范围和内部府、道、州、县的划分，以及各级各类官员的职守，大体仍然沿袭清王朝前、中期的状况。湖北省下辖武昌、汉阳、黄州、德安、安陆、襄阳、郧阳、荆州、宜昌、施南共十府和一个直隶州荆门州（下辖荆门州，当阳、远安二县），光绪十年（1884年）又以宜昌府属之鹤峰州升为直隶厅①。省政由湖广总督（兼管湖南省）总揽，巡抚协助；分管要政的官员有：提督学政（光绪三十二年（1906年）改为提学使司）统辖全省学务，布政使司（俗称藩司）掌管全省民政，按察使司（俗称臬司，光绪三十二年改为提法使司）掌管驿传、司法行政和监督各级审判。宣统二年（1910年），各省会设交涉使一员，负责与外国交涉。湖北有总督有巡抚，且同驻武昌，多数时候总督权重，巡抚形同虚设，戊戌维新中曾一度撤去巡抚，但变法失败后又恢复旧制。光绪三十年（1904年）终于裁去巡抚②。

道是省与府间的行政职能机构。晚清以前原有分巡汉黄德道、分巡安襄郧荆道、分巡荆宜施道，光绪六年（1880年）添设分巡武昌兵备

---

① 张仲炘、杨承禧：《湖北通志》第5卷，“舆地志”5，“沿革”，湖北省长公署1921年刻本，第3页。

② 刘锦藻：《清朝续文献通考》第132卷，“职官”18，商务印书馆1955年版，总第8 917页。

道，以后又在荆州和鄂西分出荆西道、荆南道、施鹤道。这些因地而设的道，负责政教宣传与行政监督，兼管治安、财税、堤防；西方势力侵入湖北后，还负责办理洋务。也有因专业需要而设的，如分巡湖北督粮道和督理湖北盐法道。晚清有些道职权有所扩大，如盐道曾兼管湖北枪炮厂的筹建，又兼分守武昌道等。光绪三十四年（1908 年）后，增设了巡警道，专管全省警政事务；劝业道，专管全省农工商业及各项交通事务。此外，还有江汉关道、宜昌关道及茶业道等官职①。

各府均设知府 1 员，同知、通判、教授、训导、经历、司狱、吏目一至数员，州设知州、州判、学正等。晚清湖北省下辖 69 个州县级行政单位，其中有 60 个县、7 个州（兴国州即今阳新县、沔阳州即今仙桃市、蕲州即今蕲春县、随州、均州、荆门州、归州即今秭归县）、2 个厅（前述鹤峰厅和光绪二十三年划出的夏口厅，即今汉口）。各县设知县 1 员（大县还有县丞、主簿、典史各 1 员），教谕、训导各 1 员，巡检 1 至 3 员。到光绪朝，各府之同知、通判，各州之州同、州判，各县之县丞、主簿皆先后裁撤。州县以下，共有 292 个乡和 1 909 个镇②。乡是基层行政单位，镇则不是。夏口、省城武昌和较大的州县城用里划分坊厢，州县以下农村，一般按方位先划分数乡，乡下分里。又有都、团、保、堡、村、会、区、方、社、铺、寨、总、坊等名称，有的相当于乡或里，有的又是乡、里以下的区划，总之极不统一。

驻防湖北的清军，鸦片战争前约有 2.2 万人，太平天国运动前夕减至 1.8 万余人，分为绿营、八旗、卫所军三个系统。绿营是主力，有 1.4 万人左右，包括 2 镇、3 协、16 营（含水师 1 营）和无数个“汛”（巡守点），各级军官 400 余人。除武昌外，郧阳、宜昌、襄阳是驻兵重点。八旗驻在

① 张仲炘、杨承禧：《湖北通志》第 115 卷，“职官志”9，湖北省长公署 1921 年刻本，第 1～4 页。

② 张仲炘、杨承禧：《湖北通志》第 33 卷，“建置志”9～10，湖北省长公署 1921 年刻本，第 1～41 页。

荆州府一地，兵员仅数百人，由荆州将军统率。卫所军7 000人左右，分驻于武昌、武左、沔阳、黄州、蕲州、德安、荆州、荆左、荆右等9卫，主要任务是管理耕种屯田。咸丰年间，清政府为同太平军作战，曾一度增加地方性的“勇营”（非国家经制军队）二三万人①。

清朝晚期，仍然依靠上述政府机构、军事力量和文武官员维系其在湖北的专制统治。

一、因循窳败的吏治

清代地方官制本极详明，从总督、巡抚至知州、知县，均有明确的资格、经历要求，委任和撤换都由朝廷掌管。各级官吏职守确定，且须每年考核奏报一次。州县官吏遇事须向督抚报告请示，经督抚允许才得施行。凡属要政，督抚一定要上报朝廷。军事上每一个“汛”卡的添撤移动，民事上处置每一个案件狱讼，也都要上报朝廷。

这种中央集权、内（朝廷）重外（地方）轻的格局，到太平天国起义时发展到了顶点，从而严重抑制了地方的活力和生气。具体就湖北的情况而言，晚清初期的地方吏治已由因循而窳败，这突出表现在以下三个方面。

第一，总绾全省大政的总督和巡抚任期无定，州县官吏大多抱有过客心态，视衙署如传舍，因而缺乏长期打算，难以为地方创建久远根本之业。仅以督抚的情形为例，自道光十七年（1837年）三月到宣统三年（1911年），70余年间湖广总督（包括署理即代理）换过30余次近30人（有人换过之后又回任）。其中除裕泰两任长达7年、官文长达9年、李瀚章两任长达7年、张之洞三任长达15年外，其他诸督任职不到2年，短者仅数月，且任期较长者除张之洞外，裕泰、官文、李瀚章均为庸碌无能之辈。巡抚的情况亦类似，70余年间，任巡抚者近40位，除胡林

---

① 郑敦谨、曾国荃：《胡文忠公遗集》第59卷，“抚鄂书牍”1，同治六年刻本，文海出版社1977年影印，第3～4页。

翼任期6年，且因仗湘系势力、实权凌驾于庸督官文之上以外，其余巡抚任期长者2年余，短者亦仅数月①，而且无不唯总督之马首是瞻。

总督身为封疆大吏，显赫权重，其实事事受制于朝廷，根本不敢擅定兴作。荆州旗营为改造和添置抬炮，需用银480两，林则徐都要详细上报朝廷核准。至于修筑溃毁堤防，修缮年久倾圮的城墙、书院、衙署，无论耗费数百、数千或上万两，均须一一详细上奏。以信奉经世实学、精明干练著称的林则徐，在道光十七年（1837年）三月至次年十月任湖广总督的20个月中，共受三次处分，降级留任，"不准抵销"。其所作所为和有关奏报，除了例行的视察驻防军队、考核文武官员之外，耗时耗力最多的依次是检查督促防洪抢险、筑堤修城、禁私盐。其次是关注境内各地出现的"面生之人"、"习邪教者"和藏有"邪书器械者"，总之是对"造反"的蛛丝马迹既惕且惧。最后一件事是禁烟。由于朝廷和地方均限于财政枯竭，省、州、县"停办工程"已久，所谓"恤农""通商""惠工"，均停留于救灾、救弊，百废待兴而恢复旧观不暇，根本无力开创新局和兴办新的事业。林则徐如此，其他庸劣之辈更无足论。如李瀚章任总督时，"武昌（今鄂州）生员郭瑞麟等，纠众敛费私于樊口筑坝，瀚章使人刨毁之，有以建闸言者，终执不行"②。可见他们为官，抱着多一事不如少一事的态度，对民间自发的兴利除害之举也不愿支持。

第二，候补官员众多，故到其获实任时，多已疲老，遂难以振作，贪污渎职之事屡见不鲜。清代于各级各类官员例有定额，但由科举和军功而产生的官员源源不断，再加上所谓"捐纳"，即每遇战乱灾荒或京城、地方有建设工程时，朝廷就大开捐例，允许富人捐献金钱谷米，朝廷则赏以实授官职或候补的头衔身份。道光元年（1821年）任监察御史的麻城人

---

① 张仲炘、杨承禧：《湖北通志》第115卷，"职官表"9，湖北省长公署1921年刻本，第55～89页。

② 张仲炘、杨承禧：《湖北通志》第121卷，"职官"15，湖北省长公署1921年刻本，第34页。

袁铣，曾上疏力数捐官之多之滥，称“今襄阳知府实少林寺僧，宁波府道实邯郸响马，及保定知县、铁岭县丞出身不正……未经告发者，其人又不知几许”①。地方官吏如此杂乱，势必造成仕风败坏、官场黑暗。

林则徐任湖广总督时看到的情况是，武职中两省世袭云骑尉一类，以候补名义在各营效力者达143员之多，等待守备之职，比例为14∶1，自道光元年至十七年，湖北仅得轮补7人。“未补之员，较历年已补之数，不啻相悬十倍，实属轮补无期。其中到标在先者，候补将及四十年尚未得缺。以定例十八岁随营扣至四十年之久，其人已在六旬左右。”②如宜昌镇总兵珠尔杭阿，任该职过12年，年65岁以上，步履维艰，久不振作而诸事废弛。两省提镇，年逾六十、年力已衰者甚多，再加上身患疾病者、于士卒管教训练不力者、贪污渎职者，比比皆是，使得两湖营兵“技艺未能优娴，且浇薄成风，不耐劳苦，往往酗酒，吸食鸦片，并不恪守营规。其中老弱残废之兵，遇有差操，倩人顶替。其额缺者，既未能招募如数充补，而各将领衙署复以兵丁服役，恬不为怪。至各乡村塘汛碉堡倾圮，烟墩坍塌，平时并无守汛之兵”③，营兵已基本丧失战斗力。故林则徐在道光十七年（1837年）七月至九月校阅两湖47个标营之后，即奏请革职、勒休（强迫退休）和降职处分副将2员、游击3员、守备6员、千总11员、把总数十员④。然而由于当时“营兵所支粮饷，仅敷糊口，不能赡家，每于操防之余兼习手艺，或作小贸借资帮贴。遇值班时……私相互替，实为各营情事所有”⑤。林则徐处分调换一批军官，也未能从根本上解决问题和提高军队的战斗力。

文职人员的情况大同小异。为数众多的候补人员往往为谋一实缺和临时差事而向上司行贿送礼，一旦占有官位即以权谋私。官员年老贪渎

---

① 张仲炘、杨承禧：《湖北通志》第139卷，“人物志”17，“列传”7，湖北省长公署1921年刻本，第12页。

②③④⑤ 中山大学历史系中国近现代史教研组、研究室：《林则徐集·奏稿》中册，中华书局1985年版，第404～405、439～441、465～470、550页。

成为普遍现象。如道光十七年（1837年）时的湖北布政使张岳崧年逾六旬，有的知州、知县亦年过六十，或“身有痰疾”、“步履维艰”，或“两耳重听”，难以办公。这些人办事不力而生财有道，新任随州知州始至，即笑纳“吏以旧例进茶果银八百两”①。宜昌府、黄州府、蕲州官吏均有“获私纵犯”、“勒报营私”的丑行。与施南知府对调的原襄阳知府阿尔彰阿，到任三月，管一府六县公事，上报详禀才四五件，被林则徐批评为“深居简出”、“偷安好逸”。林则徐和新任湖北巡抚周之琦三次奏报，勒休、降改和革职知州、知县、同知、外委、通详、吏目等19人，仍难有效地澄清湖北吏治。咸丰年间，胡林翼又曾“以吏治不清则乱源不塞，劾罢镇、道、守、丞以下数十人”②。

掌管教育的府县学官同样老化。清代惯例，教授须以举人充任，教谕须以恩贡、拔贡、副榜等担任，训导须以岁贡生担任，一般需要“进学”（当上秀才）“二十年而后得”，故“居是职者类疲老，精气耗折尽，不复思自振拔”③。情形普遍如此，民国时地方掌故名家王葆心曾记有“郢中九老”的故事，它确凿地载明，嘉庆时，钟祥、潜江、安陆、天门、京山等府县的教授、教谕和训导共9人，年最长者91岁，最轻者62岁，平均年龄超过70岁④。道光年间的情况仍然如此。

第三，胥吏和各种“书办”泛滥殃民。晚清湖北州县，无论属“冲”、“繁”、“疲”、“难”四等中的哪一等，均有一大群吃衙门饭的帮凶走卒。除知县（大县还设有县丞、主簿、典史）、把总（率城守营兵勇数十至百来人不等）、教谕、训导、司官（即巡检司，各县有2～4员，率

① 张仲炘、杨承禧：《湖北通志》第122卷，“职官志”16，湖北省长公署1921年刻本，第28页。

② 张仲炘、杨承禧：《湖北通志》第121卷，“职官志”15，湖北省长公署1921年刻本，第29～30页。

③ 喻文鏊：《送仲弟之黄陂训导序》，《红蕉山馆文钞》第2卷，红蕉山馆光绪三年刻，第16页。

④ 王葆心：《续汉口丛谈·再续汉口丛谈》，湖北教育出版社2002年版，第53页。

巡勇数十人）之外，知县衙门内有幕友、家丁，外有三班六房。幕友由知县延聘，分管刑名钱谷的俗称“黑笔师爷”，负责布告榜示的俗称“红笔师爷”；幕友“以浙江、福建人居多，因为操此业者世代相传，有其秘诀，且传授出许多徒弟”。家丁由知县自雇或由各处荐用，多者数十人，少亦有十余人。其中有分管门房的（大门传达）、管签押房的（知县办公室）、跑上房的（直入知县内室）、管监审的、作随从护卫的等等。幕友、家丁以外，还有随任亲戚，亦必数人或十数人。县丞、主簿、典史、把总、巡检，亦有随从家丁。幕友由知县按年或季致送一定薪金，家丁则全无工食，均向百姓索要，遇有诉讼官司或人有所求，即为此辈生财之机。

所谓“三班”，系指皂、壮、快三班公人，俗称差役；“六房”指吏、户、礼、兵、刑、工六科科房的书办，亦称书吏或房科。此外，还有地位更低的“三房”，即仵作房、招房、茶房。六房书办及壮、快两班地位稍高，其子弟可以应考和捐官；其他衙役，包括皂捕、仵作、招房、茶房，地位极低，向来只准使用单名。但不论书办还是衙役，“对一般乡曲小民，则可以任意压迫欺侮，为所欲为”。一般中等县城，书办可达两百来人，衙役更多达四百余人。晚清黄安（今红安）县城内总数不过三四百户，其中除开小店的、手工业者、少数读书教书之家和老住户之外，上述衙役和书办等吃衙门饭的人家多达两百来户。

此外还有包揽、征收钱粮（包括地丁、漕米、屯饷）的柜书和册书。这种职业世代相传，其缺可以出顶出卖，因为征收钱粮时可以浮收勒索，有利可图，岁末年终还可以到农户家“打抽丰”要孝敬。由于册书掌有自明代相传下来的黄册，知道各户田地多少，应纳钱粮若干，所以粮差必须与之合作；遇有田地买卖，册书还可索取一笔高额的过户费。清末一县之中，有这种柜书、册书数百人至上千人不等。当然柜书、册书、粮差有专职的，也有由书办、衙役、绅士（本人或指定代理）兼任的①。

① 吴端伟：《黄安县的官绅黑暗》，湖北省政协文史资料委员会：《湖北文史集粹》第 6 册，湖北人民出版社 1999 年版，第 733～744 页。

除了粮书（包括柜书和册书）之外，有些州县还有其他名目的书办。如蕲州有“礼书”，协助办理祭祀、县考等事；一般滨江濒湖之县有“工书”或“堤书”，负责摊派和征收修筑堤防之费。上述各种书办又按级别和管辖范围分别称为“户书”、“里书”、“县书”等名。林则徐曾上奏曰：“楚省粮书、工书等名目混称者多。凡在各乡分催钱漕、经手推收过户者，皆假借书吏名色哄惑乡农。其实则与局役相同，并非在内署科房办事。而人数甚众，大县竟以千计，实属骇人听闻。从前里书、册书之名，迭经奏明禁革，而若辈互为鬼蜮，总以里粮底册私相授受，故有官革私不革之谣。”① 可知当时在州县衙门之外，还有一个人数众多的冒牌书吏群体，他们虽非完全以“办公事”为生，而是自有产业，但却可以说是州县政权插进广大乡村的吸血管。这个群体在协助州县政权完成各种征收、摊派任务的同时，也通过种种欺诈手段，为自己分一杯羹，从而加重了老百姓的负担。这就是几年后胡林翼批评的“以书差为政”的情形。

二、传统经济基础上的商贸活动

鸦片战争前后，传统的生产方式和经济生活格局仍在湖北占统治地位。广大农村仍然普遍保持着以家庭为单位的男耕女织生产形式，农业生产由于受制于自然条件和频繁的天灾，加上耕作方式和技术一如往昔，以及沉重的地租、赋税剥削使农民始终无法摆脱贫困，所以农作物单产一向低下。19 世纪中叶，全省约有 3 000 万亩稻田，每年实产稻谷不超过 6 500 万石，平均亩产仅 2 石多（折合不足 300 斤）。而在太平军攻入湖北之前，全省人口已达到 3 300 万②，每年耗米达 7 000 万～8 600 万石，食米不能自给，需从外省（主要是湖南）运入数百万石至 1 000 万

① 中山大学历史系中国近现代史教研组、研究室：《林则徐集·奏稿》中册，中华书局 1985 年版，第 428 页。

② 李文治：《中国近代农业史资料》第 1 辑，生活·读书·新知三联书店 1957 年版，第 10～17 页。

石左右。加上经湖北转运到江浙的大米 3 000 万～4 000 万石，共占国内省际粮运的 1/5。

另一方面，从清中叶开始，由于从平原向鄂西和鄂西北山地移民的增加，广大山区逐步得到开发，小麦、各种杂粮、油料和其他农作物的耕种面积亦达 3 000 万亩。到19 世纪中叶，小麦年产量约 150 万石，豆类约 300 万石，芝麻 300 万～400 万担，茶叶 42 万箱以上，烟叶 10 万担，苎麻 27 万担，生漆 4 万～5 万担。沿江沿湖地区还多种棉花。湖北是国内重要产棉区之一，年产量 150 余万担①。

农产品的多样化带动了农村商品经济和传统手工业的进一步发展。江陵的荆锦，洪湖的羽毛扇、纸折扇，郧县的龙须草席，蕲州、麻城的竹木工艺和陶器，谷城的花炮，恩施的漆器，武汉的铜器和清水包头等传统手工业产品仍旧享有盛誉，且市场逐步扩大。部分传统手工业由家庭手工业向手工业作坊和手工业工场发展。武昌（今鄂州）的葛仙布、黄陂的涝布、黄州的景庄布、孝感的改机布、天门的岳口布，都很受省内消费者欢迎。咸宁大布行销广东，孝感和云梦的棉布由西北商人收购，捆载出疆。到应城负贩棉布的舟车四时不绝。沙市、监利之布则主要销往西南之川、黔、滇。茶叶亦是大宗外销之货。1850 年前后，不仅已有山西茶商到武昌府之羊楼洞设栈收茶和开办茶厂，使当地有数千农民从事砖茶制造，所产砖茶行销山西、陕西、新疆和蒙古，而且俄国商人亦从陆路来汉口购茶②。

由于商品的大量流动，湖北省内的一些城市以传统的形态快速发展。

汉口。汉口在明末清初已被称为“天下四聚”之一。早在 18 世纪中叶，汉口商场即有盐、当、米、木、花布、药材“六大行”之谓。到

① 苏云峰：《中国现代化的区域研究：湖北省，1800—1916》，台北近代史研究所 1981 年印，第24～33 页。

② 湖北省地方志编纂委员会：《湖北省志・经济综述》，湖北人民出版社 1992 年版，第 12～14 页。

19世纪初，更有“上下八行”之说。下八行指铁器、铜锡器、鞋帽、竹木、纸烛、酿酒等工艺作坊。上八行指商贸，其说不一，较早的说法是指银钱、典当、铅铜、油烛、绸缎布匹、杂货、药材、纸张，稍后的说法是指盐、粮、棉花、油、茶、药材、广（东）福（建）杂货、纸张，或者超出八行之数，加上皮行、鱼蛋行、百货等。这显然是由于时代变迁，不同时期一些行业的地位呈现出升降的变化，如出口动物皮和肠、蛋，销售百货的兴旺，应该是汉口开埠以后的事。早先兴旺的商贸行业，是与人们的吃穿住行密切相关的盐、粮、油、花纱布、药材、木材、银钱典当等传统行业，每行多者数十家，少者亦有十家以上。

盐业是得到官府认可的垄断性行业。19世纪中叶，沿长江的湘、鄂、赣、皖被称为“扬子四岸”，是淮盐的专销区域。销到鄂岸的淮盐，用木船由扬州运到汉口，再分销省内指定州县。购运淮盐的盐商持有盐票，而盐票或是祖传世袭的，或是出钱购买顶租的，每票值银1 000～2 000两。每张盐票每年可购运春秋两次，每次可进盐4 000担（约合10万斤）。有时政府为促销获利，每票进盐可高达80万斤（清代以“引”为运盐计量单位，清初每引200斤，雍正时增至344斤，道光年间再增至400斤，故最高限额80万斤等于一张票可进盐2 000引）。盐商的行帮组织叫淮盐公所，对下联系各固定盐号，尽管是官商作风，不讲经营管理，但由于是垄断经营，没有公开的竞争者（只有私盐构成挑战），故获利丰厚，一般年贸易额500万两左右。汉口拥有十数张以上盐票的大盐商共有10余家，每年收入均在10万两以上，因而拥资百万、有房屋数十乃至上百栋的盐商都过着奢侈的生活，不把其他行当放在眼里。

稻米和杂粮的贸易使汉口成为国内粮食集散中心之一，业务涉及十数省。湖南、四川等重要产粮省份的粮食，汉水流域的杂粮，鄂西北的土产，都通过汉口运销长江下游和华北。汉口有粮行40余家，粮店数以百计，一般年贸易额3 500万两左右；棉花行30余家，年贸易额800万两左右；油行10余家，年贸易额2 000万两左右；茶行10余家，年贸易额1 700万～1 800万两；药材行20余家，年贸易额300余万两；杂货行

20余家，年贸易额700万两左右；牛皮及纸行60余家，年贸易额500万～600万两①。由于商贸往来结算和担保的需要，汉口的银钱和典当业随之多至上百家。作为中介商的各种“牙行”，在乾隆初年即达数百户，到19世纪中叶更多。

行会除按行业组织之外，按地域划分则称为“帮”。汉口的帮，以本省商人势力最大，有汉（阳）帮、黄（州）帮、武（昌）帮、沙（市）帮、宜（昌）帮等。经营种类亦多，主要为杂粮、牛皮、棉花、苎麻等。如黄州商人经营棉花、布匹，大冶金牛的商人经营苎麻、纸张和布匹等，都形成一定的传统。估计本省商人的年经营额不会少于5 000万两。

湖南帮占水运的优势，船行、木材行多，对汉口输入茶、米最多，占其贸易金额的十分之八；其次为杂粮、黄豆、铅锌锑矿、桐油、油漆、苎麻、药材、纸和雨伞；购回海产、纱布、杂货、砂糖等，汉口开埠后则增加了洋货、煤油等。该帮年贸易额在2 600万两到3 000万两之间。

宁绍帮实际包括南京和开埠后的上海籍商人，汉口的海产品商店及金银细工业多为该帮占有。长江之夹板船航运业，则为宁波人所经营，他们向汉口运入棉纱、棉布、绸缎、海产，购运去杂粮、黄豆、桐油、牛油、麻、棉花和大米，年贸易额在3 500万两到4 000万两之间。

四川帮多药材、油行、杂货等业，亦多开设行栈，代客商卸货存货。对汉输入以药材、桐油、白蜡、黄丝麻、生漆、胡椒为大宗，输进广福杂货、布匹、棉纱等，年贸易额1 400万两左右。

广东帮主要指广州、潮州（后来加上香港）籍商人，输入洋广杂货、砂糖、葵扇、食品、水果，购去杂粮、药材、黄豆、豆饼、油类、苎麻，年贸易额3 500万两左右。

江西福建帮在海运未通前联为一体，因福建行商多经江西转运货物。该帮在钱业、银楼、麻、漆等业占有势力，对汉输入茶、漆、瓷器、夏

① 扬铎：《武汉经济略谈（上）》，政协武汉市委员会文史资料研究委员会：《武汉文史资料》1981年总第5辑，第132～134页。

布、苎麻、药材、果物，购去米、油、雨伞、烟叶等，年贸易额约1 000万两。

山陕帮包括山西、陕西籍商人，甘肃商人附之，俗称西帮。山西人多经营票庄（号），陕西人多客商，输入牛羊皮、牛油、羊毛、生漆等，购去棉纱、棉布、南货，年贸易额700万两左右。

山东帮原走陆路，经河南来汉，上海开埠后又增加一海路，输入棉纱、布匹、胶布、绸缎，运去大米。因济南之大字号皆有一“祥”字，山东帮亦以祥帮为最盛。山东帮年贸易额700万两左右。

徽州帮包括太平帮，实为安徽全省之总称，以典当商、棉纱商为盛，次则为茶叶、钱业、油业、笔墨纸张等，年贸易额600万两左右。

此外，还有云贵帮、河南帮、天津帮等。云贵帮输入木耳、生漆、桐油、麻油、白蜡、木材和烟土，购去棉纱、布匹、纸和杂货，年贸易额在1 000万两左右。河南帮以药材业最盛，次则大豆、小麦、胡麻、牛羊皮、皮油、烟叶、煤炭，因豫鄂两省毗邻，年贸易额在1 500万两以上①。天津帮出现稍晚，经营布匹和土产。

汉口的行帮早有组织机构，康熙、乾隆朝即已全盛。到19世纪中叶，各种会馆已达60个左右。会馆多以省、府命名，公所则以行业命名，当然这也不是绝对的。如有湖南会馆，亦有江浙公所、新安公所、泾（县）太（平）公所、宝（庆）善（化）公所等。江西帮集中活动的场所名“万寿宫”，黄州帮的名“帝主宫”，四川帮的名“川主宫”。按行业分的，前述盐商称“淮盐公所”，禽蛋业的称“混元公所”，木业的称“鲁班会”，药材业的称“老君会”等等。叶调元《汉口竹枝词》称：“一镇商人各省通，各帮会馆竞豪雄。石梁透白阳明院，瓷瓦描青万寿宫。”② 阳明院为绍兴府商人所建，可说这正是当时汉口商贾辐辏、商业

---

① 侯祖畬、吕寅东：《夏口县志》第12卷，“商务志”，湖北省长公署1920年铅印本，第10～12页。

② 徐明庭、马昌松：《汉口竹枝词校注》，湖北人民出版社1985年版，第14页。

团体林立、彼此竞争的写照。这些行会组织有代表本行业或各地商人出面与地方官交涉、保护商业发展、帮助同乡同业的作用，但也有垄断性和排他性，如操纵行情、争夺市场等。行会多由大商人和封建官僚捐资组织，即使是各商摊资组建的，大权也掌握在富商巨贾手中。

沙市。沙市是西南各省北上中原的必经之地，又有长江航运之利，加上周围的江汉平原农产品丰富，故历来商贸发达。清中叶以后，沙市商贸一直处于发展之中。尤其是太平军攻占长江中下游以后，淮盐不能运鄂，湖北多食川盐，而四川的船只不能来汉，遂以沙市为终点和转运之枢，沙市遂进入历史上的黄金时代。在货物贸易方面，从四川输入者，以砂糖和川盐为主，淮盐不能销鄂时，每月运入川盐最高达 1 000 万斤左右；由云贵运来者，以木材、矿产、烟土为主；由恩施运来者，以桐油、麻油、真菌（木耳、香菇）、土漆为主；由湖南、江西运入者，以稻米、夏布、纸张为主；由河南、陕西运入者，以牛羊皮毛为主。输出则以棉花、土布、杂粮、芝麻为大宗。运输舟车并举而以船为主，经常停泊在沙市的船只达八九百艘，其中大部分是专门航行四川的柏木船。

在沙市经商者，除本地本省人以外，以四川人为最多，其次为江西人、安徽人、湖南人、河南人、陕西人。明末清初即有“十三帮”之说，几经消长，到 19 世纪中叶发展到了高峰。“十三帮”具体所指，前后也略有变化，但没越出本省内以府为区域划分的汉阳帮、武昌帮、黄州帮、本地安荆帮，外省以省或府划分的四川帮、湖南帮、河南帮、江西帮、浙江帮、福建帮、山陕帮、南京帮、徽州—太平帮、雅帮（指西康、雅安）等十四五个帮的范围。

汉阳帮以晴川书院为会馆。沙市手工业和商贸号称八十八行，汉阳帮行行都占到，但以匹头、杂货（后又有百货）、海味为主。最大的匹头号亦有百万资本，最好的年份可获利 10 万两银子。武昌帮以鄂城书院为会馆，所开商铺集中于丝线街（今崇文街），生产和经营丝线、清水包头、锦缎被面，还开糟坊、糕点铺、丝烟铺、酱园、酒楼饭馆等。汉阳帮和武昌帮在沙市势力最大，也时常发生冲突。黄州帮以黄州书院为会馆，主要经营棉花，有“白老虎”之称。在上海和武汉未设纱厂前，黄州帮把棉花贩运入川；上海和武汉有了新式纱厂后，他们就把棉花贩运到汉申两地。黄州帮最大的棉花号拥资亦达百万两银以上。以后黄州帮又逐步扩大兼营白铁、川糖、川盐、杂货、烟土等。

四川帮的会馆名“川主宫”，主要经营盐、糖、烟叶、烟土、药材、油脂、山货、竹笋、榨菜等。四川木船都是数十只联帆而来，返川则运去棉花、土布、海带、醃鱼。湖南帮的会馆名“禹王宫”，以竹木材器、丝绣、鞭炮、纸张、夏布、雨伞、陶瓷为经营范围。河南帮建有中州会馆，帮内又分淮帮、南阳帮和许昌帮，主要经营药材、骡马、牛羊皮、红枣、烟叶、草帽及开酒店。江西帮会馆名“万寿宫”，经营范围广，诸如纸张、药材、绸缎、银楼、钱庄、盐、糖、漆、鞭炮等，该帮还控制了沙市的川烟市场，富商不少。南京帮建有金陵会馆，经营药材、酱园、杂货。浙江帮建有孤庞会馆，开设银楼，经营首饰，兑换金银，资力雄厚，各号店堂房屋高大，建筑坚固精美，居沙市之冠。沙市开埠后，为洋行代销、当买办，均为浙江帮垄断。宁波的家具行在沙市也很有名。福建帮会馆名“天后宫”，主要经营皮丝烟和果品。徽州帮的会馆名“新安书院”，太平帮的会馆名“泾太会馆”。徽州—太平帮多经营苏州和杭州产的绸缎、茶叶、笔墨纸砚、剪刀，还开榨油坊，经济实力很强。山陕帮的会馆名“金龙寺”，又常与雅帮结合，并称为西帮。该帮贩来金子、麝香、烟土，收购土布、土纱、清水包头，重点是开票号和当铺，经常有上百万两银子在沙市放高利贷，生意大，信誉高。票号派来沙市负责的，常是捐有道台衔的人物，出门有仪仗队，稍小的商人都无资格与其交往①。

当时沙市各行业的物价均由十三帮控制，各帮研究业务，交换行情，

① 毛鸣峰：《旧社会沙市的行帮组织与工商关系》，湖北省政协文史资料编辑委员会：《湖北文史资料》1987年总第20辑，第110～121页。

调解纠纷，订立规约，还举办地方公益事务，接待同乡同业会友，组织祭祀、唱戏等。各行会有自己的会首和董事，当选者多为财多势大声望高的大商人或已退职的官员及通过捐纳获有官衔者，他们拥有财产和大商号，也控制着帮产或会产，遇事可向会友募捐。各帮为了共同利益而加强联系。十三帮公推出老总（总会首）一人，在设于旃坛庵的十三帮公所办公，协调各帮会之间的事务，以及出面与官府打交道。

十三帮不仅掌握了19世纪中叶沙市手工业和商业贸易的绝大部分，沙市开埠之后，创办新式商业、投资轻纺面粉等近代工业者，也多为十三帮商人。清末民初沙市成立同业公会和商会时，业董（同业公会董事）、会董（会馆董事）多为原各帮会会首，他们还有多人担任了商会理事，早期的几任商会会长与十三帮总会首实为一人二任。

宜昌。宜昌是湖北西部、长江中上游的重镇，上通川、黔，下通荆沙、汉口，所谓“扼荆襄之门户，川楚之咽喉”，处在四川、两湖、江浙等经济发达地区的水运线上，成为天然的“过载码头”。宜昌长期以来是川盐和西南来的烟草、烟土的必经之地和集散之所。附近的当阳、远安多产植物油、黄丝，川东和恩施出产的土漆、真菌、药材、矿产、白蜡、皮革和煤等，都通过宜昌运往长江中下游。输入和向上游转运的货物，则以米、棉花、土纱、土布、海产品、广福杂货、纸张等为主。

宜昌附近多山地，土质贫瘠，故当地人经商颇成习惯。米号、布店、油店和榨坊，多由当地人经营。外地商人分为四川帮、江西帮、福建帮、广东帮、安徽帮、湖南帮、汉阳帮、武昌帮、黄州帮等。四川帮经济实力最强，建有会馆名“川主宫”，主要经营盐、糖、烟土和船运，故内部又分为川盐帮、土（烟）帮和船帮；按地域则分成忠州、万县、巫山、云阳、长寿、丰都等小帮。江西商人建有“万寿宫”，他们多经营纸张、油坊，在衙门办事的人亦多。福建商人建有“天后宫”，他们多从事金融业和海产业。广东商人建有广东会馆。湖南商人建有湘乡会馆，他们多经营大米、鞭炮、夏布。安徽帮多经营植物油（桐油、梓油、茶籽油、豆油、棉籽油等）。汉阳帮、武昌帮、黄州帮主要经营棉花、布匹，武昌帮建有鄂城书院，实即会馆。由于商业发达，开埠之前宜昌城内就有18处市场①。

襄阳和樊城依汉水而分。襄阳是鄂北的政治和军事重镇，也有商业，但因江岸水急，民船停泊不易，而樊城因易于泊船，码头众多，经常有二三百条民船进出，遂成为当地及河南西北部农副产品集散的最大中心，也是湖北砖茶输往俄国的主要孔道。

襄阳的商业贸易以日常消费所需的生活日用品为主。19世纪中叶，每年在此集散之粮食有上百万担，过境的茶叶不计其数，还输出豆油、豆饼、麻油、麻饼、烟、麻、棉花等农产品，由下游运进棉纱、布匹、盐、糖、海产及各种杂货。襄阳的商号，有粮号、盐号、匹头、药材、杂货、酱园、银楼、皮坊等，主要行业有10余种。本地商人居多，外地商人以汉阳帮、武昌帮、黄州帮居多，也有江西、安徽、浙江、湖南、四川、河南和陕西商人。外省商人的会馆公所在清末民初发展到10所。

老河口。老河口是汉水上游最大的市镇，从汉水下游上驶的较大民船和汉水上游行驶的较小民船均以此处为交接点，故商业繁盛，19世纪初已是“烟火万家，商贾辐辏”，其商贸情形类似襄樊。到清末民初，外地商人的会馆公所已多达12所。

除上述城市外，从19世纪初起，湖北开始形成一大批市镇，其中较大的如武穴、团风、宋埠、仙桃、新堤、沙洋、草市等，都有数千户乃至逾万户人家，许多市镇均以“小汉口”自喻，发挥着商品集散流通的作用。

与此同时，湖北商人亦因历史上的移民和地理交通的方便，在外省从事商贸活动。早先的经营重点是长江上游的四川和汉水上游的陕南，后来范围逐渐扩大。北京因是都城，除商人外还有较多仕宦者，因而为

---

① 李约德：《宜昌海关十年报告》，《湖北文史资料》1987年总第20辑，第211～215、219页。

湖北人所多至之地。上海开埠后，湖北商人亦闻风而至。到清末，湖北商人在外地所设会馆公所计达 219 所，其中 172 所在四川，26 所在北京，其余为上海 4 所，安徽 3 所，河南3 所，云南 2 所，广西 2 所，湖南、广东、江苏、山东、山西、陕西、甘肃各 1 所①。也许是由于文化发达、经济实力较强和交通便利，在外省经商的湖北人以黄州帮、武昌帮为最积极。

商业的发展必然伴随着人口的流动和商人群体的壮大。这种情形的出现，多少也会给原先封闭僵化的社会带来若干变化。

其一，表现为来自各地的人口杂居和风俗的嬗变，这种现象在商业城镇尤为突出。如汉口，就主要是由外来移民（包括外省和省内其他州县）组成的商业城镇，《汉口竹枝词》说此处“五方民处，客旅居多”，“瓦屋竹楼千万户，本乡人少异乡多”，因而“杂有吴越川广之风”。由于商品丰富，“难覯之货列隧，无价之宝罗肆”，加上有商人带头，人们渐渐追求消费和娱乐，习俗趋向奢华。“服食华侈，汉口独盛”②，“适口则味擅错珍，娱耳则音兼秦赵”。商人以其财力和欲望冲击着某些等级观念，甚或从物质享受上攀比乃至凌驾于官吏之上。《汉口竹枝词》记云：“洋货新奇广货精，繁华不数汉东京。豪商大贾乘间出，簇簇油舆辟路行。”“平等居人分外豪，千金置就御寒袍。白羊灰鼠寻常盛，元色狐裘紫色貂。”③ 反映出汉口商业的繁荣和商贾的气派。沙市刘竹荪作《竹枝词》云：“官场最重十三帮，凡事相邀共酌量。轿子跟班都挤满，旃坛庵里接官忙。”④ 逼真地描绘了官商往来的密切状况。再如樊城的情况，

---

① 苏云峰：《中国现代化的区域研究：湖北省，1860—1916》，台北近代史研究所 1981 年印，第 53 页。

② 张仲炘、杨承禧：《湖北通志》第 21 卷，“舆地志”21，“风俗”，湖北省长公署 1921 年刻本，第 7 页。

③ 江浦、朱忱：《汉口丛谈校释》，湖北人民出版社 1990 年版，第 205 页。

④ 毛鸣峰：《旧社会沙市的行帮组织与工商关系》，《湖北文史资料》1987 年总第 20 辑，第 112 页。

“樊镇为商贾所萃，自西来者尚循朴约，自南来者颇习侈靡。饮食宴会以丰腆相耀，而婚姻酬酢之仪亦稍增华，土著居民近渐染之”①，体现了各地民风的渐趋融合。

其二，表现为给传统文化造成新的推动力。第一代创业致富的商人，多半还是附庸风雅，格调不高，“会馆公所之名，野墅琳宫之号，楹帖榜额之文，悉皆从俗，未能雅驯”。但由于商人有钱，在通过捐纳获取一些虚衔之后，常以发起“诗酒文会”为荣，邀请一班在职的或赋闲的文官教职及青年文士，品文赋诗，对偶联句，“上以佐鼓吹休明之盛，下以乐礼教富庶之风”②。而且，“汉上外籍侨商，一再传后，以文学科显者颇多”③，就是说商人子弟后代，往往有条件受到传统教育，从而能中举进士，获取科场功名。从清中叶到清末，湖北由这种家庭和经历出现的官员和文士并不鲜见。当然在西方文化传入湖北之前，所谓“由商入文”，无论在思想内容还是形式途径上，并未给传统文化造成新的突破。其积极意义仅仅在于：一是使品文赋诗、科考应试的群体在传统的官绅、书香之家和耕读之家而外，加进了一个较大的商人群体；二是这种风气初步改变着人们“重本抑末”的传统观念。至于商人群体带头接受西方文化、支持子弟和后代进西式和新型学堂，乃至资送其出国学习，则分别是19世纪后期和20世纪前期的事情。

其三，表现为对民间的娱乐文化起了较大的推动作用。娱乐场所一定是伴随商贸业的发达而形成，古今中外未有例外。湖北出现固定演出戏剧歌舞的所谓剧院、舞台，是民国时期的事情，就连经常有演出的茶园，也是在19世纪90年代才在汉口出现。在此以前演出的舞台和戏台，在乡村只建筑于祠堂之内，在大城市则官府、会馆和公所里建有戏台。

---

① 张仲炘、杨承禧：《湖北通志》第21卷，“舆地志”21，“风俗”，湖北省长公署1921年刻本，第17页。

② 江浦、朱忱：《汉口丛谈校释》，湖北人民出版社1990年版，第114、446页。

③ 王葆心：《续汉口丛谈·再续汉口丛谈》，湖北教育出版社2002年版，第47页。

演出时间多固定在各种节日，用以酬神和自娱。商人群体壮大之后，他们休闲和谈生意的茶楼酒肆歌舞不断，所谓“筝琶常闹楚秦歌”，“酒船何日不笙箫”，作乐者不外官吏、上层文士和商人。

再如在沙市，十三帮商人除了逢年过节摆酒唱戏之外，农历三月三、九月九要做财神会，二月二、八月二要做土地会，届时无一不摆会酒、唱会戏，还有调解纠纷、新号开业、送往迎来和交结官吏，最常用的形式就是摆酒唱戏。十三帮总会首的办公地旃坛庵更是热闹非凡，因为各行帮议决的货价变动，要在此公布且演半本戏或一本戏才算通过。十三帮以外的商人被称为“杂帮”，杂帮初来沙市也要在此请客唱戏、做财神会和土地会等，所以这里长年演戏，沙市成了仅次于汉口的地方戏曲中心。

商人群体的壮大也初步改变了商人的地位和官商关系。19 世纪中叶，虽然商人名义上仍居四民之末，但往往因其财富而处于比一般平民要高的社会地位。商人因为在地方上是文教慈善事业及公益事业的赞助者，对政府而言是主要的捐款人和纳税者，所以也是官吏的眷顾者，政府官吏对其必然有所礼敬。稍后，具有抑商倾向的胡林翼曾严厉指责官吏说：“州县之敬市侩，如见大宾，利其规耳。廉隅不立，顽钝之贾，觍颜与士大夫抗礼，而气日骄，志日肆。”① 可见商人地位已渐有与官绅抗衡之势。

当然在经济上，政府和官吏总要从商人那里有所获益。公开的捐献和私下的“孝敬”，双方都习以为常；每逢赈灾、筑堤、修城、办学，官吏都会动员商人“赞襄义举”。尤其普遍的是，各级官府和部门常强迫商行和商号接受官银存放，勒取高出市场利率的息银，甚至无本勒息，“楚省沿江有筹防经费存商，既支用而征息如故”②。对于官府的决定和官吏

① 郑敦谨、曾国荃：《胡文忠公遗集》第 84 卷，“抚鄂批札”1，同治六年刻本，文海出版社 1977 年影印，第 22～23 页。

② 张仲炘、杨承禧：《湖北通志》第 122 卷，“职官志”16，湖北省长公署 1921 年刻本，第 8～9 页。

的勒索，道光朝的湖北商人还是一味忍受，而到咸丰年间就稍有反抗了。

三、士绅、农民及地方财政状况

士绅是通过参加科举考试而取得功名的群体，其共同点首先是接受过相当程度的传统文化教育。至于在经济上，虽然可能有很大的差别，但最下者也绝对不是赤贫，否则无法接受10年以上的教育。所以至少是书香门第和耕读并重、世守儒业的清寒之家，多数还是饶有资财的殷实之户，甚至是官宦、地主、富商家庭出身。官员自然是取得过功名者，而地主和富商家庭如果没有人取得功名，亦不属士绅之家。

湖北在嘉庆、道光、咸丰三朝（1796—1861年），共出进士297人，举人1 654人①，这是士绅群体的上层分子。岁、科二试每三年举行两次，每次录取生员（秀才）1 119人，在上述65年中，连同贡生、监生累计近5万人。咸丰年间，官府因同太平军作战急需军饷，大行捐纳，且为诱使人民与太平军对抗，一再增广文武学额，故至少增加各种生员、贡生、监生等1.6万人，合计6万余人，构成士绅群体的下层分子②。

当时湖北有的州县把士绅分为镇绅和乡绅。镇绅住在城镇，多为士绅上层，有的兼营商贸，但除了外省籍绅商之外，本省籍的绅商即使住在城镇，一般在原籍均有田地产业和家人。乡绅则不离开农村。所以说士绅群体的经济基础是田租，政治依靠则是官府。士绅的利益与政府一致，他们与官员交往，把持地方上的文教、祭祀、慈善公益事业，又与书办勾结，包揽银粮的摊派征收和词讼。他们无一例外地脱离了农业生产劳动，只要考上了秀才，就有足够资格当教师，或在地方上或在宗族内担任书办或管事一类的职务，所以宗族事务和祠堂公产也都被士绅控

---

① 张仲炘、杨承禧：《湖北通志》第131卷，“人物志”9，“选举表”9，湖北省长公署1921年刻本，第1～73页。

② 苏云峰：《中国现代化的区域研究：湖北省，1860—1916》，台北近代史研究所1981年印，第78页。

制。不少士绅同时也是地主和族长，平时就享有崇高地位和权威，遇到战乱更往往出任团练首领，保护乡里秩序。镇绅则设局劝捐和征收经费，替官军筹饷。

总的来说，士绅是官府实施社会控制的重要助手和工具。老年士绅有一部分就是退休致仕的官员，青年士绅则是官吏的后备队。他们还是传统文化的维护者和传播者，因而被视为"朝廷之体"的延伸，是地方基层政权的代表。士绅还享有优免徭役的特权、诉讼的特权和仪制方面的特权。他们利用特权，接受投献，包庇户丁，包揽词讼和钱漕事务，甚至恃势阻抗官府，"每临编审，除身不应承丁外，复曰此吾伯叔兄弟也，可毋报；又曰此吾宗亲侄男也，可毋报，且复庇亲戚或隐匿佃人。在户首不惟不欲报，且不敢报"①。

士绅出于血缘和地缘的考虑，对同族、同乡的一般民众有时也以保护者自居。他们的"地方主义"色彩使得其与"流官"（清代任官实行回避制度，即不用本地人担任该地官职）难免产生矛盾，因而官府对士绅是既依赖又有所抑制，士绅对官府既维护又构成挑战。如当官员压迫搜刮地方过甚，尤其是损害士绅的权益时，他们往往会"运动"省城的有关关系，甚至设法影响同乡的京官，给当地官府造成压力，甚至使官员不能安于其位。如果他们的行动失败，就会被斥为"劣绅"、"刁衿"，革去功名，甚至遭到监禁和流放。少数被革去功名的文武生员和不满现实的士绅，还成为"抗粮"、"造反"的领导者。如 1842 年在崇阳举义的钟人杰、陈宝铭，就是被革的县学生员和武生（即分别为文、武秀才）；1858 年在随州领导起义的赵邦璧为廪生。当然不可否认，士绅中也有少数"正士"和"开明士绅"，他们不仅有影响，也还正直公道，热心在乡梓兴办诸如教育、慈善、修桥铺路、兴修水利等事业，但这种"正士"并不多见。

湖北在清代并非富庶发达的省份，财富有限，平原和丘陵地区人口

---

① 管贻葵：《罗田县志》第 4 卷，"政典志" 4，"民赋"，光绪元年刻，第 7 页。

稠密，灾害频繁，而山地又文化落后，读书人少，故虽不能完全说是“里无素封，士鲜世族”①，但确是“士鲜大魁，民无巨富。凡登仕版，终少锦衣之归；稍有田庐，旋非素封之旧。家道则起落立见，子弟亦淑慝并生”②。所以士绅的人数、力量和对社会的影响，不仅不能和江浙相提并论，与邻近的湘川也相去甚远。

地主。此处所说的地主，是指拥有田地和雇工，并有田地出租进行田租剥削的乡村富户，不包括上文所说的已有功名的士绅之家。晚清湖北乡村的非身份性地主群体有下述两个特点：

第一，大地主少而中小地主较多。和士绅的情形相类似，由于湖北的平原和丘陵地带人口稠密，人均耕地不足 2 亩，加上明清以来多次战乱和大规模移民，所以世家大族很少，在发达地区拥有田地二三百亩的地主就算大地主，且不多见，土地跨州连县的大地主几乎没有。大片的湖区，多为宗族共有，控制在士绅、族长和户长手里。这一结论，一可以从近几年大量出现的地方志和族谱记载中得到证实。二可以和 20 世纪 50 年代土地改革时有关记载相对照。再加上 19 世纪四五十年代，湖北人口比 20 世纪四五十年代的人口还要多出数百万，农村人均耕地的数量则基本相同。至于西北和西南山区，有的地主占有大片山岭，但因交通不便和多未开发，这种山岭并未变成可资利用的财富。

第二，由于湖北商业素来发达，所以不少地主兼营工商。从多种族谱记载来看，从乾隆、嘉庆两朝开始，乡村的殷实之家就多有“业贾”的记载；反过来亦有中小户人家靠“负贩”创业，逐渐成为地主。正因为如此，这些人掌握的财富往往在商业和农业两个领域中流动消长，而湖北自然灾害的频繁使得农业收入一直处于较低水平，从而影响了地主在乡村置产的欲望。

这些非身份性的地主，在晚清仍属“民籍”，在政治上没有什么特

---

① 卢弼：《潜庐类稿序》，甘鹏云：《潜庐类稿》卷首，潜江崇雅堂民国辛未年刻。

② 戴昌言：《黄冈县志》第 21 卷，“艺文”，光绪八年黄冈县署刻，第 68 页。

权，其生活享受也不能和士绅相比。《黄冈风俗论》中曾说："里中家百亩者，冬夏絮布，无裘葛寸绮，器用苦窳，见衣冠则诧而走，更至股栗。"① 就是说的中小地主的生活状况和畏惧士绅官吏的情形。但是他们作为乡村部分经济权力的代表，人户虽只占乡村总数的5%左右（士绅地主占3%～5%），但占有的土地却达30%～40%（与士绅地主加起来则在50%到80%之间）。他们的政治地位、生活享受和文化水平虽不及士绅，但仍能部分参与宗族和地方事务，并趁机鱼肉农民，增加自己的财富。在没有士绅或士绅很少的文化落后地区，这些非身份性的地主当然更加财大势大，以至于横行乡里，为所欲为。

而且，由于土地自由买卖和科举制度的作用，士绅和地主这两个群体是可以融合转化的。具有政治特权的士绅可以兼并和购买土地，甚至把族产公产化公为私，使自己成为士绅地主；而具有经济实力的非身份性地主，可以通过捐纳获得士绅身份，更可以通过培养子弟、参加科举考试获取功名，这样他们也就变成了士绅地主。这是清末废科举以前的情况。废除科举以后，造就传统科举之士的道路断绝，原有士绅依时间推移而逐渐减少。到20世纪二三十年代，老士绅作为一个群体已基本消失，而非身份性地主仍然存在，而且其构成中加进了拥有田产的新官僚、新军阀和新军官以及商人。

农民。乡村居民除上述士绅群体和地主群体之外的群体都是农民，他们包括自耕农（相当于富农和富裕中农）、半自耕农（一般中农和少数贫农）、佃农（包括佃中农和绝大部分贫农）和雇农（长工和短工）。在鄂西农村，自耕农占农民的15%，半自耕农占30%，佃农和雇农占55%②。在鄂东黄冈农村，情形略有不同，自耕农占40%左右，半自耕农占20%左右，佃农和雇农占40%左右③。关于土地占有的情况是：士

① 张仲炘、杨承禧：《湖北通志》第21卷，"舆地志"21，"风俗"，湖北省长公署1921年刻本，第9～10页。

② 严仲达：《湖北西北的农村》，《东方杂志》1927年第24卷第16期，第45页。

③ 1937年《湖北省年鉴》，湖北省政府1938年印，第103页。

绅、地主占有农村田地的50%～80%，自耕农和半自耕农占有20%～50%，占农村人口总数40%～60%的佃农和雇农没有自己的田地。据1888年的调查，土地集中程度最高的广济县，耕地属于士绅、地主者高达70%～90%，自耕农和半自耕农仅占耕地的10%～30%①。

上面列举的数据，分别是民国初年、20世纪30年代和19世纪80年代的部分统计，只能作为鸦片战争前后湖北农村情形的参考。不过多数专家都认为，整个清代至民国时期，虽然由于人口增加而使人均耕地面积持续减少，但各种农村群体所占比例及其所占耕地的比例关系却变化不大。史载康熙四十三年（1704年），就有"约计小民有恒业者，十之三四耳，余皆赁地，出租所余之粮，仅能度日"之说。而在1921—1924年，以全国37处地方平均计算，佃农仍占60%②。

对于佃农和半自耕农而言，田租为其最大负担。晚清湖北农村的田租，可交铜钱，按田地等次定租，上田每亩租钱1 300文左右，中田1 000文，下田600～900文；亦可交粮食，旱地交小麦，水田交稻谷，低者占产量的40%，高者竟达60%③。晚清湖北农业由于技术落后，耕种粗放，旱地的小麦平均亩产不会超过100公斤，水田的稻谷平均亩产难以达到250公斤，故水旱田平均亩产仅150多公斤。按40%～50%的租率计算，每亩地需要交租65～80公斤。一户五口之家的佃农倾全力可租种20亩水田旱地，产粮3 250公斤，交租1 300～1 625公斤，剩余1 625～1 950公斤。而五口之家每年至少需要1 500～1 800公斤粮食，才能维持农业再生产的投入和全家人的衣食消费。所以如果稍有天灾人祸，佃农的起码生活就无法维持；遇有婚丧嫁娶、生病建房之类的事情，

① 苏云峰：《中国现代化的区域研究：湖北省，1860—1916》，台北近代史研究所1981年印，第34页。

② 章有义：《中国近代农业史资料》第2辑，生活·读书·新知三联书店1957年版，第66页。

③ 李文治：《中国近代农业史资料》第1辑，生活·读书·新知三联书店1957年版，第273、635页。

就得负债。

自耕农和半自耕农的负担，则主要表现为交纳给官府的赋税。这个问题需要从全省的财政收支状况和农民的实际负担两个方面考虑，才能全面了解。

在咸丰五年（1855 年）实施征收厘金以前，湖北省的赋税分为地丁、漕粮、南粮、租课、耗羡、常关税 6 个部分。地丁是田赋与人口的综合税，全省合计应为 1 227 900 余两①。漕米（包括运往京师仓的“正兑”、运往通州仓的“改兑”及另加 17%～35%的“正耗”）19 万石，南粮（运往荆州供驻防八旗及绿营之用）12 万余石，两项共计 31 万石，折银 43 万两。租课是官田租给农民耕种的税租，包括学田租和芦课租。学田租归书院；芦课租交官府，每年 12 000 余两。耗羡是征收钱粮的手续费和杂费，包括“火耗”、“平余”，共在征收地丁、漕折时，在总额上分别加收 10%和 1.2%～2.5%。湖北的地丁和漕折共为 171 万余两，故耗羡为 17.1 万两，平余为 3 万余两。常关税包括武昌厂税 33 000 两、荆州关税 17 687 两。以上全部合计总数接近 200 万两。其中商业税收仅为 5 万余两，占 200 万两的 2.5%，而农业税收占全省财政收入的 97.5%②。到 1855 年，对商人实行征收牙税（市场交税的中介费税）厘金之后，税收比例才发生变化。

次谈全省财政开支状况。嘉庆道光年间，全省财政收入按定额应有 200 万两之数，但州县胥吏借口歉收（确有有权势的士绅、地主拒交和受灾农户拖欠，但更多的是浮收超收）大肆截流中饱，能交到官府的实际收入经常在 130 万两左右（而人民的实际负担，无疑在 200 万两以上）。各地都有官吏浮收中饱和虚报灾荒的事件，所以稍后胡林翼总结湖

---

① 张仲炘、杨承禧：《湖北通志》第 43 卷，“经政志”2，湖北省长公署 1921 年刻本，第 7 页。

② 苏云峰：《中国现代化的区域研究：湖北省，1860—1916》，台北近代史研究所 1981 年印，第 55～62 页。

北过去数十年的钱粮弊端并下断语说："数十万之正额，征收不满一半；数十年之积弊，浮勒至于十倍。"①

在这130万两的实际收入中，解交北京和协济邻省的占70%～90%，本省留用的为13万～39万两，通常是25万～30万两。用途包括官吏薪俸及养廉（10万余两，超过全省开支的1/3以上）、役食、驿站夫马、钱漕运费、祭礼、典礼、廪膳、考试、军政办公、赈济等，几乎全属人事开支和维持开门办事之需，完全谈不上地方兴作建设。在林则徐督鄂的1837—1838年，财政尚无亏欠，但已经捉襟见肘，修缮省会武昌城墙的经费无从筹措，只能依靠汉岸盐商、江夏汉阳典商、一位江夏县的候补知县、一位咸宁的丁忧试用县丞共捐的3.7万两，再加上林则徐本人及前任现任巡抚、藩司、臬司、盐道、粮道、武昌汉阳两知府、江夏汉阳两知县共捐廉银9 100两，共4万余两才得以完成②。而且由于财政支绌，省内常平仓因无钱购粮贮存，已较定额短少一百二三十万担。如在丰年按时价每10万担谷需银6.5万两计，等于缺钱80余万两③。从道光末年起，由于军费增加，湖北开始大量透支，每年须请户部拨邻饷30万两，以供军需之用。

最后看农民和其他群体的实际负担。从表面的数字看，湖北人民的共同负担是130万两，而实际负担是这个数字的3～5倍，其原因和真相有多种。

一是浮收，主要在地丁、漕粮两项。据胡林翼的了解和统计，在1858年以前的数十年间，北漕、南粮及水脚、运费、征收费等，每年的实际征收折银都在916 900两以上，比官府实际收入的43万两高出48万余两（此中31万两作了官府行政管理费用，其余17万余两或者更多为

① 郑敦谨、曾国荃：《胡文忠公遗集》第23卷，"奏疏"23，同治六年刻本，文海出版社1977年影印，第3页。

②③ 中山大学历史系中国近代现代史教研组、研究室：《林则徐集·奏稿》中册，中华书局1985年版，第603～604、609～610页。

各级官吏、册书、粮差、士绅、地主、保甲和户族首领层层瓜分中饱)。群众的漕粮、地丁负担至少是定额的2.3倍。

平均负担有两种算法。一种是把田赋按人数均分，如1840年田赋为2 056 241两，全省人口为3 319.60万人，每人负担田赋0.06两①。浮收2.3倍后，每人负担为0.138两，那么五口之家的负担为0.69两。这种算法的缺陷是把城镇居民、商人的人数计算在内，因而实际减少了农民的负担，因为清代自从“摊丁入亩”之后，农业税是按田亩征收的。第二种算法，是把田赋按耕地数均分。如1851年田赋为2 305 896两，同年耕地为61 503 127亩②，则每亩负担为0.037 49两。浮收2.3倍，为0.086 23两。占地10亩的小农负担为0.862 3两，占地30亩的中等农户负担为2.587两，占地百亩的大户负担则为8.623两。当然田地有水、旱、沃、瘠、荒、熟等多种档次(《清会典》记载，湖北所属民赋田每亩科粮六杪至二斗九升一合四勺八杪零不等)，故无论按人平均还是按田地平均计算负担，都只能作参考。

《林则徐集·奏稿》中记载的案例，具体生动地反映出群众的田赋负担。湖北产粮大县钟祥屡有拖欠和抗粮不交事件，民人“金珍每年完银七钱八厘，陈瑞元每年完银一两四钱零，俱尚无欠，惟(已革生员)胡作霖每年应完九钱五分二厘，欠至两年未完”。此三人均属中小农户，如按浮收完银，均在1.6两至3.2两之间。“捐纳千总职衔邬起泰，抗欠钱粮八载，数至一百余两。”这是一个有钱有势的大户，每年额定钱粮就达10余两，不过仗势未交。由于浮收田赋负担不轻，故清律虽载以严厉处罚科条，如“贡监生员应纳钱粮欠至十分以下，俱黜革，枷号两个月，杖一百”，“举人应纳钱粮欠至十分以下，问革为民，杖一百。在籍有顶戴人员与举人同”，不过“革后全完，仍准开复”。尽管悬有厉禁，人们还是拖欠抗阻，连士绅也不例外。从记载中可以知道，除邬起泰、胡作

①② 苏云峰：《中国现代化的区域研究：湖北省，1860—1916》，台北近代史研究所1981年印，第59、24页。

霖外，还有已革生员吴星纪、邱森烈，生员张恒修，武生夏荣春，捐贡王宇熙，均被牵连进了道光十七年（1837 年）的一次交粮纠纷①。

问题还在于，田赋并不能真正按田亩征收。有钱有势的士绅、地主时有拖欠、抗拒，更多的则是勾结胥吏、册书、保甲里正、宗族户首等，把负担转嫁到中小农户身上。湖北的漕钱交纳，历来是小（贫）户交折色（银或铜钱），大（富）户交本色（米）。可是书差只敢强迫小户多缴数倍的钱，而不敢多收大户的米，甚至让他们少交或拖欠。州县费用不足，就以小户之浮收款抵销。故胡林翼说："侮鳏寡而畏强御者，今日州县书差之于钱漕是也。"② 他还指出，有些地方的"刁绅劣监"，包揽完纳，所取于小户的，远比缴给官仓的为多，有如"蝗虫"，无耻地"为己求财"③。所以当时有田 10 亩的小农户，钱粮负担总在一二两银之数。佃户没有已业田地，不直接纳田赋，应由地主交纳，但"赋出于租"，地主不会贴本，早把田赋算进田租中。官府貌似体恤无业佃户，标榜"催赋不催租"，其实士绅地主仍然利用官府权威和纳赋的堂皇理由，向佃户收取高额田租。

按照 1838 年林则徐拟用 6.50 万两银子买 10 万石（每石约合 126 市斤）稻谷贮仓的数字，可知当年每石谷价为 0.65 两。耕种 10 亩田的小农户，即使只按最低的 2.3 倍的钱粮浮收，田赋亦须交谷（或卖谷折钱）167 市斤左右。当然比起漕粮最重的江浙等省来，湖北的漕粮负担还只是其三四分之一。

二是各项杂税。以上所说田赋，是税收的大项（国税），其次还有州县和地方上的各种杂税。道光年间的杂税主要有"干鱼、麻、铁、湖课、

---

① 中山大学历史系中国近代现代史教研组、研究室：《林则徐集·奏稿》中册，中华书局 1985 年版，第 605～608 页。

② 郑敦谨、曾国荃：《胡文忠公遗集》第 60 卷，"抚鄂书牍" 2，同治六年刻本，文海出版社 1977 年影印，第 23 页。

③ 郑敦谨、曾国荃：《胡文忠公遗集》第 23 卷，"奏疏" 23，同治六年刻本，文海出版社 1977 年影印，第 6 页。

线胶、门摊、酒醋、商租、地租、府钞、房租、街基、茶税、各府商税、长河、城濠、渔利等项”①，城乡群众每户都要摊上几项。如沔阳对农户的自有房屋，包括湖区草房均征所谓“间架税”，“孤贫及屋舍倾圮者”亦不能免。杂项税费虽然数字不大，但对升斗小民和结庐而居的穷人而言，也是很重的负担。

三是银贵钱贱。清代白银和铜钱通用，两者折算，银价最便宜时每两兑铜钱一串（1 000 文）。从 19 世纪 30 年代起，鸦片输入，白银外流，致使银价上涨。1838 年，各省均是每银 1 两易制钱 1 600 文。“1842 年，武汉地区 1 两银子换制钱 1 626 文，1845 年后涨至 2 000 文以上。以往卖米 3 斗，输 1 亩之课而有余，是时卖米 6 斗，输 1 亩之课而不足。”② 无论是佃农还是自耕农，交租交赋的负担无形增加一倍。

四是人民生活必需的米、盐均比邻省昂贵。清代自乾隆十三年（1748 年）以后，由于人口增加、水旱灾害、官仓补购、粮商囤积居奇和货币流通过多等多种因素，全国各地米价持续上涨。湖北由于人均耕地减少、自然灾害频繁，产米已经不能自给，不足部分主要仰赖湖南、四川售运，故米价高于湖南、四川。即使在湖北农业丰收的年份，其米价亦比湖南高出 2%；如遇湖北严重歉收，就会高出湖南 19%～21%③，“道光末大水，斗米千钱”④。每天都要消费的食米如此之贵，不仅贫民小户有断炊之虞，中等之家亦会感到很大压力。

湖北食盐之贵，根源则是朝廷的政策。清代规定，淮南盐专销江苏、安徽、江西和两湖，其中两湖占 60%的份额。道光年间，湖南定额为

---

① 张仲炘、杨承禧：《湖北通志》第 50 卷，“经政志”2，“田赋”，湖北省长公署 1921 年刻本，第 5 页。

② 湖北省地方志编纂委员会：《湖北省志·经济综述》，湖北人民出版社 1992 年版，第 16 页。

③ 苏云峰：《中国现代化的区域研究：湖北省，1860—1916》，台北近代史研究所 1981 年印，第 55～56 页。

④ 张仲炘、杨承禧：《湖北通志》第 152 卷，“人物”30，湖北省长公署 1921 年刻本，第 38 页。

20余万引，湖北为50余万引，每引规定重量为400斤，故湖北每年应销淮南盐多达2.2亿余斤。而在湖北省内，施南（今恩施）一府六县和宜昌府属的鹤峰、长乐两州县准销川盐，湖北北部、中部、东部地区只能销淮南盐。由于淮南盐场是官府专营的老场，管理不善，质量差而成本高；再加上淮南盐行楚，需从扬州十二圩以木船逆江而上，时间长，运费高；尤其是清政府以盐课为国税收入之大宗，一再提价加课，于是造成“淮南盐课，楚省最重”的局面。

当时广东和湖南南部部分地区销粤盐，四川、贵州、湘西鄂西销川盐，陕西销潞盐，河南销淮北盐。而淮南盐课比潞盐、淮北盐课重4.8倍，比粤盐重5倍多，比川盐更重10倍以上。由于淮南盐成本高、运费贵、纳课重，盐商和官府为了保证各自的收入，就提价出售，并把销盐情形作为考察楚省官吏政绩的内容之一。故尽管林则徐一再申说“各处盐课皆轻，而淮盐独重；各处盐本皆贱，而淮盐独贵；各处运盐皆顺流而下，而淮盐独逆流而上”等种种不合理情形，但由于他深知“淮盐销得一分，几足以抵川盐二十分之课”①，大利所在，朝廷必不肯改变，他只能对淮南盐的行销尽力保护。当时鄂西出售川盐，“每斤市价不过二十文，淮盐到彼则卖价约需两倍”②。河南信阳地区售淮北盐，“每斤市价仅钱三十文，而紧连之应山等县，即系湖北口岸，应食淮南纲盐，其盐由汉口陆运而往，价值不止加倍”③。

大米、食盐为人民生活所必需，感到困苦的虽然首先是升斗小民，但其更大的影响是会带动其他物价的上涨，米价和盐价只是一般物价上升的一个指标而已。

五是水患给人民生命财产造成巨大损失，治水成为湖北的沉重负担。长江自四川进入湖北以后，从巴东至黄梅，流经18州县，自荆州以下筑堤，全长合旧制30万丈。汉水由陕西进入湖北以后，从郧阳到汉阳，流

①②③ 中山大学历史系中国近现代史教研组、研究室：《林则徐集·奏稿》中册，中华书局1985年版，第509～513、585～586、403页。

经13州县，自襄阳以下筑堤，共长17万丈。清中叶以后，人口激增，四川和汉水上游大多数地区只有开垦而无治理，水土严重流失，至中游泥沙沉积，河床增高而蓄洪之湖面缩小。每到夏秋两季，长江、汉水涨水，内渍外涝，一片泽国；而遇十天半月不雨，高凸之处又立现旱情。

清代湖北，对于州县之官，责之防洪之任甚重，如所管范围之内的堤防有溃决漫顶、造成损失者，无不给以革职、降职、撤换等处分，故州县之官能任满期者不多。尽管这样，由于洪水势大，或者堤防不够坚实，守候时有松懈，自嘉庆十三年（1808年）至道光十七年（1837年）共30载，“溃漫之处，无岁无之”，“一处溃则处处之横流四溢，一年溃则年年之溃水长淹”。道光十八年（1838年）又遇大水，适值林则徐督鄂。他竭尽心力，督率防堵，是年长江、汉水无一处溃漫，算是例外；但有沿河被淹之地、内湖渍水所淹之地和高处受旱之地，受灾农村仍遍及22个州县①。

总之，道光年间至清末，几乎无年不成灾，轻者涉及10余州县，重者竟达50多个州县，超过全省州县的一半以上，且受灾地区多为中部和东部的粮棉重点产区，故损失严重。晚清湖北的农业收成，丰年仅过20%，平年和灾年占80%，故七八十年间的平均收成只在应有收成的50%～70%。总体情形可见如下每隔5年统计一次的表②：

表 1-1

州县数 / 收成 / 年份	夏季					秋季				
	总计	不满六成	六成以上	七成以上	八成以上	总计	不满六成	六成以上	七成以上	八成以上
1830	69	—	15	48	6	69	1	29	30	9

① 中山大学历史系中国近现代史教研组、研究室：《林则徐集·奏稿》中册，中华书局1985年版，第619～620页。

② 苏云峰：《中国现代化的区域研究：湖北省，1860—1916》，台北近代史研究所1981年印，第25页。

续表

收成 州县数 年份	夏季					秋季				
	总计	不满六成	六成以上	七成以上	八成以上	总计	不满六成	六成以上	七成以上	八成以上
1835	69	5	30	26	8	69	28	25	10	6
1840	69	—	15	43	11	69	4	23	31	11
1845	69	—	4	12	53	69	—	20	33	16
1850	68	—	—	28	40	68	—	21	26	21
1855	—	—	—	—	—	—	—	—	—	—
1860	68	9	32	21	6	—	—	—	—	—
1865	68	16	24	25	3	—	—	—	—	—
1870	67	20	24	21	2	68	19	27	19	3
1875	68	10	27	29	2	68	20	20	26	2
1880	68	9	28	21	10	68	8	23	27	10
1885	68	16	24	23	5	68	18	28	14	8
1890	68	21	29	15	3	68	21	18	18	11
1895	68	12	32	18	6	68	26	19	18	5
1900	67	9	33	20	5	68	37	14	13	4
1905	68	41	23	4	—	69	28	27	13	1
1910	68	47	16	5	—	69	17	17	19	16

在洪水频繁为害的情况下，人民群众不仅承受了巨大的生命财产损失，为了抵御洪水，还要长年付出劳力和钱财，修堤筑坝。各有堤州县均又有一项名为“堤费”的征摊项目，不论丰歉，依钱粮派征。全省每年征收堤费无从知道确数，仅知从嘉庆二十四年（1819 年）到道光十年（1830 年）的 10 年民欠堤费共达 327 218 两白银，平均每年欠下 32 721.8 两①。监利县境内的江堤最长，约为 370 里，每年派征制钱 7 万串左右，由于拒交和拖欠，通常只能收到 3 万余串到 4 万余串②。依照全省所欠只占 40%计算，那么全省每年堤费应为 8 万余两白银。

①② 中山大学历史系中国近现代史教研组、研究室：《林则徐集·奏稿》中册，中华书局 1985 年版，第 417～418、421～423 页。

在征收堤费的过程中，经手人如粮书、堤书、首士、户首等徇私舞弊、贪污中饱，对有钱有势的大户不敢征收，对小户则勒收重收，种种弊端，层出不穷；而且收取过后，管理使用时又存在诸多不公。如前述监利县额定年征堤费 7 万串左右，而道光十四年（1834 年）交到堤工局的仅 4 万余串，原因就在大户拖欠和经办人员吞没；掌管堤费的堤工总局"薪饭等项已开销至一万四百余串之多"，还打算趁收成较好之年"酌情多派以防不足"，"总局之外分设乡局，加添首士多名"等等①。可知当时无论办理何事，都会给不肖者带来贪污中饱的良机，而给贫苦小民增加负担。

为了灾后重建家园并抵御来年的洪水，湖北人民还要继续付出代价。据林则徐在道光十八年（1838 年）农历四月的上奏中所说，从道光十七年农历十月至十八年农历二月，即在四个多月的冬春农闲中，湖北有近 30 个州县都曾进行疏浚河道、加筑堤防、兴建闸坝和御水城垣的工程。根据当时朝廷"一切河道工程，银数在五百两以上者，应奏明办理"的规定，林则徐逐一开出了下列州县的工程费用：天门县下中洲三区堤防用 4 700 余两；钟祥县马家湾堤防 2 750 两，万佛寺堤防 4 161 两；潜江县护城土堤 696 两；安陆县和荆门州修复水毁城垣分别为 24 300 余两和 13 700 两；黄梅县堤防 8 481 两；当阳县疏浚沮、漳二河用 14 484 两；咸宁县堤防 4 600 余两；蒲圻县堤防 1 211 两；荆州府万城大堤共修 52 处，用土 14 600 余方、石 200 余方，约费银 1 000 两；公安县除用完额定堤费外，追加 4 400 余千文（合银 3 000 两）；监利县修堤用土一百万方有零，"居民喜有成效，今岁咸愿加倍集费"（即 1.4 万串，合银近 1 万两）；天门县彭市、岳家口、上下陶林等处又用 1 200 余两；京山县 6 000 两；还有襄阳县的老龙石堤、荆门州的沙洋大堤，系由府、州、县官员捐资修补②。粗略统计，这次冬春的水利工程共用银 10 万两以上。

①② 中山大学历史系中国近现代史教研组、研究室：《林则徐集·奏稿》中册，中华书局 1985 年版，第 421～427、554～555 页。

其他各处的水利工程，虽然每处用银不超过500两，但因处数多，总数也逾万两。这笔开支的来源，部分为“官捐”和“商捐”，但大多仍然依赖当地群众“额交”的堤费和追加。

在上述重重负担之下的劳苦大众，生活当然困苦不堪，挣扎在死亡线上者固然不少，处于饥饿线、贫困线以下者无疑更多。据林则徐的说法，当时“食贫之人，当中熟之岁，大约一人有银四五分，即可过一日；若一日有银一钱，则诸凡宽裕矣”①。照此推算，五口之家要达到“可过”的水平，年需银90两；到“诸凡宽裕”的水平则年需银180两。当时丰年每石谷价0.65两，平年0.75两，歉年0.85两，那么专以种粮为生的五口之家农户，分别需要有年产5石谷（合600斤）的稻田24亩和48亩。这样的人家，应分属于中等以上的自耕农和大户；无业的佃农、雇农乃至一般的自耕农，都达不到林则徐所说的“可过”的标准。

从各种记载可知，晚清（乃至包括民国时期）的湖北，每日能举火三餐、吃上白米和面粉的人家，在农村非中等以上家庭、在城镇非年收入百两银者不可。其余人家多是糙米杂粮，且一年中有超过1/3的时间是日食两餐，以便节省柴米。住则土砖泥屋，难蔽风雨，江湖之滨易遭水灾的地方民居更差。“湖居小民，以水为家，多结茭草为簰，复以茅茨，人居其中”，猪牛鸡鸭和人“咸在其中”②。故“四民中唯农最苦”③。

嘉庆二十一年（1816年）中举的天门人刘淳，写过一篇《农病》的文章，描述农家除了普遍陷入“尽一岁之力所出，不足以给用”的贫困之外，还有说不完的折磨灾难。“郡县凡大役作，农夫荷畚锸而待命，朝往暮归，不避霜露雨雪寒暑之劳。长吏之所征输、吏役之所侵渔、里胥之

---

① 中山大学历史系中国近现代史教研组、研究室：《林则徐集·奏稿》中册，中华书局1985年版，第600页。

②③ 张仲炘、杨承禧：《湖北通志》第21卷，“舆地志”21，“风俗”，湖北省长公署1921年刻本，第7、8页。

所中饱，尽农夫之膏血也。鞭挞之惨，农亲受之；狱讼之繁，追呼之扰，农习闻之；舆马送迎之费，筑堤修闸之派，农靡不与之。朝所蠲者，吏已征之；一钱之欠，百钱不足以偿之。”遇有大灾，农民更难逃劫数。刘淳亲历了1831年湖北的大水灾，亲见当时“农之冻馁死者日以百数，僵尸累累横路隅，无一工商医卜倡优胥吏仆从僧尼道人，触望皆识其为农”①。

被重重负担压榨得一无所有的农民，再遇上水灾，侥幸未死者就成群结队地流亡。武汉和沙市是灾区难民的集中之地，每年从农历九月开始，武汉的官绅商民就要“筹捐收养江汉等处被水棚民。棚民者，皆江汉上游灾民，流入武汉，以芦棚栖止，沿江汉两岸，尔后习为常举，每秋冬后，棚民罔不充塞省会、汉市矣”。“道光季年，荆江泛涨，邻县俱飘没，流民逃至郡城（荆州和沙市）者，络绎不绝。”这些流民有时会得到社会上的帮助，但亦有官绅以为流民“易聚难散”，唯恐酿成事端，不仅不倡捐廉发赈，反而设法驱赶，故文士心忏子的《续闻见录》曾说，“易聚难散”，“所谓一言而戕千百命者是也”②。

不甘就死的贫苦百姓只好自寻求生之路。拖欠堤工、抗交钱漕、贩私（盐）食私（盐）等等，不绝于书。沔阳“民贫多讼”、“萑苇之薮多盗”③。不仅是沔阳一州（县），还有德安、安陆、襄阳、荆州四府和一个荆门直隶州，偷盗、杀人、抢劫之事层出不穷，官府惊呼“江汉多盗”④。此外，溺毙女婴、拐卖妇女儿童之风（名曰“囤口”）亦在上自荆门、下至监（利）沔（阳）的广大地区蔓延，且愈演愈烈⑤。19世纪中叶的湖北社会，已经处在严重的动荡不安之中。

---

① 刘淳：《农病》，《云中集》第1册，光绪癸未赐绮堂刻。

②⑤ 王葆心：《续汉口丛谈·再续汉口丛谈》，湖北教育出版社2002年版，第52～53、109页。

③ 张仲炘、杨承禧：《湖北通志》第21卷，“舆地志”21，“风俗”，湖北省长公署1921年刻本，第8页。

④ 张仲炘、杨承禧：《湖北通志》第121卷，“职官志”15，湖北省长公署1921年刻本，第24页。

第二节 内忧外患揭开序幕

同整个中国的形势发展一样，19世纪三四十年代，处在中部腹地的湖北，既是内忧重重，也受到外患的巨大影响。

一、私盐的普遍流行

清政府规定，湖北是销售淮南盐的主要地区，其份额在苏（江苏）、皖（安徽）、赣（江西）、汉（汉口，销及湖南、湖北）四岸中占40%（湖南占20%，江苏、安徽、江西三省共占40%）。由于清政府视淮南盐课为利薮，不断增加淮南盐在湖北的销量，其方法是追加在两湖的盐纲引数和每引的重量。清初湖北额销淮南盐近40万引，每引200斤；雍正年间每引加至344斤；到道光十一年（1831年）后，每引加至400斤（同治朝更规定每引600斤）①，规定湖北额销50余万引（最高时达到70余万引），计达二三亿斤之多。

当时湖北人口为3 000余万，因此每人每年需食用七八斤盐，才能销完五六十万引淮南盐。故绝大多数年份淮南盐有10%～20%积压在仓库，无法销售，官员为此屡受朝廷申斥，原因一在官盐的额销指标不断提高，二在私盐的流行。

价格不合理是私盐流行的最根本原因。由于淮南盐成本高、运费贵，尤其是政府课税重，这使得湖北境内的淮南盐比邻近的淮北盐、潞盐和川盐都贵，最低者高出20%～30%，一般高出50%，最甚者高出一倍。民间生计艰难，即使最安分者也力求能省一文则省一文，故私盐有广大的市场需求。因有差价可图，“贫民无不百计挑运，四出售私”②；甚至成群结队，组成团伙，形成运送、保护、窝藏、销售的勾结和分工；遇

①② 中山大学历史系中国近现代史教研组、研究室：《林则徐集·奏稿》中册，中华书局1985年版，第510页。

有小股缉私人员，则不惜以武力抗拒。

二是客观上存在着走私的便利条件。前已说到，湖北施南一府六县和宜昌府属部分州县准食川盐，销淮南盐和销川盐之地不仅地界毗邻，而且犬牙交错，在崇山峻岭中行陆路偷运，路路可通，防不胜防；更有长江水运，由四川顺流而下的船只夹带私盐已成为惯例。潞盐行销陕西，有的就必须从湖北郧阳府的地方经过；襄阳又紧接河南，有丹水、汉水船只通行，故郧阳、襄阳一带，贩卖潞盐和淮北盐成风。“襄阳一属，名为淮盐引地，而民间率食潞私。溯查道光元年以来，该府阖属每有片引不销之年，即设法销售，亦总不及定额十分之一。”① 另外，淮南盐逆长江而上进入湖北时，“黄州、武穴一带，为盐船入楚停泊要口，船户水手与岸上奸贩串通，卖私日甚一日”②。总之，当时湖北除了与湖南交界的南路以外，西路、北路、东路均有私盐浸灌，仅道光十七年（1837 年）就查获私盐 100 多万斤，未被查获的估计更多。

三是官吏的腐败和地方保护主义，使禁私不可能有效彻底。“不肖员弁每视鹾务为利薮，骫法营私，无所不至。”如道光十八年（1838 年）春，宜昌镇左营外委率一班员弁，“获私纵犯”，即留下所获私盐自食和变卖，放走盐贩；黄州协都司拿获贩卖私盐船只后，不送县究办，而由营书私下勒收贿银③。即使是按规定缉私，也是将所查获一半作赏，一半充公，充公“仅资各处开销经费，于国课似无裨益”④。将私盐充公变卖，必然使官盐销售减少，而所获私盐不予变卖又无经费维持缉私部门和人员的开支。地方保护主义则表现在四川、云南、贵州等地的官员，在组织和带领沿乌江和长江下驶的船只运送铜铅等物品时，经常勾结船户，大量夹带私盐，有的一次多达数千斤。他们打起旗号，亮出领运官员的知府、知州、同知、知县的头衔，并借助下水船速，越卡拒验，成为私盐的大宗来源⑤。

①②③④⑤ 中山大学历史系中国近现代史教研组、研究室：《林则徐集·奏稿》中册，中华书局 1985 年版，第 442、512、492、413、410～412 页。

私盐给百姓的日用带来了少许便宜，但大量地减少了国课的收入，严重地腐蚀着官吏队伍。如果走私者形成团伙，更对社会的安定和官府的统治构成威胁。林则徐就说过："民间匪类，大半出于盐枭，即如襄阳之捻匪、红胡，为害最甚，总因逼近豫省，以越贩潞私为事，遂至无恶不作。"① 林则徐基于官府的利益和立场，把造反作乱者视作"匪类"，自属错误，但造反作乱最初往往与走私有关，也是不争的事实。

林则徐在督鄂的20个月内，曾尽力缉禁私盐。他一再重申"犯无引私盐者，杖一百，徒三年"，"巡禁私盐，故纵者与犯人同罪"等律令，对贩私盐数量大，尤其是结成团伙武力抗拒的私贩予以重刑处分；处罚和参革骫法营私的员弁及缉私不力的镇守、都司、千总、把总十来人；还提出对"公然犯法食私"者，"在绅衿应革功名，在平民应受满杖"，"责令绅衿大户以及乡团牌保，互禁食私，犯者公同送究"，但对"挑卖私盐之穷民，许其改悔，投充肩贩，由各处官盐子店给票挑赴四乡，卖完缴价"②；又增设卡、巡，并将各处卡、巡人员酌量更易，立定章程，严禁贿纵；还规定对所获私盐变卖之款，"先按引盐课则，提缴正款钱粮"，以"抵官销之缺"，剩余才作"给赏充公之用"。他甚至"按月按季核计各州县销（官）数，分别功过"，将"短销"严重的黄安县知县撤职查办③，以警诫各州县，促其力销官盐。

由于林则徐雷厉风行，办事认真，措施得力，上任月余各地即获私贩38起，抓盐贩86人。道光十七年（1837年）共缴获私盐100余万斤。宜昌、襄阳等历年官盐片引不销之处，由于官为领运，或鼓励商贩行销，民间亦开始买食淮南盐。故此年两湖共销淮南盐733 201引，比销盐最多的道光十六年（1836年）还多3 000余引④。但由于官盐和私盐存在价差，故"凡买食盐斤之人，无不背官向私"⑤；官吏的腐败亦难根治，私盐始终无法杜绝。故同年两湖所销官盐仍然比朝廷额定的779 926引

①②③④⑤ 中山大学历史系中国近现代史教研组、研究室：《林则徐集·奏稿》中册，中华书局1985年版，第513、513、512、506、622页。

短少 46 725 引。因“缺销不及一分，例应免议”①，即缺销之数不到额销数的 1/10，林则徐得以不受处分。

咸丰五年（1855 年），由于太平军占据长江下游，淮南盐无法沿江上运，湖北遂改销川盐。太平军失败以后，淮南盐卷土重来。由于淮南盐课由两江总督掌握和解京，在两湖所得盐利，大都拨解两江督署。所以同治年间担任两江总督的曾国藩坚持“扶淮抑川”，而时任两湖总督的李鸿章则主张按“川八淮二”分配销额。后按朝廷指示，经两江、两湖、四川三总督协商，重新划定淮盐、川盐销地，并调整盐课，提高价格，一致向消费者加重负担。盐课收入部分解交朝廷，部分作为赔款和偿还外债之用②。湖北境内的黄州、武昌、汉阳、荆州、德安、安陆诸府及荆门州，仍然只准销食淮盐，故私盐流行的问题仍未解决。

二、鸦片泛滥与林则徐禁烟

19 世纪初，以英国不法商人为主的鸦片贩子开始向中国偷运鸦片。到二三十年代，鸦片走私已相当猖獗，致使中国白银大量外流。国家财政困窘，银贵钱贱，加重了人民的负担。城乡吸毒人数迅速增加，百姓体质下降，且将来之不易的钱财耗于罪恶之中，中户变下户，下户变穷户，穷户成饿户，加速了中国社会的衰朽。

1840 年中英鸦片战争之前，英商走私的鸦片已沿着鄂茶商道源源进入湖北③。吸食者“其初不过纨绔子弟习为浮靡，嗣后上自官府缙绅，下至工商优隶，以及妇女僧尼道士，随在吸食”，“流毒之深，几于口有同嗜”。而“地方官以为滔滔皆是，不免畏难苟安”④；尤其因为“衙门中吸食最多，如幕友官亲长随书办差役，嗜鸦片者十之八九”⑤，故对于

①④⑤ 中山大学历史系中国近现代史教研组、研究室：《林则徐集·奏稿》中册，中华书局 1985 年版，第 505，567、597～598，600 页。

② 张仲炘、杨承禧：《湖北通志》第 51 卷，“经政志”9，“盐法”，湖北省长公署 1921 年刻本，第 24～27 页。

③ 牟安世：《鸦片战争》，上海人民出版社 1982 年版，第 116 页。

朝廷本来就不够坚定一致的禁烟指示，视同赘设具文，烟毒日益泛滥。

林则徐高度重视鸦片对中国社会和人民的危害。他以为，鸦片之害，首先在于败坏人心，“夫鸦片非难于革瘾，而难于革心”。吸烟败坏人心，一在“吸烟之辈陷溺已深，志气无不惰昏，今日安知来日”，即丧失进取心和责任感，只求昏昏然醉生梦死；二在“吸食者方且呼朋引类，以诱人上瘾为能，陷溺愈深，愈无忌惮”，且吸食者有“玩法之心”，以为“犯者太多，有不可胜诛之势”。而贩卖者则以利厚，“即冒死犯法亦必有人为之”①。其次是在经济上，既使吸食者自己耗尽钱财，陷入贫困境地，又使社会凋敝、百业不兴，进而必然使国家白银外溢，财政支绌。林则徐估计，吸食鸦片者每日除衣食外，“至少亦需另费银一钱。是每人每年即另费银三十六两”②，这笔钱几乎够小户人家半年之需。由于“商贾码头及通衢繁会之区，吸食者不可胜数”，故当时市面已明显受到影响。“如苏州之南濠，湖北之汉口，皆阛阓聚集之地……佥谓近来各种货物销路皆疲，凡二三十年以前某货约有万金交易者，今只剩得半之数。问其一半售于何货？则一言以蔽之，曰鸦片烟而已矣。”他估算全国一年耗于鸦片的银两“不止于万万两”。“内地膏脂年年如此剥丧，岂堪设想？”故而他郑重提醒朝廷：“若犹泄泄视之，是使数十年后，中原几无可以御敌之兵，且无可以充饷之银。”③

林则徐督鄂期间，曾就禁烟问题上过三道奏折，表明了严禁吸食和贩卖鸦片的态度，并就贯彻实施的办法提出了翔实具体的建议，体现出其思虑和计划的周密。

在具体措施上，林则徐建议：应该首先把烟枪收缴净尽，并由各省广出告示，勒令吸烟者于限定日期内赴官府自首，将所藏烟具、余烟全部呈缴，“出具改悔自新毫无藏匿甘结，加具族邻保结，立案报查。如日后再犯……加倍重办”。而对烟贩、开设烟馆者和制造烟具者加重罪名和

①②③ 中山大学历史系中国近现代史教研组、研究室：《林则徐集·奏稿》中册，中华书局 1985 年版，第 568、601，600，600～601 页。

处罚，于限期内投官自首、将烟土烟具全部缴呈者，准将原罪量减；限期之后被拿获者，应予“论死”①。

鉴于以前迭次讨论禁烟而各方主张不一，林则徐在强调鸦片之害后一再呼吁，应该“中（朝）外（省）一心，誓除此害，不惑于姑息，不视为具文”，才能“雷厉风行”，不致“养痈贻患”。鉴于“衙门中吸食最多”且“皆力能包庇贩卖之人”，他主张“从此严起”，“文武属员有犯，该管上司于奉文三个月内查明举发者，均予免议。逾限失察者，分别议处。其本署戚友家丁……若不早令革除，又不肯据实举发……应将庇匿之员即行革职。本署书差有犯……逾限失察者，分别降调”。即严肃“失察处分”，迫使各级官吏“先严于所近”，管好下级和身边之人，作为示范；同时又要发动和依靠各级官员，举凡收缴烟枪烟土、关闭烟馆、拿获烟贩，均责成州县限期进行，如期完成者“均免从前失察处分”。林则徐把禁烟一事定为“核作州县功过之数”，不力者“立予撤参”，有成效者予以奖励。他还责成“地保牌头甲长”查缴烟土烟具，举报开烟馆之房主，包庇者“与正犯同罪”②。在禁烟决心和行动上，不仅要求“中外一心”，也要求“上下一心”，共同进行。

鉴于下有“玩法之心”，上有“畏难苟安”之情，多年来对烟贩和开烟馆者“徒有论死之法”，而“历年未闻绞过一人，办过一案，几使例同虚设”，对吸烟者亦仅止于“由杖加徒”，人不畏法，林则徐主张以严刑峻法厉行禁烟。他说，“法之轻重，以弊之轻重为衡，故曰刑罚世轻世重，盖因时制宜，非得已也。当鸦片未盛行之时，吸食者不过害及其身，故杖徒已足蔽辜。迨流毒于天下，则为害甚巨，法当从严”，“力挽颓风，非严蔑济”。他支持黄爵滋“准给一年限期，若一年以后仍然吸食，是不奉法之乱民，罪以死论”的建议。对烟贩和开烟馆者，虽分别原有“死罪”和“远戍”罪名，现“均应一体加重”，因为“吸食者果论死，则开

①② 中山大学历史系中国近现代史教研组、研究室：《林则徐集·奏稿》中册，中华书局1985年版，第569～571页。

馆与兴贩即加至斩决枭示亦不为过”。他相信“民情非不畏法，习俗大可转移。全赖功令之森严，始免众心之涣弛”。而以刑才能止刑，使人“怀刑畏罪，先时虽有论死之法，届期并无处死之人”；到时即使有“处死之人，而此后所保全之人且不可胜计”①。林则徐当时身在内地，未曾虑及外国烟贩的因素，但他认为“如果内地无人吸食，谅彼亦即不来”②的看法，也是有一定道理的。

林则徐在主张严刑峻法的同时，强调应给人悔过自新的机会，主张在执法的过程中体现出自首从宽、拿获从严，早改从宽、逾期从严的政策区别。“由宽而严，由轻而重”，最终达到永禁烟毒的目的。同时，为了体现“爱民如子”的态度，他还亲自收集研究戒烟药方，设官制断瘾丸，并捐出自己的廉银供配制丸药之用。在林则徐的示范影响下，民间医师也积极研制各种戒烟药。汉口和武昌药店配制的戒烟药，“无家不有，无日不售”。不仅城市如此，乡村也同样。鄂东名医杨际泰，精心研制出效果显著的戒烟药，并毫无保留地把药方和制法传授他人，以表示对禁烟救人活动的支持。在短期内，即有“久患烟瘾”之人，“今幸服药断绝，身体渐强”③。

林则徐在道光十八年（1838年）农历五月上奏《筹议严禁鸦片章程折》以后，考虑到“定议尚需时日，恐民间以为久无消息，或且不必查办。此心稍放，即不可以复收”，即与湖南、湖北巡抚钱宝琛、张岳崧商议，认为“目下吸食罪名虽未定议，而查拿总不可稍懈，收缴亦不可稍迟”，因而在未获朝廷明令的情况下，即成立了禁烟局，委派得力官员查访开馆兴贩之徒，并迅速逐一缉拿，缴获烟土烟膏和烟具；同时遍张告示，剀切禁戒。禁烟局派员收缴民间的烟枪烟斗，并教育吸食者：“真心改悔，查无不实不尽者，禀请暂免治罪，并酌给药料，俾其服食除瘾，以观后效。”

①②③ 中山大学历史系中国近现代史教研组、研究室：《林则徐集·奏稿》中册，中华书局1985年版，第570～571、597～598、600～601，576，598页。

在农历五月到八月的短暂时间内，湖北的禁烟工作取得了一定成效。汉阳县拿获烟贩朱运升、何日升等5人，另有邵锦璋等3名烟贩自首，邹阿三等2名广东烟贩闻风逃走。从船上、栈房，以及各种货箱、夹层床中起获多批烟土烟膏，连同自首烟贩所缴呈，共计“一万二千余两”。省城禁烟局到六月底，即“缴烟枪计一千二百六十四杆”，此后武昌、汉口两局又缴烟枪“七百余杆，省外各属所收亦已陆续禀报，尚未汇计”①。到10月，湖北又缴获烟土烟膏1万余两，湖南则缴获烟土烟膏3万余两②。

1838年10月27日，湖北除将汉阳县查获的烟土烟膏1万余两“暂贮藩库”外，把其余烟土烟膏1万余两、烟枪1 700余杆，由林则徐亲自验明，并会同湖北巡抚率部属赴校场（今武昌阅马场）当众销毁，并把残沥余膏拌以桐油烧透，“投入江心”③。林则徐还对禁烟严格执法、多次拿获要犯的汉阳县知县郭觐辰叙功请奖，荐升知州。湖北的禁烟工作成为中国人民近代禁毒斗争的序幕，林则徐在湖北的禁烟经历，为其后来在广东禁烟和销烟积累了经验。

三、湖北与鸦片战争

林则徐以其坚定的禁烟主张和在湖北的禁烟成效而名满天下，全国的禁烟呼声亦随之高涨。道光帝于道光十八年（1838年）农历十月命林则徐将湖广总督之职交湖北巡抚伍长华暂行兼署，进京陛见。同年农历十一月十五日，道光帝任命林则徐为钦差大臣，“前往广东查办海口事件”，并节制该省水师。林则徐于次年农历正月二十五日抵广州后，不久即着手捕拿烟贩、收缴烟土烟膏，以后又派兵包围英国商馆，勒令交出

① 中山大学历史系中国近现代史教研组、研究室：《林则徐集·奏稿》中册，中华书局1985年版，第597页。

② 姚薇元、萧致治：《鸦片战争研究》，武汉大学出版社1987年版，第241页。

③ 湖北省地方志编纂委员会：《湖北省志·大事记》，湖北人民出版社1990年版，第2页。

烟土237万多斤。1839年6月3日至25日，林则徐在广东虎门海滩将所缴鸦片当众销毁。此后林则徐会同邓廷桢、关天培等大力整顿海防，组织团练水勇，切实加强战备，多次击退来犯的小股英军。1840年6月，英国远征军大部队抵达广东海面，鸦片战争正式爆发。

湖北部分官兵参加了这次抗英斗争。出身行伍的鹤峰土家族人陈连升，1839年从增城奉调赴广州，参加抗击英军斗争，先在官涌打败来犯英军，获升三江协副将，率领多为湖北籍的600名兵士，防守沙角炮台。1841年1月7日，英舰20多艘来犯，其陆战队2 000多人从穿鼻洋登陆，夹攻沙角炮台。面临数倍于己的强敌，陈连升率部英勇抵抗，他们引爆地雷，开炮还击，击退敌人几次进攻，毙敌数百。由于接替林则徐担任两广总督的琦善不发兵援救，且扣压弹药粮草，沙角炮台终被英军攻陷，陈连升战死。死前，他将官印交给亦在阵中作战的儿子陈长鹏。陈长鹏在挥刀杀死数名英兵后，抱印投海而死。陈连升的遗体被残忍的英军肢解。

由于琦善一味对英军妥协，并擅自与英军签订《穿鼻草约》，道光帝将其免职，于1月27日对英宣战，并调派数省军队驰援前线。1 000名湖北营兵被调赴广东，在防卫广州、石门、佛山等地的战斗中，曾英勇杀敌，屡立战功。湖北提督刘允孝率营兵1 800人增援浙江前线，旋为镇压崇阳钟人杰起义而中途折返。

关于鸦片战争和战后中国应采取何种态度，湖北士人曾有些记述和议论。

天门诗人刘淳亲闻了鸦片战争的过程，有多首诗作表达自己的感受。例如："督府威声草木知，后来何故撤藩篱？海中遂有连墙入，城上几无一矢遗。猛将精兵填骇浪，黄金大贝走诸夷。土团健勇能相保，不似连营饷坐糜。"作者对林则徐被撤换深表不满，批评继任的琦善等不认真作战守准备，以致损兵折将，使中国财富被掠；诗中还指责正规军腐败无用，远不及民众自己的战斗组织。又如："市儿群起化天狼，白骨纵横蔽野僵。此辈固应无远算，诸军何事日仓皇？竟留边郡为巢窟，终使番船泊海疆。刁斗连村人自卫，贼无所掠必奔亡。”① 诗中之意在作战略总结，认为英军劳师远征，中国应以持久战、坚壁清野以应之，尤须发动广大群众，才能使敌军无法立足和得手。鸦片战争以中国的失败而告结束，刘淳心情十分沉痛：“征调三垂救一方，朝臣持重忽边防。海门天险无人守，坐使夷船泊建康。”“犒师金币辟兵方，钤阁开樽宴虎狼。欲得贾生一流涕，安边将帅问冯唐。”②写出了英军攻入长江，兵临南京城下，朝廷束手无策，只有妥协求和，并宴请敌酋，犒劳敌师，签订屈辱条约的过程，其沉痛心情正是他爱国思想的反映。

道光二十四年（1844 年）进士、监利人王柏心，曾在林则徐督鄂时被延至幕中，许为“国士”。王柏心在成书于 1839 年前的《枢言》中，除对当时朝政萎痹、言路壅绝、官场风气败坏、人民困苦无告等等黑暗情形加以批判之外，还对当时商业上的“役末技、通番货”作过分析。他认为当时大量奢侈品和鸦片的输入，既使中国的农业和手工业受到威胁，传统技艺受到打击，更“炫耳目荡心志”，“挟无形之酖毒，烁九州之膏血……使利散于番舶”，因而主张对鸦片等“番货”加以“厉禁”，不遵者“售与购皆有罪”③。可见他是林则徐在鄂禁烟的支持者和主要谋划者。

《南京条约》签订后两年，即 1844 年，王柏心写成《续枢言》一书。当时统治阶级中的大多数人有如雨过忘雷，照旧因循苟且、虚矫粉饰。王柏心则清醒地看到了“今时又异矣，天下苦于财力之绌，海疆晏然抱无形之忧，而边地盗贼时时窃发”的严重局面。他提出清除“七蠹”：“府藏之蠹在奸胥，州邑之蠹在供臆，征榷之蠹在琐才，农之蠹在末技，糈之蠹在冗官，饷之蠹在将弁之贪，儒士之蠹在置科之稠迭”，即要惩治贪污骩法，裁汰冗琐，减少不必要的开支浪费和科举取士人数。“禁末技”包括严禁买卖和使用“荡心志、败风气、糜钱刀”的“奇淫奢丽之

---

①② 刘淳：《感怀》，《云中集》第 5 册，光绪癸未赐绮堂刻。

③ 王柏心：《禁末》，《枢言续枢言》，光绪十七年“湖北丛书”版，第 12 页。

物”（包括鸦片），严惩“交通蛮夷、输致琛诡、射利取赢”的奸商①。

王柏心曾着重批评朝廷在鸦片战争中采取“款抚”即妥协、事情稍定后又苟且“忘备”的态度。他尖锐地斥责妥协投降分子：“凡主此者，始之有怯心，继之有幸心。虞其议之不成也，则倾资以奉之，启关津以悦之，饰大度以安之。”其结果只能使本国“敌忾同仇之气沮抑不振，彼未至弱我，我先自弱；我忘其备，彼反得修备而乘隙以谋我”。妥协派一再以中国战备未善而反对抵抗，但屈膝求和之后却仍不认真作战守准备，故王柏心忍不住责问道：战后几年了，“军实果修乎？城郭果缮乎？将士果练乎？抑但为便文以自营乎？”上述“有形之备”既未着力进行，“信赏罚，修政事，选择贤能”等“无形之备”则更差（暗指妥协投降、无能误国之辈未惩，林则徐未平反复出），朝廷内外一味侥幸于“款抚”，这无异于“与人斗，不扼其吭，反自系手足”②。

王柏心未能和同时的魏源那样，把眼光投向外部世界，提出“师夷长技以制夷”的救国方案，这是内地环境所囿及其思想局限的反映。但他能从传统文化中发掘积极因素，从历史经验中寻求借鉴，故所论述并不乏真知灼见。他的言论反映了鸦片战争前后湖北传统士人经世思想的状况和水平。

鸦片战争的失败，除了对敏感的士人造成一定的思想震动以外，还给湖北带来了两点影响。一是增加了湖北的财政负担。两次鸦片战争的赔款，湖北一共分摊120万两，于是湖北的各种征收摊派和捐项比以前更多更重。到50年代已多达100余种，每石漕米即浮收达3倍之多。二是烟毒重新泛滥。由于中国在战争中失败，故在签订条约时于禁烟之事未达成协议，鸦片进口虽未合法化，但实际上是得到了默许（1858年在第二次鸦片战争中，清政府被迫同英、法、美签订《通商章程善后条约》，其中的《海关税则》准许外商在通商口岸销售鸦片，名曰“洋药”，每百斤收税银30两，鸦片从此成为“合法”进口商品）。湖北被查封的

① 王柏心：《七蠹》，《枢言续枢言》，光绪十七年“湖北丛书”版，第42页。
② 王柏心：《谋备》，《枢言续枢言》，光绪十七年“湖北丛书”版，第38页。

烟馆又重开旧业，烟贩重新活跃，吸食者有增无减。尤其是鸦片战争后不久，西南的川、滇、黔数省即开始种植罂粟，熬制土烟，并且很快蔓延到湘西和鄂西等处，宜昌开始成为国内鸦片的转输和集散要地。湖北亦随之出现“三家之村，必有烟窟”的乌烟瘴气局面。

四、崇阳钟人杰起义

道光年间，湖北“书差为政”，国课漕粮无不加倍浮收，崇阳等地农民竟至“鬻子荡家”，不满情绪普遍蔓延。1836 年，该县就曾发生以金太和为首控告书吏浮收漕粮的案件，但浮收勒索积弊未除，群众积怨难伸，故在 1838 年、1841 年和 1842 年春三次发生农民进城驱逐书吏的行动。

该县县学文生（即文秀才）钟人杰，又名钟九，与同县县学武生（即武秀才）陈宝铭、文生汪敦族“素好”，道光十六年（1836 年）他们因为当地发生的一桩“挖煤控案，代作呈词”而“犯案斥革”，即都被革去了秀才功名。钟人杰还被“徒发配孝感县安置，后因在配穷苦逃回”。此后三人又因“敛收讼费，从中分肥”，“把持钱漕，与书差构讼”，双方“结成仇怨”。钟等手下人拆毁了书差王士奇等人的房屋，钟人杰的舅父、劣绅蔡绍勋“作词唆使书差上省控告，蒙委员赴县严拿，案内有名的金太和、蔡得章俱被获解管押”。金太和等从省城托人捎信给钟人杰求救，钟人杰、陈宝铭、汪敦族商议后打算“拿住蔡绍勋”，“挟制他和息了案”。

道光二十一年农历十二月十日（1842 年 1 月 20 日）晚，钟人杰率领上千人众赶到蔡绍勋家，但蔡绍勋闻讯已逃往县城。钟人杰指挥人众焚烧蔡宅，然后赶往县城，但因夜深，城门已经关闭。到任仅三个多月的知县师长治，见事起突然，忙派人向正在蒲圻巡视的武昌知府明峻告急，翌日仍紧闭城门待援，并会同城守营军官在城上“吆喝”，不肯交出蔡绍勋。双方僵持至十二日（22 日）黎明，钟人杰派人“从西城墙缺处支搭木板进内，开了城门，大家拥进。搜寻蔡绍勋不见，就把师知县围住，要他发禀往省求放金太和回来。师知县不允，并说要把我们拿解”，钟人杰气愤之下令人杀了师知县，拥进县署，打开仓库和监狱。典史和知县女眷二人自杀。钟人杰等下令杀了蔡绍勋一家，又抓到“有仇的书差”“数十人”，“即行杀害”。

当天，钟人杰决定“据城抗拒”，起义军在县城西门外举行“都督大元帅”和“三军司令”的树旗仪式，推钟人杰为大元帅，陈宝铭、汪敦族为副元帅。各头目分赴县内四十八保，勒令每保派一千人“入伙”相帮，实际到者“约计共有万余人”。来者“每人日给米二升，钱二十文”。各处设卡据守，在县城城墙上加砌砖石。“一面开仓碾谷，并勒派各保富户帮助粮食。又在乡间收取铜铁器皿，打造枪炮刀械，并配制火药，分头打仗。”钟人杰宣布，以崇阳为据点，“破通城，有钱粮；破通山，有硝磺；破蒲圻，有战场；破咸宁下武昌，到了武昌作国王”。

起义军头领之一僧人白青建议钟人杰就地称王，钟以时机未熟，不许。被起义者迫胁办事的文士们，畏惧株连灭门之祸，劝钟人杰命其队伍为勤王之师，被钟拒绝。但这些文士乘书写各种告示之便，仍署上“钟勤王”（湖广总督裕泰的奏折和年谱中均作“忠勤王”）之名发布。

1月27日，汪敦族率军3 000人挺进通城，知县李垒等官吏弃城逃走，起义军占据通城。钟人杰任命汪敦族兼任通城知县，以但扶泷为千总，共同负责治理和保卫通城。

清政府获知上述事态，十分震惊。当时湖北省城附近有流徙饥民30万人，岳州漕船正集合待发，故深恐起义军北进或南下，酿成“意外之虞”。遂急调正开往浙江抗英战场的湖北提督刘允孝率部返鄂，镇压起义军；并令湖广总督裕泰、按察使郭熊飞，湖南巡抚吴其浚、署（代）提督台涌，江西署按察使叶名琛等大员分别赶赴咸宁、岳州、义宁州（今江西修水县），率官军堵截。

钟人杰等未能抓住时机向武昌或岳阳突进，他们在攻占通城以后，仍按预定计划，向蒲圻、通山分兵出击。2月6日和8日，钟人杰先后派兵三部夺取蒲圻港口和官塘驿驿站。9日，起义军2 000余人夜袭汀泗桥，双方死伤相当而未能攻克。10日，钟人杰派起义军2 000余人顶风冒雪攻打通山县城，相持10日，损失不少。通山鏖战正激时，钟人杰又于16日命陈宝铭率兵4 000余，水陆并进，合攻蒲圻。城将破时，清军副将双福率援军赶到，起义军因腹背受敌而转胜为败，损失2 000余人。钟人杰急调围攻通山的兵力，援助攻蒲圻的部队。同时，汪敦族又命但扶泷率驻通城起义军2 000余人，出击湖南平江县上塔市清军兵营。25日，钟人杰改派陈宝铭之兄陈宝源再攻蒲圻，直迫城下。但此时清军已完成对起义军的包围，并开始向崇阳、通城反扑，一面在各处杀人，一面由湖广总督"给发告示晓谕，那附从的人，都渐渐逃散"。

从2月26日至月底，起义军主要在崇阳县境各要隘与清军浴血奋战。3月1日，清军攻占白霓桥，纵火将该镇横截街烧成一片瓦砾。次日，钟人杰、陈宝铭与刚从通城赶回的汪敦族计议后，决定销毁帅印、帅旗、文件，弃城他走。崇阳士绅派出奸细，诡称愿充向导，可避开清军。钟人杰等轻信中计，三人出城数里即陷入埋伏，被刘允孝部捕获①。官军总计调用5 000余人围攻崇阳，起义军群龙无首，崇阳失陷。3日，通城失守。9日，湖广总督裕泰奉谕将钟人杰、陈宝铭和汪敦族槛送北京，"僧白青、钟十四二犯，著于汛明后即在该处正法，逆属十四名口、从犯一百二十五名及各逆田产，著该督分别照例办理"②。同年6月6日，钟人杰、陈宝铭、汪敦族三人英勇就义。

有关钟人杰起义一事的文字记载极少，因而中央档案馆里保存的"清军机处录副奏折"中的湖广总督奏折和钟、陈、汪三人的口供，可谓最珍贵最权威的史料，但这种资料仍是有些可信，有些不可信。不可信之处，如官员报告事件的起因，显然是掩盖根本矛盾而只说细节，并对起义者大肆诬蔑，对官府的"剿"、"抚"措置夸张美化，以邀功赏。而钟、陈、汪三人的口供，也有可能掩饰若干真实思想和行为，如强调事件的起因是与当地的书差构仇结怨，导致"杀官畏罪，情急据城，并非

---

① 《钟人杰口述》、《陈宝铭口述》、《汪敦族口述》，近代史资料编辑组：《近代史资料》第1辑，中华书局1963年版，第2～6页。原件出自"清军机处录副奏折"。

② 《裕庄毅（泰）年谱》节录，王葆心：《续汉口丛谈·再续汉口丛谈》，湖北教育出版社2002年版，第61页。

豫谋造反”，而且当时的口供，必然是刑讯逼供所得，且经过了记录官员的修饰誊写，才成为奏折的附件保存。所以三人口供中承认自己“把持钱漕”，“敛收讼费，从中分肥”等，可能是事实，也可能是自诬。

可信的是钟、陈、汪三人不是以耕种为业的贫苦农民，而且出自还算殷实的人家，这样才能长期读书或习武，并取得文、武秀才的功名，因而他们的身份应属下层绅士。他们都多次主动卷入诉讼，因而都被革除了功名（即秀才身份），但他们此举是激于义愤，为弱者打抱不平，还是为了一己私利，显然也成了小小的历史之谜。从现存的资料可知，钟人杰领导的农民起义，虽然波及崇阳、通城、通山、蒲圻和湖南平江等5县，范围不算很小，但为时仅仅两个月，起义的组织发动者和附从者最多不过两万人，牺牲者却多达四五千人。但这并不足以证明王朝政府对地方控制的有力有效，而只能说明这次农民起义不仅存在着传统农民起义的共同弱点，思想上、组织上的准备尤其不足，还明显缺乏一批具有政治、军事战略眼光和指挥才能的领袖人才。农民军在战斗中既没有建立巩固的根据地，又多次分兵攻坚，未能避实就虚、灵活机动，最终导致这次起义很快失败。而它作为近代史上湖北境内的第一次农民武装起义，反映了当时社会问题的严重和矛盾的尖锐，预示着席卷中国大地的一场狂风暴雨即将到来。

自从川、楚白莲教大起义于19世纪初被镇压之后，余众仍在秘密活动，部分教徒长期隐蔽在武昌，准备伺机再起。钟人杰起义鼓舞了教门徒众，他们设坛收徒，改名青莲教。教主程依精供奉无生老母，假托符瑞，在省城乌鱼池一带发展了众多教徒，并与流散在云南、甘肃等地的原白莲教徒取得了联系，暗中进行反清准备，武昌则成为该教的活动中心。

1845年4月，青莲教被官府侦破，湖广总督裕泰立即将教主程依精及有关骨干捕杀，并通饬各地严密查禁①。但隐蔽在襄阳、樊城的白莲教徒众仍在秘密活动。

① 彭崧毓：《江夏县志》第8卷，“杂志”，同治八年江夏县署刻本，第53页。

第二章　农民群众与王朝政权的生死搏斗

第一节　农民战争在湖北风起云涌

鸦片战争使中国开始进入半封建半殖民地的历史阶段，但无论是当时人们的思想认识，还是中国社会的演化机制，首先仍然是受制于历史惯性。所以在19世纪五六十年代，不仅中国社会（尤其是内地）最尖锐的矛盾仍然是农民群众与地主和官府的矛盾，而且在双方的斗争过程中，其行动和思维方式都带有较多的传统色彩。

一、太平军四取阳夏、三克武昌

1851年，太平天国运动在广西金田爆发。在洪秀全、杨秀清等人领导下，太平军队伍迅速壮大，他们突破清军的围追堵截，挥师北上，出广西，过湖南，十万大军于1852年底分水陆两路进入湖北。

武汉是地绾南北、沟通东西的战略要地，亦是中部腹地的政治、经济、军事中心。“天下大局，武昌为重”，太平天国运动无论向中原还是向长江下游发展，均须先夺取武汉，并以湖北为根据地。因此，太平天国的运动领袖始终把占据武汉、控制湖北作为重要战略目标。

清王朝亦深知保住湖北和武汉的关键意义，咸丰皇帝急忙把在湖南吃了败仗的湖广总督徐广缙革职留任，迫其戴罪立功，调任原浙江巡抚常大淳来代替因恐惧而托病乞假卸职的湖北巡抚龚裕，抽调陕西营兵2 000人，河南营兵1 000人，赶赴湖北协助防守，随后又陆续抽调四川、贵州、云南、甘肃等省兵马至鄂。

1852年12月19日，陆路太平军攻克蒲圻，击毙知县周和祥、县丞张汝琛、县尉何秋，然后乘胜向武昌进军，23日占领了城东钵盂山、洪山、小龟山等制高点，兵临武昌宾阳门（今大东门）外。尾随太平军的广西提督向荣派总兵王锦绣率兵增援武昌，被太平军中途截击，伤亡大半。

水路太平军从岳州出发，分乘5 000艘战船，通过杨林矶、簰洲、金口，一路未遇抵抗，于当年12月22日抵达武汉江面。然后佯攻武昌，而以大部队急驰至清军守备薄弱的汉阳鹦鹉洲边，登岸抢攻汉阳城。太平军殿左一检点黄玉昆、殿左一指挥林凤祥、殿右二指挥李开芳、金官正将军罗大纲等，率部与汉阳清军激战，焚毁了龟山清军营垒，全歼守军800余人，击毙汉阳知府董振铎、副将朱翰、游击李信宜、把总吴金彪等文武官员，当晚占领汉阳。太平军从清军手中缴获了一批钱粮布帛，补充了兵员、给养。

12月24日，太平军利用长江冬季水浅、江面露出沙洲的条件，由典水匠唐正才等设计，集中艨艟大舰，用三四十斤重的大铁锚固定排列江中，船面铺以木板，造成横跨长江的浮桥两座，一座"由鹦鹉洲至白沙洲"，一座"由南岸嘴至大堤口"，"人马来往，履如坦途"①。太平军分驻两岸，夹江为营，控制了长江水面。

12月29日，太平军从汉阳强渡汉水，占领汉口。洪秀全移驻汉口硚口关帝庙街的山（西）陕（西）会馆。太平军又在汉水上架起一座浮桥，使武汉三镇连为一体，完成了进攻武昌的准备。

武昌方面早已戒备森严。常大淳从岳州退回之后，下令关闭武昌城的九处城门，把沿江以及金口等地的守军调进城内，在近城高地修筑营垒。为了防止太平军利用城外民房作掩护，常大淳和提督双福下令拆除城墙外十丈内的所有民房。因两三天后还未拆完，清军即下令放火焚烧，于是城外大火几天几夜不熄，黄鹤矶头的古迹观音阁亦化为灰烬。成千上万的居民无处栖身，哭声震天动地，不少人跳进长江和沙湖自尽。

---

① 中国史学会：《中国近代史资料丛刊·太平天国》（四），神州国光社1952年版，第587、594页。

尾追太平军的广西提督向荣部16 000余人，在太平军到达武汉几天后，赶到武昌城东15里的卓刀泉扎营，企图与城内守军6 000余人内外夹击太平军。但城内守军不敢出击，向荣发起的几次反扑均被击溃。太平军坚守住城东洪山、小龟山、紫荆山阵地，在城北修筑了炮台，在城西沿江扎下陆营14座，江面扎水营3座，把武昌城团团围住。

太平军在架长梯攻城受挫后，决定挖地道攻城。他们把突破口选在武昌西面的文昌门一带，因为此处距驻扎在卓刀泉的向荣援军较远，又临近两座浮桥，便于汉阳的太平军助攻。以矿工为主组成的土营在文昌门城下掘开深洞，然后将成千上万斤火药填进棺材，隐蔽地运进地道，并将打通竹节的竹竿将火绳引出洞外，做好了爆破的准备工作。常大淳侦知太平军在挖地道，命令士兵在城内侧搜寻，挖沟灌水，企图破坏地道。但太平军虚虚实实，所掘地道不止一条，清军防不胜防。

1853年1月12日拂晓，洪秀全命令黄玉昆、林凤祥、李开芳、罗大纲等率领大军，乘大雾由汉阳经浮桥到达文昌门附近，在佯攻城东南吸引清军时，由数十个太平军战士组成登城突击队，“背插短刀，攀援而上，先将城上炮门填塞，从城跃入”；同时引爆城下所埋炸药，轰塌文昌门附近城墙20余丈。大批攻城部队如潮水般涌入，经整日巷战，先后占领各级衙署、军需总局和火药局，全歼清军，击毙提督双福、布政使梁星源、总兵韦禄、巡道王寿同等文武官员多人，巡抚常大淳、按察使瑞元、总兵王锦绣等人自杀。一场血腥的战斗之后，武昌“城内司湖、墩子湖、菱湖溺尸皆满。光绪壬辰，余读书菱湖之两湖书院，犹有抉藕者发见尸骸之事”①。此时距武昌城初次被破已快四十年了。

洪秀全于1月17日进入武昌，将原抚署衙门改作“天朝门”和“天朝殿”，在此办公。传令安民镇反，“官兵不留，百姓勿伤”②。他派兵分

① 王葆心：《续汉口丛谈·再续汉口丛谈》，湖北教育出版社2002年版，第63页。

② 湖北省地方志编纂委员会：《湖北省志·大事记》，湖北人民出版社1990年版，第7～8页。

头到武昌县（今鄂州）、汉阳县蔡甸、黄州、蕲水（今浠水）广征粮米，同时在武昌扩军。鄂东南蒲圻、嘉鱼、咸宁、通城、大冶等地的天地会会员参军者尤多。在湖北加入太平军者被称为“新兄弟”，人数达10余万。

太平军占领武昌未及满月，到1853年2月9日，即“烧城走，长驱躏九江。时鄂垣城中阛阓邱墟，尸骸撑拒途巷，各家藏书，均投厕溷中”。洪秀全率领50万太平军东下，水路由秦日纲、罗大纲、赖汉英指挥，排列战船万余艘，绵延几十里，蔽江而行；陆路由胡以晃、林凤祥、李开芳等指挥，夹长江两岸而行。2月11日克黄州，13日克蕲水，15日在广济县南的老鼠峡一带打败两江总督陆建瀛指挥的清军拦截部队，乘胜连下九江、铜陵、芜湖，于3月20日占领南京。改南京为天京，作为太平天国的都城。

太平军定都天京以后，于当年5月挥师北伐，同时为了控制长江中游，以为天京屏障，派出西征军溯江而上，一路经略皖北，一路挺进湖北。

进入湖北的西征军在石祥祯、韦俊（一作韦志俊）率领下，于10月1日占领武穴，接着在广济县田家镇、兴国州（今阳新县）半壁山和富池口等处，打败安徽巡抚江忠源的守军，占领黄州，然后如入无人之境，直逼汉口、汉阳。惊魂未定的“汉口居民多走汉川、刁汊湖、分水镇一带。或陷淖，或跣行，沿途岸号哭声不绝，男女蹶踣争道争渡如蚁”①。10月20日，太平军第二次攻克汉阳和汉口，汉阳知府俞舜钦“怀官印投水自尽”。西征军进而分兵略取黄陂、云梦、德安（今安陆）等州县，也曾在武昌武胜门、汉阳门架云梯发起攻击，因清军防守严密，一时未能攻克武昌。此时，扬州吃紧，天京急命石祥祯、韦俊回救扬州和庐州（今合肥）。西征军遂于11月6日主动撤出汉阳、汉口，退守黄州。

太平军取得扬州和庐州的作战胜利后，石祥祯、韦俊、石镇仑、石

① 王葆心：《续汉口丛谈·再续汉口丛谈》，湖北教育出版社2002年版，第107页。

凤魁、曾天养、林绍璋等将领再进湖北，兵力也增至 4 万人。1854 年 2 月12 日夜，西征军兵分几路，围攻驻屯在黄州堵城的湖广总督吴文镕军，攻破 13 座清军营垒。守军或死或降或逃，吴文镕在败逃时被太平军杀死①。

黄州大捷后，石祥祯、韦俊、曾天养等率部西进，大小战船 1 万艘，“帆如叠雪”、“樯若丛芦”，清军“望风披靡”②。2 月 16 日，太平军第三次占领汉阳、汉口。清按察使唐树义收集溃兵退驻金口，太平军乘胜追击，打翻唐树义座船，唐落水而死。

此后，太平军分兵占领了黄梅、广济、崇阳、通山、大冶、兴国、罗田、麻城。曾天养率领的一支太平军，连克云梦、孝感、应城、荆门，直抵宜昌。太平军还占领了汉川、沔阳、德安，前锋逼近襄阳。整个湖北除施南、郧阳二府之外，其他州县无不有太平军。武昌成为一座孤城，守城清军“官弁仓惶无计，众心涣散”③。至 6 月，武昌城内清军援绝粮尽，西征军乃发起攻城作战。

6 月 26 日，太平军从城北塘角、城南鲇鱼套分别进攻武胜门和保安门一带，同时派陈玉成率 500 健卒任先锋，伺机登城。陈玉成率队乘船绕沙湖、东湖潜行，黄昏时把队伍带至防守薄弱的武昌城东，然后借朦胧夜色，于城东宾阳门（今大东门）、中和门（今起义门）之间，用绳梯攀援登城，并大呼“天兵登城了!”清兵慌作一团，打开城门溃走。大队太平军冲入城内，再次攻占武昌。是役击毙布政使岳兴阿。湖北巡抚青麟自杀未遂，逃至荆州，被清廷问斩。

1854 年 8 月，曾国藩率领湘军进攻湖北，太平军占领的大部分州县失守。太平军在武昌城郊各高地修营垒、筑高墙、建瞭望楼，于长江、

---

① 皮明庥：《太平天国在湖北的革命斗争》，湖北人民出版社 1977 年版，第 32 页。

② 中国史学会：《中国近代史资料丛刊·太平天国》（三），神州国光社 1952 年版，第 142 页。

③ 李鸿章：《曾文正公全集·奏议》第 4 册，世界书局 1948 年版，第 28 页。

汉水中置木筏营垒、设水闸，夹岸建筑碉堡，遍布木桩和十字竹签，作固守计。曾国藩称太平军“不守陴而守险”，“精悍不聚于城内而堵于城外”的守城之法为“坚不可摧”①。10月，湘军逼近武汉，前锋占据金口。陈玉成率太平军水师由黄州驰援，途中与湘军水师苦战不胜，退守黄州。

10月12日，曾国藩分兵进攻武昌，湘军水师控制了水路，切断武汉三镇太平军的联系。湘军陆路以塔齐布部由纸坊进击武昌城东制高点洪山，以罗泽南部从金口进击防守花园（今武昌青菱湖至江边）的太平军，以杨昌泗部包抄汉阳。太平军势单力薄，屡战不利。次日，三镇外围军事据点尽失，水师战船亦损失严重。14日，在武昌主持军事的石凤魁和主持民政的黄再兴率太平军突围，弃武昌城，退到广济田家镇。汉阳和汉口的太平军亦分别退出。

湘军攻下武汉后，曾国藩即分兵三路东下，连占大冶、兴国、黄州、蕲州（今蕲春）、广济，进逼九江。太平军为屏障天京，派燕王秦日纲至鄂督师，再次在古称天险的广济田家镇和南岸兴国的半壁山抗击湘军。11月23日，湘军罗泽南部猛攻半壁山，山上的太平军与湘军血战竟日，终因寡不敌众而失败，幸存的太平军将士从悬崖上跳江，壮烈殉难。湘军塔齐布部同时攻占富池口。12月2日，湘军水师攻到半壁山下，要毁断太平军设置的三条拦江铁索，再次与太平军激战，太平军“死者万人，毁舟数千，江水为之赤”②，拦江铁索不保。3日，秦日纲、韦俊率余部从田家镇退到黄梅，23日又撤回安徽境内。湘军顺流而下，兵临九江。

太平军为粉碎曾国藩“肃清江西，直捣金陵”的计划，派翼王石达开、冬官正丞相罗大纲再次率兵西征。1855年1月29日，石达开在江西湖口大败曾国藩水师后，乘胜西上，先后克复黄梅、广济、蕲州、黄

---

① 皮明庥：《太平天国在湖北的革命斗争》，湖北人民出版社1977年版，第37页。
② 太平天国历史博物馆：《太平天国史料丛编简辑》第1册，中华书局1961年版，第77页。

州。湖广总督杨霈率残部退守武昌。罗大纲率领的另一支西征军，急行五昼夜，先期到达汉阳外围。23日，罗大纲、陈玉成率太平军第四次攻占汉阳和汉口。湖广总督杨霈逃往德安。太平军兵分三路，一路西进，连克天门、沔阳、荆州等地；一路北上，攻占应城、云梦、随州；一路占领通山、崇阳、咸宁，巩固了武汉外围阵地。

1855年4月3日，太平军经过充分准备后，分水陆两路对武昌城发起总攻。大江以南的太平军，从通山急行军至塘角，直迫武昌城下。停泊长江北岸的太平军船队，从汉阳、汉口飞驶武昌白沙洲，猛攻胡林翼、李孟群水师，从拂晓激战到中午，清军首尾不能相顾。太平军又潜入鲇鱼套湘军彭玉麟水师营中举火。清军在武昌城的防御工事悉被太平军荡平。太平军勇夺汉阳门，击毙武昌知府多山，到傍晚又击毙湖北巡抚陶恩培和游击陶德寿，湖北按察使胡林翼仓皇败退，退守汉阳上首的沌口。武昌城第三次被太平军占领。湖广总督杨霈被清廷革职查办。

太平军为固守武昌，在城东、南、北三面环筑土墙，在城东紫荆山、小龟山、双峰山建炮垒，又挖掘长6里、宽深3丈的壕堑。在汉阳城东城南筑起土城，沿江排列巨炮，并修建把龟山圈围在内的外廓。在汉口也建造了防御工事，又在汉水上架设浮桥，将水师泊集于汉水，护以木筏，中设栅门，以防湘军水师袭击。在武汉下游的团风、樊口、黄州、武穴、田家镇和汉阳上游的蔡甸、长江埠等战略要地，大都采用“夹江为营”、“夹市为营”的布防，以拱卫武汉。

在武汉外围，曾国藩忙于组织湘军进攻。他在湖南新造战船，招募水勇，由李孟群、彭玉麟督师来鄂。1855年4月，胡林翼被任命为署理湖北巡抚，设大营于金口。4月，湘军曾从沌口反扑汉阳。5月，胡林翼多次从金口向武昌白沙洲、八铺街进攻，彭玉麟出动战船助攻，均被太平军击退。清政府委任官文为钦差大臣，督办湖北军务，将大批清军调到武昌外围，湘军悍将、浙江宁（波）绍（兴）道罗泽南也被调到武昌战场。

太平军为打破清军包围，多次出城袭击金口、沌口和蔡甸之敌。胡林翼、杨载福也多次指挥湘军进攻汉阳和汉口。9 月 18 日，太平军直捣胡林翼金口大营，苦战 4 天，在奓山大败胡林翼。双方你来我往，大小战斗上百次。

1855 年 11 月，罗泽南部与胡林翼部会师羊楼司后，加强了对武昌的进攻。12 月，胡林翼从广东购回 600 尊新式千斤大炮。1856 年 4 月，他派李续宾部由北路进攻窑湾，断绝太平军粮道，又以驻扎洪山的罗泽南部为东路军，自率中路水陆军大举进攻。太平军出奇兵袭击胡林翼军后路，打乱其部署。罗泽南则攻占了太平军在城东南八铺街的营垒，又攻破城角土垒和望山门石垒。4 月 6 日，罗泽南军又从洪山发起攻击，攻小龟山、紫荆山、鹰嘴角，迫临武昌城下。太平军炮矢齐发，罗泽南被击中，数日后死去。

胡林翼围攻武昌城年余不下，乃在鲁家巷、花园、五里墩、石嘴等地筑垒安炮，对武昌长期围困。通往武昌城的粮道断绝，形势紧急，但太平军仍坚守待援。不久，翼王石达开来洪山督师。

1856 年 9 月，天京发生太平天国领导集团内讧，石达开闻讯带领部分官兵赶回天京。“外援复绝”，武昌防守力量顿形薄弱。守将韦俊系“天京事变”要角、北王韦昌辉之弟，他“感觉不安，无心再守”①，遂于 12 月 19 日率部撤出武昌城，坚持 626 天的武昌城保卫战至此结束。同时，太平军汉阳守将钟廷生也率部退出汉阳，接着武昌县（今鄂州）、黄州府相继在 21 日、22 日失守。

从 1852 年底到 1856 年底的 4 年间，太平军四克（汉）阳夏（口），三克武昌，兵锋所至，遍及湖北南部、东部和中部数十州县，歼灭清军营兵、湘勇和湖北地方团练 10 余万人，击毙和使其受革职处分乃至处死的清廷高级文武官员数十人，横扫士绅、地主、胥吏、册书，使湖北的旧势力受到了沉重打击。至于太平军攻克武汉后未能坚守，使天京失去中游屏障，头两次的原因是战略决策失当；最后一次在坚守 600 余日后

① 郭廷以：《太平天国史事日志》（上），上海书店 1934 年版，第 510 页。

仍然不得不放弃，则主要是内讧削弱了自身力量所致。当然，在这样反复、激烈的攻守作战中，普通居民也承受着巨大的痛苦和牺牲。“闻我省域有骸骨可收者十九万有奇，随江水而下者不知凡几。”① 三四十年之后，流传坊间的《汉口竹枝词》还“全纪咸丰中，赭寇焚掠汉口之事，注中详述乱状极惨”②。

二、太平军在鄂东继续战斗与湖北各地民众的零星起事

1857年3月，太平军在退守九江时，为了挽回不利战局，曾试图重新进军湖北，兵分三路攻黄梅，并出动1 000多骑兵助攻，一度克复黄梅县城，但因寡不敌众而退出。4月下旬，已担任前军主将的陈玉成率太平军、河南捻军和皖北饥民共十几万人，在攻占安徽舒城、六安等地后，攻入黄梅、广济、罗田，5月中旬破清军于蕲州（今蕲春）张家塝，斩清同知李景湖等。太平军在广济依山扎寨，结营百余座，猛攻黄梅清军营垒。陈玉成还拟分兵上溯黄州，进取武汉。湖北巡抚胡林翼于7月中旬赶赴黄州督战。8月，太平军在黄梅击毙清总兵王国才。月底，胡林翼指挥知府李续宜，参领舒保，游击孙昌凯、左光培等，在黄州孙家嘴进攻陈玉成军，随后又在黄州蕲水（今浠水）间的马家河、大石港等处与陈玉成军激战。由于石达开在天京率部出走，陈玉成回军安徽。

1858年，太平军为实施“招集德安襄阳人马下救天京”的计划，陈玉成再次联合捻军共十几万人，分两路进攻湖北。南路由倚天侯陈仕荣等人自宿松进军蕲州（今蕲春），北路由陈玉成、韦俊指挥，由安徽霍山经河南商城进入湖北。4月22日，陈玉成、韦俊分别进攻罗田、麻城等地，接着占领麻城和黄安（今红安）。5月中旬，李续宜督副将张文焕

---

① 皮明庥：《出自敌对营垒的太平天国资料——曾国藩幕僚鄂城王家璧文稿辑录》，湖北人民出版社1986年版，第46页。

② 王葆心：《续汉口丛谈·再续汉口丛谈》，湖北教育出版社2002年版，第47页。

等，会同副都统舒保之马队猛攻麻城，“陈玉成、韦俊亦猛烈抗拒，阵毙张文焕，及都司谢国俊，千总熊世定等”①。6月初，舒保等攻占黄安，陈玉成、韦俊放弃麻城东走。在此期间，陈仕荣曾两次率太平军自安徽太湖西入蕲州，拟上援麻城，均为清军所败。6月下旬，陈玉成、韦俊率部退到安徽霍山。

1860年5月，洪秀全在天京召开最高军事会议。干王洪仁玕在会上提出再次进军湖北的计划，认为太平天国要保卫天京，确保安庆，就应发兵两路西上，一路沿长江北岸进入湖北蕲水、黄州，一路从长江南岸经江西入湖北，两路约期会师，合取武汉。洪仁玕的建议获得通过。同年9月，洪秀全再次召开会议，决定由已晋封英王的陈玉成统率北路军，沿长江北岸上溯，由忠王李秀成统率南路军，经江西、湖南进入湖北，两路大军于次年5月会师武汉。

陈玉成先到皖北联合捻军，队伍发展到十几万人，然后由安徽入湖北。1861年3月14日攻占英山，17日攻占蕲水，然后派一支部队乔装清军，于18日轻取黄州，随即又飞驰数百里，兵临孝感，侦骑已达汉口近郊。湖北人民支持太平军，仅德安一带就有2万多人投入陈玉成的部队。当时清军主力正在安徽，武昌城守军仅数千人，汉口及附近清军也只万人，商人和船只逃避一空。湖广总督官文忙在武昌戒备防守，湖北巡抚胡林翼在安徽急得吐血，忙上书向朝廷请罪，并和安徽巡抚李续宾一道，指挥撤下围攻安庆的队伍，回援武昌。

但李秀成率领的南路军不如北路军行动迅速。当陈玉成取得黄州时，李秀成军尚在江西建昌（今南城）一带。此时英国人亦撕下了“中立”的伪装，支持清政府，阻挠太平军进攻武汉。3月11日率军舰到汉口的英国海军中将贺布（一译何伯）得知陈玉成攻占黄州后，立即派遣代理参赞巴夏礼和两名英商代表于3月22日赴黄州会见陈玉成，以“武汉三镇”“组成一个巨大的贸易市场……太平军夺取任何其中一个城市，难免

① 郭廷以：《太平天国史事日志》（上），上海书店1934年版，第566页。

不损坏整个大商港的贸易”为由，要求陈玉成“远离该埠”，甚至公然威胁说，“你们必须使自己的行动不要跟我们发生冲突才好”①。同时又隐瞒李秀成部已在建昌的消息，诡称忠王及其部队“尚未进入江西”，陈玉成部若“单独与守卫武昌的清军作战”，“不仅得不到其他各路军的支持”，还要“对付从后面袭击你的安徽军”②。陈玉成因对南路军的进展情况不明，又未识破英国人的诡计，对进攻武昌犹豫不决，便向天京请示。拖延了两三个月，才接到天京的命令，指示进军汉口。但由于安庆告急，陈玉成只得于4月率军返回安徽，留下赖文光率部驻守黄州。

李秀成于6月中旬进入湖北，沿途有20万人加入太平军。李秀成到了武昌县（今鄂州）、兴国州，但未与隔江相望的黄州赖文光部联系，就于7月退出湖北，转往浙江方面去了。1861年9月，安庆陷落。不久，陈玉成牺牲。鄂东的黄梅、广济、蕲州、黄州不久也被清军夺去。1864年7月天京陷落以后，长江以北的太平军余部的斗争，主要是和捻军联合进行。

石达开于1857年5月率部离开天京后，转战于南部浙江、福建、江西、湖南、广西、贵州、四川等省，于1861年9月遣许桂和部逼近湖北来凤县。10月16日，据黔江太平军进入湖北，攻占咸丰县城，声援进攻来凤的太平军，次日火焚咸丰县署而去。10月18日，太平军攻占来凤县城，鄂西大震，施南府群众密谋响应，因事泄而就义者达70余人。清政府除就近从四川酉阳调兵外，又命施南副将惠春、宜昌参将兴禄各率军千余人进攻来凤，并令观察刘岳昭率兵从随州驰援。

1862年1月24日，据守来凤的太平军击退刘岳昭部清军的三路进攻，又歼灭施南、宜昌来攻之清军3 000余人，击毙惠春、兴禄等大小

---

① 湖北省地方志编纂委员会：《湖北省志·大事记》，湖北人民出版社1990年版，第30页。

② 王崇武译注：《英国参赞巴夏礼报告在黄州访问英王陈玉成的经过》，《历史教学》1957年第4期。

将官20余人。2月3日，石达开进入来凤县，旋命许桂和部留守来凤，自己于12日率领10万大军经咸丰、利川进军四川。石达开走后，大批清军围攻来凤，许桂和也于12日主动弃城，转战入川。太平军石达开部在鄂西的活动基本结束。

从50年代初到60年代中，由于受到太平天国运动的影响和鼓励，湖北各地农民纷纷开展反清斗争，他们除投入太平军参加战斗外，还发动了十余次起义，主要有下列几次起义。

广济宋关佑起义。1853年，广济春荒严重，清政府谕令该县豁免钱粮一年，但知县蔡润身接令后竟秘而不宣，照旧催征钱粮。该县宋关佑家贫少孤，娴于击技。3月下旬，他在大金铺痛殴强取豪夺的催征书差，并亲往县署论理，要求免征，但备遭凌辱。宋关佑决心起义，遂约请穷哥弟秘密集会，歃血为盟，提出“官逼民反”的口号，决定“上告贪官，下集乡民，先礼后兵，求救南京”；并张布檄文，历数地方官吏贪暴虐民的“十大罪状”。

宋关佑带领乡民直取县治梅川镇，知县蔡润身闻风先逃。宋关佑占领县城，捕杀贪官污吏、恶霸豪绅，又开仓济贫。全县数万农民响应。蔡润身逃至黄州，哭求知府邵纶派兵镇压。邵纶因兵力不足，施缓兵之计，亲赴梅川安抚，佯装应允严惩蔡润身、免征当年钱粮之请，暗中急令黄梅知县鲍开运和阳逻把总、团风巡检等领兵会剿。

鲍开运领兵一进入广济，就火烧民房，屠杀农民十余人。宋关佑知谈判乃官府圈套，遂集合农民万余，在梅川镇护城河边与鲍开运部血战。鲍战败，带伤逃匿，被搜获击毙。湖北按察使江忠源和湖北督粮道徐丰玉带大兵来剿，宋关佑率众退往县内雀山。在雀山战斗中，宋关佑之弟、侄及几位起事首领先后牺牲，宋关佑本人在农民掩护下，投奔了太平军①。

① 湖北省地方志编纂委员会：《湖北省志·大事记》，湖北人民出版社1990年版，第8～9页。

襄阳郭大安起义。1853年2月，襄阳郭大安等响应太平军，率众千余在北乡起义，“旬日驿道梗阻，襄樊大震”。河南巡抚陆应谷遣将赴襄阳会剿，时领兵来湖北协同对太平军作战的云贵总督罗绕典亦率军进攻，屠杀起义者约400人。郭大安被钟祥团练捕获，押至襄阳杀害。但余部高二先、范二娃等仍在秘密活动。

武昌府各属亦相继爆发起义。3月，通城方九五等率众起义，乘夜破城，焚毁县署，据城内青阳书院。同月，崇阳陈申子等率天地会众千余，在该县桂口起义，焚巡检署，树“太平天德都督大元帅”旗，以“复国安邦”相号召。嘉鱼熊开宇等亦率众起义，破县城，劫狱焚署。陈申子、熊开宇会合进据麦市，聚众数千，与通城方九五相呼应。4月，方九五败死。陈、熊二军挫败湖北按察使江忠源之前锋江忠济部于大沙坪，旋因清军大队反扑，陈申子阵亡，熊开宇退回嘉鱼，前后坚持斗争9个月①。

沔阳陈苦鸹子、李喜贵起义。1853年11月，沔阳州囚犯陈苦鸹子等越狱，在该州北乡活动。1854年2月，太平军西征部队攻占仙桃镇，陈聚众数百，引太平军取道里仁口，在郭家河击毙清军守备王芳。6月攻克沔城，烧毁学宫。7月20日，知州萧荫恩率团练反扑，攻陷沔城，起义军败走张家湾、里仁口、仙桃镇。

同时有李喜贵在沔阳沙湖举义，配合太平军打击团勇。不久李被谋害，余部分散活动。

8月24日与26日，陈苦鸹子先后击败团练于杨林沟和太平桥。27日再激战于汉阳团洲，击毙团首冯大悦。适清军统领陈庆有率大队至，陈苦鸹子力战阵亡，余部继续在白公湖、下渣埠、长淌口、脉望嘴等地坚持斗争。1855年3月9日和15日，义军先后在黄荆口生擒五品军功曹毓里，在林家拐子击毙团首林天植。4月，荆州将军官文令四川军

① 湖北省地方志编纂委员会：《湖北省志·大事记》，湖北人民出版社1990年版，第9～10页。

功李光荣等率部至仙桃镇围剿。11 月 9 日，义军再次占领仙桃镇。13 日，清军主力自荆州至，义军撤出仙桃，暂行解散。此后，知州萧荫恩奉命力行保甲，起义群众多被捕杀①。

京山孔昭潆、刘花子起义。1854 年初，太平军一部由孝感进逼应城，占领德安。4 月末，京山孔昭潆、刘花子与太平军取得联系，正式树旗起义。5 月 30 日，孔率众包围京山县城，火烧西门，知县杜嘉善率团练退守官桥。起义军占领县城，火烧衙署和监狱，迎接太平军入城。接着京山又有多处群众起义，并打出太平军丞相、检点、司马等旗号。起义军声势益壮，多次同官军及团练交锋，县城几次易手。6 月底，杜知县扩充团练后再次攻城，起义军分兵迎击受挫，遂弃城走，在县南一带活动。至 10 月，由于内部有人暗通清军，出卖情报，起义军在清军围攻下覆没，孔昭潆、刘花子不知所终②。

松滋穷团起义。松滋穷团亦称忠义团，由该县台山坪人彭升科创立。彭升科在四川当兵多年，解甲回乡后向地主租地耕种，因为深恨“富民取租太苛，乃以私意定为条例，榜诸通衢”。他初意在强行减租，并非造反。

彭升科的好友邓正雷，渴望太平军早至，便以白莲教语言“运丁阳九，弥勒当降生救灾劫，奉戒者免一切苦厄，获富贵”等暗中宣传，协助彭升科组织群众，声势日盛。彭亦分授各头领以官职，制作过关印信。县令周学润诡称调停，密令纸市团练缉捕穷团首领李传位、余白秀等下狱。彭升科于 1856 年 5 月 22 日率穷团起义。该县监生苏材急赴湖南澧州（今澧县）请来 500 名清兵。清兵以穷团势盛，夜袭穷团营地。彭升科因疏于戒备而受挫，率部向南转移。荆州知府遣把总谢恩周率部与澧州兵会合，追击穷团。6 月1 日，穷团在八角祠、牙前寺接连战败，邓正雷被俘牺牲，彭升科逃走③。

①②③ 湖北省地方志编纂委员会：《湖北省志·大事记》，湖北人民出版社 1990 年版，第 11、12～13、23 页。

随州赵邦璧起义。1856 年夏，湖北米价飞涨。9 月，随州廪生赵邦璧仿明末该州红巾军首领明玉珍故智，自称楚王，率众数千人占据大洪山，作为根据地。旬日之间，远近饥民影从者甚多。12 月，赵邦璧率众攻入随州城，焚毁南门城楼和州署，击溃安徽补用知县萧庆镛所部。继与荆宜施道文辉、汉阳营参将施鸿恩等所率马步军激战于通津桥，失利后折回大洪山。施鸿恩和同知李光荣分两路进攻，义军主力迎战失利，赵邦璧及 200 余人牺牲，大洪山失守①。

襄阳朱中立、高二先起义。1856 年，白莲教首领、安陆人朱中立在襄阳一带以传教为掩护，从事反清活动。襄阳士子、4 年前郭大安起义军余部的高二先和盐贩冯三典、范二娃等，见襄阳大旱，人心浮动，便结伙投奔朱中立。"襄樊之变，探闻起于盐课，每斤抽至十五文，致盐贩为匪徒煽合，岁旱饥民附之，聚集渐多。"② 9 月，在太平军西征胜利的鼓舞下，朱中立等聚数百人在竹条铺举兵起义。朱中立被推为王，高二先为都督，冯三典为元帅，范二娃为将军。队伍迅速发展到 6 000 余人。

10 月 1 日，起义军攻樊城未克，朱中立撤离时迷路，被团勇捕杀，部众由高二先率领。11 月 9 日，起义军攻克谷城，焚毁官署、书院，进军老河口。14 日，清军都司卢占春带兵进剿，进据樊城。起义军夜袭樊城，全歼卢占春所部。12 月 20 日又攻打襄阳，因护城河宽水深，未克。湖北巡抚胡林翼急令四川松潘镇总兵德恩、武昌盐法道常恩、候补知府唐训芳等率军驰赴襄阳会剿。起义军屡次受挫，冯三典诈降以为缓兵之计，起义军乘机分兵攻入河南，克邓州（今邓县），又乘清军不备折回谷城，火烧太平店。常恩等遭胡林翼严斥。

至 12 月，高二先、范二娃所部已发展到 2 万余人，转战郧阳、均州

---

① 湖北省地方志编纂委员会：《湖北省志·大事记》，湖北人民出版社 1990 年版，第 26 页。

② 皮明庥：《出自敌对营垒的太平天国资料——曾国藩幕僚鄂城王家璧文稿辑录》，湖北人民出版社 1986 年版，第 105 页。

(今均县)、房县、竹山和保康。1857 年 2 月，攻克兴山城，又与宜昌风波山哗变之清军会合，攻克宜昌，烧毁公廨，队伍扩充至 10 万余人。2 月6 日，起义军在郧阳金斗坪被清军击败，冯三典、范二娃投降被杀。高二先率 1 700 余众向东南转移，转战枝江、松滋，复北走远安。3 月，在南漳与唐训芳部清军激战，起义军又遭重创，高二先败走。4 月18 日，唐训芳四面合围。高二先被捕牺牲，余众逃往竹山、均州，不久全部败没①。

长阳田士珺起义。田士珺在 1856 年即萌生反清之志，曾与王启福、唐杰云等人密谋起事。1864 年 12 月 2 日，田士珺率众突袭县内资丘镇，自称“天下倡义都统领”，建军五营，分封唐杰云、王启福为军师、先锋等职。19 日，义军扎营四方台，分兵麻池、巴山等地。27 日，进发石羊滩，伏兵于深山峡谷，大败清军，击毙千总、外委各一人。

1865 年 1 月 3 日，起义军移营株栗山，凭险固守。14 日，清军唐协和率部抵长阳，多次遣使招抚。田士珺初不为所动，后因故交田崇劝说，遂于 2 月 20 日留其兄田士超守寨，分遣数百人埋伏各处，自己率 200 人与唐协和相见。此时清军伏兵四起，田士珺虽有布置且奋起迎战，但寡不敌众，自己亦负伤身亡。3 月 25 日，清军提督谭仁芳攻入山寨。26 日，起义军全军覆没②。

金口霆军哗变。1865 年 5 月，清将鲍超（字春霆，故所部号霆军）因居丧回川，所部 8 000 余人亦奉调入川，途经武昌附近金口时，士兵向代理节制全军的宣化镇总兵索饷不得，拒绝开拔。该部被俘并被强行改编的太平军战士在陈大发率领下，乘机发动兵变。

变兵恢复了太平军旗号和装束，并推举出指挥、检点等军官，然后南走咸宁，杀清知县罗琳，又在崇阳县大沙坪抄掠俄商开设的茶庄。继经通城进入江西，一路抗击追剿的清军，跋涉数千里到广东嘉应州（今

①② 湖北省地方志编纂委员会：《湖北省志·大事记》，湖北人民出版社 1990 年版，第 24～25、38～39 页。

梅州)，与太平军余部汪海洋会合①。

三、捻军和太平军余部的活动

捻军在湖北活动的历史很长。《仁宗圣训》第 99 卷载：1808 年，“豫省界连湖北之处，有红胡子、白撞手……”，红胡子即指捻军，因入捻者“以朱染须，号曰红胡匪”②。至迟到林则徐督鄂时，湖北已有“捻”之说法，故林则徐说：“如襄阳之捻匪、红胡，为害最甚。”③ 捻军起初只是出现于皖、鲁、豫、鄂几省的一股股贫苦群众和失业游民，他们为了生存，也干一些打家劫舍、贩卖私盐的事，遇见官军和乡勇则躲避。且“年丰则少靖，岁歉则横行”，可知他们大部分人还处于聚则为捻、散则为民的状态。

鸦片战争以后，捻军在湖北加紧了活动。1842 年，河南捻军李光新、徐应青进入枣阳活动。1845 年，河南捻众千余人“蜂集应山属孟畈店”，与当地地方武装作战。1846 年，“捻首滕驼子聚党数千人，往来孝感、应山界，屡为楚北边患”④，并同应山知县所率乡勇作战。1851 年，捻军陈舜漳、梁锺等在均州、光化、房县、樊城等地活动，为湖北巡抚龚裕所败。可见这段时间捻军在湖北活动的范围有所扩大，组织也开始进步为半军队式或准军队式了，所以不避乡勇和官军，甚至敢同乡勇、官军作战，不过一般少有胜利。

到 1853 年，受到太平军在湖北节节胜利的鼓舞，加上清军忙于在鄂东南与太平军作战，鄂北官军兵力薄弱，湖北各地入捻群众纷纷树起旗

① 湖北省地方志编纂委员会：《湖北省志·大事记》，湖北人民出版社 1990 年版，第 39～40 页。

② 中国史学会：《中国近代史资料丛刊·捻军》（一），神州国光社 1953 年版，第 378 页。

③ 中山大学历史系中国近现代史教研组、研究室：《林则徐集·奏稿》中册，中华书局 1985 年版，第 513 页。

④ 中国史学会：《中国近代史资料丛刊·捻军》（三），神州国光社 1953 年版，第 222 页。

帜，正式开始了反清起义，捻军势力遍及“湖北之襄、枣、钟、随”① 诸州县。且从这时起，在湖北的捻军和太平军开始互相联络、互相支持。当太平军二克武昌，兵锋达到罗田、麻城时，鄂豫皖边区的捻军李昭寿部同太平军正式建立了联系。1855 年 12 月，李昭寿攻占英山，并“谋结发贼攻罗田”②，但被团勇击败，退往蕲水后即率部参加了李秀成的太平军，被封为检点。与此同时，易添福、李士林部捻军也在湖北边界活动，配合太平军攻略各地。李秀成还通过李昭寿与捻军大首领张洛行联系，邀请其部参加太平军，张洛行复信表示同意。捻军成为太平军的强大盟友。

1857 年 3 月，江淮之间的太平军和捻军曾在安徽霍邱城外会师，“捻军蓄发，受印信，改换太平天国旗号，宣布接受太平天国的封号和领导”③。同年夏，为牵制清军对九江、安庆的进攻，陈玉成率部与捻军联合，在鄂东进攻黄梅、英山、广济、罗田，屡败清军。次年春，太平军和捻军再度与胡林翼军对峙于鄂皖边界，5 月进军罗田、麻城等地，并绕至前线清军之后，从后方袭击清军。捻军为配合太平军在长江中游的作战，作出了贡献。

1861 年，捻军领袖龚得率部众 5 万，联合第二次西征的陈玉成部，“直扑蕲水，假官军旗帜袭黄州”④，然后分兵攻打罗田和麻城，在罗田松子关与清军副将成大吉部激战，歼灭大量清军，捻军也损失惨重。1862 年春，太平天国遵王赖文光到鄂皖边界，9 月与陈大喜部捻军会合进占英山，杀清知县和记名副都统等人，迫使清军从安徽战场调大军云集鄂皖边界。1863 年 3 月，陈大喜部捻军攻入麻城，同年秋在该县的宋埠与清护军统领舒保等大战，遭清军夹击而战败。

1864 年初，天京告急。此前受命远征豫陕的扶王陈得才、遵王赖文光、祜王蓝成春、启王梁成富等，分几路南下，相约会师襄阳，回援天

①② 中国史学会：《中国近代史资料丛刊·捻军》（三），神州国光社 1953 年版，第 175 页。

③④ 江地：《捻军史调查与研究》，齐鲁书社 1986 年版，第 4、239 页。

京。捻军将士亦“未尝一日忘援金陵”，他们以几十万之众集结于鄂陕边界。清军为了截断长江中下游起义军的联系，派大军在湖北阻截。

4月11日，陈得才部太平军在河南邓州与捻军陈大喜部会合，于当月24日进攻枣阳，5月2日合攻钟祥，两军在天门、京山、随州、德安、应山一线，连营200余里。赖文光部太平军与捻军张宗禹部会合，绕道河南信阳，于5月24日进武胜关，在德安大败清军，击毙舒保、德隆阿等清将。旋经应山，于6月初进至黄陂、黄州境内，中旬到达麻城宋埠和黄冈的紫坛河一带。与此同时，扶王陈得才部和捻军张佃江部从天门到应山，冲破清军堵截，直趋黄州、麻城、蕲水；祜王蓝成春部和捻军陈大喜部也进至蕲水下巴河。至此，联合东下作战的太平军和捻军大部分进入鄂东，各部以陈得才驻地的麻城白果镇为中心，连营200余里，构筑垒栅，抗击清军。但此时天京已经陷落。

自6月下旬至11月上旬，太平军各部与捻军各部联合，与清军提督成大吉，总兵姜玉顺、张曜、杨朝林、陈国瑞各部及僧格林沁的马队发生大小战斗数十次，双方互有胜负。8月22日，白果镇大本营失守，起义军渐处劣势，但在11月初，起义军一部曾逼近汉口东郊，与清军总兵周凤山、水师总兵万化林等战于汉口郊外滠口，省城大震。到11月5日，转战在安徽霍山的陈得才部兵败。8日，蓝成春被叛徒杀害，陈得才服毒自尽。赖文光孤掌难鸣，自滠口北去孝感，在德安会齐部将后，经襄樊进入河南①。捻军大部随之而去。

1864年11月后，捻军与太平军余部加强了组织上的联合，共推赖文光为军事统帅。1866年1月19日，赖文光再次率军从河南进入湖北，在麻城、黄安、黄陂、孝感、黄州等地打击清军，“大江以北，烽火弥月不绝”②。赖

① 湖北省地方志编纂委员会：《湖北省志·大事记》，湖北人民出版社1990年版，第36～38页。

② 中国史学会：《中国近代史资料丛刊·捻军》（三），神州国光社1953年版，第183页。

文光和捻军牛洛红部又一次迫近滠口。清政府派彭玉麟水师防守汉口，派淮军提督刘铭传驰援黄州，赖文光和捻军于 3 月 15 日北走河南光山县。

1866 年 10 月，捻军兵分两路。西捻军由张宗禹率领，在西北和华北作战，东捻军由赖文光率领，在鄂豫两省作战。湖北是东捻军的主要战场。

1866 年 11 月底，赖文光率东捻军再度入鄂，12 月 22 日攻克麻城，然后引部十余万人西进德安府属一带，意在进取荆襄，继而进入川陕，联合西北的西捻军和回民起义军，建立以四川为中心、以鄂陕云贵为外围的农民政权。此时，担任剿捻主帅的李鸿章，采用“扼地兜剿”的方针，把鲍超的霆军部署在汉水东岸及襄阳一带，阻止东捻军进入川陕；命淮军刘铭传、张树珊等部及豫军张曜部扼守鄂豫边界，阻止东捻军进入河南；命安徽巡抚英翰率皖军扼守鄂皖边界，防止东捻军回师皖北；命湖北巡抚曾国荃派 6 000 名新练湘勇，由郭松林等统领，驻防武胜关。一切布置完毕后，李鸿章下令向东捻军的据点钟祥县臼口镇合围。

1867 年 1 月 11 日，战斗在臼口镇附近罗家集打响，东捻军一举歼灭新练湘勇 4 个营，俘虏提督郭松林，击毙总兵张凤鸣、副将钟光斗等人①。同月 26 日，东捻军又在德安府新家闸同淮军展开短兵相接的血战，阵斩张树珊及其部下刘登朝等数名将领，全歼淮军 5 个营，乘胜攻克应城、云梦、天门。

李鸿章经两次战败后，命鲍超部由西向东，刘铭传部由北向南，企图围歼东捻军于京山县永澨河一带。2 月 11 日，淮军刘铭传部率先进攻，但被东捻军紧紧包围，刘部左中右各军被击溃，刘铭传本人被围，与部下“俱脱官服坐地待毙”②。但此时鲍超的霆军从背后发动猛攻，东

① 江地：《捻军史调查与研究》，齐鲁书社 1986 年版，第 139 页。

② 中国史学会：《中国近代史资料丛刊·捻军》（三），神州国光社 1953 年版，第 186～187 页。

捻军回师力战，因首尾难顾而转胜为败，伤亡2万余人，马匹、军械损失无数。赖文光放弃了自鄂入川陕的计划，北走河南。同年3月初，赖文光再入湖北，在蕲水六神港与清记名布政使彭毓橘所部湘军激战，击毙彭毓橘，并使其“所带计十七营”清兵“存者无几”。

东捻军终于1866年5月离开湖北，经河南转战山东、苏北，1868年1月最终在扬州附近覆灭。

捻军在湖北活动长达数十年，波及长江以北的黄州、汉阳、德安、安陆、襄阳、郧阳诸府的30余州县。在其存在的最后20年中，对清军作战达百余次，湖北营兵、湘军、淮军乃至僧格林沁的骑兵，都曾败在捻军手上，清军上自提督，下至千总、把总、游击、外委，不下百人被捻军击毙，清王朝的战争机器遭到捻军的沉重打击。捻军所到之处，诛杀官吏，开仓分粮，冲击着传统的剥削制度和统治秩序，使地方政权处于瘫痪或半瘫痪状态，使清朝的兵源、田赋、漕粮和各种劳役大受影响。当太平天国政权存在的时候，捻军是太平军的强大同盟军，是太平天国在长江以北的屏障；在太平天国失败以后，捻军曾是清王朝在湖北统治的最大威胁。为了消灭捻军，清王朝付出了巨大的代价，从而加速了它的衰败。

四、太平军在湖北的行政措施和文化政策

湖北是太平天国政权的上游屏障，太平军出入湖北十余年，除了军事上的攻守作战之外，其行政、社会、文化政策措施也对旧秩序构成了巨大冲击。

第一是摧毁各级地方政府，尝试建立革命政权。

1853年1月，太平军初次攻克武昌后，第一件事即是“斩邪留正”、“杀妖”，上自清王朝的司、道、提镇、总兵，下至知府、知县、千总、把总、游击，或在战场上被击毙，或在事后被搜捕正法，一些坚决效忠清王朝的地主和士绅也遭到沉重打击。此后安陆、蕲水、宜昌、沔阳等地，太平军和造反的群众一起毁衙门、捣团练局，清朝的文武官员和帮

凶作鸟兽散。

太平军初进湖北时，只在武昌建立了“天朝殿”和各王府，地方政权则因“弃地未守”而无法组建。在定都南京，并于同年冬回师西征重占湖北时，设立了省、郡、县三级地方政府。地官副丞相黄再兴任湖北行政长官，主持民政。省下设郡，郡的最高行政长官称“总制”，黄州郡总制曾由隆超富、郭怀善担任，武昌郡总制为孙某。总制下设尚书、将军等官职。郡下为县，以“监军”为县级行政长官，办理政务，如孙汉杰曾任兴国州监军，李岚谷曾任蕲州监军，柏金魁曾任蕲水县监军，宋征祥曾任广济县监军等。通城县和通山县也设有监军。此外，兴国州还设过主管教育的“育才官”，由胡万智担任。

在县以下则实行乡官制度。乡官制度为社会组织制度，但按军事方式组织管理乡民。即以军为单位，设军帅，军帅下设 5 个师帅，师帅下设 5 个旅帅，旅帅下设 5 个卒长，卒长下设 4 个两司马，两司马下辖 5 个伍长，伍长连同自家在内管辖 5 家。总计军帅治下共有 10 000 家。选乡官时，由上级发布命令、指示，遍告群众，清造户册，然后由群众推选。乡官制度还规定兵农结合，每户出一人为伍卒，家备戎装，人执军械，寓兵于农。在侥幸得以留传下来的太平天国的文物中，有黄州郡总制、黄冈县监军发给汪家集前一军军帅刘兆隆部下乡卒的一份门牌，该门牌列有汪家集伍卒汪有章的姓名，可知乡官制度在湖北部分地区确曾实行①。

第二是经济上打击地主、富户，减轻农民负担，同时尽最大努力解决军需。

1853 年，太平军初进武昌，就张贴布告，没收清政府和官员的财物，并勒令富豪交出金银。太平军战士进出“高门大厦”，将其银钱财物全部没收，有藏匿转移财富而被群众揭发者，均遭太平军严惩。而对一般平民

① 皮明庥：《太平天国在湖北的革命斗争》，湖北人民出版社 1977 年版，第 71～73 页。

群众，太平军则保护其财产，甚至散给衣物，“不但不虏乡民，且所过之处，以攫得衣物散给贫者……谓将来概免租赋三年，乡民德之”①。

其后，太平军西征时在湖北各地发动群众，以“打先锋”、收“大捐”的方式，征收和剥夺了地主豪绅的大批财物。在进行这些活动时，多依靠佃户、长工和仆人，揭发其主，“访问窖藏所在”，并由群众指引搜挖。在兵部武库司任“行走”之职的王家璧，其在鄂城县城的家人举家四处躲避，混乱中“失千金之资”，同邑“殷实之家，有被扰至数十次及数次十数次不等，搜括几于无遗”②。在罗田、麻城、大冶等县，穷人起而瓜分地主财产；广济、黄梅等地，太平军支持农民“争粮抗官”，不交租或少交租。

为了动员群众支援革命事业，太平军也号召人民“纳贡”。1853 年初，在武昌“设进贡公所，使民间进贡，凡金银、钱米、鸡鸭、茶叶，皆可充贡，且云进贡者各归本业”，“于是人争趋之”③。进贡者得到一张收条，进贡金银的还发一张执照，进贡之后可以继续干原来的营生。

太平军把缴获没收和征收得来的东西，集中在“圣库”保管，然后根据需要，分配供应给全军将士。1853 年初，太平军的圣库就设在武昌长街（今解放路）一家汪姓绸缎店中。

太平军还在湖北广积粮食。洪秀全到天京后，为了积粮备战，多次派人到“湖北武昌一带，收贡收粮，解归天京”。有一次曾派出 1 800 条船到黄州、汉阳运粮。还有一次，恩赏丞相张子朋在黄陂、孝感、德安等地打败清军，运送粮米 23 000 石到天京，受到天朝政府的奖励④。

---

① 中国史学会：《中国近代史资料丛刊·太平天国》（三），神州国光社 1952 年版，第 271 页。

② 皮明庥：《出自敌对营垒的太平天国资料——曾国藩幕僚鄂城王家璧文稿辑录》，湖北人民出版社 1986 年版，第 46、62 页。

③ 中国史学会：《中国近代史资料丛刊·太平天国》（四），神州国光社 1952 年版，第 594 页。

④ 皮明庥：《太平天国在湖北的革命斗争》，湖北人民出版社 1977 年版，第 77 页。

《天朝田亩制度》由于主观上的平均主义缺陷和客观上的战争环境，没有在湖北真正实行。但在太平军势力所及地区，起义者烧毁粮册、田契和债据，没收地主财物分发给穷人，或对逃亡地主的土地任凭农民占有，成为当时的普遍现象。

1854年，洪秀全采纳杨秀清、石达开等人的建议，根据现实情况实施“照旧交粮纳税”的土地政策和赋税制度，即承认地主占有土地和收租为合法，太平天国政府向地主和拥有土地的自耕农征收田赋。从现有资料看，这一政策在湖北部分地区是执行过的，例如：“皖、楚、江右、沿江内外，逆匪所陷各省府县，亦照旧设立伪郡县。……其县伪监军系搜查从前征册，索收钱、漕、渔、芦、牙税。”① “武昌、南京属管之地，粤人出示安民，开科取士，禁头变服，按例征粮，农工商贾，各安其业。”② 现存大冶县一张“征收粮票”，载明该县“流三里三甲花户黄高道”交纳乙未五年“漕粮”，数额为“三斗一升二合”③。足证当时湖北有的地区是在执行“照旧交粮纳税”的政策。

太平天国在湖北的占领区内，虽然允许地主收租，但对租额多加监督限制。农民有太平军的支持，对地主收租多进行抵制，或强迫其减租减息。例如在黄梅，“贫民多挟贼凌富，而田风大坏……（交租）箩谷不及二十斤，石谷不满一米斗，此种田风，除山业外，阖邑皆然”④。可见佃农对地主的租课负担实际上大有减轻。而且太平天国对农民直接征收田赋漕粮时，对历来的浮收勒折积弊亦有整顿清除。

在商业方面，太平天国初期只准官营而禁止私营，但很快因迫于形势而改变政策。湖北粮食本来不能自给，而又要从湖北征集粮食运往天

① 中国史学会：《中国近代史资料丛刊·太平天国》（四），神州国光社1952年版，第642页。

② 中国史学会：《中国近代史资料丛刊·太平天国》（三），神州国光社1952年版，第10页。

③④ 湖北省社会科学院历史研究所：《湖北简史》，湖北教育出版社1994年版，第304～305页。

京，故只能允许粮商从湖南、四川贩粮到湖北来。为了增加财政收入，太平军在武昌和武穴设有关卡，派兵驻守，收取商业税后发给凭单，允许自由贸易。当时湖北有大宗棉花、布匹运往江浙，下游的盐也能运到黄州、兴国州一带。而且由于乡村地主受到打击，他们逃往城市和外地，争相卖田而不是买田，从而限制了商业资金流向乡村购买土地，客观上有利于市场金融的活跃和商业贸易的扩大。

第三是发动妇女参加革命斗争。

1853 年初，太平军在攻克武昌的战斗中，就有从广西出发而来的上万名女战士参加。进城之后，太平军将全城群众加以组织，青壮年男子编入正牌馆，老幼编入牌尾馆，女子编入女馆，每馆 25 人。同时明确规定，"凡天下婚姻不论财"，禁止买卖婚姻；还下令禁缠足、禁买卖奴婢、禁娼妓、禁民人蓄妾，严厉清除残害、玩弄妇女的恶风陋习。妇女还被组织起来，参加诸如编织、刺绣、运煤运米、挑砖土、修城墙、挖壕沟、筑营垒等各项劳动。一位曾随美国公使麦莲访问天京的外国人，在《天京见闻录》中写道："运船多艘常装载米粮由长江驶至，我们亲见有些是由湖北下驶的。有大队的妇女负米进城。米粮皆分装小袋，每人各负一袋。"①

太平军还在湖北吸收妇女入伍，使女营增加到十几万人，主要担任守城工作，"间尝出战，红绡抹额，著芒鞋，颇矫健"②。太平天国设有女官，故在 1853 年初的武昌也可见到"更有女官数十名，公然骑马任纵横"的景象。《武昌纪事》亦说："贼妇亦有伪职，与伪官相等。"③说明妇女参与军事、政治活动，并非个别现象。虽然"凡分田照人口，不分男妇"以及提倡女子接受教育的实际情况如何，在湖北未见文献记载，不好揣测，但太平军占领区的妇女，无疑比清王朝统治下的妇女具有较高的社会地位和较多的行动自由。当然，除了官府、富户对太平军始终

---

① 罗尔纲：《太平天国史事考》，生活·读书·新知三联书店 1979 年版，第 338 页。

②③ 中国史学会：《中国近代史资料丛刊·太平天国》（四），神州国光社 1952 年版，第 600 页。

抱有敌对态度之外，城市居民和一般读书人对于太平军冲击家庭制度，强制妇女参军打仗，充当修城筑垒和负重运输的劳力等，难免恐惧，所以一般居民都在战斗逼近时争相走避，未及逃走者惊恐万状，“至有室女走市中，任指一男子为己丈夫，以避贼者”①。

第四是实行破多于立的文化政策。

太平军基于其拜上帝教崇拜独一真神的宗教观念和政治斗争的需要，在思想文化领域内也掀起了一场斗争，其主要矛头针对孔孟儒学和民间的多神崇拜。太平军在湖北毁掉学宫、书院的记载很多：1853 年毁武昌府学宫、江汉书院、汉阳府学宫、武昌县寿昌书院、黄州府学宫；1854 年毁汉川县学宫、崇阳县学宫；1861 年毁通城县学宫；德安府学宫部分被毁。太平军砸了孔子“圣像”，用学宫来堆军火、做马棚、屠狗杀牛②。在毁掉学宫和书院的同时，对体现多神论和忠孝节义思想的社稷坛、龙神庙、山神庙、雷祖庙、城隍庙、关帝庙、文昌宫、忠烈祠、乡贤祠、名宦祠及贞节牌坊之类，也一概加以焚毁或推倒。

与此同时，太平军称孔子为“妖”，称儒家经典为“妖书”、“妖话”，称儒学士人为“妖士”；并明文规定“凡一切孔孟诸子百家妖书邪说者尽行焚除，皆不准买卖藏读”，“否则问罪”。于是，焚毁书籍的行动成了“革命”行动，“书卷飘零满街隅”。有资料记载汉口的情形，说“咸丰中，粤寇踞汉市。……当时长巷阔宅中，雨余用以填街道泥泞者，名书画、旧本书塞途”。汉阳也如此，“咸丰壬子，贼入汉阳城。劈门入，取藏书斩刈踏之，盖贼以为妖书也，故仇视是物”③。还有把书籍扔进沟渠、粪坑的，正如一首打油诗所写的那样：“搜得藏书论担挑，行过厕溷随手抛。抛之不及用火烧，烧之不及用水浇。”④如此大规模的焚书，显

①③ 王葆心：《续汉口丛谈·再续汉口丛谈》，湖北教育出版社 2002 年版，第 47、42 页。

②④ 皮明庥：《太平天国在湖北的革命斗争》，湖北人民出版社 1977 年版，第 78、79 页。

然不会只限于儒家经典，许多宝贵的文物图书亦随之化为灰烬和泥尘。对传统文化不加分析批判，而采用简单的焚毁书籍的做法，既是传统农民起义过程中的狭隘和偏激的表现，也是“天国”领袖们沉迷于“拜上帝”的宗教迷思的体现。后来洪秀全在天京设立了“删书衙”，对儒家经典按照自己的意图进行删改，也说不上是什么高明、合理的行为。

太平军很注意对群众做思想政治上的灌输工作。初克武昌时，就大力刊刻和散发自己编写的《三字经》、《幼学诗》、《时宪书》（历书）等，1854年又刻印了《御制千字诏》。这些书籍用浅显易懂的文字，对群众进行革命思想和革命纪律的教育，如号召人们崇敬“皇上帝”，打倒“阎罗妖”，即跟着太平军推翻清政府等。《三字经》教育小孩子“醒精神”，“要炼正，莫歪心”，“要炼好，莫炼歪”，“勿奸淫，勿污秽，勿说谎，勿杀害，勿偷窃，勿贪婪”，又可以说是一种正确的人生观教育和道德教育。

太平军把口头宣传教育工作叫作“讲道理”。事前打锣传令，把战士和群众集合在广场上或礼拜堂里，如果是广场则搭起高台，由官员或将帅登台主讲。洪秀全本人曾在武昌城外小龟山“讲道理”：“秀全出令，民人蓄发束冠巾，建高台小别山下，演说吊民伐罪之意。”① 武昌城内阅马场更是经常“讲道理”的地方。凡介绍斗争形势、宣传革命理想和组织纪律、揭露控诉清政府的罪行、批驳孔孟儒家学说，以及动员群众参军、号召将士努力作战、征收钱粮和处罚坏人等，都要进行“讲道理”。无论是发动群众还是号令士兵，无论是打了胜仗还是打了败仗，无论是军国大事还是移风易俗，都用“讲道理”的形式来宣传发动或作总结，实际上就是今之召开大会，站在敌对立场的清朝官员、富人和士绅则视其为“胁迫”。

太平天国还改革考试制度，用新的内容和方法延揽士人。早在1851年，太平军即在广西永安州开科取士，1853年春初攻克武昌后也进行了一次

---

① 赵尔巽等：《清史稿》第475卷，“列传”262，中华书局1977年版，总第12 866页。

考试。“湖北兴国州的刘某，考中了状元。他在文章中说：‘三皇不足为皇，五帝不足为帝。’……在武昌司门口的照墙上贴出了黄缎书写的状元榜。”① 定都天京以后，太平天国决定开科取士，但严禁以“四书”“五经”命题，而要以太平天国的有关文书命题；打破八股文的束缚，文章不拘长短；宣布应试者不分男女性别和出身门第，读书人和农工隶卒，均可录取。还确定考试“分为县试、省试、京试三级”，考试科目为诗文两项，仅试一场，“取中者俱不复试”②。

1854年，西征太平军占领湖北部分州县后，深感人才奇缺，洪秀全命令在武昌举行省试，任命以前在天京考试时获中的状元杨启福、榜眼张友勋为正副掌考官。此次考试文题为“真神独一皇上帝”、“皇上帝乃真皇帝”，诗题为“天父下凡事因谁，耶稣舍命待何为”③。青年学子纷纷赴省城应试，其中以兴国州人较多，该州州志就记载说“无知青少，相率赴试”。这次考试录取面很宽，故中试者有800余人④。中试者再经太平天国地方官府择优发给路费，赴天京参加京试。太平军西征失败退出湖北后，曾国藩、胡林翼等在湖北大肆捕杀这次省试中举的士人，称其为杀“伪举”。杀戮之惨，以兴国州为最。

此外，太平军还在湖北各地悬榜招贤，延揽多种人才，举凡善刻字、抄写、绘画、唱曲的文人、艺人，以及医生、木工、船民等，只要有一技之长且报名投效，就量才录用，让其担负合适的工作，立功者则予以提升。

第二节 胡林翼重建旧秩序

胡林翼，字咏芝，湖南益阳人，出身于士绅家庭，道光丙申（1836年）

---

① 皮明庥：《太平天国在湖北的革命斗争》，湖北人民出版社1977年版，第82页。

②③ 郦纯：《太平天国制度初探》（下），中华书局1989年版，第617、622，623页。

④ 中国史学会：《中国近代史资料丛刊·太平天国》（三），神州国光社1952年版，第112页。

科进士。1846年捐升知府，分发贵州。在贵州7年，历署安顺、镇远、思南、都匀、黎平诸府事，靠练乡勇镇压多处苗、汉人民起义。咸丰三年（1853年）以“知兵”调回两湖，曾短期留在湖南军营，协助军务。1854年8月，胡林翼调任湖北按察使司，次年2月补授湖北布政使司，同年4月即擢升署理湖北巡抚。其时正值太平军第二、三连续两次攻占武昌，前两任巡抚青麟、陶恩培一被朝廷处斩，一被太平军击毙。胡林翼与曾国藩指挥清军与太平军殊死搏斗，于1856年12月第三次夺下武昌，获头品顶戴，实授湖北巡抚，至1861年秋死于武昌任所。胡林翼在湖北7年的所作所为，使其得与曾国藩、左宗棠诸人并称为“中兴名臣”，湖北的旧秩序主要经胡林翼之手得到恢复。

一、整军经武，讲求战略战术

胡林翼在偏荒贫瘠的贵州历任7年知府而未获升迁，但颇增长了带兵作战的见识。他深知在清军与太平军生死相搏的时刻，没有军事上的胜利就谈不上其他一切，不仅他自己将会得到与前几任巡抚同样的下场，而且清王朝的统治难保。故其处心积虑，不惜代价，要将起义者斩尽杀绝。为此，胡林翼首重选将和练兵。

鉴于湖北清军“饷少勇多，冗杂不治”，“闻警先惊，接仗即溃……上下相蒙，恬不知耻”，“将领不得其人，纲纪不立而是非不明”①，胡林翼提出要如“古人治兵者先求将而后选兵”，并且“裁汰浮伪”，把军营内“贪鄙不堪人等”、“怯弁猾卒”、有“市井”习气者“悉行革去”。他反复强调“兵不必多，多则必杂”，且“兵不能战，支饷徒多，无益也”②，很注意择将选兵。

胡林翼指挥的水陆之师，“所部皆南勇，带勇之人亦湖南居多”③。

①② 郑敦谨、曾国荃：《胡文忠公遗集》第14卷，“奏疏”14，同治六年刻本，文海出版社1977年影印，第1～2页。

③ 汪士铎：《胡文忠公抚鄂记》，岳麓书社1988年版，第63页。

他认为“湖南之士敢战”，而“湖北则民情怯懦，当事又滥收游勇，而将不知兵，勇不束伍，交绥即溃而复集”①。胡林翼多次配合湘军江忠源、曾国藩作战，所任用和指挥者，如塔齐布、罗泽南、李续宾、李续宜、李孟群、江忠济、王鑫、杨载福、彭玉麟等，均为湘人。其理由是“南省人多刻苦，登山涉水，幼而习惯”，“带勇之人率皆诚朴，无宦场虚浮习气”。由湖南读书士人作将，通过师生、姻亲、乡族等关系招募成军，故“乡邻子弟甘苦夙共……士卒用命，令出必行。群以习战为固然，从军为惯事。额军偶阙，羡卒补之，从无杂色人等得以阑入”。同时，胡林翼一再严申纪律，“特严烟赌之禁，军中素无刻减浮冒等情”②。又反复训示下属，对士卒要“勤训练，严挑选”；鼓励湘勇“必有精力、有胆气者乃可出力建功，异日亦必大贵”③。即用功名利禄诱使那些淳朴耐劳、刻苦顽强的乡村青壮“放手杀贼”。

胡林翼指挥的湘军，确实比湖北营兵的战斗力强，是太平军在湖北的劲敌，但湘军也常吃败仗。即以在湖北作战的情形而言，1855 年春虽然有胡林翼在武汉外围大力防守，太平军仍然第三次攻克武昌，且在汉阳鹦鹉洲、奓山把胡林翼打得大败；其后坚守武昌城 626 天，一再挫败胡林翼发动的进攻，并击毙湘军悍将罗泽南。1858 年 3 月、1861 年 3 月和 1866 年春，太平军和捻军曾在黄州府属数县和襄阳府属数县多次打败湘军。湘军由于伤亡过多，被迫多次在湖南招募新勇，且来不及训练就投入战场。从 19 世纪 50 年代末起，在湖北的湘军即已纪律松弛、作风腐败而渐失战斗力。他们不受约束，多次滋事，殴打百姓，群众被迫组织起来与湘军对抗，广济、麻城两地知县和黄州府道台纷纷向胡林翼辞官、请假。胡林翼表示：“湘营朴实勇敢，纪律本严，不肖勇丁何难严惩，以肃法纪。湘营旧规断不可失，湘营声名断不可坏也。”④但这支旧

---

①③④ 汪士铎：《胡文忠公抚鄂记》，岳麓书社 1988 年版，第 167、55、172 页。

② 郑敦谨、曾国荃：《胡文忠公遗集》第 11 卷，“奏疏” 11，同治六年刻本，文海出版社 1977 年影印，第 18～19 页。

式地主武装与人民为敌，终究难以得到被压迫者的支持。

胡林翼平日留心军事地理，当太平军建都南京之后，他坚持主张先控制湖北，占据上游形胜，然后顺江而下，攻占江西、安徽，最终围攻南京。“平吴固宜保鄂”，“宜于武汉设立重镇，东征之师以为根本”，故“通筹吴楚全势，必以武汉得手”①。就湖北各地的战略位置而言，“荆襄关南北之大局，而武汉又荆襄之咽喉”，只有先从太平军手中夺回武汉，“乃可内固荆襄”，且“南岸之崇（阳）、通（山、通城）、兴（国州）、（大）冶次第可以肃清”②。所以胡林翼在1854年初到湖北，即以进攻武汉为第一步。

在进攻武汉的时候，胡林翼认为，“湖北十府，武昌居南，黄州在下，余八府俱以汉阳为屏藩”，故必须先攻取汉阳。“既复汉阳，则武昌之咽喉已断。”而攻取汉阳时，胡林翼派兵死死扼住南岸之金口，西面和北面之沌口、蔡甸，以切断沿长江、汉水而来及由西北陆路而来的援兵和粮饷，然后“外江内河同时夹攻”。攻取武昌，则以水师控制江面，“屯洪山始能拊其肩背”，把重点放在东面，由洪山一线向宾阳门（今大东门）进攻③。此后湘军塔齐布、罗泽南攻武昌，均照此执行。湘军在长江流域同太平军作战，也是由湖北而江西、安徽，继而控制江浙和围攻天京，最后扑灭了这场农民革命运动。

胡林翼在战术上也有一套。他重视不同兵种的独特作用，鉴于长江流域江河湖泊众多，仅有陆师难以奏效，故一贯强调“精水师”；由于马队灵活机动，冲锋陷阵有力，他多次请清政府增调来自东北的马队，在鄂东丘陵与太平军交锋。他在火器上做到了“师夷长技”，承认土炮“究逊粤东洋炮之美”，前后数次请人从广东购回数百斤以上的大炮1 000余尊，用来攻城。他还视“断贼粮为先务之要”④，故曾尽力控制四川、两

①④ 汪士铎：《胡文忠公抚鄂记》，岳麓书社1988年版，第71、22页。

②③ 郑敦谨、曾国荃：《胡文忠公遗集》第1卷，“奏疏”1，同治六年刻本，文海出版社1977年影印，第2～4、23～24页。

湖的粮食，不让运往长江下游。

在具体的战斗中，胡林翼很注意养精蓄锐，不仅恃勇力。例如他说，“途次无贼之处”，行军可稍缓，“养锐亦妙”；开始作战时，“宜以怯懦寡少诱之使出，乃可出奇败之。切忌攻城攻垒，如大战杀贼盈千，乃可乘胜蹙之……杀贼多，则贼垒自得。若战胜，贼有遁志，无论有粮饷与否，必穷追一二日不止”①。他亦以消灭对方的有生力量为主，夺营夺城次之；出奇兵、追退敌，颇近于游击战。

胡林翼强调用兵“贵审势而扼其要，战不可以勇斗，必择利而蹈其瑕”。鉴于太平军长于城守而野战稍逊，他在湖北作战时提出“最忌攻坚，驱血肉之躯与炮石相抗，伤亡必多，锐气先挫”。故主张扬长避短，首先注意保存实力，“防不战而自焚”；以“野战”为主，“避锐而击惰”②。到了1855年第三次围攻武昌城时，胡林翼采取的战术也不是强攻急战，而是长期围困，断绝城内资粮，等待时机。结果由于天京内讧，坚守武昌的太平军信心动摇，在援军不至的情况下被迫撤出武昌。

但是对于小股的起义者，胡林翼则以为“坐守不如进剿”，“务须剿杀净尽，不许再留遗孽”③。一再严斥地方文武株守府州县城，称“一日纵寇，数世之患。贼如越境，即越境剿之，舍此无善后策”；“如匪徒四散，即饬地方士民勒献，务期尽杀乃止”④。他反对对起义者采取怀柔“招抚”政策，称此举“恐非抚贼，直恐为贼所抚耳”，甚至说“古今祸败之由，每于疆外地不干己之事则主剿，于内地奸民则主抚……是苟且目前、贻害他人之见也”⑤。其作风行事，与曾国藩一样，残忍嗜杀，且只对内敢战，对外则尽力抚绥。

胡林翼用兵，有时也有很大漏洞。1861年，胡林翼以为太平军已被

---

①②③④ 汪士铎：《胡文忠公抚鄂记》，岳麓书社1988年版，第140、92、76、64页。

⑤ 郑敦谨、曾国荃：《胡文忠公遗集》第84卷，“抚鄂批札”1，同治六年刻本，文海出版社1977年影印，第9、11页。

逐出湖北，武汉重镇已固，率军倾全力助安徽巡抚李续宾围攻安庆。不料陈玉成二次西征，于3月间率十几万大军迅速从安徽越过大别山进入湖北，横扫黄州府属，逼近武汉。胡林翼回援不及，急忙上书向皇帝请罪，称自己如“笨人下棋，死不顾家”。只是由于英国人的出面干涉和李秀成部队在长江南岸的行动迟缓，太平军这次未能进攻武汉，湖北地方政府侥幸地躲过了一场灭顶之灾，但胡氏本人却因操劳成疾，病死在与太平军作战的鄂、皖边境。站在王朝立场的湖北士人称“益阳胡文忠公抚鄂数十年，军兴傯偬，百废俱兴。……治军万苦，在黄州积劳成疾，世人犹传血壁之名”①。

二、厉行保甲团练，控制地方基层

保甲和团练是王朝政权控制基层，尤其是农村的制度和组织。保甲的功能主要在控制人口流动和维持治安，以及协助征收田赋漕粮和组织征召劳役；团练的作用则是用武力自卫，是民间武装组织。两者都基本控制在士绅和地主的手里，区别是保甲尽管有时名存实亡，但它在湖北农村一直存在着，而团练则是在战乱时期、在有些地方临时组成的。

胡林翼深知：要消灭人多势众的正规起义军，如太平军，只能依靠军队；而平日维持地方秩序、对付“盗贼”和小股农民起义，营造一个巩固的后方，只有依靠保甲和团练。他把湖南的经验和他在贵州的做法搬到湖北，普遍加以推行。他认为“不先办团练，则匪类之根不除”②，而办“团练必先清保甲”③。可知他在湖北行保甲办团练，主要是为清除所谓“附贼”之人，即追随和协助太平军的贫苦群众，其次才是与入境的太平军作战。其所谓“用兵用役，其弊无穷，不如用士用民可以安反侧”④，

---

① 王葆心：《续汉口丛谈·再续汉口丛谈》，湖北教育出版社2002年版，第43页。

②③ 汪士铎：《胡文忠公抚鄂记》，岳麓书社1988年版，第65、146页。

④ 郑敦谨、曾国荃：《胡文忠公遗集》第54卷，“宦黔书牍”2，同治六年刻本，文海出版社1977年影印，第9～10页。

正是看到了完全依靠正规军的难处，要依靠当地士绅和群众来维持秩序。

胡林翼以保甲为团练之根本，故曾详细规定其组织之法和工作内容，“应有门牌，有册籍。分乡、分团、分里，首列地名及四至八到；继列户口、田亩、漕粮、户柱、邻右、行业、丁口、男女老幼。择一人长十户，择一人长百户，以一人副之；择一人长千户，以二人副之。以平日保正甲长为之役，能进退赏罚之。所择必正直严明之人，官隆礼貌以待之，仿古三老、啬夫、游徼之义。钱粮、刑名、词讼案件皆以此为根，不下堂而一县治”①。可知胡林翼所设定的保甲是对原有保甲作了改革，范围和职权均已扩大。胡林翼曾对心腹之人说：“五家连坐之法，必神明而变通之。”② 说明他行保甲就是为了以连坐之法阻止百姓造反。

关于团练的组织，胡林翼指示应“于州（县）治五乡遴选正士为正副团总，由团总结保团佐，由团佐结保什长，由什长结保团勇，其从前从贼之人概不准充”③。由于团练拥有武装，胡林翼对之颇不放心，一再强调“团练全在访举人才”，“必择正直廉严之人为之长”，“否则流弊最多，而御侮打仗又不可恃。……平时团首借事敛钱，恃众逞凶，散遣尤多需索。且已养其骄倨安佚之有素，不能别操勤苦，后亦聚而生事”④。他尤其警惕团练由“劣生莠民”组成和操纵，“抗粮犯法，攘夺为乱。假乡民以兵刃，而长吏不能躬亲董劝，旌别淑慝，则目前之成效难期，而日后之流弊滋甚”⑤。

除强调团练的领导和组成要依靠“正士良民”外，胡林翼还强调团练要“高处建寨，低处修堡”，平时严格训练，不要办成“虚团”，这样才能做到“外可助官军之声威，内可消宵小之隐慝”⑥。在黄州府属与太

① 郑敦谨、曾国荃：《胡文忠公遗集》第 85 卷，“抚鄂批札”2，同治六年刻本，文海出版社 1977 年影印，第 19 页。

②③④⑤ 汪士铎：《胡文忠公抚鄂记》，岳麓书社 1988 年版，第 137、138、149、9 页。

⑥ 郑敦谨、曾国荃：《胡文忠公遗集》第 2 卷，“奏疏”2，同治六年刻本，文海出版社 1977 年影印，第 7～8 页。

平军作战时，胡林翼多次“鼓励团勇，以民力补兵力之不足。联合一气，一处有警，各团公助，家自守而人自战”，但同时又强调“乡兵宜守不宜战，宜伏、宜奇、宜夜袭”①。

湖北团练在太平军入鄂前未曾统计，1852—1853年新增4个，而在胡林翼来鄂的第一年（1854年）即新增10个，1855年新增6个，1856年新增7个。以后因清军已夺下武汉，战争多在黄州府属进行，新增团练减少，每年为1～3个，到1866年共出现团练60余个。就地域分布而言，计黄州府12个、武昌府11个、襄阳府9个、郧阳府7个、荆州府7个、德安府6个、汉阳府5个、安陆府4个、荆门州与宜昌府各1个，施南府没有新增团练。可见胡林翼对团练是依战争需要而控制建立和利用的。对于对抗太平军颇力的罗田、蕲州团练，以及迅速扑灭赵邦璧的随州团练，他表彰有加，特地为罗田、随州增加学额；对镇压高二先起义无效的襄阳团练，不遵调动且抗不缴费的咸宁团练，则严加斥责，谕令整顿。

团练的领导人官绅各半，各地士绅参与的甚多，据胡林翼1858年初的奏折说，湖北各州县团练人数，少者数千，多者数万（荆门州多至10余万），其中举贡生监职员等参与者，每州县多者二三百人，少者亦近百人。如果以每州县平均150人计算，则全省将近万人，即占全部士绅的1/5的人加入了团练。这一方面是由于士绅群体与清王朝的命运一致，另一方面也是因为胡林翼的组织动员和威胁利诱。这些团练与太平军对抗，伤亡惨重，到1858年初，阵亡者已超过数万②。

胡林翼不仅通过州县官吏和军队控制和利用团练，而且通过团练迫使士绅和地主出钱出粮。他多次驳回地方州县和团练支拨粮饷或从应交钱粮厘捐中划出部分充作练饷的请求，声称“地方义旗，自宜各绅筹办。若捐饷厘金，乃济大营之急，不能旁润他邑也”③。他肯定罗田团练有

①③ 汪士铎：《胡文忠公抚鄂记》，岳麓书社1988年版，第107～108、49页。

② 郑敦谨、曾国荃：《胡文忠公遗集》第26卷，“奏疏”26，同治六年刻本，文海出版社1977年影印，第4页。

功，但对其拨银 3 000 两的请求一口拒绝，并振振有词地说："天下有请帑养兵之例，无请帑供团费之事。团费应捐办，不自保其身家，则财帛供贼欲壑尔。"① 不仅如此，胡氏还假手团练和士绅向人民搜刮。湘军将领王鑫在崇阳办团练，"按漕派费"，"不遵者罚其悭吝"，即按漕粮名册强行摊派。对此，胡林翼只含糊表示"宜体恤行之，总凭廉正士民各发天良而已"②，实即赞同这种普遍性的搜刮。

兴国州地处鄂赣边界，民风强悍，又是太平军多次占领和经过之地，故投入和支持太平军的人较多。1854 年太平军在武昌举行考试，参加的兴国青年士子为全省之最；1856 年还有 15 人在太平军中任官职，有万余人在武昌协助太平军守城。胡林翼对此切齿痛恨，一再威胁兴国士绅，称"该州约有二十万户，充贼官者十有五人，纳于贼者不知若干"，故曾有意"尽先剿之"③。兴国州士绅秦台封等欲以 1 000 石米助胡林翼作饷，胡林翼则进而要求他们"共起义旗，断贼粮饷，禁绝硝磺，密运奇计，掩贼不备，召附贼之人转而杀贼"，即通过组织团练，带领参加和支持太平军的人"反水"。否则"即百万之米粮银钱亦不足赎尔州人之罪"④。可见越是在战斗激烈、清王朝基层统治动摇的地方，胡林翼越是重视团练的作用。

三、百计筹款以供军需

胡林翼深知"筹饷难于将兵"，且湖北在道光年间额征钱粮不过一百六七十万两，入不敷出，每年需奏请部拨三十万两；咸丰初年太平军进入湖北，战乱波及二三十个州县，田赋漕粮几乎收不及半，故在湖北的清军军饷奇绌。按定例，本省官兵（称为"坐营"）粮饷由本省藩库定额拨给，无论境内有无防剿作战，不另增开支；但因湖北营兵腐朽不堪，

①②③ 汪士铎：《胡文忠公抚鄂记》，岳麓书社 1988 年版，第 162、70、43 页。
④ 郑敦谨、曾国荃：《胡文忠公遗集》第 84 卷，"抚鄂批札" 1，同治六年刻本，文海出版社 1977 年影印，第 2 页。

从1852年起已陆续调入10余万外省军队，尤其是湘勇进入湖北作战，此类“行营”需湖北开支绝大部分军饷军资，邻省只能作为“协济”。

胡林翼当初驻扎沌口，仅水师十营五哨半月即需饷项4万两有余，罗泽南率湘勇来攻武昌，月需银3万余两，到1855年年底，军需已达每月10万两①，而欠饷经常达两三个月。此后由于战事扩大和协济邻省，每月军需高达28万两甚至30万两以上②。所以胡林翼在担任湖北巡抚之后，即一面指挥作战，一面千方百计筹集军饷。1857年2月，胡林翼在向四川总督要求“尽力协济”的书信中说：“楚中自鄂垣三陷，汉阳四陷，其余数十州县，被扰者多至数十次，兵燹未熄，加以旱蝗，十室九烬，百耕一获，遗民失所。……乃憔悴余生，犹相与捐厘金、捐牙帖、捐例资亩费。”③ 已把当时湖北的残破、百姓的困苦和经济上承受的搜刮作了高度概括。

筹集军饷最重要的办法是征收厘金。

1855年10月，胡林翼开始在湖北试办厘金，在武昌、新堤、沙市、簰洲、施南等处设厘金局，各州县设分局，全省迅速在水陆要道上设卡60余处。1857年3月略经整顿，在省城设牙厘总局，全省局卡减为49处。然而厘卡既然有钱可收，就必然引得多方伸手，并且多设关卡。如胡林翼在写给王家璧、丁晓园的一封信中说：“黄冈业务如应设水卡，自须由盐道派员专办，不应归该县办理。且下有武穴，上有阳逻，中间不宜再设水卡。”④这就透露出黄冈县和湖北盐道两个衙门争着在不该设水卡的黄冈也设了水卡。厘金即货物税，为地方收入，其制在大市镇及水陆沿线每隔数十里设一厘局或厘卡，负责征收货物过境税，第一站征货物价值的3%，此后每经过一处征2%，到出售地则又有落地税，但总数以一

---

① 郑敦谨、曾国荃：《胡文忠公遗集》第1卷，“奏疏”1，同治六年刻本，文海出版社1977年影印，第5页。

② 汪士铎：《胡文忠公抚鄂记》，岳麓书社1988年版，第63、144页。

③④ 皮明庥：《出自敌对营垒的太平天国资料——曾国藩幕僚鄂城王家璧文稿辑录》，湖北人民出版社1986年版，第116、315页。

省之内不超过 10%为限，而经过数省者所付厘金可能超过 15%～20%①。如胡林翼在宜昌平善坝所设厘局，对从四川进入湖北的货物尤其是烟土烟膏，“每串抽厘十二文”，土货和湖北运往四川的棉花布匹“每串抽厘六文”，“其出户落地之税，仍归各局照旧抽收”②。

但是超出规定的滥收比比皆是。如当时湖北军民缺食到嗷嗷待哺，需从四川、湖南运米救饥，然而清政府又怕粮食落入太平军手里，所以“米禁太严”。王家璧曾“奏免米厘”，未被采纳，遂提出“米每石取二十文”，“煤炭每石三文”。但是“省局行知，米厘定为每石三十文，煤炭厘仍照成本，每串抽十二文”。而到了江夏县丞汪东园主持的樊口水卡，每石米“骤增至五十文”，每石煤炭“骤增至二十文”，以至担任鄂城、大冶、黄冈、蕲州四地捐局和厘金局“总司”和樊口水卡“督办”的王家璧都不愿和汪东园共事，向胡林翼表示“现辞督办”，“惟有洁身自爱，不与其事而已”。但胡林翼的答复只是“武、冶厘金，以樊口为大宗，过江货物亦以樊口为总汇，现在九江未复，需饷正殷，自难遽行停撤”，而是要求王家璧等“讲求善政”，“无废法而亦无苛法”，并“以大局为急务，小忿不必争，不足校”③。

尤其荒唐的是，厘金本来是对货物征收过境税和落地税，但很快就扩大到对过境的银两和铜钱征税了，“载钱之船……每钱一串抽厘五文”，或“抽二文一次”，“商旅哗然”。王家璧等认为，“售货之钱，未另置货，似可邀恩免厘，应请由省总局饬知照办”。胡林翼的指示是，“钱有厘金，原为过往远运之钱而设，若本地售货之钱未另置货，自应免抽”④。即是说在本地卖货所得之钱可以不抽厘金，但要离开本地，就成了“过往远运之钱”，仍可抽收，这其中的区别，就只能由厘卡人员任意决定了。

---

① 苏云峰：《中国现代化的区域研究：湖北省，1860—1916》，台北近代史研究所 1981 年印，第 199～200 页。

② 汪士铎：《胡文忠公抚鄂记》，岳麓书社 1988 年版，第 115 页。

③④ 皮明庥：《出自敌对营垒的太平天国资料——曾国藩幕僚鄂城王家璧文稿辑录》，湖北人民出版社 1986 年版，第 133～134 页，317～318、314 页。

征收厘金显然会增加人民的负担，影响商人的利益，于是发生了新洲“停市”，樊城“徙市”，均州有“乡民毁（牙厘）局”等事。百姓遇节庆往来走动，如带尺布只鸡经过厘卡，均难免不受留难敲诈。施南“厘局绅董苛及肩挑负贩贫民，因而聚众罢市”，胡林翼斥责官绅不能“和衷商办”，要求查究商人在幕后的主持唆使①。当时湖北与四川两省间的货物贸易，因武汉附近尚在同太平军作战，故以沙市为转输和集散之地。但过境厘金在平善坝征收，而输川货物之出地税、入鄂货物之落地税又在沙市征收，商人以为不便而且过重，要求改在沙市一次缴纳。沙市十三帮首事马玉堂等联名上禀，荆州知府恐其煽动船帮和商人罢市，向胡林翼提出撤销平善坝厘局。胡林翼批驳此系“市侩无理阻挠”，称：“厘多一文，即货贵一文，于百姓则增其价值，于商贾究何损丝毫？”②下令封禁马玉堂等人“市业，提候审办”；并威胁说“如有奸商阻挠，即锁解大营，照违误军饷治罪”③。由于胡林翼的高压和坚持，平善坝仍照章抽厘；但对马玉堂等巨商，胡林翼以“小人不足膏萧斧”为解脱，准由荆州道“就近发落”④。

厘金的收入，由于商贸有兴衰起落和征收及经办人的贪污中饱，所以数字不准确且常有变化。“溯查咸丰七年（1857 年）三月省城设立（牙厘）总局起，至八年三月止，收获银一百万两”，“八年四月起，至九年三月止，收获银一百三十万两零”，“九年四月起，至同治元年三月止，计三年中收获银四百（零）七万四千两零”⑤，可知数量逐年上升。但经办征收厘金的官吏和士绅，乃至司事巡丁等，多方中饱舞弊，其吞没之

①④ 汪士铎：《胡文忠公抚鄂记》，岳麓书社 1988 年版，第 53、115～116 页。

② 郑敦谨、曾国荃：《胡文忠公遗集》第 24 卷，“奏疏”24，同治六年刻本，文海出版社 1977 年影印，第 5～8 页。

③ 郑敦谨、曾国荃：《胡文忠公遗集》第 84 卷，“抚鄂批札”1，同治六年刻本，文海出版社 1977 年影印，第 21～23 页。

⑤ 曾国荃：《牙厘出力各员恳照原折奖叙疏》，萧荣爵：《曾忠襄公奏议》第 4 卷，光绪二十九年刻，文海出版社 1966 年影印，第 35 页。

数每年亦在10万串以上①。故胡林翼曾详定有关章程，规定征收额度、局卡用人职数、开支标准、逐月张榜公布和上缴等。厘金的收入完全用作军饷，但依旧不敷。胡林翼所掌控的这部分兵勇之需，他在1859年8月的一封催饷信中说："鄂以十府一州之民力，正供有限，除坐支外，又复所余无多。水陆马步六万人，取给于厘金者居其大半，而敲筋吸髓所入，仍不敷所出。兵日增，饷日竭，积欠至百余万两。且月异而岁不同，众口嗷嗷，饥溃将不堪设想。"② 他也承认对老百姓的搜刮已到"敲筋吸髓"的地步。

其次是征收"亩费"和整顿漕粮。

1853年在湖北开征厘金之后，湘军、绿营军饷仍存在极大不足，曾国藩、胡林翼遂在1854年提出所谓"田亩捐项"（简称"亩捐"，即在照例征收的漕粮"正供"之外，再按田地均输的"带征"），胡林翼当面向王家璧举例，湖南"澧州一州，除银米照常征收外，捐钱至四十余万"。于是湖北"官绅士庶公同参酌，约按田亩均输，上应军需，下敷（团）练费"。王家璧起草的《武昌县公议团练章程》中规定，"大户中户，约按田地均输"，"此外如家拥重赀而田地有限，或田地分寄邻境而本邑承粮无多者，悉令竭力捐输"。但是战争未息，富户多有逃走或观望，以及田亩底册散失等多种原因，"亩捐"收获有限，有的州县观望不行，勉强执行的所收无几，如武昌县（今鄂州）当年新设六个亩捐局，只有"神山（乡）之葛店局已及十分之六，市洪已及十分之四，永福三局仅及十分之一二"，全县一年"亩捐不过四五万（串），除本地开支近万（串），解项（送交省库）无多"。到1857年冬，胡林翼先是表示"亩费一节，有议叙者则可，无议叙者是苛派，毕竟有碍钱粮"，即是以为，如果粮户

---

① 苏云峰：《中国现代化的区域研究：湖北省，1860—1916》，台北近代史研究所1981年印，第200页。

② 皮明庥：《出自敌对营垒的太平天国资料——曾国藩幕僚鄂城王家璧文稿辑录》，湖北人民出版社1986年版，第321页。

是为求叙功得职而自愿捐献，尚属合理；如果弄成硬性勒捐，就会有碍钱漕“正供”。不到一个月后，胡氏又自承“亩费一节，本非弟之所愿，他县亦多未缴，今既开征钱粮，即应一例停止”。而且这年农历九月，胡氏从前线回到省城，集中精力整顿漕粮“正供”。如此一来，又造成前面三年已执行征收“亩费”的地方感觉吃亏，未执行处庆幸，“观望者得意，急公者短气”① 在所难免，甚至影响到后来的漕粮整顿。

道光年间，湖北承担漕粮的州县 33 个，额征北漕正、耗米 15 万石有奇，由丁船兑运京仓；南米 13.7 万石有奇，由州县解交荆州满营和各标绿营。漕粮征米者称“本色”，正额一石有被浮收至 3 石者；以钱折米称为“折色”，每石米折银应为一两三钱，换算为铜钱，又往往勒索多达七八千文以至十八九千文，合银三至八两。“一县之中，册书、里差多至千余人”，加上凡与收漕粮有关的官吏、幕僚、门丁，以及或者有钱或者有势的士绅、地主、保甲长和大小“包户”，无不染指。“每县陋规多至数十款、百余款，浮费多至数千两、数万两不等。”诸如漕船兑费、衙门规费、应酬费、由单、券票、样米、耗米、号钱、水脚等等名目，最后使各州县农户所交，多者超出定额二万余石，少者亦有数百石到千余石。但经层层克扣和中饱之后，地方和州县又谎报灾荒歉收，或诿之于农户拖欠，上交者不及额定的一半，即地方上的管理开支和中饱截流超过 40 余万两，而农户的实际负担已达 90 余万两。

太平军进入湖北以后，由于战争频繁，大部分承担漕粮的州县无不衰败，产粮锐减，“文卷俱毁，应征解额数无可稽核”。从 1855 年起，胡林翼令各州县“应遵旧章”，“严催兑运”，但所收仍“不及十分之一二”②。于是胡林翼乘朝廷决定北漕停运，“由地方官自行变价解京”的时机，于 1857 年实行漕粮定价改折。

---

① 皮明庥：《出自敌对营垒的太平天国资料——曾国藩幕僚鄂城王家璧文稿辑录》，湖北人民出版社 1986 年版，第 62～63、67～68、130、311～312、136 页。

② 汪士铎：《胡文忠公抚鄂记》，岳麓书社 1988 年版，第 42 页。

定价改折的主要内容是：漕米遵照部章“每石折银一两三钱，解库外仍提兑费银若干，暂时充饷”，“院司上下各衙门规费尽行裁革”，“倘敢于减定之外多加丝毫，一经访闻告发，即专案严参治罪，其吏役提省尽法处治”。具体规定是：北漕每石解正银一两三钱，耗银一钱三分；南米每石解正银一两五钱，耗银一钱五分；不分北漕南米水脚每石一钱五分；兑费（粮船、旗丁、水手及州县津贴）“暂提充饷”①。为了防止州县和地方吏胥士绅欺蒙群众，胡林翼在各乡刊石立碑，将有关规定公之于众，并期永久；又令各地重新认真清丈田亩，以解决钱粮底册散失、粮书户书包揽把持以及民间隐瞒田地的问题。

为了保证上述定价改折精神的贯彻实施，胡林翼又公布了“定章八条”，主要是：裁革册书、里书及此类人役，严禁包户挟制违抗及浮言惑众；酌量地方远近，于县堂及四乡分设粮（钱）柜；由农户亲身赴柜完纳，使用实足制钱，不准短少数额及掺和小钱哑钱；农户纳钱后即日给以印串，印串上姓名、粮数、里分等均照底册填写，由府盖印；年内纳完，不准拖欠；如仍有里书插手，从重治罪；如有勒索浮收或不给少给印串，农户可即时喊禀，府州县应立即查究；等等②。

定价改折的实施，曾收到一定成效。按照各地土地肥瘠、产米多少、米价钱价的高低等确定下来的漕粮折价，最低者如崇阳、通城、沔阳每石折收四千文，最高者如江夏、随州、应山每石折收六千五百文，一般均在五千文左右，且包括水脚、耗米在内。即是从以前浮收至八九千文的地方，此时下降至四千余文；原先浮收到二十千文左右的地方，此时降至六千余文，负担分别减少一半至三分之二。统计有漕州县，民间共少纳漕费一百四十余万串③。与此同时，北漕南米的正耗银四十一万余

① 郑敦谨、曾国荃：《胡文忠公遗集》第30卷，“奏疏”30，同治六年刻本，文海出版社1977年影印，第10～15页。

② 郑敦谨、曾国荃：《胡文忠公遗集》第85卷，“抚鄂批札”2，同治六年刻本，文海出版社1977年影印，第13～16页。

③ 汪士铎：《胡文忠公抚鄂记》，岳麓书社1988年版，第150、120页。

两得以如数入库；行省通过征收水脚银、兑费、运输津贴费、银两与铜钱的差价等，共“节省提存银三十一万余两”①，全部充作军费。

胡林翼的漕粮整顿取得了一定实效。鉴于“楚省漕务弊窦太深，州县之浮勒，里书包户之侵蚀，亦已肆无忌惮”，1857年农历九月，他特地从九江前线暂回省城武昌。半月之内，“日夜筹画，分别删减，竭一手一足之烈”，雷厉风行，“向之十三千、十二千、十一千、十千、九千、八千、一石者，均改至四千、五千、六千余不等”，“所益于民者，每年可百三四十万计；所益于国者，每年可五十万两；所删革于上下衙门官吏陋规者，每年可百余万串”②。

胡林翼的漕粮改折，做法就是“取中饱之资分益上下”，即把征收漕粮过程中被州县、吏胥、衙丁、册书、户首等多收少交的部分清理出来，从而保证国库的收入，也减轻了农户的负担。所以当时有部分士人颇感激胡氏，称“益阳胡文忠公抚鄂数十年……泽被闾阎，尤在改漕折一事。当时州县人士，多立碑为文颂之”③。不过胡林翼放在首位的目标并非利民，而在筹集军饷。农户的漕粮负担减轻，最大的受益者是地主和士绅，次为自耕农。占农村人口多数的半佃农和佃农并未获益，因为地主并未因减漕而减租，胡林翼从未提出减租之事。当然从宏观来看，漕粮折价征收，也有利于粮食商品化的发展。还须指出的是，湖北的漕粮折价征收在胡林翼死去不久即人亡政息，各种痼疾重新复发，且愈加难治，80年代的湖北籍御史屠仁守又曾多次痛陈湖北漕粮弊病。

第三是整顿盐课、牙帖，增加新税。

太平军进至长江中下游之后，淮盐销鄂因“江路堵塞”而陷于停顿，1853年署湖广总督张亮基创议“借销川引”，川盐依靠私商贩运，经平

① 汪士铎：《胡文忠公抚鄂记》，岳麓书社1988年版，第151页。

② 皮明庥：《出自敌对营垒的太平天国资料——曾国藩幕僚鄂城王家璧文稿辑录》，湖北人民出版社1986年版，第309、311页。

③ 王葆心：《续汉口丛谈·再续汉口丛谈》，湖北教育出版社2002年版，第42页。

善坝和沙市抽提课税，即准出售。胡林翼认为："盐之来楚与否，其权皆操之商贩，不统于官。盐法为国之大政，利权下移，无此政体。"于是在1855年变通其法，每月留700引仍听盐商自运，以200引作为官运。在宜昌设川盐局，正式开放川盐入楚。盐本由四川在协济湖北之款内垫付，在湖北销售时每斤加课7文，折银0.035两。当时川盐每月在湖北销900余引，每月可征税银4万两左右①。一年即为40余万两，亦抵作兵饷。这当中原有的盐课与新设的厘金，两者同时并举，因而多有关卡重叠和由谁掌管征收的利益争夺。宜昌、新洲、黄州、樊口等多处都发生了盐道衙门和牙厘局争管局卡的矛盾。"盐务为利薮，昔之窟穴其中者众，今之侧目而思染指者亦众。"② 可知盐务旧敝未除，此时又添新病。

牙帖为行商（各行业的中介或批发之职）营业执照，旧例在开设处分繁、盛、偏僻三类捐款登记。由于武汉多次易手，商人逃散，文案无稽，胡林翼乘势办理重新登记，且求多多益善。

其具体规定有：捐银上则千文，次则七百、五百、三百、二百、一百，共分六等，分为上、中、下行分别填注；无论旧埠、新集，无论是否为原处旧业，也无论是本人还是父子兄弟叔侄承充，"随时捐给"，"例无不准"；持旧帖由原主在原地申办者，按新则捐三分之一；旧帖遗失者需捐新则的一半，另换新帖；持旧帖易地设行者，按新则捐八成；持旧帖不易地但改业别行者，按新则捐六成。还规定"从前各衙门规费一并算入正款"，"旧例生监不准充行……此后生监职衔人等，准其领充，以广招徕。惟身入仕途，名列科第者不准，以示限制"③。1855年10月，胡林翼一次就奏请各行牙帖2 000张，此后又多次陆续领发，所得之款仍用以"资军饷"。

新增加的税种名目繁多，收入较大者有竹木税、应城膏盐税和洋药

① 湖北省地方志编纂委员会：《湖北省志·大事记》，湖北人民出版社1990年版，第22页。

② 皮明庥：《出自敌对营垒的太平天国资料——曾国藩幕僚鄂城王家璧文稿辑录》，湖北人民出版社1986年版，第134页。

③ 汪士铎：《胡文忠公抚鄂记》，岳麓书社1988年版，第40、20页。

（鸦片）税。竹木税在新关（今新堤）征收，系仿照湖南辰（州）关则例，对来自湖南、贵州的竹木，按上、中、下三等征税，从1857年农历二月开关，到次年年底即征税4.7万余两①。应城的石膏、井盐亦在此后不久开始征税，每年可收税数万两。鸦片征税来自宜昌平善坝厘局，系对云南、贵州、湘西进入湖北的土烟土膏的征税，除过载、落地别抽厘金外，每百斤税银30两。尤其需要指出的是，自胡林翼开创了尽夺商利，从而增加老百姓生活负担的"广设盐茶牙厘局"的先例之后，此制流毒半个世纪，一直延续到20世纪初年。

第四是各种名目的捐输。

胡林翼在省内各地广设捐输局，选任委员，"董劝捐输"。捐输者如是生员（秀才），则给予贡生（例贡）、监生（捐监）的资格。为表示优待，"所捐数目照筹饷事例减二成，并以制钱一千六百文折银一两"②。对捐输较多的士绅，则任为各种委员（当时有厘金委员、催漕委员、盐井委员等等），或候补州、县乃至道、府的头衔；为对各地绅民表示激励，按定例某州或某县捐银1万两即永远增加文武学额各1名，2 000两则加一次性文武学额各1名。两广总督叶名琛捐银2万两，于是其原籍汉阳县得加永远文武学额各2名③。对生员和士绅尚属"乐捐"性质，不加强迫，如1854年冬，王家璧家即捐米三百石，同邑纪家纪以成、纪树芬、纪树棠等捐米一千三百石，由王家璧之弟王家瓒亲自送到曾国藩大营④。

对商人和官吏则强求其捐输。如胡林翼函示宜昌商民时称"巨商大贾坐拥厚资者，无济于公，良深浩叹！"⑤并以"兵勇乃亿万生灵之卫"

①② 汪士铎：《胡文忠公抚鄂记》，岳麓书社1988年版，第167、44页。

③ 郑敦谨、曾国荃：《胡文忠公遗集》第34卷，"奏疏"34，同治六年刻本，文海出版社1977年影印，第17页。

④ 皮明庥：《出自敌对营垒的太平天国资料——曾国藩幕僚鄂城王家璧文稿辑录》，湖北人民出版社1986年版，第59页。

⑤ 郑敦谨、曾国荃：《胡文忠公遗集》第84卷，"抚鄂批札"1，同治六年刻本，文海出版社1977年影印，第19页。

的道理劝其捐输。对于属下官吏，则“谕各按缺分大小措捐。以凡我民牧叨食禄糈，时事艰虞，皆当毁家纾难”。随州知州以该地收复未久，请求只捐 1 000 两，立遭胡林翼申斥，令其“除已措备银一千两即速批解外，仍饬立解悭囊，以济急需。如敢有意抗违，及以钱粮、捐输、厘金、盐课等项挪移取巧，定行撤任严参”①。由此估计当时州县官吏个人捐输均在千两以上。此外，胡林翼还曾指名令捐或查抄，如说“海守顺积赀甚厚，可劝令给饷；襄阳卫叶培未解款目甚巨，可查抄备饷”②。在 1857 年的农历五月至十一月，他还下令停止了全省文武官吏的养廉银，将其移作军饷。

1856 年冬，胡林翼在省内各地设捐米局，以筹兵食，每捐“米一石，加耗米一斗五升，运脚银三钱五分，准作银三两四钱。按筹饷事例，职官酌减二成，职衔封典递减二成之数核予官衔”③。每三个月为一“卯”（批），截数上报。实际到 1859 年底，共得到捐米七卯，每卯数目不等，多时收到谷米两三万石，运脚银六七千两；少时也在万石以上，运脚银二三千两。

从胡林翼开办捐输的 1855 年 9 月开始，到 1859 年末，在四年零三个月的时间里，除在职官吏的捐输不计之外，湖北民间捐钱捐粮共值 1 299 639 两有奇④，平均每年近 30 万两。当时，汉阳残破，“武昌城中，民物凋耗，官场尽如乞丐，非三五年长养抚育，其气不苏。六十州县，失陷四十七八处，公私皆搜刮一空”⑤。因战乱而人口流亡，田地大量抛荒，堤防无人修筑，水灾更加频繁，粮食依赖四川、湖南输入，“一省之大，无三五日之粮”，人民生存极为不易。胡林翼居然表示：“强力不能捐者使捐，似乎不情，然大局所关，不敢远嫌怨也。”⑥

通过胡林翼的多方筹集整顿，1858 年以后，湖北的田赋、漕折、厘

---

①②③⑥ 汪士铎：《胡文忠公抚鄂记》，岳麓书社 1988 年版，第 46～47、66、68、52 页。

④ 郑敦谨、曾国荃：《胡文忠公遗集》第 34 卷，“奏疏” 34，同治六年刻本，文海出版社 1977 年影印，第 17 页。

⑤ 梅英杰：《湘军人物年谱》（一），岳麓书社 1987 年版，第 232 页。

金、盐课、其他杂税和捐输等总计年收入已达360万两，较之1853年以前增加一倍多。但本省各项开支，包括坐营饷需、旗营米折、官吏薪俸养廉、政府办公开支以外，行营月饷需30余万两①，还需每月协济曾国藩大营4万两，协济安徽巡抚营2万两，协济湖南饷银6万两。再加上不固定的临时协济，如解江西和彭玉麟水师超过30万两②。所以湖北经费仍旧收入不抵开支，每年欠发军饷数十万两，历年积欠达数百万之多。胡林翼这位“中兴名臣”也不得不承认：“湖北军需捉襟肘见，不能为民生稍留余地，中心已切忧危。”③没有发展生产，不能增加社会财富总量的所谓“理财”，实质只是搜刮和利益的重新分配而已。

四、整肃吏治，选用“正士”

胡林翼在地方任职多年，深知“牧令非人，则法不能行，害且滋甚”。而湖北当时的情况，正是“官吏多贪”、“官民相仇”，“蠹国病民”的“肥官饱吏”比比皆是。“其上下交接之事诿之幕友，官民交接之事诿之门丁。词讼案牍病在积压，盗贼奸骫病在因循不知”，“每遇歉岁，恩旨蠲缓，而官吏私收，实惠不逮于民”，“报捐则有踩堂贽见之费，牙帖则有勒索，厘金则有私设诸费，取民厚而归公薄。前者劾罢，后者复来，踵事而巧避其名，悬缺而观望规避”④。胡林翼对地方官吏的种种陋习丑行，了解十分深刻。

为了贯彻政令，集中力量与太平军作战，胡林翼一贯重视整饬吏治。除了多次对战斗中弃城失地的文武官员请旨查办外，平日他一是认真审阅各地呈文和案卷，抓住重要案例，核查落实，以考察属下官吏的能力和政风；二是“寄耳目心腹于正士良民”，结合捐输、征厘、钱粮催科、

①②③ 汪士铎：《胡文忠公抚鄂记》，岳麓书社1988年版，第148、153、172～174页。

④ 郑敦谨、曾国荃：《胡文忠公遗集》第14卷，“奏疏”14，同治六年刻本，文海出版社1977年影印，第4～5页。

请功报灾等各项具体工作，深入了解各职官员的实际情况，奖掖廉能，惩处贪鄙和办事不力之辈。

胡林翼在鄂七年，处分道、府、州、县文职官员不下二三十人。如对襄阳农民起义镇压不力的盐法道常恩，大搞浮收的荆门州知州方卓然，私自增设厘卡 47 处的汉川知县曹福，侵吞捐输的利川知县祁某，“不遵新章，坐支兵米”的黄冈知县，“不思振作”的公安知县孙某，“舆情不洽”的应城知县王某，先后被革职。“公事废弛”、“纵容差胥”的知县江世玉、黄若玑、李文灏，“私挪钱粮”的知县李殿华，“征收不力”的知县鲍光霖亦遭严惩。州县佐贰（典史、主簿）因贪墨渎职被处分者即达 10 余人。其他虽未被革职、降职和强令退休，但遭记过处分、更调和斥责的官员更多。胡林翼还特别强调：“州县钱漕稍有蒂欠者，不准更调。即完不足数特案参革之员亦必勒令扫数全完，始准差委。”① 即是对调动、交卸和被革职的官员，也要他们把有关钱粮财务手续办得清清楚楚，不允许临走留下“尾巴”或乘机大捞一把。

对于武职，当时虽是军事吃紧、武人势大的时期，胡林翼亦能以军纪约束。除迭次请旨参革丢城失地的将领外，1858 年底曾以“见危先遁”、“临阵先败”、“不战自退”等理由，一次参革都司以上军官 8 人。他曾说：“兵易募而将难求。求勇敢之将易，求廉耻之将难。”② 作战当然要求将领勇敢，但这只是对将领的最低要求，而廉洁正直、粮饷不欺、赏罚不滥等，只有廉耻之将才能做到，由这样的将领带领的军队才会团结有力，历久长胜。所以胡林翼对于那些虽能打仗，但不听约束、滥招游勇、违例需索、克扣粮饷、赏罚不公的将领，也毫不犹豫地予以参革斥退。

与此同时，胡林翼一再要求地方官“访求正士，隆以礼貌，日与相处”③，不仅以其为“耳目心腹”，可以破除书吏之欺瞒、差胥之蒙混，

---

①② 汪士铎：《胡文忠公抚鄂记》，岳麓书社 1988 年版，第 133、47 页。

③ 郑敦谨、曾国荃：《胡文忠公遗集》第 85 卷，“抚鄂批札”2，同治六年刻本，文海出版社 1977 年影印，第 23 页。

真正了解民间疾苦，而且借以“振起士气”，转变人心和社会风气。胡林翼在省城设置一名为“宝善堂”的机构，专门用以延揽和招待所谓“正士”。他直接举用的士绅有贺青莲、王家璧、胡大任、阮宪、丁晓园、黄虚舟、胡东谷、钟云卿等人，大力表彰过兴国州“精研性理”的万斛泉及其弟子宋鼎、邹金粟等。他一再告诫属下，“千古治法，不越‘得人’二字。……求才之法，谋野则获，谋邑则否。野多朴而邑多巧，野尚质而邑尚文也”①，主张到繁华都市以外的乡村基层，访求和举用质朴清白的读书士人。地方文献称，在胡林翼主政时，“吏治尤茂，其察吏之精，有‘草鞋委员’之目”②，这些随时随地深入了解、掌握官吏所作所为和精神状态的“耳自心腹”被不满者称为“草鞋委员”。

在胡林翼当时兴办的各项“要政”中，他一再强调让所谓“正士”发挥作用，诸如抽厘、捐输、助饷，“一概责成公正绅耆管理，不经胥役之手，以杜弊端”③。王家璧、胡大任等人均被他委以办理厘金重任，担任施南府教谕的贺青莲亦被胡林翼嘱以“策勉门人，延访正士，施南厘金皆以相委”。王家璧一家于 1854 年已捐米 300 石，此后数年又陆续捐献，到 1857 年夏，合计其家“捐输及赔缴之数，已及两千余缗”，其弟家瓒得到了“试用教谕”的“优叙”④。王家璧本人更因筹办厘卡之劳，先后得到胡林翼、曾国藩的荐举，从原先的兵部武库司行走擢升为五品京堂候补、四品京堂候补、太常寺少卿等职。

胡林翼还知道正直的读书人必然清高，不耐俗务，“正士非诚心讲求，必不屑为官吏办事”，故一再要求官吏礼贤下士。其次是办保甲团练。胡林翼认为，“地方义旗，自宜各绅筹办”，强调团练“必择正直廉

---

① 汪士铎：《胡文忠公抚鄂记》，岳麓书社 1988 年版，第 25 页。

② 王葆心：《续汉口丛谈·再续汉口丛谈》，湖北教育出版社 2002 年版，第 43 页。

③ 郑敦谨、曾国荃：《胡文忠公遗集》第 24 卷，“奏疏” 24，同治六年刻本，文海出版社 1977 年影印，第 8 页。

④ 皮明庥：《出自敌对营垒的太平天国资料——曾国藩幕僚鄂城王家璧文稿辑录》，湖北人民出版社 1986 年版，第 131 页。

严之人为之长”，保甲“所择必正直严明之人”①。这些人也只能是地方士绅。解决钱漕拖欠问题，也“得地方公正绅耆相助，潜伏奸匪既可缉拿，乡里花户更易董劝”②。“即有无知乡愚，偶怀私忿，绅董不难一言而止也。”③ 此外，各种名目的捐输，大部分亦出自士绅。

所以胡林翼承认，“自寇乱以来，地方公事，官不能离绅士而有为”④。他对自己扶奖所谓“正士”的做法颇感欣慰：“吾抚鄂以来……官绅中晓畅军事、讲求政治者，无不旁求汲引而拔其尤而待用之，贤否黜陟从不拘守成见”，故“楚北之士风亦将蒸蒸日上矣”⑤。为了回报和继续激励士绅，他以各州县办理团练有效为由，请准朝廷给大冶、咸宁、罗田等 14 县加广文武学额各 1 名，江夏、黄冈、应山等 17 县各 2 名，沔阳、孝感、随州、江陵各 3 名，“自咸丰八年始，岁科两试，一体遵行”。总计因州县办团练一事，湖北得到加广永远学额 76 名。次年胡林翼又以湖北绅民历年捐输饷银近百万两为由，请准朝廷给湖北加广文武永远学额 96 名，一次性文武学额 129 名⑥，使士绅群体得到补充和进一步壮大。

实际上大开捐纳之门和端正士绅风气是矛盾的。以捐献换官府的“优叙”，显然只有利于有钱有田地的富绅，空有一身本事而无实力奉献者还是只能望门投止，一些曾有劣迹甚至受过处分的官绅，更可乘机以捐钱捐米来洗白自己。从王家璧以其父亲名义写给友人的信就可看出其中门道：“小子现在县局襄办善后事宜，且为钦宪属为劝输助饷，不日将运米前赴大营。足下所称之人，如能多助粮饷，自蒙优叙，可即星速前

①② 汪士铎：《胡文忠公抚鄂记》，岳麓书社 1988 年版，第 149、143 页。

③ 皮明庥：《出自敌对营垒的太平天国资料——曾国藩幕僚鄂城王家璧文稿辑录》，湖北人民出版社 1986 年版，第 213 页。

④ 郑敦谨、曾国荃：《胡文忠公遗集》第 86 卷，“抚鄂批札”3，同治六年刻本，文海出版社 1977 年影印，第 33 页。

⑤⑥ 郑敦谨、曾国荃：《胡文忠公遗集》第 26 卷，“奏疏”26，同治六年刻本，文海出版社 1977 年影印，第 6、7 页。

来，附便往纳。如但只身投效，未必能见收用，似可无劳往返。至于卯金湔洗之事（即曾有劣迹的刘姓人要洗雪自己），其病甚大，恐非大剂不能回生。若能备二三巨数助饷，赶紧前来，可乘大营未远，就便一为湔洗。少则不便启齿，迟亦无能为力也。”① 这段话足见捐纳中的黑幕。

正如有不肖官吏“前者劾罢，后者复来”的情形一样，所谓“正士”的表现也难以令胡林翼完全满意。“楚中一二贤者，又多不好为官”②，即真正洁身自好的读书人，不愿供官吏驱使；愿出而效力者固不乏“勤慎自爱，足资办公”者，而胡林翼亦以为“正士皆读书人，即不深通，亦略明大义，顾名检；不似捐纳人员，其入仕本操商贾谋利之心而来，又皆骄惰无能”③。但利之所在，“正士”也未能免俗。他们虽则本人尚顾名节，但仍不免假手亲属以谋利。王家璧办事还算廉正，但其家“在局者，璧（有）亲弟二人，族叔族弟各一人”。牙厘局初议每人薪水四串，但除薪水外各项开支名目繁多，遂定为“每收钱十二文，准支用二文”④，导致滥收、中饱等弊层出不穷。所以胡林翼很快即发现，“近来各局委员，一札到手，即信赶兄弟子侄赴局管钱管账，或无可位置之处，而故多捏名色，以安插之。其不肖子弟，假父兄之权，从中舞弊……无所不至”⑤。真是善者不来，来者不善。胡林翼不得不承认：“厘金一事，中饱私肥，尽蚀于官吏、劣绅、刁衿之手。”遂指示下属，凡“州县士庶之侵蚀阻挠，办理苛索，无补实际者，即行严劾”⑥。可知有不少“委员”在未获权力占有金钱时，表面上还是“正士”，而一旦与权力、金钱沾边，就现出了“劣绅”、“刁衿”的原形。

---

①④ 皮明庥：《出自敌对营垒的太平天国资料——曾国藩幕僚鄂城王家璧文稿辑录》，湖北人民出版社 1986 年版，第 59、127～128 页。

② 郑敦谨、曾国荃：《胡文忠公遗集》第 59 卷，“抚鄂书牍”1，同治六年刻本，文海出版社 1977 年影印，第 18 页。

③⑥ 汪士铎：《胡文忠公抚鄂记》，岳麓书社 1988 年版，第 91、88 页。

⑤ 郑敦谨、曾国荃：《胡文忠公遗集》第 86 卷，“抚鄂批札”3，同治六年刻本，文海出版社 1977 年影印，第 13～14 页。

五、胡林翼的治术和为政作风

胡林翼毕尽晚年精力，经营七载，基本上消灭了湖北境内的太平军势力，并大力恢复传统的社会秩序，因而被人称誉为“综核之才”和“中兴名臣”。其实，即使姑且不论胡氏效忠于专制王朝、血腥镇压农民起义的“大节”，仅考察其治术和为政作风，也不难看出其复古保守、专横峻刻的思想特征。

胡林翼在整军经武、杀人如刈草、百计搜刮、“罗掘俱穷”的同时，从未忘记倡言“明道”、“明耻”。他曾布置行营书吏兼办访查记录“举节孝、恤忠义”一事，并称“此事关系名教。湖北怨气不伸，亦由长官不以节义为重也。应即视为第一要件……设司中迟延，吾即自行先办也”①。对各州县官吏也有同样要求。在此基础上，他十余次奏请旌表“殉难官民士女”，每次多达数百人。

对于属下文武和士人，胡氏反复以“明道”、“知耻”相责。武职要“不贪不怯能治其众”。于文职则常训以“志存温饱，庸俗不堪”，“以官作孽，特自戕其天，自忝所生”；“既忝颜居士民之上，便不当谋利。如欲谋生，则其途甚多，何可借官而谋及其私?”② 对于读书之士，更强调其表率之责和教化之功，“士习为民风之本，文章亦道德之华。世变循生，所以扶礼教于不衰，维廉耻于既敝者，皆赖读书明道之功”③。他认为道德作风不仅关系到世运人心，还直接关系到财用盈绌。“乱世之财与治世之财，其盈绌不在兵荒而在人心。……无他，奉公则日见有余，营私则日形不足也。”④ 理由可谓冠冕堂皇。

无论是择兵择将，还是任用士人和官吏，胡林翼均欣赏出身农村乃

---

①④ 汪士铎：《胡文忠公抚鄂记》，岳麓书社 1988 年版，第 40、129 页。

② 郑敦谨、曾国荃：《胡文忠公遗集》第 85 卷，“抚鄂批札”2，同治六年刻本，文海出版社 1977 年影印，第 20 页。

③ 郑敦谨、曾国荃：《胡文忠公遗集》第 86 卷，“抚鄂批札”3，同治六年刻本，文海出版社 1977 年影印，第 30～31 页。

至山野之人，认为这些人“习劳苦，知艰难，有真挚意”，而“商贾之地为沃土，其人士耽燕佚，工文艺，痿痹不仁。甚者竞奢泰，饰舆马，骄童仆；其尤甚者巧诈儇捷，无廉介，耆进亡已”①。他常说：“求才之法，谋野则获，谋邑则否。”足见他对市镇怀有不满和不屑，而希望社会总保持着中世纪的田园古朴风气，乃至倒退回上古之世，其观念显然具有守旧的一面。

胡林翼对商人抱有成见，称“商民重利，锥刀之末，将尽争之。凡可以偷途取巧，贿托营私，虽所获无多，亦不惜尽情作伪”②，因而反复告诫官吏对商人要强硬。他对当时商人势力渐大，地方官迁就商人的现象十分不满。他说：“州县之敬市侩，如见大宾，利其规耳。廉隅不立，顽钝之贾，觍颜与士大夫抗礼，而气日骄，志日肆。”所以他对宜昌、沙市商人因不满征收厘金而扬言罢市的行为绝对不能容忍，竟下令“立封市肆，严行查办”，“锁解大营”治罪，并说只有如此，才是“不可使大权归于奸民，而失行政之大体”。还说只有像汉高祖那样，“重农抑末，贾人不得乘车衣丝”；像汉武帝那样，“告缗平准，大利之权尽归于上”，才是“治天下之大计”③。

胡林翼虽然表示尊重读书之士，并让所谓“正士”参与地方“公事”，但实质是因为“用士用民可以安反侧”，清除“潜伏奸匪”和“以民力补兵力之不足”，一切为我所用，骨子里仍然看不起不为其所喜所用的士人。他曾说：“书生为守令，固不能战，亦不知何所谓守也。”读书人不仅不会打仗，也不会理财。“读书人作吏，多视催科为末务。此处士之虚声，俗士之浅识也。”他称这种“浮慕宽大爱民之虚文”的人为“伪士”，当属“辩言乱政，华士之尤，齐太公之所诛，鲁司寇之所戮”④。

---

①④ 汪士铎：《胡文忠公抚鄂记》，岳麓书社 1988 年版，第 63、87 页。

② 皮明庥：《出自敌对营垒的太平天国资料——曾国藩幕僚鄂城王家璧文稿辑录》，湖北人民出版社 1986 年版，第 318 页。

③ 郑敦谨、曾国荃：《胡文忠公遗集》第 84 卷，“抚鄂批札”1，同治六年刻本，文海出版社 1977 年影印，第 21～23 页。

所以胡氏起用所谓的“正士”，一是利用他们在地方的声望和保全自己身家性命的愿望，在基层办起保甲团练；二是以为读书人大多“顾名检”、“恶浮华”，无“官场作派”，无“交结应酬”，“取给不多即可养廉”，不像官吏多贪，故让他们办理厘金。但就是这两件事，也都是在州县官员的督率之下进行的。

胡林翼上述做法的实质，是欲使官吏和“正士”相互制衡，自己做最后的裁决者。作战攻守靠军队，文章教化、办保甲团练和厘金捐输靠“正士”，催科征敛则仍靠官吏。他一方面惩办一些贪官污吏，另一方面反复告诫官吏不要受读书士人的影响，“浮慕宽大爱民之虚文”而“忘君国之急”，做了官的读书人一定要改正“谬托于催科政拙”的老毛病。

有“综核之才”的胡林翼，虽然也经常在下属面前念叨“一钱一粟均系小民脂膏”，但是更强调“钱漕是国家正供”，“君民之相维相系，所借以联上下之情者，惟此一事”。国家征收田赋漕粮，而人民按期如数交纳，“是义也，非利也；是义中之利，非义外之利也”。因而“催科为州县要务”，“催科政拙是溺职也”①。他一再表示，“钱粮关系国计”，州县“稍形侵欠，立予参追”。对于那些不能完成钱粮征收的，撤降其职仍要“勒令扫数全完”；对于报灾请求缓征或蠲免的，胡氏很少批准，并斥责他们“动辄请免，是特欲市誉小民，私肥其身尔”②。例如，胡氏批评蕲水知县“以绅耆一禀，即欲停征”，是“其权付之士民，而官不得行其政，非政体也”③。连传统的民本思想在胡氏的言行中也很少见。

胡林翼的峻刻残忍还表现在很多事情上。1855—1856年，他率兵包围武昌600余天，城中粮草断绝，武昌知府严澍森建议“给票使民买米接济”。胡林翼不准，竟回答说：“非不念民饥。民稍饱，贼即乘之。饥民之罪，徙民可救；掳民之罪，亦吾罪也。”④结果，城中居民饿死者不可胜计。胡氏为了困死太平军，根本不考虑百姓的死活。

---

①③④ 汪士铎：《胡文忠公抚鄂记》，岳麓书社1988年版，第87、117、52页。

② 郑敦谨、曾国荃：《胡文忠公遗集》第84卷，“抚鄂批札”1，同治六年刻本，文海出版社1977年影印，第1～3页。

胡林翼常称起义造反或附从革命的百姓为“乱民”和“莠民”，必欲置之死地而后快。他曾在奏疏中说：“湖北莠民之从贼者，以兴国、崇阳、通城、通山、大冶、广济、黄梅为最多。臣于臬司任内，由岳州驻崇阳一月，以保甲之法勒令首户捆斩三千人，未及毕事而驰往九江矣。……及今不治，终必为乱。”① 此后他多次重提旧事，称老百姓“兵至为民，贼来从逆”，“遂留祸根，常以为恨”②。所以他此后抱定了对人民群众决不心慈手软的态度，一再对文武部属强调：“治乱民如治乱丝，乱者必斩，不可姑息。”“土匪必应剿尽”，“一意追剿，以杜祸根”③。其凶残与曾国藩并无二致。

六、人口减少和士人思想状况

19 世纪 50 年代初，湖北人口即已多达 3 300 余万，但此后的 100 年内，湖北人口均未再达此数。这表明从太平军进入湖北之后，湖北人口开始减少，第一位的原因当然是战争。

据胡林翼仅就 1857—1861 年连续 17 次所奏报的“阵亡殉难文武各官及殉难眷属家丁”数字统计，4 年之内湖北仅文武官员、眷属家丁就死亡 4.5 万人，这既不包括 1857 年以前和 1861 年以后的数字，也不包括一般兵勇。这固然说明农民起义对专制王朝的打击之沉重，同时也可想见，清王朝作为最后战胜的一方，无疑屠杀了为数更多的起义者和无辜百姓。如 1856 年兴国州即有万余青壮年参加太平军，在武昌协助守城，最后几无生还者。至于“一般人民的实际死亡数字，恐怕要比这个多出数十倍”④。

---

① 郑敦谨、曾国荃：《胡文忠公遗集》第 14 卷，“奏疏” 14，同治六年刻本，文海出版社 1977 年影印，第 4 页。

② 汪士铎：《胡文忠公抚鄂记》，岳麓书社 1988 年版，第 65～67 页。

③ 郑敦谨、曾国荃：《胡文忠公遗集》第 84 卷，“抚鄂批札” 1，同治六年刻本，文海出版社 1977 年影印，第 5～6 页。

④ 苏云峰：《中国现代化的区域研究：湖北省，1860—1916》，台北近代史研究所 1981 年印，第 73 页。

人口减少的第二个原因是移民。与明末清初“湖广填四川”的情况相反，这一次是由于长江下游各省死人最多，皖、赣、江、浙大片田地无人耕种，遂吸引了湖北大批农民向下游移民。60年代，仅安陆一县就有万余户农民移出，不少地方十室九空。德安府的其他州县也有类似情形。战后的南京，“城区中人口的70%来自湖北和安徽”，“皖南移民以湖北、河南人为主。……湖北人来自应山、孝感一带”，在浙江的杭、嘉、湖三府中，“湖北人则主要迁入北部和西部地区”①。可以说，战乱造成死亡和大量移民，是湖北人口在1858年后急剧减少的两个主要原因。

当然，还有一个明显的、长期存在的原因，那就是贫穷落后而导致的死亡率居高不下和溺杀女婴的问题。关于后者，武昌士绅彭崧毓曾作过分析，他认为当时普遍的贫困和婚嫁论财是溺杀女婴的现象日趋严重的原因。“溺女之家，苦于无力收养者半，苦于无力陪嫁者半。……父母之愚者，以为与其忍之于后日，不若忍之于初生，此溺女者之所以多也。”② 可知当时溺杀女婴的情况相当严重。

在整个50年代和60年代初期，由于太平军的冲击和胡林翼的严酷统治，湖北士人的思想发生了一些变化。

首先，从整体上看，由于长期受到“道统”说和“纲常名教”的束缚，士人不能接受太平军对孔孟儒学的简单否定的做法，再加之在经济上和政治地位上，士人不甘心失去昔日的特权和优势，所以他们基本上都站在清政府一边，对农民革命持反对态度。

例如王柏心，还在太平军围攻长沙时，就极为关注事态的发展，曾上书湖广总督张亮基，建议以重兵防守岳阳，阻挡太平军进入湖北，认为“纵其东下则不可复制”。他还提出具体设想：“以汉阳设重兵而后武昌可保，岳州设重兵而后湖北可安，田家镇设重兵而后可制皖。”当时张

① 葛剑雄：《简明中国移民史》，福建人民出版社1993年版，第462、473、466页。
② 彭崧毓：《推广救溺女说》，《求是斋文存》卷上，同治七年自刻本。

亮基督军湖北，请王柏心参佐戎幕，由于清军腐败，张亮基徒信其言而无劲旅，王柏心的谋划遂付之东流。此后胡林翼亦与王柏心相契甚深。胡氏任巡抚时与太平军作战、整顿漕粮积弊，都听取过王柏心的建议。

同治元年（1862年），王柏心应诏陈奏封事八条：一为"广师儒"，二为"屏嗜欲"，三为"博咨访"，四为"开特科"，五为"先下金陵"，六为"早备秦豫"，七为"择外吏"，八为"宽榷算"。其中，"先下金陵"和"早备秦豫"是为镇压太平军与捻军，包括"据长江上游迫之"和"择大臣之有方略者厉兵讲武"，"毋使捻粤连横冲突"等军事方略；"屏嗜欲"对朝廷和后宫算是有所劝谕；"宽榷算"则批评了"抽厘助饷，网密文峻，鞭扑天下，徒饱私囊"的现象，建议"榷算必用廉正之人，毋使驱民以附贼"①，仍然是站在维护专制王朝的立场献计献策。前述王家璧不仅向曾国藩、胡林翼提出过类似的建议，他还特别建言如何分化造反的农民大军，区分"真贼"和被裹胁"附从"，"以为多一逃归之民，即少一胁从之贼"，主张对脱离、被打散的太平军战士，"免其陷贼之罪，分起零星递送回籍，以后非另犯罪名，不准追论前罪"，如此一来，"党羽不固，则真贼易歼"②。除了王柏心这样的"硕学鸿儒"和王家璧这样的"热忱之士"之外，投入团练的万余名下层士绅、参加厘金捐输等财政管理事务的数千名大小士人，当然也都是在为清王朝效力。

由于当时大多数士人都站在清朝政府一边，对农民起义缺乏同情和理解，所以前所引述出自士人之手的王家璧文稿、《汉口竹枝词》和《续汉口丛谈》等，都异口同声称起义农民为"贼"，对于当时情形的记载，也偏重于太平军对文物和社会秩序的破坏，尤着重渲染武汉居民生命财产的巨大损失，而对清朝政府及其战争机器却鲜有微词。所以需要指出的是，这些记载也可能有些夸大，如王家璧说"闻省城有骸骨可收者十

① 中华书局：《清史列传》第73卷，"文苑传"4，1928年刻本，第45页。

② 皮明庥：《出自敌对营垒的太平天国资料——曾国藩幕僚鄂城王家璧文稿辑录》，湖北人民出版社1986年版，第29～30页。

九万有奇”，王葆心所记咸丰二年冬十一月戊午，“贼乘势得汉口……大焚掠，至五昼夜始尽。此一巨劫也。及至（咸丰）三年正月，贼全股下窜，俘掠武汉男妇五十万人，分两岸夹江而下，数日不尽，此二巨劫也”①。试想，因为战前已有大批居民逃离，当时武昌城内连同守城清军，总数都不到十九万人，何来“有骸骨可收者十九万有奇”？至于1853年农历正月洪秀全等率太平军离武汉东下，“五十万人”之说是指全体人数，包括从广西打来的“老兄弟”在内，而非尽是俘掠的武汉男妇，况且这时东下的“新兄弟”中，肯定也有一些自愿投入者，所以“俘掠武汉男妇至五十万”之说恐难成立。

在至今流传下来不多的士人记述中，江夏县儒学教官程维周的诗作较为客观。虽然他的诗歌也同样描述了战争的残酷、场面的混乱和居民的巨大痛苦，诸如“蝥弧次第森蛇岭，髑髅狼藉满天街。穷搜妇女掘货财，大索十日昏阴霾”，“汉阳对岸尸如山，众贼担尸尸满滩”，“相持一月燕幕巢，惨听九门鬼磷泣”，“嫠妇几家悬破釜，乱磷青昼闪空城。定知故鬼逢新鬼，惨说三年虎口生”等。而且其中诗句“王师何日收江汉，再拓东南靖塞笳”，也充分表明了他盼望官军能迅速镇压太平军起义的立场。但是他更多的诗句和原注是描写官员的无能和做法的可笑，如“豺虎压江官闭城，盲人侧耳坐瓦罂（官军尽纳入城，贼于城外凿地道。城中献策者，以大瓮埋城底，坐瞽者其中听之）。隧道振振凿有声，谁其守者如泥婴？砰訇大声起城底，垛口兵埋雪窖里”，形象具体地再现了清军守城的无效。再如“献策纷纷幕府颠，禳灾压胜托神仙”，“满城安坐处女同”，“达官以死谢百姓”，描写守城官员将领的颟顸迷信。“白米缠腰当十钱（城中饷绝，守城兵每日给米一勺，当十钱二文）”，“索饷饥军举槊争”，“羊头屡受军中赏，蜗角徒观壁上兵”②，则是描写官军缺饷缺粮，军心不固，赏罚不平，内部矛盾。总之，程维周的这些诗句客观地

①② 王葆心：《续汉口丛谈·再续汉口丛谈》，湖北教育出版社2002年版，第64、107～109页。

体现了清军和官府的腐朽无能，为其他同时士人的记叙所少见。

这些士人在经历那场社会巨变之时，思想上显然有所震动。首先是对八股时文、科举考试不再满足，加强了对经世实学的思考和追求。如彭崧毓批评当时的教育，“师之教人，斤斤以举子业相授受”，而“人之延师以教其子弟，亦唯工于举子业是求”，再就是“讲学者坐拥皋比，高谈性命……其言则浮而鲜实、执而近迂，窃先儒之绪余而饰以己说，此与攻举业者无异也”①。他告诫士人，读书要“求实用”，“高谈性命犹不足以为学，况于一文一艺争工拙哉?”② 胡林翼曾深感湖北士人文弱怯懦，称“天下之大患，总是书生不知兵之过，总以为兵事为小人之事，非学者之事。一遇警动，则读书人早已远走，或隐匿不出”③。而此时不仅有众多士人投入团练，还有士人如熊耀春，“咸丰间避乱山谷，有所感愤，采历代兵事，辑为《武事类纂》一书”，也标志着历来柔懦、重文轻武的湖北士林风气有所改变。

其次，由于50年代后期发生了第二次鸦片战争，其间又有西方势力进入湖北，士人不得不正视这一局面。如王家璧认为，英美军舰驶到武汉，明显表现出“轻中国之心”，中国面临“内患外患”交织，不能墨守成规。对此，他提出，夷人“皆重炮船，我师应筹之熟矣”。“洋炮精巧及远，顺则购之，逆则夺之，彼炮皆吾炮也；洋船迅驶，不资风帆，而江沙在在胶葛，若无引水之人，不难制其死命。且彼既以利器示人，久则内地巧匠，必有得其法者，吾舟亦犹彼舟也。”即主张购买和仿制洋人船炮，并在以后发生中外冲突时，利用仿制船炮和长江水道的特点加以防卫。对于签订条约、准予中外互市一事，王家璧也有分析，他说：“若无他衅，则海口之利，可分腹地；商贩之利，可归业户；奇巧之货，其

---

① 彭崧毓：《师说》，《求是斋文存》卷上，同治七年自刻本。

② 彭崧毓：《晴川书院规约》，《求是斋文存》卷下，同治七年自刻本。

③ 郑敦谨、曾国荃：《胡文忠公遗集》第62卷，“抚鄂批牍”4，同治六年刻本，文海出版社1977年影印，第8页。

直可贱；茶药之需，其价可增；行使洋钱，则出洋之银可还什七，而流通民间，可济钱法、钞法之不及。”即认为开埠通商并非绝对威胁，应对得法，坏事可变成好事，至少经济上有可能得到某些好处，体现出一定的开放观念，不过其中也有幻想。中国在主权丧失、法制不善、生产落后的情况下，要想在开放贸易中获益，显然是不大可能的。当然王家璧通过办理厘金，对征税上的不平等也略知一二。“和戎之利，固亦有焉，惟海口税外，不再完税抽厘，与内商不同，未免失平。若以内地之货转贩内地，并不出口，尤易取巧，夺吾内商之业，而抗我有常之征，宜有以善处之。”由于王家璧多年从事征税、办厘金的事务，所以多从商贸立法的角度考虑如何维持政府的税收和保护本国商人。他认为战时的暴敛搜刮，不应成为常法常态，希望“时平之后，盐法自归定章，牙帖亦有止数，劝捐亦时开时停之例。所虑者厘金急切不能停止耳，平时抽出，恐不惟取于常赋之处，非国家培养元气之道”①。后来的事实证明，王家璧的担心真是不幸而言中。

最后还有一点值得注意的是，尽管胡林翼权倾一时，但湖北士人并非完全畏服于他。对胡林翼的所作所为在思想上表示不能苟同的，以彭崧毓最为突出。

彭崧毓，字于藩，江夏人。青年时“家贫，馆食南北，越十年”。道光十五年（1835年）中进士，官至按察使、云南盐法道和迤西道。逝世前数年归居武昌，大约死于同治末年，故对胡氏的为政有深刻观察和切身体验。他著有《求是斋文存》，还主编了同治《江夏县志》。

胡林翼同曾国藩一样，常侈谈“天理”。彭崧毓则否定理学，声称自己“习举业时尤不喜作理境文字，深惧堕入云雾，迷闷无开觉。时求一由衷之言，稍有切于日用而不作影响欺人语者，杳不可得。故于理学二字，曾未梦见”。又说：“天理人欲四字，自然之对待，天与人对，理即

① 皮明庥：《出自敌对营垒的太平天国资料——曾国藩幕僚鄂城王家璧文稿辑录》，湖北人民出版社1986年版，第196、177页。

与欲对，如有理而无欲，则亦有天而无人矣。且欲者七情之一也，欲可无，而喜怒哀乐亦可无乎？……理欲不并立，理欲未始不相因。”① 对“天理流行，私欲净尽”的说教提出质疑。

胡林翼催科征厘，锱铢必尽，农户商贾无不负担沉重。彭崧毓则认为：“重农节用通商惠工，为今日之要务也。”② “国家自军兴（指镇压太平天国起义）以来，不得已而用民之力，民力不足则征商以益之，商所取者仍出之民，甚矣民力之将穷也。”他说厘金已行多年，地方官府所得“不止亿万数矣，而不闻有库藏之积、馈饷之充，何也？侵蚀糜滥，一切耗之也。呜呼，以有限之民力，而耗之于无穷之侵糜，其害可胜言耶？”③ 他强调说：“官者政教之所从出也。政莫大于催科，教莫先于抚字。抚字寓于催科之内，斯无暴敛无横征，宽一分，民受一分之惠。”故希望“良有司所当留意者……在毋许虐取”④。

胡林翼严刑峻法，常动雷霆之怒，大开杀戒。彭崧毓则认为，“世所称廉能之官，而所莅无或废事者，必天下有情之人也”，即“通民情”、“通商情”，以“恤民之心”行“恤民之政”⑤。即使是动用“兵刑”，也要“慎重人命”，“国家设立兵刑之官，非专以杀人为事者也。至不得已而用杀，非设兵刑之本心也”⑥，明显和胡林翼的重刑嗜杀针锋相对。

当然，彭崧毓处事很谨慎，言词温和，他知道处在衰乱之世的士人“无权无位，不可与争”，只能“借清议之公以免横议之祸”⑦。所以他许多与胡林翼乃至整个官府不同的施政理念，以及一些有针对性的深刻

① 鼓崧毓：《与李黼堂书》，《求是斋文存》卷下，同治七年自刻本。
② 彭崧毓：《江夏县志》第5卷，“风俗志”10，同治八年江夏县署刻本，第30页。
③ 彭崧毓：《送朱云舫之官安庆序》，《求是斋文存》卷下，同治七年自刻本。
④ 彭崧毓：《江夏县志》第1卷，“凡例”，同治八年江夏县署刻本，第2页。
⑤ 彭崧毓：《送钟云卿都转之任粤东序》，《求是斋文存》卷下，同治七年自刻本。
⑥ 彭崧毓：《雷说》，《求是斋文存》卷上，同治七年自刻本。
⑦ 彭崧毓：《郑子产不毁乡校论》，《求是斋文存》卷上，同治七年自刻本。

批评，我们不仔细阅读就难以发现。但彭崧毓的民本思想在他的戚友、门生、同乡中很有影响。稍后不久，周恒祺、黄元善、甘鹏云、樊增祥等人，曾分别就“整饬吏治”、“永停捐输”、“藏富于民”、“平政理讼”等一系列问题，提出过如何“为民”、“宜民”、“利民”、“抚民”的主张。

第三章　湖北被纳入国际市场边缘

第一节　外国政治经济势力进入湖北

1858年中英《天津条约》签订以后，以英国为首的西方国家就积极准备将势力渗入地处长江中游的湖北。从19世纪60年代初开始，外国军人、商人、传教士、技师、教师、冒险家等蜂拥入鄂，他们通过开设洋行、银行、轮船公司和工厂，对湖北进行经济掠夺，还通过传教，办学校、医院和报纸等方式，传播西方文化观念。19世纪90年代以前，可视为外力入鄂的初始阶段。

一、开埠和建立租界

自从中英《南京条约》签订之后，英国商人一直感到在华贸易获利不如他们设想的那么丰厚，迫切希望在中国内地增开商埠、扩大市场，他们尤其垂涎长江中上游的大片腹地，多次派军舰，以武力闯入湖北。

早在1842年，英国海军舰长柯林逊（Collinson）就曾率舰由吴淞口上行到汉口，沿途测试航道和侦察军事设施。1847年，挪威、瑞典商人援引《五口通商章程》，开始在汉口经营商业，但业务范围较小。上述行动显然侵犯了中国主权，因为《南京条约》并未允许外国轮船在中国内河航行，汉口也还不是条约划定的通商口岸。

1858年6月签订的中英《天津条约》，确定汉口为新增的11个通商口岸之一，但当时长江中下游尚在清军与太平军的争夺之中，故约定需待“地方平靖”之后，中英双方再作进一步商讨。但英国人迫不及待，同年11月8日，英国特使额尔金（James Bruce，一译詹姆斯·布鲁斯）

和海军舰长华约翰（John Ward）率士兵300余人和军舰多艘由吴淞上驶，12月6日到达汉口江面，对长江两岸军事布置和武汉三镇情形进行全面侦察，并会见了湖广总督官文①。

1861年3月7日，英商上海宝顺洋行（即颠地行）行主韦伯（Weber）、英国官员威司利（Wesley）、通事（即翻译）杨光让及随员45人，乘一艘英国轮船到达武汉，会见官文，要求立行通商，并在汉口委托都司李大桂代觅栈房一处，每年议给房主租金400两。随后，留下通事及数名随员，韦伯和威司利等仍回上海。

与此同时，英国参赞巴夏礼（S. Parkes）同英海军提督何伯（J. Hope，一译贺布）率领4艘军舰于3月12日到达汉口，渡江会见官文，说明系来汉口查看地势，建造栈房，并将由福建调来英国领事。14日，何伯率火轮2只，继续往上游“考察”，官文饬令岳州、荆州、宜昌各属“沿途照料”。随后又有数名英国人循汉水上行，官文也派出炮船随往护卫②。

巴夏礼则留下筹建英租界。他与湖北地方政府签订了《英国汉口租界条款》，在汉口镇下街尾杨林口上下勘定宽250丈、深110丈、计面积为458亩的地皮，作为英国租界，四至立石为界，规定“管办此地，一切事宜全归英国”，租界每年仅交纳地丁漕米银92.67两③。不久，英国首任驻汉口领事到职。来湖北的英国商人开始在汉口兑换桐油、白蜡等货物运往上海。接着，俄国商船也在既无领事官同来，亦不报告湖北地方当局的情况下，“任意装载往来”。

1861年4月，美国琼记洋行以轮船装载2万元货物到汉口，并在汉

---

① 贾桢等：《筹办夷务始末》（咸丰朝）第28卷，故宫博物院1929—1930年影印，第1 060页，第33卷，第1 224页。

② 贾桢等：《筹办夷务始末》（咸丰朝）第74卷，故宫博物院1929—1930年影印，第2 764页。

③ 张仲炘、杨承禧：《湖北通志》第50卷，“经政志”8，“榷税”，湖北省长公署1921年刻本，第17页。

口购置土地，修建栈房。5 月 11 日，美国海军提督司百龄带着美国首任驻汉口领事和翻译、随员多人，乘军舰 2 艘到汉，会见官文后又上驶到岳州，折回后在汉口英国租界以下择三处建栈房，并商定土地由美国商人“自向业主议价”①。5 月 20 日，司百龄留下领事、翻译之后，离汉去沪。接着，法国亦在汉口设立领事馆。

汉口开埠次月，一个叫狄克生（W. Dickson）的英国人，从广州经长沙、洞庭湖到汉口，作了一次调查旅行。他于 4 月 11 日启程，5 月 19 日到汉口，沿途了解地形交通、乡村市镇状况，居然一路上没有遇到任何阻拦。他认为汉口的贸易潜力很大，最先提出修筑从广州到武汉的铁路。同年，英国海军舰长布拉克逊（Blakson）曾从汉口逆江而上，经三峡到四川，虽因未得到好译员而未搜集到有价值的资料，但其发表的报告足以引起西方人到四川探险的兴趣。

从 1861 年 3 月起，本年内即有英、美、俄、法、德诸国商人到达汉口，同治年间（1862—1874 年）又增加了丹麦、荷兰、西班牙、比利时、意大利、奥地利、日本、瑞士、秘鲁等国商人，光绪元年（1875 年）后又增加了巴西、葡萄牙、刚果等国商人，连同 1847 年即已在汉口经商的瑞典、挪威商人，前后订约来汉通商的约有 20 个国家的商人。

在汉口开埠的同时，广济的武穴被定为外轮停靠港口。

需要指出的是，汉口开埠之初却未立即设立海关。英国领事官巴夏礼与湖广总督官文商谈开埠之时，巴夏礼即强调，“货物出口入口，课税俱在上海、镇江完纳，九江、汉口概不征收”②。随之签订的《长江各口通商暂定章程》即明确规定，“（长江）自镇江以上、汉口以下，沿途任便起货下货，不用请给准单，不用随纳税饷。俟回镇江遵照前章办理”③。

---

① 贾桢等：《筹办夷务始末》（咸丰朝）第 78 卷，故宫博物院 1929—1930 年影印，第 2 875～2 876 页。

② 文庆等：《筹办夷务始末》（咸丰朝）（第 75 卷），中华书局 1979 年版，总第 2 790 页。

③ 王铁厓：《中外旧约章汇编》第 1 册，生活·读书·新知三联书店 1957 年版，第 156 页。

总税务司、英国人赫德给出的理由是："照暂定章程，在上海征纳税饷，旋在镇江以上汉口以下，准商任便起货下货。镇江以上，即作为上海内口，无庸设虚立之关。如此办理，一面于税务不至偷漏减少，一面可免待贼（指太平军——作者）如官之关系。"① 最后一句话的意思是强调不能让与太平天国的货物交易合法化，从而有助于困死太平军。

但如此一来，外商不仅能依据《天津条约》和《北京条约》，享有货物只交纳"值百抽五"的海关税和"值百抽二点五"的子口税等特权外，还可以乘内地查验和课税制度不健全之机，"任意装载往来漫无稽考"，实施暂定章程"半载以来，洋商往返贸易，凡有洋货进口售卖内地，内货出口贩运外洋者，因发逆（指太平军——作者）上犯，汉口巨商大贾迁移一空，所到洋货皆于汉口以货易货，并不缴进口货物清单，亦不报出口货物数目，以致毫无稽查"。不仅如此，英、美商人还在临时租借来的商船上悬挂英、美国旗，肆无忌惮地走私逃税。当然也有中国商人乘机分润图利，"内地商船借插英旗影射偷漏，甚至将违禁货物如钢铁、米粮等类装载下船。内地商人分赴湖南、湖北购买茶叶等货物，动称洋商雇伙，抗不完纳厘金"②。总之，汉口开埠而不设海关，不仅使中国主权的进一步丧失，汉口市场混乱，而且在税、厘两方面使中国政府遭受损失。

官文出于整顿市场秩序和增加地方政府收入的目的，多次奏请在新开埠的汉口和九江设关征税，添设监督，赶建海关衙署。1861 年 11 月 11 日，总理各国事务衙门王大臣终于同意官文奏请的《汉口设关收纳洋税折》，任命汉黄德道监督税务。1862 年 1 月 1 日，江汉关终于得以建立，但是各方利益仍在协调，原因是江汉关虽然设立，但朝廷规定其只能征收子口税和稽查走私，正税仍须在上海完纳，江汉关的行政费也须

---

① 文庆等：《筹办夷务始末》（咸丰朝）第 79 卷，中华书局 1979 年版，总第 2 931 页。

② 宝鋆等：《筹办夷务始末》（同治朝）第 2 卷，文海出版社 1966 年影印，第 110～111 页。

由上海海关拨付。为此官文继续奏请朝廷，指出正税和子口税在两地完纳，于商船增添手续麻烦，而且更为有害的是，“盖其中有专为上海计，而未为三口计者；有专为洋商获益计，而不为内地税饷计者。照章办理，则长江无可立之关，无可征之税，并无可查之货”。官文还在该奏折中强调地方财政的极度困绌，突出关税收入的重要。他说：“频年两湖、安徽血战之师，久已望饷若渴，以为江汉开征之后，饷需无虞匮乏，得以尽力东征。迄今关税尚未议定，即收子口税，而不抵厘金之一二成，求盈反绌，皆由上海之未能洞悉长江情形，为十二款、五款章程所限故也。”① 此时湘、淮两军正在江浙与太平军激战，军饷需求是政府最大的压力。显然也是这一压力，才使得朝廷同意最终修改《长江各口通商暂定章程》，厘定为《长江通商统共章程》，给予江汉关与上海江海关同等的地位和责权，从 1863 年 1 月 1 日起开始征收正税。

江汉关署设于汉口青龙巷，大关则设在汉口河街（汉口英租界花楼街外江滨），总汇税务。江汉关下辖关卡多处：汉阳南关，位于汉阳南岸嘴河滨，负责稽查上游来船；北卡，位于汉口镇十八段之下沙包江滨，负责稽查下游来船；子口卡设在硚口襄河边，负责稽查航行汉水的船只。1863 年在武穴设总卡。1898 年又在黄石石灰窑设立分关，监督装载水泥、矿产的船只。1906 年京汉铁路通车后，又在刘家庙、大智门两站设卡。关税所得的分配比例是：船税三成解京，七成解总税务司；正税三成解京，三成归中国监督，四成归税务司；护照费一半解京，一半存关；华商挂旗船牌照费，税务司、北京、当地中国监督各 1/3②。

中国监督只有名义上的监督权，实权全操于税务司手中。不仅直到 20 世纪 40 年代以前的历任税务司都是外国人（他们直接对海关总税务

① 宝鋆等：《筹办夷务始末》（同治朝）第 4 卷，文海出版社 1966 年影印，第 342、344 页。

② 张仲炘、杨承禧：《湖北通志》第 50 卷，“经政志” 8，“榷税”，湖北省长公署 1921 年刻本，第 12～17 页。

司负责），而且副税务司、帮办、高级职员、外勤也全是英、美、法等国人，只有文书、杂役之类才由中国人充任。直到清末，中国人连税务员也当不上。

江汉关的职能主要是对进出关的货物进行检验、估价、征税、查私，同时管理出入中国境的外侨和中国居民的自用邮寄物品，此外还包揽交通部门的航道疏浚、航标设置及水文气象、卫生检疫等职权。在执行收税、查私、检验的过程中，海关人员对外商和进口货物格外优待，而把重点放在我国商人和出口货物上，对我国商人和出口货物，查验严格，估价过高，借故刁难，动辄扣押罚款，有时甚至不行贿就不放行。1872年就有多艘停泊汉口的英国船只没有护照，躲避海关检验。英国商船“明安号”私运枪炮，“江龙号”、“海马号”夹带私盐，“公泰号”、“满江红号”匿单少报，以少缴税银①。海关对其他外商在数量上以多报少、价格上以高报低，均少过问，稍后对美孚、德士古、亚细亚等洋行的煤油不仅免予查验，并准其先行销售后缴关税。

由于早期的中外贸易以外国在华掠夺农副产品和土特产品为主，茶叶、皮革、生漆、桐油、药材等被外商大批购去，而外国输往中国内地的呢绒绸缎、五金煤油等因中国人购买力低下而销售有限，尽管不法外商还加上走私毒品和武器，汉口的中外贸易在整个19世纪仍一直处于出超的状况。但江汉关的关税收入大部分来自转口贸易，出口比例大于进口比例，华商所缴关税比例高于外商所缴关税比例，则多少掩盖着洋货多销而少报的不正常现象。

而且，关税收入除少部分解京和归当地中国监督之外，其余绝大部分由税务司经汉口的英国汇丰银行结汇，交给海关总税务司署，用作偿还外债和赔款，根本不由中国政府作主。汇丰银行在经手税款时，提高汇兑牌价，先将税款银两折算成“洋例纹银”，继而折合成“上海规元”，

---

① 侯祖畲、吕寅东：《夏口县志》第11卷，“交涉志”，湖北省长公署1920年铅印，第4～5页。

最后折合为英镑。通过这4次折算转账，汇丰银行要收取1.2%～1.5%的手续费。仅此一项，英国汇丰银行每年就可增加10万两纹银的收入①。

江汉关的设立对湖北的中外贸易起到了一定的规范作用。较之开埠而未设关的1861年，贸易秩序有所好转。前述美国商船躲避检查、贩运枪炮、夹带私盐和匿单少报等，均是海关查验、缉私的结果，并对上述商船作了处理。规范化的管理，使得武汉成为依法开放型的商业城市。1899年，汉口所收税款合计为白银219万两，1902年进出口货物共值约1亿两，1910年更增至约1.52亿两②。中部地区的农副产品出口猛增。这种规范化的管理比起中国传统的"常关"（如武昌厂关、汉阳新关、荆州府关等）有效得多。汉口到19世纪90年代成为中国仅次于上海的第二大口岸，湖北则成为全国仅次于江苏的第二税源大省，对弥补地方和中央的财政亏空起了一定作用。海关本身经费亦能充裕，1875/1876年度每月经费即达1万两，得以不断添置关产、改善货物存放条件、疏浚航道和增加巡查船只等。1920年，耗费200万两银子修建的新江汉关大楼至今犹存。当然，这些又不应妨碍后人记取：由于不平等条约的束缚，我国海关失去了自主权，由于操纵在外国人手中，它当然不能有效地保护民族利益，这使资本主义国家通过它掠夺了更多的利益。

1863年春夏间，美国地质学家彭北莱经岳阳出洞庭湖，溯江西上，沿途作地质考察，在秭归香溪发现了煤层，并将北东—南西地层构造方向线命名为"震旦"方向，开中国地质调查研究之先河。次年，一个由法国政府支持的科学与政治考察团，自西贡出发，经云南、四川，于1866年到达汉口。他们带着各种丰富的调查资料，受到汉口外国人的欢迎，更加激发了外国商人沿江西上的决心。

---

① 余心香、金来刚：《略谈江汉关》，《武汉工商经济史料》1984年总第2辑，第151～152页。

② 侯祖畲、吕寅东：《夏口县志》第12卷，"商务志"，湖北省长公署1920年铅印，第5页。

1876年，中英《烟台条约》规定，湖北宜昌成为新增开埠通商的城市之一，并增加沙市、陆溪口（在嘉鱼县境内）为外轮停泊码头，允许外轮“上下客商货物”①。

1877年初，宜昌正式开埠。英、日等国提出划定城南沿江上自汉景帝庙、下至龙王庙，外抵江滨、内越过官街（今红星路），共90亩地作为租界，因价格悬殊未能议定。不久，英国即在宜昌设立领事馆，在怀远路修建了领事办公楼，旋即又在桃花岭建筑住房，连同花园，共占地近12亩。接着又开洋行、建教堂、办学校、设医院、建贸易市场。日本人接踵而至，也派遣了领事，不过迟至1914年才修建领事办公楼。德国于1902年设领事馆。美、法等国未设领事，但也有商人在宜昌经营业务。开埠后，各国军舰常以保护本国商民为由开到宜昌，而常年停泊在宜昌的外国兵舰，最少时有一二艘，多时有四五艘。

湖广总督任命荆鹤宜施道兼任宜昌海关监督，仿汉口江汉关办法，仍以外国（英国）人为税务司。宜昌关署设在城南门外江滨，占用汉景帝庙。下设有彝分关，设在江滨水西门外，查验进出港口的轮船和木船；平善坝分卡，稽查中外商人贩运洋货入川和出口土货的税务。1891年重庆开埠之前，宜昌海关还负责指导重庆代理关员的海关事务；1896年沙市设立海关之前，宜昌海关还兼理荆州和沙市的海关事务，同年还在宜都设大查关，在董市设大正关。

宜昌海关从1882年到1891年，10年总进口值为19 371 731海关两，出口为18 677 826海关两②；从1877年到1908年，共收关税8 995 488海关两，平均每年58 286海关两③。进口商品主要是棉布、棉纱、煤油、烟草、染料、五金、食糖、鱼蚧、玻璃、肥皂、医药、仪器、枪支弹药；

① 湖北省地方志编纂委员会：《湖北省志·大事记》，湖北人民出版社1990年版，第49页。

② 李约德：《十九世纪八十年代的宜昌》，周勇译，《宜昌市文史资料》1987年总第8辑，第4页。

③ 邓德耀、李进都：《宜昌海关史略》，《宜昌文史资料》1991年总第12辑，第65页。

出口商品主要是猪鬃、牛羊皮、药材、植物油、生漆、茶、棉花、生丝、真菌等；转口贸易则主要是粮食、食盐、鸦片。其中鸦片占了大宗，所以 1908 年后鸦片税改由宜昌“土捐局”征收后，关税顿时骤减。

宜昌海关在 19 世纪 90 年代以前，是深入中国内地最远的海关，是资本主义列强进入四川和整个西部的桥头堡。

如果说军事和经济实力是资本主义列强的后盾，不平等条约是其在中国从事各种侵略渗透的“根据”，那么这种根据不平等条约被迫开放的商埠，就成了列强在中国各地的前沿阵地。列强在这些商埠可以划定租界。租界内的洋商不向中国政府缴纳营业税、不动产税、所得税、印花税、警察捐等，商埠内的洋货，除缴纳进口正税外，不向中国另缴他税。洋商在商埠购买中国土货出口，只完出口正税，不纳子口税和其他内地税。洋商利用在商埠内的这些有利条件，大肆倾销工业品乃至毒品，廉价收购我国的农副产品、土特产品和各种原料。由于列强的工业品具有强大的竞争力，中国的许多传统产品逐渐被排挤出市场，这种情况到 19 世纪 90 年代以后尤其明显。

此外，在外商外侨较多的商埠，英、法、俄、德、日、美等国必以保护侨民为由设立领事馆。这些领事馆则成为各国进行政治讹诈、经济掠夺、文化渗透的前沿指挥所。外国领事利用凌驾于中国法律之上的特权，恫吓中国地方官府，践踏中国法律，保护不法洋商和歹徒，掩护各种罪恶活动，为非作歹而不受任何惩治。至于领事馆和海关的官员利用合法身份和各种机会，调查搜集中国的各种资料、信息乃至刺探情报，更是众所周知的事实。

二、洋行和商号的滥觞

前面说过，早在 18 世纪 40 年代，即有瑞典和挪威商人来汉经商，但规模很小；紧接其后的是俄国商人，“约在 1850 年俄商开始在汉口购茶”①。

① 皮明庥：《近代武汉城市史》，中国社会科学出版社 1993 年版，第 127 页。

1861年汉口开埠之后，英、法、俄、美等国援引《天津条约》的有关规定，到汉口通商，其他西方国家亦根据"利益均沾"条款跟随其后，一时间外国商号和洋行不断涌现，汉口出现了"万国交通"的新局面。在汉口的外国人，1864年多达300人，1866年虽减为125人，但此后又陆续增加。1877年宜昌开埠之后，外商马上西进，进一步扩大其活动范围。根据1891年的江汉关海关报告，这一年在汉口和宜昌两地共有洋行32家，洋商及其眷属共412人。其分布情形见表3-1。

表3-1　1861—1891年汉口、宜昌洋行及人数统计表①

国别 \ 洋行数（A）人数（B） \ 地址		汉口	宜昌	总计
英国	A	12	4	16
	B	151	26	177
美国	A	3	1	4
	B	34	1	35
德国	A	6		6
	B	15	3	18
法国	A	1		1
	B	16	5	21
俄国	A	4		4
	B	41		41
日本	A	1		1
	B	10		10
荷兰、丹麦、西班牙、瑞典、挪威、奥地利、比利时、意大利	A			
	B	103	7	110
总计	A	27	5	32
	B	370	42	412

① 苏云峰：《中国现代化的区域研究：湖北省，1860—1916》，台北近代史研究所1981年印，第108～109页。略有归纳整理。

需要加以说明的是，并非所有的外国商人全部集中在汉口、宜昌两地，如俄国商人于1863年在羊楼洞、大沙坪等地设砖茶厂和茶庄，因此估计汉口、宜昌以外的地方还有少数外国商人。不仅如此，由于开埠初期的资料记载不详，洋行数字也不十分准确。

此外，“洋行”这一称谓泛指外商在中国开设的企业机构。它们有些是外国大公司，总公司设在本国或香港和上海，在汉口和宜昌的是其分支机构，故有把整个公司算作一个，或把各地分支机构均算一个独立洋行两种计算方法。大型公司还有兼营多种业务的，如既是商行，又是银行，有的还兼营房地产，有的是工厂，有的是经营进出口或转口贸易的大商行，有的只是一般商号，而有关记载均称其为“洋行”，或者把洋行、商号一起统计。而稍小的商号或商店，随时都有增加或歇业的变化（这也是各种统计数字不完全相同的原因）。大公司和大商行的分支机构，既有雄厚的资金，又有健全的信息网络，还能在本国领事和中国地方官府得到更多的保护和特权，因而往往能垄断某一方面甚至几个方面的商务；而那些经营小商号的小商人和一些掮客的皮包公司，则是依靠投机经营，有的来时一文不名而不久成为暴发户，也有的淘金不成空手而去。

在1891年之前，湖北的洋行，就国别而论，以英国为最多，在32家洋行中占16家；412名外国商人中，英国人达177名。其次是德国、俄国、美国、法国和日本，少者1家洋行，多者6家。其他8个欧洲国家共有110名商人在湖北，却没有一家被列名于洋行之中。就行业分布来说，英商侧重于轮船运输业和纺织业，俄商垄断砖茶的产销，美商几乎独占煤油进口。

到1891年为止，在汉口出现的大洋行主要有英商怡和洋行、德商美最时洋行、法商永兴洋行、美商美孚洋行、美商慎昌洋行、俄商顺丰洋行、俄商新泰洋行、俄商阜昌洋行、德商礼和洋行等。

英商怡和洋行，又名渣甸洋行。乾隆四十七年（1782年）开设于广州，经营中、印、英之间的贸易。道光十二年（1832年）改组，以其行东查理·马地臣姓名命名（一译为渣甸·马德生），是当时最大的鸦片走私商行。鸦片战争之后该行迁驻香港。1843年在上海设行，1862年（一说 1880 年前后）在汉口设分行，此后在芜湖、九江、沙市、宜昌、岳阳、长沙、益阳、常德、津市、万县、重庆均有分行，统由汉口分行统辖。汉口怡和洋行经营航运、缫丝、纺纱、房地产、公用事业等业务，还从事丝、茶出口贸易，甚至继续贩卖鸦片，还打通英国领事关节，利用英舰换防的时机运输和出售军火。

怡和洋行汉口分行设在今武汉关附近。江中有“汉口”、“汉阳”两艘趸船，有“源和”、“昌和”、“吉和”三轮，行驶于武汉、上海、长沙、宜昌之间，到 20 世纪客货轮增至 20 余艘。该行还有贸易部、堆栈、银行部和保险部，后来总资产增至 500 万两以上，被人称为“洋行之王”，直到 1955 年才最终结束在华业务①。

德商美最时洋行，1806 年创始于德国不来梅。后总行设在柏林，在英、美、法、意等国均有分行或代理行。鸦片战争后在上海设分总行，1861 年（一说 1884 年）在汉口设分行，归上海分总行管辖。美最时洋行在香港、广州、天津、青岛也设有分行，是德商在远东最有名的大洋行之一，1899 年又在宜昌设分行。

美最时汉口分行先设于英租界，19 世纪 90 年代德租界划定后迁入德租界，主要经营出口皮张、烟草、猪鬃、丝绸、棉花、桐油、苎麻、禽蛋、药材，还经营保险业。90 年代以后发展航运，有定期班轮行驶于汉口、汕头之间，回程营运汕糖。20 世纪初极力参与长江航运竞争，拥有“美利”、“美有”、“美顺”、“美达”等内河轮船，承揽长江各口岸的运输生意，并转装德国邮船出口的货物。该洋行资产雄厚，在汉口还有房地产、蛋厂、电厂、油厂、包装厂等。它在武汉经营 80 余年，每年获利达 300 万元左右，1945 年结束②。

---

① 湖北省地方志编纂委员会：《湖北省志·大事记》，湖北人民出版社 1990 年版，第 35 页；纽济同：《对英商怡和洋行的回忆》，《武汉文史资料文库》第 5 卷，武汉出版社 1999 年版，第 193～197 页。

② 湖北省地方志编纂委员会：《湖北省志·大事记》，湖北人民出版社 1990 年版，第 53 页；金宝善：《美最时洋行在汉口的掠夺》，《武汉文史资料文库》第 5 卷，武汉出版社 1999 年版，第218～230 页。

法商永兴洋行1875年开办，经营进出口业务。美商美孚洋行和慎昌洋行在19世纪七八十年代来湖北销售煤油。俄商顺丰洋行（1863年开办）、新泰洋行（1866年开办）、阜昌洋行（1874年开办）主要是收购茶叶，加工成砖茶后输往俄国、外蒙古（今蒙古人民共和国）和我国西北。德商礼和洋行于1891年在汉口开设分行，其进出口业务与德商美最时洋行相伯仲。该行还在武昌建立了淘洗矿砂的工场，每年购进数量达几千吨的各种矿砂，加工成出口产品，成为在湖北掠夺矿产资源的先行者。礼和洋行还在汉口设了一家牛皮加工厂，该行和美最时洋行把中国皮张运回德国，加工成高档的"纹皮"，又运来中国销售。

在宜昌，1878年英商立德乐首先开设洋行，经营进出口货物和航运报关业务，接着又修建煤场。1881年英商太古洋行来宜昌经营航运、报关行和仓储业，英商怡和洋行亦跟踵而至。从1871年到1877年，共有英、法、德、俄、日、挪威、丹麦、西班牙、瑞士9个国家的41艘商船到达宜昌①。

洋行和外国商人依仗各种特权和资金优势，将本国的商品运来湖北，占领中国中部市场；同时又以不等价交换手段，掠夺中国的资源和农产品，获取高额利润。在洋货销售方面，自"汉口开埠以来，洋货匹头进口逐年增长"，品种也逐年增多，不仅进口的大宗商品如棉纱、棉布、染料、煤油、食糖、五金等，充斥着城乡市场，而且连铅笔、肥皂、糖果、卷烟、西药、食品、工艺品、装饰品等也"已成为一般商店的商品"。出口货物则以茶叶为大宗，畜禽产品、油脂油料、棉麻丝漆、烟叶、中药材等，也是洋行大力收购出口的物资。如经汉口出口的茶叶，"一般占全国出口总量60%左右"，"自1861年汉口辟为通商口岸后，对外贸易即以茶叶为第一位。1890年以前，一般出口总在70万～80万担之间，最高年份曾达到120万担……全为外商垄断"②。

---

① 杨培煌、易史惠：《列强在宜昌商埠》，《宜昌市文史资料》1991年总第12辑，第37页。

② 冯天瑜、皮明庥：《武汉近代（辛亥革命前）经济史料》，武汉地方志编纂办公室1981年印行，第41页。

茶叶的加工和出口值得重视，实因其具有多方面的意义。一是茶叶的加工和出口基本上被俄商把持，他们既为湖北带来了最早的蒸汽动力的生产方式，雇用了大量的中国工人，成为湖北最早的生产加工的现代化标志，从而也使得中国传统的茶叶生产成为外商的附庸。二是使得汉口的商业地位和贸易内容产生巨大变化。在此之前汉口只能说是国内的贸易中心之一，其商品流通则以内部所需的盐、米、木材、棉布为大宗，而开埠之后，对外出口的茶叶和棉花提升为大宗商品，这不仅改变了湖北及邻近地区的农业种植传统，也造成了贸易商人构成的变化。而归根结底，则是显示出当时中国在生产和贸易中半殖民地地位的深化。如经汉口出口的棉花每年少则数万担，多则十余万担，在国外加工成棉纱或织成棉布之后，又大量返销中国，沉重地打击了中部地区的手工纺织业。

外国洋行和商人还在本国政府和租界、领事的支持下，转运和销售鸦片。自开埠以来，装载或夹带鸦片的外国轮船不断地从印度等地开进湖北，再由外国商人将其转运各地，所以鸦片一直是汉口和宜昌两港运输货物的大宗。19 世纪 80 年代，仅汉口一地每年约销“洋药”（即鸦片）3 000 多箱，全省则不下 10 000 箱①。在宜昌，对鸦片征税成了仅次于盐税的第二大税源。由于外来鸦片的大量输入和川、滇、黔也种植鸦片并销往湖北，湖北几乎成为“鸦片世界”。“吸烟者十居七八。仅宜昌市，烟馆将及千数，沙市亦三四百家”，“烟客拥挤，男女老少应有尽有”②。不仅严重地损害了人的身心健康，破坏了生产力，也加剧了人民的贫困，危及地方财政和经济发展。

三、外商工厂、外轮公司及外国银行

洋商在湖北大量开办洋行和商号的同时，亦利用湖北的廉价劳动力，

---

① 湖北省社会科学院历史研究所：《湖北简史》，湖北教育出版社 1994 年版，第 326～327 页。

② 湖北省社会科学院历史研究所：《湖北简史》，湖北教育出版社 1994 年版，第 327 页；李约德：《十九世纪八十年代的宜昌》，周勇译，《宜昌市文史资料》1987 年总第 8 辑，第 14～15 页。

就近对掠夺收购到的农副土特产品和其他资源进行加工，然后输往国外，赚取更高的利润。早期的外资工厂几乎全部设在汉口。总体情况见表 3-2。

从表 3-2 可知，从汉口开埠后到 1891 年为止，在汉口开办工厂的有俄、英、德等国商人，工厂数字不会少于 15 个，因为同治初年英国人麦士尼（W. Mesny）曾受汉口外国人之雇，在汉阳设立一个小型炼铁厂，该厂可以制造枪弹和炮架①。这是在麦士尼公开发表的材料中披露的，但未见有中文资料记载。

表 3-2　1863—1891 年外商在武汉开办工厂一览表②

工厂名称	国别	开办年份	资　本	业　务	备　注
顺丰砖茶厂	俄	1863	三家俄商茶厂约有资本共 4 000 000 两	制造砖茶	1916 年时日产 768 担
新泰砖茶厂	俄	1866		制造砖茶	1916 年时日产 384 担
阜昌砖茶厂	俄	1874		制造砖茶	1916 年时日产 256 担
英商砖茶厂	英	1872	不　详	制造砖茶	不久即停办
汉口熔金厂	英	1875	不　详	熔炼金银	不久即停办
平和洋行打包厂	英	187?	182 662 镑	机器打包	平和洋行所办
隆茂洋行打包厂	英	187?	不　详	机器打包	隆茂洋行所办
汉口英商压革厂	英	1876	不　详	皮革加工	
罗办臣洋行	英	1878	不　详	制造乐器	
美最时蛋厂	德	1887	不　详	蛋品加工	
礼和蛋厂	德	1887	不　详	蛋品加工	
元享蛋厂	德	1889	不　详	蛋品加工	
和盛蛋厂	澳	1891	不　详	蛋品加工	
瑞兴蛋厂	瑞典	1891	400 000 元	蛋品加工	
汉口制冰厂	英	1891	200 000 两	机器制冰	

① 苏云峰：《中国现代化的区域研究：湖北省，1860—1916》，台北近代史研究所 1981 年印，第 121 页。

② 冯天瑜、皮明庥：《武汉近代（辛亥革命前）经济史料》，武汉地方志编纂办公室 1981 年印行，第 11 页。

汉口的外资工厂，以俄商的砖茶厂为最早，规模亦最大。茶是湖北出口物资的大宗。1861 年以前，主要由山西商人在湖北咸宁、蒲圻等地设庄收购和指导人工制作。俄商从 1863 年起在崇阳大沙坪和蒲圻羊楼洞等地，陆续开设顺丰、新泰、阜昌、隆昌等用手工制造砖茶的茶庄，自行运销俄国。俄商茶庄规模大、产量多，开办三年即使山西茶商失去了传统优势。1865 年后，俄商逐步将茶庄迁到汉口，并改用蒸汽机作动力，雇用大批工人，少者八九百，多者达到 2 000 人。到 19 世纪 90 年代以前，俄商顺丰、新泰、阜昌三大茶厂共有资本银 400 万两，拥有 15 架蒸汽动力砖茶机，7 架茶饼机，数千名中国雇工，年产值近 5 000 万两①。砖茶仍销往俄国和蒙古。英商在 1873 年亦在汉口设立一个砖茶厂，但竞争不过俄商，不久停业，故俄商一直垄断着汉口砖茶的生产和出口。

19 世纪 70 年代出现的打包厂、压革厂均为英商所开办，是对出口商品作包装和初步加工的工厂。其中压革厂用机器压制、处理皮革，大大降低了皮革运输成本，故在设厂的 1876 年，汉口皮革出口量激增至 20 332 担，比 1875 年的 5 319 担增长近 3 倍②。1875 年开办的熔金厂为英商所设，生产方法与工具类似上海“药水厂”。主要是从湖北的老纹银中提炼黄金，初期利润很大，但因原料缺乏，约在 70 年代末即停业。前述麦士尼办的小型炼铁厂亦不知所终。

19 世纪 80 年代开始出现的制蛋厂，主要系德商所经营。它们利用湖北的鸡鸭蛋资源，分别制成蛋白粉和蛋黄液，运输美、英、法、德等国。仅美最时洋行所设蛋厂，一年的利润即上百万。蛋厂使用美国的制冷和风干设备，大量雇用中国工人，付计件工资，对工人进行经济剥削。90 年代以前的外资工厂，资产都不很大。1891 年英商开办的制冰厂，投

① 湖北省地方志编纂委员会：《湖北省志·大事记》，湖北人民出版社 1990 年版，第 40～41 页。

② 孙毓棠：《中国近代工业史资料》第 1 辑，科学出版社 1957 年版，第 88 页。

资约300万两，就已经超过俄商最大的砖茶厂——阜昌砖茶厂了。但这些厂利润丰厚，基本上投产一二年后即可收回成本。

再谈航运。中国有铁路之前，船运是最主要的运输方式。长江是横贯中国东西部的运输大动脉，湖北又地处长江中游的交通要道，因此湖北的航运业在开埠后即成为列强争夺和控制的对象。

1862年，美商旗昌洋行在上海开设旗昌轮船公司（亦名上海轮船公司，华商有股份），1863年该公司派货轮"惊异号"首航汉口，随即在长江各口岸遍设仓库栈房，还配套办起了扬子江保险公司。时值清军与太平军在长江中下游作战，中国的航运仍限于木船运输且因战争影响而陷于中断，旗昌公司得以垄断上海—汉口航线，任意抬高运费。1866年以前，上海、汉口之间每吨货物运价高达银25两，客人每位75两，600公里航程的运费差不多与香港至伦敦间的运价相等，故一条船往返上海、汉口之间一次的运费收入，几乎可以添购一条新船。该公司为招揽生意，规定华商货价可得运费1%的现金折扣，并将"湖广号"等5艘快轮拨归长江航运调用。到1866年，该轮船公司控制了长江货运量的1/3～1/2。

1866年后，长江中下游因战争结束，航运全面恢复，旗昌公司货运价格下调，上海、汉口间每吨货运价降至3.5两，最低时只有2.4两，但仍然有能够盈利。到1871年，该公司拥有轮船17艘，总吨位在25 800吨以上，总资产近240万两，是东亚最大的商业船队，1871年即获利95万余两。

丰厚的利润吸引着英美商轮拥入长江。1864年，即有美商琼记的"火箭号"、"江龙号"，美商同孚的"鄱阳号"、"大江号"、"九江号"，英商宝顺的"飞似海马号"，英商吠礼查的"慕容号"，英商怡和的"快捷号"、"罗纳号"，英商广隆的"爆信号"、"快也坚号"，加上旗昌公司的"湖广"、"四川"、"江西"、"浙江"、"山西"5轮，一共有16艘轮船在上海、汉口之间航行。

1869年6月，在茶叶运输的高峰季节，英国蓝烟囱航运公司派海轮

2艘，从英国直驶汉口。1871年又有9艘海轮（共2万吨）准备直驶汉口，因旗昌降低茶叶运价抵制，这9艘海轮才中途作罢。与此同时，英国的马立师、美记两洋行，也先后以3艘轮船投入长江航运。

1872年4月，上海怡和洋行的买办唐景星派“洞庭号”直驶汉口。1873年，怡和组织了立足长江的华海轮船公司。到1881年，组成怡和轮船公司，以12艘船、1.3万吨位的船队进入长江，并在汉口建筑码头和栈房。

1873年4月，英商太古轮船公司正式开行长江航线，以“格兰吉尔”、“北京”、“上海”、“惇信”4艘轮船，在上海、汉口间每周对开两个航次。不久，其在汉口的轮船已达9艘，共辟有汉申、汉宜和汉湘3条航线。其中最大的轮船“金陵号”载重2 800多吨。

1876年，英国麦边公司投入长江航运。英国鸿安公司也于1891年以4艘轮船航行于上海、汉口之间。

在外国轮船公司纷纷抢占长江航运的刺激下，国内有识之士因“利权尽为洋商所夺”而深感忧虑。1871年，由李鸿章出面，以“设局招商，以分运漕米、兼揽客货”为主旨的官办轮船招商局在上海成立，1873年1月开始营业，当年便在汉口河街设立分局，招股集资3万余两，建立码头和栈房，以“洞庭”、“永宁”两轮航行于上海、汉口之间。1876年，美商旗昌轮船公司因多方竞争而严重亏损，将其所有旧船以220万两银子卖给轮船招商局，次年招商局汉口分局又接受了旗昌公司在汉口的码头、栈房、趸船和驳船。1884年中法战争期间，招商局轮船为免遭法舰攻击，改挂美国国旗并归旗昌洋行管理，战争结束后又再赎回。

在19世纪七八十年代，上海、汉口间的长江航运，除掉外国的少数小轮船公司和非经常性的客货轮航行之外，基本上可以说，前期是美商旗昌公司、英商太古洋行、英商怡和洋行、中国轮船招商局几家之间的把持和竞争；中期减少了一家（旗昌公司），增加了一家（英商麦边公司）；后期又增加了一家（英商鸿安公司）。总体情况如表3-3所示。

需要说明的是，船只数、吨位数很难准确，所占百分比更因公司数和船只数的增减，一直处在变化之中。但表 3-3 足以证明：汉口开埠后的前 15 年，美商旗昌公司占上海、汉口间运输优势，后 15 年英商轮船公司则占去 70%～80%；中国的轮船招商局虽有政府保护，特予以政府所控制的物资（如漕米和盐）交付运输，但仍然只占上海、汉口间客货运量的 20%左右，90 年代以后还进一步下降。

表 3-3　1891 年以前沪汉航线主要轮船公司统计表①

国别	公司名称	开行时间	最多时船只数	最多时吨位数	最盛时所占百分比
美国	旗昌公司	1863—1876	5	5 698	1866 年前约占 30%～50%
中国	轮船招商局	1873—	4	5 859	19%
英国	太古洋行	1873—	9	8 868	24%
英国	怡和洋行	1881—	12	13 000	30%
英国	麦边公司	1876—	2	1 324	4%
英国	鸿安公司	1891—	4	2 731	8%

在汉口至宜昌航线上，1891 年重庆开埠前则是轮船招商局的独占时期。1882—1883 年，招商局有 1 条船“江平号”行驶，以后逐年增加，到 1890 年为 7 条船；但不定期，吨位亦不足，不能满足客货运输的需要。此期间的 1887 年 2 月，英国轮船“固陵号”驶抵宜昌，并打算通过三峡上溯重庆，遭到宜昌官绅的强烈反对。清政府乃命招商局购下此船，加入招商局汉口宜昌船队。

在湖北，归地方政府管理、实际上也是湖北地区的第 1 艘火轮是“楚材号”，实际原是 1 艘兵船。1889 年底，张之洞从两广总督任上调任湖广总督，他以“鄂省轮船无多”，奏调广东省“广昌号”兵船归鄂省

① 东亚同文会：《支那经济全书》第 3 册，东亚同文会 1907 年印，第 344～346 页。数据系整理而得。

用，由铁政局调遣，改名“楚材号”。湖北出现自己的轮船公司，是 90 年代以后的事。

以汉口为中心的长江航运的发展，对于促进货物的流通、加速农副产品的商品化和湖北社会向近现代的转型，应该具有一定的作用。即以人的流动而论，招商局行驶于汉口、宜昌间的轮船，1883 年为 2 218 人，1891 年增为 12 367 人，这对于闭塞停滞的鄂西，显然是一大变化。但是，航运大部分被外国公司控制，利益也就为外国人所攫夺了。轮船招商局是中国唯一能够参与竞争的船运公司。其主要船只是美商旗昌公司收缩航运业时高价买进的，不久即因这批船只使用过久而“改作趸船者两号，拆卸机器者两号，计值数十万两”。招商局船只的数量、质量、吨位均不能与外国轮船公司匹敌，加上成本高、管理不善，1877 年前后每月亏损银五六万两①。要不是政府扶植，它早就亏损倒闭了。

外国轮船公司控制长江航运，对民间的打击极大。一个外国人考察有关情况后说：“扬子江上不断增长的国内贸易也正在吸引着越来越多的外国轮船。……过去中国的船业资本家现在变成了乞丐，而他们所雇的船夫，则痛恨他们的政府允许外国人参与国内贸易和外国人夺取他们的生计。”② 1886—1889 年担任湖北巡抚的奎斌曾说：“即以湖北一省而论，臣道光年间随往湘南，曾经路过。自汉口以达襄樊，由长江而达瓜镇，数千余里，市廛栉比，樯帆络绎，允称繁庶之区。及臣奉命抚鄂，重到此邦，顿讶其民物萧条，迥非前比。……绅耆佥称：受困之由，实因轮船畅行，民间衣食之途尽为攘夺，江河船只，顿减十之六七，失业之人不可胜计，而襄樊一带，行店关闭，车户歇业，瘠苦情况，尤不堪寓目。”③ 奎斌说这番话时，汉水尚无很多轮船航行。到 19 世纪末时，情

① 中国史学会：《中国近代史资料丛刊·洋务运动》（六），上海人民出版社 1961 年版，第 64、19 页。

② 姚贤镐：《中国近代对外贸易史资料》第 3 册，中华书局 1962 年版，第 1 416～1 417 页。

③ 奎斌：《杭阿坦都统奏议》第 7 卷，毋不敬斋光绪壬寅年刻，第 36～37 页。

况更加严重，“行客货商均以附轮为便，江船及陆路小车无人价雇，此辈悉成游手”①。轮船运输造成了运输业者的破产和运输工人的失业，随轮船运输而加强的洋货倾销，也使传统商业面临灭顶之灾。

最后谈谈 1891 年以前湖北外资银行的情况。汉口开埠的同年，英国汇隆银行即在汉口设立代理处，但不久该行总行破产，汉口代理处随之撤销。1863 年夏，英国麦加利银行（一译“渣打银行”，总行于 1853 年创立于伦敦）在汉口设立派出机构，初属代办性质，为汉口有外国银行之始。旋因汉口进出口贸易日盛，该行于 1865 年正式在英租界建立分行，开始固定营业。1866 年，英国汇丰银行（亦称“香港上海银行”，总行于 1864 年设于香港，1865 年设分行于上海）亦在汉口英租界开办分行。

此后，由于商务需要和外国银行的盲目发展，1882 年外国大小银行在汉口设分行多达 10 余家。它们均对各行业尤其是茶叶行业争相贷款。由于此时外国银行尚属初设，中国商人对其缺乏了解和信任，而汉口本地的钱庄由 1881 年的 250 余家，至 1891 年增为 500 余家，故外国银行业务不振，不少银行被迫停业或合并，到 1891 年时仅剩下 4 家。最重要的还是麦加利分行和汇丰分行。

麦加利分行最初的主要业务是买卖外汇、经营茶商的放款和汇款。后来业务扩展，兼营棉纱、棉布、煤油、五金及其他进口商品，甚至贩运鸦片。该行亦廉价收购湖北的茶叶、棉花、蛋类、牛皮、猪鬃、生丝、桐油等农副土特产品，每年获纯利约银洋 20 万元。

汇丰分行经营汇兑、进出口押汇、贷款、信用透支等业务，垄断外汇市场，攫取经济和政治权益。1877 年汇丰银行对清政府贷款银 500 万两，指定以广州、上海、汉口的海关税作担保，江汉关关税因此被汇丰分行掌握。据海关统计，江汉关开关以后每年所征关税在 200 万海关两

① 卞宝第：《札襄阳府》，《卞制军政书》卷 6，文海出版社 1966 年影印本，第 24 页。

以上，平均每天为6 000海关两左右。汇丰分行作为江汉关金库，在收进和拨出的过程中，利用时间差即有源源不断的无息周转金，因而汇丰分行的利润比麦加利分行更大。

汉口外国银行设立初期，存款者以洋行、教会、领事及其他在汉外国人为主，后来为了扩充业务，才逐渐吸收中国政府公款、官僚私人存款及商人的营业资金；在对华人贷款方面，初期贷款数量不大，时间不长且需要用财产作抵押担保。经营汇兑是外国在汉银行的一项主要业务，这些银行通过其与总行的关系，参与操纵中国的埠际汇兑，进而操纵了中国的进出口贸易。以汉口为例，中国货物输出所得货币，需从外国银行取得票据，方能经过钱庄向外国银行兑现。外国货物的输入，也要依托外国银行汇兑现金，再购买外国商品交给中国方面。正因为如此，早在19世纪80年代，外国银行“就十分确定地赢得了在中国贸易中发号施令的地位”①。

与此同时，和外国银行密切相关的次金融机构——外国人办的保险公司，也把业务扩充到汉口，如对船运货物的“水上保险”、仓储货栈的“火灾保险”等，其设想无所不至，配套周全，逐步得到中国商人的信赖。

总之，在汉口开埠后的头30年间，由于当时中国人尚未创办银行这种近现代金融机构，只有票号、钱庄之类的传统金融机构，其办事的便捷、安全，特别是在同外国金融机构的往来联系方面，显然无法与在汉外国银行匹敌。所以外资银行不久即夺走了中国票号、钱庄的部分生意。但在90年代以前，汉口的外商银行只有英资银行站稳了脚跟，外资银行数目尚少；大多数中国商人仍然习惯于同票号、钱庄打交道；再加上此时汉口的商业贸易处于发展繁荣状态，所以传统的票号、钱庄不仅未被外资银行挤垮，反而均能发展和赢利。这种情形到20世纪初才开始发生变化。

① 季南：《1880—1885年间英国在华的外交》，转引自皮明庥：《近代武汉城市史》，中国科学出版社1993年版，第156页。

第二节　外国教会在湖北的活动

早在18世纪初期，西方传教士就曾在湖北传教，雍正时黄冈贡生吴德芝撰有《书天主教事》一文，记述其事①。1702年天主教即曾在宜昌南正街白衣庵建有一座会堂和司铎住宅。但经雍正、乾隆两朝多次“禁教”，天主教徒的活动转为分散和隐蔽，1783年后又有一批耶稣会士、遣使会士和方济各会士在湖北活动，但进展不大，且鲜见于文字记载。进入晚清，天主教率先再度进入湖北，新教各派则在汉口开埠之后纷纷来鄂，大有后来居上之势。西方教会依仗强权和不平等条约赋予的特权，深入湖北城乡各地，除了传教布道之外，还辅之以办学校、设医院和“慈善”机构、印制各种宣传品，成为宣传西方精神文化的先锋，对中国传统文化和意识形态构成了严重的挑战。

一、建立教堂，传教布道

天主教早在鸦片战争前后即已再度进入湖北。1839年，罗马教廷任命意大利方济各会士李文秀为湖广教区主教。李文秀在《南京条约》签订后乘机来到湖北，先在汉阳北郊柏泉筹建修院，因当地民众报告官府制止未成。此后不久，李非法进入武昌城，由武昌教徒中的土木工人出面，购得一所前后数进的房屋院落，悄悄改建为修院和个人住所。1845年，李文秀前往襄阳、郧阳一带游行布道。李走后，武昌修院被地方官查封，修生经拘禁教育后放还本家。但李闻讯后赶回，将修生集中分藏于武昌、汉口、天门等地。1847年，李文秀在武昌草湖门外设教堂，由秘密活动转为公开布道，被当地一廪生控告。武昌官府将李驱逐至香港，封闭了教堂。

1856年，湖广教区分为湖北、湖南两个教区，意大利人徐伯达任湖北教区主教。徐伯达于当年11月到湖北，随即在天门开办修院，又把湖

---

① 江浦、朱忱：《汉口丛谈校释》，湖北人民出版社1990年版，第382～384页。

北分为武昌、汉阳、襄阳、荆州四个传教区。徐将主教府设于应城县王家榨，并把天门修院迁来此处。1862 年，徐伯达病死，意大利人明维笃接任湖北主教。此时教会已获得在内地传教的合法地位，且汉口已经开埠，湖北教区还从法国所得中国战败赔款中分得白银 2.5 万两。明维笃以此款作为兴建教堂、发展教徒的经费，教务由是大为扩展。到 1865 年，湖北有天主教徒 16 063 人，学校 20 所，修生 36 人，传教士 28 人（其中外籍 15 人），教堂重建者不计，仅新增者即达 20 座。在各处兴建住房出租，每年可得租金 1 000 余元。主教府和修院均由王家榨迁到武昌。

1870 年，湖北教区划分为以武昌为中心的鄂东教区，以宜昌为中心的鄂西教区，以老河口为中心的鄂北教区。鄂东教区包括武昌、汉阳、黄州、德安、安陆 5 府 33 个州县，教徒有 9 900 人，传教士 19 人（其中外籍 12 人），教堂 13 座。1874 年，主教明维笃在汉口英租界内购进大块地皮，以 1.2 万法郎的造价建起“若瑟大堂”（今汉口上海路天主堂）。1880 年，他又在武昌花园山修建了规模宏大的主教公署，同年将柏泉和汉阳的修院合并迁到武昌。

1883 年明维笃死后，意大利人江成德接任主教，继续扩充教务，在鄂东教区兴建了不少教堂、学校。1885 年又在花园山建造大修院，该院二楼有房间 30 套，陈列中外书籍万卷之多。1887 年在武昌昙华林建立嘉诺撒会修女分院。1890 年在花园山主教公署侧建成大教堂一座，同年又在武昌沙湖嘴兴建董文学纪念堂。1893 年在武昌大堤口建教堂一座，并在该堂旁边建立训蒙会中国修女院。1894 年在花园山大教堂下首办起男孤儿院一所。1896 年在花园山大教堂右侧创办文学书院，开设英法语课程，同时在昙华林红衣修女会内开办孤女院一所①。到清末，武汉周围各县基本建有一二座天主教堂。在其他活动方面，1880 年在汉口英租界办起天主堂医院，1893 年扩建，成为汉口有名的医院，在黄冈县办有晓明学堂，在黄陂办有方济小学，在汉川办有圣经学堂，其他各地也有

① 皮明庥：《近代武汉城市史》，中国社会科学出版社 1993 年版，第 631～633 页。

一些小学，但未见名称。

汉口开埠以后，武汉也是新教各派重点活动的地区，详情将在下文介绍。

在鄂北教区，天主教早在18世纪初即曾在谷城沈家垭子传教。1870年后，由天主教意大利斗西亚省方济各会士南熙主持教务，掠购20余亩土地，建起能容纳2 000人祈祷诵经的大天主堂，沈家垭子成为鄂北教区中心。此后，由于老河口地处鄂北水陆要冲，商业繁盛，老河口天主堂建成后，中心便移至老河口，而沈家垭子天主堂则被称为“老堂”。老河口天主堂下辖5个本堂区，21个会口，教徒数千人。1873年，天主教会擅将武当山玉皇顶改名为“十字山”，1876年建育婴堂，附设华籍修女会，1900年在谷城县城建立圣心堂。

新教其他教派也在老河口发展势力。1887年苏格兰长老会金牧师亦在此建福音堂传教，1892年挪威行道会传教士赛发德、沙玛亦建立教堂，并办小学。1909年长老会福音堂开办育英书院。长老会在谷城建有福音总堂和两个分堂。到清末，鄂西北11州县共有教堂145座，教徒3万余人①。

老河口天主教会不仅强购有大片田地，将其出租给农民或教友，像地主一样进行地租剥削，而且组织了“公教进行会”，发放高利贷，私设公堂、监狱、水牢，拘禁刑逼债务人和欠田租的佃户。民国初年，天主教会甚至用若瑟堂中药店的牌子发行小钞票，在老河口、光化、谷城等地流通。

天主教鄂西教区，1869年有意大利方济各会士田大兴最先到宜昌传教，稍后由法国和比利时天主教会控制。1891年，鄂西教区划归比利时若瑟省方济各会士管理，总辖宜昌市二马路、巴东细沙河、长阳担子山、荆州南门、荆门十里铺5个总铎区，下设堂口20处，堂口之下有会口数

① 湖北省地方志编纂委员会：《湖北省志·大事记》，湖北人民出版社1990年版，第48～49页。

十处，是天主教徒过宗教生活的集中点，即有数十个天主堂、圣母堂、小修院等。鄂西教区的天主教在宜昌市内置有几处房产，又在各县购置土地出租，其中以在荆门、江陵两州县的田地最多①。

以宜昌为中心的鄂西地区，除了天主教会之外，还有新教的苏格兰长老会、圣公会、内地会、行道会、路德会等教派，均曾展开活动。

新教进入湖北较晚，汉口开埠之后才随之而来。新教传教士最初在汉口、武昌、沙市等地活动，后来逐渐向汉水中上游、长江沿线和四周山区发展。在湖北稍大的城镇，新旧二教均有教堂和相关设施，不过新教偏重于以武汉为中心的湖北东部，旧教如前述亦以武汉为中心，但在鄂北、鄂西则有比新教更大的势力。当然从总体上说，新教势力超过旧教，所办的各种文教、卫生、医疗事业远比天主教为多。新教教派众多，下面将介绍主要教派的活动和势力。

（一）杨格非和伦敦会

伦敦会是新教中最早到湖北传教的教派，先锋人物是杨格非（Rev. Griffith John，一译约翰氏）。他于1855年从香港到上海，1861年6月率领牧师威尔逊从上海到汉口，在汉正街租屋立堂传教，次年即在汉口后花楼街建立中心会堂（又称花楼总堂），1864年又在武昌戈甲营建立武昌第一个基督教堂——崇真堂。随后，他率传教士分赴黄陂、孝感、应山、大悟等县设堂传教。

1872年，杨格非在花楼总堂创办湖北第一家宗教报刊《谈道新编》，一年后停刊。1874年，他除了在汉口成立苏格兰圣经学会之外，还创办了名叫“英汉书馆”的印刷所，1876年创办圣教书局，1880年在汉口居仁巷开办仁济诊所，1890年在花楼街开办神学校伦敦会经学馆，1889年开办汉口伦敦会中学校，10年后又开办汉口博学书院和武昌伦敦会女学校等。1904年，杨格非创办了英文报纸《楚报》，同年把仁济诊所扩建为仁济医院，1907年又把仁济医院改建为大同医院。1910年扩建圣教书

① 张鸣谦：《天主教宜昌教区简史》，《宜昌市文史资料》1987年总第8辑，第226页。

局。他在湖北从事教会活动长达 50 年，直到 1911 年辛亥革命爆发后才返回英国。伦敦会的活动一直以他为核心。

杨格非像当时睥睨一切、不可一世的大英帝国的“骄子”们一样，看不起中国人和中国文化，他狂妄地说：“难道我们不是比他们（指中国人）优越得多吗？我们不是更雄伟、更聪明、更灵巧、更人道、更文明吗？不仅如此，我们不论在哪一方面，不是比他们更有价值吗？”他把长江看作“十字架使者们的大道”，溯江而上来到中国内地，要开创一个“新的世界”。但他坦白地承认：“我们的目标并不是使他们更灵巧、更富足、更有力量，而只是使他们更加圣洁、更加快乐。”显然他不是想让中国人学到新的科学知识和技术，不是为了中国变得富强，而是无条件地成为西方宗教的虔诚信徒，处于奴隶地位还要自得其乐。但是经过一段时间之后，他仍然失望了，哀叹道：“我似乎是拖着沉重的脚步在中国爬行。夺取的观念很多，但达到的目标却甚少。”①

为什么呢？原因就在于西方传教士是伴随着他们国家的武力侵略而来，依仗着不平等条约而来，自以为高人一等，对中国的一切无不公开表示轻蔑，从而引起人们的反感。“杨格非是早期来华的‘街头传教士’的典型，他主张自下而上地通过散发福音书和在街头讲道，以吸引中国人一个一个地入教”②，所以进展很慢。他从 1861 年 6 月到汉口，直到次年 3 月，经过 9 个月的工作才“为他劝说信教的第一个信徒施行了洗礼”；又经过 7 年，通过杨格非和另外 3 个牧师的努力，除掉死亡和入教后又离开的人，连儿童在内才收得男女信徒 183 人③。当时汉口有 18 万余人，可见信教者比例之小。但在杨格非采取了立教堂、办印刷所、开诊所乃至医院、兴建各类学校四者相互为用的办法之后，影响才逐渐扩

① R. W. Thompson，Griffith John，*The story of Fifty Years in China*. pp. 254，268，391.

② 顾长声：《从马礼逊到司徒雷登——来华新传教士评传》，上海人民出版社 1992 年版，第 195 页。

③ 林乐知：《教会新报》第 1 册，华文书局 1968 年影印，总第 62 页。

大。伦敦会后来在鄂、湘两省建立教堂百余座，杨格非的女婿施伯珩牧师在黄陂县城、张家店、黄花涝、方家集各建了一座福音堂。

（二）英国循道会

循道会一名卫斯理（又译惠师礼）会，本部亦在伦敦。该会第一个到汉口的传教士是柯克斯（Josiah Cox，一称郭修礼），他1862年来汉后，即与杨格非在汉口划分各自的传教区。杨格非建起花楼总堂后，郭修礼即在汉口大通巷购地建起教堂。1864年，他又派来两个传教士李修善（Rev. David Hill，一译作希尔）和沙修道牧师（Rev. Scarborough）到武汉。1867年，李修善到武昌火星堂开始布道施药。沙修道在汉口，常到武穴来的民船上活动。循道会于1871年在汉口设立普爱医院，并着手在武昌办学，1877年创办武昌博文书院。1888年在汉口设立训盲书院，收教盲童。1897年在汉阳设训女书院，次年在随州设孤儿院。此外，在大冶、德安、安陆等地均设有学校和医院，在汉口还设有专门训练传教医师的医学校。

（三）美国圣公会

圣公会于1835年来华传教，分设上海、安庆、汉口三个教区。在湖北的活动主要在武昌（1868年）、汉口（1868年）、沙市（1886年）、宜昌（1886年），而以武昌为重点。圣公会颇花大力于文教医疗事业，1871年在武昌昙华林开办文氏纪念学校，此即文华书院（一作文华中学）的前身。1872年又在汉口张美之巷办了一所男住读学校，此即圣保罗学校的前身。1874年在文氏纪念学校旁边开办了布伦女校，此即圣希理达女子中学的前身。到1876年，该会已在武昌设教堂3所，男女学校各1所，医疗室、诊所、药局多处。1889年在汉口设训导书院，训练了一批中国传教士，在长江流域传教。

进入20世纪初，圣公会除将文华书院办成文华大学之外，1904年在汉口设立圣非比女执事学校，1906年在武昌设立同仁医院，在宜昌设立孤儿院和贫民学校，1907年在武昌设立养成中学校，1908年在汉口设立圣公会圣道书院，刊发《中华圣公会报》，1909年在汉口设立文华大学预备学校和汉口文华大学中学校，在武昌设立闸经学校，1913 年在汉口设妇女学校和女子师范学校。

（四）英美内地会

总部在英国，1865 年在上海设中国本部，1874 年到武昌开教。随后扩散到湖北各地，如 1876 年到宜昌，1887 年到老河口，1899 年到汉口，1903 年到谷城。

（五）英国苏格兰长老会

亦称苏格兰福音会，1878 年来湖北传教，主要在宜昌一带活动，办有育德小学、安德烈学校、华英中学、孤儿院和医院等。1900 年开办女公会学校，以后成为宜昌著名的哀欧拿女中。

（六）瑞典行道会

70 年代进入武昌，重点活动区域在黄冈、鄂城一带。光绪十四年（1893 年）发生麻城宋埠教案，张之洞惩办了当地一陈姓举人，赔偿行道会银 4 800 两，并出告示保护教堂，允许外国传教士在各处自由传教。行道会利用这笔赔款，在黄州、团风、上巴河、下巴河、但店、回龙山，江南鄂城的鹅公颈、严家嘴、孙家嘴、得胜洲、西洋畈等地共建教堂 10 余座，先后有瑞典籍传教士 37 人、英美籍各 1 人来各地活动。1901 年主持教会的瑞典人韩德霖（Sam Skola）曾说："与其说我爱中国人，不如说我可怜中国人。"他借钱给人，向穷人施药、发稀饭，喜欢别人向他表示尊敬或下跪，但口头却说："我们基督教不要向人下跪，应当向神跪。"①1904 年，行道会在黄州开办懿范学堂，专收中国教徒的女孩入学，是黄州地区女子学校之始。

（七）新教其他教会

汉口开埠后来湖北的新教各差会不下数十个，除上述影响较大的差会之外，还有：英国苏格兰圣经会，1877 年在汉口设本部，1885 年办了一个大规模的印刷厂，出版《圣经》、宗教小册子和宗教文学刊物，以出

---

① 胡信生：《回忆黄州地区教会的各项事业》，《黄冈文史资料》1985 年总第 1 辑，第 173、174 页。

版宗教宣传品为主要活动；北美鸿恩会，以加拿大人为主，1891年到汉口，1894年进入樊城，设有医院和男女学校，如1913年在襄樊办起中西学馆，后成为有名的鸿文中学；美国宣道会，1893年到武昌，1908年到汉口，亦设有小型医疗机构和学校；豫鄂信义会，1894年在樊城开教，与北美鸿恩会同为加拿大人主持，并向河南新野发展；信义会，1912年到汉口，办有小学5所，星期学校2所，以挪威传教士为主；遵道会，1902年到枣阳传教，范围较小；青年会，1896年到汉口，在英租界建有活动场所，1909年在汉口设分会，但发展很快，到1917年汉口即有359人；安息日会，本部设在华盛顿，20世纪初进入汉口，1912年汉口成为该会在中国的中心。该会1905年在河南印《时兆月报》，登载宗教文章和世界新闻，每期发行5万余份，对湖北影响不小。此外，湖北还有路德会、雅礼会、复初会、浸礼会等差会的活动。

下面以苏云峰先生在《中国现代化的区域研究：湖北省，1860—1916》中的表格为基础，参照《教会新报》、《教务档·湖北教务》和湖北各地文史资料中的有关记载，汇集整理为“1861—1916年新教主要教派在湖北的分布概况表”。其中当然有少数问题如开教时间、教堂数字、外国传教士人数（本身时有变化）很难做到准确，甚至因无文字根据会漏掉若干教派，故只能提供一个大体的情况。天主教的情况前文已按教区作过概述，故不拟在此表中再现。

综上所述，在汉口开埠后的半个世纪中，西方教会势力已渗入武汉三镇和湖北50余州县，教堂约300个，平均每县4个以上；外国传教士及其家属470余人，平均每县近8人。其中新教势力占优势，将近300人，分属20个差会，此中又以英国伦敦会、英国循道会、美国圣公会、瑞典行道会活动最为活跃，英国苏格兰长老会次之。新教比较重视办学，尤其是圣公会、循道会和长老会。新教势力以武汉及附近各县为核心，但已基本遍及全省。

天主教在武汉及附近州县亦努力发展，但比较而言，其在鄂北和鄂西影响更大一些。就资产而论，天主教颇有财力，普遍有田产、房地产，甚至经营借贷。天主教办学远不及新教积极而有成效，但设立孤儿院、育婴堂却相对较多，这一点当时和事后都最遭猜疑和訾议。所以，湖北的教案由天主教直接引起的，比由新教直接引起的要多。

教会初来中国时，中国教徒甚少。随着时间的推移，中国教徒渐多，还有少数从神学院校毕业的中国教徒，逐步进入教会上层。但无论是在同一教会、同一教区之内，还是另建中国教区之后，中国教牧人员的待遇和地位始终比外国教牧人员低，财经大权则始终操于外国人之手。20 世纪二三十年代重划教区时，原属天主教鄂西教区的荆州、沙市附近，因经济富裕而成为美国教区；而天主教鄂北教区则只划出几个贫困、各方面基础极差的县作为中国教区，而且划出中国教区之后财经依然仰赖外国教会。

表 3-4　1861—1916 年新教主要教派在湖北的分布概况表

地点	教　派	开教年份	教　堂 （名称或数字）	学　校 （名称或数字）	医院 （诊所）	外国教士 及家属人数
汉口	伦敦会	1861	花楼总堂	伦敦会中学校 博学书院	仁济诊所 仁济医院 大同医院	18
	循道会	1862	大通巷福音堂	训盲书院	普爱医院	15
	圣公会	1868	圣公会福音堂	圣保罗学校 训导书院 圣道书院 文华大学预备校 文华大学中学校		18
	苏格兰圣经会	1877	本部教堂			2
	内地会	1889	1			4
	青年会	1896	1			5
	宣道会	1908	1			2
	圣经会		有印刷机构			2
	圣书会		有印刷机构			3
	安息日会	1912	2			13

续表

地点	教　派	开教年份	教　堂（名称或数字）	学　校（名称或数字）	医院（诊所）	外国教士及家属人数
武昌	循道会	1865	1	博文书院	火星堂施药所	14
	伦敦会	1867	崇真堂	伦敦会女学校		7
	圣公会	1868	3	文华书院（文华中学、文华大学前身） 布伦女校（希理达女校前身）	诊所2处、1906年设同仁医院	14
	行道会	1890	1			8
	宣道会	1893	1			7
	青年会	1905	1			5
汉阳	循道会	1863	1	汉阳训女书院		4
宜昌	苏格兰长老会（福音会）	1878	4	育德小学、安德烈学校（后改名华英学校） 女公会学校（后改名哀欧拿女校）	普济医院	15
	圣公会	1886	3	圣灵小学、美华书院		6
	行道会	1894	1			5
	内地会	1895	1	务本学堂		2
沙市	圣公会	1886				2
	行道会	1896				8
老河口	内地会	1887				5
	路德会	1894				22
谷城	苏格兰长老会	1887	总堂3，分堂2	育英书院		8
	行道会	1892	1	小学1所		3
黄陂	伦敦会	1898	4	储材学校 崇懿女校	仁济医院	5

续表

地点	教派	开教年份	教堂（名称或数字）	学校（名称或数字）	医院（诊所）	外国教士及家属人数
黄州	行道会 内地会	1893 1901	5 6	懿范女校		10 8
鄂城	行道会	1893	5			10
安陆	循道会	1891	1			7
樊城	行道会 北美信义会	1891 1894	1 3	鸿文书院		6 14
房县	路德会	1912	2			7
荆州	行道会	1908	1			4
南漳	行道会	1905	1			5
京山	教派不详	1863	1			1
广济	教派不详 长老会	1865 1871	1 1			1 2
兴国	教派不详	1865	1			1
天门	教派不详	1869	1			1
监利	行道会	1909	1			4
荆门	行道会	1907	2			5
蕲水	行道会	1916	1			3
均州	路德会	1899	1			4
来凤	P. B. I. M	1913	1			1
麻城	行道会	1893	1			3
长阳	长老会	1898	1			2
襄阳	行道会	1900	1			5
孝感	伦敦会	1880	2			6
随州	循道会	1907	2			4
大冶	循道会	1889	2			4
德安	循道会	1889	1			4
枣阳	伦敦会 长老会	1902 1907	2 2			7 4
郧阳	路德会	1898	1			4

二、开办学校、医院、孤儿院，创办报刊

除了直接设堂布道、吸收教徒之外，外国教会还在湖北兴办学校、医院、孤儿院，创办报刊，以配合传教活动。

教会初到湖北时，多在街头和乡镇传道，所发展的教徒大多为受教育很少，甚至目不识丁的下层平民，这些人在社会上不仅影响甚微，甚至被人鄙视。传教士在1867年就看到了这一点："在教之友，多是质胜于文，偶或提及古时旧典，则赧尔茫然，亦莫怪为儒所鄙。自后宜请博学君子将新旧约书参以诸子百家之论，则读者喜有学问，琢磨勤而不倦。"① 感到有必要提高中国教徒的文化水平。

不久，教会即进而认识到，"接近中国人的最好的办法，就是通过办教育。理由有二：一是因为中国人是有智慧的人民，二是因为他们看重教育也许要超过其他国家"。故在中国社会，士大夫阶层的作用举足轻重。"中国作为儒家思想支柱的，是受过高等教育的士大夫阶层。如果我们要对儒家的地位取而代之，我们就要训练好自己的人，用基督教和科学教育他们，使他们能胜过中国的旧式士大夫，从而取得旧式士大夫所占的统治地位。"可见西方教会的根本目标，是让基督教文化取代儒家文化在中国的思想统治地位，培养有文化的教徒则是其迈出的第一步。因为"在中国办学是最省钱、最有效的传教方法。它们只花费差会的力量和传教士的劳力与时间约四分之一，却为该地教会提供了很大一部分教徒——我想超过半数"②。

从已有的资料记载来看，到1891年以前，新教教会在湖北所办的学校在10所左右，它们分别是：美国圣公会1871年在武昌昙华林办的文氏纪念学堂（Boone Memofial School），中国人称为文华书院，1872年

① 林乐知：《教会新报》第1册，华文书局1968年影印，总第71页。

② 顾长声：《从马礼逊到司徒雷登——来华新传教士评传》，上海人民出版社1985年版，第397、287、171页。

招学生30名，小学程度，到1890年才办起中学部。圣公会1872年在汉口张美芝巷办起男住读学校，后改名圣保罗学堂。圣公会1876年在文华书院内办起布伦女校，长期只有学生10人左右，后改名圣希理达女校。循道会最早在汉阳办起训女书院，1877年在武昌办起博文书院，至90年代末仍为小学程度，学生不超过20人。该会1885年还在汉口硚口办了福音义塾，1888年办起训盲书院，收男女盲童三四十人，工读结合。伦敦会1889年在汉口办有一所中学。在宜昌，有苏格兰长老会办的育德学校，具体时间不详；1885年办起安德烈学校，后改名华英书院。

以上学校共10所。学生人数少者仅几人，多者也不过数十人。绝大多数为小学程度。到1894年，武汉教会学校的学生总数为621人，其中女生109人。19世纪这种学校一直免费①，对教徒子女和穷苦孩子还发给学习用具，或给予饭食，学制2～4年。女子学校学生除读书外，还要学习缝纫、刺绣、洗衣、烹饪。训盲书院的盲童学做帆布椅和编织篮子。

教会学校虽然急于培养他们“自己的人”，但中国不识字的成年人忙于生计，不可能念书，有文化的青年士子不屑进教会学校，所以教会学校的工作只能从小孩做起，招收教徒子女和穷苦人家的孩子入学。由于当时风气未开，教会深感周围充满疑惧和敌意，所以教会学校在管理上采取封闭办法，不让教会学生多接触社会，尤其是女生上下学要家长接送，有钱人家的女孩坐轿子上学和回家，孤儿则食宿均在校内。学生一概不能自由出入和会客。文华书院的学生每星期六下午在附近城墙上散步，也是集体整队往返。

在教学内容上，为显示对中国传统文化的“尊重”，往往先由中国教师教读经过改写的《三字经》，有“创世主，造天地”、“大造主，即上帝”等语；又通过“教义问答”讲述《圣经》中的一些故事；进而教读《论语》、《孟子》等儒家经典和《圣经》，如《马太福音》、《路加福音》

① 陈忠：《武汉基督教教育历史概述》，《武汉文史资料》1984年总第17辑，第160页。

等，偶尔教一点算术、地理等，表现出中西兼顾。1891年以前，除文华书院之外，均未开英文、理化等课程，也无西方式的体育活动，休息时的活动是中国传统的放风筝、踢毽子，教学方法也类似于旧式书院，高声朗读，死记硬背。

但教会学校在营造宗教气氛、灌输教义和执行宗教仪式上很严格。除了上“教义问答”、“经课”、“道课”之外，学生早晚要祈祷诵经，念或背主祷文，饭前要做短祈祷，星期日上午要整队到教堂做礼拜。教友子女自然已经入教，其他小孩渐受习染，大多也受洗入教了。至于外国校长、教师对学生的态度，则是因校因人而异的，有的以悲天悯人的姿态，对学生较“和善”，有的动辄训斥甚至处罚、责打学生。共同之处是不光在课堂上，对学生在校内任何场合、任何时候的一举一动、一言一行都有严格要求。

文华书院是最先开始实施西方近代教育制度的。从1887年起，学生按程度分班，按班级管理，实行寒暑假制和一年两学期制，成立了英语教学班，开设的课程有英语、汉语、历史、地理、算术、自然、体育等，并从此时开始对没有入教的学生收取学费和住宿费。这些新的教学制度和内容颇吸引学生，就学者从以前的34人骤增为90余人。但是当时科举考试仍被社会上视为正途，多数士绅和商人家庭仍然不肯让孩子进入教会学校。而且，在教会学校读过书、入了教的学生，大多并没有为教会工作。据1894年统计，“文华书院20多年，曾有300左右学生注册入学，从事教会里工作的还不到15人”①。但无论如何，教会学校以其不同于中国文化的精神面貌在湖北出现，就形成了一定的影响，而且越往后影响越大，对此本书在后面还将述及。

教会在传教活动中，还一贯重视医疗事业，自称：“西方……的一切计划，再也没有比医药、传教会所采取的手段和目的更为聪明的了。”

① 陈忠：《武汉基督教教育历史概述》，《武汉文史资料》1984年总第17辑，第161页。

“外国人开设医院，可以帮助扫除中国人的偏见和恶意等障碍，同时又可以为西方的科学和发明打开道路。”① 在重视医疗事业上，无论新教旧教，态度均无二致，因为他们认为这是体现“耶稣是救世主，又是至大医生，既救人的灵魂，又救人的肉体”② 的最佳途径，可以在治病中向病人灌输宗教精神，甚至组织住院病人参加早晚祈祷。

教会到湖北之初，普遍采用设立医疗点和施药处的做法。如 1868 年《教会新报》载《汉口施医院清单》统计：“汉口旧有施医院一所，又两年前英国伦敦会又立施医院两所，又于武昌、汉阳分设施药院二处，都计一年又二月中，医治民人七千零三十七人。”③ 这年适逢武汉发生大水灾，贫病灾民无数，汉口、汉阳教堂乘机“日宣真理”，派有医生“每礼拜来会堂施诊二次，日诊百余人”④。牧师和医生“朝夕各守厥职，且施且讲，受恩者日盛一日。……医院日日开门就医，就医者每日约四五十之数。而领洗入教者，汉口、汉阳、武昌三处，男妇童赤约四十人。虽立堂至今头尾六年余，而实一年盛似一年”⑤。杨格非的妻子亦参与对病人的护理工作，“涤病孩之秽，治病妇之身，严冬夜起视妇女之痛”⑥，由此博得下层民众的好感。

外国教会所办的施医施药处所、一般诊所和较小的医院，尤其是办在州县乃至乡镇的小医院，均无法准确统计。苏云峰先生根据日本人山口昇所著《欧美人在中国的文化事业》一书，统计出 1868—1913 年的湖北教会医院为 17 所（见表 3-5），这显然只是一些较大的医院，故还有正规的外文名字。而实际存在过的较小医院和诊所，无疑会比这个数字更多。

---

① 嘉惠霖：《博济医院百年史》，文海出版社 1984 年版，第 131、133 页。
② 胡学汉：《武汉第一个教会医院——普爱医院》，《武汉文史资料文库》第 4 卷，武汉出版社 1999 年版，第 505 页。
③④ 林乐知：《教会新报》第 2 册，华文书局 1968 年影印，总第 792、565～566 页。
⑤ 林乐知：《教会新报》第 1 册，华文书局 1968 年影印，总第 111 页。
⑥ 林乐知：《教会新报》第 5 册，华文书局 1968 年影印，总第 2 648 页。

表 3-5 1868—1913 年湖北教会附设主要医院分布情形

所在地	中 名	西 名	国籍教会别	设立年份
汉口	天主堂医院	Cathoric Hospital	法天主教	1868
	普爱医院	Wesleyan Mission Hodge Memorial Hospital	英循道会	1871
	普爱妇婴医院	Wesleyan Mission Hospital for Women	英循道会	1878
	仁济医院	London Mission Hospital for Men	英福音堂	1911
	仁济妇婴医院	London Mission Hospital for Women		
	同仁医院	International Hospital	各国合设	1911
	仁慈医院	Romon Cathoric Mission Hospital	法天主教	1913
武昌	仁济医院	London Missin Hospital for Men	英福音堂	
	仁济妇婴医院	London Mission Hospital for Women	英循道会	
	普爱妇婴医院	Wesleyan Mission Hospital for Women	英福音堂	
	同仁医院	Church General Hospital	美圣公会	1906
宜昌	爱德医院	Cathoric Hospital	天主教	1870
	女济医院	London Mission Hospital for Women		1878
	普济医院	London Mission Hospital for Men	英福音堂	1878
荆州	天主教医院	Cathoric Hospital	天主教	1911
孝感	仁济医院	London Mission Hospital for Men	英福音堂	
皂市	仁济医院	London Mission Hospital for Men	英福音堂	

表 3-5 中规模较大、开办时间较长的医院共为 17 所，有教会医生 24 人。另外，1911 年有关教会曾联合创办大同医学校，培养中国医生，1917 年该校被并入山东齐鲁大学（教会大学）医学部。

这些医院大多集中在武汉，计汉口 7 所、武昌 4 所。另外宜昌 3 所，荆州、孝感、天门、皂市各 1 所。从所属教会来看，伦敦会所属 8 所，天主教所设 4 所，循道会所属 3 所，圣公会及各教共设者各 1 所。除汉口同仁医院为英、法、美、德、俄等国合办，以外国人为服务对象外，其他各医院均收治中国病人。

办医院比办学校费钱，称职医生也比教师难找。所以上述医院与教会所办的施药所及一般诊所不同，除汉口天主堂医院对赤贫患者实行免费医治外，其他医院全都实行收费，名目有挂号费、初诊费、复诊费、急诊费、特诊费、住院费（按日计）、药费、手术费、特别看护费等等，加上西药昂贵，所以非普通百姓所能负担，就医者中商人、大小官吏、富裕市民占很大比重。各医院每月门诊人数，依开诊日多寡，自 100 人至 600 人不等，住院人数亦不超过 100 人。但有两个医院就医者较多：一是汉口天主教的仁慈医院，每月门诊多至 4 500 人；二是武昌圣公会的同仁医院，每月门诊 1 800 人①。不过，对武汉当时二三十万居民而言，这些医院显然不敷需求，之所以门诊和住院病人并未呈现人满为患的局面，则是因为医药费用超过了多数人的承受能力，广大乡村更是如此。

无论当时还是事后，舆论对医院都少有诋毁之词。而且，教会医院和教会学校一样，聘有中国人，他们在医院里当护理、司药乃至医生，如汉口仁济医院，有外国医生 2 人，中国医生 3 人；汉口天主堂医院有外国医生 4 人，中国医生 3 人；汉口普爱医院有外国医生 1 人，中国医生 4 人；武昌同仁医院有外国医生 1 人，中国医生 6 人②。可见在上述 4 所医院中，外国医生共 8 人，中国医生为 16 人，后者比前者多 1 倍。这些中国医生无疑是从外国人办的医学院校培养出来的，这也反映了中国人接受外国科学知识的积极和快速。

中国社会的上层，如果说对西学有拒斥、保留、选择的话，但对其中的西医一开始就举双手欢迎，因为西医能为他们保命，他们也有足够的金钱承担医药费用。1886 年，湖北巡抚谭继洵的侧室患重病，中医久治未愈，经英国医生马尚德治好后，谭氏一家（包括青年谭嗣同）均和这位马尚德医生建立了深厚的友谊和密切的往来关系③。教会趁此机会提出要求，解决了 1877 年即创办的博文书院悬而未决的地基买卖问题。

①② 苏云峰：《中国现代化的区域研究：湖北省，1860—1916》，台北近代史研究所 1981 年印，第 154、155 页。

③《中国教会医学杂志》（*China Medical Missionary Journal*）1877 年第 6 期，第 85 页。

1896年，武汉发生霍乱，马尚德在医治中国病人时受传染死去，葬于汉口外国人公墓，谭继洵侧室为之立碑纪念。谭嗣同通过和马尚德的交往，思想上受到很大影响，这些经历使他初步了解了西方的一些自然科学知识，并且认为西方人的伦理道德并不逊于中国人。维新运动中北京强学会被禁后，谭嗣同还曾设想“暂将孔子搁起，略假耶稣为名，推英国驻汉领事贾礼士充会首，结为湖南强学分会”①。可见医学曾是沟通青年谭嗣同与西学的渠道之一。

在马尚德主持的教会医院，“1892年度到医院求诊的病人共有：首次求诊的男子3 283人，妇女556人，12岁以下儿童568人；复诊3 194人，合计7 601人”②。此外尚有不少达官贵人请其出诊。1893年，张之洞的首席洋务幕僚蔡锡勇曾请马尚德为其妻治病，疗效甚好。蔡又转荐其为张之洞治病，病好后张之洞送马尚德700元钱，其中200元作为马尚德在过去一年中为湖北织布局员工看病的报酬，500元作为新一年的预付费用。可知当时的官员对外国医生是给予礼遇的。当然，教会医院的外国医生并非全像马尚德那样具有高尚的人品和良好的医术，冒牌医生、作威作福者、纯为金钱而来者，甚至草菅中国人命者也夹杂在其中。

外国教会为了配合其传教活动，还举办了一些所谓的“慈善”“救济”事业。临时性的施药、施粥等难以统计，略能统计者则是收养孤儿、乞丐、弃儿、残疾儿童的各种孤儿院、救济院、育婴堂等。据湖北各地文史资料的记载，这种机构很多，除武汉三镇和宜昌之外，其他中小城市和府州县城，只要建有比较大的教堂的地方，一般也就有孤儿院或育婴堂。统计有20余处，惟多数资料只能表明该处曾经有过此类机构；至于何时开办、由何教堂开办、存在多长时间、一般收容多少儿童，均极为模糊。现根据日本人山口昇所著《欧美人在中国的文化事业》一书和

① 《上欧阳中鹄》（七），《谭嗣同全集》，中华书局1981年版，第455页。

② 邝兆江：《马尚德——谭嗣同熟识的英国传教医师》，《历史研究》1992年第2期。

湖北各地文史资料的记载，择其确切者列表如表 3-6。

表 3-6 1858—1906 年湖北各教会所设救济机构统计表

地点	名称	所属教会	设立时间	内容	容纳人数
武昌	救济院	天主教	1858	救济残疾老人	50
	花园山育婴堂	天主教	19 世纪 60 年代	收容孤儿、弃婴	80
武昌（后女孤儿院迁黄州）	孤儿院	行道会	19 世纪末	收容孤儿	50
汉口	训盲书院	循道会	1888	盲童救济及职训	45
	硚口孤儿院	循道会	不详	孤儿救济及职训	20
宜昌	献福路识字班	长老会	1876	孤儿、乞丐食宿识字	10
	贫儿实业学校	圣公会	1906	孤儿收容及职训	150
	圣母堂育婴堂	天主教	1891	收容孤儿、弃婴	20
荆州	东门孤儿院	天主教白衣会	20 世纪初	收容孤儿、弃婴	20
	南门孤儿院	天主教黑衣会	20 世纪初	收容孤儿、弃婴	20
樊城	孤儿院	北美鸿恩会	1895	孤儿救济及职训	9
随州	孤儿院	循道会	1898	孤儿救济及职训	50
孝感	癞病治疗所	伦敦会	1899	治儿童秃疮	

同教会之办学校、办医院相比，无论在当时或事后，教会开办的孤残儿童救济事业是最遭中国人怀疑、指责和反对的，在湖北因此事而引起的教案超过 1/3。民间的传说不外三条：一是孤儿院拐骗和绑架儿童；二是外国人蒸食小孩的心肝、身体，挖小孩的眼睛制药等；三是育婴堂和孤儿院的小孩死亡率高。

以宜昌天主堂孤儿院为例，1891 年这所孤儿院刚筹办时，准备收容 20 名孤儿，委托在教会工作的吴有明负责收来 10 名。教会规定对每个小孩的家长付 20 串抚养费，同时立下字据，申明此后小孩的一切情况，其家长概不过问。吴有明很快在宜昌城里和小溪塔收了 9 名小孩交给孤儿院，却把应付给小孩家长的钱私吞了一半。为了再弄到一个小孩，他居然把在小溪塔河边玩耍的一个名叫游腊枝的五六岁幼女骗到城内，藏进教堂里院，准备交给孤儿院。第二天游家根据有关线索告到东湖县（后称宜昌县），知县派人协同游家和围观群众进教堂查找，果然找到了游腊枝。此事成了1891年宜昌教案的直接导火线①。可知在各地孤儿院刚刚开办的时候，的确有中国教徒为了钱财而拐骗收买儿童的事。至于教会是否得知详情，人们不得而知。当时群众显然会怀疑是教会在幕后指使和支持。

不过到了后来，教会很少有付钱给家长和弄来小孩的人的情况，因为湖北城乡的弃儿、孤儿、乞丐很多。孤儿院和育婴堂的大多数孩子是通过以下四种形式进来的：穷苦且孩子过多的父母直接把孩子送到孤儿院，并立了字据的；把孩子放在孤儿院或教堂门口，身上留有纸条写明姓名生辰的；父母和家人不忍心，托别人代交的；被遗弃在街头、郊外，由路人送来的②。

孤儿们的生活状况绝大多数很差。婴幼儿只有少数吃到牛奶，多数由修女或年龄较大的孤儿用稀粥喂养。年纪大一点的孤儿住集体宿舍，十来个孩子一间小房。吃饭通常只有一份小菜，节日和“打牙祭”才能见到一点肉食。平日总是穿着旧衣，遇有洋人和中国官员来视察，就换上统一服装。绝大多数孤儿营养不足，身体发育不良。每到传染病流行季节，孤儿常有患病和死亡者。尤其是婴幼儿，有的送进来时即是病儿或残疾弱智儿童，所以死亡率相当高。

孤儿长到五六岁后，即开始识字，学习“经言要理”。再大一点则学习汉语、算术、“六本经”、《要理问答》。十岁左右开始从事体力劳动，如扫地、擦地板、给神父和修女洗衣、给幼小孤儿洗衣补衣、砍柴草和做其他杂事。宜昌孤儿多为女孩，还学习缝纫、刺绣、做鞋、织布，成果部分由孤儿院自用，部分对外售卖。孤儿也学一点歌舞表演，在有人

① 龚浩：《宜昌教案始末》，《宜昌市文史资料》1987年总第8辑，第240～241页。

② 廖德英：《记宜昌圣母堂孤儿院》，《宜昌市文史资料》1987年总第8辑，第233～234页。

参观时作表演。“犯了规矩”或“不听命”的孤儿，会受到斥责和处罚，处罚有罚饿、罚跪、关黑屋、晒太阳，甚至遭拳打脚踢。

孤儿一律得接受宗教灌输。他们一进院即受洗，并取教名。六七岁以上的孤儿，每天早晨六点半要集体到教堂做弥撒、念经，晚上八点半到教堂念晚课经，星期日要到教堂做礼拜。女孤儿长大成人后可以出嫁，但男方必须是教友，而且必须由当家修道（院长）作主，孤儿和男方均无权自由选择。

孤儿院的经费来源，罗马教廷传信部和差会拨款只是其中很小一部分；国内外一些团体和有钱教友的资助、教会信徒的“献仪”也不是固定收入。有保障的倒是教会的田产和房地产收入，以及几次教案的赔款，这些钱存在上海或武汉的外国银行，每年动用利息。孤儿们做手工的收入也有一点。总之，这些钱实质上大部分出自中国人身上，而孤儿院利用孤儿的名义所得的募化（包括钱和物资）并未全部用到孤儿身上。

至于社会上流传的孤儿院利用孤儿作试验、蒸食小孩、挖小孩的眼睛配药等，则“纯属无稽之谈”①。关于这一类事，张之洞在广东和湖北任职时，均曾派官吏和地方绅士定期到教堂和孤儿院查验，早已证明教会对孤儿“剜目”、“割肾”等流言是不实之词。

宜昌贫儿实业学校分为裁缝、靴工、菜园、理发、大工、精细工等小组，还计划扩大收容量。但因经费缺少、设备简陋、房屋不足，初次招来的150人，即已“多数儿童露天居住，半数处于饥饿状况；卫生不良，患痢疾及其他疾病者很多，在设有12张病床的病房中，自始就经常客满”。因此多数儿童半途离去，真正受完6年训练者很少。当然也有少数成功的事例。如汉口训盲书院，对盲童进行宗教、科学、音乐、手工劳动的训练，并从1903年起招收女盲童，前后毕业120人，其中部分人当了盲校和小学的教师，有的经营个人事业还取得了成就。孝感的癞病

① 参见张鸣谦：《天主教宜昌教区简史》、廖德英：《记宜昌圣母堂孤儿院》，《宜昌市文史资料》1987年总第8辑，第225、233～234页。

治疗所，在牧师富拉氏（Dr. Fowler）15年的苦心经营之下，治好了不少儿童的头疮，颇受穷人欢迎和地方官绅的重视，也吸引了其他同行业者前去参观学习①。

汉口开埠之后，西方人士和有关教会为了进行文化渗透，还陆续办起了报纸、刊物和书局印刷厂之类。有关报纸和刊物统计见表3-7。

表3-7 1866—1888年外国人在武汉所办报纸刊物一览表②

名称及类型	创办或编印者	创办时间	存在时间	发行量
《汉口时报》（英文，日报）	美国人汤普生、富瑞德	1866.1	2年	不详
《谈道新编》（中文，月刊）	伦敦会	1872.9	5年	不详
《开风报》（中文）	教会人士宇阿鲁	1875.1	不详	3 000
《新民报》（中文）	教会人士宇阿鲁	1880	不详	3 000
《昭文日报》（中文）	基督教会	1880	同年停办	不详
《武汉近事编》（中文，每周1册）	外国人士	1883	4年	不详
《苏格兰圣经会报》（中文）	圣经会	1885	长期	不详
《益文月报》（中文，由武汉近事编演变而来）	基督教会	1887.2	4年半	不详
《中国传教士》（英文，季刊）	文华书院	1888.5	长期	不详

需要加以说明的是，《汉口时报》是外国人在湖北办的第一份报纸，由于系用英文出版，专供在汉外国人阅读，故影响不大，发行两年即因

① 苏云峰：《中国现代化的区域研究：湖北省，1860—1916》，台北近代史研究所1981年印，第157页。

② 刘望龄：《黑血金鼓——辛亥前后湖北报刊史事长编》，湖北教育出版社1991年版，第1～5页。

经营困难而停办。故此后教会和外国人士所办报刊（除《中国传教士》外）多采用中文，以争取中国读者。像《开风报》、《新民报》发行量达3 000份，显然大部分读者是中国人。而外国人办中文报刊，少不了中国人协助，如杨格非的伦敦会所办的《谈道新编》，实际上由杨格非的中文秘书沈子星和汉口仁济医院助理医师杨鉴堂主持，《益文月报》的主编也是杨鉴堂。

这些外国人办的报纸刊物，很多是传播西方教义、劝人信教的，《谈道新编》可作为代表。《中国传教士》也主要是报道武汉教会学校的情况和教会其他部门工作的情形，《苏格兰圣经会报》的内容也类似于此。不过这些报刊也相当注意"开风气"和介绍中国的有关情况，如《中国传教士》还刊载不少有关中国的法律、风俗、习惯、服饰等情况的报道，意在让外国人了解中国；《武汉近事编》和《益文月报》除报道各省时事外，还兼及天文、地理等格物之学，一切新机新法、诗词歌赋和医学等，显然具有让中国读者了解国内近况和西学的意图。

近代的出版印刷业是随着西方人的到来而在湖北传开的。1876年，杨格非在汉口花楼街仁济医院内设立"基督教圣教书会"，印刷布道宣传品。圣教书会先用木刻印刷，1885年采用铅字。继之圣公会在汉口英租界设"圣公会书局"，使用印刷机和手摇机，雇用中国工人。这些印刷出版机构起初主要发行宗教书籍（如《新旧约全书》等）和布道宣传品，后来也适应社会需求，出版一般书刊。

西方人士和教会的文化活动，直接的作用是扩张了教会的势力和影响。至于传播西方近现代科学知识，显然不是教会的本来愿望。

第三节　妥协、仿效、蜕变和反抗的多重序曲

当西方的军人、领事、商人、传教士携着他们的船炮、商品、资本、宗教和文化进入湖北时，湖北全省上下对此还缺乏起码的认识和应有的思想准备。地方政府当然不敢违背朝廷的旨意，对于朝廷和外国签订的

有关条约虽然心存疑惧，也只能被动执行。商人较能适应新的变化，他们有的充当了洋行的代理或下游企业，或者个人成为洋行的买办，有的坚持与洋行竞争，但业务内容和经营作风不能不有所改变。士绅们始而依旧充满自信，认为自己所代表的文化的优越性和作为社会精英的特殊地位的稳固性毋庸置疑，但不久即出现分化。多数人带动群众反西教，少数人开始转向习西学。但反西教者诉诸盲动，习西学者徒袭皮毛。城镇贫民和乡村劳苦大众身上多了一层压迫和剥削，因而不断起来反抗。其形式有偶发冲突和持续不断的教案，但这些反抗都处于无思想理论、无组织领导的自发状态。

一、官府和商人的反应

从19世纪60年代到80年代末，湖北地方政府面对新的形势和要求，仍然缺乏创造和开拓精神，对外方针是遵守和约，“开诚布公”，想以此“使远人敬服”，对内着重于恢复旧的社会秩序。故当沿海省份纷纷着手开办洋务企业时，湖北尚未有任何切实可行的计划。这段时间的前期任总督的官文平庸无能，除了前述力争设立江汉关一事外，几无建树。官文之后担任总督的有李鸿章、李瀚章、涂宗瀛、卞宝第、裕禄五人。五人中李瀚章“前后四至，皆与弟鸿章更迭受代”，加起来长达十二年。其他总督在任均只有二三年。

《清史稿》对李瀚章的总体看法是“性简静，更事久，习知民情伪，务与民休息”①。基于这种为官之道，他能够不对老百姓多加盘剥。如1878年兵部侍郎袁保恒要求湖北川盐加价，用以赈济河南，李瀚章即以“川盐本无余利……若再加征钱文，必至无力贩运，课税虚悬，饷源立涸，碍难举办”② 为由拒绝。但他也因此不思建树，安心当他的“太平

---

① 赵尔巽等：《清史稿》第447卷，“列传”234，中华书局1977年版，第41册，总第12 494页。

② 李瀚章：《川盐厘税碍难加增片》，《合肥李勤恪公政书》卷8，文海出版社1966年影印，第17页。

官”，最明显的事例是他反对修建樊口闸坝。梁子湖为鄂东南大湖，滨湖鄂城（原称武昌）、大冶、咸宁、武昌（原称江夏）均为农商发达之区。该湖在樊口与长江自然连通，每逢江、湖涨水，四县必遭水灾，故从19世纪70年代初起，官民就有修建樊口闸坝以人工调节排灌之议。延至1878年，有权决定此事的李瀚章一语否决，他的理由是：“沿湖市镇林立，该口帆樯上下，百货流通，厘收最旺。口门一堵，舟楫皆停，课于何出?”①显然是借口保证现有商业税、厘收入，而不顾水患影响农业生产。直到1912年，在武昌首义中建有功勋的吴兆麟为给乡梓造福，仅用数月时间就建成樊口民信闸，事实证明建闸利大于弊。

继李瀚章之后，卞宝第也有为保障税课而护商的言论。1884年发生中法战争，朝廷计划加征汉口茶税和湖北厘金，调拨福建海防之用，卞宝第一再陈诉阻止，称湖北“一捐再捐，其势已成强弩之末”②，强调“裕课首在恤商。必使商有盈余，斯市面方有起色，税厘可望旺收”③。此后他还多次奏请减免茶税。

通观这近30年中湖北地方政府的作为，可以说是茫无头绪，少有成功。略可记者为如下几件事：

其一，设立江夏火药局，但发生了大爆炸。1856年底胡林翼从太平军手中夺回武昌后，不久设立江夏火药局，储存和制造火药火器，此后规模逐渐扩大。但同治六年十月二十五日（1867年11月20日）晨，火药局“不戒于火”，发生大爆炸，局中所储火药30万斤一并燃爆。王葆心记其事说：“大小洋炮数百尊，火药火器一时齐发，催塌民房，伤毙居人无算，沿江三百里皆震惊。”次年考中进士而此时尚在黄冈家中的洪良

① 李瀚章：《樊口创建石闸复陈历办情形折》，《合肥李勤恪公政书》卷8，文海出版社1966年影印，第32页。

② 卞宝第：《湖北厘税碍难调拨片》，《卞制军奏议》卷6，光绪二十年刻，文海出版社1966年影印，第5页。

③ 卞宝第：《汉口茶税历年加收情形折》，《卞制军奏议》卷5，光绪二十年刻，文海出版社1966年影印，第45页。

品也描写其状称："火药局灾，砖瓦飞空，堂室基址陷为深坑，江水为沸起，数百里地皆震动，局中供役员丁数十百人，皆成齑粉，尸骸无存。"① 后来的《湖北通志》又补充说，大爆炸不仅使"庙宇衙署，无不倾地狼藉"，武昌城中"房屋震倒无算"，"研药之牛毙数十头，不知去向"，火药局员工和城中居民伤毙者"以千百计"。灾害引起了居民的疑惧不安，而地方政府为求太平，因噎废食，亦因此停止了研究和发展军事工业的工作。

其二，开办武昌崇文书局。湖北儒家经典因屡经兵燹而损失殆尽，湖广总督李瀚章遂于1867年在武昌设立湖北官书局，但局务无甚进展。1870年李瀚章仿江浙书局体制，在武昌设立营利性质的崇文书局，由耆绅主持其事。不久得湖北学政张之洞支持，把官书局合并到崇文书局。崇文书局以整理国故为己任，刊行书籍达300余种，主要如新旧《五代史》、《明史》、《十三经》、《七经》、《资治通鉴》、《通鉴辑览》、《说文文选》、《说文解字注》、《百子全书》等，成为当时和浙江、江宁、江苏书局齐名的四大书局之一。

其三，成立轮船招商局汉口分局和湖北电报局。1872年，直隶总督李鸿章奏设轮船招商局于上海，次年重订章程，招商集股，并在"汉口河街设立分局，购建码头、栈房"。汉口分局资本计银3万余两，码头设在汉口周家巷，只有一只铁质趸船。1876年，轮船招商局收购破产的美国旗昌轮船公司，汉口分局也相继接收旗昌轮船公司在汉口的设施，遂有货栈楼房11幢，趸船、驳船亦有增加，成为仅次于上海招商局规模的码头。

1883年南洋大臣左宗棠奏准架设南京至武汉电报线路，次年4月竣工并与上海至南京线接通，5月设电报局于汉口招商局内。1886年，汉口至武昌过江水线工程竣工，增设武昌电报局。同年由汉口延伸电报线路，经沙市、荆门、宜昌直到重庆和成都。1890年，省内扩展支线，架

---

① 王葆心：《续汉口丛谈·再续汉口丛谈》，湖北教育出版社2002年版，第111～112页。

通了汉口至襄阳的电报线。轮船招商局汉口分局和湖北电报局是90年代以前湖北仅有的两个洋务企业，而且其发端都不是出自本省，只是长江下游官督商办企业的延伸。

其四，从1875年起，时任淮军后路营务处会办、轮船招商局会办的盛宣怀，奉直隶总督兼北洋大臣李鸿章之命，在湖北广济设立湖北开采煤铁总局，次年聘请英国矿师郭师敦（A. W. Crookston）来鄂，先后到广济、兴国州、大冶、秭归、巴东、当阳、长阳等地勘探煤矿和铁矿，发现大冶铁山的铁矿丰富，当阳窝子沟煤质较好，遂拟定在黄石港附近兴办中国第一家新式铁厂，用当阳之煤冶炼大冶之铁。盛宣怀当时雄心勃勃，建议李鸿章将直隶发存于苏商的生息本项钱15万串拨给拟办的湖北铁厂，并要求李鸿章做其兄李瀚章（时任湖广总督）的工作，亦将湖北发存于汉商的生息本项钱10万串拨来办铁厂。但李氏兄弟均不愿拨款，采煤炼铁一事遂告搁浅①。直到1889年后张之洞出任湖广总督，才把这项搁置了10余年的计划付诸实施。

此外，因汉口商务发达，金融市场比较活跃，而湖北原有的铸钱机构宝武局停办多年，市面铜钱短缺。湖北地方政府曾于1887年5月在武昌重开宝武局，设炉15座，开铸制钱，至次年5月，共铸铜钱85 859串，以应市面之需。旋停办，至张之洞督鄂后，才又开铜币局、银元局，承担造币之职②。

次谈商人。商人因为居住在城镇，感受变化之风较乡村为先，且除盐业由国家垄断可照旧经营之外，其他行业均或多或少会因洋行、洋货的大量出现而发生变化。

汉口原有银钱、典当、铜铅、油脂、绸缎布匹、杂货、药材、纸张八大行。开埠以后，由于出口导向，茶叶、皮行、油脂、禽蛋、纱布、

① 吉广文：《盛宣怀与大冶》，《湖北文史资料》1992年总第39辑，第157～159页。

② 湖北省地方志编纂委员会：《湖北省志·大事记》，湖北人民出版社1990年版，第53页。

五金百货、西药等行迅速崛起。如茶叶，自60年代因俄、英商人来汉口大量采购之后，外销量逐年增加，汉口遂取代广州，成为国内第一大茶叶出口港，年出口值达1 000万海关两以上，占汉口出口贸易总量的40%左右。70年代以后，虽然印度、锡兰（今斯里兰卡）和日本的茶叶生产急起直追，取代了中国茶叶在英美的市场，但直到清末，由于有俄国市场，茶叶仍是湖北出口物资之大宗。再如皮行，开埠前汉口只有一些经营龟板、小羊皮、狗皮的杂店，开埠后由于国际市场大量需求牛皮，牛皮号立即迅速发展，每年出口亦达数百万海关两。植物油、禽蛋等行业的情形类似。

上述新兴出口行业的崛起，一是带动了加工行业（如制茶、制革、榨油、打蛋、包装等）的出现，并且成为外国洋行的对口服务加工的“下游”企业；二是使湖北出现了一批仰赖外国洋行、与之关系密切的商人。因为洋行收购土产，只能通过买办设立行、庄或是委托行、庄收购。行、庄商人为了赚取手续费，乐于充当甚至争当这一角色，且在收购中对运商和直接出售者压级压价，多方盘剥。当然在这中间，代理行、庄有时会同洋行发生矛盾，市场货紧价高时，代理行、庄不愿低价售予洋行；而货源充足时，洋行又压价抑勒行、庄。两者既不能离开对方又冲突纠纷不断。1892年春，由于“晴雨失调，红茶受病，成色偶有参差，英商抑勒茶价，借端挑剔。汉口茶帮亦不齐心，纷纷减价求售，致亏本银一百数十万两，洋行大获其利”①。湖北地方政府不敢触怒洋行，明明查知“洋商往往有定货后，延不过磅交价，迨日久价落，则以货色参差为词，割价压磅，种种弊端，华商因而受屈亏折者，亦恒有其事”，但不能据理交涉解决，反而压制华商，告诫他们“嗣后与洋商交易，务须诚信无欺，不得再有货样不符，并一货出售二主情弊”②。

---

① 湖南省地方志编纂委员会：《湖南省志》第1卷，湖南出版社1990年版，第117页。
② 曾兆祥：《湖北近代经济贸易史料选辑》第2辑，湖北省志贸易志编辑室1984年印，第62页。

其余牛皮、禽蛋及后起的肠衣等行业与茶叶行业类似。中国商人的行、庄或加工厂分别对有关洋行固定供货，由于不了解外国行情，只能受洋行盘剥，对此华商自称为“过黑河”。汉口各洋行一致定价，涨落由他们决定，旺季压价，华商也只能折本出售。

从进口情形来看，外商早期输入湖北的商品，曾以鸦片为大宗。到80年代，由于云南、贵州、四川的烟土烟膏大举进入湖北，鸦片在进口洋货中比重下降，而呢绒、纺织、棉纱、染料、煤油、五金、纸张、砂糖、玻璃、西药、仪器乃至缝衣针等，均涌进湖北市场。这些洋货亦通过买办设立行、店或交由华人经营的行、店销售。如汉口本无棉纱行，至80年代，一些贩卖洋纱的摊户渐渐发展为专营洋纱的商号。洋行为了倾销，采用先供货、售出后还款的办法（限期50天），使洋纱行号有利可图，义和祥、胡瑞记等商号即以此起家。

商业中变化最显著的是杂货行。杂货因为与人们日常生活密切相关，故历来经营日杂用品的店铺为数众多。但汉口开埠前这种店铺规模小、资金少，多经营传统手工业产品，如针线、灯具、祭品、雨具、鞋帽、手帕头巾、胭脂花粉、刀剪梳篦等物，被称为“京货什货业”。开埠以后，从沿海广东、福建运来的杂货乃至洋货渐多，这一行业遂被称为“京广什货”或“广福什货业”。70年代以后，西方日用消费品大量涌入汉口市场，皮鞋、五金电料、洋颜料、钟表眼镜、火柴肥皂、假珠宝、化妆品、儿童玩具、西服、针织袜等，都在杂货行号经销，其名称渐由“杂（什）货”改称“百货”。1886年，汉口“几乎没有人再使用土针了。英国针、美国针、德国针一齐出现在市场”①。随后，汉口出现数十家百货店，所经营商品中，洋货占一半以上，每年贸易额达数百万两，成为汉口商业中的新秀。

商业的发展变化要求金融业随之发展变化。湖北传统金融业的组织是票号和钱庄，票号历史悠久，资力雄厚，与官府关系密切，仅受托承

---

① 姚贤镐：《中国近代对外贸易史资料》，中华书局1962年版，第1 399页。

担中央与地方政府之间的款项上缴下拨，即能获取厚利，故票号在90年代以前仍执金融业牛耳，也就较少进行变革。但钱庄资本较少，经营灵活，在商业贸易日益发展和受到外资银行、洋行的利用支持之下，很快发生变化。

这种变化主要表现在钱庄介入了进出口贸易，外国在汉银行从60年代即承认钱庄庄票，还对钱庄提供拆借、押汇等业务。这样华商可用钱庄庄票清偿洋行货款，多进口和销售洋货；而洋行亦利用钱庄庄票作支付手段，不需洋货出手即可采购中国原料和土特产品。实际上在中国新式银行出现和取得华商的信任之前，钱庄充当了华商与洋行之间的中介金融机构。于是，传统上以兑换制钱、改铸生银、兼营小额存放款为主要内容的旧式钱庄，开始对内外贸易起着融通资金的作用，以发行庄票、对工商各业放款的方式取得利润和发展。此后，部分经营钱庄的商人向近代工业投资，接受外国银行借款，在内部经营管理上也借鉴近代银行的业务制度和管理方式，并逐步卷入了国际金融市场。

洋行在经营进口业务或出口业务时，无论是自设行号或假手代理行号，都是通过买办进行的。汉口开埠之初，较早在汉口开办的汇丰银行汉口分行的买办邓纪常、怡和洋行买办陈仙洲都是广东人，美最时洋行的首任买办胡听潮则是从上海总行来的，可知汉口最早的一批买办是由先一步开放的广东和江浙而来。稍后随着洋行的增多和业务的扩大，大小买办逐渐增多。大洋行如怡和、美最时的买办多达百人以上，较小的洋行也有十余人至三四十人。他们分担账房、跑街、管仓、报关、销售、收购等各项工作。湖北本地人和原已居住在武汉的外省人充任买办者渐多，自此武汉的买办遂有广东帮、江浙帮、本地帮三帮之说。

早期最著名的本地买办，以刘辅堂为代表。刘辅堂是山西人，幼年随父来汉，曾在山西票号帮工。后来到武昌仁济医院学医，任江汉关抄班，结识俄商“巴洋人”后转入俄商新泰茶厂任买办，再后又转入阜昌洋行当买办。1905年死时已有200万两银子的资产。稍晚的是刘歆生。刘歆生是汉阳柏泉人，幼年曾为人放鸭牧牛。因其父为天主教徒，刘遂随传教士习英语和法语，先在汉口太左瑜洋行当“写字”和跑街，90 年代初任汉口法国立兴洋行买办。一次在襄阳设庄收购芝麻，获利 50 万两。此后一面在东方汇理银行当买办，一面在汉口购置地皮、经营刘万顺牛皮行和东方转运公司等企业，成为汉口巨富。再晚一点的和记洋行买办杨坤山也是汉阳人，亦是名噪一时的百万富翁。

90 年代以前武汉的大小买办只有数百人，他们替洋行推销商品时，一般按销售额的 1%～2%提取佣金；为洋行收购货物，则由卖方按交易额的 2%～5%付给买办佣金，或者由买卖双方依具体情况而定；洋行在产地设“庄”收购，则付给买办一笔略高于佣金的“手续费”，大洋行的大买办年收入常达数万两或十余万两。同洋行对口的中国行商和下游企业（加工、收蛋、制革、制肠等），一定要巴结送钱给买办才能维持和发展往来关系，因而买办得以迅速积累起大笔财富。

大买办可以仗恃洋行势力，与地方官府往来，甚至充当外国势力与地方官府之间的传话人。这些人不仅率先接受西方生活方式，在皈依西方教会、接受西式教育上也当了领头羊。如刘歆生一家本来就是因其祖、父辈已经入教，他才得以学外语和当买办。刘辅堂发迹后，即送其子刘子敬入圣公会办的文华书院读书，毕业后即接任买办。

其他商人也逐渐认识到：“如果缺乏外语知识和商业实践，要想在市场上竞争是很困难的。”于是，汉口的茶商在 1891 年向到任不久的湖广总督张之洞要求在两湖书院的课程中加强“泰西方言和商务教育”①。由于这些商人的敦促和经费支持，张之洞不仅在两湖书院专门为商人子弟提供 40 名学额，还创办了湖北第一所以近代商业、西方文化为主要学习内容的自强学堂，“课程分设方言（外语）、算学、格致、商务四科”②。

---

① 朱有瓛：《中国近代学制史料》第 1 辑上册，华东师范大学出版社 1983 年版，第 312～313 页。

② 曾昭安：《武汉的书院和学堂》，《湖北文史集粹》第 4 册，湖北人民出版社 1999 年版，第 59 页。

总之，在19世纪90年代以前，湖北地方官府在认清形势，自觉地承担起早期现代化的政府职能方面，是很不够的，这种局面在张之洞督鄂之后才开始转变。但商人却由于市场这只“看不见的手”的驱使，由于追求利润的本能驱动，在和外国人打交道及接受西方文化方面，走在湖北社会其他群体前面。当然，这一现象在此阶段还只出现在武汉，宜昌、沙市和其他地方又比武汉迟十余年到二三十年。

二、群众、士绅与西方势力的冲突

西方势力进入湖北之后，由外交礼仪、法律观念等因素引起的与地方官府的矛盾较少，而由外国人的蛮横行径和传教活动引起的冲突较多。在抵制外国势力的一系列事件中，人民群众是主力，士绅则是宣传鼓动者和组织者，至少也是同情支持者；而湖北地方官府则一贯迁就和保护外国人，制止群众的抵制活动。

先谈教案以外的冲突。这类冲突一般规模不大，常起于突发事件，但持续不断，体现了中国人民与外来侵略者的尖锐对立。

同治二年（1863年）农历端午节，英商掮客麦士尼（Mesny）与美国人汤普森（Thompson）携带武器自汉口出发，计划过江进武昌城游览（武昌此时并未开放），在汉口龙王庙码头乘船时，被邻船兵勇骂为“洋鬼”，引起冲突。麦士尼受伤，返回海关治疗，中国兵勇伤亡情况不详。不过这起偶发冲突没有引起中外交涉①。

1864年农历五月，中国人彭尚会路过汉口英商亿生洋行门前，被洋人炉礼士开枪打死。汉阳知县提出控告，但英国领事诡称是误伤致死，让炉礼士回国，此事不了了之②。

比较严重的一件事发生于同治五年（1866年）。这年某日，法国驻

① 苏云峰：《中国现代化的区域研究，湖北省，1860—1916》，台北近代史研究所1981年印，第125页。

② 贺觉非、冯天瑜：《辛亥武昌首义史》，湖北人民出版社1985年版，第7页。

汉领事杜布瑞（Majord' Abry）与法国军火商人杜甫易（Jean Dupuis）在汉口近郊打猎，不慎击伤一中国农民。2 人企图赔偿 2 元钱了事，村民不服，夺其枪支并将其扣留，要求合理赔偿。2 人佯作允诺，获释后不仅不赔偿，反而要挟汉黄德道惩罚村民，归还枪支。道台拒不受理，杜即召来法国炮舰 1 艘，向汉黄德道提出 24 小时最后通牒。届时道台未能查出肇事者，法国水手和陆战队即向该村进发，在无任何抵抗的情况下，将该村焚毁，屠杀所见人畜，少数逃出者亦被扣作人质。此事见于麦士尼的《中国札记》，但未见于中文记载。同书还记有另一件事，即法国商人与一经营桐油的华商发生纠纷，法商嫌通过外交处理缓慢，派上述麦士尼、杜甫易和一名军人丹斯钟（O. P. Damstrom），于夜间闯入该华商住处，将其捉往汉阳，关在木笼里，迫其承认欺诈，退还钱款后才予以释放①。

上述数事，反映了英法军人、商人、掮客和领事的横暴无理，对中国人民和地方官府的极端轻蔑，由此必然引起中国人民对外国人的仇恨。但即令如此，缺乏组织动员的中国人仍然没有主动攻击外国人，而都是在外国人无理肇事之后才被迫反抗，其结果均以自己的失败而告终。

但是湖北人民的反抗并未停止。如 1877 年宜昌海关建立之后，一直占用汉景帝庙作为关署，引起群众不满，1884 年后常有农民和市民袭击海关。1891 年形成高潮，这年 5 月和 7 月，群众多次冲进海关，闯到税务司住处，要其退出。法国军舰“蝰蛇号”停泊在宜昌江面威胁。这场纠纷到 9 月初又发展为宜昌教案②。

1895 年沙市开埠之后，人民的反抗随之发生。1898 年 5 月，湖南籍面馆工人杨兴全被轮船招商局更夫打伤致死，沙市湖南帮会首杨明阶

① 苏云峰：《中国现代化的区域研究：湖北省，1860—1916》，台北近代史研究所 1981 年印，第 126 页。

② 李约德：《十九世纪八十年代的宜昌》，周勇译，《宜昌市文史资料》1987 年总第 8 辑，第 24～25 页。

(捐有九品职衔)与招商局董事张鸿泽(有候补知县衔)“讲理”无效,湖南帮人放火烧了招商局的趸船及放在趸船上的英商怡和洋行的货物,同时另一批人放火烧了招商局,大火延及海关、日本领事馆,以及渣甸洋行、怡和洋行经理的住宅。外国人乘船离开沙市去了汉口,海关停至7月才恢复工作。

事发后,英日两国照会清政府,要求保护外国人的财产和生命安全,将纵火者从重治罪,处理招商局有关人员和办事不力的地方文武官员。此外,日本人还要求赔款10.5万两,并在沙市、岳州、福州、三都澳设置日本专管租界;英国人要求赔款1.2万两,开放岳州口岸。张之洞亲自赴沙市处理此事,将杨明阶、张鸿泽斥革驱逐回原籍;以弹压驱散民众不力和救火不力之名,对驻沙市防营的各级军官及水师副将等给予撤职或降职处分,勇丁全部裁撤遣送回籍;对为首肇事者9人处以5年、15年乃至终身监禁处罚,另杖责、枷号11人;赔偿日本人、英国人各1万两。对英日两国乘机提出的“开商埠”和划定“专管租界”问题,张之洞以“与沙案无涉”为由拒绝。但日本仍在沙市勘定租界,于当年8月与湖北地方当局订立了《沙市口租界章程》,划定了一块长380丈、宽80丈的日本商民“专管租地”①。

人民群众与教会的冲突更加频繁。教会初到湖北时,无论是买屋、租房、办学,都困难重重。《南京条约》签订后不久,意大利方济各会士李文秀在汉阳柏泉筹建修院,当地民众群起反对,报官没收了建筑材料。李文秀不甘心,又假借设馆教读之名,租用一所寺院办修院,被该寺方丈发觉后驱逐。李文秀只好跑到武昌城内,让教徒中土木工人出面购得房屋院落,悄悄改建为修院和个人住所,但1845年即被地方官查封②。

传教活动在湖北取得合法地位之后,人民群众仍然加以抗拒。1868年,美国圣公会在武昌长街(今解放路)租了一套房屋,“但房东发现是洋人

① 王正国:《火烧洋码头》,《沙市文史资料》1988年总第4辑,第317～319页。
② 皮明庥:《近代武汉城市史》,中国社会科学出版社1993年版,第631页。

租用后便提出取消租约，由于威廉斯等人坚持租用，房东采取了揭瓦的手段。……由于雨天漏雨，他们只好退出，另寻居处”①。1885 年，英国循道会在武昌办了博文书院，但一直无法觅得合适校舍。到 1886 年，“租省城贡院前‘惟楚有材’西边的一所公馆作为校舍……却不见容于科举的考生，入校辱骂，地方官无法制止”②，博文书院只好再觅校址。

一般群众反对教会，有的是出于习惯和宗教信仰的冲突，有的是不满教会和中国教徒的仗势欺人，还有的是由于对各种流言信以为真。但他们缺乏组织力量，也难以和官府沟通或打交道，于是士绅便挺身而出，充当了反洋教的骨干。1847 年，方济各会士李文秀在武昌草湖门外教堂活动，周围民众侧目，但出头告官的仍是一廪生。官府将李文秀等人驱赶到广州，暂时遏止了天主教在武昌的活动。

在汉口开埠、政府允许传教士在湖北活动之后，士绅们知道不能再完全依赖官府阻止教会的活动了，但开始时他们对教会的影响估计甚低，认为：“若彼耶稣之教，非能惑人，偶有从者，亦为利诱耳。吾羲皇尧舜以来，圣圣相传之道，如日月之经天、江河之行地，君臣父子夫妇昆弟朋友之伦，仁义礼智信之性，良知良能，非由外铄，人所固有，人所能为。知吾堂堂礼教之中国，非外夷一隅之见所能乱也。”③ 他们自信中国传统文化优于西方宗教，士绅在政治上、文化上的特权地位不会受到威胁。当然他们也曾采取若干措施，如设法整理国故和弘扬固有文化，开办崇文书局和在同治、光绪初年各地重建书院，就是这种措施的具体表现。

西方教会和中国传统文化的代表者士绅之间的冲突终究不可避免。

---

① 吉尔曼等：《文华大学》，黄政辉等译，《华中师范大学校友通讯专辑》，1992 年，第 1 页。

② 胡学汉：《武昌博文中学》，《武汉文史资料文库》第 4 卷，武汉出版社 1999 年版，第 217 页。

③ 皮明庥：《出自敌对营垒的太平天国资料——曾国藩幕僚鄂城王家璧文稿辑录》，湖北人民出版社 1986 年版，第 197 页。

如杨格非说，教会的所作所为“不能不触怒他们，布道会使他们受辱，因为你这样做时就处在老师的地位上。发行宗教书籍或科学书籍也会使他们受辱，因为你这样做时，也就认定中国并未保有全部真理和知识。……提倡发展点什么吧，也会使他们感到侮辱，因为这是暗示中国并未达到文明的顶点，而你站得比他们更高”①。杨格非以文明导师自命，以大英帝国睥睨一切的傲气看待中国，反而抓住中国士绅的“屈辱感”做文章，把冲突归结为中国人尤其是士绅“爱面子”的缘故，掩盖其文化渗透和文化扩张的实质，当然不能说明事情的真相。即使不论西方教会是伴随着列强的坚船利炮而来这一背景，也暂不深究传教士如何仗恃强权，剥削和奴役中国人民，教会对中国社会而言也是一种“异质”存在物，遭到抵制是势所必然。

传教士为宣传其宗教观念，对中国民间信奉的祖先崇拜、天地崇拜及神、佛信仰进行抨击。如1868年武汉大水灾时，教会作了《辩证汉口灾民歌》，其词曰：“叹灾民，逃水荒，丢了田园并房屋。天地如何不保护？想一想，从前烧过许多香？叹灾民，太痴迷，社庙禅林不肯离。你今逃出人还在，想一想，本乡菩萨一团泥。……叹灾民，无所依，分明叫我鉴前车，不认耶稣为救主，想一想，灾祸何能脱此躯？”② 明目张胆地劝谕中国人抛弃固有的信仰习惯，改宗“天主”，而并非教人相信科学技术的力量。这当然既会引起有识之士的反感，认为不过是“去一偶像而又立一偶像”的传教手段，也会引起传统信仰根深蒂固的多数人的抵触。

教会办学，既动摇了传统士人“师”的地位，又对科举入仕之途构成了挑战。所以士绅之家和稍富有的耕读之家的子弟不屑进入，故早期教会学校的学生多为贫苦教徒子弟和无家可归的乞丐，学校对他们不仅免收学费，还供给食宿。这就印证了王家璧所说的某些人入教乃为

---

① 柯文：《在中国发现历史》，林同奇译，中华书局1989年版，第35页。
② 林乐知：《教会新报》第2册，华文书局1968年影印，总第566页。

“利诱”，所以这些学校和学生均被人看不起。此外，教会宣传女子放足，鼓励女子出入教堂，教会学校收女孩入学，都招致社会非难；孤儿院和育婴堂引起社会上洋人拐卖儿童、对小孩剜目取肾的谣言不胫而走；教会（尤其是天主教会）在城乡广置田地房产，招佃收租放高利贷，成为富甲一方的财主，而这些财富皆为从中国掠取，更容易引起社会的抗议。

少数传教士的盛气凌人、专横跋扈更能直接激起中外冲突。如荆门天主教的法国祁主教，出入教堂坐绿呢大轿，从者百余，掌号放铳，路人为之侧目。而少数中国教民亦依仗教会权势，为非作歹。既欺侮一般民众，也不把士绅放在眼中。如天门人胡维良，加入英国浸礼会后成为汉阳火星庙福音堂牧师，置有三人抬蓝呢轿一顶，蓄坐马一匹，雇有轿夫、马夫、厨子、保姆、花童、丫鬟等，平日与当地流氓地痞串通一气，包揽词讼，强夺他人房屋田地，当地士绅、民众恨之入骨。黄陂人李福寿，是由乡下来汉口做零工的木匠，加入伦敦会后受杨格非赏识，派回家乡传教。李遂成为地方一霸，拉起数百人的教会武装，聘有文师爷和武教头，形同豪强割据，后来竟至捐了道台，地方官和乡绅不得不屈尊与其往来应酬。“在地方一级，除了绅士以外，传教士是唯一的一批允许以平等的社会身份和地方当局往来的人，而且他们享有治外法权，而绅士阶级却从未享受过这么多免遭中国法律处分的权利。”① 而现在除了外国传教士之外，一些中国教徒也对官府和地方士绅的权威进行挑战，士绅们当然感到无法接受。

在官府控制力较弱的中小城镇和广大乡村，士绅们充分利用自己的社会威望和影响，阻止传教士的活动。1873 年，天主教会通过教民在恩施城内买到一所房子，准备改作教堂用。当地士绅闻讯，一面劝促房主毁约，一面散布揭帖，强调“鸟兽不可同群，人鬼难以并立”；并且刊布他们议定的“乡约”，声称：“倘有利其财物，私卖基址屋宇以作教堂，

① 柯文：《在中国发现历史》，林同奇译，中华书局 1989 年版，第 33 页。

贼仁贼义，莫此为甚。定将所得价值，追出充公以示警，而并首以无父无君之罪，里正、甲长不首者重罚之。如有容留鬼类，不行驱逐，亦唯该团里正、甲长是问。”①

1894 年，瑞典行道会欲进入麻城。麻城士绅制定了“士庶公议”，约束合邑绅民“世守中土，尺寸不许失之外夷”，并订立具体条规：“一、洋人路过沿途店户，听其餐宿，以尽柔远之道；倘敢逗留，多延时日，一经查出，将店屋公同拆毁，其址充公。二、洋人卖书，无非劝教之意，或到镇市，或到乡村，听其出售，以免阻挠受谤。凡我庶人，不得擅与交易，倘敢私置洋书，经查出公同处罚。三、洋人劝教，必先修教堂，凡属境内地基，不失尺寸，自无栖身之所，倘敢违议交涉，本户先行处死，以免玷污祖宗，又受合邑公罚。”② 这些士绅害怕引起中外交涉，故对传教士并未号召加以攻击，而是加强内部控制。麻城是湖北士绅权力最甚之处，故公开宣布要把卖房卖地给教会的人处死，这对民众自然具有威慑作用。

由湘军退役的湖南绅士周汉，创作了大量“卫道黜邪”的揭帖、图画、歌谣、书信，向全国散发，湖北的这类宣传品“皆由湖南而来”。当士人聚会时，这些文字作品就被互相传递。据瑞典行道会牧师韩宗盛回忆，1891 年武昌举行考试，两湖青年士人到者甚多，对周汉的反洋教主张“遂起而响应，书宣言及恫吓函件至余辈住处，因之余偕内人及三子迁往汉口避难”③。可见士绅反洋教的态度一直很激烈。

苏云峰先生曾将清末 50 年的湖北教案整理成统计表，现将根据有关资料作过订正后的一览表（即表 3-8）转载于此。

---

① 《教务教案档·湖北教务》，台北近代史所 1981 年影印，“同治十三年十二月十四日”。

② 《教务教案档·湖北教务》，台北近代史所 1981 年影印，“光绪二十年六月二十二日”。

③ 《瑞典行道会 40 周年纪念特刊》，转引自皮明庥：《近代武汉城市史》，中国社会科学出版社 1993 年版，第 653 页。

表 3-8　晚清湖北教案表

时　间	地　点	发生原因	损失情形	赔款数
1861.5.1—1863.11.26	安陆府京山县	生员李定材杀信教之李沅明,教方以其迫害教民,毁坏教堂而起冲突		
1865.4.24—1865.12.2	黄州府广济县	教民冯春福恃教租田抗不完课,绅民指控,教方误以绅役抢劫财物起冲突		
1865.4.14—1865.12.2	武昌府兴国州	绅民费元之等阻止传教,纠众抢掠毁坏教堂,并侮辱传教士		钱 400 串
1869.1.26—1869.2.2	武昌府武昌县	乡绅刘进昌等百余人反对省城卖地给教堂,引起争执		
1869.8.8—1870.2.4	安陆府天门县	怀疑洋人供方药及符咒给无法之徒,绅民沈显龄等五人,发动乡勇,焚毁教堂并抢掠白湖口教民	1. 毁天主堂 1 所 2. 毁教民住房 62 户 3. 教民 300 余口流离乞食	银 1 万两
1871.9.25—1872.7.14	黄州府广济县	英国教士于栗木桥租屋改建礼拜堂,县差拘拿房主,捣坏教堂	教堂内用物及书籍被毁,书籍被窃	钱 50 串
1874.7.27—1874.9.9	施南府恩施县	法国依约入施南传教,购地建堂,全县绅民散发揭帖反对传教		
1874.12.25—1875.9.13	荆州府	荆州将军捕拿入天主教兵丁,并派人拆毁教堂门窗殴打教士		
1875.8.24	武昌府兴国州	�山人柯甲忠等因求雨迎神,与天主教民发生口角冲突	1. 百姓神像供器被毁 2. 法国天主教堂被拆	银 1 000 两
1876.9.25—1876.10.27	汉　口	汉口兵勇及乡民误认妖匪剪辫作法,欺压人民,为天主教所为,而斥之为邪教		

续表

时　间	地　点	发生原因	损失情形	赔款数
1881.4.22	施南府咸丰县	法教士至燕窝山修建教堂，绅民游廷吉等以碍风水为由，驱逐教士，并设卡阻挠，引起争执		
1882.8.17	汉　口	保甲巷地方仇教，牧师为流民所殴	伤牧师1人	
1883.9.24—1883.12.20	荆州府江陵县	法教士祁栋梁私买民屋，士绅恐其建洋楼，欺压地方，而张贴匿名揭帖，阻其入城居住		
1884.4.14—1885.1.31	荆州府宜都县	英窦牧师欲入城建教堂，兴义学，设善堂，施药济贫，乡绅以宜都向未通商，拒其进城，所租房屋被拆毁	拆毁教民屋1所	钱190串
1888.11.27—1890.2.27	黄州府广济县	蓝姓户族以蓝世叨不务正业，弃祖宗而信教，不许其入谱，教士从中干涉，引起民教争执		
1890.11.4	德安府	英教士在府城扩建养病院与育婴堂，县民因践踏未干水泥土而与工匠相殴，教士与医生往劝，随州考生徐辉等从中煽惑滋事		
1890.12.16—1892.6.17	荆门州荆门县	法国主教乘坐绿轿赴教堂，从人百余，掌号放铳，引起围观者不满，投石攻击	1.轿被毁 2.祁主教被殴伤 3.仆役17人受伤	银16两
1891.6.5—1891.11.1	黄州府广济县	天主教民欧阳理然肩挑幼儿送往武穴育婴堂，行至武穴为痞匪郭大寿所见，误以为送往教堂挖眼配药，而煽众攻焚教堂	1.毙英人2名(一为教士) 2.重伤洋妇3名 3.毁洋楼1层	汉平银43 350两

续表

时　间	地　点	发生原因	损失情形	赔款数
1891.9.19	宜昌	吴有明以所拐骗小女孩卖给天主教女教士，民众围观，长老会洋人开枪伤人，县民愤而攻焚法、英教堂	1. 毁天主教堂1座、教士住房4间 2. 女教士被殴伤	银18万余两
1892.7.18—1898.7.21	襄阳府 襄阳县 谷城县 光化县	襄阳府一带瘟疫流行，误传外人置毒井中，而张揭帖反教，会党袁天真等乃乘机煽众扰教	1. 法国天主堂在杨家冈建堂所用木料什物被毁 2. 毁杨家冈教民学堂及教民房屋数间 3. 毁千茎树教民房屋 4. 杀死及焚毙教民数名	不详
1894.1.31—1901.9.3	黄州府 麻城县	麻城向无教堂，瑞典教士梅葆善等擅入传教，遭揭帖反对而引起争斗	教士梅葆善、乐传道被殴毙	银3 200两
1894.2.13—1895.1.23	荆门州	法教士在荆门州购地建堂等，耆绅杨沛霖以其有碍民居，且阻挡考棚方向，而起争执	退屋还价	
1894.7.17	施南府 利川县	天主教民胡文安在汪家茔以购屋建堂为名广置田产，坐收渔利，引起民教互控		
1894.7.17	利川县	地方官将典给教堂之房屋让给庙主，并勒令教民摊派赛神会钱，致与教方发生冲突		
1894.7.17—1896.2.12	利川县	淳雾山教堂大竹被不法之徒砍伐600株，教士房屋被抢劫		银100两
1894.8.3—1894.8.12	襄阳府 南漳县	天主教民罗清泉公举保正，教民冯启志劝阻，发生冲突	教堂被毁，1人被杀	

续表

时 间	地 点	发 生 原 因	损 失 情 形	赔款数
1896.8.29—1896.9.1	黄州府广济县	以武穴设有洋关、厘局、洋棚、教堂及洋人住宅，华洋杂处，滋乱生事而起		
1897.1.4—1897.1.11	襄阳府南漳县	出教教民与教民冲突，焚教士住屋而起	1.法天主教堂被毁 2.赵教士屋被焚 3.教民死1人	
1897.1.1—1898.7.25	荆州府	法税务司偕法国人2名入荆州满城闲游，以旗民围观众多，乃执枪摔打，遭众投石攻击	法人2名受伤	
1898.11.7—1899.11.22	宜昌府巴东县长乐县长阳县施南府利川县建始县	因教民平日恃教欺人，良民怨恨已深，川湘会党聚众三千，假托余蛮子旗号，号召灭洋攻教	1.杀比国教士董若望 2.利川县野茶坝、李子槽等处法国教堂育婴堂被毁 3.利川巴东两县施南一路被拆教堂20余所 4.教民住屋被拆尽 5.教民被杀82名	1.给董教士恤金1万两 2.赔教堂、育婴堂及堂内外损失银44 500两 3.利川县城内，由地方官择地出钱1 000串建造天主堂1座
1898.12.19—1898.12.24	宜昌府长阳县	长阳会党闹教，攻打担子山英国教堂	教民被杀多名	
1906.3.9—1907.7.1	襄阳府宜城县	意教士至宜城购置教产，干预诉讼，遭地方匿名揭帖反对，该教士误以为地方官所为而起争执		

续表

时间	地点	发生原因	损失情形	赔款数
1907.7.18—1907.11.29	枣阳县	枣阳县天主、福音两派教民为信徒赠产事发生争执，福音派以乡绅孙开权为首，天主派以张国治为主，互为争斗而起	1.资山天主教民被抢4家 2.天主教民死2人 3.天主教民屋被毁9间 4.福音派教民孙开权家被毁	
1909.7.8—1909.8.3	襄阳府	以府属地方官及人民仇教与恫吓，教民王世忠、李鸿德等背教，并互相龃龉		

资料来源：《教务教案档·湖北教务》，第1～7辑。

苏云峰先生漏计、需要补充的教案有三。一是1901年夏天的襄阳教案。襄阳知县李祖荫一向痛恨教会的胡作非为，教会亦指使电报局外籍职员在李祖荫向省城发电报时故意刁难，双方已有敌意。适值此时老河口教区中心天主教堂的不法教民毒打非教百姓，反要受害人向教民赔礼道歉。愤怒的群众包围了天主堂和福音堂，但光化县知县派兵保护教堂，驱赶群众。消息传到襄阳，李祖荫及属下官员、地方绅耆和广大群众一齐投入了反教会斗争，县城的群众抄没了天主堂的所有器物，黄龙垱群众更拆毁了当地天主堂，但并未发生放火、伤人的情况，秩序稳定。事后清政府下令将李祖荫及属下文武官吏撤职，把参加反洋教的士绅革去功名，分别判刑监禁，并将群众领袖多人“永远监禁”或“监禁五年”，还发告示保护教堂、传教士和教民①。

二是1904年7月的第二次恩施教案。17日，施南府天主堂主教、比利时人德希圣，教士德希贤、董明德及中国教民贾澄清（一说贾崇太）

① 湖北省地方志编纂委员会：《湖北省志·大事记》，湖北人民出版社1990年版，第97～98页。

到恩施县属沙子地“视察”教务，用地方官府仪仗，前呼后拥，招摇过市。这伙人路经一名叫“花背”的地方时，乡民向元新等未曾回避，贾澄清先动手掌嘴，德希圣迫令向元新等于次日备筵宴8席、放鞭炮6万响以示道歉。19日晨，德希圣一行启程前又故意寻衅，唆使贾澄清诡称所放鞭炮不够数目，强令补放，激起众怒。当地绅士向燮堂率群众当场杀死了德希圣、德希贤、董明德和两名中国教民（一说为杀死德希圣等3名外国教士和贾崇太），并放火烧了几家教民的房屋。

事后，张之洞派兵前往恩施，弹压群众，保护教堂，在恩施和宜昌两地处死向燮堂、向元新等11人，并监禁或流放多名“从犯”，对施南知府和恩施、巴东两县知县予以革职、记大过等处分。法国政府乘机大加勒索。通过谈判，中国对被杀主教和传教士赔银10万两，抚恤被杀教民家属并赔偿被烧房屋衣物，计银20万两，建造天主堂、医院及为被杀传教士建碑用银2.5万两，一共费银32.5万两。（一说系与比利时政府谈判，结果赔偿教会银10万两，付买坟地费2 500两，给贾崇太亲属恤金14 200串钱①。）

三是1907年发生枣阳教案时，同时发生安陆府属潜江、钟祥等县教案多起，有多处天主教堂被烧，亦有部分群众借新旧两教争夺房产、田地和信徒的机会，加入新教反对天主教②。

上述教案共36起。就教派来分析，与天主教会有关的达26起，涉及新教各派的共有10起，这与全国反洋教的情况相一致。天主教到湖北最早，势力亦大，由于多方积累财富，且作风蛮横霸道，仗恃武力，特别容易激起人们的反对。当然教案发生后，西方教会不分新旧各派，仇恨和镇压中国反教群众的态度却是一致的，如1891年9月发生宜昌教案

① 湖北省地方志编纂委员会：《湖北省志·大事记》，湖北人民出版社1990年版，第110～112页；龚浩：《宜昌教案始末》，《宜昌市文史资料》1987年总第8辑，第240～241页。

② 湖北省地方志编纂委员会：《湖北省志·大事记》，湖北人民出版社1990年版，第136～138页。

时，群众围攻的是天主堂，但紧邻的苏格兰长老会传教士却率先向人群开枪，愤怒的群众遂把法国、英国教堂一齐焚毁。

同样可以看到，在36起教案中，明确由士绅发起组织或起重要作用的有16起，由会党作用而引起者6起，由府、州、县官员、差役、兵勇引起者5起，纯粹由民教相仇、聚众围观、自发反教者8起，因教徒内部和不同教派矛盾而发生者1起。当然，绝对地认定一种因素为某次教案的主因，是不可能准确的，教案往往是多种原因在共同起作用，如有士绅组织就必然有群众参加，还有少数士绅又是会党分子。但通过对上述教案起因和主导者的分析，就可知道反洋教的主要角色是士绅和群众。故在湖北迭次教案中遭到处分的士绅，如向策安、张兰亭、朱广村、朱光元、石兆基、赵文源、黄必超、汪如澜、严正芳、聂祥丰、向夔堂等，多达数十人；而每次参加反洋教的群众，少则数十，多则成百上千。

再就规模来说，在36起教案中，较大者有7起，即1869年的天门教案、1891年的广济教案与宜昌教案、1892年的襄阳教案、1894年的麻城教案、1898—1899年的宜昌恩施教案、1907年的枣阳教案。这7起大的教案，天门教案是由士绅组织乡勇给教民以严重打击；广济、宜昌、麻城3起教案是围观和参加的群众甚多，导致事态扩大；而襄阳教案、宜昌恩施教案则是由于有会党在其中领导，故涉及数县广大地区；枣阳教案则既有教派斗争又有士绅参与，成为教派冲突的典型。下面把最严重的3起教案作一简单介绍。

1891年6月5日的广济教案发生在武穴。因这年4月间已发生安徽芜湖教案，“沿江一带，谣言四起，人心惶扰”。武穴距芜湖不远，气氛已相当紧张。6月5日傍晚，天主教教民欧阳理然用箩筐肩挑幼儿4名，上覆柴草，在武穴海关码头候船，准备渡江把幼儿送到九江天主堂。适幼儿啼哭，惊动候船乘客及过往行人。会党分子郭大寿、戴鲇鱼率众打破海关栅门查看，发现幼儿，更怀疑教堂把小儿弄去“挖眼蒸食”，顿时群情激愤。海关检查员英国人柯林（Green）逃往镇上教堂躲避，郭、戴等率众追进福音堂，殴毙柯林和英国循道会传教士金氏（Argent）。拥入教堂的群众的照明火把引燃了贮藏的煤油，教堂被焚毁。传教士女眷3人及其子女4人逃出，3女眷受轻伤。事发时，武穴海关外卡委员候补通判毕聘三、龙坪巡检司邹振清曾率兵勇前往弹压，被群众投石击伤。传教士女眷逃到汉口报告领事，张之洞急派兵弹压，英国海军陆战队亦在武穴登岸恫吓。通过广济知县审判，为首的郭大寿、戴鲇鱼被处死，另有8人分别遭到刑惩流放。张之洞与英国领事交涉，给2名死者的家属抚恤金各洋银2万元，修复教堂、赔偿失物2.5万元，合计6.5万元，折合库平银43 350两；但拒绝了英方由教堂密审人犯或“观审、监刑”的无理要求①。

同年9月2日的宜昌教案情形相似。在天主教会做事的吴有明贪图为孤儿院每领进一名孤儿应付给家属的20串抚养费，竟拐骗一游姓小女孩，被家长知悉。2日，家长到教堂索人并向东湖县（今宜昌县）报案。知县派兵搜查，果然发现被拐儿童。当时围观群众数千，遂在朱金发、赵宗雅带领下围攻圣母堂和圣公会。圣公会传教士先向人群投掷石子，附近的苏格兰长老会宿舍内有人开枪伤人。愤怒的群众遂纵火烧毁了圣公会、圣母堂和天主堂，以及英国传教士和商人的住宅3所；正在建筑中的英国领事馆被破坏；法国、比利时、意大利等国4名传教士被殴伤。事件发生后，英、美、法、意、比、德、俄、日、西班牙9国驻华大使联名要求清政府严厉镇压，同时派出军舰“往来中国洋面江面”，停泊在宜昌江面的英法军舰进行战争恫吓。张之洞深恐“各国合开兵端”，电令宜昌官府将朱金发、赵宗雅等12人分别予以徒、流、笞杖处罚，赔偿法国10万两、英国66 861两又910元，美国8 000余两，合计18万余两②。

1898年9—11月发生的宜昌恩施教案，波及范围最大、时间最长，且从反洋教发展到了反清起义。前文已说到，宜昌府和施南府是天主教势力较大的地区，当地人民受教会欺凌，积怨甚深。1898年春，四川余

---

① 王树枏：《张文襄公全集》第30卷，“奏议”30，北平文华斋1928年刻，第12～19、32页。

② 龚浩：《宜昌教案始末》，《宜昌市文史资料》1987年总第8辑，第240～241页。

栋臣发动声势浩大的反洋教暴动，毗邻四川的恩施、宜昌二府的会党乘机活动。是年9月，会党在施南府属的利川县聚众数百人，将野茶坝、李子槽等处教堂、育婴堂及教民房屋烧毁，并波及建始县。10月初，宜昌府属长乐县（今五峰县）绅士兼哥老会首领向策安，聚集会众3 000人，高举“灭洋”大旗。会众公推向策安为主帅，李策卿、李少白为副帅，并立有军师、统领、先锋、大将等名目。向策安率众焚毁数处教堂，掳长乐知县苏贻英，处死在巴东活动的比利时传教士董若望，纵横数县。同时，长乐县资丘吕守蛟、石磙埫颜敦五、渔洋关李清臣等人，各聚众数百人响应。李清臣部曾进入湖南石门县烧毁教堂和教民住房。

向策安在进攻长乐县担子山教堂后，曾率会党二三千人准备进攻宜昌，然后与施南会党联合，入川投奔余栋臣。但张之洞已派兵数支，分别扼守上游入川之路和下游通荆州之路，命宜昌镇总兵、施南协副将、巴东知县、长阳知县及河防营分头扼险截击，还令湖南巡抚派提督从石门县越境会剿。向策安率部转战巴东、长阳、长乐等县，与清军多次激战，终因寡不敌众而失败。这次教案以及由此演变的起义，杀死外国传教士1人，不法教民80余人，毁各县教堂20余所，修院、育婴堂和教会学校多处，清军死亡人数不详。反教起义的群众亦死亡一百数十人，向策安、李清臣、吕守蛟、颜敦五等10名领导者亦被杀害。

事后，中法政府间的交涉长达1年，法国要求付给死亡的董若望传教士家属抚恤金2.5万两，赔偿教堂损失40万两。几经谈判，最后达成协议，付抚恤金1万两，赔偿教堂损失44 500两，并由中国官府在利川赔建天主教堂1所，事情才告结束①。

从教案发生的地点来看，涉及沿长江、汉水的近30个州县，与教会势力在湖北的分布情形一致。武汉及在其下游的兴国、广济等发生最早，西部的宜昌和恩施、北部的襄阳等地较晚，这与教会在19世纪八九十年代

① 王树枬：《张文襄公全集》第103卷，“公牍”18，北平文华斋1928年刻，第2～3页。

代以后向湖北西部和北部内地深入发展有关。武汉是各国教会最集中之处，但基本上没有发生教案，显然是因为官府控制作用较大，士绅、会党和群众不大容易策动，教会亦相对约束自己，有事通过交涉解决。而在地方州县，教会和不法教徒格外胡作非为，气焰十分嚣张，遇有绅士和会党带头或地方官略示支持，教案就会发生。若以地点统计，广济共发生教案5次为最多，其次是利川，为4次，江陵、襄阳均为3次，兴国、荆门、南漳、钟祥、谷城、长乐、恩施、巴东均为2次，武昌（今鄂州）、麻城、京山、天门、安陆、枣阳、光化、宜城、宜昌、宜都、长阳、建始、咸丰均为1次。其中又以宜昌、施南两府所属州县发生的几次教案影响最大。

如果就时间阶段分析，则可知1861—1870年为5次，1871—1880年亦为5次，1881—1890年上升为7次，1891—1900年最多达14次，1901—1910年为5次。这表明在19世纪末以前，随着教会势力在湖北各地的发展，各阶层群体反洋教的活动更加频繁。至于20世纪头十年教案减少，最主要的原因在于，义和团反洋教事件之后，清政府极力制止反洋教活动，人民群众逐渐把反清斗争提到了首位。至于说教会在进入20世纪后比较注意约束自己，改变其在中国人心目中的形象，恐怕是没有的事。前述第二次恩施教案就充分说明了天主教会还是那样横蛮猖狂，各国利用教案交涉时以武力要挟、勒索高额赔款的行径也丝毫未变。

最后谈谈湖北官府对待教案的态度。1867年，武汉出现了许多反洋教揭帖。湖北官府派人撕下揭帖之后，以汉黄德道台的名义遍贴告示，说“洋人在中国各省地方设堂传教，系条约均准行之事，至于相信与否，其权操之于己。尊严者并不强人所难，何得用此匿名揭帖，肆行张贴，实属大干法纪。……嗣后务要彼此相安，各行其志，以昭辑睦。如敢违抗，借端阻教，一经查拿案定，即照例严办，决不宽贷”①。主旨一在维持中外条约，一在维护“法纪”，方法是用行政命令恐吓。

① 林乐知：《教会新报》第1册，华文书局1968年影印，总第132～133页。

在19世纪90年代以前，由于教案规模不大，也未杀死外国传教士和发展为与政府对抗，故政府对反洋教群众还未动用武力和重刑处置。进入90年代以来，教案激增，规模扩大，斗争激烈，常有外国传教士和中国教民死伤，以张之洞之精明干练，仍然应对乏术。张氏的做法有二：一是议定“每月关道或地方官带同公正衣冠绅士二人赴堂阅看一次，以礼相待。……先从汉口、沙市、宜昌三处试办数月后，察看情形，如果妥善，再推广通省，一律照办”。他强调“官绅察看教堂、婴堂最为紧要，此为永弥祸乱之根，彼此有益”，其意一在暗示中国的主权，一在消除社会上有关教会的各种传言。二是对士绅和读书人进行劝导，称“有志之士，但当砥砺学问，激发忠义，明我中国尊亲之大义，讲我中国富强之要术。国势日强，儒效日章，则彼教不过如佛寺道观，听其自然可也，何能为害？”① 同时他在湖北创办各种新式学堂和新政事业，并倡言“保（儒）教”。然而，张之洞为了执行朝廷政策，维持所谓“中外相安”局面和治安秩序，对反洋教斗争一贯采取强硬的镇压措施，对参加反洋教的会党、士绅、人民群众进行弹压，对弹压阻止反洋教不力，甚至纵容反洋教的地方官吏，一概予以严惩。对教会和外国领事过于无理的要求，他虽有所抵制，但仍然每次以赔款善后，故连最蛮横的法国领事对张氏所言所行“亦深以为然”。湖北人民也正是从张之洞身上逐步认清了清政府对内无情镇压、对外无耻屈服的本质，开始把斗争的矛头直接指向反动官府。

在政府的约束督导之下，地方官吏和士绅对待洋教的态度发生了分化。不少州县地方官被迫担任了保护教会的角色，但亦有相当部分文武官员始终与教会对立，如前述襄阳知县李祖荫明知支持反洋教会受处分，仍然投入反教活动，1909年，襄阳府属地方官又支持过反洋教。

士绅方面，乡居者仍多持反洋教态度，如鄂西山区的绅士向燮堂等

---

① 王树枏：《张文襄公全集》第203卷，《劝学篇》2，北平文华斋1928年刻，第51页。

最为典型。他们甚至与会党结合，走上了与清王朝决裂的道路。另有一些士绅虽不以教会为然，但开始重视西方的科学技术知识和生产方式。如花翎即补知州、恩施人赖国华，1870年即致信上海《教会新报》，要求“代买照像药料及《化学初阶》二卷、寒暑针一具”，并询问生铁制造法、干电池制法、照相原理、造盐气法等西方工业技术，同时建议教会“翻译各种书籍，如有奇巧机器及格物、医药业书，祈将书名、价值详细批明，并祈代买药性总考一部、中西译语妙法一部”①，表现出对西方科技文化的仰慕和追求。1886年武昌博文书院开办时，校长巴修理“与本城醉心教学的名人谈论天文、代数、几何等书”②，可见部分上层精英已对西方近代知识有所了解。

这阶段湖北官府在某些应用层面上已经开始承认和学习“西方长技”，如前述设立火药局，同意在长江和汉水行驶火轮船，架电线用电报，以及个人请西医治病等，皆属此类。士绅文人面对此类新事物则出现思想分化，如对于行驶火轮船，他们就有人担忧造成船户和水陆运输工人失业，对于研制火药枪炮觉得危险。1867年发生前述火药局爆炸事件后，思想越来越保守的王柏心赋《楚炬诗》说：“捐金购番药，利器惊绝奇。日引蜃鳄族，口讲曾不疲。”“不曾震虎豹，摧彼昆阳师。楚炬纵焦土，只以燔疮痍。哀哉鄂城内，数里无完尸。化为烟与埃，魂魄亦无遗。杀机骋酷烈，伏祸始岛夷。师方久不戢，祸必自种之。沾沾任浅智，造谋者为谁？干城自有策，安用奇技为？”该诗虽然谴责祸起西方，但把研制火器视为“日引蜃鳄族”、“沾沾任浅智”，以为“干城自有策，安用奇技为”，明显是对虽属初始但也必要的学习西方“长技”表示反对。

同样是描写火药局爆炸事件，前述江夏县教官程维周的《鄂门灾》一诗的主旨却不同，诗中说：“那知省会万家室，此时已化阿房宫。吁嗟

① 林乐知：《教会新报》第4册，华文书局1968年影印，总第1 907～1 908页。
② 胡学汉：《武昌博文中学》，《武汉文史资料文库》第4卷，武汉出版社1999年版，第217页。

乎，军兴武昌凡三陷，髑髅台并南楼崇。散亡招集阅十载，泉刀货殖稽流通。舟车既竭榷算力，火器更借番夷功。硝黄百万委焦土，不烧巨寇烧颛蒙。达官歌钟晏未散，衙府圮落烟尘中。豺虎充斥尚中野，履霜谁解呼晴穹?"① 后者同样写到大爆炸给居民带来的灾难，也承认"火器更借番夷功"，但批评的矛头却指向官府对百姓的搜刮，官员的宴乐享受和办事的漫不经心。他没有反对研制火器，相反认为在当时内忧外患交至的情况下，官员们这样不顾百姓死活、办事不力，将会造成更大的危机。

同一时期，张裕钊认识到中国已经遇到"兴天地剖泮以来所未有"之"大且剧"的变故，批评"当世学士大夫或乃拘守旧故，犹自鄙夷诋斥（西学），羞称其事，以为守正不挠"，强调要了解和学习西方，"必得其要，必得其情"②；进而对比中外，"于彼我强弱短长之数、语言文字学术异同、舟舆器械良楛利钝、财贿生殖万货百昌赢绌盛衰，皆博考深思而心知其故"③，这样才能解救中国"艰危万途"的局面。19 世纪 80 年代才从乡间到省城求学的甘鹏云，这时即已提出发展实业生产的问题，认为"农实为工商之本"，"工艺之事为立国之本"，"商为国家大政……中国非讲商务无以图自强"④。这些少数有识之士的言论主张，预示着 90 年代湖北社会将会出现重大变化。

---

① 王柏心《楚炬诗》和程维周《鄂门灾》，今见《续汉口丛谈·再续汉口丛谈》，湖北教育出版社 2002 年版，第 113、111 页。

② 张裕钊：《送黎莼斋使西域序》，《濂亭文集》，光绪八年苏州查氏木渐斋刻，"遗文"卷 2，第13 页。

③ 张裕钊：《曾劼刚侍郎五十寿序》，《濂亭文集》，光绪八年苏州查氏木渐斋刻，"遗文"卷 2，第 82 页。

④ 甘鹏云：《史榷》，见《潜庐类稿》第 5 卷，潜江崇雅堂民国辛未年刻，第 10 页。

第四章　张之洞在湖北的新政改革

第一节　地方政府职能的扩大

在晚清时期的湖北，张之洞是一个重要人物。湖北是后期洋务新政的中心地区，举凡创办轻重工业、编练新军、开办新式学堂和派遣留学生，这些为全国所瞩目的改革措施，都发生在张之洞督鄂的时期。

张之洞系同治二年（1863 年）进士，翰林院编修。1867 年底至 1870 年底任湖北学政，此后成为朝中清流派健将。80 年代初出任地方疆吏，历任山西巡抚和两广总督。在广东期间，张之洞即已着手进行筹办枪弹厂、枪炮厂，编练演习洋操的广胜军，开办织布官局和炼铁厂的工作，并开始向外国订购机器。光绪十五年（1889 年），清廷决定修筑卢沟桥至汉口的铁路，北段由直隶总督负责，南段由湖广总督负责，遂把坚决支持修筑此路的张之洞从广东调到湖北，担任湖广总督。此后，慈禧和醇亲王载沣为了扶植一个能牵制洋务派领袖李鸿章的地方实力派，一直对张之洞畀以重任。从 1889 年秋冬到 1907 年秋，张之洞主持两湖的大政达 18 年之久，其间虽曾两度短期署理两江总督，但仍遥控湖北要政。

一、新机构的设置和专业分工

张之洞还在广东时，即已着手筹办“效西法图富强”的新政事业，来湖北后继续进行类似改革，深感旧有的组织机构无论是职能分工，还是人才的素质技能，均难以适应工作需要。为此，张之洞一面对旧有的组织机构加以整顿，理顺从属关系，加强其功能；一面设置了一批责任职权明确的新机构。

例如，俗称藩司的布政使司衙门，职责权限是掌管全省钱谷出纳，宣布国家政令并监督各府州县贯彻执行，考核府州以下文职官吏，统计本省户口、田亩，掌管税收。按说财政管理为其重要事务，但自与太平天国农民起义军作战时起，巡抚衙门之下就设了一个善后局，一些政府机关借拨款项遂不经藩司批准而径向善后局办理；省以下的各府州县，设置筹饷局，厘金局，征税局、所、站、卡，且各有其主，管理混乱，财政收支缺乏一个统一的组织管理体系。

张之洞督鄂期间，注意提高和发挥布政使司的作用，常把省级政权的许多政令、法规，以布政使司衙门的名义公布；将一些重要的经济管理机构，如原有的筹饷局、善后局、厘金总局，以及后来陆续新设的银元局、铜币局、官钱局、膏税总局等，均置于布政使司的管辖之下；此外，后来成立粤汉铁路总局和川汉铁路总局时，任命布政使司充当总办，从而使布政使司衙门充当了掌握财政金融和为新型工业交通事业提供后勤支援的主角。

张之洞督鄂时，先后设置各类新机构总计 36 个，其中 75%是出于工作需要而设，25%是按朝廷指示而设。从时间上看，从 1890 年到 1900 年新设机构为 26 个，从 1901 年到 1907 年新设机构为 10 个，可见在草创时期设立新机构确属必要。从机构的性质来说，属于军警司法一类的机构有 6 个，主要是军械局、枪炮总局、营务处、警察局、督办公所；属于财税金融及清理一类的机构有 5 个，即银元局、铜币局、官钱局、膏税总局、清丈局；属于文化、教育事业的机构有 3 个，分别是舆图总局、洋务译书局和全省学务处；属于农、工、商、交通管理和生产一类的机构最多，先后共达 23 个，在全部新设机构中占了将近 2/3，很明显地体现了张之洞兴办实业的努力和当时地方政府职能的转变与扩大，即地方政府充分地承担了经济建设和发展的经营者、管理者的角色。

上述经济建设和管理机构，最主要者有铁政局（后改为铁政洋务局）、农务局、工务局、商务公所及商务局等。另有一些局实际是企业，因而其管理乃是具体落实到某一官办企业中，如布纱丝麻四局和电报局、邮政局即属此类；也有的局是为某项重大工程建设而设置的，如粤汉铁路总局、川汉铁路总局、汉口马路工程局等。所以，其性质和工作方式不可一概而论，即是说这众多的所谓的“局”，有的是全局性的综合管理部门，有的是专门的具体的管理和生产合一的企业。

下面以铁政局、学务处、营务处为例，分析这些新机构功能的得失。

湖北铁政局创设于1890年4月，是湖北最早的新政机构。铁政局以蔡锡勇为总办，主管修筑铁路、采矿、炼铁厂、枪炮厂、布纱丝麻四局、银元局，以及自强、武备等学堂各项筹备工作。1897年，因新政各项事业发展，铁政局扩大为铁政洋务局，职责增加了交涉、翻译等洋务方面的工作，成为湖北规划、协调、组织诸如经济、实业、洋务等新政的综合机构。稍后该局设立交涉、铁政、学堂、制造四科。1902年以后，由于设立了学务处，学堂科分出。1904年后又改称洋务局，分设交涉、编译、铁路（兼管铁厂、铁政）、矿务、实业（管全省农、工、交通及外国工程人员等）、商务（管通商行船条约及税收）六科。1905年后，铁路、矿务、实业等科分别独立设局，洋务局就只剩下对外交涉一项业务。从铁政局到铁政洋务局再到洋务局的变化，反映了湖北新政事业的发展，也体现出政府机构由综合到分科再到专门化的变迁。

再看教育管理机构的情况。光绪二十八年（1902年）以前，武昌的几所新式学堂和有关留学生的派遣和管理，均由铁政洋务局下设的学堂科负责。1902年4月，湖北全省学务处单独组建，成为全省新式教育事业的行政中枢。学务处设有文武学堂提调各1人，并附设有编译局。1904年因工作日多，且参照《奏定京师学务处分设属官章程》，下设审订、普通、专门、实业、游学、会计六科，分管各自有关业务。1906年，各州县设立劝学所，省级教育行政组织延伸到地方基层，功能得到进一步的发挥。

军事管理的新机构是湖北营务处。营务处设于光绪二十五年（1899年），主管新练护军及各绿营的训练工作，但不管辖武备学堂。1904年，张之洞借鉴西方军事分为参谋、经理、督练三部的做法，令营务处下设参谋（掌参谋、情报、军事、教育等业务）、执法（掌纪律、考核等业务）、督操（掌训练、兵制改革等）、经理（掌运输、工程、粮饷、医药等）四所，军事行政分工明确。1905 年，又参照中央练兵处章程，改营务处为督练公所，下设兵备、参谋、教练三处和粮饷、军械、军医三局，所委派各员，均以“专员”（专人负责）、“专精”（懂业务）为目标。

上述新设机构其初均独立于旧的行政管理体系之外，因而较少受到旧官僚衙门之间关系的牵制，也少了一些官场旧习，这使行政管理出现了若干新的机制和新气象。但是，即使是经济管理和生产经营性质的机构，负责人仍由政府（主要是张之洞）委任，他们有的本来是职位相当，不过略懂“洋务”、“实业”、“西学”皮毛的官员，或者是对本非官员的上述类型的人员授予官衔，将其纳入官僚体系。机构经费全部来自政府的筹款和拨款，即使是承担生产经营的企业，也不是按照市场导向管理经营，而是贯彻政府的意图和指令，从而办成了一种不官不商、政企不分的混合体。1898 年以后，张之洞一度倾向于守旧，采取新旧结合的做法，以藩司、臬司、道台、知府等人兼任一些重要新机构的总办或提调，而实际业务或技术性工作则由科技管理人员、留学生或新式学堂的毕业生负责，于是上述机构又形成一种不新不旧的两重结构，既受制于外部的整体环境，又受制于内部的传统势力，所以一般均成效不显著。

还需指出的是，张之洞督鄂时，行政和立法、司法机构的改革还未提上议事日程，所以诸如调查局、谘议局、府州县议事会、审判厅所、汉口市政会，以及系统整顿财政的清理财政局、度支公所等，均迟至立宪运动期间才出现。这不仅说明晚清的政治改革滞后于经济、军事和教育的改革，而且在法律、财政制度等方面，也未能和新政配合。

二、罗致人才和改造士绅官吏

办理新政，需要有新的机构以行使职能，而新的机构要靠具备新知识、新技能的人才来掌管和运作。因此，在罗致人才以前或同时，必须清理和裁汰冗员劣胥。

张之洞莅鄂后，发现湖北官吏存在两个主要问题。一是司、道、府等官员乃至各衙门幕友，习惯于徇私引荐胥吏巡丁，而被引荐者往往“肆行无忌”、“声名素劣”。对此，张之洞于1898年以总督名义发布命令：“现任司、道、各府、牙厘总局暨候补道府等员以至各衙门幕友，一概不准荐引司事、巡丁，均由各局员自择妥实可信之人充当司事，以便严行考查。倘仍有荐引司事巡丁者，各局员尽可不理。如外荐已收之人办事不妥者，即行驱逐，不得瞻徇。如有勒荐情事，即通禀本部堂衙门查究，或经本部堂查出，定将勒荐之员予以惩儆。”① 张之洞以身作则，“不聘刑名师爷，署中只有教读一人，准称老夫子，另设刑名总文案。司、道、府、县效之。……绍兴师爷之生计，张之洞乃一扫而空”②。书吏为政的危害有所减轻。

二是候补官员队伍庞大芜杂，不仅使得各衙门臃肿，人浮于事，而且导致人事关系错综复杂。继张之洞之后任过湖广总督的陈夔龙曾报告说：“自捐纳保举之途愈推愈广，仕路既形拥挤，品流更苦烦猥，近来各省候补道府数以百计，候补同通州县数以千计，其中廉勤练达之才，几于十无二三。”③ 所言为全国在相当长时间内的普遍情形。清代的正式官员每人都必须经过候补阶段的等待和考验，故当时的候补者即是未来的正式官员，“滥源”不治，必无清流。张之洞顶住压力，于1899年农历正月毅然裁汰湖北各类候补官员130余人，暂停候补署差委员50余人，这对腐朽芜杂的官员队伍是一次整肃。

直到张之洞督鄂时的90年代，就全国而言，无论是在原有的官吏队伍中，还是在新式知识分子中，能够胜任新式机构或企事业的管理，或

---

① 王树枏：《张文襄公全集》第102卷，“公牍”17，北平文华斋1928年刻，第18页。

② 刘成禺：《世载堂杂忆》，中华书局1960年版，第49页。

③ 陈夔龙：《庸庵尚书奏议》第11卷，上海书局宣统三年刻，第2页。

能独立掌握近代专门技术的人，显然是不多的。地处内地的湖北尤其如此，故张之洞“每作一事，辄有乏才之叹”①。为了解决人才匮乏问题，张之洞采取了多种措施。

其一，是从广东移督湖北时，带来了六七名办理过洋务和实业的人才，诸如蔡锡勇、辜鸿铭、陈占鳌、沈嵩龄、凌兆熊、赵凤昌、薛培榕等，均有一技之长。张之洞对蔡锡勇尤多倚重。蔡锡勇是广东人，同治六年（1867年）从广东同文馆毕业后，进总理衙门学习天文和数学，曾赴美、日、秘鲁等国，担任使馆翻译、参赞等职。1887年返粤，以候选知府衔担任广东洋务局总办。张之洞在广东开办银元局、水陆师学堂、鱼雷局、海图馆等，均赖蔡锡勇擘画经营。1890年，蔡锡勇随张之洞来鄂后，升为道台，不仅担任铁政局总办，主管采矿、炼铁厂、枪炮厂，还负责布纱丝麻四局、银元局、自强和武备两学堂的筹建工作。1894年，蔡锡勇以不堪负荷为由，请辞各职。张之洞表示，铁厂和枪炮厂非蔡负责不可，总督衙门洋务文案总办也须继续兼任，银元局一事亦不许辞；只有布纱丝麻四局、舆图局、洋务译书局、自强学堂等，可委他人接办，但蔡仍应负顾问之责②。可见张之洞对蔡锡勇信任有加。蔡氏于1898年病故之后，他主管的洋务行政体系初步分解。其他人如陈占鳌曾在山西开铁矿，沈嵩龄曾任两广电报局总办，凌兆熊曾办交涉，赵凤昌曾办电线军火，辜鸿铭长于外文。这些人均不同于旧式官员。

其二，是在较广泛的范围内选择罗致人才。张之洞与胡林翼不同。胡林翼有强烈的地域观念，借口外省人“多习气”，只信任湖南同乡，其次才用湖北当地人。张之洞则能破除畛域，唯才是举。故其所用之人，固然有湖北当地人，如杨守敬、张裕钊、樊增祥、王葆心等，也有来自

---

① 张继煦：《张文襄公治鄂记》，湖北通志馆1947年版，第2页。

② 王树枬：《张文襄公全集》第117卷，“公牍”32，北平文华斋1928年刻，第32页。

全国各省的人才，如著名化学家徐建寅（任营务处总教习及汉阳钢药厂总办）、冶金专家李维格（曾任两湖书院总教习和汉阳铁厂总办）、钱恂（曾任自强、武备学堂提调，后任湖北留日学生监督）、梁敦彦（担任交涉）、冯启钧（后任汉口巡警道），以及梁鼎芬、易顺鼎、杨寿昌、张曾畴、恽元复等。而且，张之洞用人，能不拘资历。如辜鸿铭起初只是一名普通译员，梁敦彦只是一名电报生，冯启钧也只是基层小吏，但由于有一技之长，或者能踏实任事，因而均被张之洞畀以重任。

其三，是“聘雇外人以备讨论”。张之洞督鄂期间，曾先后延聘英、德、比、日等国各类专家和技术人员近 200 人，到湖北协助各项工作，其中用于工矿企业者最多，共计 90 余人。1889—1896 年间，为了全面摸清湖北的矿产资源，张之洞先后 20 余次组织人到各地勘察和采样化验，在此过程中既依靠中国技术人员，也聘用了白乃富、毕昂希等 10 余名外国人。工厂聘用外国工程师和技术工人 80 余人。如重工业中，汉阳铁厂从开办到 1896 年，即已聘用外国工程技术人员 61 人①，大冶水泥厂有德国技术人员 5 人，连官砖厂亦有英国人哈里森（Harrison）担任匠首。轻工业部门的织布局，聘有英国工程师金生（J. Dickenson）和摩里斯（R. Morris）等 3 名纺织专家，制麻局亦聘有西洋工师和日本工师艺徒。湖北自从张之洞开延聘外国工程技术人员之风气后，影响及于民间，连商人林友梅 1906 年在武昌设耀华玻璃公司时，也聘请了英、德两国的技师共同设计，又雇请 2 名英国技师负责生产工作②。

其次聘用外国人较多的是军事部门。1894—1910 年，湖北共聘外国军事教习 52 人，其中 1908 年以后的仅 4 人，故其余 48 人均为张之洞督鄂时所聘用。外国军事教习中，除最先为 6 名德国人，宣统年间亦有 3 名德国人之外，其余均为日本人，多达 40 余名。这些外国军事教习，任总督军事顾问者 3 人，安排在护军营 3 人，武备学堂 9 人，将弁学堂

---

① 全汉升：《汉冶萍公司史略》，香港中文大学 1972 年版，第 92 页及附表。

② 苏云峰：《外国专家学者在湖北》，《中华文化复兴月刊》1975 年第 8 卷第 4 期。

6人，陆军特别小学19人，陆军中学3人，海军学堂2人，军医学堂4人，测绘学堂3人。聘期一般为2年，少数延长至四五年，但有2名德国教习，即法勒根汉（E. Von Falkenhayn）和根茨（R. Genz）的聘期长达8年。这些军事教习的月薪依其原有官阶而定，从100两至500两不等，但明显比在工厂任职的外国工程技术人员（200两至300两）偏高，可见张之洞重视军事教育①。

在非军事系统的新式学堂里，张之洞先后聘请外国教习二三十人，其中也以日本人居多。其他各种部门和事业单位先后亦聘有外国专家二三十人，他们广泛地分布于铁路、海关、电报等部门中。

张之洞在用人思想上的局限，是认为上述新式人才只能在新政、洋务、实业等部门任职，教育行政机关和学校也可以聘用外国人，但传统的省、府、州、县官僚系统，尚不能接纳他们中的大多数人（外国人当然不能担任地方行政长官），这也是当时朝廷的定制。为了解决各级行政部门人才缺乏的问题，张之洞于光绪二十八年（1902年）设立了勤成学堂和仕学院，作为行政官员的训练所和预备处。

勤成学堂对学员不定年限与名额，学习亦不分科目，仅购置中西政治、技术、实业书籍，供给因年长而不能进入新式学堂的生员阅读和讨论；但委派官员分期课试，对优者给予奖赏，目的是在旧式读书人中养成追求新知的风气。因为张之洞认为，“政治之学，不讲工艺之学，不得而行也”，即旧式官员只知“吏牍故套，官场仪文”，可以视为“不智”；“士以导农、工、商、兵。士不智，农、工、商、兵不得而智也”②。故他又开办了仕学院。

从1902年到1905年，张之洞每年花费银2万两，为在职和候补官

① 苏云峰：《中国现代化的区域研究：湖北省，1860—1916》，台北近代史研究所1981年印，第248～251页。

② 王树枏：《张文襄公全集》第203卷，北平文华斋1928年刻，《劝学篇》2，第2～3页。

员开办仕学院。仕学院设中学 4 门，即国朝掌故、湖北地理水利、算学、中外条约；西学 4 门，即理化、法律、财政、兵事。但因没有名额和强迫学习的规定，官员和候补官员均无兴趣。1905 年 3 月，张之洞公布《仕学院大纲章程》，规定学额，取府、厅、州、县 50 人，佐杂 100 人，须品行端正、文理明顺、身体健康、无嗜好且年龄在 35 岁以下者，给予薪水待遇。课程改为法律、地理、财政、格致、图算、武备、交涉、文牍、方言（外语）9 门，一律必修，且每日有讲授和自修，与学堂相同；又宣布须"将官场中骄惰、油滑、纵佚、巧诈等习气洗涤净尽"，不受教者撤学、记过、停委；学制正科 3 年，简易科 2 年，毕业举行考试，成绩优异者优先委派要差，不合格者不准委差①。于是无论在职或候补官员，始比较热心向学求知。

从 1903 年起，张之洞还鼓励职官出国游历和留学。1904 年，有仕学院学员 20 人与候补人员 10 余人赴日本留学。1905 年，张之洞又派新补实缺州县 12 人赴日本考察。1906 年，他又要求两湖新补州县自费赴日本考察 6 个月，或赴欧美考察 9～12 个月②。可见张之洞为改造旧官员，使他们具备新知识，能推行新政，想了不少办法，采取了不少措施。

到宣统年间，勤成学堂发展成法政学堂和各养成所；仕学院也在 1911 年初演变为"行政研究所"，由布政使司和提法使司主办。

第二节　近代工业体系的奠基

19 世纪 60—80 年代，当上海、南京、天津、福州等地陆续出现一批洋务企业时，湖北在近代机器工业方面还是空白。张之洞在中法战争之

① 王树枏：《张文襄公全集》第 106 卷，"公牍"21，北平文华斋 1928 年刻，第 25～27 页。

② 王树枏：《张文襄公全集》第 67 卷，"奏议"67，北平文华斋 1928 年刻，第 16～17 页。

后，“宗旨亦一变，其意以为非效西法图富强，无以保中国”①，故在粤督任内，就提出修筑卢汉铁路，并着手筹办广东炼铁厂、广东枪炮厂和广东织布官局。1889 年秋冬张之洞移督湖广之后，遂将原计划改在湖北一一实施。经十余年经营，在湖北创办了汉阳铁厂、湖北枪炮厂，并陆续开办了为汉阳铁厂配套或为其附属的大冶铁矿、湖北水泥厂、大冶铁路、江西萍乡煤矿以及钢轨厂、机器厂、钉针厂、官砖厂等；在轻纺工业方面，则创办了布纱丝麻四局，以及制革厂、造纸厂、毡呢厂等。从 1890 年到 1911 年，湖北的重、轻工业初成体系，卢汉铁路建成通车，粤汉铁路亦相继动工，从此奠定了湖北工业和铁路交通的基本格局。当然，由于官办企业的痼疾，这些近代工业的经营和发展不能不令人失望。但它们的出现，毕竟填补了湖北近代新式工业的空白，并带动了一批民营企业的产生，从而打破了传统的小生产方式一统天下的局面。

一、以汉阳铁厂为核心的重工业发端

1890 年 4 月，海军衙门正式批准张之洞原定在广东创办的铁厂和枪炮厂移鄂。5 月，张之洞即在武昌设立铁政局，委派蔡锡勇为总办，主持其事。此后数月，张之洞一面与驻英公使薛福成往返函电订购机器，一面在汉阳大别山（今龟山）下江滨选定厂址，12 月动工。

当时中国首办大型钢铁企业，困难重重。首先是经费缺乏，张之洞对此亦估计不足，以为海军衙门应允从铁路款项下划拨银 200 万两即足供开支，讵知实际费用高达 568 万余两。张之洞四处借贷，乞留应缴部款，因此遭人参劾，幸有奉旨查勘的两江总督刘坤一为之剖白，建厂事得以续行。其次是中国缺乏技术人才，迫使张之洞一开始即从英、德等国聘请贺伯生（Henry Hobson）等工程技术人员 40 余人，后来又一再更换和补聘；同时在 1892 年初派遣中国工匠赴比利时郭格里尔厂学习培训。再次是由于缺乏科学态度和科学知识，对湖北产煤量和煤的质量茫

① 辜鸿铭：《张文襄幕府纪闻》卷上，“清流党”，宣统二年刻，第 9 页。

然无知，这导致产品质量不佳和需要更换设备。

炼铁厂经过两年多施工，至1893年陆续建成，计有机器厂、铸铁厂、锻铁厂、炼铁厂（有高炉2座）、贝色麻钢厂、西门士钢厂、钢轨厂、鱼片钩钉厂和造铁货厂等6个大厂、4个小厂，40余名外国工程技术人员，3 000名中国工人。1894年5月，铁厂生产成功，“初出钢料，成色无异洋制，足为造炮之用”①。当时汉阳铁厂是亚洲最大的钢铁联合企业，比日本的第一家近代钢铁企业八幡制铁厂早七八年出现。所以当时日本记者的报道、美国驻汉口领事的报告均称其“为二十世纪中国之雄厂”，“规模宏大”；西方舆论更视其为中国“狂睡初醒，眼光霍霍，振刷其精神，磨砺其胆略，以搜罗遗利，步武西法”的标志，认为中国“宏兴工业”，“与欧美争雄”，“较之强兵劲旅……尤可虑也”②。可知汉阳铁厂当时在国内外颇造成了一股轰动效应。

然而，汉阳铁厂实际上从一开办就危机四伏。由于张之洞不懂科学而且刚愎自用，又充满“以中国之大，何所不有”的主观想象，因而采取了先购机后找矿的做法，结果因大冶铁矿矿石含磷量高，湖北所产煤炭品质不佳而不能炼焦，以致所产铁轨全不能用。此后为适应大冶铁矿矿石的特点，须改酸法的贝色麻炉为碱法的马丁炉，且又得从德国购进焦炭，才能继续生产。但因成本昂贵，高炉于1894年6月开炉，不到半年便一度被迫停炉，此后长期开工不足。

工厂管理方面，由于衙门作风充斥，冗员遇事推诿，所以效率低下。“每出一差，委员必十位八位，爵秩相等，并驾齐驱，以致事权不一，互相观望”③，开工不足，人浮于事。“厂中共用洋员四十余人，华员数倍之，无煤可用，无铁可炼，终日酣嬉，所糜费者，又不知凡几。”有人估

① 张继煦：《张文襄公治鄂记》，湖北通志馆1947年版，第30页。

②《汉冶萍煤铁厂矿记略》，《东方杂志》1910年第7卷第7期，“调查”，第66页。

③ 钟天纬：《致盛宣怀函》，转引自冯天瑜、何晓明：《张之洞评传》，南京大学出版社1991年版，第116页。

计，汉阳铁厂官办期间所耗银 568 万两中，真正用到实处的不过一半，“其余皆系浮费之款”①。但如果开工生产，亏损更大，“如每日冶炉化出生铁一百吨，将亏本银二千两，是冶炉多煽一日，即多亏本一日”②，“炼炉仅开一炉，每年仅出铁一万五千余吨，亏折甚巨，欲添开一炉，则须增银五六十万两，无从筹措。加以所聘洋员一再更易，良工难得……外来煤值过昂，煤铁不能相辅为用”③，铁厂终于陷入困境。在经过反复考虑与磋商之后，张之洞获得朝廷允准，于 1896 年 4 月把汉阳铁厂（连同铁矿、煤矿、码头、运输船只）交给盛宣怀，招集商股，官督商办，政府所投资的 568 万余两，讲定此后每炼铁 1 吨，抽银 1 两，逐步归还。汉阳铁厂自开炉到改为官督商办，共产生铁 5 660 余吨，贝色麻钢料 940 余吨，马丁钢料 450 余吨④。产量之低与巨额投资简直不成比例。

盛宣怀接办汉阳铁厂后，集股银 200 万两作为资金，恢复生产，并得到卢汉铁路铁轨全由汉阳铁厂供货的有利条件。在大冶勘得狮子山、得道湾等处铁矿和江西萍乡煤矿后，他于 1899 年向德商礼和洋行借款 400 万马克，从德国购买全部机器设备，并以德国矿师赖伦（G. Leinung）负责萍乡煤矿技术事务，解决了焦炭来源问题。1904 年，盛宣怀与日本人谈判，以每年付给日本人头等大冶铁矿石 7 万吨（每吨作价 3 日元、期限 30 年）的代价，从日本兴业银行借款 300 万日元，把汉阳铁厂原有贝色麻炼钢炉及 10 吨小马丁炉拆掉，重建碱法马丁炼钢炉 4 座、150 吨大调和炉 1 座，以及轧钢厂、钢轨厂、钢板厂、矿车厂等，至 1907 年始完成改造。所产铁轨用于京汉、粤汉铁路，亦皆合格。

1908 年，汉阳铁厂及铁矿、煤矿改成完全商办的汉冶萍煤铁厂矿有限公司。到 1911 年，实有股本 1 300 余万元；拥有高炉 3 座，其中最大

① 中国史学会：《中国近代史资料丛刊·洋务运动》（八），上海人民出版社 1961 年版，第 527～528 页。

②《汉阳铁厂实况》，《时务日报》1898 年 6 月 11 日。

③ 张继煦：《张文襄公治鄂记》，湖北通志馆 1947 年版，第 30 页。

④ 孙毓棠：《中国近代工业史资料》第 1 辑下册，科学出版社 1957 年版，第 796 页。

的3号高炉日产生铁250吨；6座容积为30吨的平炉，年产钢38 640吨；大冶铁矿年产铁矿石36万余吨，萍乡煤矿年产煤110余万吨，公司连续3年赢利。但由于1913年为兴建大冶铁厂和汉阳铁厂的4号高炉、7号平炉，再次向日本横滨正金银行借款1 500万日元（其中600万日元用于偿还高利旧债），而被迫从1913年起，在40年内共付头等矿石1 500万吨、生铁800万吨给日本，加上高级工程师、会计顾问均须聘用日本人，机械设备亦须从日本购买，汉冶萍公司遂完全为日本人所控制①。

在筹办汉阳铁厂的同时，张之洞开办了湖北枪炮厂。

1890年冬张之洞莅鄂时，军队“各营犹沿用旧式前膛枪炮，于后膛枪炮操演之法多未通晓”。张之洞“即以军旅之事，无一仰给于人为志”②，将原定在广州开办的枪炮厂移来湖北，以利用炼铁厂所产钢铁原料之便。湖北枪炮厂亦设在汉阳，紧挨铁厂，并与铁厂合署办公，亦由蔡锡勇主持。该厂于1892年动工，1894年建成，次年始与铁厂分离。1904年，枪炮厂因厂内分厂林立，非“枪炮”二字所能包括，被改名为湖北兵工厂。

枪炮厂的机器设备购自德国，举凡生产当时最先进的步枪、新式快炮、炮架、炮弹、枪弹的成套设备，均不惜一再追加货价，求新求精，故该厂所生产的“七九式”步枪、口径6～12厘米的快炮及过山炮，在当时均属先进武器。张之洞又以系统配套为办厂方针，以“惟子药、铜料贵能自制，无一外购，方符本意”③，故枪炮厂内，又设无烟药厂、罐子钢厂、熔铜厂、铜壳厂等，以求原材料无虞和生产自足。湖北枪炮厂的诞生虽晚于上海、南京、天津等地的洋务军工企业，但其设备、产品却后来居上。该厂生产的步枪“汉阳造”，直到20世纪40年代仍然是中

① 冼荣熙：《五十年来之汉冶萍》，《时代公论》，第52号。
② 张继煦：《张文襄公治鄂记》，湖北通志馆1947年版，第25页。
③ 王树枏：《张文襄公全集》第135卷，“电牍”14，北平文华斋1928年刻，第28页。

国主要的步枪。湖北枪炮厂自 1895 年投产至 1908 年 6 月，13 年间“共造成步、马快枪十一万余支，枪弹四千数百万颗，各种快炮七百四十余尊，前膛钢炮一百二十余尊，各种开花炮弹六十三万余颗，前膛炮弹六万余颗，枪、炮器具各种钢坯四十四万六千余磅；无烟枪、炮药二十七万余磅，硝强水二百数十万磅”①，产量尚属不少。

但是政府所付出的代价高昂。枪炮厂的建设和生产运转，耗费巨大，“计支用购买枪炮各机械价银 1 721 700 两；建筑厂屋计银 458 800 两；购买材料计银 5 230 000 两”②。其始常年经费约三十六七万两，其后增至八十余万两③。由于产品全由清政府调拨各地军队使用，而非投入市场出售，故经费亦只能仰赖政府划拨。遇有不足，张之洞只能请求在江汉、宜昌两关洋税项下划拨 15 万两，并将鄂省溢收土膏、统捐余款，土药正税及过境税，盐厘和米谷厘金等地方财政收入挪用一部分，也免不了向官绅“劝捐”，或者动用铁厂经费及织布局股金，甚至不惜付高息向外商瑞记洋行、高林洋行借款。到 1907 年，“兵工厂共欠汉口华洋商款五百余万，至年终竟至无可归还，由善后局设法拨出二百余万发还商款，其支绌可见一斑”④。而且，该厂还曾两次发生事故：一次在 1894 年 6 月，即建成后 1 个月，即发生严重火灾，部分厂房和机器焚毁，损失合银30 万两；第二次在 1901 年 5 月，钢药厂发生爆炸事故，著名化工专家、二品衔候补道徐建寅和官员、工匠共 14 人“同时轰毙，尸骸焦烂碎裂，收检不全，惨不忍睹”⑤。可见军工企业具有军事政治价值，但经济上、人力上代价不菲，而这代价无论是由张之洞的省级政府经办，还是由中央政府经办，都是必须付出的。

通过 20 年的努力，湖北以官办厂矿为主，形成了重工业的初步体

---

① 陈夔龙：《庸庵尚书奏议》第 9 卷，花近楼 1913 年刻本，第 18 页。

② 王家桢：《湖北兵工厂调查报告》，《湖南实业杂志》1913 年第 11 期。

③ 张继煦：《张文襄公治鄂记》，湖北通志馆 1947 年版，第 25～26 页。

④《湖北兵工厂经费支绌》，《时报》戊申年二月十四日（1908 年 3 月 16 日）。

⑤ 王树枏：《张文襄公全集》第 52 卷，“奏议”52，北平文华斋 1928 年刻，第6 页。

系，如图 4-1 所示①。

汉阳铁厂和湖北枪炮厂的情况已如上述，现再将有关厂矿情形作若干补充。

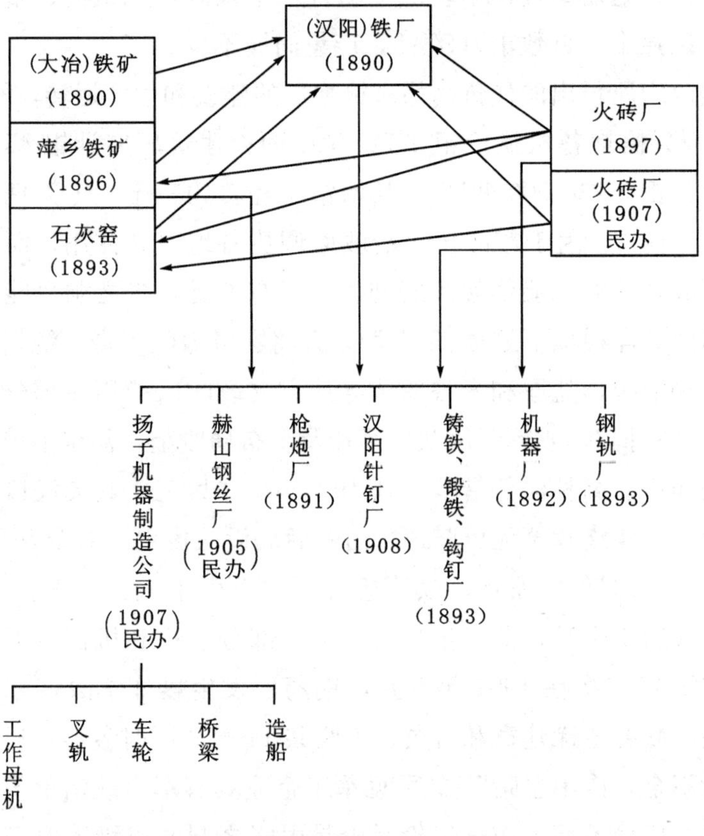

图 4-1 湖北重工业初步体系图

机器厂于 1892 年建成后，即能修造有关机器和锅炉，如 1892 年为“楚材”轮改装制造锅炉，1896 年为银元局制造锅炉和压模机，1905 年制造救火机等。钢轨厂在盛宣怀接手后通过改造，已能轧制出合格铁轨，

① 苏云峰：《中国现代化的区域研究：湖北省，1860—1916》，台北近代史研究所 1981 年印，第 355 页。略有补充。

不仅满足了卢汉铁路、正太铁路之需，产品还曾出口到美国、澳洲及东南亚等地。以上机器厂，钢轨厂，铸铁、锻铁、钩钉厂均为汉阳铁厂的附属厂。

同样属于官办，且主要为汉阳铁厂提供产品服务的还有火砖厂，亦称汉阳官砖厂。该厂建成于1897年，位于汉阳赫山之麓，占地近300亩。聘英国人哈里森（Harrison）为匠首，全套制砖瓦设备亦购自英国，可日出火砖三四万块。1903年又加扩充，制造青红砖及“洋瓦”。产品除供应汉阳铁厂之需外，也对外销售。当时因武汉各地大兴土木，销售兴旺，每年可获利2万串①，因而刺激华洋各商。汉口洋商造砖厂于1904年设立，而由粤商办起的广利砖厂（1902年）、同德砖厂（1907年）、广茂砖厂（1907年）、美兴砖厂（1907年），一共4家，均分布于汉口罗家墩、易家墩一带②。

汉阳针钉厂亦为官办，设立于1908年，投资30万两，购买日本全套机器设备。原拟以汉阳铁厂所产钢铁为原料，但汉产钢铁不精，而改从外国进口，致使成本偏高而销路不畅，两年即亏损10万两，遂改为招商承办。南洋华侨梁炳农以10万元取得经营权，并获政府保护及其他特权，到辛亥革命前经营渐有起色③。

与汉阳铁厂有关的民营工厂有两家：一为赫山钢丝厂，系华商万炳臣集资数万两于1905年创办，原料来自汉阳铁厂④；二为扬子机器制造厂，系由铁政局投资5万两，主要承制铸件、铁路、桥梁道岔及船舶器件等，亦以汉阳铁厂所产钢铁为原料。

---

① 张仲炘、杨承禧：《湖北通志》第54卷，“新政”2，湖北省长公署1921年刻本，第12页。

② 侯祖畲、吕寅东：《夏口县志》第10卷，“实业志”，湖北省长公署1920年铅印本，第1页。

③ 东亚同文会：《支那省别全志——湖北省》，东亚同文会1917年印，第748～750页。

④《各省工艺汇志·湖北》，《东方杂志》1905年第2卷第5期，“实业”，第94页。

汉阳铁厂的原料及燃料，除焦炭来自江西萍乡外，铁矿石和石灰来自大冶，燃煤来自大冶、兴国（今阳新）、江夏（今武汉市江夏区）马鞍山等地，其中大冶尤其与汉阳铁厂以及后来的汉冶萍公司密切相关。

1890 年 1 月，张之洞派比利时矿师白乃富，美国矿师巴庚生，德国矿师毕昂希、司爪兹和匠目戈阿士等人，分别勘察大冶铁矿、兴国锰矿及两湖各地煤矿，发现大冶铁山铁矿和兴国锰铁矿质优良且藏量丰富，遂决定开采。同年 6 月初，湖北铁政局成立，以蔡锡勇为总办，月底设立大冶矿务局，以大冶县同知林佐为总办，开始筑路、采矿。德国工程师时维礼具体负责修筑铁矿运道和开采大冶王三石等地煤矿，铁政局委员、候补知县高培兰主管江夏马鞍山煤矿。

1892 年 10 月，从铁山至长江边石灰窑的运矿铁路竣工通车，是为湖北境内最早的铁路。该路全长 35 公里，用德国钢轨铺成，有支线 6 条，共设 4 个车站，可将铁山所采出矿石运到江边。到 1908 年，该线已有机车 11 辆①。

与运矿铁道相配套，矿务局在江滨石灰窑修建了房屋和货场，于 1893 年、1899 年、1908 年分别建成码头 3 座，设有钢质趸船。载矿驳船每艘可装矿石三四百吨，分由“楚强”、“楚富”、“汉顺”、“汉兴”等几艘拖轮运往汉阳铁厂②。

1893 年 2 月，大冶王三石煤矿出煤。同年 8 月，大冶铁矿铁山矿区建成投产，每日可出矿石 200 吨。同月，江夏马鞍山煤矿开始出煤，次年底炼焦炉建成，开始生产焦炭。以后王三石煤矿因出水而停采，马鞍山煤矿产煤质量不佳；但大冶铁矿却新增了铁门坎、得道湾、狮子山、象鼻山、金山店、灵乡等矿区，到 1908 年已能年产铁矿石 36 万余吨。

---

① 叶道山：《湖北第一条铁路述闻》，《湖北文史资料》1992 年总第 39 辑，第 118～120 页。

② 弋珺：《石灰窑江岸码头及卸矿机》，《湖北文史资料》1992 年总第 39 辑，第 122～125 页。

兴国锰铁矿及大冶、兴国两县的一些较小煤矿，如李士墩、道士洑、飞鹅头、走马山、炭山湾等，均先后出煤。

由于要修理制造采煤、采铁矿的机械，维修铁路器材和机车等，大冶铁矿还在下陆建立了机车修理厂（取名下陆机厂）、打铁厂，在石灰窑建有堆机器厂等。

大冶地区与汉冶萍有关的一个重要企业是湖北水泥厂。湖北水泥厂由上海清华实业公司集资 42 万两，于光绪三十三年（1907 年）创办。总办是湖北差委福建存记道程祖福，程祖福以候补官员兼清华实业公司总经理。该厂设备购自德国，聘有德国技术人员 5 名。1909 年投产，日产水泥 800 桶。该厂创办时得到张之洞支持，准予在湖北境内享专利 15 年，免税 5 年，并获得湖北官府免息贷款 13 万两。原料取自大冶铁矿和石灰石，产品则首先满足汉冶萍公司和粤汉铁路之用。但由于该厂管理不善，生产成本甚高，一开始即收支不能平衡。在投资不继的情况下，该厂于 1910 年、1911 年两次向日本三菱商社借款。因无法偿还，1913 年被三菱查封，遂向德国保商银行融资 140 万两，转归德国人经营。1918 年转归华商启新公司①。

还值得一提的是，水泥厂设有电厂，装有发电机 3 台，1909 年 5 月开始供电，是为黄石地区用电之始②。此外，因大冶所产铁矿石甚多，汉冶萍公司遂有就近开办钢铁厂之议，大冶钢铁厂作为汉冶萍公司的一个组成部分，于 1913 年动工兴建。

张之洞和晚清湖北地方政府开办的近代重工业企业，具有规模宏大、自成体系的特点；而且，这些企业的诞生，正是顺应了当时发展军工、煤铁、铁路建设事业的需要，因而对发展经济、增强国力、振奋国人精神等具有一定的作用。对于改变湖北近代前期仍然只有农业生产和商业流通的经济格局，亦是一重大契机，湖北的工业自 19 世纪 90 年代才后

① 杨爱民：《汉冶萍与湖北水泥厂》，《湖北文史资料》1992 年总第 39 辑，第 106～109 页。

② 胡国卿：《黄石电力工业的创建》，《湖北文史资料》1992 年总第 39 辑，第 111 页。

来居上。初期的近代重工业，集中于汉阳、大冶两地，故汉阳开始改变传统城市的面貌，成为武汉的重工业区；而大冶铁矿的开办，铁路和码头的建成，工厂的出现，使铁山、下陆、石灰窑连成一气，使近代新兴的工业城市——黄石已具雏形，90 年代以前荒僻冷落的山岭、湖沼、江滨，自此出现了近代文明。

当然，近代企业不可能建筑在落后的农业基础之上，由旧式官员按衙门作风创办和管理近代企业，必然出现决策失误和效率低下之弊。张之洞凭主观意志办事，未先勘定煤、铁矿源并化验其性质，即先购机建厂，埋下了汉阳铁厂经营失败的根因；其他各厂亦是人浮于事、管理混乱，使得产品质次价昂，信誉不佳。在开办经费上，张之洞采取“先赔钱主义”，即由政府投资，这在当时自是别无选择的办法；但投资以后无效益收回，而政府因办理新政和赔款偿债，事事需钱，改进设备和扩大投资则无以为继。故举凡稍大的近代企业，不仅设备和技术均需仰赖外国，且开办不久之后即被迫举债和改为官督商办。大冶铁矿算是经营较好的企业，但该矿 1904 年以前设备和技术均受制于德国人，1904 年以后则因举债而被日本人控制。此后直到 1949 年，该矿共生产铁矿石 2 000 余万吨，汉阳铁厂和大冶铁厂只用了其中的 500 余万吨，占全部产量的 28%；而日本以偿还债务的名义低价甚至无偿掠去 1 500 余万吨，占全部产量的 72%。汉阳铁厂共生产生铁 230 万吨左右，被日本掠夺去 50 余万吨；大冶铁厂共生产生铁 25 万余吨，全部被日本掠走①。日本官营的八幡制铁所的历次扩建和发展，都是以掠夺汉冶萍的铁矿石和生铁原料为依据来规划进行的。

二、官办轻工业的发展演变

19 世纪 80 年代，除沿海地区及甘肃兰州之外，广大内地的近代轻

---

① 柳林：《日本对汉冶萍厂矿的掠夺》，《湖北文史资料》1992 年总第 39 辑，第 80～83、91 页。

工业还是空白，而各种洋货，尤其是纱、布的输入却逐年增加，侵蚀着传统的轻工业品市场。1889 年秋张之洞还在粤督任上就曾上奏说："棉、布本为中国自有之利，自有洋布洋纱，反为外洋独擅之利。耕织交病，民生日蹙，再过十年，何堪设想！今既不能禁其不来，惟有购备机器，纺花织布，自扩其工商之利，以保利权。"① 从而来鄂不久就启动了湖北的近代轻工业。晚清湖北官办的轻工业，主要集中于纺织和若干轻工业品的制造，而食品加工（主要是蛋类加工）则如前述已被洋商捷足先登，后起的面粉厂则多为民间经营。

当时最重要的纺织工厂，是张之洞创设的布纱丝麻四局。四局均设于武昌，占地 1.6 万余平方米，厂房和机器共耗资 500 万两，其中以织布、纺纱二厂规模最大，下面分别略作介绍。

织布局。1889 年 8 月，张之洞还在粤督任上，即已筹设织布厂，并通过驻英公使刘瑞芬向英国订购织布机。年底，张之洞赴鄂，继任粤督李瀚章无意多事，张之洞遂将织布厂移设湖北，厂址选在武昌文昌门外江边。1890 年 12 月动工建厂，1892 年初厂房建成，所订购机器亦陆续运抵武昌，至同年 10 月才安装完毕。织布局购机和建厂经费共投入近百万两，系来自广东闱姓商捐、山西善后局生息存银、湖北省存当生息银及借拨铁政局、枪炮厂款项。该厂聘有英国机械工程师金生和纺织专家摩里斯等 3 人，1893 年又添雇英国技师 5 人，以赵毓楠任织布局总监工。

织布局有纺锭 3 万枚，布机 1 000 张，发动机 2 台（开足可至 2 000 匹马力）。全厂用电灯照明，如昼夜开工需工人 2 500 人。按照设计的产量，即使只白天生产，亦可年产布 36 万匹（时值 108 万两）、纱 36 500 担（时值 219 万两），年产值可达 327 万两，两三年即可收回成本并赢利。为解决技术工人不足的问题，织布局曾两次派工人 80 名到上海织布厂学习，

① 王树枏：《张文襄公全集》第 26 卷，"奏议" 26，北平文华斋 1928 年刻，第 6～7 页。

同时由摩里斯等组织厂内培训。开工之后产品质量不错，“所织布匹甚为坚洁适用，所纺棉纱坚韧有力”；而且使得“江汉关进口之洋布，岁少十余万匹，挽回利权不少”①；每年购用湖北和江苏南通所产棉花数百万斤，也解决了数千贫苦无业者的生计。

但是，由于洋纱洋布的倾销，抢占了织布局产品的不少市场，当时的经营者又缺乏市场知识，加上管理不善和技术工人不足等原因，该厂的生产能力仅能发挥出37%左右，故从1894年投产到1901年，每年平均产值仅为121万两，造成了设备的闲置和浪费。但另一方面，其开工不足状态下的产品，却又严重积压。1894年，生产布7.6万余匹，积存1.8万匹；至1895年7月，积存布匹达7万匹之多，相当于全年产量的70%，占去资金20余万两。由于缺乏周转资金，只能以布匹作抵押，向德华银行借高利贷②。此后除1897年和1901年两年外，该厂实际产值均超过130万两，最高时达260万两，但织布局每年开支最少为72万两，产值高开支亦大。因布匹滞销、连年积压，资金周转不灵，利息负担沉重，略有赢利又被张之洞拨去“挹注”汉阳铁厂（共达27.8万两），以致织布局入不敷出，周转不灵，被迫在1902年将布、纱、丝、麻四局以“招商承租”的形式，交给汇丰银行买办邓纪常、粤商韦应南合组的应昌公司经营。

应昌公司承租四局，讲定为期20年，每年给官府交纳租银11万两，所有权仍归官府。商办期间，“纱、布两局年约获利二十万金之外。然前办之应昌公司，则因活动资本负息太重，所余闻亦有限”。可见关键在缺乏资金，负债经营。1911年6月，总督瑞澂以应昌公司股票作抵押，办理不合，将四局收回，交给南通实业家张謇的大维公司经营③。

① 张继煦：《张文襄公治鄂记》，湖北通志馆1947年版，第30页。

② 陈真：《中国近代工业史资料》第1辑第2册，生活·读书·新知三联书店1957年版，第917页。

③《大维公司取代应昌公司承租武昌四局》，《时报》辛亥年七月二十四日（1911年9月16日）。

纺纱局。张之洞在创办织布局时，得知省内乡镇土机织布皆用洋纱，认为办纱厂有利可图，“既能辅佐布局之不逮，兼可协助铁厂之需要”①，遂于1894年10月奏设成立，用官商合办形式，各出资本30万两。纺纱局选址在织布局东侧，面积约79亩，机器设备购自英国。原拟分建南北二厂，因1894年11月至1896年2月张之洞暂任两江总督，遂将两厂所订购机器移拨苏州商务局，后供给张謇开办南通大生纱厂之用。北厂兴建亦因甲午中日战争而延迟，1895年4月才动工，1897年才建成投产。由于该局总办、坐办、稽查等职均由江汉关道等官员兼任，管理混乱，一批大小官员坐领干薪，商董因而要求退股，张之洞遂将纺纱局收归官办。

纺纱局有动力机械1 200匹马力，纺纱机146台，纺锭48 910枚，用工人1 500名。日产10支、14支、16支纱30大包，“甚合华人之用”，故有时销路不错，如1899年曾“获利约五万金”②。但终因洋纱充斥，“各纱麇集汉上，低价求售”，官办纱厂因成本高而缺乏竞争力，故产品积压，在1902年由应昌公司承租商办。民国初年，张謇的大维公司从应昌公司接手经营四局之后，织布、纺纱二厂曾加扩充，经营一度蒸蒸日上。

缫丝局。湖北蚕桑业一向发达，但惯用土法织造丝绸，故品质低劣，到90年代初已濒临绝境。张之洞认为“民间素未经见机器缫丝之法，无从下手，亟应官开其端，民效其法”③，遂于1894年10月奏准开设缫丝局，以“家道殷实，综核精明，久居上海，其家开设机器缫丝厂有年，且在汉口设有丝行，情形极为熟悉”的候选同知黄晋荃主持，并由黄晋荃在上海筹商股2万两，湖北出官本8万两，采取官督商办方式。

缫丝局于1895年夏建成投产，厂址在武昌望山门外，占地仅18亩多，规模较小。该局机器设备购自德商瑞记洋行，包括1台200匹马力

① 王树枬：《张文襄公全集》第35卷，“奏议”35，北平文华斋1928年刻，第20页。

② 《武昌纺纱局渐有起色》，《中外日报》1900年3月3日。

③ 张继煦：《张文襄公治鄂记》，湖北通志馆1947年版，第31页。

的动力机、208 台缫丝釜、1 000 个丝锤，但价高质劣，不合用零件甚多，之后又不断花钱改进。张之洞在织布、纺纱二局只用男工，不用女工，为此曾和洋技师摩里斯产生分歧；到办缫丝厂时，工人 300 乃全用女工，并招上海熟练女工来鄂指导训练。缫丝局以沔阳所产黄丝为原料，“每日制出上等品三十斤，普通品十八九斤”，产量虽很少，但仍属内地最大的机器缫丝厂。产品质量虽不如江浙，但“质色亦甚细洁匀润”①，全部输往上海。但 1897 年后，由于欧美人造丝大量倾销，生丝价格暴跌，黄晋荃不愿再办，遂改为官办。1902 年由应昌公司承租。

制麻局。湖北是国内主要苎麻产区之一，丰年可产麻 30 万担以上。张之洞认为采用机器织麻，“洵足杜塞漏卮”，且“实为民生服务大宗”，遂于 1898 年 3 月委任道员王秉恩在武昌平湖门外购地创设制麻局。制麻局机器设备亦由瑞记洋行承办，有织麻机 40 张及梳麻等机器多件，费银 11.5 万余两。1902 年连同前述 3 厂交给应昌公司承办后，仍由官方拨银 20 万两从日本添购机器，有动力机器 480 匹马力，织麻机增至 175 台，麻棰 4 431 个②。同时聘请日本工师和艺徒担任指导，此时尚只能制麻为丝。1906 年又增加动力和其他机器，动力机达 690 匹马力，用女工 480 余人，日产粗细各号麻纱 300 斤，各色麻布、柿色军衣麻布、各种新式花色台布 500 码，“织出货料均系质地白细，染色鲜明”。制麻局从动工兴建到扩充设备、最终能产出成品，前后费时五六年，共用资金 70 余万两，费时耗资而效益不高，但该局仍是我国机械制麻工业的开端。惟成本偏高，竞争不过洋货，1908 年后即产品滞销，新任总督陈夔龙为其争取到免税 3 年的优惠③。辛亥革命后归大维公司经营，分为 2 厂，男女工人达 800 人，每日可制麻 1 900 磅，织各色麻布 30 匹，麻袋 700 个。

---

① 陈真：《中国近代工业史资料》第 1 辑第 2 册，生活·读书·新知三联书店，第 951～956 页。

② 东亚同文会：《支那省别全志——湖北省》，东亚同文会 1917 年印，第 745～746 页。

③ 张仲炘、杨承禧：《湖北通志》第 54 卷，“新政”2，“实业”，湖北省长公署 1921 年刻本，第7 页。

上述布纱丝麻四局，均因官营失败而从1902年起陆续招商承办，至1930年七易其手，承办商人所获利润估计达1 400万两，而地方政府所收回租金，不超过350万两①。国有资产严重流失，但不招商承租又无法维持；商人承租后只顾追求利润而再少有投资，致使机器设备终成废物。

除布纱丝麻四局外，张之洞还创办了一些企业。

毡呢厂。1907年，张之洞在武昌城武胜门外下新河划拨织布局所购官地130余亩建厂，官商合办，官本30万元，商本10万余元，以候补道严开第为总办。该厂机器和照明设备由德商礼和、信义两洋行订购，计有锅炉3台540匹马力、织呢机18台、其他机器50余件（台）。以国产羊毛和棉为原料，每昼夜可出毡呢600余码，专供本省和邻省的军队和学堂做制服之用②。1911年，总督瑞澂曾加以扩充，男女职工达200余人。民国初年因前欠礼和洋行货款未清，而为德国人所控制。

造纸厂。1907年由张之洞倡议，在武昌城外白沙洲开始筹建，以观察程颂万为总办，官商合办，各出资金20万两。所有机器设备亦购自外国，以竹、木、草、破布为原料。1909年开始生产，每日可出毛边纸及其他纸张3.5吨，但因质量低劣而没有销路。1911年交给俄国道胜银行买办刘子敬经营，向日本借款购买美国造纸机2台，并扩充厂房，增聘技师，遂有动力200匹马力。且从美国进口纸浆，可制纸15种，每日最高产纸六七百磅③，经营略有起色。

制革厂。亦在1907年由张之洞提议倡设，厂址在武昌城保安门外南湖边，由湖北官钱局筹拨银5万两作为资本，建屋购机。每日制皮十余张，能仿制洋式皮包等数种产品，但该厂支出过大，而收入甚微④。

模范工厂和贫民大工厂。模范工厂筹设于1902年，1905年正式开

① 湖北省建设厅：《湖北建设最近概况》“工业”，1933年印，第2～3页。

② 张继煦：《张文襄公治鄂记》，湖北通志馆1947年版，第32页。

③ 东亚同文会：《支那省别全志——湖北省》，东亚同文会1917年印，第737～739页。

④ 张仲炘、杨承禧：《湖北通志》第54卷，“新政”2，“实业”，湖北省长公署1921年刻本，第10页。

办，原名劝工院，厂址在武昌兰陵街，1907年改名为模范工厂。该厂以训练贫民各种技能为目的，分纺织、金木、制革等工艺，招集生徒，分班学习制造，产品质量优良，颇受社会欢迎①。贫民大工厂于1907年开办于汉口硚口，招有贫苦男女艺徒百余名，加以训练后从事生产，有织布、毛巾、毛毯、藤器、竹器、肥皂、油漆器、景泰蓝铜器等产品②。

此外，张之洞早在1890年初到湖北时，即设立了蚕桑局，指导农业。1893年，蚕桑局购置纺织机器60台，招收学徒，仿制浙江绸缎，颇有成效。1898年，又添购织草辫、草帽的机器，以及制造洋烛和榨油的机器，训练学徒，使其掌握技能后分赴各地向民间传授。1892年开办的工业学堂，自1904年起亦能制造纺织日用品机器，诸如织布机、织毛巾机、碾布机、轧花机、制绳机、小印刷机、剪草机、洋火炉等③，价格比洋货便宜。1906年，张之洞令工业学堂监督程颂万设立“广艺兴”公司，购置日本各种手工艺品制造机械，招收学徒百人，学习造纸、印刷、木工、竹工、漆工、绒绣等工艺④。

还有前面谈到的与汉阳铁厂构成工业体系的火砖厂、针钉厂，亦属轻工业工厂。

在张之洞的示范和推动下，当时湖北的地方官吏也办起了一些工厂。1904年，道员喜源在荆州开设八旗劝工厂，从武昌聘请工程师和技工到厂指导旗工，织造花布、毛巾、棉带和靴鞋。该厂办到民国初年，有织机120台，男女工187人，每月可织布1 000匹、毛巾500条，制靴鞋300双⑤。宜昌府于1905年设立劝工导善习艺所，专教囚犯学习手艺，制造产品。1907年，天门县知县宋灿从武昌购买织布机，招工设厂⑥。

---

① 张继煦：《张文襄公治鄂记》，湖北通志馆1947年版，第32页。

② 《汉口贫民大工厂印象》，《时报》庚戌年七月二十二日（1910年8月26日）。

③ 《各省工艺汇志·湖北》，《东方杂志》1905年第2卷第11期，“实业”，第198页。

④ 《各省工艺汇志·湖北》，《东方杂志》1907年第4卷第6期，“实业”，第161～162页。

⑤ 东亚同文会：《支那省别全志——湖北省》，东亚同文会1917年印，第800页。

⑥ 《各省工艺汇志·湖北》，《东方杂志》1906年第3卷第12期，“实业”，第238页。

同年，武汉、沙市、老河口等地，出现了一股创办纺织厂的热潮①。

在张之洞离鄂后至清朝灭亡的短短4年中，湖北换过赵尔巽、陈夔龙、瑞澂3个总督。他们一是任期短，二是因为前段张之洞办实业投资过大且无效益收回，当时财政拮据，故新办企业极少。略可记载者，只有中央度支（财政）部设于汉口谌家矶的造纸厂和武昌刷印局。前者设于1910年，耗银200万两，采用美国机器，聘用美国技师，每日可出产钞票纸、证券纸、新闻纸、印书纸30吨，供北京官印局之用。该厂在1911年8月间投产，10月武昌起义后即关闭，至民国初年由财政部拨款修复②。后者设在武昌大朝街，宣统元年（1909年）以原有官报局为基础，拨用官本银3万两扩建而成。该厂有铅字印刷机及有关配套机器10余种，除承担为官府印刷之外，也为民间需求服务。此外，还有京汉铁路汉口机器厂，有职工300余人。

现将晚清时期湖北官办和官商合办的企业（包括重工业厂和轻工业厂）合并制成表4-1：

表4-1　晚清湖北官办和官商合办企业一览表③

设立年份	名　称	地点	创办人	开办经费或成本	职工人数	演　变
约1857	江夏火药局	武昌	胡林翼	不　详	100余	1867年毁于大爆炸
1867	湖北官书局	武昌	李瀚章	不　详	数十	1870年改为崇文书局
1873	轮船招商局汉口分局	汉口	李鸿章	3万余两	100余	
1884	汉口电报局	汉口	左宗棠			后发展为湖北电报局
1887	宝武局（铸铜钱）	武昌				1902年改为铜币局

① 《各省工艺汇志·湖北》，《东方杂志》1907年第4卷第6期，"实业"，第161～162页。

② 东亚同文会：《支那省别全志——湖北省》，东亚同文会1917年印，第740页。

③ 此表系以陈真编《中国近代工业史资料》第3辑第22～25页资料为基本依据制成，作了较大订正补充。

续表

设立年份	名　称	地点	创办人	开办经费或成本	职工人数	演　变
1890	铁政局（汉阳铁厂）	汉阳	张之洞	至1898年共用经费5 687 000余两	3 000余	1908年改为商办汉冶萍公司
1890	湖北枪炮厂	汉阳	张之洞	开办费70万两	4 540	1904年改名为湖北兵工厂
1890	大冶铁矿	大冶	张之洞	使用经费在汉阳铁厂总经费内	1 000余	1908年后随汉阳铁厂改为商办汉冶萍公司
1890	湖北织布官局	武昌	张之洞	开办费约130万两	2 500	1902年交应昌公司承租
1894	湖北纺纱官局	武昌	张之洞	开办费约110万两	1 500	1902年交应昌公司承租
1894	湖北缫丝局	武昌	张之洞	开办费约47万两	470	1902年交应昌公司承租
1898	湖北制麻局	武昌	张之洞	开办费约20万两	450	1902年交应昌公司承租
1893	银元局（铸银元）	武昌	张之洞			与铜币局于1910年合并为武昌造印分厂
1897	官钱局（造制钱、印钱票和银元票）	武昌	张之洞			1901年分出铜币局
1901	铜币局	武昌	张之洞			
1890	蚕桑局	武昌	张之洞			1898年撤销
1892	汉阳铁厂机器厂	汉阳	张之洞	经费、人数均包括在汉阳铁厂内		1908年后随汉阳铁厂改为商办汉冶萍公司
1893	汉阳铁厂钢轨厂	汉阳	张之洞	经费、人数均包括在汉阳铁厂内		1908年后随汉阳铁厂改为商办汉冶萍公司

务公所，各州县则设有劝学所，每县的专职管理人员均在 3 人以上。教育经费的情况则是：1890 年以前缺乏文字记载；从 1890 年到 1900 年，教育经费仍无固定来源，且张之洞此时花大笔经费投资于近代工业，用于省城的教育经费每年不超过 10 万两，州县教育经费自筹，故教育经费不到官府工业投资的 0.3%；从 1901 年到 1910 年有大幅度增加且逐年提高，1901 年为 68 万余两，1905 年为 128 万余两，1907—1910 年均为 200 万余两①，是为晚清湖北教育投资的最高峰。此后直到 1928 年，官方投资均未达到此数。

一、传统教育机构及其改革

直到 19 世纪 90 年代，湖北的地方教育机构仍然完全是传统形式，即初等教育依靠私塾、义塾、义学和社学，中等教育则依靠书院和府、州、县设立的官学。

私塾是最普遍的启蒙教育场所，但其数量无法统计。私塾有两种，一是富有之家礼聘生员、举人甚至有更高学历者到自己家中教读，一是塾师自己开馆招收学生。无论何种形式，一名塾师所教者至多也仅为数人，且后者塾师素质较差，但中下等家庭只能选择这种私塾。

社学从理论上讲应为每乡一所，校舍为地方公产，教师亦由地方公择。由于各地经济、文化状况不一，大多数所谓乡并无社学。光绪初年，湖北社学仅有 45 所。义塾则是由家族或宗族所设，供本族贫苦子弟读书的场所，经费来自族产。由于湖北的宗族结构在近代已遭相当大的破坏，故义塾很少，仅为 25 所。社学和义塾主要分布在乡村，义学则为地方绅商、善堂、在职或退休官吏捐款而设，供城乡贫苦家庭子弟读书，不分宗族和地域。光绪初年，湖北有义学 182 所②，主要分布在城镇。

---

① 苏云峰：《中国现代化的区域研究：湖北省，1860—1916》，台北近代史研究所 1981 年印，第 272～273 页。

② 张仲炘、杨承禧：《湖北通志》第 59 卷，“学校志”5，“义学”，湖北省长公署 1921 年刻本，第 54～68 页。

除私塾外，社学、义塾和义学的分布很不平衡，有19个州县无此类学校（也许是漏计），其余50余个州县，少的仅一二所，多的有20余所。

承担中等教育职责的各府、州、县所置官学均设在学宫内，全省共有78所，为每届新取生员肄业之地，各有2名教官主持，并有月课、季课两种考试，由政府供给每届1 200余人的“膏火”。但进入近代，由于教官有名无实，不负责任，生员在学宫无法学到知识，已不再去进修，学宫只具有定时祭祀的作用。

书院是生员准备岁科二试，以及取得廪生、增生、附贡、贡生、监生等功名者准备参加乡试（考举人）的场所，大部分直接为科举考试服务；少数书院因为山长的志趣或个性，可能偏重于稽古实学或诗词歌赋，但仍然不可能完全不练习应科考的八股文。有的书院有学田的租课收入，有官绅商名流资助，各级政府亦对所管书院拨给经费。

到清末学制改革之前，湖北省共有书院187所，其中设于清代以前而此时仍在开办者59所，设于咸丰以前者91所，设于同治、光绪年间者18所，设立时间不详者19所。就各府的情况而言，黄州府最多，达40所；武昌府次之，23所；其他各府均在8所至13所之间。分布到各州县的情况也不平均，黄冈县最多，达12所，黄安（今红安）县7所，蕲水（今浠水）县6所，荆门直隶州8所，来凤县6所，蒲圻县5所，沔阳州6所，襄阳县5所，均属于书院较多的县，有1/3的县只有1所，其余的州县则在2所至4所之间①。另据《湖北省志·教育》记载，各县较小或断断续续办过的书院还有57所②。

武昌因为是省、（武昌）府、（江夏）县三级政府所在地，故集中有省办的江汉、经心、两湖三所书院，府办的勺庭书院和县办的高观书院。

---

① 张仲炘、杨承禧：《湖北通志》第59卷，“学校志”5，“书院”，湖北省长公署1921年刻本，第1～53页。

② 湖北省地方志编纂委员会：《湖北省志·教育》，湖北人民出版社1993年版，第27页。

汉阳是府县两级政府所在地，故也有府办的晴川书院和县办的凤山、崇正两书院。这些书院均有一定规模和名气。在武汉之外的地方，兴国州的迭山书院，黄陂县的二程书院，黄州府的河东书院，黄安县的天台书院，襄阳府的鹿门、岘山书院及县办的隆中书院、荆门州的象山、龙泉书院，荆州府的荆南书院，宜昌府的墨池书院及东湖县（后改宜昌县）的尔雅、六一书院等，也是省内较有名气的书院。它们在清末教育改制以后，大多成为各地最好的中学。

上述传统教育机构在清代为湖北造就了 1 611 名进士（其中文进士 1 304 人，武进士 307 人），9 885 名举人（其中文举 6 496 人，武举 3 389 人）①，并使每个时期保持着一定数量的由附生、廪生、增生、贡生、监生组成的下层绅士队伍。到清末，由于人口和学额的增加，有各种职衔的生员（秀才）以上的士绅约 5 万余人②。加上未能考取生员的童生和未进科场的略识文字者，全省识字率约为 5%～8%。

在接受教育的过程中，学生在识字启蒙阶段所读书大多数为《三字经》、《百家姓》、《千字文》、《教儿经》、《女儿经》、《童蒙须知》、《蒙养必读》、《龙文鞭影》等；稍进一层者则读《唐诗三百首》、《古文观止》、《东莱博议》、《资治通鉴》和“四书”、“五经”，或按程端礼《读书分年日程》中所列书目就读。府、州、县官学和书院所习，不外《御纂经解》、《性理大全》、《资治通鉴纲目》、《大学衍义》、《历代名臣奏议》、《文章正宗》、《古文辞类纂》、诗、赋、“十三经”、“二十二史”、“三通”等。总之，属于儒家经典及宋明理学著作，尤其是研读、揣摩和写作应付科举考试的“时文”（又称“四书文”，即俗称八股文）要占用大部分时间，凡属非规定的书籍则严禁诵习。

---

① 湖北省地方志编纂委员会：《湖北省志·教育》，湖北人民出版社 1993 年版，第 33 页。

② 苏云峰：《中国现代化的区域研究：湖北省，1860—1916》，台北近代史研究所 1981 年印，第 78 页。

传统教育的封闭性、学习内容的脱离实际和教育取士的程式化，使得所培养出来的人即使是“学识宏富”者，也只会搬弄古董，擅长的只是书本上的死知识，“文理通顺”者也多体现于作八股文和写奏议等官样文章。诚如张裕钊在20世纪80年代所说，“或专意于考证词章之末而遗其本，或空谈性命而时不免于固陋”。到了近代，“海内兵起，人益废学，而俗日以敝。士之通知古今而可以为国家之用者，盖往往数百里而不得一人也”①。人才奇缺的现状迫使张之洞考虑教育改革，而在19世纪90年代，这种改革首先施诸省城的3所书院。

江汉书院。创设于明洪武二年（1369年），原址在武昌文昌门内。清顺治元年（1644年），迁至武昌忠孝门巡道岭，乾隆四年（1739年）扩建，咸丰初年毁于与太平军作战的战火，同治元年（1862年）重修。学额最多时为240名。课程仍是“四书”、“五经”，尤重时文。1897年，张之洞对书院加以改革，增设法学、天文、地理、算学、兵法等科。1902年并入经心书院，原院舍在1906年办起武昌支郡师范学堂甲、丙两堂。

经心书院。创设于同治八年（1869年）张之洞任湖北学政期间，院址在武昌三道街文昌阁，翌年迁到火星堂。课程有经解、史论、诗赋、杂著等。光绪十一年（1891年）迁回三道街原址。1897年，张之洞令在原有课程外增设外政、天文、格致、制造4门，每科设分教习1人，学生于4科分年轮习，但均须兼习算学；分教习有通外语者，学生自愿学习。院后山上建有天文台，供测天文之用。1899年，课程改为天文、舆地、兵法、算学4门，规定学生兼习，随后又增设图画、格致、几何、体操等科，经史仅设分教习1人，不再讲授。学生最高达160人。1902年改为勤成学堂。

两湖书院。这是当时全国最有影响的新式书院之一。1890年5月由

① 张裕钊：《经心书院记》，《张濂卿先生诗文稿（手稿影印本）》，文海出版社1984年版，第157页。

张之洞在武昌城内都司湖创建。经费初取诸两省茶捐。不久茶商违言，乃由汉口八大行商认捐，并辅以盐库盈余。建成后有斋舍 240 间、其他用房多间，图书 4 万余卷。1891 年 4 月开学，学生由鄂湘两省分府各选调 200 名，另有商籍子弟 40 人。张之洞在 1891 年农历正月的《咨南北学院调两湖书院肄业生》文中，把他的办学思想说得十分清楚："维持世道，首赖人材，人材之成，必由学术。……贵得明体达用之士，以备国家任使。庶可以羽翼圣道，匡济时艰。"希望培养出来的学生"出为名臣，处为名儒"①。

两湖书院初设经学、史学、理学、文学、算学、经济学 6 科，聘请分教习专门授课，学生必选 1 科，兼学自定。因算学、经济学缺乏分教习，实际只开经、史、理、文 4 科，授课采用"会讲"与"课试"的方法，每月由官员或教师主持。1897 年书院改章，先后颁行《两湖书院各分教规程》和《新定两湖书院学规课程》，重申"中学为体，西学为用"的办学宗旨，课程改为经学、史学、舆地（附图学）、时务 4 门，旋定时务为各科通习，加上算学，仍为 4 科，随后又增天文、地图 2 课。1899 年改地图为兵法，旋把兵法分为兵法史略学、兵法测绘学、兵法制造学 3 类。1900 年又增开格致、兵操、化学、博物学等。书院课程至此体现中西、文武兼习，教学方法也仿照西方学堂，实行分班按日上课。

书院不设山长，而派提调 1 人、监督 2 人，各科聘请分教习。先后任两湖书院监督的有梁鼎芬、蒯光典、王同愈、黄绍箕等人。任经学教习的则曾有易顺鼎、钱桂森、张锡恭、马贞榆，任史学教习的曾有杨锐、汪康年、姚晋圻、沈曾植，任理学教习的曾有邓绎、周树谟、关棠，任文学教习的曾有陈三立、屠寄、周锡恩、杨承禧，任舆地学教习的有邹代钧、杨守敬，任算学教习的曾有华蘅芳、汤金铸、曹汝英。还有陈庆年教兵法史略学，罗熙纶教测绘学，徐建寅教化学，贾文浩教天文学，王季征教博物学，多为当时国内一流的专门俊彦。

---

① 张继煦：《张文襄公治鄂记》，湖北通志馆 1947 年版，第 8～9 页。

由于选送的学生基础较好，学习条件优越，故两湖书院人才辈出。从1891年到1900年，书院共毕业学生3届，计400余人（因该院学习期限为5年，且还有一部分中途留学、转学、考试得中者先期离校）。书院曾选拔3批学生留学日本，另有10余人留学欧美。1903年，湖北举行最后一次乡试，中举66人，其中有60名是该院学生。两湖书院的学生中后来成为知名人士者，有唐才常、黄兴、曹亚伯、刘成禺、张知本、刘善涵、卢慎之、卢木斋、甘鹏云、陈英才、张继煦、周震鳞、李书城等一大批人①。

1903年，两湖书院改为文高等学堂，亦称两湖大学堂，属大学堂预科性质。一年后又改为两湖师范学堂，亦称两湖总师范学堂，学员人数多达1 200名，故又称“千师范”。

二、各类新式学堂的赓续开办

张之洞说过：“人皆知外洋各国之强由于兵，而不知外洋之强由于学。夫立国由于人才，人才出于立学，此古今中外不易之理。”② 故其在关注书院教育的同时，更致力于开办新式学堂。从1892年起，张之洞陆续在省城创办了一批专门性质的实业学堂。1902年后，他又在全省范围内推动设立了更多的师范学堂和中小学。此外，他还办了一批军事学堂。

1891年，张之洞首先在铁政局旁设立了算学学堂，并设方言、商务两学附列其中；另有一个矿石学班，亦由铁政局附设，是为湖北官办专门实业学堂之始。方言、商务学堂学生50名，除学习外语之外，还要学习有关商业知识。1892年，矿石学班扩充成为矿务学堂，仍隶属于铁政局，聘英人鲁宾逊为总教习，骆丙生等为化学教习。1895年有学生20人，1896年该学堂化学专业并入自强学堂，只设矿务专业。

---

① 湖北省地方志编纂委员会：《湖北省志·教育》，湖北人民出版社1993年版，第15～18页。

② 王树枏：《张文襄公全集》第37卷，“奏议”37，北平文华斋1928年刻，第28页。

1893年设立自强学堂。学堂初设方言（外语）、格致、算学、商务4科（斋），数学家华蘅芳曾在算学科任教。每科招20名学生，但仅方言科学生住堂学习，其余3科按月考课。1896年夏，算学科并入两湖书院，格致、商务2科停办，而方言科再分为英文、法文、德文、俄文4科，翌年又增设东（日）文1科，该学堂遂成为外语专门学校。1902年改名为方言学堂，迁至原农务学堂旧址，原址交给文普通中学堂。

1902年以前，方言学堂学生不过七八十人，1907年学生最多时也只有354人。课程除外语之外，还有中文、史地、算术、公法、交涉、兵操等10余门。辜鸿铭任过总教习。先后有外籍教师20余人，其中欧美人10名，日本教师11人。从1893年开办到1910年，共毕业学生200余人，不少人到外国留学，或担任交涉、翻译、政府和企业管理工作。故舆论认为："京外所设学堂已历数年，办有成效者，以湖北自强学堂、上海南洋公学为最。"① 所以自强—方言学堂是当时湖北很有影响的新式学堂。1913年，在该学堂的基础上成立了国立武昌高等师范学校。

1898年，张之洞奏设湖北农务学堂，地址在武昌东厂口四川会馆。开办的头一年聘有美国教师2人，1900年后又聘日本教师4人，学生亦由开办时的20人增至100余人。学堂设有农、桑2门专业，讲授外语、算学、电学、化学、种植、畜牧、茶务、蚕务等课。1902年冬，学堂迁往武胜门外宝积庵，在沙湖边置有2 000亩地作农事试验场，并把专业扩为农桑、畜牧、森林3门。1906年，该学堂设高等正科，改称湖北高等农业学堂，辛亥革命后改名为湖北高等农林学校。

在办农务学堂的同年，张之洞还办了工艺学堂，校址在文昌门原江汉书院。聘有日本和中国工学教师，学生五六十人，分习汽机、车床、绘图、翻砂、打铁、打铜、木作、漆器、竹器、洋蜡、玻璃等各门工艺。学生每天4小时在课堂学习格致、化学、算绘等课，4小时实际操作，晚上仍须读中国经史等书。1905年，该学堂迁往武昌鲇鱼套新址，附设

① 朱寿朋：《光绪朝东华录》第8册，中华书局1958年版，总第4 819页。

有厂房，1907 年改名为中等工业学堂。如前已述，该学堂曾先后制造出织布机、织毛巾机、轧花机、抽水机、救火机等多种机器。

此外，还有记载提到，张之洞在铁政局或汉阳铁厂曾设过工业学堂、化学学堂、钢铁学堂，在枪炮厂附设有枪炮学堂，还曾在 1896 年经朝廷和日本同意，在日本开办湖北驻东铁路学堂，为卢汉铁路培养人才。但这些学校的开办情况如何乃至是否真正办过，不得其详。

综计在 19 世纪 90 年代，张之洞在湖北办过约 10 所专门性质的实业学校，其中自强学堂、农务学堂和工艺学堂算是较有成效者。但这一阶段的新式学堂，都集中在省城，且主要为适应外语和实业人才之需，范围较窄，未曾顾及提高社会文化水平和普及科学文化知识的需要，而且各校招生时普遍缺乏生源。客观情况促使张之洞修正办学方向，逐渐致力于师范教育和普通中小学教育。

1902 年，张之洞逐渐形成系统的办学思想，他在《筹定学堂规模次第兴办折》中说："查各国中小学教员咸取材于师范学堂，故认师范学堂为教师造端之地，关系至重。"① 在"师范学第一"、"小学第二"的方针指导下，湖北开办了一大批各级师范学堂。

当年开办的是湖北省师范学堂。该学堂校址在武昌宾阳门南，为鄂湘两省培养小学教师。学员 120 名，分为一、二年速成科和三年本科，除开设普通学之外，另开教育学、卫生学、教授法、学校管理法等课程。翌年 10 月设附属高等小学（即东路小学堂），供教学实习用。生源初为 24 岁至 30 岁的廪增附生，后改为从中学堂招生。武昌知府梁鼎芬任监督，廪生陈毅、举人胡钧任堂长，聘日本师范教员户野周二郎为总教习。该学堂不仅是湖北，也是全国最早的完备的独立的师范学校（据《张文襄公治鄂记》说，省师范学堂于 1905 年设于武昌县华林丰备仓通判署旧址，而拟设于宾阳门南青草坡的师范学堂，变计设于由两湖书院改名的文高等学堂）。

---

① 王树枏：《张文襄公全集》第 57 卷，"奏议" 57，北平文华斋 1928 年版，第 15 页。

1904年，张之洞拨银4.3万两，把文高等学堂（原两湖书院）改建为两湖总师范学堂，招收鄂湘两省生员（秀才）1 200人，故亦称“千师范”，实际招生七八百人。学制5年，有初级、优级两个等次，开设课程有修身、读经、中文、教育、算术、英语、历史、地理、物理、化学、博物、手工、音乐、体操等，附设有两等小学（即包括初小和高小）1所，以供教学实习。1907年后，由该学堂分出理化专修科和博物专修科（均设在武昌兰陵街，各有学生约120人），亦是培养中学师资的专科水平的学校。

1904年，省城还办有师范传习所，实为简易师范，对已有普通学基础的教师加以教育学、教学法、学校管理的训练。1906年在滋阳湖（今称紫阳湖）开办女子师范学堂，亦附设有高等小学。

1906年，张之洞为培训湖北各府州县师资，在省城设立支郡师范学堂。学生分府各录取100名，称作1堂，先后开办8堂，分设于巡道岭、黄土坡、昙华林、贡院各处。学生亦须有生员资格，学习一年半，开设课程与两湖总师范学堂相同。

此后，武汉还开办过农业、工业、商业教员传习所（亦称讲习所），亦是师范性质，汉黄德道、汉阳府、武昌道、武昌府也设过师范学堂。武汉之外的各府、道，甚至较发达的少数州、县，也办起了师范学堂或师范传习所。到1909年为止，湖北全省共办过师范学堂35所，为各级各类学校培养了5 000多名教师①。

普通中小学亦在20世纪初正式出现。1903年，张之洞在原自强学堂旧址开办湖北文普通中学堂，定学额240名，先从两湖、经心、江汉三书院选调年轻学生，后从高等小学堂毕业生中考选。学生年龄在15岁至24岁之间，学习伦理、经学、中文、外语、历史、地理、数学、理化、博物、法制、图画、体操等课程，4年毕业后，进入高等或专门学

① 湖北省地方志编纂委员会：《湖北省志·教育》，湖北人民出版社1993年版，第39页。

堂深造。但当时中学缺乏合格教师和实验仪器设备，故传统学科仍用诵读形式，有关新科学也只能讲解而无法做实验。

此后直到1910年，武汉办有汉阳府公立预备中学堂（1905年）、公立日新预备中学堂（1904年）、三江旅鄂学堂（1906年）、四川旅鄂学堂（1906年）、湖南旅鄂学堂（1907年）、汉阳府官立中学堂（1907年）、汉黄德道中学堂（1907年）、武昌府官立中学堂（1908年）、阖省第二中学堂（1909年）、汉阳农工中学堂（1909年）等中学。武汉以外，以1904年开办的荆州驻防官立中学堂为最早。1905年后，荆宜道、各府和荆门直隶州均办起官立中学堂，蕲州、通城、天门、石首还办了官立预备中学堂。总计当时有官（公）立中学堂（含预备中学堂）26所，学生3 000余人①。

在小学方面，1904年张之洞下令，在武昌城分设东南西北4局，每局下设小学堂，计城内有初等小学43堂，城外17堂，共60堂，经费由学务公所开支。同年，武昌城内办起东南西北中5路高等小学堂，初办时每堂学额100名，招收能背诵一二部经书、文理粗通、年龄为11～14岁的少年儿童入学。课程有修身、读经、中文、算术、历史、地理、理科、图画、体操等。学生全部住学堂，伙食、服装、用具亦由学堂负担，4年毕业。李四光即是由中路高等小学堂毕业后进入两湖总师范学堂的。武昌还有两湖师范学堂的附属小学堂、女子师范附属小学堂、武昌府和江夏县官立的2所高等小学堂。汉阳有2所高等小学堂，14所初等小学堂。汉口有夏口厅官立及公立高等小学堂各1所，初等小学堂12所。

从1904年起，武汉之外的各府、州、县，亦开始开办官立的高等小学堂和两等小学堂（完全小学），较少者1县1所，较多者1县有两三所，天门、京山、黄冈、沔阳、黄陂等县则有五六所。武汉还出现了6所女子小学堂，荆门州有1所女子小学堂。到1909年，全省有官立、

① 湖北省地方志编纂委员会：《湖北省志·教育》，湖北人民出版社1993年版，第64～66页。

公立高等、两等小学堂150所左右，教职员1 300余人，学生15 700余人①。由于张之洞以为“十岁以下幼童，举动需人保持，断非学堂所能管理，只可听民间自设家塾及义塾教之”，故当时未有官立和公立的初等小学堂。而乡村的私塾、城镇的义塾、私立小学堂和教会学校，则担当了初等小学的启蒙功能。

1902年以后，实业学堂有了进一步发展。省城主要增加了中等蚕业学堂（1907年）、中等工业学堂（1907年）、中等商业学堂（1907年）、中等农业学堂（1909年），各府均办起了中等或初等工业、农业、商业学堂，有些州、县也办起了初等工业、农业、商业学堂。武昌办有女子职业学堂（1908年），有的县城办起了艺徒学堂。到1910年，全省有此类性质的学堂80余所，学生6 000余人②。

属于专门性质且相当于今之专科以上水平的学堂，承前续办的有由自强学堂而改名的方言学堂；两湖书院于1903年改为文高等学堂后，1904年后又改名为两湖师范学堂，后又称两湖总师范学堂；由两湖总师范分出的理化专修科（1907年）和博物专修科（1908年）两学堂亦属专科性质；续办的还有高等农业学堂（1899年）。新办的则有铁路学堂（1907年）、两湖矿业学堂（1908年）、存古学堂（1907年）和法政学堂（1908年），后两所学堂值得略加介绍。

存古学堂在武昌三道街经心书院旧址，曾于1902年改设勤成学堂，至1907年又改为存古学堂。办学目的“重在保存国粹，且养成传习中学之师”。学制7年，课程分经学（附说文、尔雅、音韵）、史学（附本朝掌故）、词章（附金石学、书法）3门，听人自选；后4年加上通习博览诸子。还须兼学算学、舆地、外国政治、法律、理财、警察、监狱、农林渔牧、工商、理化、博物、体操等科目。学额240名，原拟招收高小毕业生，因缺乏生源而改为选取35岁以下生员。监督、教习多为于中学深有造

①② 湖北省地方志编纂委员会：《湖北省志·教育》，湖北人民出版社1993年版，第49～63、71～80页。

旨之士，如黄绍箕、杨守敬、马贞榆、王仁俊、黄福、杜宗预、陆德明、曹元弼等，于经史词章多有撰著。首届学生未及毕业便发生了辛亥革命，但该学堂学生此后仍多成为湖北各学堂的文学、史学、经学教师①。

法政学堂于 1908 年开办，地址在武昌王府口抚院衙门。招收学生 380 名，因立宪运动高涨，翌年学生即增为 529 人。设政治、法律两科，试图为宪政培养人才，对青年生员很有吸引力。当时的青年士人和新式学生，无非走当教师、从军、学实业、学政法 4 条道路，各级师范学堂、军事学堂、实业学堂系适应另三者的需要，而法政学堂和前述勤成学堂、仕学院则为培训从事政治和法律人才的专门学校。

上述自强—方言学堂、文高等学堂—两湖总师范学堂、高等农业学堂、理化专修科学堂、博物专修科学堂、铁路学堂、矿业学堂、存古学堂、法政学堂，还有下节将要讲到的武高等学堂，共为 10 所，相当于专科性质，在读学生约为 1 600 名。

至此，可将 1911 年以前湖北各级各类学堂（不包括军事学堂）的基本情况列为表 4-2。此表系以《湖北省志·教育》第 41～42 页统计表为基础，由于包括了曾经办过，但后来改办为其他学堂或已撤销的学堂，故有些栏目的统计数字略有不同。

表 4-2　1911 年以前湖北新式学堂基本情况统计表

学堂类别		学堂数	教职员人数	学生人数	备　注
专门、高等学堂		9	315	1 600	指自强—方言学堂，文高等学堂—两湖总师范学堂，高等农业、理化、博物、存古、法政、铁路、矿业等学堂
实业学堂	中等	12	100	762	教职员人数不全
	初等	78	253	5 731	

① 张继煦：《张文襄公治鄂记》，湖北通志馆 1947 年版，第 16 页。

续表

学堂类别		学堂数	教职员人数	学生人数	备注
师范学堂	优级	2	39	234	
	初级	22	236	2 288	
	传习所	11	130	1 478	
中学堂		26	415	约 3 300	
小学堂	高等	112	932	约 11 092	
	两等	51	388	约 4 608	
	初等	2 328	4 527	约 73 018	
女子学堂	师范	2	17	123	
	高小	9	65	687	9 所高小均为两等（完全）学堂
	初小	33	68	1 176	
蒙养院		3		114	数字不全
半日学堂		27	40	1 492	
简易识字学塾		1 088		22 370	教员为兼职
合计		3 813	7 525	约 130 073	

由表 4-2 可知，在清末 20 年间，湖北兴办的各级各类新式学堂（不计蒙养院、半日学堂和简易识字学塾）约为 2 600 所，且其中初等小学又占 2 361 所，为绝大多数；包括初小学生在内，最多时在校学生约为 10 万人，较之以前是破天荒的新气象，约占当时全省人口的 3.2%。

三、派遣留学生及创办官报

近代中国人出国学习，始于 19 世纪 50 年代，其途径有二：一是因为与教会及其学校有关，或因投亲、避难等，以个别形式出国求学，如容闳、伍廷芳、何启、王韬、孙中山等均是；一是因为洋务运动的开展，所办工厂、海军以及对外交涉需人才，故由官方成批派出。如从 1872 年到 1875 年，由容闳提议，李鸿章支持连续派出4 批共 120 名幼童留美；1875 年至 1886 年 12 年中，沈葆桢从福州船政局和船政学堂，李鸿章从北洋水师学堂，共派出 80 余人到英、法、德等国学习。由于湖北僻处内地，90年代以前既无洋务企业也无新式军队，故在派人出国学习方面一直是空白。直到1892年，湖北黄梅女子石美玉才因其父母在九江主持一座小教堂的关系，得赴美国费城学医，成为湖北最早的留学生，她1896年回国后一直是在九江和上海从事医护工作。另外，1892年张之洞曾派遣汉阳铁厂的10名工匠到比利时学习炼钢技术。

成批的湖北青年出国学习，始于19世纪90年代后期。1896年3月，总理衙门选拔13名学生赴日本，其中有湖北房县人戢翼翚（元丞）。此时的张之洞亦认为："出洋一年，胜于读西书五年，此赵营平百闻不如一见之说也。入外国学堂一年，胜于中国学堂三年，此孟子置之庄岳之说也。"他还提出，由于日本距离中国极近，故耗资少而易考察，且日文与中文相近，便于较快掌握，加上日本人已对西书多所翻译，故留学日本亦能了解西洋学问，因此可以多派学生赴日学习。

1899年，湖北先后派出吴禄贞、吴元泽、万廷献、刘邦骥等20人赴日本学习陆军，王荣树、屈德泽、权量等学习实业，还有一批人学习农业，故此年湖北留学日本者不少于七八十人。张之洞为此专派知府钱恂赴日担任湖北留学生监督。

进入20世纪，留日学生人数激增。1901年，有恩施人饶凤璜等4人最先自费赴日留学。1902年，为适应新式学堂急需师资的要求，两湖、经心、江汉等书院共派出黄兴、李书城、陈文哲、陈英才、张继煦、万声扬、王式玉等31人赴日本学习师范。同年，张之洞派弁目20人及补用知县知州数人赴日本学习警政，还有自费生尹援一等16人赴日，其中有一名女生王莲。1905年，湖北留日学生继续增加。同时，张之洞"考选候补中正佐各班之文理清通者92员赴日游学，以48人习警察，44人习翻译"①。此外，他还曾派知府齐耀珊等7人、知县方仁元等16人、知县陈钧等12人分3批赴日本游学和游历考察。

据不完全统计，1902年湖北留日学生为126人，1903年为153人，

---

①《各省游学汇志·湖北》，《东方杂志》1905年第2卷第2期，"教育"，第29页。

1904 年为 341 人①，1905 年为 430 人②。1905 年、1906 年两年是全国留日学生人数达到高峰的年份，每年均为 8 000 余人，“按省籍统计，以江苏、浙江、湖北、湖南、广东、四川等省为最多”③。湖北每年均有留日学生 1 000 人以上。1907 年前后，因为停派速成生和限制留学生资格，留日学生逐渐减少。到 1908 年，除自费生外，湖北在日本有官费生 475 人。综计清末 10 余年间，湖北留日学生及游学官员总数应在 2 000 人以上（因留学生有的在日本数年，按年统计必有重复），而实际存录的名单不足一半。

张之洞主张留学生多去日本，但亦说“若自欲求精求备，再赴西洋有何不可”，并不反对学生留学欧美。1903 年夏，湖北官府从各学堂学生中选派锦铨（荆州旗籍）、宾步程、马德润等 8 人赴德，刘庆云、陶德琨等 10 人赴美，肖焕烈、夏维松等 4 人赴俄；同年 12 月，又派胡秉柯、魏宸组、贺子才、史青等 24 人赴比利时④。这年还有原先留学日本的刘成禺，因办《湖北学生界》被取消官费生资格回到上海，另由鄂督给银 2 000 两，以自费名义赴美国留学。刘成禺遂赴旧金山担任《大同日报》主笔。

翌年，湖北官府续派刘家俭等 13 人留德，汤芗铭等 10 人留法，石瑛等 23 人留比利时，郭泰琪等 2 人留美。1908 年，湖北留学欧美的官费生有 103 人。宣统年间，湖北陆续派出 20 余人。清末湖北留学欧美者总计达 200 余人⑤。从 1903 年到 1908 年，湖北官府用于留学生的费用每年约 40 万元，约占全省教育经费的 1/6。

这 2 000 余名湖北留学生，早期出国者的文化程度很不相同。当然在中国传统文化的功底方面，多数人应相当于今之中学水平，还有少数

①⑤ 湖北省地方志编纂委员会：《湖北省志·教育》，湖北人民出版社 1993 年版，第 82～84 页。

② 实藤惠秀：《中国人留学日本史》，谭汝谦、林启彦译，生活·读书·新知三联书店 1983 年版，第 36 页。

③ 章开沅、林增平：《辛亥革命史》上册，人民出版社 1980 年版，第 376 页。

④ 瞿立鹤：《清末留学教育》，三民书局 1973 年版，第 89、121 页。

人可相当于今之大学水平；但在自然科学知识方面相当于今之中学水平者就不多见，大多数人只相当于今之小学水平。除少数由教会和教会学校派出者外，多数人也不懂所去国家的语言，故行前或抵达之后需花去相当时间补习外语。1906 年以后，因学部规定须“具有中学堂毕业程度，通习外国文学，能直入高等专门学堂者始予给咨”，官派留学生的程度才比较整齐，但自费留学则不受此限制。

湖北留学生所习科目，按张之洞的规定是，习政法、军事者有一定限制，即由中国政府保送；习实业、文科、医科者可自由选择。再加上留学生的基础、所赴留学国家的政策规定和环境条件等原因，当时赴日本者以习陆军和法政者居多，习师范尤其是习速成师范者次之，习理、工、农、医者很少；赴欧美者则以习理工和海军者较多。据已搜集到的清末湖北留学生 807 人的资料分析，除不明科别的 270 人外，其余 537 人中，习陆军者 251 人，占 46.7%；习法政者 139 人，占 25.9%；习师范者 73 人，占 13.6%；习工科者 32 人，占 6%；习农科者 17 人，占 3.2%；习理科者 12 人，占 2.2%；习商者 9 人，占 1.7%；习医者 4 人，占 0.7%；习文学、财经、海军等科者甚少。在上述 807 人中，所留学学校属于高等专门学校，且结业或毕业者只有 94 人，占可查考者总数的 11.6%①。

张之洞和清廷均曾注意到对留学生的思想行动加以约束控制。1899 年，湖北当局即已对赴日本留学生派出监督，前段为钱恂，后段为田吴炤；监督在英法留学生的是曾经留美的候选同知施肇基；监督在德国和比利时留学生的是阎海明。此外，清朝驻各国公使也被任以管理监督留学生的责任。1903 年留日学生掀起声势浩大的拒俄运动后，张之洞很快上奏提出《约束游学生章程》和《奖励游学生章程》，要求对“妄发议论，刊布干预政治之报章”的游学生，由中国出使大臣知会有关学堂“剀切诫谕学生，立即停辍。如有不遵，即行退学”。对于“循理守法”者，则

① 湖北省地方志编纂委员会：《湖北省志·教育》，湖北人民出版社 1993 年版，第 84 页。

予以嘉奖，回国后赐给举人、进士等功名。清政府采纳了张之洞的有关提议，对留学生在外国期间的思想行动加以约束控制，在其回国后则举行考试。计湖北参加学部举办 6 次考试的人数共 260 名，其中留日学生 236 人，占 90%。除去授举人、协军校的 92 人外，其余 168 人中，获政治经济科进士的有戢翼翚，获法政科进士的有张祥麟、程明超，获农科进士的有程鸿书、刘先矍，获工科进士的有李四光、赵建熙、黄瀛元，其余均获赐举人出身。计法政科举人 120 人，农科举人 10 人，工科举人 10 人，商科举人 9 人，格致科举人 5 人，文科举人3 人，医科举人 2 人，养蚕科举人 1 人①。

这时期的有些留学生后来成为著名人物，如留学比利时和法国的冯承钧，曾赴日本的张纯一、黄侃，成为著名学者；留日的张知本成为法学家；留美的郭泰祺和留法的魏宸组成为外交家；先留学日本后又留学英国的李四光，更是举世闻名的科学家。当然，留学生成为著名学者、外交家和科学家是以后较晚的情况，而他们在清末的直接影响，则是传播各种新的知识和思想观念，发起多次反帝爱国斗争活动，为促成辛亥革命作出了贡献。尤其是由湖北派去日本留学的黄兴、宋教仁、吴禄贞、蓝天蔚，留学欧洲的群体以及在日本创办《湖北学生界》的群体，与辛亥革命的进程密切相关。

张之洞高度重视报刊的作用，创办了多种官报，并对外国人和中国民间所办报刊密切关注，加以控制。他曾说，报刊“凡国政之得失，各国之交涉，工艺商务之盛衰，军械战船之多少，学术之新理新法，皆具焉”，故为“留心经世者必不可少”②。1896 年 8 月在上海创刊的《时务报》以及由其变名而来的《昌言报》，实系张之洞指示其幕僚汪康年所办。在湖北，张之洞于 1898 年 5 月曾想创办《正学报》，未果，1899 年

① 湖北省地方志编纂委员会：《湖北省志·教育》，湖北人民出版社 1993 年版，第 85 页。

②《鄂督张饬行全省官销时务报札》，《时务报》1896 年第 6 册，第 8～9 页。

春指示汉口商务局创办《湖北商务报》，1901 年冬手谕湖北商务报馆兼办《湖北官报》（目前所见《湖北官报》第 1 册出版于 1905 年 4 月），同年办《农学报》，1903 年 2 月办《湖北学报》，1904 年办《蚕学月报》，1905 年办《湖北教育官报》，1907 年办《两湖官报》。此外，在 1900 年和 1904 年，张之洞通过收购的方式，先后把日本人经营的《汉报》和《汉口日报》收回，改为官办报纸。1906 年，他又通过拨款定销的方式，发行官商合办性质的《公论新报》。他一度还想把农学会主办的上海《农学报》与湖北《农学报》合并，改为官办①。

张之洞创办多种官报，并用行政力量发行销售，对于开通风气、传播新学和各种科技知识、革新教育和发展农工商业，起到了一定的作用。

第四节 现代武装力量的建立

直到 19 世纪 90 年代，湖北的武装力量仍如既往，军制混乱，有荆州驻防旗兵、绿营和地方武装性质的“防营”（又称“勇营”），各成体系。旗兵历来养尊处优，早已丧失战斗力；绿营和防营亦成虚设，驻地分散于各地乡镇，官吃空额，兵不操练，纪律松弛，武器陈旧。1890 年以前，湖北绿、防各营所用兵器，仍以土枪、刀、矛、箭矢为主，连使用旧式前膛枪的都很少。张之洞督鄂后，视察军营，即认为“通省绿营向皆沿用土枪，既觉迟钝，亦难及远，不足以备缓急”②，而他又视练兵为“身心性命之学”，故在兴实业、办教育的同时，大力整军经武。

一、裁汰旧营，编练新军

张之洞督鄂的次年，即 1890 年夏，鉴于防营较之旗营和绿营略有整顿价值，遂从省城 22 个防营中选出 6 营约 2 000 人，连同新募湘军 3 营

① 刘望龄：《张之洞与湖北报刊》，《近代史研究》1996 年第 2 期。

② 王树枏：《张文襄公全集》第 33 卷，“奏议” 33，北平文华斋 1928 年刻，第 26 页。

1 035 人，接受水陆训练，轮流驻扎与巡逻江岸，并“一律操演后膛洋枪”。由于效果并不显著，因而决定逐步裁减旧营，“节饷以练新军”。

1897 年 9 月，张之洞经奏准裁减湖北旧营，“就湖北现有兵额实数，马步一律裁减五成”，“连光绪十一年前案，合计实已裁减将及七成”①。将马步守军 7 715 名，分五年裁完。1901 年，张之洞又和两江总督刘坤一合奏，提出把绿营兵“每年裁二十分之一，计百人裁五，限二十年而竣”②。1902 年 11 月，他又奏陈湖北分年裁汰绿营办法，节饷以充新军和警察经费。

在裁减旧营的同时，张之洞着手编练新军。这项工作可分为组建护军和建立常备军两个阶段。

第一阶段为 1896 年至 1902 年。张之洞在 1894 年冬至 1895 年曾代理两江总督，时值甲午战争中国兵败，张之洞在两江组建“自强新军”，请德国教习加以训练。1896 年 2 月，张之洞回湖北本任，从两江带回约 500 人的洋操护军营，又从湖北防营中挑选数百名 20 岁以下、身体健壮且识字者，共同组成湖北护军，全军1 000 人，分为前、后、工程 3 营，包括步、炮、马、工 4 个兵种。他聘请德国军官贝伦斯多尔夫、霍夫曼（Her Hoffman）、法勒根汉（Erich Falkenhayn）、根茨（R. Genz）、斯泰劳（E. Strauch）等 6 人为教习，1899 年又聘用日本军官大原武庆等6 人为教习。

张之洞认为，中国军队“必须扫除故套，参用西法，参用各国洋弁教习，讲求枪炮理法，兼司营垒测绘，始可谓之为兵”③。他不仅聘请了德国和日本军官进行训练，其操练章程、武器装备和应用器具也按西法购备，戈矛弓箭等冷兵器开始为新式后膛枪、克虏伯大炮所取代，工程

①③ 王树枏：《张文襄公全集》第 46 卷，“奏议”46，北平文华斋 1928 年刻，第 14、27 页。

② 赵尔巽：《清史稿》第 14 册，第 131 卷，“志”106，中华书局 1977 年版，总第 3 903 页。

营亦开始进行有关桥梁、营垒工事、修理军械、测绘、通讯等科目的训练。

在建立护军营的同时，张之洞还从各防营挑选出 3 000 余名员弁兵勇，加以新式训练。1898 年，他依照德国教习的建议，在省城各防营颁发“操练课程”，统一操法。翌年，他又在省城设立“六营公所”，调全省绿、防各营官弁，轮流接受德式训练，按月考校功课。他还派遣武备学堂学生到各防营充任副营官，负责讲授功课和实行洋法操练。

第二阶段为 1902 年至 1911 年。经过 7 年“护军”阶段的经营，省城军队已有明显进步，武昌防营中的多数军队亦渐接近护军水平。但此时张之洞发觉德国教习企图控制军队，便从 1902 年起仿照日本陆军兵制编练新军。此后德国军事教习只保留二三人，而日本军事教习（包括在军队和军事学堂者）则从 1899 年的 6 人增加到 30 余人①。

1902 年，张之洞把湖北护军及省城 31 个防营共 9 500 人，整编为常备军 28 营计 7 032 人，同时把省城以外的 13 个防营作为续备军。常备军的编制为两翼，左翼由原护军和工程营组成，右翼由武昌防军的武恺、武防、武建等营组成。每翼之下均有步兵 2 旗，炮兵 1 旗及马、工、辎各 1 队，约 3 500 人。

1904 年，清政府在中央设立陆军部，各省设立督练公所。张之洞遂将湖北常备军 2 翼改组为 2 镇，每镇之下增设 2 协，每协扩充为 3 旗，营以下及炮、马、工、辎编制不变。同时设立营务处，统一军令、军政、军法和军需。1905 年冬，清政府练兵处制定新军军制，奏准全国编练新军 36 镇，湖北仍为 2 镇。但因军械饷项不足，故先将湖北常备军第 1 镇改为陆军第 8 镇，以张彪为镇统；原第 2 镇改为陆军第 21 混成协，以黎元洪为协统。两军共有官兵 1.7 万余人，统称湖北新军。

湖北新军的军官，均由经过重新学习训练的原任军官、留学生和武

① 苏云峰：《中国现代化的区域研究：湖北省，1860—1916》，台北近代史研究所 1981 年印，第 248～250 页。

备学堂毕业生充任，属具有一定新知识、“文武兼资”的类型。新军的兵源，规定大部来自湖北的士、农、工、商子弟，年龄为18～24岁，且必须有半数以上的人识字，故其素质已远比原先绿、防各营所滥招之无业游民高出许多。新兵入营以后，不仅操法营规均照德、日两国最新军制要求，严加训练和管理，还需学习数学、地理、测绘、军器、兵法等近代文化知识和科技。张之洞强调提高军人地位，规定退伍时将当兵三年的成绩考列为三等，头等弁目队长退伍时授武举人资格；头等正兵及二等弁目授给武生资格；三等退伍为续备兵，均发给证明。加上1903年以后科举考试废除，青年士人出路不多，故视军营如同学校，纷纷投军。如1905年湖北新军在黄陂招考，入伍的96人中，有12个廪生，24个秀才，一时人人以当兵为荣。清末“各省练兵无不奉北洋、湖北为圭臬，各军将弁无不出于两系”①，但湖北新军的文化素质还要高于北洋新军，士兵中识字者居2/3。

在装备方面，1890年张之洞抵鄂之初，曾向广东借拨枪炮子弹，随后因甲午战争爆发，这批枪炮子弹被调走。张之洞遂在1894年从德国购回新式快枪4 000支、中小快炮45尊、枪弹200万颗、炮弹68万颗，配给新建的护军、武昌防营和田家镇炮台使用。1895年以后，湖北枪炮厂开始生产，以后经逐年扩充和改进设备，产品的种类、品质及产量亦逐年提高，故湖北新军的武器遂由前段的靠借拨、购买，转为依靠自制。此后湖北新军遂拥有连发毛瑟枪及子弹，克虏伯式六生、八生、十二生快炮及炮弹，前膛西门钢车炮及炮弹等。1908年从德国购回数挺机关枪，翌年亦由枪炮厂仿制成功，交湖北新军使用。所以当时湖北新军的武器在国内亦属先进和充足。

值得一提的，还有水师船舰的扩充。1889年底，张之洞从广东借调来一艘950吨的兵轮，定名“楚材”，供巡防江岸和载运矿务工程人员之用。1891—1892年，他又从两江借调“测海”、“金瓯”两兵轮分驻汉口

---

① 刘锦藻：《清朝续文献通考》，“兵考”29，商务印书馆1955年版，总第9 756页。

和沙市。1906年，张之洞以294万余两白银，向日本川崎造船厂订制炮舰6艘及鱼雷艇4艘。炮舰排水量为750吨，时速13海里，可装各式快炮8尊；鱼雷艇排水量98吨，时速23海里，可装快炮2尊、鱼雷发射管3门①。上述舰艇于1906年底到1907年初陆续到齐之后，分别定名为“楚有”、“楚同”、“楚泰”、“楚谦”、“楚豫”、“楚观”、“湖鹏”、“湖鹗”、“湖隼”、“湖燕”。到清末为止，受湖广总督指挥的兵轮共16艘，这是一支可观的水师力量。当时的汉阳铁厂和湖北枪炮厂不仅能修理制造轮船的锅炉和诸多零件，也曾仿造出数艘浅水兵轮。

二、培养军事干部

张之洞认为欲建立一支新式军队，既要有素质良好的士兵，尤须有一批掌握现代军事知识技能的干部。“唯练兵必兼练将，而练将又全赖学堂。西国军制，兵则期满遣归，各理旧业；将则戎行永隶，学有专长。故武备事宜尤以设立学堂、教育将才为首务。”② 故张之洞在编练新军的同时，大力发展现代军事教育，按照西法办了一批军事学堂。下面予以分述。

武备学堂。1896年创办于武昌黄土坡，为湖北境内第一所近代军事学堂，定额120名，凡文武生员、贡监、文武候补员弁以及官师世家子弟，皆准报名考录。总办先后是蔡锡勇、李岷琛、徐建寅等人。1896—1903年间聘有德国教习3人（法勒根汉、根茨、斯泰劳）、日本教习6人（大原武庆、平尾次郎、久米德太郎、木野村政德、野村岩藏、木下健太）和本国教习11人，译书和管理人员13人。课程分为讲堂与操练两种。讲堂课包括军械学、算学、测量地图学、各国战史、营垒桥道

① 《湖广总督张奏定购快炮舰鱼雷艇并自造浅水兵轮折》，《东方杂志》1905年第2卷第2期，“军事”，第38～39页。

② 王树枏：《张文襄公全集》第100卷，“公牍”15，北平文华斋1928年版，第27页。

制造、营阵攻守、转移运输等，操练课包括操枪、操炮、马术、营垒工程、行军、布雷、测量、体操等项①。中国传统文化方面的学习，安排为晚上讲解“四书”和“史略”等。该学堂因历年报考者甚多，从1899年起规定所招新生一律为18岁以下的湖北生员，1900年开始实行见习和实习制度，高年级学生被派往军营任随营教习。该学堂于1903年改名为武高等学堂，1904年把将弁学堂合并于其中，1905年又改名为武师范学堂，1906年再改名为陆军小学。

将弁学堂。张之洞裁汰绿、防各营时，采取“裁兵不裁官”的作法，于1899年在武昌大都司巷设立六营公所，对各营官、帮带、哨弁进行轮训，有德国教习指导训练和授课。1901年初，张之洞把六营公所改名为湖北防营将弁学堂，改轮训制为选训制，即从各营哨官、哨长、什长、正勇中选拔学员100名，附设教练队员100名，延聘日本教习5人，讲授军制、战法、地形、测算、绘图、技击、军医等课程。三年毕业，速成科则为一年半毕业。湖北新军的队官、哨官多为该校毕业生。1903年春，扩充学额为200人，增加教习和设备，以接受江苏、安徽、江西、湖南4省来学习训练的下级军官。至1904年7月，湖北常备军的整编完成，整训防营军官的任务结束，该校遂停办，未毕业者进入武高等学堂继续学习②。

武高等学堂和武师范学堂。1903年张之洞对全省文武学堂实行全面调整改制，将武备学堂改名为武高等学堂，翌年又把将弁学堂并入其中。武高等学堂的课程仍如武备学堂，惟将原有学员分为马、炮、工3科，在学堂1年，入营实习1年后毕业；新招学员则在学堂3年，在军营1年，4年毕业。新老学员共50余人，均由德国、日本和中国教习训练和授课。将弁学堂未毕业的40名学员并入后，因程度不及高等，乃令补习修身、汉文、外语、史地、数学、理化等普通学科，并在军事课程中

① 张继煦：《张文襄公治鄂记》，湖北通志馆1947年版，第11页。

② 朱寿朋：《光绪朝东华录》第9册，中华书局1958年版，总第5 287页。

增加战术、军制、卫生等科，一律再修两年半才毕业①。1905年，该学堂又改名为武师范学堂，仿日本士官学校速成科之例，选拔曾习兵事3个月以上、在军营充当哨官以下者入学。1年后毕业，仍回原营差使；回营6个月后考核，最优者任哨官，中等者作什长，下等者当伍长，最下等者即行遣散。武师范学堂于1906年停办。

从武备学堂到武高等学堂再到武师范学堂，前后历经10年（1896—1906），共计招生和由将弁学堂转入者约400人，其中在戊戌维新运动、庚子自立军事件后被开除及平时考核中淘汰者约80人，中途选派赴日本学习军事者约100人，真正毕业者约200人。毕业和留学归国共300人，半数以上被朝廷调往北京和外地，留湖北者不及半数，他们分布在护军和后来的常备军中担任各级军官，成为新军骨干。亦有部分人参加了革命活动，吴禄贞、蓝天蔚、傅慈祥、朱和中、孙武、钮永建等是其中最著名者。

武普通中学堂。1902年筹办创设于武昌阅马场。1903年招生，定额240人。头2年招到172人，均为年龄在15～24岁之间的生童或高小毕业生，接受初级陆军军官教育。课程分普通及军事两部分。普通学科与文普通中学相同，计有汉文、外（德、日）语、史地、数学、格致、博物、图画等；军事学科则有步兵操典、野外要务、击技、泅水、马术、打靶等。有日本教习3人，中国教职员多为留日士官生。学生在学堂学习4年，入军营实习半年，毕业后派充哨官，亦可升入武高等学堂②。1906年，清朝中央政府统一军事学堂体制，该学堂改名为陆军第三中学堂，课程不变，学习期限缩短为2年，学额增至800人，由武昌、荆州、湖南、贵州、云南等处陆军小学毕业生中考选入学。从武普通中学堂到陆军第三中学，迄辛亥年历时8年，估计前后共培养毕业生1 800人左右，多数分布在两湖和云南、贵州的新军中担任下级军官。辛亥武昌首

① 朱寿朋：《光绪朝东华录》第9册，中华书局1958年版，总第5 287页。
② 张继煦：《张文襄公治鄂记》，湖北通志馆1947年版，第13页。

义时，在校师生 500 余人，大多数均参加了革命斗争①。

陆军小学堂和陆军特别小学堂。1906 年，清廷下令各地设立陆军小学堂。湖北陆军小学堂遂开设于武昌左旗，学额 300 名，目标是培养下级军官。张之洞以规定学额过少，出身限制过严（须小学及官商良家子弟），且课程偏重于普通学科为由，自行修改章程，变通办理。到 1907 年，实际招生达 1 390 人，入学者多为各标营中的高小毕业生和秀才，分两批轮流在学堂上课和回本标营操练，故称其为“学兵”。

该学堂以张彪为总办，黎元洪为会办，刘邦骥为监督。教习中有日本、德国军官 28 人，中国教习多为湖北留日士官生及武备学堂毕业生。全堂学兵分为智、信、仁、勇、严 5 斋，每斋 4 舍，每舍有 3 个讲堂。课程分普通学科和军事术科。前者包括修身、品行、国文、外文、史地、数学、格致、图画，后者包括操练、兵学、军制、战术、筑城、地形、测绘、兵器、击刺、卫生等。该学堂还附设有测绘班、军医班、经理班、海军班，各班均为 60 人。“学兵”一律 3 年毕业②。

1908 年，清廷军咨府批评湖北陆军小学堂未按中央规制办理，继任总督陈夔龙于是年 4 月将其改名为陆军特别小学堂，继续开办。在堂学兵 1 000 余人，均在 1909 年 5 月毕业，分派到新军各标营或升入陆军第三中学。原校址则办起湖北陆军讲武堂和湖北陆军测绘学堂③。陈夔龙按照中央定章，于 1908 年 8 月另外办起陆军小学堂 1 所，在此后 3 年间亦招收了四五百名高小毕业生入学。陆军特别小学堂的毕业生和新办的陆军小学堂的在校生，在武昌首义中大多参加了反清革命。

晚清湖北还办有军医学堂和测绘学堂。军医学堂系于 1906 年就昙华林左卫城隍庙改建，聘有日本教习 4 人，讲授医学、药学、解剖学，学生

---

① 胡祖舜：《武昌开国实录》，武昌久华印书馆 1948 年版，第 43～44 页。

② 王树枏：《张文襄公全集》第 70 卷，“奏议”70，北平文华斋 1928 年刻，第 4～9 页。

③ 张继煦：《张文襄公治鄂记》，湖北通志馆 1947 年版，第 16 页。

人数不详，规定5年毕业。测绘学堂系在原武师范测绘班和陆军特别小学堂测绘班的基础上，于1909年设立的，由陆军特别小学堂转入53人，新招生100人，聘有日本教习3人，武昌首义时这些学生大多投入了革命。此外，还有在陆军特别小学堂原址开办的陆军讲武堂（1909年）和在特小海军班基础上开办的海军学堂（时间不详，有日本教习相羽恒三和吉川力）。

综上所述，张之洞及其继任者清末在湖北总共办过10余所新式军事学堂，共造就了四五千名各级新军军官。就质量而言，早期的武备学堂和后来改名为陆军特别小学堂的毕业生，均相当不错。前者中涌现了一批有名的新军将领，后者人数众多，学习认真，成绩良好，多次演习操练获得好评，外语程度较高，“其能登坛以外国语言演说者，实有四分之三；其据书笔译，人人优为之”①。他们尤其富于革命思想，不少人参加了日知会、共进会或文学社等反清革命团体，成为辛亥武昌首义的主力。当然，这绝不是张之洞等人创办军事学堂的初衷。

除了开办新式军事学堂培养军事干部之外，张之洞在派遣留学生时，安排学习军事者占相当大的比例。据郭荣生编《日本陆军士官学校中国学生名簿》记载，自1900年12月第1期中国留学生入学，至1908年11月第6期毕业，除第3期为95人各省分布较为平均（湖北为2人）外，其余5期中由湖北派出者均占比例优势。如第1期40人中有吴禄贞等12人，第2期25人中有蓝天蔚等19人，第4期83人中有蒋作宾等35人，第5期58人中有何成浚等20人，第6期143人中有孔庚等14人，6期总计444人，湖北为102人。再如前述《湖北省志·教育》所记，有确切资料记载的537名留学生中，习陆军者为251人。加上记载不全的、以军事考察观摩名义出国的以及赴欧洲学习海军的，估计清末湖北曾在国外学习军事者近300人。

由于新式军事学堂实行文武合一的教育，注重现代科学知识和技术，

① 陈夔龙：《庸庵尚书奏议》第10卷，花近楼1913年刻本，第25页。

加上留学阶段的提高和深造，所以当时湖北新军的干部队伍和整个新军的素质，较之旧式军队大有提高。因为这些官兵具有一定的新思想、新知识，所以不久即有多数人转向革命，还有人后来成了专家学者。

第五节　张之洞对商人群体的扶持与维护

无论从现代化还是社会转型的条件来看，人，尤其是新型的结成群体的人，是社会和历史考察的重要尺度。在清末的社会转型中，中国社会出现了两个在当时与此后于中国影响甚巨的新型群体，这就是新式商人与新式学生，而张之洞实为这两个新式群体的重要的催生者和保护人。以上两节已述及湖北新式学生和军人的情况，本节进而探讨张氏与民间商人的关系。

一、对商务及护商的认识变化

张之洞1882年出任山西巡抚，1884年署理两广总督（先署理后实授，1886年还一度兼署广东巡抚），在粤5年，至1889年秋调补湖广总督，在直到90年代初的十余年地方官生涯中，虽然一贯“重商”、“恤商”，但其着力点主要仍在开设官办的军工和重、轻工业制造上，对于民间商工活动，只限于主张“弛铁禁”，“晓谕”山西、湖南绅民开采“佳煤”、矿石，在广东和湖北整顿厘局，查禁局卡对商船的“留难苛罚”，以及札饬湖南湖北产茶州县“讲求制茶”等，仍然是停留于一般的号召。而且在这段时间里他对于商务和商人的重要性基本上没有发表议论，反映出他的思想认识还没有越出开明官吏“劝工、恤商”的传统范围。

从1893年开始，特别是经过中日甲午战争之后，张之洞的这一思想认识出现了较大发展。1895年夏张氏向朝廷上奏了《吁请修备储才折》，提出九条御侮图强之法，其中最为后人重视的是“广开学堂”和“速讲商务”这两条。关于后者，张氏扼要地指出：“中国上下之势太隔，士大夫于商务尤不考究，但有征商之政，而少护商之法。……至护商之要，不外合众商之力以厚其本，合国与民之力以济其穷。今宜于各省设商务局，令就各项商务悉举董事，随时会议，专取便商利民之举，酌剂轻重，而官为疏通之，勿使倾轧坏业，勿使作伪败名。凡能集巨资多股设一大公司者，奏请朝廷奖之；借招股坑骗者重治其罪，勿以瞻徇而宽之。并准其各派董事出洋学习，由使馆代为照料。现有之招商局，由宜选任董事，速加速顿。"① 这段话言简意赅，实际上包含了对中国的政治体制压迫商民、传统的文化思想轻视商务的批判，尤其是具体地提出了设立"商务局"，选出董事"随时会议"；官方对商界加强"疏通"、规范，奖优惩劣；并鼓励支持中国商人"出洋学习"等护商的具体办法。特别其中"合国与民之力以济其（指商人）穷"一语，可说大出人意之外，因为历来只有要求商人"便民"和"报国"，现在颠倒过来要国家与人民合力济商人之"穷"，虽然是过甚其词，但足以体现张氏对孵化强大新式商人群体工作的重视。

当然《吁请修备储才折》是由甲午科状元，此后成为著名实业家的张謇代拟的，故后来又以《代鄂督条陈立国自强疏》为题收进了张謇自己的文集《张季子九录·政闻录》。当时张之洞兼署两江总督，坐镇南京，而张謇在 1894 年中状元之后即因父丧回到江苏，办通海团练并任江宁（南京）文正书院山长，二张近在咫尺。故由张謇草拟、张之洞审阅并上奏丝毫不让人意外，而对"合国与民之力以济其穷"之语，张之洞并未视为石破天惊、乱经反常之论，否则他就会加以删改了。同年冬张之洞又奏上《创设储才学堂折》，表示拟在南京开办储才学堂，"分立交涉、农政、工艺、商务四大纲"，"工艺之学分子目四：曰化学，曰汽机，曰矿务，曰工程。商务之学分子目四：曰各国好尚，曰中国土货，曰钱币轻重，曰各国货物衰旺"。他认为工艺、商务与"交涉"、"农政"一样，"皆有益国计民生之大端，此乃修我内政，不得以喜新好异、学步外

① 王树枏：《张文襄公全集》第 37 卷，"奏议"37，北平文华斋 1928 年刻，第 30 页。

人为比”，并强调“工艺、商务之教习，宜求诸英国”①。

对于工业与商业的地位及关系，张之洞的认识有一个变化过程。众所周知，早期洋务派的代表人物如曾国藩、左宗棠、李鸿章都是注重制造业（即工业）而相对轻视商业的，所以批判他们的郑观应特意提出“商战”和“以商立国”的号召。张之洞作为洋务派的殿军（或称后期洋务派），开始就承袭了曾、左、李等人重点抓制造业的现代化模式；再加上他又受到主张“以工立国”的张謇的影响，所以在那篇可视为反映两人共识的《吁请修备储才折》中带有重工轻商的倾向，“世人皆言外洋以商务立国，此皮毛之论也。不知外洋富民强国之本，实在于工，讲格政，通化学，用机器，精制造，化粗为精，化贱为贵，而后商贾有懋迁之资，有倍蓰之利”。然而仅仅一年之后，张之洞即修正了自己的看法，称“商务为富国第一义，内保利权，外筹抵制，居今更不容缓”②，强调应该高度重视“商务”。

到1898年，张之洞在那篇著名的《劝学篇》中全面、辩证、深刻地论证了工商关系。他说：“工者，农、商之枢纽也。内兴农利，外增商业，皆非工不为功。工有二道，一曰工师，专以讲明机器学、理化学为事，悟新理，变新式，非读书士人不能为，所谓智者创物也。一曰匠首，习其器，守其法，心能解，目能明，指能运，所谓巧者述之也。”那么“商”指什么呢？张氏说：“夫精会计，权子母，此商之末，非商之本也。外国工、商两业相因而成，工有成器，然后商有贩运，是工为体、商为用也，此易知者也。其精于商术者，则商先谋之，工后作之。先察知何器利用，何货易销，何物宜变新式，何法可轻成本，何国喜用何物，何术可与他国争胜，然后命工师思新法、创新器，以供商之取求，是商为主，工为使也。此罕知者也。”③ 其基调是重视“工”（包括加工、制造、

① 王树枏：《张文襄公全集》第40卷，“奏议”40，北平文华斋1928年刻，第34页。

② 王树枏：《张文襄公全集》，北平文华斋1928年刻，第37卷，“奏议”37，第31页；第217卷，“书札”4，第18页。

③ 王树枏：《张文襄公全集》第202卷，《劝学篇》2，北平文华斋1928年刻，第32～33页。

发明等)，但更强调“商”的调查、谋划的指导作用，强调精于“商学”才能在市场竞争中获得最大的效益。

二张的区别基本上属于概念划分之不同。张謇把“商”限定为“运商”、“铺商”，即只限于收购、运输、销售的商业活动，而把谋划、投资、经营管理工业生产的人都划为“工”，故认为没有农业生产和工业的加工制造，商人自然无货物可运销，因此“工”比“商”重要。但张之洞此时把“工”限于“工师”和“匠首”，即科学技术人员和从事生产的工人；把“精会计，权子母”的运商和铺商也仅看成“商之末”，而将洞悉中外商情，了解市场需要，并且注重“思新法，创新器”的策划者、投资者和经营管理者看成“精于商术者”，这不但大大开拓了“商务”的范围，同时也提高了对“商人”的要求，是一种新型的“大商务”观念。

所以张之洞认为，养成强大的新式商人群体，进行有效的商务活动，不仅会有如传统认识的“便民”、“助农”、“裕课”之效，而在中国工业化起步的阶段，不仅要有商业的辅助配合，甚至要接受市场和商业规律的指导，“货销路快，运商多，则业此工者自多，制此货者日精，故必商学既博则工艺自盛。若无运商，无销路，则工亦安以劝哉?”从这个意义上说，政府不能代替市场，“官不能劝工，惟商乃能劝工耳”①。尤其是甲午之战、八国联军之战一再证明，中国在军事武装力量方面不可能很快反败为胜，而且此时列强的商业势力与经济侵略更空前扩大，致使张之洞感到“看以后时势，中国岂能以兵存，仍是以商存耳”②。所以他对“于鄂省商人一方面劝导，一方面奖进，而其要归，在期望商人破除旧习，具有世界之眼光，发挥商战之能力，俾能挽回利权，地方益臻繁盛”③。可以说，1901年之后的张之洞思想深处，实际存在一个深谋远虑：即以“大商务”带动农、工业生产，发展经济，不仅挽回利权，而

① 王树枏：《张文襄公全集》第221卷，“书札”8，北平文华斋1928年刻，第11页。

② 王树枏：《张文襄公全集》第171卷，“电牍”50，北平文华斋1928年刻，第16页。

③ 张继煦：《张文襄公治鄂记》，湖北通志馆1947年版，第33页。

且厚植国本，最终达到富国强兵，御侮独立的目的①。而仅从“劝工”和“挽回利权”这两个出发点来看，张氏的重商思想就已不属传统范畴，而具有时代性与世界性的意义。

但张之洞深知，中国无论是传统商贾还是晚近萌生的新式商人，即使是“合国与民之力”也难担此重任。原因一是洋商实力强大，且仗恃条约造成的特权及有利地位，已经抢占先机；二是如他前面所说的“中国上下之势太隔，士大夫于商务尤不考究，但有征商之政，而少护商之法”；三是中国商人自身存在众多致命弱点。此处仅着重考察张氏对中国商人弱点的分析。

其一是一般意义的批评华商固守旧习，缺乏新知，势弱而分散，识与力均不足。他说，“华商不出于商学，其趋利也近则明，远则暗；其谋事也私则明，公则暗”，“故见自封，识力均不足”。一般只管“独善其身，莫肯舍近图远”②。与实力强大且一意开拓进取的洋商相比，“华商最散，不筹巨本，是以拘守旧法，坐弃万物之菁华，不究阜财之大用”③；“中国之商惟听其自然而已，所冀者亿中之利，如博塞求赢，但凭时运。所分者坐贾之余，如刮毛龟背，所得不多。虽有货积如阜，日赢千金，犹为西商役也”④。

其二是指出不少商人承袭旧式奸商与官吏胥目“勾串”的做法，“垄断把持，目无法纪”，通过“包揽”市场或“囤积居奇”的手法，“以遂其牟利营私之计”⑤。在与洋商打交道或运用新法集股开办公司的过程中，缺乏诚信的行为屡见不鲜，故虽然“亦思依仿新式”，但“办运新货而偷工减料，货质全非，以假乱真，以劣搀优，种种欺伪，以致外人割

---

① 谢放：《中体西用之梦——张之洞传》，四川人民出版社1995年版，第190～191页。

② 王树枏：《张文襄公全集》第44卷，“奏议”44，北平文华斋1928年刻，第22页。

③ 王树枏：《张文襄公全集》第45卷，“奏议”45，北平文华斋1928年刻，第20页。

④ 王树枏：《张文襄公全集》第203卷，《劝学篇》2，北平文华斋1928年刻，第33页。

⑤ 王树枏：《张文襄公全集》第60卷，“奏议”60，北平文华斋1928年刻，第23页。

价退盘，甚至无人过问，其货真价实之商反为所累。甚至有招集股份意存讹骗，事未办成，资已用罄，遂至人人畏避，公司难集。商务莫兴，实缘于此”①。

其三是认为由于华商不敌洋商，且难以得到中国政府和法律的保护，因而有部分华商“或附洋行股份，略分余利；或雇（外国）无赖流氓为护符，假冒洋行”。这样将会造成中国企业在招股之时名为华商入股，实为“影射洋股”（洋股在暗中被吸纳进来），从而形成“华商尽为洋商之役”②，利权被洋商把持的局面。

张氏对华商的弱点谈得很多，对其长处却很少言及。但即令如此，他却未曾因此贱视或轻视商人。相反，从19世纪90年代以后，他一贯强调要“重商”、“恤商”、“护商”。当然他的“护商”也不是曲意迎合乃至偏袒，这从下面的内容可以看出来。

二、护商的理论与行动

在张之洞最后十余年的仕宦生涯中，其维护扶持民间商人的言论和实际行动甚多，具体事例更不胜枚举，以下将其言行归纳为数项，并略加申论。

第一，运用政府的职能，甚至动用政府掌控的资金，帮助华商开拓市场，或者支持有眼光有能力的经营者创业。

两湖为重要的茶叶产区，茶叶历来是中国的大宗出口货物。但19世纪80年代以后，由于印度、日本等国茶叶的数量和质量迅猛提升，中国的茶叶出口开始萎缩。张氏1894年为整顿“茶务”，拨借官款三万两在汉口设立茶商公所。同时为了扭转中国“茶商为洋商多方勒抑，以致亏累”的局面，指导茶商“分两批选办上等红茶数百箱”，“分运俄境水陆两路试销”。在此过程中张之洞取得了当时中国出使俄国大臣的支持，江

① 王树枬：《张文襄公全集》第49卷，“奏议”49，北平文华斋1928年刻，第7页。
② 王树枬：《张文襄公全集》第54卷，“奏议”54，北平文华斋1928年刻，第20页。

汉关道奉命与顺丰洋行及多位俄商交涉，并动用“洋例银七千二百八十九两三钱二分……暂由茶厘项下借拨垫用，俟销茶后归款”。此次“官为提倡”设法把中国货直销境外而不“操纵由人”的尝试取得了成功，“以利合本，略有盈余”，张氏借机鼓励“商为之继”，“自造茶船，自立公司，于俄境自行设栈销售，收回利权”①。他以封疆大吏而直接操办茶叶直销的微末之事，体现出重视商务的务实作风。

1895 年张之洞在署理两江总督任上，力图繁荣当地商务，“劝谕商民集股购船”，经营航运、制造等商务，并表示“遇有为难之时，必须官为保护”②。他还认识到“空言劝导终恐无益，必须官助以本，方易集事”，于是请示总理衙门，将前之“息借商款”226 万两拨借给苏州商务局，准许向“凡有愿开办机器仿制洋货者”，尤其是经营内河小火轮船、缫丝、纺纱织布的商民“借给公款，至多不得过十万”，“年息六厘，分十年还清”③。促使当地迅速出现了一批小型新式企业，如“是年无锡商人集资请开茧行者四十余家”。当地此举有点近乎拔苗助长，也有些平均用力，故未见大效。更有商人盲目借款而经营不善，导致亏累，如“苏商祝承桂领商务局款开办纱厂，庚子之警，积亏甚巨。官追缴息金甚急”，张氏援之以手，“令免息缴本，另招新商接办”。但亏损就落到商务局头上。

当然资金支持也有成功的例子。1895 年张之洞“招商设纱厂于通州”，“以在鄂所订购之纱机，价凡六十余万两……属张修撰謇集股开办。张氏嫌机贵本重，难招商股。旋作价五十万两，与盛京卿宣怀各认其半，上海、通州各设一厂，设通州者曰大生。世皆知张氏为实业大家，不知实肇始于此”④。可以说没有张之洞的支持和资金通融，张謇的事业就难

① 王树枬：《张文襄公全集》，北平文华斋 1928 年刻，第 35 卷，“奏议”35，第 1～2 页；第 45 卷，“奏议”45，第 11～12 页。
② 王树枬：《张文襄公全集》第 43 卷，“奏议”43，北平文华斋 1928 年刻，第 16 页。
③ 王树枬：《张文襄公全集》第 78 卷，“电奏”6，北平文华斋 1928 年刻，第 27 页。
④ 胡钧：《张文襄公年谱》卷 3，文海出版社 1980 年影印，第 13～14、16 页。

以起步。另一个突出的事例是对在汉口开办燮昌火柴厂和既济水电公司的宋炜臣，张之洞对其产品给予专利保护，1906 年宋氏等人集股 300 万元创办水电公司时，张之洞还拨官款 30 万元助其股本。水电公司的发电量仅次于上海和广州，也使汉口成了首先使用自来水的城市。

第二，注重商学。通过办学、办报以及鼓励商人出洋考察游历，力求尽快开拓商人的眼界，并派学生留学“习商”，使华人“商智日开”。

1890 年张之洞开办两湖书院，就专门录取商人子弟 40 人，以示爱护商人并为之培养后继者。1893 年开办自强学堂，四门专业中就有一门“商务”。此外农务学堂、工艺学堂也有涉及“大商务”的教学内容。张氏署理两江总督期间，在南京筹办储才学堂，也把商务列为与交涉、农政、工艺并重的“四大纲”之一。1902 年农历九月“劝汉口各商创设商务学堂”。1899 年农历三月在汉口开办《商务报》，并一贯重视商务局、商会公所交流讯息、开拓商人眼界思路的作用。而且张之洞早在 1895 年上奏的《吁请修备储才折》中就提出“令就各项商务悉举董事，随时会议。……并准其各派董事出洋学习”。到 1903 年更在复商部的公函中首先强调“讲商学”，并提出办法一是“开办农工商实业学堂”，让商人和学生“自学之于中国”；一是“多派学生数十人，分至东西洋，入其商业学堂……学之于外国者也”①。1898 年张氏在汉口商务公所陈列本省物产、工艺制作诸物，1902 年在武昌开办商品展览性质的两湖劝业场，也是为了“开商智”、“鼓商情”。

第三，把“恤商情”落实到从制度上革除苛虐商人的“陈规”、“新章”，启动各种“便商”、“利商”的机制以“轻商负”。

张之洞 1898 年春奏请《缓办铺户等捐》。1904 年夏“除免省城小户房捐”。1905 年夏在湖北推行“裁并百货厘卡，改征统税”，“裁厘局二十有九，留二十局。货自外省来者，征之于入境第一卡。产自本省者征之于由产地运出内河第一卡，计其指运之地沿途各卡所征之数，合并征

---

① 王树枬：《张文襄公全集》第 289 卷，“书札” 8，北平文华斋 1928 年刻，第 11 页。

收。本省销售落地之货，征之于最大市镇”，“又以省城为四方表率，改原有落地、厘金归各商认缴”。通过减少关卡，惩治留难勒索和胥吏、厘卡人员的贪污中饱，既方便了货运，减轻了商负，政府还增加了收入，“行之一年，（税厘）增十万缗”①。他在江苏为支持民间工商业，不仅动用 200 余万两的官控“息借商款”，还为新办厂商要求“减税免厘”，但后一条请求被总理衙门驳回，“所请完税免厘金，万不能准”②。

1897 年朝廷采纳总税务局司赫德的建议，准备“对中外机器制造货物一齐加税，以免洋商借口”，并且为了“杜绝透露”，要将华商用机器制造的所有出厂货物，先“一律存储关栈俟拨”。张之洞立即上疏，称此举貌似“谋国裕课，统筹中外”，实则正合洋商“百般阻抑”新兴华商之意，因为华商“智虑初开，行销未广”，且本小力微，“尤为惴惴”，岂能一开始就承受与对待洋商一样的加税？再加上“市场瞬息变易”，“商情乐简而恶繁”，华商制货时力图产地销地接近，甚至是“前店后厂”。而现在规定产品一律先运关栈存储，既耗时间又费运力，还有笨重或危险货物，如机器制砖、机制水泥、煤油、火柴等物，增加进出关栈一环实无必要。他认为“加税”、“存栈”等等，“明明力窒华商之生机，而暗畅洋商之销路”，必然导致华商“已成者歇业，未开者绝响”，使中国商机“尽为洋商垄断”，因此，要求对此章程“重改”③。

从 90 年代中至 20 世纪初年，张之洞陆续把官办或官商合办的汉阳铁厂、大冶铁矿、布纱丝麻四局、湖北造纸厂、毡呢厂、制革厂、大冶水泥厂改为“招商承办”。这一改革固然在其主观上未始不是因为官府已无此财力填补无休止的亏空，但在客观上确有壮大商人力量的作用。而且这些企业改为招商承办之后，张之洞仍在税厘方面尽力争取为商人减

① 胡钧：《张文襄公年谱》，文海出版社 1980 年影印，卷 3，第 22 页；卷 5，第 12、16 页。

② 王树枬：《张文襄公全集》第 78 卷，“电奏”6，北平文华斋 1928 年刻，第 27 页。

③ 王树枬：《张文襄公全集》第 45 卷，“奏议”45，北平文华斋 1928 年刻，第 17～21 页。

负。1896年汉阳铁厂由盛宣怀招商承办后，朝廷要执行“凡机器制造货物，不论华商洋商，统计每值百两征银十两”的税法，张之洞上奏称“炼铁与制造货物有别，仍准查照原请，优免税厘十年”①。1906年张氏又奏请为机器制麻免除税厘，因制麻工艺复杂而成本较高，但朝廷以“物有精粗，价有贵贱”为由拒绝②。1907年程祖福集股银30万两，请于黄石台子港开办水泥厂，并表示30年后机器厂物全数报效归官③。张之洞表示本人意在提倡实业，畅销土货，报效之事“应勿庸议”，并且及时“奏请暂免大冶商办水泥厂税厘”④。

第四，注意从基础条件上为商务的发展营造有利环境。

在硬的设施方面，张之洞注重开辟道路、治理河流、市政及通信的建设。90年代初期，即“勘修峡路”，计划沿长江自巫山到宜昌四百三十里，建成宽八九尺，“可容轿马并行，纤路高低皆便”的道路，以便商旅通行⑤。90年代后期极力促成修建卢汉铁路，并于1905年全线通车，此后又筹划粤汉铁路和川汉铁路。在武汉筑江堤，填湖洼，辟马路，开市场，支持民间集资开设内河轮船公司。又以“电线为方今要政，最为有益于地方民生商务之举”，较早开通了湖北境内有线电报，1900年又在武昌、汉口开通了电话。此后电话业务日增，张之洞准许商人集股经营，由大商人刘歆生出任商办电话公司董事，成为全国商营电话的开端⑥。

软环境方面除前述有关增商力、开商智、鼓商情、轻商负的地方法规、章程等等之外，还有重要的一条是开放和培植资金市场。19世纪60年代之后，湖北地区所流行的通货既有元宝、银两，又有各省所铸规格、成色、重量不一的银元，还有墨西哥“鹰洋”，市面小型买卖则用“制钱”（铜线），此外还有各种钱票，货币混乱，信用极差，兑换为难，

---

① 王树枏：《张文襄公全集》第44卷，“奏议”44，北平文华斋1928年刻，第30页。

②④ 胡钧：《张文襄公年谱》卷6，文海出版社1980年影印本，第2、6页。

③ 张继煦：《张文襄公治鄂记》，湖北通志馆1947年版，第33页。

⑤ 胡钧：《张文襄公年谱》卷3，文海出版社1980年影印本，第2页。

⑥ 冯天瑜、何晓明：《张之洞评传》，南京大学出版社1991年版，第135页。

时而银贵铜贱，时而银贱铜贵，“商民益形艰困”。为了改变金融市场的混乱局面，张之洞于1894年设立湖北银元局，共铸造大小银币9种，其成色优良，整齐划一，在省内省外均受欢迎。1902年又成立铜币局，制造精美制钱，缓解市场上制钱不足的困局。为了建立自己的金融体系，张氏于1896年成立湖北官钱局，在省内设立多个分支机构，发行“官钱票”、“银元票”、“银两票”等，并兼理公私存款、商业信贷和承转汇兑等金融业务。这不仅为商业流通带来了便利，更为工商企业的资产投资和周转资金的筹措提供了支持，湖北官钱局“10年间先后向一些工商企业押放了各种货款109万两”①。张之洞同时加强对民间的钱庄、票号、典当等旧式金融机构进行整顿，强化这些行业在开业、定率、资金流转等方面的管理。由于湖北商业的繁荣和金融秩序的相对稳定，所以从19世纪后期到1911年共有中国通商银行、中央户部银行、交通银行、浙江兴业银行、信成银行、信义银行、广西银行等在湖北设立分支机构，这使得湖北的金融市场更活跃。

第五，设法动员组织商人群体，并支持商人的“自组织”活动。

甲午战争期间朝廷准许在各地设立商务局，张之洞积极响应筹办，上海、苏州、汉口等地的商务局率先成立，张氏还在《汉口试办商务局酌拟办法折》中详拟了“启发”、“合力”、“保护”、“体恤”、“奖励”等具体内容。对于商人的“自组织行动”，张之洞也极力支持，他在一篇奏折中说：“至商会公所，本不过筹议公司之事。西商在沪无多，尚在商会。而华商涣散，处处吃亏。故银行各商董请设公所，以联商情，别无他意”，强调对于商人的自组织“既无中止之理，即宜力筹护持之方”②。他在汉口支持成立了茶商公所。张氏在前述《试办商务局酌拟办法折》

① 宋亚平：《湖北地方政府与社会经济建设》，华中师范大学出版社1995年版，第125页。

② 王树枬：《张文襄公全集》第46卷，“奏议”46，北平文华斋1928年刻，第7～8页。

中再次谈到商会，称“商会系由本局商董邀集各省各帮大商入局定立……以期联络协助，力厚气旺”，又说应该对“捐资兴办商报、商会、商学及在外洋学成工艺回华可资实用者，奏明请奖”①。可知在开设官办商务局的同时，张氏也在思考对商人自办的公所、商会给予支持。所以20世纪初年武汉得以成为商会较早出现的地方。

第六，提出从法律制度上规范、保护商务，借鉴西法以抵御西方经济侵略。1901年张之洞说：“欧美商律最为详明，其国家又多方护持，是以商务日兴”，而“中国素轻商贾，不讲商律，于是市井之徒苟图私利，彼此相欺，巧者亏逃，拙者受累，以故视集股为畏途，遂不能与洋商争衡。况凡遇商务讼案，华欠洋商则领事任意要索；洋欠华商则领事每多偏袒。……若再不急加维持，势必至华商尽为洋商之役而后已。必中国定有商律，则华商有恃无恐，贩运之大公司可成，制造之大工厂可设，假冒之洋行可杜。华商情形较熟，工价较轻，费用较省，十年之后华商即可自立，骎骎乎并可与洋商相角矣”②。张氏是清末封疆大吏中最早提出以立法来规范商人行动，承认商业活动及商人组织的合法权益，并用法律来保护华商与洋商竞争的人，其识见与意义远超出同时的重商论者。

另外在一些意外偶发的事件上，张之洞也尽力保护商人。如1895年湖北籍御史张仲炘密告沪商叶成忠（澄衷）、何端棠“运粮济寇”，朝廷“密旨严拿惩办”。张氏上疏言叶、何“素有身家，且或为各路军营，或为台湾后路粮台委以采办军米重任”，“为各该军营人等所深信”，并说“臣遴委司道大员三次详查密访，不能得其影射私售之实证”，故主张不能“以展转流传之词率兴大狱，株累商民，应请毋庸置议”。结果“此事保全甚众，沪商不知也”③。在此还有必要指出，近年对张之洞研究较多

① 王树枏：《张文襄公全集》第49卷，“奏议”49，北平文华斋1928年刻，第6～8页。

② 王树枏：《张文襄公全集》第54卷，“奏议”54，北平文华斋1928年刻，第20页。

③ 胡钧：《张文襄公年谱》卷3，文海出版社1980年影印，第17页。

的冯天瑜、何晓明、谢放等人，都认为张之洞“官声尚好”，甚至可说清廉。因此张氏之护持商人不能视为官商勾结的“利益输送”，至少目前还没有资料证明张氏是借此谋取一己一家之私利。

三、调处错综复杂的权利纠葛

任何一个社会都既是各种群体互相依赖，彼此以其他群体的存在作为自己生存发展条件的关联体，但各种群体各种力量又都有自己的特殊利益。政府或官员的职能之一，也表现在协调和解决这种错综复杂的利益纠葛。

张之洞督鄂之始，见“武汉当息皆三分”，高于全国城市。通过了解他发现原因在于官府公家“发当生息之款”过多，索取的利息过重，而且当商还要承担多种捐输。于是他规定把公家发当生息之款“减为五厘，并免当商各项捐输十年”，同时规定把当息“减为常年二分”以“便民”①。这是典型的抑制官府不当得利而恤商便民的让步举措，类似的情况还不止于此。张氏创办两湖书院之始，曾劝令两湖茶商捐助经费，同时应茶商之请降低了茶捐，通计“大率……每售价二十两仅捐银六分五厘”，“每年不过一万余金”，“合之价值千分取一”，所得“仅敷南省士子膏奖盘费一切之用”，而且书院“课额二百名外另立商籍课额四十名”，应该说给茶商所加负担不重，且以增加商籍课额作了回报。但少数湖南茶商仍不乐意，把事情反映到了朝廷，朝廷下旨裁撤此项茶商捐输。张氏鉴于已颁谕旨，而且“茶叶销路不畅”，“茶商赔累”②，一年多之后停止了这项捐输，但两湖书院仍保留了商籍课额。

对于商人勾结胥吏，垄断市场而牟取暴利的情形，张氏则主张坚决打击。19世纪末20世纪初，朝廷为扶持轮船招商局，让其“承运漕米，

① 胡钧：《张文襄公年谱》卷3，文海出版社1980年影印，第2页。

② 王树枏：《张文襄公全集》，北平文华斋1928年刻，第30卷，“奏议”30，第9～10页；第32卷，“奏议”32，第12～13页。

但应专司装运，不应干预采办”。但上海奸商王子才、吴子和与招商局员司勾结，“于州县自办之米多方挑剔，务使尽为其包揽”，“采办漕米之时，非王子才等定价，米市不敢开盘，垄断把持，目无法纪……害及苏属全省州县，苦累小民生计，实为漕务中积年巨害”。为此张氏向朝廷建议，“嗣后各州县采办漕米，应令各州县自行采购，不准招商局及奸商包揽代办，其验收粮米系粮道专责”，并对王子才等严加惩处①。对于少数商人的欺诈行为，张氏主张通过制定“公司法”和“商律”来惩治和防范。

对于不正当的竞争和地区保护，张之洞也力图加以制止。“汉口燮昌公司火柴行销各埠。湖南和丰公司制火柴牌式相类。两公司争执于官，湖南商务局判以分界行销，燮昌不准上溢湖南，和丰不得下灌湖北，违者议罚。”张之洞认为，“商货宜流通。湘商当自立牌号，讲求精进，不宜创立限制，饬（湖南商务）局更正销案”，即不容许冒牌和实行地区封锁。1896 年湖南绅商开办内河轮船公司，要通行湘鄂两省，巡抚陈三立贸易批准。张氏忙致函湘抚，称“湘轮如行入鄂境，直达汉口，其间于鄂省民情、商情、厘税是否无碍，似亦须商明鄂省中丞，会同酌定”②。他主张商货流通，尤重视河运和铁道对发展商贸的作用，对发展商务中各群体、各地区的利益冲突，则希望以公平竞争和彼此协商来加以解决。

当然在紧急时刻，或是朝廷严旨切责的情况下，张之洞也会向商民下手搜刮。如甲午战争当年，尽管“淮（盐）销疲滞，捐输重叠……商力迥不如前”，但因朝廷命令和“江南本省海防紧要”，依然向淮（南北）盐商劝捐助饷 100 万两。同年冬又“奉旨准江南息借商款二百三十一万两”。当然这后一笔息借商款后来转入商务局，借给江苏各地新开办的厂

① 王树枬：《张文襄公全集》第 60 卷，“奏议”60，北平文华斋 1928 年刻，第 22～23 页。

② 王树枬：《张文襄公全集》第 218 卷，“书札”5，北平文华斋 1928 年刻，第 5～6 页。

商。1899年又因兵饷无着，张氏令湖北“各县设筹饷局，加收烟酒糖出产、落地各税”，又“议于宜昌关加征土药税”。1903年，朝廷在北京设“全国督练（兵）处”，向各省摊派经费，湖北承担50万两，经费来源则是抽收烟酒税、整顿田房税契、海关加税和举办印花税等。为此不少人上疏力争，甚至称为“莽、卓之祸复见今日”，而张氏却只敢在给户部尚书鹿传霖（字滋轩，为张氏姐夫或妹夫）信中“具言利害”①，且最终还是忠实执行了朝廷的命令。

在对待外国经济势力即洋商的态度上，张之洞做到了有理有节，从深远处谋虑抵御和防范。张氏在甲午之后即认识到，中国战败所签订下的“开放”条约，使得“各国银行接踵而来”，辛丑“和议成后，各国公司更必接踵而来，各省权利将为尽夺”。“抵制之术”，不是（也无法做到）“阻其不来”，而只能一方面对华商“多方护持”，包括制定“商律”、“路律”、“矿律”、“税则”及“交涉刑律”，在制律过程中要克服一味追求国家税收的错误倾向，以“抵制洋货，广兴农工商实业”为宗旨，以“区区税项为末，民生实业为先”②。另一方面在与外国签订或新订“商约”时，应坚持自主立场，“中国与各国所订税则，系专指洋商运货出口入口之税，并无华商税则亦与外人订约之事，亦无各国不许我优待本国商民免税之理”，强调“国家提倡工业，免税为自有之权”，对洋商和各国外交官的借口干涉不能迁就③。1902年清政府与英、美、日等国重订“商约”，宗旨是“加税免厘”，中国与英、美先谈判，对英、美的索求有允有拒，但迫使英、美接受了出入口货税加至百分之十二点五的税率。但日本不肯接受英、美同样的条件，声称进出口货税只能“值百抽十”，

① 胡钧：《张文襄公年谱》，文海出版社1980年影印，卷3，第10、11页；卷4，第3页；卷5，第6页。

② 王树枬：《张文襄公全集》第54卷，“奏议”54，北平文华斋1928年刻，第20～21页。

③ 王树枬：《张文襄公全集》第68卷，“奏议”68，北平文华斋1928年刻，第19～21页。

并要求“由日本运进中国之煤炭、棉纱及一切棉货概不加税”。朝廷将此棘手交涉委于张之洞，而张氏在谈判地点、程序、内容上都坚持自己的原因，折冲一年，最终使日本接受了与英、美同样的标准，“一律照输无异”①。

还有几件交涉也能体现张氏抵制洋商、保护华商的态度。“汉口沿江十里上下，华商船只停泊之界仅得里许，其余皆属各国租界，不准华船停泊”，1895 年日本大阪轮船公司在汉口日本租界划定之前，曾“借华界安设趸船”，并表示“一二年内租界开定即可迁移”，不料六七年后，尽管日本租界早已划定，大阪轮船公司的趸船仍不迁移。张之洞为此屡次派人与该公司及日本驻汉领事交涉，称“此事既于中国民命、商务均有大害……断断不能永不迁移”，并曾亲与日本公使“辩论利害，几至决裂”。1902 年德商亦仿日商要求在华界安设趸船，被张之洞拒绝②。1897 年湖南矿务委员陈季同在上海与洋商戴玛德订立合同，议定衡州府水口山矿所产黑白铅砂“概归（戴玛德）承买，每担价银一两一钱”。张氏闻知后急致函湘抚，指出该合同不仅授人以柄，将导致“华人出资出力，而洋人坐收全利”；而“此等大事，并无地方大员”“作主”，不合体制。并举例说“湖北办矿不许洋商入股”。在张氏的强力干预下，“合同旋废”③。故不能说张氏维护“国权”、“商利”仅限于空言。

张之洞重视铁路建设，认为铁路不仅“利于用兵”，“尤以开通土货为急”。从 19 世纪 80 年代末开始，他就极力鼓吹先修“腹省干路”。在张氏的大力促成、筹划之下，卢汉（后称京汉）铁路于 1905 年全线通车。在计划该路之始，张氏即提出成立铁路总公司，“萃四方之商力”。向国内商人和南洋侨商招股七百万两，南北洋地方官库提款三百万两，

① 王树枏：《张文襄公全集》第 61 卷，“奏议”61，北平文华斋 1928 年刻，第 10～15 页。

② 胡钧：《张文襄公年谱》，文海出版社 1980 年版，卷 5，第 5 页；卷 4，第 19 页。

③ 胡钧：《张文襄公年谱》卷 3，文海出版社 1980 年版，第 20 页。

国库提款一千万两，即内资共二千万两，再借洋款二千万两。但由于官款无着，招商也得不到踊跃响应，只好在 1898 年向比利时借款一亿一千二百五十万法郎来修筑。而比利时在俄、法等到国支持下，仍然获取了诸如“调度经理、行车生利”的部分路权。

在筹划卢汉铁路的同时，粤、湘、鄂三省绅商提出自行集股，修筑粤汉铁路。张之洞认为三省绅商没有足够财力，故主张官督商办。但 1900 年铁路督办大臣盛宣怀与美国合兴公司签订合同，借款四百万英镑，同意合兴公司派员勘探、筑路并“照管驶车等事”，还规定五十年后中国还清债款方可收回铁路全部管理之权。合同签订之后，粤、湘、鄂三省绅民大为不满，加上合兴公司拖延执行合同，并违约将三分之一公司股票卖与比利时。从而引起三省商民强烈反对，要求废除合同，收回路权，由三省筹款自办。张之洞支持废约，并向朝廷建议“必须祖美者不与闻，方免横生枝节。”朝廷责成由张之洞、梁诚经办此事，通过艰苦交涉，1904 年中国终以六百七十五万美元的偿价赎回路权。1905 年张之洞奉旨督办粤汉铁路，其先他曾同意三省“各筹各款，各修各路”。但到 1906 年冬又提出铁路“商办窒碍难行，应定为官督商办”，不再支持铁路完全商办。到 1909 年 5 月他死前不久，更与德、英、法三国银行团签订《湖广铁路借款合同》，以年息五厘借款五百五十万英镑来筑该路。此事激起大规模的反抗浪潮，三省股民、民众及革命者无不指斥张之洞“卖路”，《东方杂志》上的文章也批评其“以官办压商办，以外资压内资”①。

张之洞为何不允许铁路完全商办，而且要去借外债呢？这里既是客观条件使然，也有他主观认识的原因。归纳起来不外如下几点。

其一，张氏认为铁路“虽系便商之要策，生财之大宗，然与别项商业不同，实关系全国之脉络，政令之迟速，兵机之利钝，民食之盈虚”。

① 冯天瑜、何晓明：《张之洞评传》，南京大学出版社 1991 年版，第 131～132、321～322 页。

“若统归商办则利权固嫌下移……况一切购买地基，商迁庐墓，弹压地方，以后常年巡护，事关十数州县，仍非官为出力不可，如竟使官独为其难而商全享其利”，固然不行，商人因不相信有此等好事也不敢投资；“若统归官办，则经费较巨筹款不易，且无以慰商人欣羡之情”，所以铁路只能“官商合办”。合办时“国家所宜与商民公之者利”，即获益由官股、商股均分；“所不能听商民专之者权”，即官权商权应划分清楚，“用人、用财及一切买地、购料、雇工，凡计费、筹款、管理、出纳之事，皆以股东公议为定，此商之权也”，“官之权皆治理安危之事也”，“商权官断不侵，官权商亦不抗”。路成通车之后，“国家既有保护维持之大惠，则应如何纳税，东西洋各国自有通例，断不格外苛征”①。这是张氏主张铁路由官商合办的一贯立场，其中的合理性不言而喻。

其二，由津卢、卢汉等铁路筹款的先例，已证实华商或因担心政策变化，或因胆识与实力不足，无法承担全部投资。天津至卢沟桥一段短短铁路，尽力招商股仅得四十万两，仍靠户部和北洋筹款二百万两才修成。卢汉铁路预计需款三四千万两，朝廷曾谕令集股在千万两以上者，准其设立公司自行兴办，结果仅三四人申报，经考察或资金不足，或暗含洋商股金。迁延数年毫无着落，最后仍是向比利时借债筑成。而1905年后拟商办粤汉铁路的三省，除广东已集股金五成之外，两湖所集股金仅为十之一二，商人内部又存在分歧争攘，公司管理不善，未曾开工已耗费不少，股东迭有怨言。加上各省招股章程内容不一，广东、湖北答允“担任赎路之款，及自行保息付息”；湖南的章程却“于赎路还款全未筹及，且权利全须归商，而所招之股反欲官为筹款保息”。这样不仅归还赎路官款毫无着落，而且铁路无把握建成，大小股东的投资也可能全付东流。张之洞身负督办粤汉铁路之责，不能不虑及这点。

其三，在官款、商款均不可恃的情况下，借洋债成了唯一选择。但

① 王树枏：《张文襄公全集》第68卷，“奏议”68，北平文华斋1928年刻，第12～13、15～16页。

张氏坚持了“以不入洋股为要义”，即明确洋债不是洋股，中国在约定时间内付息还本，债权人不干预路事路权。政府以所借洋债折为官股先期投入铁路建设，借此鼓励商人集股投资，再用商股之款陆续偿还洋债①。所以平允地说，张之洞并没有“卖路”，也没有排除商人的投资收利权益。当然事情不能尽如张氏设想，洋商和外国政府不会满足于仅仅借债生利，必然借机攘夺更多利权。张氏一贯厌恶“民权”，故强调“国家所宜与商民公之者利，所不能听商民专之者权”，因而主张官府与商民在铁路问题上划分权责；但到张氏死后，穷凶恶极的清王朝以“铁路国有”为名，不仅向外国出卖路权，而且要吞没大多数商股本息，这更非张氏始料所及。

张之洞于铁路建设和管理上应由国家“总持大纲”的主张，与后来清政府的“铁路国有”、排斥并侵夺商利不同，他只是不允许铁路完全商办，但鼓励商民投资，并设法维护其利益。他曾上奏说，“铁路股本，臣向持官民各半之议”，虽然“粤汉、川汉铁路款项决意由官借款兴修，以期速效”，但仍应“准本省商民永远附股一半，借为利用厚生之资”，而且对商民投股应“迟早任便，不必迫以年限，以恤民隐”②。所以说张氏关于铁路利权分配的设想，并未完全背离他一贯维护商民的态度。

清末武汉的商业有长足发展。从1896年到1905年，汉口的对内对外贸易额增长一倍多。1906年，汉口港进出口贸易占全国贸易额的12.04%，仅略逊于上海。在其后两三年中，汉口的贸易额每年均在一亿三千万两左右，“观察者艳称为东洋之芝加哥”。在此期间，武汉地区民营工矿业也迅速发展，据统计，1895—1913年，本地有民营厂矿28家，比上海的83家要少，但多于天津（17家）和广州（16家）；资本总额

① 王树枬：《张文襄公全集》第44卷，“奏议”44，北平文华斋1928年刻，第24～26页。

② 王树枬：《张文襄公全集》第70卷，“奏议”70，北平文华斋1928年刻，第26、37页。

1724万元，仅次于上海（2387万元），多于广州（579万元）和天津（421万元）①，工商业发达状况均位居全国第二。对于武汉历史上的这一段辉煌，过度夸大张之洞的作用固然肤浅偏颇，但完全否认这种因素也有失于客观公正。

第六节　过渡人物的思想性格

清末20余年是中国社会和思想急剧过渡的时代，张之洞作为忠心卫道的儒臣和具有进取之心的封疆大吏，其所作为，既有加速促进湖北社会转型的一面，又有极力维护固有秩序的一面；而每当事态发展到他认为不可容许之时，他就毫不犹豫地站到变革和革命的对立面。在对待外国势力方面，张之洞的态度则有一个从抗争到维持的变化过程，总的趋势是由强硬到软弱。他的思想核心则是人们耳熟能详的“中学为体，西学为用”。

一、忠心卫道，甘当鹰犬

张之洞在湖北推行的晚期洋务“新政”，包括兴办近代企业、创设新式学堂、派遣留学生和编练新军，直至因此而设立若干新式职能机构和引进新的管理、训练、教育方法，借鉴一些新的知识，但仍未超出物质建设和技能养成的有限范围，且正如其幕僚辜鸿铭所说：“文襄之效西法，非慕欧化也；文襄之图富强，志不在富强也。盖欲借富强以保中国，保中国即所以保名教。”② 张之洞本人也一再以“保国、保教、保种”之责自命，其实质是把维护清王朝的统治置于不可动摇的地位。任何时候任何群体对此稍有逾越，就会遭到张之洞的反对和镇压，这主要表现为下述几事。

---

① 冯天瑜，何晓明：《张之洞评传》，南京大学出版社1991年版，第133、135页。

② 辜鸿铭：《张文襄幕府纪闻》卷上，“清流党”，宣统二年刻，第9～10页。

一是从赞成维新到“绝康、梁并以谢天下”。1895 年夏，康有为在北京发起组织强学会。张之洞因康有为等主张“（对日）拒和、迁都、变法”，且变法的具体内容除了开设议院、伸张民权之外，其余练海陆军、造铁路、开学堂、讲商务、求工政等均与自己平素主张相合，加上张之洞在湖北辛勤经营“新政”却屡遭守旧派物议和握有实权的李鸿章掣肘，也想借助帝党和维新派的力量，施展自己的抱负，于是他不仅允许自己的儿子张仁权充当了北京强学会的发起人之一，他本人也捐银 5 000 两以助会资。同年 9 月，康有为到南京会晤张之洞时，请他出面设立上海强学会。张之洞慨然应允，捐银 1 500 两，并同意以自己的名义刊布康有为撰写的《上海强学会序》。1896 年 7 月《时务报》在上海创刊后，张之洞称誉其“识见正大，议论切要，足以增广见闻，激发志气。……实为中国创始第一种有益之报”①，指示在两湖用官款订购，按期寄送各大小衙门及书院学堂供人阅读。

但是张之洞历来厌恶公羊学，不赞成康有为的“孔子改制”说，尤其坚持专制制度，认为“民权之说，无一益而有百害”②，故对维新派多所防范，《时务报》上凡有被张之洞认为“悖谬”的文章，他立即予以干涉，或指使人撰文批驳，或下令不准寄送，更指派自己的心腹幕僚汪康年担任《时务报》馆总理，控制和排斥主笔梁启超，终于使梁启超在办完 56 期（册）后愤而离去。《时务报》遂完全落入汪康年之手，宣传张之洞的思想观点。

1898 年 6 月，当维新运动进入高潮，新旧两派剑拔弩张的关键时刻，张之洞推出其“会通中西，权衡新旧”的精心之作《劝学篇》。此书既是张之洞一贯立场的表白和思想理论的系统总结，也可以说是张之洞“预为自保计”的产物。辜鸿铭道出其底蕴说：“文襄之作《劝学篇》，又

---

① 《鄂督张饬行全省官销时务报札》，《时务报》1896 年第 6 册，第 9 页。

② 王树枬：《张文襄公全集》第 202 卷，《劝学篇》1，北平文华斋 1928 年刻，第 23 页。

文襄之不得已也，绝康、梁并以谢天下耳。”① 9月，以慈禧为首的顽固派发动戊戌政变，杀害谭嗣同等“六君子”，严令通缉康有为、梁启超。支持过维新运动的官员如湖南巡抚陈宝箴、按察使黄遵宪、学政江标，甚至前已开缺回籍的军机大臣翁同龢等均遭到惩处，但张之洞却“以先著《劝学篇》得免议”。事后，康、梁亡命日本，创办《清议报》，继续宣传变法，同时批判申讨张之洞。张之洞亦参加了对维新党人的迫害，多次致电日本驻上海领事，要求日本政府查禁《清议报》，驱逐康、梁等人出境。

二是仇视义和团，镇压自立军起事。1899年，义和团反帝爱国运动在山东、河北形成高潮，并很快向京、津发展。张之洞反对“招抚”义和团，上奏力称“从古无国内乱民横行惨杀而可以治国者”②，主张对团众“痛加攻剿”。他对最高当局的种种误国罪行和列强侵华的暴行一概开脱，反而责怪义和团“因仇教而殃及良民，名灭洋而实祸中国”，使“京畿兵民伤亡无数，财产焚毁亿万”③，一再建议对各地团众“开枪轰击”，“格杀勿论”。对于治下的湖北，张之洞防范甚严。黄陂县有两人系从山东平谷和北京回来者，带有义和团的宣传品和符箓咒语，并立坛演习，张之洞得报后，严札派员查拿练拳绅户，收缴全部“邪书”和符箓咒语，并将为首者押解来省。同时对湖北境内利川、枣阳等地发生的群众反洋教斗争，迅速予以镇压平定。

张之洞同时还扑灭了筹备中的自立军汉口起事。1899年底，唐才常、林圭、傅慈祥、吴禄贞奉康、梁保皇会和孙中山兴中会的双重使命，从日本回国，翌年组成自立会，联络大刀会等反清会党和部分新军，仿效会党开“富有”山堂，发行“富有”票布和反清勤王的揭帖。之后又组建自立军5部，准备择定日期，在鄂、湘、皖等地同时举事。唐才常

① 辜鸿铭：《张文襄幕府纪闻》卷上，“清流党”，宣统二年刻，第10页。
② 王树枏：《张文襄公全集》第80卷，“电奏”8，北平文华斋1928年刻，第23页。
③ 王树枏：《张文襄公全集》第160卷，“电牍”39，北平文华斋1928年刻，第30页。

选中武汉作为举事中心，在汉口设立了指挥机关，原定在1900年8月9日（农历七月十五日）数省同时举事，但因康有为答允的海外筹款迟迟不至，唐才常只得将起事日期推后。吴禄贞在安徽大通未接到延期通知，按期行动，因势孤力单而失败。唐才常见事已泄露，遂下令定于8月23日（农历七月二十九日）在三镇同时发难，占领武汉后“由河南出兵西指，劫持西后，为挟天子以令诸侯之图”①。

张之洞对自立军的活动和计划均大体掌握，故严加防范，密切注视，但先不加干涉，而是静待时局变化。因为义和团运动高潮期间，慈禧向各国宣战，得罪了列强，逃往西安且地位不稳；而列强尤其是英国正力图策动地方督抚脱离慈禧集团“独立”，故默许自立军的活动及其拥戴张之洞在两湖“独立”的计划。张之洞因此举棋不定。到8月中旬，情况发生变化。列强认为彻底瓜分中国既不可能，那么从形式上维持中国的独立和统一、扶持一个傀儡中央政府将对他们更为有利，因此慈禧保住位置的可能性大增，而策动南方各省“独立”以及以反对慈禧为主要目标的自立军起事均失去了利用的价值。张之洞看准了这一点，遂在8月21日照会汉口各国领事，尤其是取得了英国领事签字同意之后，即于22日凌晨派兵包围了设在汉口英租界与华界相接处的李慎德堂的自立军总机关，以及另一秘密据点前花楼街宝顺里4号，捕获唐才常、林圭、傅慈祥、李炳寰、田邦浚、黎科、蔡成煜等20余人，突击审讯后即全部杀害于武昌紫阳湖畔。此后连日被镇压的会党成员不下数百人，省城武昌几乎“杀人无虚日”。唐才常等人被杀，对于谋求变革的人是一大教训，他们终于认识到康、梁的保皇会宗旨不明，不足成事；地方督抚首鼠两端且自私残忍，更不可寄予幻想。民主革命的思想逐渐萌生。

三是派兵镇压各地起义。张之洞编练新军，标榜的是“御外侮”，实际上首先是用于镇压人民起义。1902年7月，湖北新军草创伊始，广西巡抚岑春煊就曾奏请调遣湖北武建军第8营，去镇压广西会党的反清起

① 杜迈之等：《自立会史料集》，岳麓书社1983年版，第64页。

义。1906年3月，河南西平、遂平等县有警，张之洞马上派湖北新军前往“保护铁路及附近教堂”。

1906年12月4日，萍浏醴起义爆发。张之洞接到有关地方官员的告急电报之后，迅即命令湖北新军第8镇第15协协统和29标标统等，率29标步队三个营和炮队两队驰援。鉴于起义军人多势众，他又于12月18日再派第33标全标三个营及炮队一队赴浏阳会剿。仅浏阳一带被捕杀的起义群众即达2 500人以上。在此过程中，张之洞鉴于岳州空虚，曾另派两个营赴岳州布防。事平后还留下部分湖北新军继续驻扎在浏阳、醴陵一带。在镇压萍浏醴起义中，湖北新军共出动两个标的六个营、炮队三队，加上在岳阳布防的两个营，共约4 000余人，占两湖、江西、江苏共同投入官兵的1/3以上，实际上充当了镇压这次起义的主力①。

二、从争持到依赖“均势”

再看张之洞对待外国列强的态度。应该说，张之洞对列强要吞并灭亡中国的野心是有所认识的，他在1898年曾说：“看此时势，中国危矣。各国急欲吞裂分噬不我待矣。要政甚多，俱恐赶办不及。唯有练兵修铁路两事是救死急着。”② 早年，当他还在京作言官、属于清流派时，对崇厚与俄国签订的《中俄条约》极力加以批评，先后上疏20余次，终于和左宗棠、刘坤一、陈宝琛等共同促成了派出曾纪泽与俄国重开谈判，收回伊犁以西部分的国土。1884年6月，张之洞接任两广总督。当时正值中法战争在海、陆两战场展开，他坚决主战，采取措施切实加强广东防务，多次资助福建、台湾的抗法战斗，保护英勇抗法的刘永福等黑旗军将士，起用老将冯子材，为抗法战争的局部胜利作出了贡献。此后，张

① 湖北省地方志编纂委员会：《湖北省志·大事记》，湖北人民出版社1990年版，第132～133页。

② 王树枬：《张文襄公全集》第154卷，“电牍”33，北平文华斋1928年刻，第31页。

之洞对李鸿章的撤军求和、签订承认越南由法国保护的屈辱条约多次加以抨击，并对外国人对中国“愚侮至此”愤恨不已。

1894 年 6 月，中日甲午战争爆发，张之洞亦坚决主战，曾派遣湖北提督吴凤柱率马队 3 营，参将熊铁生率步、马 10 营，副将吴元恺率炮队 4 营北上，在天津至山海关一带布防。对于取道湖北北上的他省部队，张之洞也予以饷、械援助。还拨款 42 万两，从德、奥等国购置新式步枪 1 万枝、子弹 700 万发、大炮 30 尊、炮弹 1.4 万发，加强北上军队火力。同时命令湖北水陆防营进入临战状态，加紧操练，修缮和加筑沿江炮台。同年 11 月，张之洞赴南京署理两江总督，急调冯子材驻守长江海口；并多方筹措巨额军费，在长江下游沿岸多处改造炮台，添置新式火炮，加强了长江的防务力量。

当中国在甲午战争中势成败局，慈禧、李鸿章向日本求和之际，张之洞极力反对，称“倭寇无故开衅，妄肆要求，传闻所索数条，贪狠狂悖，实堪发指，若许之中国不能立国矣。目前和议，断不能成”①。《马关条约》签订后，张之洞屡电总理衙门，逐条剖析条约对中国的严重危害，怒斥李鸿章“敢于犯天下之大不韪”，“恐宋臣秦桧明臣仇鸾之奸尚未至此”；同时，对最高统治者的妥协投降表示不满，说：“坐视赤县神州，自我而沦为异域，皇太后、皇上将如后世史书何?”②

张之洞高度重视台湾问题。战争期间，因台湾巡抚唐景崧、守将刘永福均系张之洞督粤时部属，故不仅对二人施加影响，激励唐、刘坚持抵抗，而且曾拨枪 1 600 余支、子弹 100 万发及军饷若干，运往台湾。《马关条约》规定割让台湾之后，张之洞仍然支持唐、刘坚守，并不顾清廷禁令，再拨银 30 万两，经英国汇丰银行汇往台湾，还继续通过各种途径给台湾军民接济饷械。妥协派对张之洞的行为十分恼怒，李鸿章竟奏称“台民叛”系为张之洞“主使”，朝廷也再三严令绝对禁止“济台”。

---

① 王树枬：《张文襄公全集》第 141 卷，“电牍”20，北平文华斋 1928 年刻，第 2 页。

② 王树枬：《张文襄公全集》第 77 卷，“电奏”5，北平文华斋 1928 年刻，第 4 页。

张之洞万不得已，当刘永福致电乞求，“天下仰我公一人，乞为大局计，痛哭流血，乞速设法救援，守走死生，望公一言为定”时，他终于只能表示：“今或去或留，仍请阁下自酌，鄙人不敢与闻。至协济饷械，叠奉谕旨严禁，万不敢违，愧歉万分，务祈原谅。”① 当大陆最后一条援救渠道断绝之后，刘永福再也无法长期坚持抵抗，到9月即弹尽粮绝而撤回厦门，台湾完全陷落。

张之洞在甲午战争中表现出一定的爱国精神，而且他也高度重视上下一心、全力作战守准备的重要性，但是也表现出两个致命的弱点，一是寄希望于“以夷制夷”，一是为保权位而最终听命于朝廷。关于前者，见之于张之洞在战争中曾多方设法“借英俄之势以制日”、“募洋军攻打日本”；在《马关条约》确定割让台湾以后，张之洞还致电唐景崧，提出将台湾押与英国，求其派舰保卫。结果这些幻想均一一落空。当然即使成功也不过是前门拒狼，后门揖虎，中国仍然无法避免被瓜分的危险。关于后者，表明张之洞作为儒臣和疆吏，听命于朝廷总是其最后的选择。

甲午战争之后，列强掀起瓜分中国的狂潮。张之洞彻底失去了中国人自己以武力捍卫主权的信心，转向“利用均势，羁縻牵制”的应付策略，只求维持清王朝形式上的“主权”地位。其最突出的表现，就是1900年的策划“东南互保”。

前已述及，在1899—1900年的义和团反帝爱国运动期间，张之洞极为仇恨义和团，力主镇压各地拳民。与此同时，他信誓旦旦地向帝国主义保证，自己会“力任保护洋人”，称“两湖地方，本部堂力任保护，当不致痞匪滋生事端。即使偶有生事猝防不及者，乌合之众，官兵威力亦可立时弹压扑灭，断断不能任其滋蔓”②。表示在他统治下的两湖，不允许发生北方义和团那样的反洋教、毁教堂事件。1900年6月21日清廷

① 王树枬：《张文襄公全集》第148卷，“电牍”27，北平文华斋1928年刻，第1页。

② 王树枬：《张文襄公全集》第103卷，“公牍”18，北平文华斋1928年刻，第18～19页。

颁布了对各国宣战和招抚义和团的上谕之后，张之洞、刘坤一等东南督抚相约决定，凡6月20日以后之上谕概不奉行。此后清廷连发谕旨，令各督抚“筹兵筹饷”，“驰赴京师听候调用”，张之洞等都借口“保护地方”，按兵不动。

在此期间，张之洞、刘坤一等多方派人与各国领事接触试探。他们通过盛宣怀穿针引线，由上海道余联沅出面，与各国驻上海领事达成“谅解”，制定了《东南保护约款》。其最主要之点就是张之洞提出的“上海租界归各国公同保护，长江及苏杭内地均归各督抚保护，两不相扰，以保全中外商民人命产业为主”①。意思是在刘坤一统治下的两江和张之洞统治下的两湖，不追随朝廷向各国开战，反而会由督抚保护外国人的生命财产和一切利益，各国亦不派兵到长江流域示威和动武。随后，两广总督李鸿章、闽浙总督许应骙、山东巡抚袁世凯亦纷纷效尤，对京津军民与八国联军的战争作壁上观。

张之洞等敢于对朝廷的宣战上谕“犯颜抗命”，依靠的就是帝国主义的支持。当然他处世圆滑，凡事留有余地，在勾结帝国主义“互保”时，也一再向朝廷上奏，反复陈述“无一国与各强国开衅之理”；称“互保”之利在“留东南数省尚可接济京师，安靖北五省人心，即或西幸偏安，尚有地步”。当慈禧逃到西安，而且张之洞在了解到帝国主义仍将保留和利用慈禧的最高统治地位后，就极力修复自己和慈禧之间的裂痕，不仅镇压了唐才常的自立军起事，又主动派兵护驾和购米、拨枪炮运往西安。而慈禧因张之洞等背后有帝国主义支持，更重要的是，她终于接受了张之洞的“中国一线生机，只在各国牵制一语”，认为只有依赖“均势”，才能维持自己的傀儡统治，故无耻地表示要“量中华之物力，结与国之欢心”，因而不仅未处分张之洞，反而对他更加倚重。

当然，张之洞毕竟不是妥协投降派，在一些力所能及的范围内，他还是争取维护中国的主权和利益。90年代初，他在处理湖北各地教案

① 王树枬：《张文襄公全集》第161卷，“电牍”40，北平文华斋1928年刻，第2页。

时，虽然不像《张文襄公治鄂记》所美化的那样，“以保主权、守条约、卫人民为主旨”，不至于像其他媚外疆吏那样“惧酿重大交涉”，“多杀无辜，以谢外人”①，但的确不是对外人有求必应。举凡对外国人的夸大事态和损失程度、要求多给赔偿和严惩闹教群众的无理讹诈等，他均能据理力争，故赔款和惩处群众有限。1892 年，襄阳发生几起教案，法国领事要求严办，并要中国地方官派兵保护教堂。张之洞提出，教民是中国人，故民教冲突应由地方官审办，这是有关中国主权之事，外国传教士和领事不应干预；至于中国军队如何驻扎安排，“惟当局者能知其扼要，岂外人所得搀预议论?”② 抵制了法国领事的无理要求。当然，进入 20 世纪后，由于张之洞对外国的态度趋于软弱，加上发生教案时多伴有会党反清武装斗争，所以张之洞曾经屡派大军加以“剿办”。

处置租界的情形亦复如是。90 年代初，张之洞曾认为租界“流弊无穷”，设法加以限制。针对外国人占地往往是通过筑马路来蚕食的伎俩，他决定“凡租界外洋人马路已到之处，即于其地接造马路一段，迎头拦截，彼自不能轶出范围”，同时严禁华人私卖土地与洋人，违者严治其罪③。当 1891 年俄国人提出在汉阳梅子山一带划定俄国租界时，张之洞亦坚决不允。直到甲午战争之前，汉口只有英租界。

但是甲午战争之后，德、俄、法三国借口干涉还辽有功，极力在中国扩大势力范围，遂在汉口开辟租界；日本亦乘战胜之威，紧随其后在汉口开辟租界。由于开辟租界之事，均系先由各国迫使朝廷的总理衙门同意，张之洞等督抚只能奉命谨行。之后他所能做的，只是在 1902 年法国要把租界拓展到卢汉铁路所经地段时，坚定地予以拒绝。1906 年，日本要求将汉口大智门外毗连铁路、靠近德日租界的千余亩土地租与日本，亦为张之洞所拒（但次年日本改为沿江向下拓展，新增租界 300 余亩得逞）。比利时从 1898 年到 1907 年也一直纠缠要求在汉口刘家庙开辟租

①② 张继煦：《张文襄公治鄂记》，湖北通志馆 1947 年版，第 46、48 页。
③ 王树枏：《张文襄公全集》第 42 卷，“奏议”42，北平文华斋 1928 年刻，第 3 页。

界，张之洞坚持未允。

张之洞的最后防线是在经济上多少为中国挽回了一些“利权”。为此，他创办了前述官办企业，也采取了若干措施扶助民间工商业，同时在外国资本如潮水涌入的形势下，仍然严禁在铁路、矿山等要害部门容许外国势力插手。从1896年到1900年，他在湖北多次拒绝英法商人附股合办煤铁矿的要求，取缔私下开办的合资矿井。1900年以后，由于朝廷与各国议定，允许中外合资办矿，张之洞才改变态度，但仍然严格执行朝廷有关指示，如规定外商不能独资开矿，合资中外国股份“只许占一半”、“外国矿商不能充地面业主”等。

在修筑铁路方面，张之洞极为强调国家控制。修筑卢汉铁路时，由于政府无此财力，张之洞同意由各省富商设立公司，集股兴办，但由于沪、粤富商观望不前而困难重重，只好“暂借洋债造路，陆续招股分还”。但他强调此系借“洋债”而非招“洋股”，两者性质和后果均不相同，“路归洋股则路权倒持于彼，款归借债则路权仍属于我”①。1900年，铁路大臣盛宣怀将粤汉铁路修筑权给予美国合兴公司，合兴公司违约把公司股票的1/3卖给比利时，引起鄂、湘、粤三省绅商反对。张之洞不满盛宣怀所为，支持收回粤汉铁路修筑权。1905年，中国终于解除了同美国合兴公司的约定。

但张之洞的想法并不完全同于各省绅商。各省绅商主张收回路权后由民间集资商办。张之洞则认为，“铁路为全国利权所关，不甘让利于商，更不肯让权于商”；“江浙粤等省铁路，绅民皆争商办，气习嚣张，极为无理”②，故不允铁路商办。收回铁路修筑权之后，他仍是主张通过“借洋债”来实现“官办”和“国有”。但实际上同意借款的西方国家，绝不会放过这一要挟和控制中国的机会。此后张之洞派人与英国商定铁

① 王树枬：《张文襄公全集》第44卷，“奏议”44，北平文华斋1928年刻，第3～5页。

② 宓汝成：《中国近代铁路史资料》第3册，中华书局1963年版，第1 195页。

路借款时，英国人“节外生枝”，“多端要挟”，“始争抵押，继争总工程司权限及材料用英货等，而折扣利息之昂，较诸初议，大相径庭”①。德国、美国、俄国、日本亦争相而至，最后酿成四国银行团及其政府照会中国，要求速订正式借款合同的严重局面。张之洞的官办企业负债累累，濒于破产，他“借债筑路”给中国造成了更大的危机。因而可以说，他的最后一道防线也趋于崩溃。

三、《劝学篇》与“中体西用”论

1898年春，当戊戌维新呼之欲出之际，张之洞开始在湖北撰写《劝学篇》。至农历七月，当顽固派发起反扑之前，张之洞完稿并进呈御览。张之洞在该书序言中说，他是有感于当时“图救时者言新学，虑害道者守旧学，莫衷于一。旧者因噎而食废，新者歧多而羊亡。旧者不知通，新者不知本。不知通则无应敌制变之术，不知本则有菲薄名教之心”的混乱且对立的思想状况，才“规时势，综本末”撰写此书的，目的是“会通中西，权衡新旧”。

《劝学篇》分上下两卷，共24篇，4万余言。内篇首揭“同心”之义，即劝新旧双方均“激发忠爱，讲求富强，尊朝廷，卫社稷”②，以此作为最根本的出发点。然后以“内篇务本，以正人心；外篇务通，以开风气”来展开全书思路。其所谓“本”，就是关乎世道人心的纲常名教，故谓“夫不可变者，伦纪也，非法制也；圣道也，非器械也；心术也，非工艺也”。“五伦之要，百行之原。相传数千年，更无异议，圣人所以为圣人，中国所以为中国，实在于此。故知君臣之纲，则民权之说不可行也；知父子之纲，则父子同罪免丧废祀之说不可行也；知夫妇之纲，则男女平权之说不可行也。”③可见张之洞的“务本”，名为保存中国的特

① 伧父：《川路事变记》，《东方杂志》1911年第8卷第8期，“国内近事”，第38页。
②③ 王树枬：《张文襄公全集》第202卷，《劝学篇》1，北平文华斋1928年刻，序言第1页，正文第3、13页。

性，实质是具体指责一切平等进步的主张为“不知本”、“忘圣”和“忘亲”。其锋芒所指是非常明显的，其宗旨仍是“卫道”。

外篇谈“开新”。张之洞认为：“西政西学，果其有益于中国、无损于圣教者，虽于古无征，为之固亦不嫌。”他还具体界定说：“学校、地理、度支、赋税、武备、律例、劝工、通商，西政也。算、绘、矿、医、声、光、化、电，西艺也。”① 应通过“政艺兼学”来开通风气，即仿行西方的科学技术、大工业生产方式、某些专门行业的管理制度和有关社会设施，以适应“今日之世变”。他还总结说，“中学为内学，西学为外学，中学治身心，西学应世事”②，即“中学为体，西学为用”，两者结合，方为“会通”。也只有如此，才能达到“保国、保教、保种”的根本目的。

《劝学篇》呈送朝廷后，受到顽固派后台慈禧的赞赏，锐意革新的光绪帝也称赞该书“持论平正通达，于学术人心大有裨益”。于是旬日之内，三易版本，刊印逾200万册，一时风行天下，成为中国思想界关注的焦点。顽固派高度推崇张之洞与他的这本书，称“疆臣佼佼厥南皮，《劝学》数篇挽澜作柱”。改革派则尖锐批评该书。梁启超轻蔑地说：“嗫嗫嚅嚅者何足道？不三十年将化为灰烬，为尘埃野马，其灰其尘，偶因风扬起，闻者犹将掩鼻而过之。”③ 何启、胡礼垣更指责该书“足以阻新政之行”，“不特无益于时，然且大累于世。……深恐似此之说出自大吏……又害我中国十年”④。西方教会来华人士曾将该书译为英文，在《教务杂志》上逐月连载达一年之久，1900年又改名为《中国唯一之希望》，在纽约出版单行本。《劝学篇》之所以引起众说纷纭，除了张之洞本人当时为世人瞩目之外，更主要的原因是“中体西用”这个命题深深

①② 王树枏：《张文襄公全集》第203卷，《劝学篇》2，北平文华斋1928年刻，第9、48页。

③ 梁启超：《地球第一守旧党》，《饮冰室合集》专集之二，中华书局1936年版，第7页。

④ 胡礼垣：《劝学篇书后·序》，《胡翼南先生全集》第15卷，香江胡氏书斋1916年刻本，第1～2页。

涉及当时中国人思想上行动上的困惑，以及由此产生的分歧和对立。

如果说“中体西用”是富于文化传统的中国人在近代逐渐形成的对待中西文化关系的模式之一，那么，张之洞在思想理论上对这一模式的最终定型是有作用的。远的不说，就从19世纪60年代说起，当时冯桂芬首先明确提出“以中国之伦常名教为本”，“辅以诸国富强之术”的观点。70年代王韬又说：“器则取诸西国，道则备自当躬。”80年代薛福成说：“取西人器数之学，以卫吾尧舜禹汤文武周孔之道。”90年代郑观应更是主张“中学其体也，西学其末也；主以中学，辅以西学”。1896年8月，孙家鼐在《议复开办京师大学堂折》中曾详论中西学的关系：“应以中学为主，西学为辅；中学为体，西学为用；中学有未备者，以西学补之；中学其失传者，以西学还之；以中学包罗西学，不能以西学凌驾中学。”① 可见在张之洞前，类似主张已流行30余年，而且基本观点都已形成了。但是，张之洞的“中体西用”论，由于具有自身的特点和时代赋予的特定意义而特别引人关注。

首先，因为集前人之成，张之洞的思想得以形成较完备的体系，而且无论是对中学还是西学，均通过“正名”即界定形成有弃有取的抉择。关于中学，他强调的是孔子儒学的正宗地位，以孔学包罗中国文化传统，极力阐发孔学兴教化、正人心的社会功能，即纲常名教指导下的君臣、父子、夫妇关系，以实现其“以孝弟忠信为德，以尊主庇民为政”的治国理想。而对于上古的原始民主传统、孟子的“民贵君轻”之说、诸子的百家争鸣、明清以来的反君主专制学说等，均弃置不道。在西学方面，张之洞将其认为可以借鉴和移植的内容归结为前述“西政”和“西艺”，但绝对排斥民权、自由、平等之说。为了“会通”中西，他爬梳古书，极力论证中国古经中已包含“西政”“西艺”之学，以说明中学不仅应该而且足以成为人们治学行事的“根底”。

① 中国史学会：《中国近代史资料丛刊·戊戌变法》（二），神州国光社1953年版，第426页。

其次，张之洞在湖北举办洋务"新政"，力图以其"实行"向人们证实其"中体西用"的可操作性。张之洞在湖北兴办各种学堂，既灌输忠君爱国思想，又开设西学课程，同时兴办近代轻重工业，编练新军，广派游学等，与他在《劝学篇》外篇中所列举的"开风气"内容，如益智、游学、设学、广译、阅报、变法、变科第、兴农工商、讲兵学、讲矿学、筑铁路等，包含有一定的理论—实践对应关系。如果说其先筹办洋务的曾国藩、左宗棠、李鸿章缺少思想理论，而前述冯桂芬、王韬、薛福成、郑观应、孙家鼐有所议论而又缺乏全面实行的话，那么张之洞则以疆臣的权势努力贯彻着自己的信念，在一定程度上做到了理念和实际操作的结合。所以，张之洞不仅是"中体西用"的"最乐道者"，也是"最力行者"。

最后，张之洞在展开其思想理论的时候，一方面以折中的姿态出现，对"守旧而不知变"、"喜新而不知本"的两极对立倾向，一一加以剖析批评，主张化除新旧畛域，会通中西；另一方面，其思想重点仍然放在肯定和弘扬中学方面，批驳的对象主要是"薄名教者"，称激进的维新派为"尧舜孔孟之罪人"。张之洞的"中体西用"论能够为最高统治者所接受，从而成为官方的主流思想，根本原因即在于此。而且，张之洞在给新旧双方判定危害和性质时，倾向也十分明显，称守旧者为"不知通"、"无应敌制变之术"，而责喜新者为"不知本"，是需要"正人心"的问题，否则其害为"邪说暴行，横流天下"。危言耸听，自会遭到改革者的驳难。

任何思想学说都具有时代性，它们既是特定时代环境和人们认知水平的产物，又反过来对当时的环境和人们的思想产生影响。在19世纪90年代以前，冯桂芬、王韬、薛福成等具有革新倾向的人，提出类似于"中体西用"的观点，乃是认识所限，不可能设想出更合适的理论模式，而且他们所论证择取的中学，多为经世实学和民本精神。早期"中体西用"论的意义，则是打破中学的一统天下，从"用"的层面上引进若干西学，让其开始在中国占一席合法之地，所以当时"中体西用"论是具有进步倾向者的理论武器。

进入90年代，西学已经在中国得到一定程度的传播，算、绘、矿、医、声、光、化、电等科学知识，已经在“用”的形式上初步扎根，要想排除已不可能。到维新运动阶段，西方的各种社会科学知识也逐渐传开，甚至“兴民权，开议院”的政治理论也被提出，从而引起专制主义者的惊惧。孙家鼐、张之洞等官方人士此时接过“中体西用”论，按照统治阶级的需要抉择和发挥，其意一是将西方自然科学知识和某些管理制度、社会设置在“用”的范围内固定下来；二是设下进一步的限制，用传统的纲常伦纪压制西方的民主、自由、平等之类的价值观。张之洞尤其反对对君主专制政体作任何改变，他以“中国士民至今于固陋者尚多”，对于国家大事“议与不议等耳”，以清王朝“深仁厚泽，朝无苛政”为理由，反对在中国兴民权、开议院，称只能让“民申其情”，而不能使“民揽其权”，否则就会“无一益而有百害”①。故改革者胡礼垣曾着重对张之洞的君权神圣不可侵犯思想加以批驳，称“人人有权，其国必兴，人人无权，其国必废”，“中国之所以不能雄强，华民之所以无业可安……皆惟中国之民失其权之故”②。

张之洞自然视《劝学篇》为精审、得意之作，但进入20世纪之后，他的“中体西用”思想也略有变化。对于庚子年发生的后党和顽固派的大复旧及其造成的严重动乱，张之洞似有反思，曾多次强调：“此后一线生机，或思自强，或图相安，非多改旧章、多仿西法不可，若不言西法，仍是旧日整顿故套空文，有何益处?”③“若变新法不仿西人，不惟精意尽失，恐皮毛亦不能似矣。”④写《劝学篇》时，他极力反对立宪、开议

① 王树枏：《张文襄公全集》第202卷，《劝学篇》1，北平文华斋1928年刻，第23、24页。

② 胡礼垣：《劝学篇书后·正权篇辩》，《胡翼南先生全集》第18卷，香江湖氏书斋1916年刻本，第18、11页。

③ 王树枏：《张文襄公全集》第171卷，“电牍”50，北平文华斋1928年刻，第3页。

④ 王树枏：《张文襄公全集》第178卷，“电牍”57，北平文华斋1928年刻，第4页。

院；但在三年之后的1901年，他渐改主张为“下议院此时断不可设，若上议院则可仿行”。1905年以后，朝野上下真真假假的“立宪”呼声四起，张之洞又通过选派人员出国考察宪政、敦促报纸杂志宣传“立宪”、推动各省成立谘议局等行动，成为襄赞“立宪”的重要人物。对此，说张之洞投机也好，伪装善变也好，但他毕竟是修正了《劝学篇》中拒绝议院、反对立宪的主张。当然，这也可能是张之洞认为此时“立宪”已经成了抵制革命的利器，所以张之洞又被逼得退让了一步，图谋利用“立宪”来抗拒更可怕的革命。

第五章　外部影响的扩大和地方财政的沉重负担

第一节　帝国主义加强对湖北的全面渗透

外国势力自19世纪60年代初进入湖北，经过30年的经营之后，至90年代初，亦即张之洞督鄂之时，影响开始全面强化。尤其是中国在甲午战争中败于日本，半殖民地化程度进一步加深，90年代末列强在中国掀起瓜分狂潮之后，几个主要帝国主义国家在湖北扩大和新辟租界，大力增设洋行，扩大资本输出，几乎控制了湖北的经济命脉。此外，这一时期日本帝国主义在湖北的势力扩张，以及教会学校规格的提高和文化影响的增大，还有外国人所办报纸的增多，无不深刻地影响着湖北社会。

一、租界扩大及其多方面的影响

自1861年3月英国在汉口划定“汉口镇市下街尾杨林口上下”，即“自江边花楼巷往东八丈起，至甘露寺边卡东角止”，长250丈、进深110丈，“共合地基四百五十八亩零八十弓”① 的英国租界后，其他帝国主义国家一直企图效尤。甲午中日战争中国失败以后，列强在长江流域的角逐加剧，汉口的外国租界迅速增加和扩大。

1895年，德、俄、法三国以干涉《马关条约》中割让辽东半岛给日本的条款，“还辽有功”为由，向清政府进行了种种讹诈。9月，德国率

---

① 张仲炘、杨承禧：《湖北通志》第50卷，“经政志”8，“榷税”，湖北省长公署1921年刻本，第17页。

先向清政府提出了在天津、汉口划定租界的要求，清政府被迫于当年10月命湖北汉黄德道兼江汉关税务监督，同德国驻上海领事在汉口订立《德国汉口租地条款》，规定“汉口镇英租界以下地方，自通济门城外沿江官地界外起，至李家墩前面为止”，“共宽三百丈”、“深处一百二十丈”的地方为德国租界，面积“共合六百亩”，租金包括地丁银、漕米才合“银一百二十一两三钱二分”，每年农历四月由德国领事照数送交汉阳县查收汇解①。到1898年5月，德国又与江汉关监督交涉，将通济门外原留出的空地及后段空地计深120丈、前宽12.5丈、后宽25丈的地面并入德国租界，同年7月画押存案。至此，南起今之一元路，北至今之六合路下，东抵江滨，西抵今之中山大道一线的范围尽入德国租界。

德国租界内设有政权机构工部局和警察机构巡捕房，严重地损害了中国的主权。为了把租界作为侵略中国的据点，德国在其租界内驻有常备军，租界外的江面上常有德国军舰游弋。1900年义和团运动期间，德、英、法三国还共同组织过汉口国际义勇队，气焰非常嚣张。德国租界形成之后，一些原先开设在英租界的德国洋行多迁入德租界内。为便利经济掠夺，德国人在德租界禄街（今汉口三阳路）修建了一条连接京汉铁路和江边三码头的铁路支线，德国的美最时洋行和瑞记洋行还办了轮船公司。德租界内还开设有“波罗馆”（夜总会）、球场、德华学堂和多所教堂，并以其管理严格、环境优美来吸引湖北的洋行买办、达官显贵和富商大贾，到德租界内购地建房居住，促进其经济发展。

紧跟德国之后在汉口新辟租界的是俄、法两国。1896年6月，经总理衙门同意，俄国驻天津领事和法国驻上海总领事与湖北地方官员签订《俄国汉口租地条款》和《法国汉口租地条款》，规定两国租界在“汉口镇英租界以下沿江至通济门为止，计长二百八十八丈，以三分之一由俄界下至通济门城内官地为止，设为法界；以三分之二由英租界下至法界

---

① 张仲炘、杨承禧：《湖北通志》第50卷，“经政志”8，“榷税”，湖北省长公署1921年刻本，第18～19页。

为止，设为俄界”。按上述条款，俄租界上至界限路（今合作路）与英租界相接，北抵后城马路（今中山大道），南抵江滨，下到今黎黄陂路与黄兴路之间，抵今洞庭街后往下，直至车站路再折至江边。俄租界“合地四百一十四亩六分五厘”，共折合银“八十三两八钱四分二厘”。

法国租界位于英德租界之间，并与俄国租界交错，具体范围是北起今之中山大道，沿今之黄兴路上首穿越胜利街，经今之黎黄陂路下首、洞庭街至车站路上首，直到江滨，“合地一百八十七亩”，每年应纳租价“合银三十七两八钱一分一厘”①。1902 年，京汉铁路的滠口—广水段开通，汉口大智门车站开始兴建，激起法国侵略者联结租界与车站、操纵京汉铁路的企图。同年底，法国政府向清政府提出交涉，迫使其签订《法国展拓汉口租界条约》，法租界向西拓展到城堡以外、距京汉铁路仅 60 丈的地方。这片新地包括今之长清里、德兴里、庆平里、三德里、海寿里、如寿里、复兴街，以及车站路到黄兴路之间的一段，还有友益街全部。至此，法租界的面积共达 492 亩。

俄租界内建有领事馆，设有工部局和巡捕房，建有汉口的第一座东正教教堂，1908 年还开办了华俄商业中学堂。俄商的顺丰砖茶厂和新泰砖茶厂亦在俄租界之内（只有阜昌砖茶厂设在英租界）。俄商巴公洋行在租界内经营房地产，势力很大。俄租界内街道均以俄人命名，亦驻扎有俄国军队。

法租界内亦建有领事馆，设有工部局和巡捕房。巡捕的“头佬”均由法国人担任，巡捕则由安南（今越南）人的手枪队和中国人的警棒队组成，常对中国人恣意侮辱迫害。租界内还有法国兵营，江中经常停泊有两艘法国军舰，动辄对中国进行武力恫吓。法租界的面积在各国租界中虽属较小，但由于地处大智门车站和粤汉码头之间的交通要道上，故显得“繁荣”、喧嚣，旅馆、洋行、银行众多。法商的经营都带有强烈的

① 张仲炘、杨承禧：《湖北通志》第 50 卷，“经政志”8，“榷税”，湖北省长公署 1921 年刻本，第 19～21 页。

投机性质，高利贷、房地产是他们最热衷的生意，各种名目的储蓄会更是公开地坑人和诈骗钱财。中国人在法租界购置房地产，必须请外国银行、洋行出面登记，交一大笔费用给洋商，然后可在门口悬挂法国旗；否则不仅不予“保护”，还可能遭到驱逐搬家或没收房产的厄运。

英国早在1861年即已取得面积为458亩的租界，但它贪心不足，还在不断谋求扩大范围。1898年8月，英国通过与中国签订《英国汉口新增租地条款》，拓展新租地“三百三十七亩五厘”，每年租银“六十七两四钱五分二厘”①。英租界拓展之后，其范围南起太平街（今江汉路临江一段），北至界限路（今合作路），西至湖北街（今中山大道江汉路至合作路口一段），东北接俄租界，总面积共约795亩。1901年，汉口洋行买办、“地皮大王”刘歆生将后花楼街南口至中山大道和整个扬子街的地段，献纳于英租界，英租界工部局据此筑成歆生路和扬子街，英租界的范围又扩大了1/3。此外，英商怡和洋行还越界修建了渣甸路（今解放公园路）及怡和村，使之成为租界的“飞地”。

汉口英租界内设有英国领事馆，行政机构有英国工部局，警察治安机构则有巡捕房和以外国侨民为主的义勇队（始建于1862—1863年），该义勇队后来几度易名，但一直作为镇压中国人民的准武装力量存在着。此外，汉口江面一直泊有英国军舰，英国水兵经常驻扎在租界，作为威慑力量。在经济活动方面，由于英租界历史最久，面积最大，故其所容纳的外侨、洋行、银行、商店最多，其他外国人的企业，如日本的正金银行汉口分行，俄商的阜昌、百昌等砖茶厂，亦设在英租界内。此外，西方教会的教堂、宗教刊物的出版印刷机关以及西方人在汉口所办的报社，亦多在英租界内。

最后谈日本租界。中日《马关条约》签订之后，1896年10月，日本又强迫清政府与其订立了《通商口岸日本租界专条》。1898年7月，

① 张仲炘、杨承禧：《湖北通志》第50卷，“经政志”8，“榷税”，湖北省长公署1921年刻本，第17～18页。

日本驻上海总领事小田切万寿之助来汉与汉黄德道和汉阳补用知府签订了《汉口日本专管租界条款》，划定汉口德租界以下，沿江下行 100 丈，东起江口，西至铁路地界的地面为日本租界，面积 247.5 亩，每年租金合银 50 两。1907 年 2 月，日本人又强迫湖北地方政府与之订立《展拓汉口租界条约》，把日租界沿江下延 150 丈，新增面积 375.25 亩。扩展后的日本租界，东抵长江，西靠铁路，南在今之六合路与德租界相接，北至今之刘家琪路以北、麻阳街以南，总面积达 622.75 亩，仅次于汉口英租界①。此后，日本还多次自行向外扩界，以至同中国地方当局纠纷不断。1898 年，日本在汉口划定租界的同时，还在沙市划定竹架子码头沿江一线北至荆江大堤地段，面积为 108 875 坪（每坪为 3 平方米）的土地为日本专管租界。

日本人强迫在有关租界条约内规定：界内所有道路、堤塘、沟渠、码头，均由日本领事管理，稽查地面之权亦属日本领事；日本人可在界内照章租地，建造屋宇栈房；中国无身家之人，不得在租界内住家、开设店铺行栈，违者予以究办；中国“殷实体面、品行端正之人，方准在此界内居住营业，然该商民等只准居住，不准租地”。1907 年日本拓展租界时，把中国商人开办的燮昌火柴厂包括进去，条款竟规定“燮昌公司亦应遵守大日本国章程完纳捐税，与大日本国商民一律无异”②。汉口日租界不仅成了自成一体的“国中之国”，所有行政、司法、警察治安等权，湖北地方官府不得过问，所有日本官员、军士、商人乃至一般居民，都对中国人颐指气使，任意欺凌。日本人还在租界内开办起大批银行、商店、工厂，沿江修起三菱、海军、福安、日信等码头。日租界逐渐成为日本帝国主义对华中地区进行经济掠夺的桥头堡。

综上所述，英、德、俄、法、日五国的汉口租界连成一片，占据着上起今之江汉路、下至麻阳街太古下码头、西北抵今之中山大道（其中法国

---

①② 张仲炘、杨承禧：《湖北通志》第 50 卷，“经政志”8，“榷税”，湖北省长公署 1921 年刻本，第 22～24 页。

租界还越过中山大道距京汉铁路仅数十米)、东南直至江滨的 2 800 余亩土地。租界里最多时云集着近 20 个国家的约 3 000 名外国人，包括领事、外交和行政官员、军人、警察巡捕、传教士、记者、教师、工程技术人员、商人和家属等。1905 年以前以英国人为最多，达到 504 人；而到辛亥革命前夕，人数为 743 人的英国人已退居第二，让位于日本人①。法、德、俄、美等国亦在近百人至三四百人之间。当然，有一部分外国人居住在租界以外，但他们仍然经常在租界出入和活动。

上述地方在未建租界之前，多为汉口市镇边缘乃至郊外的人烟稀少之地，大多数还是稻田、菜地、湖凼、坟场和旷野，因而地势开阔，便于筑路建屋；因为紧邻长江，亦便于修造码头，发展商贸和供外国军舰停泊。租界划定之后，列强在江滨筑起堤防，修建宽阔平坦、纵横交错的马路，安装自来水管道，用电灯照明，在街道上栽种树木，设置花坛、草坪，展现出近代城市的风貌。从 1861 年到 1949 年，武汉著名的房屋建筑工程有 300 项，其中外国人兴建的占一半，大部分在租界内，如各国领事馆，新、旧教和东正教教堂，各国的大银行、洋行和饭店，娱乐场所和高级住宅等。这些建筑有的体现出文艺复兴时期的西欧古典主义风格，有的属于近现代西洋建筑风格。就建筑流派而言，有巴洛克式、哥特式、拜占庭式；就民族风格而言，有希腊风格、拉丁风格、日耳曼风格、苏格兰风格、俄罗斯风格，以及明治时代仿洋的日本风格等。这些建筑使得汉口租界成了一个建筑艺术陈列场，显示出浓厚的异国情调，也烙上了半殖民地的时代印记。在租界内外的江边，各国到 1926 年共修建了 87 座大大小小的洋码头，沿江和火车站附近仓库林立，使汉口成为内地进出口货物最多的大口岸。

租界不仅以其西式建筑展示着迥异于中国传统城市的风貌，外国人还在租界内外以其娱乐场所展现着他们的生活方式。各国租界内均建有

① 张笃勤：《汉口英租界概述》，《武汉文史资料文库》第 5 卷，武汉出版社 1999 年版，第 24～25 页。

俱乐部（时称“波罗馆”），实为设施华丽、各具特色的夜总会，里面有酒吧间、大餐房、弹子房、保龄球房、牌室、板球室、阅览室、图书室、陈列室、理发室和浴池等。日本俱乐部还另有击剑道场、弓道场和棋艺室。这些俱乐部供外国人闲时娱乐，会餐联谊，或者洽谈商情商务，互通军事政治情报，故均不许华人进入。类似性质的场所，还有汉口高尔夫球俱乐部（1887 年）、德国在其租界外今球场路以北的德国球场（1898 年）、日本在武昌的俱乐部等，而汉口西商跑马场尤其宏大。

西商跑马场建成于 1905 年，地址在今永清街、解放大道、解放公园路、惠济路之间，面积达 800 余亩，均属各国在租界以外贱价收购所得。跑马场包括写字楼、酒吧间、外球场三大服务部。而赛马会会员数百人均为英、法、德三国上层侨民，如包括领事在内的领事馆高级职员、海关税务司、邮局邮务司、盐局盐务司、外国银行行长、洋行大班等。1910 年以后，美国会员才逐渐增多，而日本人则是 1915 年以后才得加入。中国人一直无权加入，但每逢赛马期间，允许中国人购买马票和各种彩票，通过侧门进去走上专供中国人用的看台，参加这种受外国人轻视和愚弄的赌博，结果自然是发财者寥寥无几，落空上当乃至倾家荡产者比比皆是①。

歧视造成的不平和丰厚利润的刺激，使得靠当买办发迹的刘歆生、韦紫峰、刘子敬和汉口商会会长周星棠、实业银行行长梁俊华等人继起效尤。1909 年，他们集股筹资，在汉口今航空路、万松园路一带建造了规模更大的华商跑马场，所有建筑、规制全仿西商跑马场。到 1926 年，富商王植夫、王荣卿、吴春生、孙惠卿等人又在汉口今唐家墩、姑嫂树之间建造了一个万国跑马场。至此，汉口的跑马场比上海还多出一个。每逢赛马期，动辄几万人、上十万人参加这种公开的大赌博，加剧了人们的投机心态；而跑马场藏污纳垢，黑幕重重，军警、稽查、流氓互相

---

① 童仲屏：《汉口西商赛马会》，《武汉文史资料文库》第 6 卷，武汉出版社 1999 年版，第 227 页。

争斗，社会上弥漫着种种恶劣风气。

租界成了列强在中国的“飞地”，各国领事馆、工部局、巡捕房，执掌着租界内的行政、土地管理、征税、驻军、治安等权力。外国人在租界内可以筑路建屋，中国人建房、办企业反而要经租界当局批准。由于外国领事享有裁判权，故凡是涉及中外民、刑案件，外国被告只能由该国领事审判处置，中国官府不得过问；租界内华人违警违法案件，则由中国的“洋务公所”按租界当局的要求处置，严重地损害了中国的司法主权。中国军队未经允许不得进入租界，而租界内的外国驻军和长江中的外国军舰，则以租界为基地，随时可以出动镇压中国人民的反抗，尤其是日租界内的常驻海军陆战队，经常越出租界举行军事演习，向中国炫耀武力，干涉中国内政。

汉口租界多次发生外国人打死中国人的恶性事件。1864 年（同治三年）5 月 24 日，英国人炉礼士在英商亿生洋行门口开枪打死市民彭尚会。同年 6 月，英商义和洋行职员贾荀生枪杀汉阳县农民范寿相、童志坤。1911 年 1 月 21 日，英租界巡捕先用棍击继用足踢，将人力车夫吴一狗打死。次日晨，车夫和市民 400 余人前往英国巡捕房论理，英国领事调水兵上岸，在英租界二码头向阻其前进的人群开枪，打死 13 人，打伤 10 余人①。而凡是发生此类事件之后，外国领事总是包庇凶手，让他们逍遥法外，而腐败的中国地方官府在外国人面前无能为力，反而对中国人进行弹压和惩处。

租界不仅吸引着中国的富商巨贾、腰缠万贯的失意官绅在洋人的卵翼下安居和享乐，也招徕了外国的冒险家、流氓、浪人和中国的社会渣滓。法租界以污浊、颓废而臭名昭著，酒馆、烟馆、赌场、妓院林立，毒品交易、赌博嫖娼等罪恶勾当均公开进行，拉琴声、唱戏声终日不歇；此外，各种投机生意及军火交易也很红火②。日租界也是罪恶的渊薮，

---

① 《汉口惨案风潮补记》，《民立报》1911 年 2 月 2 日。

② 李策：《汉口法租界的建立及其特点》，《武汉文史资料文库》第 5 卷，武汉出版社 1999 年版，第 84～85 页。

其间谍、特务之多，远远超过其他租界；日本浪人在租界买卖武器，为非作歹；娼寮、妓馆、有女招待的“料理屋”一应俱全；“红丸”、“白面”等毒品交易猖獗。清末民初汉口流行着一句俗话，“到东洋租界去”，意思就是指去干坏事。

租界还是帝国主义与中国地方官府勾结利用、阻止或镇压中国人民革命斗争的场所。早在1861年汉口开埠和英租界建立之初，英国人就以维护商业利益为由，阻止太平军进攻汉口，从而实际上帮助了清军。1900年义和团运动期间，列强正是以租界的安全为由，与张之洞、刘坤一等策划了“东南互保”。到1911年辛亥武昌首义之后，列强先是不承认革命军为交战团体，以租界庇护湖广总督瑞澂乘坐的“楚豫号”军舰，并帮助清军运送煤炭和大炮配件；继则由英、俄驻汉领事斡旋南北和谈，实际上是帮助袁世凯绞杀革命。进入民国时期，列强以租界为基地，为反对中国人民的革命而制造的惨案更多。

当然，在民主革命时期，也有会党、维新人士、革命分子乃至共产党地下组织，利用租界作掩护，进行革命斗争，或者在事败后避入租界。对此，租界当局或者出于经济的或政治的目的，或者依据国际法中庇护政治犯的成例，有时也采取听之任之或者不与中国官方合作的态度。但这一切均以维护其自身利益为最高原则，如果因此危及中国当局和他们国家的关系，损害他们的利益，尤其是感到中国革命者的活动最终会对其构成威胁时，租界当局就会撕下伪装，与反动政府联手镇压革命。例如，1900年7月，领导自立军在汉口起事的唐才常等人在汉口英租界被捕，就是因为英租界当局不仅同意了张之洞的要求，并“派巡捕协同缉拿”，造成20余人牺牲和整个自立军起事的失败。再如，1911年武昌起义前夕，孙武等人在汉口俄租界宝善里制造炸弹失事，俄租界巡捕赶来搜查，并将所缴获的旗帜、印信、文告和革命党人的名册迅速送交清朝地方政府，从而造成起义消息的泄露和多名革命党人的被捕牺牲。

二、洋行激增与日本侵略势力的强化

第三章已经讲到，从1861年到1891年间，湖北境内的洋行共有30余家，洋商及其眷属为400余人，尚属外国经济势力在湖北的开端时期；而到1891年以后，尤其是甲午战后和20世纪初，外商在湖北的活动明显加强。就经营据点而言，除汉口、宜昌外，此时又增加了沙市。就外商所属国别的情况而言，老牌资本主义强国英国仍居首位，美、俄、德、法四国亦有相当的扩张，而甲午战后的日本更有后来居上之势，其洋行数仅次于英国，但人数却比英国还多。尤其是在宜昌、沙市、黄石等地，日本人的经济活动已居优势地位。根据江汉关的海关报告，在1892—1911年间，汉口、宜昌和沙市共有洋行152家，洋商及其眷属共3 022人，分别为前段的近5倍和近8倍，其分布情形见表5-1：

表5-1　1892—1911年汉口、宜昌、沙市洋行及人数统计表①

国别 \ 洋行数(A) 人数(B) \ 地址		汉口	宜昌	沙市	总计
英国	A	53	5	2	60
	B	743	42	5	790
日本	A	8	9	8	25
	B	1 227	11	18	1 256
美国	A	8	1		9
	B	106	6		112
德国	A	28	2		30
	B	265	2	1	268
法国	A	9			9
	B	89	4		93
俄国	A	7			7
	B	129			129

① 苏云峰：《中国现代化的区域研究：湖北省，1860—1916》，台北近代史研究所1981年印，第110～113页。

续表

国别	洋行数(A) 人数(B)	汉口	宜昌	沙市	总计
荷兰	A	1			1
	B	40			40
丹麦	A	1			1
	B	9	2		11
西班牙	A	1			1
	B	53			53
葡萄牙	A				
	B	35			35
挪威	A				
	B	70			70
瑞典	A				
	B	25	15	11	51
奥地利	A				
	B	9	1		10
比利时	A	4			4
	B	37	34	4	75
意大利	A	5			5
	B	61	2		63
总计	A	125	17	10	152
	B	2 898	119	39	3 056

同第三章所述情况一样，此处所谓“洋行”，主要是贸易、进出口公司，也包括大型商号、保险、公证、报关、旅馆、工程技术、图书印刷等，范围较广，但仍不包括银行、轮船公司、制造业等，也不包括一般商店。而且从现有资料看，外商洋行并不都在汉口、宜昌、沙市三地，其他城镇亦有少数，如广济的武穴镇，在20世纪初就有5家日本洋行，当然这些洋行较小，其数也难以统计。

汉口自然是外国洋行最为集中之地。综合目前所见资料，到1910年时，包括砖茶、禽蛋、肠衣、皮革、棉花加工，但不包括一般商店、银行、航运公司在内的有名称记载的洋行，就有120余家，与江汉关海关报告中的数字十分接近。下面按照国别将有名称的洋行制成表5-2，不过除一些较大较有名的洋行外，多数洋行的开办时间不够准确，只知道是在1910年以前。

表5-2　晚清外国在汉洋行表①

国别	洋行或商号名　称	开设时间	地　址	主要业务
英国	怡和洋行	1862年	英租界	航运、食糖、五金机械输入，一般输出
	沙逊洋行	1904年	英租界	进出口
	太古洋行	约1909年	英租界	航运、食糖等输入，一般输出
	太平洋行	1910年前	英租界	输出茶叶
	华昌洋行	1910年前	英租界	进出口
	祥泰洋行	1910年前	英租界	木材输入，输出红茶
	胜家洋行	1910年前	英租界	缝纫机输入
	顾发利洋行	1910年前	英租界	五金机械输入
	天祥洋行	1910年前	英租界	输出红茶
	天裕洋行	1910年前	英租界	输出红茶
	嘉乐洋行	1910年前	英租界	输出红茶
	保安洋行	1910年前	英租界	保险业
	协和洋行	1910年前	英租界	输出红茶
	平准洋行	1910年前	英租界	公证业
	汤逊洋行	1910年前	英租界	公证业
	隆泰洋行	1910年前	英租界	输出红茶
	锦隆洋行	1910年前	英租界	输出红茶
	公信洋行	1910年前	英租界	输出红茶
	柯化威洋行	1910年前	英租界	输出红茶
	礼记洋行	1910年前	英租界	转口上海输出红茶
	顺昌洋行	1901年	英租界	输入纺织品，输出桐油、芝麻

① 本表资料系据《中国经济全书·汉口外国商店及制造厂一览表》、《湖北近代经济贸易史料选辑》第4辑第306～309页、《汉口外国商行调查表》、《武汉工商经济史料》、《武汉市志·商业志》等相关资料整理而成。

续表

国别	洋行或商号名称	开设时间	地址	主要业务
英国	宝顺洋行	1905年前	英租界	红茶、牛羊皮、五倍子、桐油、芝麻输出
	杜德洋行	1910年前	英租界	购红茶为主，兼其他输出
	金迩洋行	1910年前	英租界	进出口
	平利洋行	1910年前	英租界	进出口
	亚细亚洋行	1900年前	英租界	汽油、煤油、机油
	良济公司	1910年前	法租界	输入纺织品、杂货，卖军需品，输出桐油、麻油、皮毛等
	泰和公司	1910年前	英租界	出口公司，输入碱类、化肥、染料等
	卜内门洋行	1910年前	法租界	化学肥料
	和记洋行	1903年	德租界	蛋品肉食输出
	别发洋行	1910年前	俄租界	西药
	礼福洋行	1910年前	英租界	苎麻出口
	福利公司	1910年前	法租界	洋杂百货
	惠司公司	1910年前	法租界	洋杂百货商号
	培林洋行	1910年前	法租界	制蛋业
	屈臣氏药房	1910年前	英租界	西药
	电灯公司	1910年前	英租界	电力供应
	圣教书局	1876年	英租界	印刷
	平和打包股份有限公司	1903年	德租界	棉花、牛羊皮、羽毛、苎麻打包，桐油、生漆、猪鬃、五倍子等输出
	隆茂打包股份有限公司	1907年	英租界	棉花、牛皮、苎麻打包
	英美烟草公司汉口分公司	1909年		卷烟产销

续表

国别	洋行或商号名　　称	开设时间	地　址	主要业务
德国	波弥尔文洋行	1910年前	德租界	进口
	利昌洋行	1910年前		进口
	禅臣洋行	1910年前	英租界	输入五金机器，输出牛羊皮、桐油、猪鬃、五倍子、苎麻、红茶、芝麻、生漆等
	瑞生洋行	1910年前	英租界	五金机械
	泰来洋行	1910年前		进口
	咪吔洋行	1910年前	德租界	进口石油，输出牛羊皮、桐油、芝麻、皮油、生漆、苎麻、猪鬃、杂货
	元亨洋行	1910年前	英租界	输出牛羊皮、桐油、皮油、牛油、苎麻、芝麻、五倍子、红茶、杂货
	多福洋行	1910年前		出口矿产
	嘉柏洋行	1910年前	德租界	进出口
	怡元洋行	1910年前	法租界	外汇经纪
	吉利洋行	1910年前	英租界	外汇经纪
	礼和洋行	1891年	英租界	输入钢铁、五金机械、光学仪器、西药、化工原料、石油等，输出桐油、五倍子、芝麻、苎麻、猪鬃、红茶、矿产等
	石格司洋行	1910年前	英租界	工程技术
	宝利洋行	1910年前	德租界	工程技术
	韩具洋行	1910年前	法租界	工程技术
	美最时洋行	1862年	德租界	输入钢材、机械、光学材料、化工原料、电器、百货，输出蛋品、芝麻、牛羊皮、桐油等

续表

国别	洋行或商号名称	开设时间	地址	主要业务
德国	福来德洋行	光绪末年	日租界	棉纺织品输入，棉花等输出
	嘉利洋行	光绪末年	英租界	输出杂货、牛羊皮
	瑞记洋行	光绪末年	法租界	输入石油，输出牛皮、五倍子、桐油、杂货
	西门子洋行	光绪末年	英租界	电器
	美隆洋行	光绪末年	英租界	出口
	艾礼司洋行	光绪末年	英租界	染料等输入
	谦信洋行	光绪末年	英租界	输入染料、钟表
	德昌洋行	光绪末年		肠衣输出
	卜西牛羊肉庄	光绪末年	德租界	
	发利牛羊肉庄	光绪末年	德租界	
	机昌洋行	光绪末年	大智门	机器制造修理
法国	公兴洋行	1900年前	法租界	输出羽毛、牛皮、杂货、羊肉、红茶、蛋品
	立兴洋行	1894年	法租界	输入钢、铜、玻璃、面粉，输出芝麻、牛羊皮、猪鬃、苎麻、桐油、皮油、五倍子、红茶、生丝、杂货
	永兴洋行	1875年	大智路	输出牧草、桐油、芝麻、苎麻、五倍子、丝、杂货
	万顺洋行	1910年前	法租界	输出牛皮、小羊皮、芝麻、桐油、牛油、五倍子、漆、矿产
	万兴洋行	1910年前	法租界	出口
	和利洋行	1910年前	法租界	制冰
	乌利文洋行	1910年前	英租界	钟表首饰

续表

国别	洋行或商号名　　称	开设时间	地　址	主要业务
法国	金龙洋行	1900年前	英租界	洋酒杂货
	汉通洋行	1910年前	英租界	工程技术
	新盛洋行	1910年前	英租界	工程技术
	福泰洋行	1910年前		出口
	利安洋行	1910年前	英租界	输出野鸡、锦鸡、羽毛
	德明饭店	1910年前	英租界	旅店业务
美国	恒信洋行	1910年前	法租界	输入染料
	光裕洋行	1910年前	法租界	输入石油
	美孚洋行	1905年前	英租界	输入石油
	德士古洋行	1905年前	英租界	输入石油
	慎昌洋行	1890年前	英租界	输入电器，蛋品加工输出
	胜利洋行	1910年前	英租界	桐油输出
	其来洋行	1910年前	英租界	桐油输出
	德泰洋行	1910年前	法租界	出口
	大来洋行	1890年前	后城马路	外洋航运、输出桐油等
俄国	顺丰洋行	1863年	英租界	加工砖茶输出
	新泰洋行	1866年	英租界	加工砖茶输出
	阜昌洋行	1874年	英租界	加工砖茶输出
	百昌洋行	1893年	英租界	加工砖茶输出
	源泰洋行	1910年前	俄租界	茶叶输出
	巴公洋行	1900年前	俄租界	房产
比利时	茂兴公司	1910年前	法租界	输入洋杂货、纺织品，输出杂毛、杂皮兼苎麻、杂货
奥地利	和顺洋行	1910年前	英租界	输出杂货
	瑞嘉洋行	1910年前	英租界	输出杂货、禽兽毛皮
瑞典	瑞兴洋行	1910年前	日租界	蛋品加工输出
	盛亨洋行	1910年前	俄租界	收购纱厂废花

续表

国别	洋行或商号名称	开设时间	地址	主要业务
丹麦	宝隆洋行	1910年前		输出桐油
	金龙洋行	1910年前		饮食料品店
印度	兴隆洋行	1910年前	英租界	百货
	八查利洋行	1910年前	英租界	食品进口
	法郎治洋行	1910年前	英租界	食品进口
日本	三井洋行	1908年	英租界	输入食糖、海味等，输出棉花
	三菱洋行	1905年前	江汉关左侧	输入纸、棉纱、布、碱类、煤、钢材等，输出杂粮、油脂、铁矿等
	日信洋行	1905年	英租界	输入布、沙，输出棉花、榨油
	日华洋行	1910年前	日租界	收购桐油、油料，榨油、豆粕输出
	铃木洋行	1910年前	日租界	输入，杂货输出
	吉田洋行	1910年前	日租界	输入，杂货输出
	瀛华洋行	1910年前	英租界	百货输入，杂货、棉花输出
	斋藤洋行	1910年前	日租界	输出生漆
	汤浅洋行	1910年前	日租界	输出杂粮
	黄泰洋行	1910年前	日租界	输出杂粮
	岩井洋行	1910年前	日租界	输出杂粮
	大仓洋行	1910年前	日租界	
	长籁洋行	1910年前	日租界	输出猪鬃
	九三洋行	1910年前	日租界	贩卖药品
	思思明	1910年前	日租界	进出口药种、书籍、杂货
	东亚制粉株式会社	1907年	汉口罗家墩	收购小麦，加工面粉销售
	和平制粉株式会社	1910年		收购小麦，加工面粉销售

续表

国别	洋行或商号名称	开设时间	地址	主要业务
日本	半田棉行	1910 年前		售纱、购棉
	日本棉花株式会社	1910 年前		输出棉花

除了上述 120 余家洋行之外，据《最近汉口工商业一斑》记载，还有 120 余家外国商号，两者共计 250 余家。如果就洋行数字统计，英德两国仍居前列。如果把洋行、商号加在一起，则日本居首位，共有 83 家，经商人数近 600 人；英国 57 家，300 余人；德国 54 家，47 人；美商 22 家，18 人；法商 20 家，16 人；俄商 8 家，43 人；其他丹麦、比利时、印度、葡萄牙、瑞典、菲律宾等国共 14 家，经商人数均在10 人以下。外国商人总计为 1 000 余人，占当时汉口外籍人数的 1/3。日本商业势力的迅速增长，还可以通过表 5-3 看出来。尽管日商资金不雄厚，但他们只要有利可图就极力经营，故涉及的范围可说是巨细无遗①。

表 5-3　日本在汉商户表

商店分类	户数	人数	男	女
贸易商（进出口）	12	70	63	7
绸缎商（进出口）	1	3	3	
杂货商	14	85	69	16
机械贩卖	1	5	4	1
煤炭贩卖	1	2	2	
卖药及杂货	5	46	44	2
卖药行商	3	27	27	
玩具杂货	2	9	7	2

① 本处数据资料连同表 5-3 数据资料俱见皮明庥：《近代武汉城市史》，中国社会科学出版社 1993 年版，第 128～135 页。

续表

商店分类	户　数	人　数	男	女
缝针商	3	9	1	8
食料食品	2	14	11	3
果品商	3	12	8	4
鸡蛋商	1	2	2	
饮食店	3	29	9	20
整容店	2	15	11	4
西洋洗衣店	2	8	5	3
照相馆	1	4	2	2
照相材料、钟表	1	6	6	
草鞋制造贩卖	2	18	11	7
杂　业	3	27	13	14
总　计	62	391	298	93

上述洋行和外国商号，从事进出口和贸易者占了将近一半。出口货物仍是中国茶叶、棉花、桐油、白蜡、植物油、禽蛋、牛羊皮、肠衣、药材、苎麻、猪鬃、生漆、羽毛等，进口货物则广泛包括五金、机械、军需品、纺织品、食品、西药、玻璃、水泥、颜料、木材、酒类、海味、化肥、卷烟、石油产品、仪表仪器、电器、首饰、纸张、图书、洋杂百货等。洋行和外国商行拥有资金和特权优势，加上信息灵通，经营手法多样，又依靠买办和遍设分行、支号，因而能迅速打开和占领中国市场，获得超额利润。除了进出口贸易之外，外国商号和洋行的经营业务还广泛涉及加工、运输、保险、工程技术、游乐食宿服务、水电供应、公证、报关、外汇经纪、机器修理制造等各个方面，并占据优势。

外国人在湖北所设工厂，也大多集中在汉口。同1891年以前的情形相比，1892—1911年间外资工厂的增加显然不及洋行和外国商号的增加快，本书第三章列表的外资工厂为15家，而此时期新增加的则为25家，具体情况见表5-4：

表 5-4　1892—1911 年外商在汉开办工厂统计表①

工厂名称	国　别	开办年份	资　本	业　务	备　注
公兴蛋厂	法	1893	不　详	蛋品加工	
嘉利蛋厂	德	1895	40 000 两	蛋品加工	
亨达利有色金属精炼厂	法	1899	1 091 000 元	金属加工制造	
英商通和有限公司	英	1900	不　详	建筑工程	
和利冰厂	英	1904	250 000 元	制冰、冷藏	
恒丰面粉厂	英	1905	280 000 元	面粉加工	
和丰面粉厂	英中合办	1905	不　详	面粉加工	
金龙面粉厂	荷	1905	168 000 元	面粉加工	
礼和机器面粉厂	德	1905	75 000 元	面粉加工	英德合办
日信豆粕第一工厂	日	1905	530 000 元	榨　油	
棉花打包厂	日	1905	不　详	棉花打包	
棉籽榨油厂	日	1905	不　详	棉籽榨油	
汉口英租界电力公司	英	1906	182 000 元	发　电	英商与华商合办
日信豆粕第二工厂	日	1906	487 000 元	榨　油	
东亚制粉株式会社	日	1907	487 000 元	面粉加工	
汉口美最时洋行电灯部	德	1907	不　详	发　电	

① 本表系据孙毓棠、汪敬虞编《中国近代工业史资料》和陈真编《中国近代工业史资料》两书中有关资料综合编制。

续表

工厂名称	国　别	开办年份	资　本	业　务	备　注
和记洋行冰冻食物厂	英	1908	351 000 元		
颐中烟公司汉口宗关工厂	英美	1908	（总）9 870 000 元	卷　烟	
法华蒸酒公司	法中	1909	490 000 元	制　酒	
永源蛋厂	英	1908	不　详	蛋品加工	
贝格德蛋厂	德	1909	不　详	蛋品加工	
康成造酒厂	法	1910	350 000 两	各种酒类及食料品	
汉口机械修理厂	德	1911 年前	60 000 元		
民丰机械修理厂	德	1911 年前	40 000 元		
和记蛋厂	英	1911	不　详	蛋品加工	

应该对表 5-4 略作补充和说明的是，“颐中烟公司汉口宗关工厂”即人们通常所说的“美英烟公司”。该烟草公司资金雄厚，利用河南和湖北的烟叶，以及当地的廉价劳动力，就地加工销售，因而获利极丰。与美英烟公司竞争的，是开办于 1906 年的日商福华制烟公司（两本《中国近代工业史资料》均未记载）。烟草原料亦就地取材，而烟纸、烟箱及药料来自日本，全厂每日制烟 30 万支。另外漏记的还有日商大正电气株式会社（电力电灯公司），还有不知名的电灯泡厂，而英租界电力公司则是英商与华商合资创办的企业①。外商工厂总投资约为 1 500 万元，产品开始由外销为主转向以中国市场为主。

① 苏云峰：《中国现代化的区域研究：湖北省，1860—1916）》，台北近代史研究所 1981 年印，第 123 页。

不过总的说来，直到清末，外商在汉办厂的投资和势力不算很大，工厂的类型仍以对茶叶、皮革、肠衣、蛋品的加工和棉花打包为多，其后逐渐增加了植物油和面粉加工，还有制烟、酿酒、制冰、食品加工等。20世纪初兴起的电力电灯事业，则主要是为租界服务的。这时期外商棉纺织业还未出现。日商工厂在19世纪时尚属空白，但在1904年后已有7家。

随着洋行、外资商号和外商工厂的急剧增加，外国商品在湖北的倾销和外国人对湖北资源的掠夺随之加剧。据海关报告统计，1882—1891年汉口的对外贸易总值为3.58亿海关两，平均每年为3 600万海关两，而1894—1905年平均每年贸易额增至1亿海关两以上。在1901—1911年这10年中，汉口每年的对外贸易额经常保持在1.3亿海关两左右，宜昌、沙市两地的年平均贸易总额则达3 000万海关两。

19世纪末，外商在湖北的贸易活动尚多为间接贸易，1896年汉口外商直接进出口的贸易额仅占贸易总额的6%。到20世纪初，外商对湖北的直接贸易额迅速增加，1905年以后，直接进出口贸易额经常保持在20%～27%之间。外商扩大直接贸易的方法，一是扩大内地的子口贸易，他们不仅把洋货运到汉口、宜昌、沙市等港口，还尽可能直接把货物销往湖北其他城镇，甚至华中各省；二是从原料产地直接购进土货，不再通过华商转手。

贸易的不断扩大，使汉口日益成为中国内地最大的洋货销售市场和外商掠夺土特产原料的据点。1910年，汉口50余家百货商店经营的商品，80%是洋货，棉布市场几乎全被洋布占领。汉口每年销售的洋货占长江口岸（上海除外）的2/3，占全国洋货进口总值的10%左右，而土货的出口值则占全国出口总值的20%左右①。

外资银行全部集中在汉口租界。本书第三章已经谈到，自19世纪60年代外国银行在汉口开设分行起，至1882年各银行分行曾多达10余

---

① 湖北省地方志编纂委员会：《湖北省志·经济综述》，湖北人民出版社1992年版，第32～33页。

家，1891 年剩下 4 家。此后又逐渐增加，到辛亥革命前夕，又发展为 12 家，分别是英国的麦加利银行（1863 年，总行在伦敦）、英国的汇丰银行（1866 年，总行在香港）、德国的德华银行（1895 年，总行在上海）、俄国的华俄道胜银行（1896 年，有华商资本，总行先在彼得堡，十月革命后迁巴黎）、法国东方汇理银行（1902 年，又称法兰西银行，总行在巴黎）、比利时的华比银行（1906 年，总行在布鲁塞尔）、日本的正金银行（1906 年，总行在横滨）、日本的住友银行（1908 年，总行在大阪）、美国的花旗银行（1910 年，总行在纽约，1927 年后改名为万国通商银行）、法国和比利时合营的义品放款银行（1911 年，总行在布鲁塞尔）。此外，还有英属印度的有利银行和日本的台湾银行，在汉口开设分行的具体时间不详，但也在辛亥革命之前。

外资银行起初往往还是通过一般性银行业务，如吸收存款、发放信贷、经营汇兑等，支持外商对湖北的经济掠夺；不久即依仗特权，承办关税、外汇的保管业务，进而成为中国政府借款的渠道，充当了帝国主义国家对华资本输出的主要工具。外资银行财力雄厚，管理方法现代化，信用较好，故到清末华商和上层华人亦乐于与其往来，因而经营业务范围不断扩大，吸收了大量中国政府公款、官僚存款以及商人的业务资金。据估计，清末汉口外资银行所吸收的中国资金达 1 000 万元以上。此外，外资银行通过对埠际汇兑的控制，从金融上把持了中国的进出口贸易，又承担江汉关海关税收保管，获取了丰厚利润。到 20 世纪初，外资银行更通过发行钞票、买卖货币、经营外汇合同、投资于保险公司等方法，不断地得到发展壮大。

从 20 世纪初起，外资银行开始对湖北官府和华商提供大规模的借款信贷。如 1909 年和 1911 年，湖北地方政府向汇丰银行两次告贷共 250 万两，年息 7 厘，期限 10 年，以宜昌盐厘作抵押。再如华商所办企业，如汉口扬子机器厂、既济水电公司、武昌竟成电气公司、阳新炭山湾煤矿等，都曾向外资在汉银行借贷。其更普遍的贷款业务是通过买办向汉口钱庄提供拆款。据统计，这种拆款在清末年平均高达 700 万两。当时外资银行的存放款利率相差很大，如存款利率是存三个月者月利 2 厘，存半年者 3 厘，存一年者 4 厘；而向民间贷款每月利率即达 7 厘，向地方政府提供的政治性贷款每年利率亦达 7 厘。这样一进一出，外资银行就赚取了可观的利润。

外资银行对中国地方政府贷款时，往往附加政治条件，如贷款筑路就要获取铁路沿线的开矿权。外资银行对中国企业贷款不仅要产权抵押，而且规定要购买其指定的机器设备，或者规定向其出售初级产品。前者如既济水电公司向日本兴业公司借贷，就规定要购买日本的机器、燃料并聘用日本工程师；后者如汉冶萍公司几次向日本借贷，均规定要向日本低价出售一定数量的铁矿石。

而且，由于外资银行能在很大程度上左右湖北的金融市场，故当外资银行紧缩银根时就足以造成金融恐慌，使华资工商业陷入困境。1908 年，汉口的三怡钱庄在当年农历十月应兑付汉口汇丰银行银 50 万两，三怡钱庄因周转失灵无法如期兑现。汇丰银行毫不通融，致使三怡钱庄倒闭。一些与三怡钱庄有业务往来的钱庄和商号均受牵连，相继停歇，整个汉口“银根骤紧，贸易为之停阻”①。1911 年底，汉口因受阳夏战争牵累，各钱庄有 3 000 万两放贷无法如期收回，外资银行落井下石，紧缩对钱庄的拆借，于是大多数钱庄歇业，金融市场萎缩，华资工商业亦随之衰敝。

再谈航运。本书第三章已经说到，在 1891 年以前，沪汉航线上基本上是中国与英国的竞争，即中国人的轮船招商局对英商的太古、怡和、麦边、鸿安 4 家轮船公司的竞争。但轮船招商局所占份额不过 20％，70％以上为外国轮船公司所占。不过，在汉宜航线上，轮船招商局处于独占地位。1891 年以后，外国轮船公司大举进入内河，而轮船招商局发展缓慢，湖北湖南两省官绅和商人虽然办起了几个轮船公司，但船小而少，又多为短途航线，故难以与外轮抗衡。

据日本人水野幸吉《光绪三十四年调查》的记载，自 19 世纪 90 年

---

① 皮明庥：《近代武汉城市史》，中国社会科学出版社 1993 年版，第 155 页。

代至1907年，定期在沪汉、川汉、汉宜、湘鄂航线上行驶的轮船，有中国轮船招商局的船只6艘，共计吨位数为7 088吨；而属于英商的，则有太古公司的船只4艘、怡和公司的5艘、鸿安公司（有华商合资）的4艘、太平洋行的3艘，共16艘，共计吨位18 048吨；属于德国的，有瑞记洋行的2艘、美最时洋行的4艘，共6艘，共计吨位6 900吨；属于法国的，有东方公司的3艘、西湖轮船公司的3艘，后来西湖轮船公司的船卖给日本的日清公司，属法商的剩下3艘船，共计吨位5 180吨；属于日本的，原有大阪商船会社的5艘，共计吨位6 729吨，后有收购华商湖南汽船公司的船3艘、收购法商西湖轮船公司的船3艘，均并入日清公司，日清公司这6艘船较小，共约3 000吨，在汉宜、湘鄂和汉水这3条航线上行驶。综合以上所述可制成表5-5。

表5-5 1892—1907年间进出汉口各国轮船情况比较①

国别及轮船公司名	开行时间	1907年船只数	吨位数	占全部吨位百分比
中国轮船招商局	1873—	6	7 088	15.1%
英国太古、怡和、鸿安、太平	太古1877— 怡和1877— 鸿安1892— 太平时间不详	16	18 048	38.5%
德国瑞记、美最时	瑞记1899— 美最时1900—	6	6 900	14.7%
法国东方公司	开行时间不详	3	5 180	11%
日本大阪商船会社、日清公司	大阪1898— 日清1907—	11	9 729	20.7%
合　计		42	46 945	100%

① 根据东亚同文会《支那经济全书》第3册第344～349页资料整理。

1891 年以前，定期出入汉口的江轮共计吨位为 2.2 万余吨，中国轮船招商局的轮船吨位数占到 20%；而到 1907 年，中外江轮总吨位数近 4.7 万吨，轮船招商局所占比重却下降到 15%，可见大量的客货运输已被外轮公司占去。其中日本从无到有，竟然占了 20%的较大比例。

从上述开辟租界，开设洋行、商号、银行和开办轮船公司等情况，已不难看出后起的日本帝国主义来势咄咄逼人；而日本浪人、间谍在汉口等地的活动尤其猖獗。清末日本人在汉口做情报侦察工作的，主要有乐善堂汉口分店、东亚同文会汉口支部和日本驻汉领事馆。

乐善堂约在 19 世纪 80 年代初设于上海，表面上是经营眼药、眼镜、杂货，并做一些慈善事业，实际是佯装商人，深入各地搜集情报。1886 年，毕业于日本陆军士官学校的荒尾精奉命来华，在上海乐善堂得到早先来华的岸田吟香之助，到汉口硚口汉水边开设乐善堂汉口分店。荒尾精任堂长，成员有根津一、宗方小太郎、浦敬一等 10 余人。他们乔装成中国商人，四出调查，举凡各地山川、人口、物产、运输、粮仓、薪炭、官署、兵营、工厂，均一一详细登录；而人物调查，更包括所谓君子、豪杰、侠客、族长、首富，以及哥老会、九龙会、白莲教、马贼、土匪、江洋大盗等。外出调查人员每年春季回汉口参加大会，汇报、交流活动情况。"内员"则负责剪辑中外报纸、整理编纂调查材料，向日本陆军参谋本部报告。1889 年 4 月，荒尾精回过一趟日本，向陆军参谋本部提出"复命书"，主张先从商业扩张入手，从经济上掠夺和控制中国。1890 年，他返回上海，设立"日清贸易研究所"，荒尾精任代所长，根津一具体负责。1892 年，根津一曾根据汉口乐善堂历年收集的材料，编为三大册、长达 2 300 多页的《清国通商综览》，为日本工商业进入中国提供指南。汉口乐善堂直到民国初年才结束。

1898 年 11 月，东亚同文会在东京成立，汉口设有支部，负责搜集湖北、河南、四川、山西诸省的商业与经济情报。汉口支部以宗方小太郎为支部长，冈幸七郎为干事，曾在汉口发行《汉报》。东亚同文会编纂发行的书刊很多，其中有两本巨著最引人重视，一本是长达 18 卷的《支那省别全志》，一本是长达12辑的《支那经济全书》，是该会动员数百人经过10余年实地调查后，分别于清末和民国初年出版的。这两套书对中国的有关情况作了深入详尽的记载，其价值显然不仅仅在商业和经济方面。

从1905年起担任日本驻汉总领事的水野幸吉，全面地收集了汉口和整个华中地区的情报，于1907年5月编写成《汉口—中央支那事情》一书。他在序言中说，“汉口为长江之眼目，清国之中枢，可制中央支那死命之地也”，认为“最大而未决之清国问题系中央支那，即扬子江流域利权之竞争”，“不可不待我商工业家之奋起活动也”，露骨地鼓吹向华中地区和长江流域扩张日本的势力。

三、外国人在鄂教育文化事业的发展

清末20年间，外国人在湖北开办的教育文化事业，规格迅速提高，影响亦随之扩大。其主要表现：一是教会学校增多，且有由小学升格成为中学和大学者；二是外国人所办报刊增多，且内容越来越逼近中国社会的现实。

本书第三章已经谈到，在1891年以前，设在湖北的教会学校总数仅在10所左右，学生不超过七八百人；而且，除了文华书院办有中学部以外，所有教会学校均只相当于小学水平，故其影响尚属有限。但1891年以后，教会学校持续增加，到清王朝灭亡后的次年，教会学校共达40余所，教师二三百人（外籍教师占1/3左右），男女学生约2 000人。

现据苏云峰《中国现代化的区域研究：湖北省，1860—1916》第141页的有关统计，加以若干订正，把外文校名译为中文，并补充进《湖北省志·教育》、《武汉市志·教育》及湖北省暨各市县文史资料的有关记载，制成表5-6。表中的师生人数多为开办时的数字，难以反映以后的增减情况；收费栏包括学费和食宿，未填者不一定都免费，只是记载不明。

表 5-6　1871—1913 年湖北教会学校情况统计表

所在地	校名及演变	所属教会	创办年份	学生数（人）	收　费	外　国教师数（人）	中　国教师数（人）
汉口	张美之巷男住读学校(后改名圣保罗学堂，1904 年改为圣保罗中学)	圣公会	1872			3	1
	硚口福音义塾	循道会	1885				
	训盲书院	循道会	1888	32		1	4
	伦敦会中学校	伦敦会	1889	47		5	5
	硚口复生堂义学	圣公会	1898				
	圣保罗教堂唱诗班学校(1902 年改为歌颂中学，1914 年并于圣保罗中学)	圣公会	1898	60		1	6
	博学书院（原为小学，1904 年办中学部，1907 年办高等部）	伦敦会	1899(一说为 1895)	255	中学以上收费 140 元	4	6
	护士养成学校	不详	不详	20		1	6
	女执事养成学校	圣公会	1904	60	60 元	2	5
	法文高等学校	法国领事馆	1905	220		4	2
	圣约瑟学校	益德会	不详			1	5
	大同医学校(1917 年并入山东齐鲁大学医学部)	循道会 浸礼会	1909				
	文华大学预备学校	圣公会	1909				
	德华中学圣校	德国教会	1910	50		8	2

续表

所在地	校名及演变	所属教会	创办年份	学生数（人）	收费	外国教师数（人）	中国教师数（人）
汉口	青年会中学校	青年会	1910		不详		
	青年会商业夜校	青年会	1911			1	24
	圣堂学校	不详	1912				
	中华圣公会妇女学校	圣公会	1913				
	圣公会女子师范学校	圣公会	1913				
武昌	文华书院（初为小学程度，1890 年办中学部，1903 年办起高等学校）	圣公会	1871	427	高等部收费 150 元	16	20
	布伦女校（1899 年改名为圣希理达女校，有中小学）	圣公会	1876	200	350 元	1	8
	博文书院（初为小学，1901 年办成中学，1907 年设高等部）	循道会	1877	150	120 元	5	13
	文学书院（授英、法语）	天主教	1896				
	懿训书院（后改为懿训女子学校）	伦敦会	1897				
	伦敦会女学校	伦敦会	1899	100	小学 20 元 中学 30 元	2	6
	伦敦会医学校	伦敦会	1902				
	循道会男学堂	循道会	1910	300	25 元	1	2

续表

所在地	校名及演变	所属教会	创办年份	学生数（人）	收　费	外国教师数（人）	中国教师数（人）
武昌	闸经学校		1909				
	文华大学中学校	圣公会	1909				
	协和师范学校	圣公会 伦敦会 循道会	1911		90 元		
汉阳	训女书院	循道会	1896	150	40 元	3	7
	益智中学	圣公会	1907				
宜昌	育德学校	长老会	不详			1	4
	安德烈学校（20 世纪初改名华英书院）	长老会	1885		中学 16 元 预备班 8 元		
	美华书院（后改名美华中学）	圣公会	1900			2	3
	女公会学校（初为小学，1912 年办中学部，后改名哀欧拿女中）		1900	中小学 200	中学 收费 39 元	2	4
	务本学校	行道会	不详			1	
	圣灵小学	天主教	不详			1	
黄州	懿范女学	行道会	1904			2	
黄陂	信义神学校	路德会	1912			5	1
荆州	神学校	循道会	1909	80		3	8
老河口	内地会学校	内地会	1906	27		1	

续表

所在地	校名及演变	所属教会	创办年份	学生数（人）	收　费	外　国教师数（人）	中　国教师数（人）
孝感	伦敦会男学堂	伦敦会	1896	52	中学 23 元	1	
德安	循道会男学堂	循道会	不详	30	中学 30 串钱	1	3

需要说明的是，表 5-6 的统计不可能完整，为数不少的教会小学因开办时间不长、人数不多或影响不大而缺乏文献记载。如武汉，到 1899 年时几乎所有基督教教堂都有小学，通称福音小学堂，其数不下 10 所；又如黄陂，到全面抗战爆发前共有教会学校 9 所，相信在清末民初已不止 1 所。不仅在武汉及其周围，以及宜昌、沙市、老河口、樊城等市镇，就是一般县城如汉川、随州、广济、英山、南漳，甚至极僻远的郧西等地，都出现过教会小学。不过可以肯定的是，这些学校也出现在 1891 年之后。

教会学校数量的增长既如上述，其办学质量和规格又当如何呢？下面试举几例予以说明。

可以说，清末民初在武汉、湖北乃至全国均有较大影响的教会学校，是由文华书院升格而成的文华大学及其文华学校体系。前面说过，文华书院在 19 世纪 90 年代以前主要是小学，学生数十人，用华语教学，目的是培养传教士，故课程内容多为神学，西方的一般自然科学很少涉及。1890 年办起中学部，学生仅数人。1891 年起改用英语教学，学生渐多。1903 年设神学院，1909 年改为大学，包括技术科学、神学、中国文学和医学 4 科。技术科学和中国文学科 4 年毕业，神学科相当于研究所阶段，3 年毕业；医学科 5 年毕业。设施方面有教堂、办公室、教室、宿舍，图书馆藏有中西文书籍万余册，还附设有医院和文华神学校①。1909 年，

① 山口昇：《欧美人在中国的文化事业》，上海日本堂书店 1922 年版，第 1 079～1 087 页。

文华的大中小学生达 400 余人。

1909 年，圣公会又在汉口开办文华大学预备学校，在武昌开办文华中学，分别招收高小和初小毕业的 12～18 岁青少年，施以大学预备教育和中学教育。课程分英文、华文二科，英文科开文学、文法、读本、手工、地理、笔算、代数等课程，华文科开中国经学、史学、文学等课程。学生毕业后通过考试，均可进入文华大学学习。两校均管理严格，星期日上午学生须作礼拜，下午再读半小时《圣经》，缺席多次者除名。1903 年，圣公会还在汉口办起妇女学校和女子师范学校。

其次是武昌博文书院。该校 1877 年由循道会开办于武昌，初遭官绅和社会抵制，开办 10 余年仍无理想校址，规模很小，小学程度，以华语教学。1901 年办起中学，1907 年再分为高等科、专门科、师范科三部。高等科招收 12 岁以上的小学毕业生，施以 5～6 年的中学教育，课程有《圣经》、英语、数学、理科、地理、国语、图画、音乐、体操，除《圣经》外，与当时的普通中学堂相似。专门科招收高等科毕业生，施以 3 年专门教育，课程亦有《圣经》、英语、数学、理科、国语，但程度稍深；另增加第二外语、生理学、经济学、机械学、心理学、地质学、教育学等课程，上课时除中国文史课程之外，一律用英语教学。师范科则培养小学教员，招收国学成绩优良的学生，施以 3 年教育，课程中减少了英语和本国史的分量，但加重了教育学和心理学的分量，还开设有外国历史，与高等科程度相似①。

还有汉口博学书院，亦由循道会于 1899 年开办，最初 8 年已造就一批学生。1907 年在汉口韩家墩建筑新校，占地 200 余亩，举凡教室、餐厅、会议室、图书室、医疗室、操场等，均照英国标准建筑，并有电灯、自来水等设施，因而吸引了汉口教徒和富商巨贾子弟入学。该校初定额 150 人，由于不敷社会需求，招生逐年增加。博学书院分为普通科与正

---

① 山口昇：《欧美人在中国的文化事业》，上海日本堂书店 1922 年版，第 1 098～1 109 页。

科两个阶段。普通科6年毕业，课程与博文书院高等科相同，属中学程度。正科3年毕业，课程与程度亦略同于博文书院专门科。普通科毕业生可参加英国各大学及香港大学的入学考试。另附设有经学馆1所，讲授神学和中外历史等课程，毕业生经教师会议推荐，可插入书院三年级学习。博学书院的收费情况亦与文华大学、博文书院相同。书院对学生的入学、生活、读书、考试、礼拜读经等活动，管理亦相当严格①。

单设的普通中学，如前述文华中学、汉口伦敦会中学校、汉口基督教青年会中学校等，都具有较大影响，这些学校的课程均有国文、英文、数学、史地、理科、手工、音乐、体操、《圣经》等，也都收取学费。当时除英语受普遍重视外，法语、德语亦有用途，故1905年法国人在汉口开办了法文高等学校，德国人在1910年开办了德华中学圣校，这两所学校分别偏重于法语和德语。此外，女子学校、师范学校、医学校、护士学校、商业学校、夜校的开办，体现出教会亦甚注意针对不同对象的不同要求来办学，从而扩大其影响。女子学校如武昌的圣希理达女校、伦敦会女学校、汉阳的训女书院、宜昌的女公会学校等，尽管收费不低，但仍然有家长愿送女孩入学。

可见，19世纪90年代以后，教会学校在继续把基督与孔子融合起来的同时，逐步加强了对外语和近代自然科学知识及实用技术的教育；在教学方法上亦改变了以前模仿中国传统的诵读、死记硬背的方法，加进了计算、实验、手工操作和科学逻辑等方法，从而在教学制度、管理方法、学习内容和学校设施等各方面，显示出其先进性，与张之洞开办的新式学堂形成既竞争又互相补充印证的关系。而且，一些办得较好的教会学校，除了管理严格、学生的外语水平普遍较高之外，还有各自的特色。如文华大学在人文科学方面注重介绍最新的有关理论，所办的图书馆和校刊在武汉颇有影响。博文书院重视理科，学生的数学成绩在武

---

① 山口昇：《欧美人在中国的文化事业》，上海日本堂书店1922年版，第1 093～1 094页。

汉首屈一指，后来进入清华大学、北京大学，或到英美留学，或名列榜首，或成为博士，或在医药工作、水稻研究、气象学、物理学等方面成为著名专家，担任著名医院院长和著名大学校长者颇不乏人①。博学书院的学生理科成绩亦好，而且大多爱好体育运动。

此外，20世纪初的教会学校，因社会上的反对压力减少，也改变了以前封闭办学的方式，学生得以用各种形式加强与社会的联系。如文华大学组织有音乐队和剧团，经常到校外演出，还把西方的足球、棒球引进湖北，举行各种运动会。此类活动总有大批市民观看。博文书院组织有青年会，青年会之下有布道队和平民夜校。每到星期日下午，布道队就到洪山一带农村游行布道；平民夜校则招收附近农民子弟免费入学，由青年会员任教②。正是由于上述多方面的原因，教会学校在湖北的影响不断扩大。张之洞曾为博文书院题写校名，甚至打算送自己的孙子进文华书院，只是因为文华书院不能同意让其孙不参加宗教活动的要求而作罢。社会上的一般人不仅不再畏惧或鄙视教会学校，相反，对教会学校的学生毕业后常有好的工作和前途表示歆羡。

前面说过，外国教牧人员和教会学校的教师，来华的目的是使中国基督化，传播科学文化只是一种辅助传教的手段，其最虔诚者也只不过是对中国人持有悲悯之情，认为中国人要靠他们来帮助和拯救。其中伪善者、作威作福飞扬跋扈者甚多，真正同情和帮助中国革命者甚少。武昌圣公会主教吴德施，在辛亥革命前对被捕的刘静庵施以援手，帮助被通缉的胡兰亭出亡日本，只是极为特殊的事例；而且刘、胡分别是教徒和牧师。中国教徒刘静庵、殷子衡、曹亚伯等，牧师胡兰亭、黄吉亭，文华书院的教师张纯一、余日章等，虽然在一定程度上参与了革命活动，但都是以个人身份出现，并不代表也不符合教会组织和教会学校的意愿。

教会学校的学生毕业后，去向是多方面的。如文华大学1906—1914年

①② 胡学汉：《武昌博文中学》，《武汉文史资料文库》第4卷，武汉出版社1999年版，第220、221页。

毕业生有7届45人，其中从事教育者19人，传教者11人，留美者4人，任英文秘书者3人，任职粤汉铁路公司者2人，任职山东制丝局者1人，任山西矿务局和汉口德国律师事务所译员各1人，医师2人，洋行总经理、银行稽核员、美国驻汉领事馆文员各1人①。其中有子承父业的大买办刘子敬，也有外交家颜惠庆和铁路工程师颜德庆。博文书院的毕业生，有相当一部分人在循道会湖北教区内担任布道、医药、教育等部门的工作，如成为牧师者有沈文卿、涂自学、肖国贵、胡学汉等；主持医院者有汉口普爱医院院长江虎臣、汉口协和医院院长涂登榜。当然，通过留学升学的再学习之后，也有人成为著名科学家，如水稻专家白思九、何斌，气象学家涂长望，电学生物学家肖国才，以及教育学家、上海圣约翰大学校长涂羽卿和杭州大学校长陈立等②。汉口博学书院的学生毕业后，多考进英国人控制的海关、银行、洋行、邮政电信等部门工作。

在辛亥革命的准备时期，湖北教会学校的学生与闻革命者几乎没有；武昌起义之后，有少数学生参加了学生军，服务后方，或为革命者做联络员和情报工作。只有肖国华、董楚臣、曹道兴等几人直接投入过战斗，其中肖国华后来又加入了中华革命党，被反动军阀枪杀。总的来说，教会学校的学生只有小部分人成为神职人员和神学教员，也只有少数人后来走上了革命道路；大多数人是在社会需求的作用之下，到外事、教育、医疗、金融、贸易、交通邮电、工矿实业和科技界工作。这些既是近现代社会新兴的、急需人才的事业，但又和外国势力有着密切的联系，在一定程度上受外国人控制，为外国人所用。

五四运动期间，文华大学的学生有相当一部分人参加了反帝反军阀的爱国运动。1925年“五卅惨案”发生之后，博文、博学两校的爱国学生均举行过游行示威、罢课乃至退学活动，同帝国主义和教会学校当局

---

① 山口昇：《欧美人在中国的文化事业》，上海日本堂书店1922年版，第1 090～1 092页。

② 胡学汉：《武昌博文中学》，《武汉文史资料文库》第4卷，武汉出版社1999年版，第220页。

进行斗争。1937年抗日战争开始以后，湖北教会学校的学生和全国人民一样，以多种形式投入了抗日救亡的浪潮。这说明教会学校的小环境虽然能影响中国学生，但中国社会的大环境更能从根本上影响和塑造他们，使外国教会创办学校的初衷无法实现。

再简单谈谈外国人在湖北（集中在汉口）创办报刊的情况。从1893年到1911年，英美教会和商人、德国商人、日本人等先后在汉口创办报刊10余种，报刊种类和发行数字均比90年代以前有较大增加，尤其是日本人在新闻舆论界的影响越来越大。为了使读者了解当时外国人在武汉创办报刊的全貌，现将其基本情况列成表5-7。

表5-7　1893—1911年外国人在武汉所办报刊表①

名称及类型	出资者及经理、主笔	起讫时间	发行量和读者对象
《字林汉报》（后署《汉报》，中文，日报）	英国人，《字林沪报》之分支，中国人姚文藻、梅问羹任主笔。	1893年3月开办，1896年2月转售给日本人。	多时达万份。读者多为中国人。
《汉报》（中文，日报）	日本人宗方小太郎任社长，冈幸七郎等任主笔。	1896年2月接办，1900年9月被湖北官府收购，改为官办。	多时达万份。读者为中国人、日本人。
《汉口日报》（中文）	日本人出资，中国人王华轩、沈习之任经理，吴趼人任主笔。	1903年春开办，1904年春被湖北官府收购，改为官办。	多时达万份。读者为中国人、日本人。
《汉口中西报》（同时用英文、中文出版，日报）	德商出资，中文版由买办杨芝堂任经理，凤竹荪任主笔。	1903年秋开办，1906年5月由中国人王华轩接手，成为商办，直到1937年才停刊。	多时超过万份。读者为中外人士。

① 根据刘望龄《黑血金鼓——辛亥前后湖北报刊史事长编》（湖北教育出版社1991年版）第6～273页记载整理。

续表

名称及类型	出资者及经理、主笔	起讫时间	发行量和读者对象
《楚报》(原译为《华中邮报》,英文,两日刊;中文版称《华字楚报》,日报)	主办者为英国传教士、汉口圣教书局经理计约翰。中文《楚报》由买办刘歆生出资,冯特民任经理,吴趼人任主笔,不久张汉杰接任主笔。	英文《楚报》1904年11月开办,直至1942年。中文《楚报》1905年4月开办,民国初年停刊。	英文报1 000余份,中文报数千份。
《汉皋日日新闻》(日文,日报)	日本人小川爱日郎、冈幸七郎。	1905年2月创办,1907年改为日文《汉口日报》。	读者为日本人,发行量不详。
《汉口日报》(日文)	冈幸七郎任社长,山琦馨一、宇都宫五郎等任主笔。	1907年8月开办,1926年停刊。	读者为日本人,发行量千份左右。
《正言报》(中文,期刊)	英国人名义,中国主笔不详。	1904—1905年间发行了10期。	读者为中国人,发行情况不详。
《汉口风月报》(中文,小报)	英国人名义,中国主笔不详。	1905—1911年。	读者为中国人,发行情况不详。
《文华学界》(中文,月刊)	圣公会文华书院名义,余日章、刘静庵、韦卓民等主编。	1906年3月创办,停办时间不详。	读者为学术界,发行数百份。
《每日西报》(有中、英文版)	汉口租界英美人士合办。	1908年5月创办,停办时间不详。	读者为中外人士,发行量不详。
《醒世月报》(中文,月刊)	基督教武汉恳亲会同人主办。	1908年5月创办,停办时间不详。	读者为中国教徒,发行量不详。
《中华圣公会报》(中文,月刊)	中华圣公会主办,吉鲁门主编。	1908年创办,停刊时间不详。	读者为中国教徒,1 900份。
《湖广月报》(中文,月刊)	汉口圣教会主办。	1910年初创刊,停刊时间不详。	读者为中国教徒,发行量不详。

续表

名称及类型	出资者及经理、主笔	起讫时间	发行量和读者对象
《汉口日报》(英文)	汉口租界英美人士合办。	开办和停刊时间均不详,唯武昌起义时期连载有《革命日记》。	读者为外国人士,发行量不详。

这一时期外国人在武汉经营的报刊事业比较复杂，除了现在所能见到的资料严重欠缺的原因之外，还有：西方人所办报刊有宗教的和世俗的两种类型，而且均有相当大一部分是由中国人经办和担任主笔及撰述，有些做法和观点或者是撰稿人和外国人相一致，有些不一定是外国人的意图；日本人所办报纸，也有直接出面和幕后指使两种情况，更有收买中国商办报纸表达其观点的事例，故需作深入分析和具体说明。

与 1890 年以前的情况相比，这一阶段与教会有关的报刊比重大大下降，直接由中外教会人士创办的报刊，只有《醒世月报》、《中华圣公会报》、《湖广月报》三种。这些报刊仍是以传教布道、谈医疗救济和教育事业为主，偶尔也介绍一些科学文化卫生知识。《文华学界》虽以圣公会文华书院的名义创办，却是掌握在赞同革命的余日章、刘静庵等中国基督徒手中，故常刊登革命团体日知会的消息，发表主张革命反清的文章①。这显然是特殊的例外。

在此阶段，世俗性的报刊迅速增多，因而有关社会新闻、商业信息和娱乐消闲的内容很多。此类由西方人出资，但面向中国读者的报纸，多聘中国人任经理和主笔，如《字林汉报》、《汉口中西报》、《华字楚报》、《正言报》、《汉口风月报》、《每日西报》等。上述报纸，向社会宣传重商务、重医学、立学校、育人才，标榜“意取公平，议归正大”，“有闻必录，靡事不书”，强调“博访时事”和“新闻自由”、广开报馆和

① 刘望龄：《黑血金鼓——辛亥前后湖北报刊史事长编》，湖北教育出版社 1991 年版，第 99 页。

发挥报纸的多种社会功用，对清王朝的舆论专制当然构成冲击。如《字林汉报》赞扬西方国家“准报馆访事人公议会纪会议事，入审事堂纪判案，入军营纪战事……除机密军情外，无不准报馆派人执笔评书”。该报因为详记当时湖北的“盗贼灾荒”等情形，屡被湖北官方和卫道人士指责为“干犯时讳”，在开办近三年之后转让给日本①。而此类思想观点，在西方人和中国报人可能是完全一致的。

而《华字楚报》的后台是英国人，以买办刘歆生出面主办，一度由具革命思想的冯特民、张汉杰任主笔和撰述。该报在1904年春夏开办之后，倾向革命，“纵论鄂省政治……持论颇激昂”，又先后揭载过革命党人在广东活动的消息、北京暗杀出洋五大臣的新闻。尤其是当张之洞与美国密订粤汉铁路借款合同时，条约尚未签订，被《华字楚报》觅得草约，全文刊登，并加按语斥责张之洞丧权辱国。张之洞遂与英国领事交涉，张汉杰被引渡并判处10年监禁②。此事并不表明英国人考虑中国人民的利益，揭露一下张之洞很可能是考虑到英美的利益矛盾，而且通过交涉后还是让中国的革命者作了牺牲，《华字楚报》换人续办。

气焰最嚣张的仍然是日本人。甲午战争以前，日本人在汉口并无报纸。1896年春，日本间谍宗方小太郎悄然购买了英国人的《字林汉报》，仍以《汉报》之名续办。他出任社长，招来了篠原邦成、柳原文雄、冈幸七郎等一批日本人，以《汉报》为中心，极力宣传有利于日本扩张的理论观点。

日本人主办《汉报》四年半，除了一般性地主张办学校、开民智、立公司、官商集股修筑铁路等等之外，主要是在三个方面进行连篇累牍的宣传。一是“中日联合抗欧”，尤其是“联合抗俄”。其时日本正与英国结盟，故有时也谈“联英”，而把重点一直放在“抗俄”，显示日本与俄国在亚洲的极力争夺。由于中国在甲午战争中败于日本，割地赔款，

①② 刘望龄：《黑血金鼓——辛亥前后湖北报刊史事长编》，湖北教育出版社1991年版，第9～11、93～96页。

举国悲愤，中国人自办的报纸“竞相痛骂日本”，《汉报》居然“力辩支那各报之妄，抨击崇拜俄国热潮，申明唇齿辅车之义，极力融和朝野官民之感情”①。公然为日本的侵略野心和行径辩护，幻想对中国人民进行欺骗利用。二是在戊戌年间声援康有为、梁启超等维新派，抨击慈禧等人发动的戊戌政变，公开表示“不必迎合当道”，批评清王朝“政变非计”、“独守旧法”、“坐井观天”；还揭露各地将军督抚“庸懦”、“贪得无餍”、“荒疏政事”、“遇事推诿”等等。《汉报》貌似激进，代中国革新者发言，实质仍为骗取中国人的好感，并干涉中国内政。三是在义和团运动期间，再次攻击慈禧，明言主张归政光绪，并要求中国政府与列强“修睦和好”，主和反战，尽力镇压义和团运动。此时《汉报》不仅咒骂义和团为“乱民之尤”，还教唆各地督抚与列强“推诚相与，不分畛域”，然后联兵北上，“以赴君父之难”，即剿灭义和团，拥光绪亲政②。

《汉报》的肆言无忌，引起张之洞的不满和忧虑。他尤其担心因自己的治下有这么一份报纸而开罪慈禧，因此多次与日方交涉，终于在1900年9月底以3 000两价银从日本人手中收购了《汉报》，改为官办。但日本人不甘心，1903年春又开办中文《汉口日报》，让王华轩、沈习之任经理，吴趼人任主笔，自己转为在幕后操纵。该报沿袭《汉报》作风，“抨击时政甚烈”，在1903年5月的拒俄运动中刊文推波助澜，明显服务于日本与俄国争霸而利用中国的目的。该报开办约一年之后，张之洞仍用老办法，将其收购改为官办。此后，日本人于1905年2月创办日文《汉皋日日新闻》，到1907年7月又改刊为日文《汉口日报》。由于在汉的日本侨民甚多，此两报均以日本人为发行对象，而作风和论调维持不变，此后日文《汉口日报》一直刊行到1926年才停办。1908—1910年，湖北、湖南、广东三省掀起反对粤汉铁路借款风潮，《汉口日报》乘机鼓噪，并以每年数千元津贴的代价，秘密收买中国人办的《公论新报》和

---

①② 刘望龄：《黑血金鼓——辛亥前后湖北报刊史事长编》，湖北教育出版社1991年版，第41、42～49页。

《汉口中西报》，借宣传铁路商办来削弱英美的既得利益，“以求扩张（日本）帝国利权”。《汉口中西报》是否上钩无从了解，而《公论新报》无耻地请求津贴，则已见诸日方档案资料①。

在武昌首义和阳夏之战中，英文《汉口日报》表示所谓“中立”，连续报道革命军和清军双方的有关情况。这些报道虽然肯定革命军的行动“完全是为了推翻清朝政府”，但仍然担忧它会造成“遍及全国的大动乱”，从而影响列强的在华利益，因而对列强调动军舰到武汉威慑革命的举动表示欣慰。当清军攻占汉口之后，英文《汉口日报》进而改变了“中立”立场，称革命军为“叛军”，诬蔑他们“滥杀无辜”，并为清军纵火焚烧汉口华界的行为辩护，称这是“把叛军从危险据点赶跑的唯一手段”②。当时汉口的外国人所办的报纸，均没有表示支持那场民主革命。

张之洞作为精明干练的疆吏，自然知道控制报刊舆论的重要性，对此颇费心思。前已讲到，维新运动初期，他曾以为可以操纵控制上海《时务报》和湖南的《湘学报》、《湘学新报》，故曾下令购阅上述三报，但不久即发现上述三报“言论过激”，与其宗旨不合，遂责其“悖谬”而且不准在湖北发行。他曾想创办《正学报》（一说名《楚学报》），但未果。1899年以后，张之洞一面对“干犯时讳”的外国人所办报纸进行交涉、干预、收购，并对触及时政时弊的中国报人加以惩处；一面指示开办各种官报。

1899年以后，实际由湖北官府及下属有关单位创办的报刊可分两类。一类是专业性的报刊，如《湖北商务报》（汉口商务局主办，1899年4月至1904年1月）、《农学报》（武昌农务学堂主办，1901年办了1年）、《湖北学报》（湖北学务处主办，1903年2月至1905年2月）、《湖北教育官报》（湖北官报局主办，1905年底至1911年）、《湖北农会报》（全省农务总会主办，1910年5月至1911年5月）等。这些报刊除刊载有关谕

①② 刘望龄：《黑血金鼓——辛亥前后湖北报刊史事长编》，湖北教育出版社1991年版，第196、209、223，251、268页。

旨、奏疏、政令之外，分别刊登中外商情、商业知识和信息、农业科技、农业历史、农业法规、教育法规、学务新闻、各门学科知识等，总之比较专门化，不大涉及政治、时事和社会问题。

另一类是官办的综合性报刊，如1900年9月从日本人手中购回的《汉报》(1906年2月以后由民间接办)、1904年春亦从日本人手中购回的中文《汉口日报》(次年秋失火停刊)、《湖北官报》(半月刊，1905年4月至1911年10月)、《两湖官报》(1907年2月创办，一年多以后停刊)、《武昌日报》(1908年1月创办，停刊时间不详)等。官商合办的则有《公论新报》(日报，江汉关文案宦诲之主办，1906年10月至1911年10月)。上述报刊除《湖北官报》和《公论新报》外，其他官报存在的时间均不长。所有官办报刊，均强调“宗旨纯正，体裁谨严”，“正人心而开民智，息邪诐而助政教”，内容多为“列朝圣谟”、“近日邸抄”、“往事鉴戒”、“本省公牍”，以及有选择地刊登有关论说和消息，时人称其“以逢迎为能事……无非官话连篇而已”，故销路不畅。《湖北官报》年耗银2万两，官派官销，不取分文；官办时期的《汉报》、《汉口日报》以及《武昌日报》只好勒令各府州县分销，规定各地订购数字①；《公论新报》则暗中请求日本人津贴。

官报既攻击康、梁的活动，更诬蔑革命派和人民群众的反抗斗争。举凡拒俄运动、抵制美货、萍浏醴起义、要求铁路商办和保路运动等，均遭官报的诬蔑和非难，被视为“越轨”乃至“大逆不道”，因而遭到进步人士和革命者的抵制和鄙视。官报有时也因行事不慎而和帝国主义发生纠纷。1905年初，《汉报》和《汉口日报》报道庆安钱店资金“空虚”。不料该钱店为俄国道胜银行所设，钱店东家即道胜银行买办竟纠集200余人到报馆“兴师问罪”，捣毁报馆，并将主笔扭押到俄国领事馆，俄国领事馆居然向清廷外务部提出交涉。汉口当局屈服于俄国的压力，

---

① 刘望龄：《黑血金鼓——辛亥前后湖北报刊史事长编》，湖北教育出版社1991年版，第90、81～82页。

居然一度将《汉报》馆关闭。上海《警钟日报》曾就此事刊布消息和发表社论，对外国人干涉中国人的言论权、清政府和官吏对洋人卑躬屈膝表示谴责①。

关于民间办报和革命者运用报刊进行反清宣传的情况，将在下面的有关章节介绍。

第二节 湖北财政的长期困局

与外国人在湖北的势力，尤其是经济实力不断增长的情形相反，湖北地方政府的经济实力却难以持续增长，其财政状况始终处于困窘状态。

地方财政是地方政府管理经济活动的行为和结果，它具体体现为对捐征和赋税的征收管理，对政府所需各种经费的安排和支付能力。合理的财政原则不外开源节流、依法征收、科学使用和收支平衡。在传统社会中，一方面由于生产力低下，赋税大宗不外地丁、漕粮、公田租课、盐课、关税和商业税，另一方面由于地方官吏因循旧规，省事息民，不肯也不能为政府聚财，故地方财政既无计划，也一直少有变化。各种记载表明，湖北在嘉（庆）道（光）年间，每年的财政收入约为 200 万两。由于各级官吏贪污中饱，尽管人民群众实际负担超过 1～2 倍，但政府实际所得却只在 130 万两左右。解交中央政府的比例最少亦达 70%，下余三四十万两仅够官吏薪俸和办公开支，故遇有战乱和灾荒即入不敷出。19 世纪 50 年代后期，胡林翼通过整顿和多方筹集，湖北每年财政收入达 360 万两左右，比以前增长一倍多。但同期湖北协济和调拨安徽、江苏、浙江、江西、湖南等省军费近 400 万两，分摊两次鸦片战争赔款 120 万两，故仍然连年亏空。从 19 世纪 70 年代起，由于商业逐渐发达，厘金、杂税、盐课、关税收入逐渐增加，到 1889 年张之洞来鄂时，湖北

① 刘望龄：《黑血金鼓——辛亥前后湖北报刊史事长编》，湖北教育出版社 1991 年版，第 86～88 页。

全省财政收入为 6 517 901 两①。而张之洞要用这所剩无几的财力，兴办轻重工业，训练新军，开办各类新式学堂和文化事业，派遣留学生，修筑铁路，故须一面向中央请求拨款，向广东地方当局和各地商人挪借，甚至向外国银行贷款；一面整顿地方财政，加紧征收捐税。但结果仍然是赤字巨大，人民因负担大增而怨声载道，各项新政事业亦陷入欲罢不能、续办无钱的不死不活状态。

一、地方政府整理财政的措施

清代地方财政，以布政使司为主管机构，负责收纳省内各州县所征之田赋和杂税；督粮道和盐法道亦分别经管米粮解送、盐政和盐税之事，故全省没有专职的统一的财政机构。太平天国战争期间，湖北地方当局为筹措军费，在布政使司、按察使司、督粮道和盐法道四个衙门之下，联合设置了军需总局，作为全省财政管理中心。战争结束后改为善后总局（简称善后局），负责筹款及善后建设工作。该机构一直延续到 1910 年，才为度支公所所取代。

善后局的下设机构主要是牙厘局及其属下的各地厘金局卡，牙税和厘金是其款项主要来源。此外，牙厘局经授权可以向华洋商人贷款和放款，也能接受官钱局的贷款，还拥有大量官有房地产业，可以经营增值。善后局负责全省政务开支，诸如练兵、办厂、兴学等等，直接听命于总督，因无预算制度而非常随意。省内其他衙门亦可径向善后局属下的牙厘局借拨款项。牙厘局不负收回贷借款之责，届时只将借贷账目上报，即可冲抵上交善后局之应解实款，造成虚账、呆账，积案累累。

张之洞督鄂后，于 1891 年 9 月对善后局的财政制度作了一些新的规定，主要是加强管理，如开支必须切实注明何事、用何税款；借拨须有足款，不可负欠；借垫须用正款清还；解京和协济他省之款饷、赈捐、

---

① 苏云峰：《中国现代化的区域研究：湖北省，1860—1916》，台北近代史研究所 1981 年印，第 217 页。

川资、汇电等费，应由布政使司、盐法道、牙厘局筹解，不再由善后局支付。他又下令增筹款项，充实库存，以供新政各项开支。

90年代初，湖北全省每年的税收计有：田赋（包括地丁、漕粮、南粮）140万两左右，厘金、牙税约170万～200万两，川淮盐厘约150万～300万两，海关收入约640万～940万两。但海关收入由外国人经管，无论是上缴中央，还是扣抵赔款偿还外债，地方当局无权过问。故湖北地方政府所能控制的各种旧税收只在440万～640万两之间。之所以有200万两左右的波动，是因为农业有丰有歉，税收征管有时较健全规范，有时发生严重的流失中饱等弊端。而且这440万～640万两的税收，大部分要解交朝廷。

晚清70年间的财政、金融整顿，主要之点有三：一是整顿旧税；二是征收新税；三是改革财政、金融的有关制度和管理机构。

整顿旧税，主要是整顿厘金和盐税（厘）。湖北的厘金收入，经胡林翼管理、整顿之后，每年在100万两至160万两之间不等。其不稳定，亦因局卡用人浮滥，层层经手之人贪污中饱，预计每年流失10万～20万串以上。张之洞于1897年至1898年，一再布置官绅就近监督稽查，规范运作程序，重奖严惩并施，遂使每年厘金正项收入增加30万～40万串①。但因全省局卡多达51所，商人以为不便，加上厘卡司事巡丁仍然任意侵渔苛扰，不少商人投靠洋商以逃税。张之洞遂于1905年5月改厘金为统捐（但官方和民间仍用厘金旧名），保留25处局卡，分别抽取进口、出境、内河过境及落地等税。统捐征收程序较为简化。外省货物仅在入境时征收一次，本省货物亦只在运出内河时征收一次，在本省销售之货物亦只抽落地税一次，货物落地捐由各行栈商铺按月认缴牙厘局，局卡司巡难以从中舞弊。于是，全省的厘金收入从1905年的200.2万两增至1909年的285.7万两。而缴纳厘金之外的烟、酒、糖税，每年收入亦在37万两左右。

---

① 王树枬：《张文襄公全集》第62卷，“奏议”62，北平文华斋1928年刻，第20页。

盐厘也增加得很快。据海关报告，湖北在1892—1901年间每年平均消费盐约240万担，政府所抽盐税多达42种，每年盐税高达370余万两①。故民间食盐一再涨价，1894—1908年12年间，盐价上涨5次，贫民苦不堪言。因盐税收入可观，朝廷遂从1896年起指令将盐税收入中的150万两和海关收入中的相当一部分，划拨偿还外债。1898年后，朝廷又规定盐税亦由海关税务司代征②。地方政府的实际收入因而减少，于是设法征收新捐税。

新增的税种最主要的是鸦片税。1890年以前，湖北对于鸦片征税，仅限厘金一项；从是年起，张之洞下令开征营业税。1902年又实行土膏专卖制度，于土膏发售时征税7%；对土药征买卖税，出栈时征税5%。对鄂西种植鸦片的农户，每亩征1 000文的种植税（其中70%解省库，30%留作地方积谷金）。1904年初，张之洞就征收鸦片税一事在武昌设立两湖总局，继而加入江西、安徽两省；次年再加上江苏、福建、广东、广西，设8省土药总局于宜昌，当年溢收400余万两。1906年，鸦片税改归朝廷度支部税局征收，但允许每年拨给湖北120万两，专供新案赔款之用。1908年后因实施禁烟，烟税顿减，至1910年几乎再无烟税收入。

从1901年起，湖北各种捐税大量增加。如“规复丁漕减征”，对1897年由部议规定的“地丁完钱者每两减征钱100文，漕粮每担减征钱140文”不再执行，从1902年起一律照旧征收。又如“加提平余”，在部议规定的“丁银一两，完钱者应加解钱价平余银七分；每漕粮一担，加解钱价平余银一钱”的基础上，再根据各州县经济情况分别等次一律加提钱价平余，每年多收银10余万两。又如“增加契税”，向来定例，契税照契约上房地产价格抽税3%，此时加倍，征收6%。又如“开办房捐、铺捐”，凡有房

① 苏云峰：《中国现代化的区域研究：湖北省，1860—1916》，台北近代史研究所1981年印，第202页。

② 王树枬：《张文襄公全集》第155卷，“电牍”36，北平文华斋1928年刻，第14页。

屋出租，月租在银 2 两或钱 3 000 文以上者，每年抽一个月房租作房捐；城镇征收铺捐，上等者月抽钱 4 000 文，下等者抽钱 2 000 文。

新设的捐税有铁路捐。从 1902 年起，张之洞对豫、鄂两省铁路运输货物征收 13%的铁路捐，两省均分，每年收入五六万两。1904 年后因铁路线延长，运输量增大，铁路捐收入亦随之增加。再如“签捐”（彩票捐）。张之洞鉴于汉口彩票市场活跃，于 1901 年 12 月设立签捐所，向汉口和各州县分发彩票，因滞销失败后，改名为“赔款捐”，强行摊派，每年收银 70 万～80 万两。再如印花税。湖北于 1908 年设立了印花税总局，开始分期试行，但商人要求缓办，购买贴用印花的仅限于官、学、军三界。

此外，还有茶捐、竹木捐、土布捐、丝绢捐、石膏捐、船厘捐、烟酒糖捐、洋油捐、牙帖税捐、江工捐、米谷储备捐和赈粜捐、土膏捐、质当捐、砖瓦捐、柴捐、炭捐、煤捐、肉捐、铺捐、门捐、车捐、教育捐、学堂捐等等，名目繁多。据 1911 年编印的《湖北财政说明书》统计，从 1890 年到 1909 年间，湖北在本已众多的捐税之上，又增加了新捐税 23 种。可说是无物不捐，利悉纤毫，正如时人所说：“庚子以后，湖北筹款之多，甲于天下。”①

张之洞在整顿旧税、增收新捐的同时，还设法利用发行货币的方法来补充财政。1893 年，他在武昌三佛阁创办湖北银元局，定购全套外国铸币机及原料银条，聘请英国工程师，比较外国银元成色和轻重，于次年开铸重七钱二分、三钱六分、一钱四分四厘、七分二厘、三分六厘共五种大小银币。所铸银元先在汉口、宜昌通用，以后逐渐畅行皖、赣、苏等省和上海。从 1895 年到 1904 年，共生产银币 1 418.42 万两。1904 年又开始采用十进位制，铸造一两、五钱、二钱、一钱重银币四种。

1897 年，张之洞为解决钱贵银贱、市面发生铜钱短缺的问题，又在原宝武局旧址创办铜钱局，采用外国机器和铜原料，铸造十文、五文铜

① 姜继襄：《劲草堂笔记》，湘鄂印书馆 1923 年版，第 99 页。

钱两种，每日铸造铜币 30 余万枚。1903 年又扩充设备，分设 3 个厂，日铸 400 余万枚。但因发行量超过市场需求，铜币日益贬值。清政府于 1905 年下令湖北日铸铜币不得超过 100 万枚，而张之洞只减少 160 万枚，仍铸 240 万枚，后因朝廷严令，才减至定额以内。1907 年赵尔巽接任总督之后，又奏准日铸 200 万枚。

1897 年，张之洞还设立了官钱局，印制面额为制钱一千文的钱票。1900 年，他还曾向日本定制钱票 300 万张。以后陆续发行官钱票，到 1911 年，共发行官钱票 1 700 万串。还有所谓“银元票”（与银元等值的纸币），亦系 1902 年从日本定制。最初两年银元票发行数字不详，1904 年计有银元票数 10 万张，面值分别为 10 元和 5 元两种。清末全国发行纸币约 2 亿元，湖北占 3 000 万元。

总计从 1893 年到 1911 年，湖北省政府所属的银元局、铜币局和官钱局所发行的银、铜、纸币，价值约达 4 000 万两，通行全省及长江中下游部分省埠，但实际储备金不足 3%，实为滥发货币，故必然造成通货膨胀。而湖北官府通过此法每年获取上百万两乃至一百数十万两的利润①，用来弥补财政亏空。

清末 20 年间，由于湖北工商业初步发展，加上地方政府广征捐税并滥发货币，湖北的财政收入从 80 年代末的 600 余万两，上升到 1909 年的 17 180 310 两（均含海关税收），增长超过 2.5 倍。湖北成为当时全国的税源大省之一，但在财政收入成倍增长的情况下，却潜伏着一系列困难乃至危机。

二、收不抵支，问题丛集

晚清湖北地方财政困难的原因很多。从外部原因来看，西方资本主义列强经济势力大举侵入内地，倾销洋货，摧残内地传统的农业、手工

---

① 湖北省地方志编纂委员会：《湖北省志·经济综述》，湖北人民出版社 1992 年版，第 31 页。

业和交通运输业；操纵市场，低价掠夺中国的农副土特产品和各种初级产品；利用多种特权，控制海关，垄断外贸，压制中国民族工商业等等，凡此无不造成中国的利权损失。巨额的战争赔款，更加深了各级政府的财政危机，加重了中国人民的负担。

内部原因也很多，主要是如下几点：

第一，中央与地方在税收资源上的分配问题。

前已说到，在康熙年间，湖北上交户部之款占 70%，存留自用款只占 30%；雍正年间存留款下降到只占 10%，乾隆年间及以后又恢复到康熙年间的状况。咸丰年间，因军事需要，全部存留仍不敷战争之用，战争结束后即恢复解款。据一位英国人的调查，1880—1896 年，除海关每年平均收入约 200 万两全部由朝廷掌握之外，此时湖北地方每年平均岁入约 550 万两，需解交大约 440 万两（包括奉命购买军械在内），占全省财政收入的 80%；存留自用者每年平均约 110 万两，占全省财政收入的 20%①。故此时张之洞要举办各项新政事业，除动用部分存留款之外，还需向户部请求支拨及向广东等省挪借。

在甲午战争之前，朝廷尚有少数款项可拨；甲午战败之后，为偿还赔款和外债，情况大变，朝廷不仅再无拨款，反而要向各省摊派，海关收入不足，又加上盐税和厘金。从 1896 年起，湖北海关须每年摊还俄、法、英、德四国借款 144 万余两；从 1898 年起，户部又指令将宜昌盐厘 100 万两、鄂岸盐厘 50 万两、海关杂项税收 144.5 万两，合计近 300 万两全部上解朝廷，用于还债②。1901 年以后，湖北每年摊还庚子赔款 120 万两③，更是沉重的负担。

进入 20 世纪，湖北财政总收入迅速增长，1910 年前后增至1 300 万

---

① *Journal of North China Branch of Royal Asiatic Society*（《英国皇家学会亚洲北华分会杂志》），V. 30，1899，pp. 115-117.

② 苏云峰：《中国现代化的区域研究：湖北省，1860—1916》，台北近代史研究所 1981 年印，第 219～220 页。

③ 陈夔龙：《庸庵尚书奏议》第 10 卷，花近楼 1913 年刻本，第 50 页。

两左右（不含约300万两的海关收入），但上交朝廷和协济拨款也一直在增加。以1911年的预算为例，是年预计收入为14 226 943两，支出15 226 943两，赤字100万两。支出部分，国家占86%，分别为协款、洋款、赈款4 895 697两，解度支部4 109 439两，解陆军部2 448 298两，解海军部769 048两，解法部249 669两，解邮传部275 000两，解农工商部77 300两，解学部89 849两，解民政部75 832两，解外务部68 857两，共计为13 056 989两，其中用于偿还赔款、洋债和加强陆海军建设的超过一半。由湖北地方当局掌握的开支，包括民政、教育、实业、政府办公、地方工程、新军和水师的若干临时性开支，共计2 169 954两，占支出总额的14%①。可见由地方政府掌握使用的款项的绝对数虽比以前大增，但所占岁出比重（即存留比重）反而比以前大为减少。

中央和地方均感财用不足，因而在税收收入分配上常有矛盾。海关收入由总税务司直接对朝廷负责，地方政府空有监督之名。盐厘、土烟土膏税为税收收入大宗，分别在1898年、1906年收归朝廷掌握，湖北地方政府只能在返还数字上作一点讨价还价。1905—1908年，湖北地方政府滥发铜钱，铜币贬值，朝廷多次申令控制，地方政府设法抗拒，饮鸩止渴，造成物价上涨、银贵钱贱，结果由于所收捐税中铜钱占相当比例，地方政府反而遭受巨大损失。

第二，清末百端待举，无不需款孔亟。张之洞雄心过大，计划不周，所上项目多，规模大，战线太长。90年代，张之洞为创办汉阳铁厂、布纱丝麻四局等10多个官办近代企业，共约投入1 000万两资金，加上其他江河堤防、市政建设、交通运输工程等，平均每年100余万两，占当时全省财政收入五六百万两（不含海关收入）的20%左右。但由于多种原因，这些官办企业多数时候处于亏损状态，不仅少有利润上缴，反而还需不断追加投入，故不少企业只好转为官商合办或由商人承租，靠官

① 张仲炘、杨承禧：《湖北通志》第53卷，“经政志”11，“新政”1，湖北省长公署1921年刻本，第40～41页。

办企业“求富”的梦想终于落空。

到20世纪初，不仅赔款和上缴之款负担迅速加重，省内开支亦大大增加。如教育经费，1901年为68万余两，1905年为128万余两，1910年为206万余两，10年间增加了两倍多。再如军事开支，1902年以前，每年约50万两，1904年即达到100万两，1906年因整军、购舰猛增为450万两，到1908年军政费达到600万两。1907年以后筹办宪政，练兵计划将原混成协扩为一镇，需银140万两；地方自治补助费需150万两；还有司法费、巡警费各30万两。而混成协岁饷50余万，积欠已达4年；两届会操用掉140余万两，全靠借贷，均是本息未还①。到1908年，总管全省财政收支的善后局，“岁不敷银一百七八十万两，息借华洋商款三百余万两，拨借官款一百八十万两。岌岌情形，日甚一日”②。连续几年湖北地方财政亏空均在150万～200万两之间。

为了整顿财政，湖北地方当局于1909年2月在善后局内设置了“清理财政局”，清理旧案，制定新规，以期“点滴归公”。1910年初，总督瑞澂又遵旨裁撤督粮道衙门，把田赋正供的收支大权归于布政使司衙门；随即又把统捐局（即厘金局）、交代局、卫田局、豁免局、筹赈局等，连同善后局一并裁撤，改在布政使司之下设立度支公所，成为省级专职的财政收支统一机关。

度支公所对全省财政能统一事权，加强计划，但并不能凭空生财，也不能改变朝廷和地方政府压缩其他开支、增加军政开支的既定方针。如1911年的预算，经过“技术处理”，表明此前已经亏空224万两，1911年赤字更达379万两，两项相加高达600万余两。如此预算自然是无法执行的空头支票。朝廷度支部予以批驳，上下反复商讨，最后“确定”赤字为100万两。而在上缴的1 300万两中，拨付陆、海军部的占

① 《湖北预算与财政支绌情形》，《国风报》第1年（1910年）第17号，“中国纪事”第9～10页。

② 陈夔龙：《庸庵尚书奏议》第12卷，花近楼1913年刻本，第16页。

21％，显然直接用于军事；由湖北地方政府掌握的216万余两经费中，军事和行政费用又占35％①。张之洞早在1906年致军机处的电报中曾表示忧虑："目前民生困穷，动辄思乱。欲求养民生感民心之术，则以少取于民为先，多兴实业次之。练兵虽要，尚不如安民得民之尤急。"② 但他的建议不能改变朝廷强化武装力量的既定方针。末任鄂督瑞澂则一味强调扩大军队以"建威消萌"，担心"设有缓急，凭何应付"，故将大量开支用于军队。

第三，官吏腐败贪渎，造成资金流失、税源不当或不稳定，使税收常常大幅度波动。

关于官吏的贪污腐败，清末湖北已经揭露于世者很多，较突出者有以下数例。一如湖北最高军事长官、新军镇统（师长）张彪，不仅目不识丁，凶暴无能，只知钻营谄媚，而且在担任总兵、统制时，共"吞蚀军款百万有奇"③。二如夏口厅候补道张赓飏，"前办汉口筹饷、厘金各局差，中饱甚巨。……闻其侵蚀之款，不下数十万"④。三如荆州知府斌守俊，巧立名目，以50％的克扣侵吞堤工款20万串，还擅将库存2.4万多石赈粮卖尽，粮款全入私囊，时称"该守之宦囊肥，万城之堤塍瘦；该守之家室安，荆州之人民危"⑤。四如天门知县宋灿，"莅任以来，地方一切捐款无不意外苛征，词讼规费则纵丁讹索，主仆平分。……复在汉口以数千金纳名妓二人"⑥。五如云梦县令张德炳，"前在京山县任内，

---

① 张仲炘、杨承禧：《湖北通志》第53卷，"经政志"11，"新政"1，湖北省长公署1921年刻本，第41～43页。

② 王树枏：《张文襄公全集》第200卷，"电牍"79，北平文华斋1928年刻，第19页。

③《呜呼，该死的张彪》，《民立报》1911年9月2日。

④《夏口厅官员侵吞巨款》，《京津时报》1910年7月13日。

⑤ 吴剑杰：《湖北谘议局文献资料汇编》，武汉大学出版社1991年版，第576～583页。

⑥《湖北吏治之腐败》，武汉大学历史系：《辛亥革命在湖北史料选辑》，湖北人民出版社1981年版，第215页。

亏空颇巨”，照样调任新职，且带来堂兄弟五人，分别派充征收、账房、签押、监卡、门房，“云人称之为五虎”①，其贪污勒索，可想而知。六如汉口警察局坐办徐传笃，以“保护”为名，“时携友人或挟妓女至（满春戏）园占据官厢，不名一钱”。其仆从亦时时仿效。只因一次戏园守门人不认识其为徐仆，予以阻拦，徐传笃竟派警察数十人，破门而入，捕去售票员和守门人，痛笞后枷号示众，并要园主到局服罪②。类似的大小官员所出丑闻甚多，难以一一列举；至于基层办事人员，更是目无法纪，勒索搜刮不择手段。

所谓税源不当，主要是指由政府出面专营土烟土膏，即对鸦片的贸易吸食不仅不禁止，反而由政府提倡并独享大利。此举由于受到舆论广泛谴责，朝廷和地方政府不得不在1907年再次申令禁烟。于是此项收入遂由1906年的最高点120万两，降至1908年的84万两、1909年的24万两，并旋即停废。上百万两收入自此断绝。

税源不稳定，包括的范围更大。例如：天灾歉收，必然减少农业税收入；商贸因人民生活水平下降必然萎缩，盐税和厘金（统捐）随之减少；官钱局造币局业务收缩，赢利减少；印花税、签捐和彩票，执行和响应者寥寥，使政府的期望落空。上述数项又使计划中的收入减少近百万两。

湖北当局在资金匮乏的情况下，只好大量举债。首先是借外债，一共5笔，依次是1906年7月向日本正金银行借款40万两，用作军费；同年9月又向正金银行借款200万两，弥补财政亏空；1909年10月再次向正金银行借款76.5万两，弥补公债之不足；1911年8月向汇理、德华、汇丰、花旗4家银行借款200万两；同年9月向华俄道胜银行借款10万两，用途均同上。以上数字系根据徐义生《中国近代外债史统计资

① 《湖北云梦县令纵五虎虐民》，《京津时报》，1910年7月26日。

② 《湖北吏治之腐败》，武汉大学历史系：《辛亥革命在湖北史料选辑》，湖北人民出版社1981年版，第215页。

料》第38～53页的记载得来，共计526.5万两。而对照苏云峰的统计，还有另外两笔，即1900年和1909年先后向汇丰银行借的50.7万两和50万两①，这样外债又多出了100.7万余两。总共为627万余两。这些外债多以10年为期，分段偿还，年息一般为7厘，故本息合共约1 000万两。而且这还不包括铁路借款和朝廷指派摊还的洋债。

从1911年的湖北财政预算看，出入各款“除常、洋各关款目另案办理外，计该省岁入13 545 147两零，岁出15 785 312两零。新增筹备3 796 331两零。出入相抵，计旧有不敷2 240 160余两，新增无着3 796 330余两”。此外，“鄂省息借商款公债，已积至五百数十万（两）。江汉宜沙各关，亦均入不敷出，无可挹注”②。

1911年10月武昌首义后，军政府派员接收和检验藩库、造币厂和官钱局，在藩库发现现银100万两以上；在造币厂的银元局和铜元局发现白银80万两、银元70万元、库存从日本购入的紫铜值银30万两、铜元40万封值银40万两（每封百枚值银1两）；在官钱局发现银票、银元票和铜元票共合银1 200余万两，还有元宝、铜元、银元数种，合银110余万两。综合三处所得，共合银1 560余万两，另有银元70万元。湖北财政既然濒于崩溃，库存如此巨额现金怎么解释呢？

说来也简单。其一，现金中的一部分是造币厂和官钱局的流动基金和“产品”，这“产品”就像印币厂印好后库存的纸币一样，没有足够的保证金和物资作基础，是不应投放社会的，否则就会引起通货膨胀。其二，现金中有1 100万元是原已借了外债、此时应该偿还而未拨出的；尤其是官钱局所存现金，绝大多数是借款。其三，清末指定武昌、广州、天津等处的造币厂归度支部直接管理。武昌造币厂是全国改铸银元的总

① 苏云峰：《中国现代化的区域研究：湖北省，1860—1916》，台北近代史研究所1981年印，第210页。

② 《度支部试办宣统三年各省各衙门预算总说明书》，《东方杂志》1910年第7卷第12期，“文件第二，公牍”，第32～33页。

机构之一，邻近的湖南、贵州、云南数省应解往北京的现银都直接解送武昌。所以湖北藩库和造币厂的数百万两现银中，由西南各省解交暂存的占了绝大部分。因此库存的这近1 600万两资金，并不是湖北的财政节余。武昌起义后，湖北军政府为解燃眉之急，也只能动用银元票和铜元票，而所存现银只准作为增发新货币的基金，不能移作他用。但即便如此，也仍然引起物价上涨和市面波动。

由于财政紧张，清末10年中湖北地方政府再也不能像19世纪90年代那样，投入上千万两银子续办官办企业；而仅新办了制革厂、造纸厂、毡呢厂、针钉厂、官砖厂、贫民大工厂和模范工厂这样几个中小企业，投资总额在200万两左右，年平均投资只在20万两左右。与19世纪90年代相比，每年减少80万两。而在1911年度的预算中，投资于工商实业、交通运输的比重，仅占总支出的3.4%。

教育事业的投资，在1907年至1909年，由于允许各州县将应解庚子赔款捐留在地方办学，加上盐法道指拨部分盐课作教育经费，故每年达到200万两。但到1910年，由于度支部将前允作教育经费的部分盐课提作盐政处经费，加上各州县应解交的赔款学堂捐大量拖欠，教育经费骤紧。是年秋季开学时，“各学堂除农、工、商、路矿各实业专校因经费向不在（学务）公所支领，得如期上课外，其余各级学堂，平时悉形经济困难，毫无存款。值此市面衰败，借贷颇不易言，故皆暂未开课，延颈以待款来”①。可见多数学堂已因经费短缺未能按时开学。而在1911年的预算中（含省级和州县地方筹集），教育经费仅为113万两，比1909年减少了80余万两，下降幅度极大②。

在市政、水利工程方面，张之洞主政以后，曾在省城武昌城内分年修筑马路。1899年开始修筑自武昌白沙洲至金口的长30公里的江堤、自

---

① 《湖北学堂经费短缺》，《京津时报》1910年7月14日。

② 苏云峰：《中国现代化的区域研究：湖北省，1860—1916》，台北近代史研究所1981年印，第273页。

武昌新河至青山的长15公里的江堤，历经数年，耗银8.8万两。1905年修筑汉口后湖长堤，长17公里，耗银数万两，涸出田地10余万亩。同年筑成汉口大智门至玉带门一带马路，并拓宽后街马路直达江岸①。1907年筑成汉口后城马路。1907年至1908年间，因历年大水，又固筑武昌至金口、武昌至青山长堤，“计支银七十余万两”②。但在武汉以外的地方，湖北当局因资金不足，只着重关注了沙市万城大堤和襄阳老龙头堤。其他州县的堤防，只能通饬州县当局筹款修筑，而各州县或因款项不足，或因经办人偷工减料，堤防均不甚坚牢。

从1900年到1911年，湖北平均每年有近30个州县发生水旱灾害。1908年春夏，汉水泛滥，两岸田庐荡然无存。同年，“荆江大堤漫水。……武汉三属湖乡颗粒无收。城内居民多处积水之中，米粮菜蔬腾贵”，汉口“后湖一片汪洋，居民数千户，仅见破败之屋脊”③。1909年又发洪灾，湖北六府一州遭水淹。“武昌所属，米价无不飞涨。省垣汉口汉阳三埠，现在上熟米每石售价八千，外属有售至万一二千者”④。1910年，荆门沙洋大堤溃决，“被灾之民数十万，皆田庐荡然。……今春又雨量太多”，相邻之潜江县、钟祥县、监利县等“皆成泽国”，“所有受灾之区，一片汪洋，数里不见烟火。灾民有生食野兽之肉者，有握泥裹腹致毙者，有掘挖树皮草根以济急者，令人不忍目睹”⑤。财政困难和官吏的腐败失职加剧了天灾造成的危害。

在农业方面，90年代张之洞曾让有关州县改良和推广种茶，也曾劝导购机制茶，自行外销，但未能坚持。他同时从美国购回棉籽，发至各

---

① 张继煦：《张文襄公治鄂记》，湖北通志馆1947年版，第45～46、41页。

② 陈夔龙：《庸庵尚书奏议》第12卷，花近楼1913年刻本，第16～17页。

③《辛亥前数年间水患之频仍》，武汉大学历史系：《辛亥革命在湖北史料选辑》，湖北人民出版社1981年版，第256页。

④《辛亥前数年间水患之频仍》，武汉大学历史系：《辛亥革命在湖北史料选辑》，湖北人民出版社1981年版，第257页。

⑤《湖北之大水灾》，《国风报》第2年（1911年）第12号，“中国纪事”第6～7页。

州县让农民试种，以期提高棉花产量和质量，结果基本失败。所办农务学堂，实验尚见成效，但实验成果和技术难以推广。到20世纪初，地方当局再无任何关注和发展农业生产的实际举措，农业生产状况一如往昔，但是农民的负担却一直在加重。如1901年以后湖北的“田赋附加”，按漕粮每石加征140文。因铜银比价变化而设的“规复加价”，每征粮银1两复加140文。1902年因赔款摊解，每两复征差钱4钱。1901年，湖北加征谷米捐，每一石米，落地、过境抽钱30文；每一石谷抽15文。再如食盐，销往湖北的淮盐，曾以“海防筹饷”、“新案偿款”、“抵补药税”、“要政加价”、“练饷加价”等名目，多次实行“盐斤加价”。宜昌销行川盐，每斤盐所纳盐课原为12.8文，清末10年通过7项加价，盐课涨至28.8文。再如针对田地房产买卖课税的“契税”，1902年河南省征契价的3%，湖北征6%，到1909年又增加为9%①。

竭泽而渔的种种苛捐杂税，不仅使农民陷入了绝对贫困，城镇一般市民、贫民和工人，亦感到生活压力日增。湖北省谘议局第一次常年会议的报告书说：“国家税之普及人民者，为税契、钱漕两大宗，征取既广，弊混滋多。地方官之任意浮征，书吏之借端苛索，湖北六十九厅州县如出一辙。现在新政繁兴，在在需款，凡所为取给于吾民者，方有加无已；而吾民于必应负担之外，更受无名扰累。”② 因而必然加剧当时的社会矛盾。

---

① 彭雨新：《辛亥革命前夕清王朝财政的崩溃》，《辛亥革命论文集》，湖北人民出版社1981年版，第165～174页。

② 吴剑杰：《湖北谘议局文献资料汇编》，武汉大学出版社1991年版，第244页。

第六章　民族资本主义的发展和社会裂变

第一节　新式民营工业的出现

前面已经说过，湖北地区的官办近代工业，比沿海发达地区要晚20余年，而湖北的民营近代工业又比湖北的官办工业晚几年，在甲午战争之后才开始出现，20世纪初才有较大发展。由于多种客观条件的作用，湖北民营工业具有创办迟、发展快的特征，但总的来说仍然资金不足、技术落后，发展空间多被外国资本主义占据。

一、环境与时代的催生

民族资本主义，尤其是民族资本主义近代工业的起步和发展，需要有一定的条件。首先是商品和劳动力的市场条件以及资金准备，其次是技术、政府的政策、投资人和社会上的观念变化等条件。

汉口开埠以后，外国商品如鸦片、棉纱、棉布、煤油及各种廉价工业品不断地加强倾销；同时，外商大量在湖北收购各种农副土特产品，运往外地，又开办多家轮船公司，便于商品运输和人员往来。本地的传统商业也逐渐改变经营方式，或同外商合作，或与外商展开竞争，促使商品市场不断扩大。从1867年到1894年的27年间，汉口每年的进出口贸易额由3 100万两，增至4 300万两，共增长39%；而在1894年到1910年的16年间，年进出口额从4 300万两猛增至1.72亿两，增长近3倍[①]，在同期国内的通商大埠中仅次于上海而居第二位。如此庞大的

---

① 皮明庥：《近代武汉城市史》，中国社会科学出版社1993年版，第121～122页。

市场运营必然带动湖北农村商品经济的发展，农民竞相种茶植棉，中小城镇出现农副产品的初步加工行业，如茶厂、米厂、榨油厂之类。在武汉最先出现的近代工业，相当大的部分也是此类加工工业，居其次的制造业和交通运输业也始终基于商品市场活动的需求。

在劳动力市场方面，由于外国工业品，尤其是棉纱棉布、煤油和金属制品的大量输入，沉重地打击了城镇手工业、农村家庭手工业和传统的交通运输业，大批手工业和交通运输业工人失去生计，成为待雇的无产者。如武汉及其附近州县生产的“资布”、“涝布”、“景庄布”、“葛仙布”等，曾行销国内西部和南部10省，沙市土布年销量达15万担，深受四川、云南乡村喜爱，陕西各地“衣被所资，专取给于湖北土布”。但从19世纪80年代起，湖北土布业因洋布冲击而迅速衰落，1890年张之洞就曾感叹“鄂省花、布销路顿稀，生计大减”①。随着轮船的增多和铁路的开通，“江船及陆路小车无人价雇”。受到打击的还有茶农茶工、制铁业、缝针业等。失去谋生手段的农民和劳工，多成为苦力流入城市。20世纪初的武汉，苦力经常多达数十万人②。此外，因苛捐杂税的重重剥削而破产的农民，因受灾而失去家园的灾民，也流入城市。仅1901年，武汉地区的灾民就达20万人③。这些人就为近代工业提供了充足的廉价劳动力。

在资金方面，这一时期亦出现了一批货币财富的持有者。首先是买办。90年代以前，湖北已有洋行三四十家。而在1892年到1911年间，汉口、宜昌、沙市三地的洋行已多达152家。这些洋行都雇用了中国买办，上层买办达数百人。在1861年到1911年的50年中，湖北地区的进出口和转口贸易总值约27亿两，经纪费以5%计算，数额可达1.35亿

① 王树枬：《张文襄公全集》第29卷，“奏议”29，北平文华斋1928年刻，第7页。

②《武汉苦力众多》，《湖北官报》第2期，第1181～1182页。

③ 李文治：《中国近代农业史资料》第1辑，生活·读书·新知三联书店1957年版，第938页。

两，这就是全体买办从外国资本家的巨额利润中分沾的可观余沥。当时汉口有些大买办如刘歆生、刘子敬、邓纪常、黄兰生等，均被人称为百万富翁。其次是商人，19 世纪末 20 世纪初，武汉的商业贸易额每年均在 9 000 万两以上，可知当时商人手中也掌握有相当数量的货币财富，如周秉忠、阮雯衷、朱益敬、胡德隆等。最著名者为宋炜臣，虽然后来捐了官衔，且与官府来往密切，但他仍是以商人发迹。还有官吏，他们当然拥有一定钱财，但对资本主义的生产方式和生财之道有兴趣者不及买办和商人多。据目前见到的资料，清末以官员身份而经营企业者，较著名的有程祖福、王予坊、余正裔等人。地主也拥有钱财，但他们仍然热衷于封建地租剥削，至多也只投资于商业。少数有实力有眼光的作坊主，也逐渐改办简单小型的机器工业。而拥有巨资的徽商、盐商、山西商号商人，则仍旧沿袭原先的商业范围和经营方式，没有投资创办新式工业。由于广东、江浙等地得风气之先，且有人先富起来，故在湖北创办新式工业者，除本地人之外，有不少广东人（如买办邓纪常、几名华侨商人）和江浙商人（如宋炜臣、李平书）。

在技术和设备方面，这些民营工厂基本上都是以购入机器、引进技术的方式建立起来的；而承租、顶办原为官办企业的工厂，技术装备也是张之洞直接由外国引进的；较小的工厂则通过改制原有装备，加上机械动力，或者仿造外国机器。

湖北地方当局鼓励和支持民间办厂的态度也起了一定作用。1890 年，张之洞就曾“晓谕两湖商民自购机器开采煤矿”，不过当时还没有推动民间办厂。甲午战争后，清政府被迫允许外国人在中国投资设厂，因而也就表示允许和鼓励民间自行办厂。1897 年，宋炜臣从上海携款来武汉开办燮昌火柴厂，张之洞特准该厂享有 10 年专利。1906 年，张之洞又支持宋炜臣等开办既济水电公司，筹拨官款 30 万元，作为股本。次年程祖福等集资 30 万两，在黄石办水泥厂，也得到张之洞鼓励。此外，湖北当局将布纱丝麻四局交给粤商韦紫封、买办邓纪常等人组成的应昌公司，以 80 万元资金承办；把湖北针钉厂以 10 万元交由华侨商人梁炳农承租；

把白沙洲造纸厂交给买办刘子敬，改为商办；把湖北炼铁厂改为官督商办；把湖北毡呢厂、模范大工厂改为官商合办，也起到了激发商人投资欲的作用。当然，官府所支持的都是买办、官员、华侨等拥有大资本的富商。

由于中国从近代开始就一直受到外国资本主义的经济掠夺，所以六七十年代即有“自办实业”、“挽回漏卮”的主张出现；八九十年代，提倡“商战”、“挽回利权”的说法，曾在新式知识分子中广泛流传，沿海发达地区即以民间办厂的形式先行一步。湖北留日学生 1903 年创办的《湖北学生界》，就不断呼吁民间办厂，开发和利用湖北“富源”，以实行“商战”和竞争。在 1905 年发生的抵制美货运动中，大量美货在武汉被禁止运销乃至焚毁，工厂、商店都以“使用国货”以广招徕，从而不仅提高了人民群众的爱国觉悟，而且使当年由美国进口的面粉大量减少，数家面粉厂应运而生。

此外，应该承认外资工厂和官办企业在采用机器生产、实行现代化管理等方面，起到了示范作用，近代化工业生产的效益对拥资者也极具诱惑力。张之洞提倡多年的“实业教育”，对开风气、准备人才亦发挥了作用。交通运输的发达，煤、电能源的供应，还有金融机构的融资信贷，各部门工业之间的内在需求和互相配合，都是 19 世纪末 20 世纪初湖北近代工业迅速发展的原因。

二、清末湖北民营工业统计

晚清湖北有多少民营工厂（不含采矿），汪敬虞先生和陈真先生在各自主编的《中国近代工业史资料》中择其要者分别列有 25 家和 20 家；皮明庥先生在《近代武汉城市史》中列出 122 家。后者所录最多最详，但仍限于武汉而未载黄石、宜昌、沙市等地工厂，而且在武汉者也有少数遗漏。笔者加以补充后，统计共为 160 余家。详见表 6-1。

此外，咸宁有长裕川、大德成、长盛川、顺丰、兴商、天聚和、宏益裕 7 家茶厂，用工人少者 90 人，一般为 100～200 人。蒲圻更有天聚

表 6-1　晚清湖北民营工厂简况一览表

名　称	开办时间	创办人及身份	资　金	工人数	产品情况	地　址
新昶机器厂	1895 年前				曾建造 70 尺小轮船一条	汉口
兴商砖茶厂	1896 年		500 000 元		砖茶	武昌
美盛榨油厂	1896 年	关美盛（粤商）	30 000 元		生产豆油豆饼	汉口高家河
中同机器厂	1897 年		20 000 两	36 人	制铁、修理汽机	汉阳南岸嘴
燮昌火柴厂	1897 年	宋炜臣（浙商）	420 000 元	1 200 人	火柴	汉口
周恒顺机器厂	1898 年	周仲萱（作坊主）	48 000 元	40 人	从铸铁发展到造蒸汽轮船	汉阳
茂大卷烟制造所	1899 年	江某、陈某、梁某（粤商）	14 000 元		卷烟	宜昌
华胜军服厂	1900 年前	宋炜臣				汉口
蒸木厂	1900 年	汉商	110 000 元	110 人	枕木加工	汉口
金龙面粉厂	1900 年	张绘初（粤商）	150 000 元	84 人	机制面粉	汉口
歆生记铁工厂	1901 年	刘歆生（买办）			生产轻便铁轨和土机车	汉口
歆生填土公司	1901 年	刘歆生（买办）				汉口
广利砖瓦厂	1902 年	粤商			机器制砖	汉口郊区

续表

名　称	开办时间	创办人及身份	资　金	工人数	产品情况	地　址
洪顺机器厂	1902 年	周文轩（市民）	15 000 元	50 人	造轧花机	汉阳
祥泰肥皂厂	1903 年	汉商	40 000 两	32 人	制造肥皂	汉口
德源制砖厂	1904 年	汉商	40 000 两	40 人	机器制砖	汉口
亚新地学社	1904 年	邹伯庚（学人）	10 000 元	56 人	机印地图本	武昌
汉口玻璃厂	1904 年	林松唐（商人）	280 000 元		生产镜子、玻璃器皿等	汉口
耀华玻璃厂	1904 年	林友梅（浙商）	699 000 元		平板玻璃及玻璃器皿	武昌
和丰面粉厂	1904 年	朱士安（沪商）	100 000 元		日产面粉 400 包	汉口
华升昌布厂	1904 年		10 000 元	25 人	机器织布	武昌
汉丰粉面厂	1905 年	盛炳纪（浙商）	280 000 元	34 人	日产上等面粉 77 包	汉口
瑞丰面粉厂	1905 年	胡德隆、朱敬益（汉商）	160 000 元		日产上等面粉 50 包	汉口
宜人组织机厂	1905 年	黎荫三（留学生）	25 000 串	10 余人	机器织布	宜昌
恒丰（裕隆）面粉厂	1905 年	朱畴（道员、铜元局总办）	280 000 元	60 人	日产面粉 70 包	汉口

续表

名　称	开办时间	创办人及身份	资　金	工人数	产品情况	地　址
元丰豆粕制造所	1905 年	阮雯衷（浙商）	280 000 元	140 人	豆油豆饼	汉口
同丰榨油厂	1905 年		200 000 元		豆油豆饼	汉口
汉阳钢丝厂	1905 年	万炳臣（地主兼商人）	数万元		铁丝钢丝	汉阳
益利制布厂	1905 年	汉商			机器织布	武昌
福华烟公司	1906 年	孙泰圻（湖南商务局总办）	20 000 元		卷烟	汉口
物华烟公司	1906 年	粤商	300 000 元		卷烟	汉口
广艺兴公司	1906 年	程颂万	40 000 元		制纸、印刷、制竹木器等	武昌
鼎升恒榨油厂	1906 年	张群叔	10 000 元	25 人	豆油豆饼	武昌
亚献公司化炼厂	1906 年	汪庆庸（皖商）			化炼矿石	汉口
汉口制革公司	1906 年	张开文			机器制革	汉口
硚口造纸厂	1906 年	陈兴泰			仿造洋纸	汉口
求实织造公司	1906 年	刘继伯等			机织毛巾花布	武昌
制纸厂	1906 年	杜权（留学生）等			仿造洋纸	汉口

续表

名　称	开办时间	创办人及身份	资　金	工人数	产品情况	地　址
丝绸厂	1906 年	王蓉棠（留学生）等			新法制丝、绸	汉口
中西报印刷所	1906 年	王华轩（报人）	20 000 元	31 人	印刷品	汉口
广利公司	1906 年				机器织布	汉口
沙市织布厂	1906 年	邓某（商人）	200 000 元		机器织布	沙市
老河口织布厂	1906 年	谢武刚			织造丝棉、起花、提花	老河口
武昌烟卷公司	1906 年	王仙舟、游戎			卷烟	武昌
竟成电气公司	1906 年	周秉忠（商人）	2 767 000 元		火力发电	武昌
既济水电公司	1906 年	宋炜臣、王予仿（道员）、万昭度（士绅）	3 000 000 元	396 人	自来水、火力发电	汉口
李正顺机器厂	1907 年	李开荣（作坊主）			生产铁木织布机	宜昌
扬子机器厂	1907 年	宋炜臣、顾润章（侨商）	490 000 元	1000 人	生产机具机械	汉口
兆丰机器碾米厂	1907 年	刘建炎（慈善会负责人）	139 860 元		机器碾米	汉阳
湖北水泥厂	1907 年	程祖福（道台）	420 000 元		水泥	大冶

续表

名　称	开办时间	创办人及身份	资　金	工人数	产品情况	地　址
允丰榨油厂	1907年	凌盛禧（商人）	420 000元		豆油豆饼	汉口
久丰榨油厂	1907年		300 000元		豆油豆饼	汉口
顺丰榨油厂	1907年	浙江商人		70人	豆油豆饼	汉阳
兴商砖茶厂	1907年	唐朗山（买办）	600 000两	700人	砖茶	汉口
白沙洲伞厂	1907年	黄佑先（道员）	50 000元		制伞	武昌
广生织业公司	1907年	徐克詹			机器织布	武昌
富华织布厂	1907年	孙家灏			机器织布	汉阳
上新洲工艺厂	1907年	许贻孙			铁木制造	汉口
宝信公司	1907年	黄州商人			工艺制造	武昌
郧阳工艺局	1907年	郧阳知县			织布	郧阳
施南劝业公所	1907年	施南知府			绸、锦、漆器	恩施
清华实业公司	1907年	程祖福（道台）	500 000元（可能包括湖北水泥厂）		水泥、榨油	汉口

续表

名　称	开办时间	创办人及身份	资　金	工人数	产品情况	地　址
同德砖瓦厂	1907年	徐俊三（粤商）			机器制砖	汉口
广茂砖瓦厂	1907年	粤商			机器制砖	汉口
美奂砖瓦厂	1907年	粤商			机器制砖	汉口
汉口雄黄厂	1907年	浙江商人			雄黄（中药）	汉口
中立织布公司	1907年	王某（商人）			机器织布	汉口
歆生榨油厂	1907年	刘歆生（买办）			豆饼豆油	汉口
利用肥皂厂	1908年前				机制肥皂	汉口
两宜纸烟厂	1908年前	尹子嘉			机器卷烟	汉口
汉口肥皂厂	1908年前	孙亮臣			机制肥皂	汉口
大发机器红砖厂	1908年前	范小亭			机制红砖	汉阳
顺裕打砖厂	1908年前	杨顺记			机制红砖	汉阳
升新机器油茶公司	1908年前	吕端璜			榨油、制茶	汉阳
大丰机器红砖厂	1908年前	严惕吾			机制红砖	汉阳

续表

名　称	开办时间	创办人及身份	资　金	工人数	产品情况	地　址
裕记机器红砖厂	1908年前	周子云			机制红砖	汉阳
福记机器红砖厂	1908年前	肖绍周			机制红砖	汉阳
福兴盛机器红砖厂	1908年前	周春波			机制红砖	汉阳
巢兴机器红砖厂	1908年前	刘球			机制红砖	汉阳
直万机器红砖厂	1908年前	戴明卿			机制红砖	汉阳
华泰机器红砖厂	1908年前	朱岳辉			机制红砖	汉口
协兴机器红砖厂	1908年前	胡萍三			机制红砖	汉口
天孙织布公司	1908年前	沈宝田			机器织布	汉口
裕历碾米厂	1908年前	黄锡令			机器碾米	汉口
同茂仁蛋厂	1908年前	汉商			制造蛋粉	汉口
兴盛豆饼制造所	1908年前				豆油豆饼	汉口
华昌豆饼制造所	1908年前				豆油豆饼	汉口
天盛榨油厂	1908年前	桑铁珊（商人）	280 000元		豆油豆饼	汉口

续表

名　称	开办时间	创办人及身份	资　金	工人数	产品情况	地　址
泰昌机器厂	1909年前	邓志瑞（手工业者）	2 000元	21人	修理机械	汉口
李兴发机器厂	1909年前	李耀德（手工业者）	1 000元	14人	修理机械	汉口
义同昌机器厂	1909年前	高星五（手工业者）	800元	10人	修理机械	汉口
傅集文石印刻字馆	1909年前	傅时斋（原为刻字工）	3 000元		铅印石印	汉口
肇新染织公司	1909年	商人	150 000元	370人	机器染织	汉口
美仑机制麻袋公司	1909年	李平书（沪商）	200 000元		机制麻袋	汉口
五升昌机器厂	1909年	顾维笙	9 000两	20人	机器修造	汉口
蔚华印刷厂	1909年	朱佩之	5 000元	13人	机器印刷	汉口
大成印刷公司	1909年				机器印刷	汉口
振利茶砖总公司	1909年	万国梁（商人）	699 000元		机制砖茶	蒲圻
裕隆面粉公司	1909年	商人	419 580元		机制面粉	汉口
普润毛革厂	1910年	刘歆生（买生）	1 399 000元		毛绒皮革	汉口
胡尊记机器厂	1910年	胡尊五（上海技工）	23 000元	32人	造柴油机	汉阳

续表

名　称	开办时间	创办人及身份	资　金	工人数	产品情况	地　址
吕锦花机器厂	1910 年	吕方根	20 000 元	45 人	机具修理	汉阳
立泰蛋厂	1910 年				制蛋	汉口
同吉祥织布厂	1911 年				机器织布	宜昌
谭花机器厂	1911 年	谭益禧	5 500 元	20 人	棉花加工机械	汉口
宝善米厂	1910 年	陈秀珊（慈善会负责人）	72 000 元	95 人	日产米 500 担	汉阳
公益蛋厂	1910 年				制造蛋粉	汉口
汉康印刷局	1911 年前	张玉涛				汉口
纽合昌机器厂	1911 年前					汉口
义昌机器厂	1911 年前					汉口
顺昌机器厂	1911 年前					汉口
扬子公司炼锑厂	1911 年前					汉口
东福炼锑厂	1911 年前					汉口
玉兴银珠厂	1911 年前					汉口
裕宁银珠厂	1911 年前					汉口

续表

名　称	开办时间	创办人及身份	资　金	工人数	产品情况	地　址
天生银珠颜料厂	1911年前					汉口
源丰榨油厂	1911年前					汉阳
永昌元榨油厂	1911年前					汉阳
德栈榨油厂	1911年前					汉口
生茂玉记肥皂厂	1911年前					汉口
华兴肥皂厂	1911年前					汉阳
光华洋烛厂	1911年前	杨启凤	2 000两		蜡烛	汉口
协应公司织毛厂	1911年前					汉阳
恒丰织袜机器厂	1911年前					汉口
宝兴恒服务公司	1911年前					汉口
广顺记玻璃厂	1911年前					汉阳
世丰机器碾米公司	1911年前					汉口
工业传习所	1911年前	李国镛（士绅）	30 000两	46人	印刷制墨	武昌

续表

名　称	开办时间	创办人及身份	资　金	工人数	产品情况	地　址
张国源面粉厂	1911年前					汉口
阜成面粉厂	光绪末年		100 000元	200人	机制面粉	汉口
大同煤砖厂	1911年前					汉阳
鸿昌织布厂	1911年前	黄伯陶	30 000两	150人		汉阳
劝工院织布厂	光绪末年					汉口
云锦织布厂	1911年前			15人		鄂城
培德厚织布厂	1911年前					汉口
莫记公司织布厂	1911年前					汉口
昌发织布厂	1911年前					汉口
第一实业制造厂	1911年前			74人	爱国布、花布	武昌
务本织业厂	1911年前			36人	爱国布	武昌
凤昌织业厂	1911年前			21人	爱国布	武昌
大顺砖瓦厂	1911年前			9人	砖瓦	鄂城

续表

名　称	开办时间	创办人及身份	资　金	工人数	产品情况	地　址
万丰砖瓦厂	1911 年前			9 人	砖瓦	鄂城

和、长盛川、大德生、兴隆茂、宝聚兴、王玉川、天顺长、巨贞和、巨盛川、永茂祥、福盛谦、大德兴、阜昌、顺丰、新商、和记、祥兴永、兰斯馨 18 家各种茶厂，所用工人在 100 余人到 600 余人之间①。当然多数没有使用现代的工业机器。

民间开采煤矿者甚多，但多为土法开采，使用机器者主要有大冶 5 处，蒲圻、施南各 1 处②。另一个最早的商办煤矿是 1896 年刘歆生（买办）和余正脩（候选郎中）在阳新开办的炭山湾煤矿，投资为 168 000 元，用机器掘进③。但此矿负有法国欠款，后来落入法商手中。还有宋炜臣 1910 年曾投资开办阳新富池口铜煤矿。

在轮船航运方面，湖北无论是官营还是民营的公司，均迟至 19 世纪末才出现。其实力不仅同外资轮船公司相去甚远，也远远不及中国官办的轮船招商局、民营的宁绍轮船公司和后来四川省的轮船公司，九江以下、宜昌以上的航线上基本没有湖北轮船公司的份额。民营公司的轮船限于市内轮渡和省内航行，出省的只是到湖南。船只小，航线短，公司也旋起旋灭，有些轮船公司只知其开办时的情况，何时解散则未见记载。其大体情况如表 6-2。

从表 6-2 可知，清末湖北民营轮船公司的航线主要是市内轮渡、武汉至黄州、武汉至咸宁、汉江航线和湖南航线。不计大冶铁矿和汉冶萍

① 武汉大学历史系：《辛亥革命在湖北史料选辑》，湖北人民出版社 1981 年版，第 281 页。

② 苏云峰：《中国现代化的区域研究：湖北省，1860—1916》，台北近代史研究所 1981 年印，第 347 页。

③ 汪敬虞：《中国近代工业史资料》第 2 辑下册，科学出版社 1957 年版，第 870 页。

表 6-2　清末湖北轮船公司简况①

航　线	开通年份	公司名称、性质	船名或船只数
武昌、汉口、汉阳间轮渡	1896	厚记公司（巡警道冯启钧经办、民营）	楚裕、楚胜，2只
	1900	利记公司（冯启钧）	利江、利源等6只
	1903	森记公司	问安、利津等3只
	1908	荣记公司	船3只
汉口至蔡甸、仙桃、岳口	1897	泰安公司（商人吴心九经营）	安泰、安济，2只
	1898	春和公司（商人姚冠卿经营）	紫云、飞云，2只
	1902	春和公司（刘歆生投资50 000两）	增加船4只
		利济公司	沱江、君山，2只
		森记公司	长云、金山、广大，3只
		康济公司	利源、飞鸿、普济，3只
武汉至咸宁	1904	华昌公司	不详
		利济公司	南通，1只
		三顺公司	同泰、祥风等4只
汉口至嘉鱼		仁义公司	祥通，1只
武汉至黄州		利济公司	保安、保汉、康济，3只
		全鄂公司	保清、云龙，2只
		森记公司	汉安，1只
沙市至荆州内河	1908	合利亨公司（商人陈政齐等合办）	船2只

① 资料来源：东亚同文会《支那省别全志——湖北省》（东亚同文会1917年印），第288～289页；皮明庥《近代武汉城市史》（中国社会科学出版社1993年版），第216～222页。

续表

航　线	开通年份	公司名称、性质	船名或船只数
汉口至岳阳、常德	1898	两湖轮船局（商办） 泰安公司 德安公司	船 2 只 长春，1 只 德源，1 只
汉口至长沙、湘潭	1898	两湖轮船局 森记公司 开济公司 道生公司	楚宝、楚威等 4 只 峨君、飞云等 3 只 永清，1 只 敦二，1 只
汉阳至石灰窑	1899	大冶铁矿船队（官办，只运矿石）	楚强、楚富、汉顺、汉兴，4 只
武汉至株洲、城陵矶、九江、南京、上海	1908	汉冶萍公司船队（官督商办，运煤）	萍福、汉平、津通、振源等 14 只

公司的船队，民营公司共有两湖、厚记（一作厚济）、利记、利济（上两家是否为一家的误记，无法考订）、森记、荣记、泰安、春和、康济、华昌、三顺、仁义、全鄂、合利亨、开济、德安、道生等 10 余家，合计船只 50 余只。较多者仅利记、利济、森记、三顺、春和等几家。这些船只都很小，最小者仅数吨，大者亦不过百余吨。小公司的资本仅数千两，大者亦不超过 10 万两，均因实力不足而盛衰无常。

三、清末湖北民营工厂分析

由表 6-1 可知，清末湖北的民营工厂有名可查的共有 160 余家，其中武汉三镇将近 130 家，省内其他地方一共 30 余家，布局呈集中状态。

就行业而论，茶厂有 30 家为最多；其次是织布、织毛巾、织袜、织麻袋等厂 27 家；再次为砖厂 18 家、机器厂 17 家、油厂豆饼厂 16 家、面粉大米加工厂 12 家、造纸厂印刷厂 11 家；还有卷烟厂、肥皂厂各

5家，蛋厂、玻璃厂各3家；较重要的有发电厂、水泥厂各2家，火柴厂、丝绸厂、钢丝厂各1家；其余零星且不重要者将近10家。从中可以看出围绕农副土特产品的加工制造，如茶厂、织布厂、榨油厂、米面厂、卷烟厂、蛋厂共93家，加上砖厂18家，占全部工厂总数的2/3，均属于运用简单机器的轻工加工，技术含量很低。机器厂17家中，只有扬子机器厂较大，且能生产铁路桥梁、车轮、叉轨、各种机床、大小蒸汽机、各式锅炉、铁木轮船和浅水兵轮等，是当时全国有名的大型先进机器厂之一。但其他机器厂很多是修理工厂，或者只能铸造栏杆、下水道铁盖、民用铁器等，比旧式“炉房”好不了多少。稍进步者能制造碾米机、轧花机、织布机、蒸汽机和小型轮船。所以当时湖北的民营机器工业还只能说是属于一般水平。燮昌火柴厂很大，有工人1 200名，但技术落后，多为手工操作。发电、水泥是基础工业，也只是初步建立而已。

从民营工厂雇佣工人的情况分析，在武汉的近130家工厂中，近30家有用工数字，共约为5 300人，其中燮昌火柴厂1 200人，扬子机器厂1 000人，兴商砖茶厂700人，既济水电公司396人，肇新染织公司370人，阜成面粉厂200人，算是用工人较多的大厂。其他20余家工厂平均约为65人。照此推算，武汉其余100家没有工人数字的工厂，亦应有5 000～6 000人。所以一般研究者都说清末武汉民营工厂的工人数字在1万人左右，大致不差。至于咸宁7家茶厂有992人，蒲圻18家茶厂更多达7 202人①，恐怕大多数人实质是当地农民，只是季节性的临时工。

从投资者成分来看，最重要的是外地商人、买办和官僚。由于武汉是万商云集、九省通衢的商业都会，其发达的交通运输和经济网络、丰富的劳动力资源和中部农村充足的生产原料，显然对外地商人具有一定的吸引力。在160余家工厂中，确切知道为商人开办的有35家，其中出自广东、浙江、上海商人和华侨商人的为20家，本省商人和不明来历的

① 武汉大学历史系中国近代史教研室：《辛亥革命在湖北史料选辑》，湖北人民出版社1981年版，第281页。

商人15家。外地商人最重要的代表是来自浙江的宋炜臣。他从1897年来湖北开办燮昌火柴厂起，到清末曾开办有或投资于既济水电公司、华胜军服厂、扬子机器厂和富池口铜煤矿，所办企业共拥有资本近500万元（内含官股及他人投资）。后来他通过捐纳获得候补道官衔和二品顶戴，但起初是商人出身。广东商人人数多，资金亦雄厚。本地商人（不含买办）投资工厂者，资金最多亦不过数十万元。

由买办投资开办的工厂有六七家，其中最突出者是刘歆生。刘歆生为汉阳县柏泉人，少年时曾为人赶鸭群。由于其家信奉天主教，刘歆生亦入教并学习英语。19世纪80年代进汉口太左瑜洋行当跑街兼写字，1899年担任法国立兴洋行买办，1902年又兼法国东方汇理银行汉口分行买办，迅速积起巨资。他1896年与候选郎中余正裔共同投资16.8万元办阳新炭山湾煤矿，1901年开办铁工厂和填土公司，1907年开办榨油厂，1910年开办普润毛革厂（资本139.9万元）。此外，刘歆生还开办有汇通钱庄、刘万顺牛皮行、刘万顺土产商店、东方转运公司、三镇电话公司、江西铜矿，还投资于春和轮船公司，更拥有大量地产。刘歆生的资本主要在房地产和商业，但在新式工厂和轮船公司投资亦接近200万元。其他如汉口某洋行买办黄兰生投资于汉丰面粉厂，平和洋行买办朱葆三投资于既济水电公司，某洋行买办唐朗山投资于兴商砖茶厂。还有承租布纱丝麻四局的邓纪常是汇丰银行买办，承租白沙洲造纸厂的刘子敬是阜昌洋行买办兼华俄道胜银行买办。

以官员身份（包括候补和退职者）参加开办新式工业者，有程祖福（开办大冶水泥厂、清华实业公司）、王予坊（投资既济水电公司）、余正裔（投资炭山湾煤矿）、孙泰圻（开办福华烟公司）、朱畴（投资恒丰面粉厂）、黄佑先（投资白沙洲伞厂）等，一共六七人。还有开办厚记、利记两轮船公司的冯启钧，身份是汉阳府通判、夏口厅同知、湖北巡警道。

在有明确身份记载的投资者中，上述商人、买办、官员不仅在人数上占将近一半，而且他们所开办者多为较大企业，在有数字记载的投入资金总数中占70%以上。

由手工业者和作坊主而开办新式工厂者，有李开荣、周仲萱、邓志瑞、李耀德、高星五5人，所办均为小型机器厂；由地主绅士兼商人身份投资办厂的，有万昭度、万炳臣、李国镛3人。咸宁、蒲圻等地的茶厂，开办者多为地主兼商人。有意思的是，留学归来办新式工厂的，亦有黎荫三、杜权、王蓉棠3人，所办亦为小厂。

许多砖厂的开办者不知姓名和身份，还有虽有开办人姓名但不知身份的。两者约占全部工厂数的一半，不过基本上也是小厂。这也说明清末湖北确曾出现过一股民间办厂的小小热潮。

再看资金情况。在全省160余家有名字记载的民营企业中，有59家留下了开办时的资金数字，其中拥资百万元（两）以上的企业，有既济水电公司（300万元，但有官股）、武昌竟成电气公司（270余万元）、普润毛革厂（130余万元），一共3家；拥资40万～100万元的企业，有振利砖茶总公司（69万余元）、耀华玻璃厂（69万余元）、兴商砖茶厂（60万元）、清华实业公司（包括所属湖北水泥厂共50万元）、扬子机器厂（49万元）、燮昌火柴厂（42万元）、裕隆面粉公司（41万余元）、允丰榨油厂（42万元），一共8家；拥资10万～40万元的企业，有久丰榨油厂（30万元）、物华烟公司（30万元）、汉丰面粉厂（28万元）、恒丰面粉厂（28万元）、元丰豆粕制造所（28万元）、天盛榨油厂（28万元）、汉口玻璃厂（28万元）、同丰榨油厂（20万元）、美仑机制麻袋公司（20万元）、沙市织布厂（20万元）、肇新染织公司（15万元）、金龙面粉厂（15万元）、瑞丰面粉厂（16万元）、兆丰碾米厂（13万元）、蒸木厂（11万元）、和丰面粉厂（10万元）、阜成面粉厂（10万元），一共17家；其余31家企业资金均在数千元到数万元之间。可知资本雄厚的大厂很少，机器厂（除扬子机器厂之外）、茶厂（除振利、兴商两三家之外）、织布厂、砖厂等为数众多的企业，都是10万元以下的小企业；且不论企业大小，都是半机械半手工的生产状况。

上述59家企业的资本共有1 500余万元；加上邓纪常承顶布纱丝麻四局，每年付租金10余万两和增加投入80万元，刘子敬承顶白沙洲造纸厂投资10万元，侨商梁炳农承顶湖北针钉厂投资10万元，刘歆生投资轮船公司5万元、投资炭山湾煤矿16万余元；还有100余家民营工厂和10余家轮船公司没有资本数字，若以每家平均1万元计算，至少也有110万元。因而可以相信，清末湖北民营工厂、矿山、轮船公司的总资本不会少于1 700余万元。这个数字比以往所说的当时民族工业资本500万元左右、1 000万元左右等，要高出许多，但这是综合早年的有关统计，加上最近几年各种新出现的文字记载和研究成果的结果，均是有可靠依据的。

前面说过，自1890年至1911年间，湖北地方政府筹资主办的汉阳铁厂（包括大冶铁矿和几家煤矿）、枪炮厂、布纱丝麻四局、制革厂、造纸厂、官砖厂、毡呢厂、针钉厂、印刷局及度支部所属的造纸厂等，共计开支1 300余万元（两），其中还有100万元（两）左右的商股①。可知清末湖北民营工业的总资本额，已经超过官办工业的总资本额。不过官办工业因为家数少，所以资本集中，如汉阳铁厂投资达568万两，布纱丝麻四局共达250余万两，制革厂投资50万两，造纸厂投资40万两，毡呢厂投资60万两，针钉厂投资30万两，度支部所属造纸厂投资达200万两，均非同类民营企业所能比拟。官办工业所用工人共约16 000人以上，也比民营企业所用的工人要多。此外，官办工厂的技术设备也比民营工厂先进。但官办工厂大都经营不善，难以为继，最后除了枪炮厂、火药厂、制造货币的铜元局和银元局、度支部所属造纸厂（供印纸币之用）之外，大部分工厂都改由商人承租或官督商办。如布纱丝麻四局由应昌公司承租，针钉厂由侨商梁炳农承租，白沙洲造纸厂由刘子敬承租，毡呢厂亦招商承办，模范大工厂改为官商合办。投资最多的汉阳铁厂（包括大冶铁矿和几家煤矿）亦在1896年改为官督商办，由盛宣怀总管其事，到1908年成为汉冶萍公司。可见官办工业的

① 陈真：《中国近代工业史资料》第3辑，生活·读书·新知三联书店1961年版，第22～25页。

发展并不理想。

民营工厂与手工业工场、作坊的比较，与钱庄和广泛的商业经营相比较，也可证明当时民营工业的幼弱。据1912年的统计，湖北有手工工场879家，工人87 676人①。民营机器工厂的家数和用工人数分别是手工工场的1/6和1/7，可见由手工工场、作坊转化为近代工厂之难。又据统计，仅1903年到1905年间，汉口各钱庄对商业的放款总数即在4 500万两到5 000万两之间②。当然，这里面包括外国银行每年通过钱庄放贷约700万两，但即使减去此数，仍然不难看出包括票号、钱庄在内的商业资本的强大和商业活动占用的资金之多。城镇拥有资金的人，大多依然习惯于传统的商业投资，只有一小部分人将资金投向新式工业。如投资新式工业最多的买办刘歆生，更多的资金仍是用于经营商业、钱庄和房地产。

再把民营工厂与外资工厂略作比较。包括19世纪90年代以前即已开办的外资工厂（大部分一直在继续开办），清末20年间湖北共有外资工厂40余家，有资本记载者22家，金额已达1 943万余元（两）③；如再加上另外一半未有资金统计的工厂，保守地估计亦有3 000万元（两），是湖北民营工厂资本1 600余万元（两）与官办工厂资本1 300余万元（两）之和。外资工厂如俄商顺丰、新泰、阜昌、百昌4家砖茶厂，全部使用蒸汽机，雇用工人达四五千人，在90年代共有资产约560万两，在20世纪初年产值已达5 300万两④，可见其规模之大，足以压倒中国人自办的所有茶厂。再如英美烟厂资金亦达数百万，仅用女工即达5 000名之多，中国烟厂的资金、规模均与其相差甚远。

---

① 彭泽益：《中国近代手工业史资料》第2辑，中华书局1962年版，第433～449页。

②《汉口钱庄情形》，《商务官报》1906年第23册，第17页。

③ 根据孙毓棠、汪敬虞编《中国近代工业史资料》及陈真编《中国近代工业史资料》两书中有关资料综合统计。

④ 苏云峰：《中国现代化的区域研究：湖北省，1860—1916》，台北近代史研究所1981年印，第388页。

尽管清末中央和地方政府都一再表示支持“奖倡实业”，尤其强调鼓励办厂开矿，但民营工业仍旧困难重重。

首先是资本短缺。当时的乡村地主不用说仍然热衷于用钱财购置土地，或有一部分人兼营商业，对新式工业鲜有问津者。拥资最多的买办，多数人也宁愿经营他们熟悉的商业、金融和房地产，如汉口身兼俄国新泰洋行、阜昌洋行、华俄道胜银行买办的刘辅堂、刘子敬父子，拥资数百万，但在晚清只肯承顶一家白沙洲造纸厂，投资开办蛋厂、纱厂、油厂等均是1912年以后的事。其他富商也大多把资金投向更能赚钱的商业和金融业。所以民营工厂从筹办时就陷于难产或先天不足。如候补道程祖福开办清华实业公司时，“招股尤难”，只好“借定各省官款暨局所之款，计湖北五万两，江西、福建、安徽各一万两，四川二万两，汉口水电公司二万两。除常年七厘息款外，每年尚可分一分五厘之红利”①。既济水电公司亦有30万元官股，而且曾向日本东亚兴业会社借款120万两②，是其开办资本300万元的1/3强。湖北水泥厂亦“因添购机件，需款孔亟，遂向吉林官银号押借银四十八万”。五月，又向日本三菱洋行借日金三十六万元，“周年七厘行息”③。武昌竟成电气公司，基本上是上海商人借德国人的资金创立的。金龙面粉厂在1908年亦向法国东方汇理银行借款14万两。

但普通商人和一般小厂既无法借到官款，也难以借到洋款。而且政府规定民营企业不得接受洋商股份。张之洞就曾两次以资金不足为由拒绝商人欧阳萼、商董张鼎坤等两批人开办自来水公司和水电公司的“禀请”④；又曾以“暗羼洋股”为由，拒绝了商人周秉忠开办源源水电公司、商人吴作贤开办洸成水电公司的请求。张之洞对洸成公司

---

① 《清华实业公司招股》，《时报》丁未年六月二十三日（1907年8月1日）。

② 汪敬虞：《中国近代工业史资料》第2辑下册，科学出版社1957年版，第1 063页。

③ 杨爱民：《日本三菱公司对湖北水泥厂的经济侵略》，《黄石市文史资料》1987年总第10辑，第135页。

④ 《端方署邸残档》，中国社会科学院经济研究所藏。

尤其苛刻，要其缴押银5万元，限两年办成；如查出洋股，即将押银充公。洸成公司于是胎死腹中①。中小商人办厂，或者为弥补资金不足，或者为求得庇护，常不得已同外商合作。前者如汉口和丰面粉厂，挂英国公司招牌，在香港注册，但资本多出自华商，仅“混合二三之英商与德商”。后者如汉口恒丰面粉厂，名义上为中英合办，“实则全属中国民间资本”②。

民营工厂技术落后，设备也差，必然造成产品质量不高、效益低下，或者对外依赖性强。如汉口民营面粉厂“整个说来营业不佳，他们都只限于磨二等面，因为头等面需要比较好的粉磨，而粉磨的损耗又比较快”③。再如民营榨油厂“豆百斤可出油十斤，若英国同等之数，则可出十九斤”④，因而“生意不佳，豆价高，货质亦不见倍于欧市”，豆饼“存余甚巨，每多败坏”⑤。即使如著名的燮昌火柴厂，机械化程度亦很低，“除拥有38部排梗机外，大部制造过程均依赖人工”。原料亦大都来自国外，“轴木之材料多为日本产。……盐酸加里则专由英国输入，磷亦如之。硫磺则多取自日本，箱木及纸亦用日本制”⑥。若非因劳动力价廉，尤其是地方政府极力保护，如享有专利，不许中外商人在武汉另设火柴厂；其产品由厘金局发给统捐票，每箱仅收钱400文，通行本省，不用再征等条件，该厂亦难有效益。

民营工厂产品的市场也有限。老百姓因生计困难，当然缺乏购买力。外资工厂产品和舶来品物美价廉，且关税对其保护；而多数民营工厂的产品“逢关纳税，遇卡抽厘”，除“照章应纳税厘外，恒多分外之需索”⑦。

---

①《实业·武汉水电进行之一斑》，《申报》1910年12月28日，第3版。

② 汪敬虞：《中国近代工业史资料》第2辑下册，科学出版社1957年版，第286页。

③《海关贸易报告册》（英文本），汉口，1910年，第292页。

④《通商各关华洋贸易总册》（中文本），汉口，1908年，第43～44页。

⑤《通商各关华洋贸易总册》（中文本），汉口，1910年，第580页。

⑥ 效彭：《武汉自办工业之状况》，《中华实业界》1914年第10期。

⑦《清户部档案抄本·光绪二十九年九月一日载振等奏》，中国社会科学院经济研究所藏。

燮昌公司的火柴受湖北官府保护，但在运销四川时，当地“加抽重费，勒归统销”，宋炜臣只能求助于农工商部①。据1908—1911年《农工商部统计表》记载，1905—1911年，汉口常关每年洋货进口总值就在4 500万两以上，当时武汉各商店所陈列、居民所用“洋货占其八九，土货仅余一二”。

由于以上种种原因，民营工厂景气者少，困难亏损者多。1907年，汉口和丰面粉厂“因受洋粉排挤而亏折，不得不暂停股息”②。同年，汉口中立织布公司因经费不足，面临停歇，经理王某“特禀商务局请拨官款接济，或作官股，或概入官”③。1908年，由买办黄兰生经营的怡和兴、怡和永、怡和生三钱庄倒闭，以三怡钱庄为资金后台的汉口和丰面粉厂亦随之停顿④。1910年春，源茂隆钱庄亏损百万，冬间源丰润钱庄倒歇，“汉上银根异常紧迫，各业均不灵活，客腊即有岌岌不可终日之势”⑤。《国风报》上有文章概括说：“汉口等埠，向称繁盛，曾几何时，情态大异。富商巨肆，倒闭频闻。且对于外人负债累累，赖地方官为之转圜。或向外国银行筹移巨款，以润泽市面；或乞怜外商展期索债，以暂救目前。”⑥ 至于一般小厂，或倒闭，或易手，不胜枚举。即使是与官府素有密切关系的大厂，有时亦因官员恩怨而出现意外，如韦应南、邓纪常的应昌公司，承租布纱丝麻四局，年限未到，但因总督瑞澂向其借款80万遭拒绝，遂被瑞澂强行接收，交给以张謇为后台的刘伯申承租，更名大维公司。辛亥革命爆发后，刘伯申逃走，黎元洪于年底将四局承租权交还应昌公司。但不久黎元洪又以强力支持自己的拜把兄弟徐荣廷承租四局，改称楚兴股份有限公司。

① 《燮昌公司求助》，《商务官报》1909年第28册，第11页。
② 《汉口和丰有限公司暂停股息广告》，《申报》1907年4月28日，第17版。
③ 《汉口中立织布公司难以维持》，《大同报》1907年11月9日。
④ 《通商各关华洋贸易总册》（中文本），汉口，1908年，第42～44页。
⑤ 《武汉通信·商业之江河日下》，《民立报》1911年3月4日。
⑥ 竹坞：《宣统元年生计界》，《国风报》1910年第3期，“著译”第13页。

第二节　商业贸易的迅速发展

与初步发展的工业相比，湖北的商业贸易，尤其是汉口的商业贸易，无论是在资本总额、发展速度还是社会影响方面，更处于明显的优势地位。商业资本和高利贷资本的结合，造成了湖北市场的畸形繁荣，并逐步改变了湖北城乡的面貌。

一、清末湖北商业发达的原因

19 世纪末 20 世纪初湖北商业活动的蓬勃兴起，汉口市场起了龙头作用。而更深层的原因，主要有三点。

其一，自然条件的优势和历史的商业基础。湖北位于华中腹地，气候温和，雨量充沛，江汉平原和沿江农村盛产大米、小麦、棉花、油料，南部丘陵多产茶叶，西部山地多有特产，矿藏亦算丰富。与湖北毗邻的陕西、河南、安徽、江西、湖南、四川乃至西南的贵州等省，均以湖北为中心，构成了面积辽阔、物产丰富的内陆腹地。长江自西向东，汉水自西北而东南，会合于汉口，其水运之便利，无他埠可比，“循大江而东可通皖赣吴越诸名区以直达上海；循大江而南可越洞庭入沅湘以通两广云贵；又西上荆宜而入三峡可通巴蜀，以上溯金沙江；至于遵汉水而西，经安陆、襄阳、郧阳诸府，纵贯全鄂以抵汉中；又沿汉水之支流白河、丹江二水以入宛洛，所谓九省之会矣”①。1906 年京汉铁路通车以后，湖北更加强了与广大北部地区的联系，交通更为便利。而交通的便利加速了商品的流通和农副产品的商品化，所以汉口早在辟为通商口岸之前，即已形成粮食、油料、棉花、柴炭、杂粮、布匹、木材、海产、铜铁、杂货等多个集散市场，形成所谓“八大行”。集中在汉口的商人，除了本

① 侯祖畲、吕寅东：《夏口县志》第 12 卷，“商务志”，湖北省长公署 1920 年铅印本，第 2 页。

省的汉阳帮、武昌帮、黄州帮之外，外省的有徽帮（皖帮）、宁绍帮（江浙帮）、江西福建帮、广东帮、湖南帮、四川帮、河南帮、山（西）陕（西）帮等。开埠之前，汉口每年的贸易额已在2 000万～3 000万两，盛时超过3 000万两①。

其二，汉口开埠以后，进出口和转口贸易逐年增加，洋货的倾销和土货的收购转运，构成汉口商业的主轴。19世纪60年代汉口开埠，贸易货值即逾3 000万海关两；1882—1891年10年间，每年平均为3 600万海关两；1896—1901年6年间，每年平均7 634万海关两，较甲午战争前每年增长1倍多；1902年突破亿两大关，并逐年上升，1910年达到1.522亿海关两②。清末日本驻汉口总领事水野幸吉说："与武昌、汉阳鼎立之汉口者，贸易年额一亿三千万两，夙超天津，近凌广东，今也位于清国要港之第二，将进而摩上海之垒，使视察者艳称为东洋之芝加哥。"③ 当然，汉口主要是扮演二传手即中转站的角色，即洋货从外国或上海运到汉口，再转销往广大内地；华中、西南、西北等地区的工业原料或半成品、农副土特产的初级产品也汇集汉口，再转运上海或直接运往国外，且在多数年份是转口贸易大于直接进出口贸易。但这种二传手或中转站的角色，仍然使汉口每年销售的外国货占长江口岸（除上海外）的2/3，占全国外国货进口总值的10%左右；而土货出口值则占到全国的20%左右④。这样大量的商品流通当然会造成一定的市场，刺激着商贸行业的发展。

其三，晚清地方政府重视和支持发展商业。张之洞曾说："看以后时势，中国岂能以兵存，乃是以商存耳。"⑤ 督鄂之后他即提出"商务乃今

---

① 扬铎：《武汉经济略谈》，《武汉文史资料》1981年总第5辑，第131～132页。

② 东亚同文会：《支那省别全志——湖北省》，东亚同文会1917年印，第79～80页。

③ 水野幸吉：《汉口》，上海昌明公司1908年版，第1页。

④ 湖北省地方志编纂委员会：《湖北省志·经济综述》，湖北人民出版社1992年版，第33页。

⑤ 张继煦：《张文襄公治鄂记》，湖北通志馆1947年版，第33页。

日之要政”，并认为“工”与“商”的关系是“两业相因而成”，“二者相益，如环无端”①，故曾采取一系列措施提倡和保护商业。由于有张之洞的垂范作用，地方官吏逐渐改变了从前轻视商人、视商业为末务的态度。如1906年宜昌成立华商公会时，知府王仁俊前往祝贺说：“商犹兵也。兵者，万人之存亡系于呼吸；商者，万金之存亡亦系于呼吸。……然则商业与国家实有密切之关系。……南皮制军设汉口商务局，筹办之法有八：一曰启发，二曰倡导，三曰合力，四曰塞漏，五曰新智，六曰保护，七曰体恤，八曰奖励。一至五条，则贵董事之责也；自六至八条，则鄙人之责也。”② 湖北地方政府重视和扶持商业的实际表现有如下数端：

第一，设置专门的商业行政管理机构。

1895年，张之洞就曾向朝廷提议，由各省设立商务局，并奖励集巨资多股设立公司，得到朝廷批准。1898年，湖北省政府设立汉口商务局，总理由政府任命两名候补道员担任，总董则从汉口商人中选出，官商共同管理，经费则由政府划拨。商务局的任务是：办理商报，组织商会，设立商业学堂；提倡投资设厂和用机器制造国货；沟通本省及他省商情，聚集华商财力；负责商品检查，提高国货竞争能力；负责商业征信，防止倒闭和投机；颁行减免税及专利办法，鼓励创造发明；褒奖优秀厂商、报馆、商会和有关工商界人士。除了不能给商人融资以外，其功能颇为全面，有助于推进商务。1902年，汉口商务局设立了商务学堂和商务公所，1904年又设置传审公所（相当于商业法庭），负责处理商业上的各种纠纷诉讼。由于有政府作后盾，商务局具有一定的权威和协调作用。

此外，张之洞还在1900年决定在武昌城外“自开商埠”并设立商场局。当时，武昌城武胜门外江堤筑成，涸出大片土地，拟议中的粤汉铁

---

① 王树枏：《张文襄公全集》第203卷，《劝学篇》2，北平文华斋1928年刻，第33页。

② 宜昌市地方志办公室：《宜昌市贸易史料选辑》1990年总第1辑，第167～168页。

路计划在徐家棚修建车站和火车过江轮渡。张之洞遂决定把武昌沿江大堤向徐家棚和青山延伸，估计可涸出旱地 3 万余亩，并在此设置商场局，管理一切。他以为这样既能杜绝外国人强辟为租界，又能建成繁盛的商业区，因此对华人准予购买土地经营，对外国人只准承租。张之洞预计这一带地价必然大涨，故多方筹资开发①。但由于粤汉铁路的修筑和通车一再后延，张之洞建成武昌繁盛商业区的计划基本落空，不过武昌的商贸活动在 20 世纪初也有较大发展。

第二，设立多种新式展览馆，开阔人们的眼界。

1898 年，湖北官商共同筹办了汉口商务公所，主要办理土货的陈列展览，汉口商务局成立之后，拨归商务局管理承办。1902 年，在武昌两湖劝业场附设陈列馆，陈列并出售以湖北、湖南为主的各种产品、五金矿产和药材等物。1906 年扩大规模，改名为“工商品陈列所”，展示新巧机器、国产资源、国产制品、艺术品等。1911 年，展品又分为天产、工艺器械、染织、教育、陶冶、美术 6 个部门。大约同在 1906 年，又在武昌芝麻岭开设善技场，陈列各省工艺制品。1909 年，武昌平湖门外又设立了劝业奖进会和南洋出品协会。前者展示本省工商行销产品，分为天产、工艺、美术、教育、古物 5 大类，此外另设直隶、湖南、上海、宁波 4 馆及汉阳钢铁厂、陆军工作厂、枪炮厂、实习工厂、劝工院等 7 个特别展览室；后者专门展出南洋（晚清俗称两江总督辖下的江苏等地为“南洋”）商品。两个展览馆同时开幕，展出 45 天。展览结束后，主办者又把有关资料编印成《奏办湖北劝业奖进会》1 册，广为散发 3 000 份，供官民参考研究。总计清末 10 余年间，武汉共办类似展览五六个，其中劝业奖进会和南洋出品协会的声势最大；而汉口商务公所的土产陈列、两湖劝业场的产品陈列时间均长达数年，这些措施自然会产生一定的影响。

与此同时，湖北省还组织工商各界积极参加国内国际的有关商展活

① 张继煦：《张文襄公治鄂记》，湖北通志馆 1947 年版，第 34～35 页。

动。1910 年，南京举办“南洋劝业会”展览，湖北不仅送去参展产品甚多，而且当时湖北的政、学、军、绅、商各界前往观摩者多达 3 000 余人；稍后，汉口银行讲习所又组团参观，报名者亦甚多①。1911 年，意大利举办世界博览会，湖北亦送去官办及民营多家厂商的产品参展，包括煤、钢铁制品、耐火砖、砖瓦、水泥、铜器、瓷器、玻璃、水晶、灯具、地毯、羊毛呢、葛布、丝巾、丝绸、皮革、家具装潢、工矿设备及教学用具等。结果获奖厂商 14 家，获奖项目 17 个，计金牌奖 5 个、银牌奖与铜牌奖各 2 个、最优等奖 8 个②，效果相当不错。

第三，创办新式商场。

1900 年，张之洞提议把武昌作为“自开商埠”，在武昌城外武胜门至青山的 3 万余亩土地上，建设自由贸易区，惟拖延太久，到清朝灭亡尚未及实现；另在汉口后湖一带，亦着手建设巨大商场，实际进展也很缓慢，到民国初年仍不了了之。但武昌两湖劝业场却在 1902 年建成，除前述陈列馆占地 115 平方丈、有房屋 13 栋之外，商场占地广达 460 平方丈，计分南、北、前 3 场，每场有店屋 79 间，场前场后还有摊位 42 处。规定入场营业者按等级交纳租金，售货明码实价，维持信誉，并强调该场只售国货③。商场中辟有公园和水楼，养有多种珍禽异兽，以广招徕。

除此之外，张之洞在 1894 年筹集款项，选购上等红茶 200 箱，派江汉关道恽祖翼亲自运往俄国远东地区试销，以图打破俄商对茶叶外销的垄断局面。1893 年以后，陆续开办银元局、铜元局等铸钱局，发行银票、官钱，也具有一定的整顿币制、方便流通的作用。1905 年裁除百货厘卡，改为统捐征收，对出入省境的货物，均在所遇第一厘卡一次性地征收统捐，虽对商人所承担的税负未必能够减轻，但手续毕竟有所简化，

① 《汉口组织实业团赴宁参观会场》，《时报》庚戌年八月二日（1910 年 9 月 5 日）。

② 苏云峰：《中国现代化的区域研究：湖北省，1860—1916》，台北近代史研究所 1981 年印，第 400～401 页。

③ 张继煦：《张文襄公治鄂记》，湖北通志馆 1947 年版，第 34 页。

意外勒索的情况大为减少。这些当然也有利于商业贸易的发展。

二、湖北商业繁盛的表现

湖北商业的繁盛，首先体现在全省的商业会馆大增。光绪末年，全省各地的商业会馆已达342所，分布在35个州县及市镇。国内除东北三省、新疆、西藏商人未在湖北建立会馆外，其他各省均有以省、府、州、县命名的会馆。其中以本省商人所建会馆最多，其次则是江西、湖南、四川商人所建的会馆，但贸易额则以广东、宁波商人所占分量最大。

汉口是五方杂处的商业都会，有会馆176所，占全省总数的52%。原有的八大商业行帮，此时已发展为140个行业，有商家7 000余户。每种行业，商店多者数百家，一般数十家，少者亦有十数家，年贸易额超过1.4亿两银子①。其中八大行仍占优势，如较大的粮食行有40家，年贸易额达3 700万两；大油行10家，年贸易额2 400万两；大茶行10家，年贸易额1 750万两；大棉花行10家，年贸易额800万两；大广福杂货行20家，年贸易额650万两；牛皮及纸行10家，年贸易额550万两；盐行10家，年贸易额450万两；药材行20家，年贸易额300万两。以上总计八大行140家，年贸易额1.06亿两②。其他行业年贸易额共约4 000万两。

八大行中除盐行外，其余七大行和另外一些行业均与进出口（包括转口）有关，其中有的呈增长状态，有的呈萎缩状态。增长者如粮食，1901年进出口米麦共214 900余担，1909年增至231 597担；豆类出口从1895年的405 080担，增至1911年的1 366 592担。同一时期芝麻出口由186 117担，增至1 667 189担；牛皮的出口由83 056担，增至185 939担；

① 湖北省地方志编纂委员会：《湖北省志·经济综述》，湖北人民出版社1992年版，第22页。

② 侯祖畲、吕寅东：《夏口县志》第12卷，“商务志”，湖北省长公署1920年铅印本，第12页。

棉花出口从1898年的702担，增至1905年的252 284担。新兴行业如烟草的出口从1901年的101 616担，增至1905年的141 040担；桐油的出口从1895年的290 631担，增至1911年的589 795担。此外，肠衣、禽蛋、猪鬃、矿产品的出口亦呈快速增长态势。但茶叶，丝、丝制品，土布的出口则出现停滞和萎缩。1895年，茶叶出口货值为14 965 355海关两，1905年降为12 774 923海关两；1895年，丝和丝制品出口货值为2 681 257海关两，1905年降为2 014 941海关两；土布的出口和转省销售的降幅更大，一些匹头行都转营或兼营洋布。

但进口却一直持续增加。最突出者如煤油，1895年进口货值为758 343海关两，1913年增至4 419 809海关两。同一时期棉织品的进口货值由6 523 106海关两，增至12 470 235海关两；棉纱由4 432 371海关两增至11 198 177海关两。其他如铁路器材、工厂设备、五金工具、染料、食糖、西药等，也一直呈增长状态。鸦片则由于国内西南地区自产增加，进口略显下降①。

由上可知，汉口商业的繁盛主要依赖进出口和转口贸易。清末土货的出口和转口，少数货物呈停滞和萎缩状态，但多数仍在增长；进口则一直增加，故贸易总量一直呈快速增长状态。因此，汉口的大部分商业行店都纳入了进出口和转口贸易的系统，无论其是否愿意，也无论其是采取传统的经营管理形式还是采用现代的方式。当然，由于当时中国社会的生产力低下，人民因贫困而对于粮食、棉花、棉布、食油、盐、茶以及一些简单的传统的生产生活用具等必需品的购买力不强，因而市场有限。但由于武汉乃至湖北处在内地腹心位置，又有交通便利的优势，其集散功能较强，辐射作用较大。以1910年为例，这年经汉口对国内外的总贸易额为1.522亿海关两，其中输入为6 911.8万海关两，这当中从国外输入者占27.25%，自国内输入者占72.75%；输出为8 308.2万

① 以上有关货物的进出口数据，均转见冯天瑜、皮明庥等：《武汉近代（辛亥革命前）经济史料》，武汉地方志编纂办公室1981年印，第44～52页。

海关两，这当中输往国外者占 17.76%，输往国内其他地方者占 82.24%①。可知国内的转口贸易仍占汉口商业贸易的多数份额。不过，从长时段的考察分析来看，对国外的输出和输入一直在稳步上升。

发达的进出口和转口大宗贸易，带动了与之相关和为之服务的众多行业。各种粮食、棉花、油料、皮革、禽蛋、茶叶、药材的贸易和加工，均与外商和出口行对口配套。五金、钟表、百货、布纱、西药、染料等行店，均从洋行进货。其他衣服鞋帽、旅馆餐饮、卫生娱乐、土产杂货等行店，数逾千家。至于经营或加工铜铁锡器、木器、竹器、藤器、瓷器的小作坊、小商店，马车栈，人力车行，煤店，洋油铺，以及经营各种小买卖者，在武汉多达数千户。据 1909 年湖北警务公所的第一次统计，当时武汉三镇以买卖为生计者，不下 10 万人。

在晚清的湖北，包括传统的票号、钱庄和新式银行在内的金融资本亦有一定势力。早在明代，湖北即有票号。汉口开埠前后，金融界只有票号独盛，朝廷与各省间上缴下拨巨款，大都委托票号收解，故票号财源稳定，业务发达。甲午战争前后，武汉的钱庄、银行尚不发达，而近代工商、交通、邮电开始启动，需要融通资金，山西票号遂多来武汉设立分号，如三晋源、蔚长源、百川通、志成信、蔚泰厚、大德通等，皆属山西票帮，共 30 余家，还有云南帮的天顺祥、四川帮的濬川源、沙市邓姓商人的中兴和等。武汉三镇的票号大约共四五十家，资本雄厚者四五十万两，薄弱者亦有一二十万两②。直到 1904 年以前，湖北省库一直由各地票号代理，代解各项丁漕协饷等。另外，票号在经营汇兑的同时，也吸收存款（主要是官款），并向官府、商行、钱庄放贷。19 世纪末以前，票号盈利很大；但此后由于其经营范围不变，管理方式落后，加上受到钱

① 东亚同文会：《支那省别全志——湖北省》，东亚同文会 1917 年印，第 79～80 页。

② 冯天瑜、皮明庥等：《武汉近代（辛亥革命前）经济史料》，武汉市地方志编纂办公室 1981 年印，第 229 页。

庄和新式银行的竞争，尤其是官款存款、汇兑减少，对官府的放款又多成呆账，票号渐渐没落。1908年，汉口的票号由30余家锐减为16家，辛亥革命后更只剩下10家，加上沙市等地的票号，全省大约不足20家。

钱庄在汉口开埠之初，势力远不及票号，其资本多数只有银数千两，上万两就算较大钱庄了。但钱庄兑换银两制（铜）钱，兼及存放，经营灵活，既与官府往来，多揽州、县官款业务，又接受外资银行融资，转向华商放贷，充当了华商与外资银行洋行的中介。随着湖北对外贸易的发展和商业的繁盛，钱庄迅速增加并积累起大量资金。1891年，汉口钱庄多达500家，由于竞争激烈、捐税过重及经营不善，一度纷纷倒闭。张之洞在1898年曾规定汉口钱庄不得超过100家①，但到清末，汉口仍有钱庄121家，资金少者一二万两，多者五六万两，甚至数十万两。汉口钱庄原为“本（省）、（江）西、绍（兴）、徽（州）四帮，界限分明，盛衰互见”，而以“西帮执牛耳”。如江西籍买办出身的黄兰生，就开有怡和兴、怡和永、怡和生3家钱庄，资本号称200万。黄兰生不仅向工商业投放贷款，自己亦在1905年投资28万元创办了汉丰面粉厂。大买办刘歆生开设过阜昌钱庄，另一个拥资800万的买办刘子敬，也曾与人合伙开过钱庄。

清末汉口钱庄逐渐由兑换制钱、改铸生银、兼营小额存放等，向发行庄票、向工商各业发放贷款过渡，仅1903—1905年，汉口钱庄就曾向布匹业、棉花棉纱业、桐油生漆业、粮食业、烟草业、牛皮业、五金业、百货业、绸缎呢绒业、文具仪器业、海味业和鸦片业等商人放款4 500万两到5 000万两。同时，钱庄还向近代新式工业放贷，如同仁源钱庄向华兴织布公司放贷；新泰厚、怡和利、武昌义顺等钱庄向清华实业公司的水泥厂、榨油厂放贷。此外，汉口的福圣机器榨油厂、协和机器榨油厂、毛业制造所、汉口机器碾米厂、阳新炭山湾煤矿、江西铜矿等企业，

① 王树枏：《张文襄公全集》第118卷，“公牍”33，北平文华斋1928年刻，第16页。

也都曾向汉口钱庄贷款（大的钱庄资本虽然一般不超过六七百万，但采取滚动经营，即边放边收，同时向汉口外资银行融资数百万）。

汉口钱庄势力的增长，亦见于其在商会中的地位。据统计，汉口商会第一至第八届的总理、协理、会董、议董、特别会董等头面人物，共有 219 人次（即历届成员相加，兼职和连任者重复计算在内），其中钱庄经理多达 46 人次，占总数的 21%，数量仅次于商业资本家而远高于工业资本家①。

除武汉三镇外，沙市、襄阳、宜昌、光化、沔阳、阳新、老河口等地，清末均有 10 家左右钱庄，其中沙市的票号、钱庄多达 20 余家。全省各地（不包括武汉）大小钱庄共有六七十家之多，资金共计亦近百万元。清末民初，武汉因为新式银行的势力增长，钱庄渐呈停滞之势；但新式银行势力尚未延及各个州县，故钱庄仍呈发展势头②。

关于银行的情况，除前述外资银行以外，湖北省内最早出现的银行是 1897 年来汉设立的中国通商银行分行。该行名为商办，实为官商合办。1906 年起，朝廷的户部银行（后改名大清银行）在汉口设立分行，发行货币、代理国库并经办存放款和汇兑业务。1908 年，交通银行在汉口设立分行，与大清银行同为国家银行。商办银行中最早出现在湖北的是浙江兴业银行，该行于 1908 年 4 月在汉口设立分行。到 1912 年前，又有华商、信成、信义 3 家商办银行在汉口设立分行。沙市、宜昌两地均有大清银行分行。总计清末湖北共有政府银行和外省商业银行开设的分行 8 家，这个数字与外资银行在湖北设立的分行数大致相等，但实力却相差悬殊。尤需指出的是，湖北民营的工商业、金融业资本虽不算弱小，但却没有力量和眼光开办像浙江兴业银行那样的民营商业银行。

清末湖北商业贸易的繁盛，除集中反映在汉口之外，其他中小城镇

---

① 皮明庥：《近代武汉城市史》，中国社会科学出版社 1993 年版，第 160～162 页。

② 苏云峰：《中国现代化的区域研究：湖北省，1860—1916》，台北近代史研究所 1981 年印，第 333 页。

也值得注意。这些中小城镇的新式工业虽然不多，但都或多或少有一些商业贸易活动（包括手工业品的生产和销售）。如果以商业贸易作为主要考虑因素，那么清末湖北的中小城镇可分为三种类型：一是既是府、州、县治所在地，商业亦比较发达的城镇；二是虽是府、州、县治所在地，但商业不发达的城镇；三是虽不是府、州、县治所在地，但商业较发达的城镇。

第一类城镇的代表如宜昌。宜昌是清末宜昌府和东湖县的所在地，开埠前不过是个只有一二万人口的小镇。尽管它滨临长江，又是川鄂咽喉，但由于人口稀少，附近乡村物产不丰，商业贸易并不发达。19世纪70年代开埠之后，商业贸易逐步发达。从19世纪90年代到20世纪头10年，英商太古、怡和两个轮船公司和中国的轮船招商局均有轮船定期从汉口行驶至宜昌。1900—1911年，每年转运货物的总值在2 000万海关两以上，最高的1904年达到7 000余万两①。外商安利洋行、皮托谦洋行、立得乐洋行和隆茂公司在宜昌设有营业机构。宜昌港以转运川盐，烟土，粮食，棉花，川鄂特产桐油、油漆、真菌，从外国进口的煤油、布匹、五金等物为主。商业资本虽不雄厚，但各行均有，仅大小杂货、百货商店就有二三十家。清末常住和流动人口约有5万，商贾多由外地而来。

仍属第一类型，是州治或县治所在地，商业较发达、人口在三四万及以上者，有蒲圻县城、兴国州城、沔阳州城、麻城县城、黄安县城、云梦县城、随州县城、京山县城、天门县城、襄阳县城（同为府城）、宜城县城、枣阳县城、谷城县城、房县县城、竹山县城、荆门州城、当阳县城、江陵县城（同为荆州府城）、石首县城、松滋县城、枝江县城、归州县城、长阳县城、宣恩县城、利川县城、建始县城等。第一类型城镇占全省府、州、县治所在地的1/3强，这些城镇或因城镇居民较多，或因交通便利，或因物产有特色，加上政治因素，成为小区域的商业中心。不过上述城镇除了宜昌、襄阳、蒲圻以外，其他城镇商贸活动的内容和

---

① 宜昌市地方志办公室：《宜昌市贸易史料选辑》1992年总第2辑，第943页。

方式都是很传统的。

第二类城镇，即占全省县城 2/3 的大多数县城，人口在 3 万以下、1 万以上者有 25 个，1 万以下者有 13 个，其中最少者如公安、咸丰、咸宁，人口不足 3 000①。这类城镇只是由于历史和政治、军事的原因，成为一县中心，多数城镇人口与衙门公事相联系。商业在这里不占重要地位。

第三类城镇则主要是因为商业发达而形成的，其中著名城镇有沙市、老河口、樊城、黄石港（今黄石市）、武穴等。沙市于 1896 年开埠，两年后日本在该地建立专管租界，外国公司陆续到来。沙市有轮船定期航行到武汉、宜昌，其进出口和转口贸易在 19 世纪末每年即达二三百万两，1901—1911 年，每年货物贸易亦达 1 000 余万海关两。沙市的贸易以出口棉花为大宗，是仅次于天津、武汉的第三大棉花出口港，每年输出棉花占全国出口棉花的 10%～20%，其次是土布、杂粮、芝麻，输入品主要是面粉、糖、煤油、海产品和五金等。在国内贸易方面，土布、食油、谷米、鱼、盐、百货杂货等，亦占主要地位。清末沙市有票号、钱庄 20 余家，商店则逾百家，当地人称之为“小汉口”②。沙市人口则超过宜昌，清末已达六七万之数。

老河口与樊城均在汉水中游，是陕西、河南等北方地区与长江中游客商货物交流的水上要道，也是鄂北农副产品主要的集散地。湖北所产的茶叶从这里运往俄国，从东南来的洋货亦由这里销往西北。两镇人口均达四五万，码头进出和停泊大小船只数百艘，镇上店铺行栈林立。樊城每年仅粮食贸易即达约 140 万担③。

黄石港（包括石灰窑）在长江滨，原是大冶县治内的一个巡检司所

① 苏云峰：《中国现代化的区域研究：湖北省，1860—1916》，台北近代史研究所 1981 年印，第 516～518 页。

② 李开进：《沙市海关述略》，《沙市文史资料》1988 年总第 4 辑；胡柱云：《旧时荆沙的土布业》，《沙市文史资料》1989 年总第 5 辑。

③ 东亚同文会：《支那省别全志——湖北省》，东亚同文会 1917 年印，第 557～559 页。

在地，仅有几家做小生意的棚户，既无街道亦无商店。从19世纪90年代开始，因陆续开办铁矿、煤矿、水泥等新式工业，建起铁路和轮船码头，产业工人迅速增加到1万多人，消费市场和商业贸易随之形成。到1906年，这里已形成匹头、杂货、药材、首饰、百货、勤坊（饮食、油面）、淮南（豆腐）、磁铁、屠宰、土布、竹木、粮食、麻、水果、染业、旅栈、簁席、石灰18帮（相当于后之同业公会）。商业店户到民国初年已逾二百，其中黄石港百余户，石灰窑近百户，人口共3万①，已远远超过大冶县城的4 000余人。黄石附近多丘陵湖泊，矿产资源丰富，但粮棉出产不多，故多赖水运输出矿产、煤铁、水泥，输入大米、黄豆、杂粮、布匹、食品、机器工具等。

武穴亦在长江边，是从下游进入湖北的第一个港口，输入以食盐、海产品、糖、百货五金为主，输出则以鄂东所产苎麻为大宗，其次为棉花、棉布、杂粮。镇上有日本洋行四五家，中国商店数十家，亦有钱庄和银行分支机构，清末人口已近8 000。

嘉庆《湖北通志》载有市镇数百，襄阳、谷城等县多达七八十个。但当时所谓"市镇"有两种情形："市"指集市，为定期贸易之所，郧阳、施南二府，所辖为大山区，实际上只有集市而无镇的建制；"镇"指街镇，不仅有集市，且有固定的居民和店铺。但市镇之多，足证清中叶以来湖北商业的发达。续修《湖北通志》记载全省68州县共有市镇1 900余个，但是标准不一。如将沙市、老河口、樊城、黄石港、武穴同只有两三户店铺的山区小镇同列，显然很不妥当。各县市镇的标准和数字相差极大，如荆门州多达116个，最少的县却只有三四个②。据时人统计，清末湖北相当于小县城规模、常住二三百户、人口在1 000以上

---

① 操兴：《旧中国的黄石市场》，《湖北文史资料》1992年总第39辑，第134～135页。

② 张仲炘、杨承禧：《湖北通志》，湖北省长公署1921年刻本，第33卷，"建置志"9，"乡镇"1，第1～39页；第34卷，"建置志"10，"乡镇"2，第1～41页。

的市镇，约有 60 个，平均每 40 平方公里、12 000 余人即有一个小区域的商贸中心。如荆门州的沙洋，位于江汉平原中心，又有汉水水道之便，清末民初已有居民 6 000 人，超过一般小县城规模。镇上有粮食行数十家，棉花行十多家，土布行十多家，杂货店数十家，柴炭店十多家，饭馆、客栈各十余家，花生行、青果行、酱园铺各近十家，还有五家银楼、三家当铺，以商业贸易为生者达千余人。手工业者、运输业户和工人亦超过千人，就是农户亦多兼营养猪养鸡养鸭种菜。与沙洋规模相似的，还有蔡甸、新堤、仙桃、岳家口、金口、纸坊、簰洲、羊楼洞、羊楼司、阳逻、宋埠、团风、草市、董市、河溶等，多半分布在长江、汉水沿岸。山区市镇的规模则小得多。

上述大小城镇构成了湖北商业贸易网，其兴衰多同商业的繁荣与否有关，商业不盛的城镇很快停滞没落，商业发达的城镇则地位上升。如汉口原是汉阳县属的一个镇，到 19 世纪末就升级为省属的夏口厅，汉黄德道衙署亦移至该处，民国时期又升格为市；沙市原为江陵县属的一个镇，19 世纪末原驻荆州城的荆宜施道衙署和江陵县衙署迁至该处。进入民国及以后，更有黄石脱离大冶县而成为市，襄阳与樊城结合而升为市，武穴取代梅川成为广济县城，仙桃取代沔城成为沔阳县城，新堤成为新建的洪湖县城。武昌、汉阳、汉口联合成市后，纸坊、蔡甸分别成为武昌、汉阳的县城。

三、商业贸易作用和问题的分析

清末湖北商业贸易的繁盛，具有多方面的积极意义。

首先，商业贸易增加了社会财富，并带动资金向工业流动。

前面已经说过，1880—1896 年，湖北省全部财政收入年均为 750 余万两（包括海关每年收入 200 余万两、农业商业税收每年 550 余万两），到 1910 年前后，每年财政收入增至近 1 700 万两（包括海关收入 300 余万两、农工商业税收 1 300 余万两），增加了 1 倍多。而其中农业的丁漕钱粮的增长有限，新式工业上缴税收也不多，主要依靠的是商业税收，如海关收入，1875年为145万海关两，1891年为1 929 445海关两，到1910年增至3 297 693海关两①；厘金收入从19世纪60年代每年的一百三四十万串，到19世纪末20世纪初增至二百数十万串，宣统元年（1909年）更增至“将及四百万串之数”②。可见商业贸易及税收增长之巨。

商业贸易带来的财富流往三个方面。一部分流入外国人（包括洋商和海关）的腰包。海关收入名义上由总税务司负责上缴朝廷，实际上大部分用作赔款和洋债的抵押。当然，如果没有这笔巨大收入，朝廷财政将更加拮据，只会更加紧向人民搜刮。一部分归地方政府。清末湖北举办各种“新政”，如开办新式工厂、实施新式教育、派遣留学生、编练新军、设置谘议局等，所用经费大都来自地方财政，自然有商业税收在其中。一部分归华商。商业利润虽无准确统计，但如前所述，仅买办商人所获利润即在1.35亿海关两以上，其他大小商人所获利润也应是一笔可观的数字。正是有了这批货币积累，才有前述买办和商人向新式工业的上千万元的投资。据汪敬虞先生统计，1895—1913年，全国共设厂矿549家，投资总额为120 288 000元，其中武汉为28家，投资为1 724万元，占14.3%，低于上海，但超过天津和广州③。而据近几年新出资料统计，清末湖北新式民营企业实有100余家；在武汉可知投资者身份的民营企业就有53个，其中由买办和商人投资的为36个④。一般商业发达的地方工业亦随之发达，就是因为有一部分商业利润向工业资本转化。

其次，商业尤其是对外贸易的发展，包括了重要设备和先进技术的引进，有利于我国工业基础的建立，亦刺激了以加工出口为导向的轻工

① *China Imperial Customs*：*Decennial Report*，*1882—1891*（《中华帝国海关十年报告：1882—1891》），Appendix I，P. 29；1892—1901，Appendix I，P. 35；1902—1911，Appendix I，P. 349.

② 张仲炘、杨承禧：《湖北通志》第50卷，“经政志”8，“榷税”，湖北省长公署1921年刻本，第32页。

③ 汪敬虞：《中国近代工业史资料》第2辑下册，科学出版社1957年版，第654页。

④ 皮明庥：《近代武汉城市史》，中国社会科学出版社1993年版，第150页。

业的兴盛。

在汉口的进口商品中，实际上有相当一部分是机器设备和原材料（如焦炭、紫铜等），这无论对于官办的军事工业、民用工业，还是对民营的新式工业，都是必不可少的。1895 年，汉口进口原材料价值 1 302 668海关两，进口各种机器和生产工具价值 584 340 海关两，共占同年进口总值的 10%以上。1905 年，由于卢汉铁路即将完工，粤汉、川汉两条铁路开始筹备，进口铁路器材价值高达 210 余万海关两，故当年进口原材料价值达 20 120 508 海关两，进口机器和各种生产工具价值达 1 854 455两，共占同年进口总值的 40%以上①。这些代表新式生产力的生产工具和原材料的进口，虽然代价高昂，造成进出口巨额逆差，但从长远考虑，实属必要。

由于湖北的出口商品以茶叶、皮革、植物油为大宗，转口贸易中粮食、棉花则占有一席之地，故汉口的加工业亦以制茶、制革、榨油、碾米、棉花打包之类工厂为最多，可见商贸带动了加工业的发展；而且上述加工厂中，凡属先进的机器，亦由进口而来。

最后，商业贸易的发展，不仅促进了人们思想观念的转变，也从实际上推动了自然经济向商品经济的转化，并以促成城镇和交通的发展而改变着当时的社会面貌。

中国统治阶级历来重农抑商，影响所及，社会亦视商业为末业，视商贾为逐末求利之徒。湖北虽在明清以来即有相对发达的商业，但传统的贱商观念却牢不可破，到清末这种状况才开始发生变化。张之洞曾批评“中国上下之势太隔，士大夫于商务尤不考究，但有征商之政，而少护商之法”②。他高度强调商业的重要作用：“工有成器然后商有贩运，

---

① 皮明庥、冯天瑜等：《武汉近代（辛亥革命前）经济史料》，武汉地方志编纂办公室 1981 年印，第 48 页。

② 王树枬：《张文襄公全集》第 37 卷，“奏议”37，北平文华斋 1928 年刻，第 30 页。

是工为体、商为用也，此易知之者也。其精于商术者，则商先谋之，工后作之，先察知何器利用、何货易销、何物宜变新式、何法可轻成本、何国喜用何物、何术可与他国争胜，然后命工师思新法、创新器，以供商之取求。是商为主、工为使也。"① 张之洞能够这样看重商业，首要的原因并不是他开明或有识见，而应归诸他在长期的施政实践中得到的体验。尤其是湖北的商业税收成为地方财政的重要来源，支持了他的各项新政措置，所以他对商业的重要性具有足够的认识。

从湖北农村的种植生产情况亦能看到，由于商业贸易的带动，传统的自给自足的自然经济结构中，已经出现了商品生产的成分。湖北从明代直到清朝雍正年间，一直是大米输出省。此后大米输出量下降，鸦片战争以后渐渐不能自给。此中原因很多，如人口增加、水旱灾害加剧、农业生产长期呈粗放经营等等，但从近代湖北大量输出茶叶、植物油、棉花和棉布可以看出，由单纯种粮转向多种经济作物，由单纯务农转向兼务工商，乃是湖北大米产量减少的一个重要原因。光绪中期，一担稻谷仅值 1.8～2.1 两，而一担茶叶约值 30～40 两，一担棉花约值 20 两，一担苎麻值 14 两②。很显然，是价格这个指挥棒在驱使农民减少粮食种植面积，由此出现了鄂南多种茶，鄂东多种苎麻，江汉平原多种棉织布，鄂北多产杂粮、植物油，鄂西多产漆、桐油、白蜡、梓油的种植格局。逐渐发达的交通运输和星罗棋布的市镇，不仅流通和集散商品，也传递着各种商业信息。特别是汉口市场的变化，"尤通省市价之所视为消长，而人心之所因为动静者也"③。可见市场动态对人们的影响不小。

清末湖北的商业贸易也存在着诸多问题。首先是外商因享有特权，占有资金、信息和进出口贸易渠道的优势，而控制了外贸主导权。张之

---

① 王树枏：《张文襄公全集》第 203 卷，《劝学篇》2，北平文华斋 1928 年刻，第 33 页。

② 徐焕斗：《汉口小志》，"商业志第八"，商务印书馆汉口分馆 1915 年版，第 6 页。

③ 晏斯盛：《请设商社疏》，葛士浚：《皇朝经世文续编》第 115 卷，"洋务"15，"商务"3，文海出版社 1980 年影印，第 16 页。

洞在19世纪90年代谋划组织直接把茶叶运销俄国，试图打破俄商的垄断，但仅仅尝试两次，规模极小，且因多种原因而未继续下去。湖北销往东南亚的禽蛋，屡被当地殖民政府以卫生不合格为由禁止销售。由于资金担保、汇兑全赖外资银行，运输、销售则控制在洋行手中，故绝大多数经营出口业务的华商，只是把出口商品收购起来，或作初步加工，然后就在汉口交给洋商而已，价格由洋商控制，大部分商业利润亦被洋商攫取。

其次，湖北农业在清末尽管有张之洞提倡“改良”，但进步不大，甚至有如张之洞所说，“近年工商皆有进益，惟农事最疲，有退无进”①。由于缺乏发达的农业作基础，新式工业又是刚刚起步，所以湖北的出口商品不仅数量有限，而且始终是以资源性初级农副土特产品为大宗。1908年以后由汉冶萍公司对日本出口附加值极低的铁矿石和矿砂，更可以说是受掠夺。1908年以前，在汉口的进出口贸易中，中国一直处于入超状态，详细情况见表6-3（单位：1 000海关两）②。

表6-3 1896—1911年汉口海关输入输出比较

年　份	输入额	输出额	出入超
1896	38 120	23 450	−14 670
1897	44 817	24 540	−20 277
1898	39 838	30 954	−8 884
1899	53 416	37 463	−15 953
1900	46 383	32 107	−14 276
1901	57 615	29 373	−28 242
1902	59 060	41 226	−17 834
1903	77 443	55 706	−21 737

① 王树枏：《张文襄公全集》第54卷，“奏议”54，北平文华斋1928年刻，第11页。

② 东亚同文会：《支那省别全志——湖北省》，东亚同文会1917年印，第79～80页。

续表

年　份	输入额	输出额	出入超
1904	84 820	63 085	－21 735
1905	65 888	57 205	－8 683
1906	55 941	53 719	－2 222
1907	67 402	60 427	－6 975
1908	65 751	67 458	1 707
1909	65 642	72 148	6 506
1910	69 118	83 082	13 946
1911	60 067	74 075	14 008

上述16年中，1901年为最高入超年，逆差达2 824.2万海关两；1911年为最高出超年，顺差也只有1 400.8万海关两。16年中12年入超，4年出超，共计贸易逆差多达1.453 2亿海关两。尽管在清末10年中汉口的土货出口值占全国出口的20%左右，而进口值只占10%左右，但由于全国的进口值远大于出口值，所以汉口仍然呈现出巨额贸易逆差。

华商难以直接把生意做到国外，而外商却长驱直入，可以直接在中国经营。在湖北的100余家洋行和200余家商号商店，自然以销售洋货为主；就是华商经营的商行店铺，因为有市场需求和利润可沾，也积极销售洋货。清末汉口每年销售的洋货占长江口岸（除上海）的2/3①。为鼓励和扶持土货生产、销售而设的武昌两湖劝业场，原先规定只准陈列和销售土货，不准洋货进入，但开办数年后，竟然是洋货充斥，以至1910年瑞澂来视察之后曾下令进行整顿。同年汉口50余家较大百货店经营的商品，80%是洋货，棉布市场几乎全被洋布占领，棉纱、毛织品、煤油、五金、西药、食品、烟酒等物的销售持续上升，还有各种日用小商品也是如此。一个当时到过汉口的外国人曾说，汉口市民“对于外国

① 湖北省地方志编纂委员会：《湖北省志·经济综述》，湖北人民出版社1992年版，第33页。

制造的杂货，如玩具、工具、铅笔、图书、装饰品、伞、利器、假珠宝、肥皂等的需要，也不断增加，这些货物已成为一般商店的商品”①。洋货的全面倾销，不仅造成中国的巨额贸易逆差，破坏了中国社会的自然经济，打击了中国传统的手工业和新兴的民族工业，还逐渐改变了城镇商人、富户的生活方式，使他们的饮食、服饰、居家、应酬，开始出现西化的趋势。

还有，华商虽然拥有一定的资金，但远不及外商。90 年代外国茶商操纵茶市，就曾造成一批中小茶商破产。一般中小商人平时多依赖钱庄融资，而钱庄资金又有一部分系从外国银行借贷而来，故华商的部分命脉实间接操于外国银行之手。如 1908 年，汉口三怡钱庄（怡和兴、怡和永、怡和生）资金周转失灵，无法按期兑付汇丰银行的贷银 50 万两，汇丰不予通融，致使三怡钱庄倒闭，并发生连锁反应，众多钱庄接踵停业，而且由于“本口所亏约银四百万之多，银根骤紧，贸易为之所阻”②。1910 年冬和 1911 年春，汉口又有源丰润、源茂隆两家钱庄倒闭，亏银逾百万，“汉上银根异常紧迫，各业均不灵活，有岌岌不可终日之势”③。商业贸易也必然受到影响。

最后，从内部环境条件来看，也有许多阻碍商业贸易进一步发展的原因。最重要的是朝廷和地方政府的严重搜刮。正如湖广总督陈夔龙 1909 年所供认：“近以朝廷力图自强，出款繁多，几骤过从前数倍。”④各种名目的苛捐杂税使商品流通不畅，商业经营时起时落，也使得广大农村群众和城镇贫民购买力低下。再如，清末和民国时期，鸦片的泛滥始终是一个社会问题。据《江汉日报》的记者调查，1908 年武昌城人口不足 10 万，较大型鸦片烟馆却多达 45 家，这还不包括“凡偏僻街衢只

---

① 姚贤镐：《中国近代对外贸易史资料》，中华书局 1962 年版，第 1 105 页。

②《通商各关华洋贸易总册》（中文本），汉口，1908 年，第 42～44 页。

③《武汉通信·商业之江河日下》，《民立报》1911 年 3 月 4 日。

④ 张仲炘、杨承禧：《湖北通志》第 53 卷，“经政志”11，“新政”1，湖北省长公署 1921 年刻本，第 36 页。

卖烟膏者”，如当时主要街道粮道街、府街口、横街头、察院坡、火巷、芝麻岭、保安门内正街、保安门外十字街等，短短一条街上大型烟馆均有3～5家①。广大乡村亦遍地烟窟，消耗了一大笔社会财富。

正因为有上述诸多原因，湖北地区的商业贸易仍然停留于转口贸易形式，无论是商品的生产能力还是消费能力，都十分低下；商品结构也仍然以资源性的初级农副产品为大宗，因而给生产者和社会带来的利益很有限。由于生产力和购买力同步低下，广大的乡村群众只能顽强地坚守男耕女织的传统自然经济格局，以减少消费而维持生存。离城镇愈远的乡村，商业贸易和商品经济的作用也愈小。

第三节　转型期的社会群体

从1890年到1911年的清末20年，由于外国资本—帝国主义势力的深入和强化，加上地方政府举办各项新政和民族资本主义工商业的初步发展，湖北社会开始了从传统农业社会向近代工商社会的转型。作为自然和社会的主体的人，当然亦随之发生变化。这种变化，程度不同地体现在士绅、商人、学生、新军、工农大众等社会群体的构成和思想行动中。

一、士绅的分化

从咸丰十年（1860年）到光绪三十一年（1905年）的40余年间，湖北共出进士257人，举人1 369人，这是方志中有确切记载的数字②。他们构成士绅的上层。士绅下层即生员（秀才，包括监生、增生、廪生、贡生等），没有具体名字和人数，但当时的制度是每3年举行2次考试，

---

① 《武昌土业（鸦片烟馆）调查表》，《江汉日报》光绪三十四年五月十八日（1908年6月16日）。

② 张仲炘、杨承禧：《湖北通志》，湖北省长公署1921年刻本，第131卷，“人物志”9，“选举表”9，第61～73页；第132卷，“人物志”10，“选举表”10，第1～64页。

每次录取 1 577 人，加上捐纳，故 40 余年间新生生监约 5 万人。称其为士绅下层，主要是因其初登科第，年龄较轻，而且除非是出于世家大族和官、商之家，经济实力并不雄厚。

士在旧体制下居于四民之首，历来受到朝廷和地方官员重视，张之洞亦不例外。他曾说："士以导农工商兵。士不智，农工商兵不得而智也。"① 即高度重视士绅对其他群体的教化导引作用。鉴于传统士绅知识陈旧，见闻有限，他采取了多种方法对士绅进行教育和改造。在 19 世纪最后 10 年中，张之洞开办两湖书院、方言、自强、商务、农务、工艺等普通和专业学堂，以及武备学堂等军事学堂，均不是从小学和蒙生入手，而是主要招收青年生员。20 世纪初，张之洞在强调开办小学的同时，仍然坚持大量兴办各种中高等普通学堂、师范学堂、职业学堂和军事学堂，招生对象仍然以青年生员占多数。留日学生中亦有部分士绅。此外，勤成学堂、仕学院、存古学堂以及 1907 年以后为实施地方自治和宪政陆续开办的选举研究所、调查员养成所、公民养成所、地方自治研究所、法政学堂及其附设之辩护养成所、审判养成所、审判厅附设之审判见习所和检验学习所等政法学习机构，亦招收士绅和新学堂毕业生来接受专门教育，毕业后安排各种出路。

士绅因为有文化，加上科考、交游、学习时接触到各种信息，对当时的民族危机有所了解。随着乡村社会的日益贫困，乡居士绅也感受到生活每况愈下。唐才常 1895 年在两湖书院读书时，看到在该书院就读的外地青年士绅"大半亏欠伙食，典尽衣服，不能言归"；并感到以前所习之"经解、词章、八股皆成赘瘤"，认识到"舆地格致之学，在所必兴"②。总之，无论是出于挽救危亡、改造社会的目的，还是出于改变自身经济状况、谋取较优越的地位等目的，相当一部分士绅颇积极地投入

---

① 王树枏：《张文襄公全集》第 203 卷，《劝学篇》2，北平文华斋 1928 年刻，第 3 页。

②《唐才常家书》，《湖南历史资料》1958 年第 3 期，第 83～84 页。

了对新知识的学习。如1896年湖北第一所新式军事学堂武备学堂招生时，定额120人，对象是健壮的文武举贡生员、书院肄业学生、候补候选员弁及官绅世家子弟，但报名者多达4 000人。故从1899年起，规定所招新生一律为18岁以下的湖北籍生员①。两湖、经心书院为留学和出仕的跳板，希望入学的生员趋之若鹜。1902年后，湖北试行新学制，进新学堂的士绅更多。因为师资短缺，下层生员就读师范学校者特别踊跃。宣统元年，湖北设立地方自治研究所，招收各县士绅，结果各县所送过多，云集省城无法容纳。

士绅为接受新式教育和寻求出路，纷纷离开家乡，进入城市。有的是举家迁徙，有的是个人考入新式学堂或投入新军，有的进而走出国门。如蕲水（今浠水）闻一多家，为了子弟在武昌读书，派人来武昌租屋居住，照料饮食起居；黄冈张炳南，“家仅中资，乃变卖产业，率其子海涛，在武昌正卫街租一宅”；蔡寄鸥为在汉求学，将其父“所遗之九亩薄田，一家人资以为活者，已贷去其五”；范腾霄原籍恩施利川，离武昌“水陆程道达两千余里，邑人视赴省有如适异国，乃余深幸为难得之机会，不计一切，决心应选”。而当这些人走出家乡、开阔了眼界之后，又鼓励兄弟子侄、亲朋好友效法自己。如汤化龙支持两个兄弟、一个从弟，分别赴欧洲留学和进省立高等农校、省立工业学校读书；陈英才资助其弟到日本留学；居正亦是受到好友陈文哲的启发和鼓励，向人借路费去了日本。

估计清末20年间，接受新式教育的士绅最少有2万人，约占全部士绅人数的40%。在这批人中，习师范者约8 000人，占新士绅的40%；习法政者3 000人，占15%；习军事者约1 500人，占8%；习实业及其他专业者各约1 000人，分别占5%。尚有约27%的人只有高小文化程度②。由于

① 王树枬：《张文襄公全集》第103卷，“公牍”18，北平文华斋1928年刻，第9～10页。

② 苏云峰：《中国现代化的区域研究：湖北省，1860—1916》，台北近代史研究所1981年印，第467页。

武汉是湖北的政治、经济、文化教育中心，故无论是已接受新式教育和训练者，还是正在接受新式教育和训练者，除了赴外省和北京工作及尚在国外留学者外，有相当一部分士绅集中于此。据1909年湖北警务公所第一次调查统计，武汉三镇有士绅的人家多达1 067户，这显然是清末部分乡居士绅进城所致。如“蒲圻士绅侨居省垣者甚多”，“武昌县巨绅多半寄居汉口”。至于留学归国者，回到家乡县城的都是极少数。

离开了家乡、接受了新知识的士绅，不再仅以土地经营、宗族事务及充当州县官吏与当地群众之间的桥梁为满足；但在1903年以前，他们除了出仕、入营之外，别的出路不多。1900年，唐才常策划自立军起事时，两湖书院学生黄兴、傅慈祥、屈子厚、刘成禺，武备学堂学生钮永建、孙武、沈翔云等，以及万廷献、胡石庵等均参与其事，标志着转变为新式学生的青年士绅开始致力于社会变革。1903年以后，随着接受了新式教育的新士绅的人数增加，他们出现了两个方面的分化。

第一种分化是职业上的。前面说到，新士绅中约有8 000人习师范，他们毕业后大部分人成为新式学堂的教职员，不少留学生回国后也进入学校工作。1910年，湖北全省67所农、工、商、实业学堂中，有500余名教职员，90%是武昌各学堂的毕业生与留学生，大多数人曾有举贡生员功名；女教员、外国教习和来自外省的教师仅占10%。清末湖北已经毕业的学生，出自各师范学堂者约占30%，留学生占17%，两湖、经心书院占11%，农务学堂占5%①。其余为军事学堂、工矿学堂和普通中小学堂毕业生。比起那些未接受新式教育，仍在家乡传统书院、旧式私塾中教书的旧士绅来，这些新式教员已丧失原有的特殊地位，成为工薪阶层（月薪在18元至180元之间），他们向学生传授各种新的知识，思想上也盼望变革，但受到政府的约束，仅有少数人参与政治，从事革命活动。1906年以后，清廷学部批准各省、府、厅、州、县广设教育会，

① 苏云峰：《中国现代化的区域研究：湖北省，1860—1916》，台北近代史研究所1981年印，第471页。

教育会遂成为组织教师活动的团体机构，但日常活动限于研究教育，培训师资，展开调查，提出建议，推广学堂和教育事业。1908 年，新士绅领袖汤化龙组织了湖北教育总会，但该会在清末政治活动中并未发挥多大作用。教师以团体形式出现的政治活动，仅有 1911 年初为反对削减教育经费和减薪而举行的集体罢课①。作为教师而参加革命的，著名者有时象晋、吴贡三、杨玉如、万声扬、李廉方等。

第二个职业去向是军事工作。前面也已说到，新士绅在国内接受军事教育者约 1 400 人，加上留学日本习军事者一二百人，故总数在 1 500 人以上。这些人大部分进入新军，担任队官、营管带、标统、各级参谋者大有人在，还有在军事学堂任教、在京师陆军部任职乃至担任协统领、镇统制者。他们不仅具备各种新的文化知识，还受过专门的现代军事训练，故不再是四体不勤、身穿长袍马褂的旧士绅，而成为十足的军人。军人以服从为天职，平时尤其是在公开场合不露声色，思想上当然有效忠政府和赞同革命之分。清末湖北以新式军人而在革命中有较大影响者甚多，代表人物有吴禄贞、蓝天蔚、孙武、万廷献、赵鹏飞、沈鸿烈、蒋作宾等。

第三个职业去向是从事工商实业。湖北有习各种实业的学生 1 000 余人，其中有少部分是赴日本和欧美的留学生。这些人毕业及归国后，或从事实业学堂的教学、管理，或在工厂、铁路、医院、农工商等管理机构任职。在前面介绍新式工厂时，亦曾列举到有少数人办起了小型工厂、试验（研究）所之类，还有一个以宣传新知识为目的的昌明公司。由于清末湖北士绅鲜有世家大族，除已出仕为官及致仕归老者之外，绝大多数士绅没有资金投入新式工商业，而对小商小贩又不屑为，故本地士绅转化为工商业主者不多。当时，以士绅而在工商界著名者，仅有江夏吕逵先（优贡，曾任朝廷中书科中书，后经营典当业，成为武昌商界头面人物）、汉阳万昭度（私塾出身，安徽候补道，有名的实业家）。旅居省城

---

①《湖北左支右绌之学务》，《时报》辛亥年二月二十四日（1911 年 3 月 24 日）。

的武昌（今鄂州）柯逢时，1882年进士，历任编修、布政使、巡抚、侍郎、督办七省膏捐大臣等职，晚年担任湖北商办铁路公司名誉总理，搜刮聚敛财富甚多，却始终未曾投资于工商业。旅居汉口的咸宁人蔡辅卿，开有泰昌祥、恒太、同泰、元泰等店号，是致富以后才捐得候补道职衔，成为汉口商会的第三届协理、第四届总理，他同浙江来汉的宋炜臣（亦捐有候补道职衔）一样，起初并非士绅，而是因经商致富而获得职衔，成为绅商。

第四个出路是从事政治活动。“学而优则仕”本来是传统士绅习以为常的主要选择，接受过新式教育和各种训练的士绅更具备这种条件。他们大多数是国内外法政学堂、仕学院、前述各种养成所，以及经心、两湖书院的学生，也有少数是从师范、军事学堂及部门转入政界的。从日本习法政归国者，往往还有法政举人、法政进士的功名。这批人在清末成为政治舞台上的活跃分子，其活动领域又可分为行政、司法和议会等。

在行政和司法的领域中，新士绅多达2 000余人。早在1903年底，张之洞即选送仕学院的学员20人及候补州县10余人赴日留学，归国后“破格擢用”①。翌年又选新补实缺州县12人赴日本考察②。1906年夏，张之洞又指令新补州县自费出国考察，为时半年到一年，正式派任需视考察时间与路程的长短而定③。1908—1909年，根据“预备立宪”的要求，试行地方自治，各州县均设立自治公所，作为城、镇、乡议事会议及城、镇董事会和乡董办公之所。湖北为此训练地方自治人员1 000人，他们多为下层士绅，结业后分派到各地，担任总理、总董等职。这批人组织了“协和社”，各班毕业学员均为社员，以谋共同利益，还派代表12人长驻汉口，以便联络和办事。1910年，又招收了第二批学员数百

① 王树枏:《张文襄公全集》第61卷，“奏议”61，北平文华斋1928年刻，第19～20页。

②《各省游学汇志·湖北》，《东方杂志》1905年第2卷第6期，“教育”，第163页。

③ 王树枏:《张文襄公全集》第67卷，“奏议”67，北平文华斋1928年刻，第16～17页。

人。到1911年夏，各州县的自治公所、议事会和董事会均已全部成立，全省合计产生议事会议员1 331人，董事会职员431人，共计1 762人。其中，接受过新式教育者、商人和普通百姓、基层小吏共483人，占27.4%；而具有传统功名者达1 220人，占72%以上①。不过这些士绅中不仅没有进士，连举人也很少，绝大多数为贡监生员。这说明上层士绅和接受过较多新式教育的士绅回到基层活动的人很少，故只剩下那些仅受过短期速成训练的下层士绅在家乡从事地方自治活动。此外，担任县以上政府职员和各级司法机关职务的新士绅也占一定比例，但是对1911年以前的情况无法具体统计。

清末各省的谘议局，相当于民国时期的省议会。湖北省于1907年11月遵旨设立“谘议局创办所”，以藩司为总办，先开“绅班”，讲授地方自治及宪政学说。1908年8月改为“谘议局筹备处”，增派提学使、按察使为总办，以姚晋圻（罗田人，1892年进士，曾任编修、法部主事，回湖北后曾任两湖书院教习和蕲水县训导）、周云楼（试用道）为坐办，夏寿康（黄冈人，两湖书院第1期学生，1903年进士，在进士馆习法政3年，1907年由学部派往日本考察法政，归国后居母丧返鄂）、张国溶（通山人，1904年法政进士，日本法政大学毕业）、汤化龙（蕲水人，1904年法政进士，日本法政大学毕业，曾任法部主事，1909年返鄂）、陈树屏（候补知府）为参事。由于一切均归官府把持，引起士绅不满。1909年4—6月，通过初选和复选，产生谘议员80人；另有荆旗驻防4人，候补13人及秘书长1人，一共98人②。

谘议局首任议长吴庆焘，襄阳人，进士出身，江西候补道及试用训导，因有政府支持而行为不检，很快去职。汤化龙出任议长，夏寿康、

① 苏云峰：《中国现代化的区域研究：湖北省，1860—1916》，台北近代史研究所1981年印，第282～284页。

② 张仲炘、杨承禧：《湖北通志》第132卷，“选举表”10，湖北省长公署1921年刻本，第72～73页。

张国溶为副议长。98 人中，有进士 8 人（除前述姚、汤、夏、张、吴 5 人外，还有余应云、密昌墀、陈培庚），举人 16 人，生员（包括廪、增、附、贡、监）55 人，19 人出身不详，可见有传统功名的士绅在谘议局中占有极大优势。而在上述士绅中，受过新式教育和训练者近 20 人，人数虽不及旧士绅，但在谘议局中起了领导作用。活跃且有影响的人物除了正副议长之外，其他如姚晋圻（曾参加维新运动，回鄂后任两湖书院教习）、胡瑞霖（附生，日本法政大学学生）、陈登山（岁贡，日本法政大学学生）、刘邦骥（举人，两湖书院毕业，日本成城学校学生）均是从事或受过新式教育者。还有吕逵先、万昭度属于绅商，时象晋（副贡，候选教谕，支持其子时功璧、时功玖参加革命活动）、陈宣恺（民国初年与其子陈时共办中华大学）等属于开明之士。故谘议局常和官府发生矛盾，为人所瞩目。

还有既未成为自治公所人员，亦未进入谘议局，但仍热衷政治活动的新士绅，代表人物如沔阳绅士李国镛，曾两次游历日本，加入湖北教育会、湖北铁路协会、宪政筹备会和宪政同志会，始终追随汤化龙。

士绅的第二种分化是思想，尤其是政治态度的分化。在 19 世纪末以前，因其思想愿望同官府基本保持一致，“官退为绅，绅出为官，初非异致”，故士绅对沿袭千年之久的王朝专制制度不会有所怀疑。到了 20 世纪初，一因民主思想的洗礼和影响，二因 1905 年废科举而断绝了士绅出仕的通道，故其人生道路选择出现了多样化的趋势，其政治思想亦随之分化。大概言之，清末士绅的政治态度不外体用派、革命派和立宪派三类。体用派多为旧士绅或获取了新官位的既得利益者，其政治主张不出张之洞的范围，他们在官府和基层中颇有势力，惟一切听命于朝廷和官府，故没有自己的语言和行动。新士绅成为革命派的，多为进入了新军和学生群体的青年，但他们中最高的传统功名止于生员（如吴禄贞、梁耀汉、季雨霖、刘英、胡石庵、谢石钦、万廷献等），大多数人还是童生，只是受过一段科举教育而已。立宪派形成于 1907 年以后，代表人物即谘议局的汤化龙、夏寿康、张国溶、胡瑞霖等地位较高的新士绅。立宪派与官府存在着一定的矛盾，他们又缺乏经济实力，其在学生和新军中的影响又不及革命派，故着意联络商界的头面人物，进行政治活动。上层商人同立宪派有基本相同的利害观念，故亦乐于接受立宪派的领导。

尽管已有部分新士绅成了商人、学生和新军，但他们毕竟不是构成商人、学生和新军的主体，更不是全部，故下面还须对商人、学生和新军等群体略加介绍。

二、商人的崛起

有关商人的情况，前面已多次谈及。此处拟对其整体构成状况、社会活动和团体组织等问题，作出分析和综合。需要说明的是，商人中有一小部分人已投资于新式工业，但因他们并未放弃商业，甚至仍以商业活动为主，故仍将其归入商人群体。

据 1909 年的《湖北警务公所第一次统计书》的资料统计，汉口的经商人数在 5 万以上。当时武汉三镇的职业人口户数为 66 003 户，其中较大商贾 1 660 户，小商 10 503 户，航运 2 581 户，三者合计 14 744 户，约占总户数的 1/4，是绅界（1 067 户）的 14 倍，学界（1 251 户）的 12 倍，官界（2 240 户）的 7 倍，军界（3 641 户）的4 倍，可见大小商户的数目之多。在宜昌、沙市、老河口、樊城及一些因商业而繁盛的市镇中，商人比例大致与武汉近似。有的商业市镇（如仙桃、沙洋、新堤、蔡甸）因官、绅、学、军人数很少，商人的比重更大。当然，在一般县城和乡村，商人的势力还很弱小。

商人因握有巨大财富，且群体壮大，自我意识随之觉醒。一些开明、爱国的商人，平日亦能尽到自己的社会责任。如汉口公成匹头号店东王明文（字琴甫，安徽人，已落籍汉口两三代）热心社会公益事业，出资创办了明文第一半日学校，又“喜与士大夫论郡国利病，国家安危”①。辛亥革命中，他担任汉口“各团体联合会”首任会长，以后一直支持民

① 扬铎：《武昌首义前夕汉口社会的动态》（未刊稿），稿藏武汉市政协。

主革命。买办资本家、汉口地皮大王刘歆生在民国初年曾对黎元洪说："都督创造了民国，我则创造了汉口。"① 刘歆生的话不乏狂妄自大，但在商贸中心的汉口，"平日势力，皆在商而不在绅"②，确属实情。

当时，武汉商界的上、中、下层分野很明显，所谓殷实商贾 1 660 户，绝大多数当为中层商人，真正的大商人不多。上层商人主要由两种人构成，一是买办，一是与地方官府关系密切、得到官府支持的大商人和绅商。

早期汉口的买办都是从广东、江浙沿海地区来的，如汉口麦加利银行买办唐寿勋及其族弟唐朗山，怡和洋行买办黄浩之、陈仙洲，都是广东人，德商礼和洋行买办胡岂永、德商美最时洋行买办王伯年、法商永兴洋行买办姜德英，也是外省人。19 世纪 90 年代以后，广东帮买办还有容星桥、梁俊华、梁汝松、邓纪常、韦应南等人；不明省籍的法商立兴洋行买办范锦堂，英商利记洋行买办黄厚师、闵绍平、杨坤山，德商嘉利洋行买办潘恕庵，德商福来德洋行买办陈赓堂，英商沙逊洋行买办李某，德商禅臣洋行买办蔡某，都有自己的商业经营。尤其是邓纪常，以担任汇丰银行买办致富，与韦应南于 1903 年承租武昌布纱丝麻四局，被外国人称为"汉口外国租界内华商之父"。来自上海的平和洋行买办朱葆三投资于汉口既济水电公司。江西籍的汉口某洋行买办黄兰生，开办有怡和永、怡和兴、怡和生三家钱庄及汉丰面粉厂。

最著名的买办商人有两个，一是汉口本地的刘歆生（一名刘人祥），一是父辈即从山西来汉落户的刘子敬。

前已述及，刘歆生历任太左瑜洋行"跑街"兼"写字"、法国立兴洋行买办并兼法国东方汇理银行汉口分行买办，积累巨资后曾投资于一些

① 陈师：《汉口地皮大王刘祥的始末》（未刊稿），转引自湖北省史学会：《辛亥革命论文集》，湖北人民出版社 1981 年版，第 53 页。

② 湖北省博物馆、武汉市档案馆：《武昌起义档案资料选编》（上），湖北人民出版社 1981 年版，第 267 页。

新式工矿业，同时继续经营商业，如开设汇通钱庄、阜昌钱庄、刘万顺牛皮行、刘万顺土产店（后改名东方转运公司）；尤大力从事房地产投资，清末汉口上自舵落口，下到丹水池，西至张公堤，南抵铁路边，有1/4的地皮归他所有①。张之洞亲自上奏保举刘歆生为候补道职衔，刘还担任了汉口商会第一届协理、二至六届议董、七至八届会董，湖北铁路协会副会长。他不仅与外国势力、地方官府均联系密切，亦曾从经济上大力支持汤化龙等立宪派。1911年初，刘歆生因地皮投机生意失败，积欠华洋各款500余万两，鄂督瑞澂上奏朝廷，“用湖北官商名义合借洋例银五百万两，订立合同，分二十年筹还。所有刘人祥地皮及建筑物作为全省公产，陆续变还借款”，得到批准②。

刘子敬的父亲刘仁贵（号辅堂），在汉口开埠后即来武汉，19世纪80年代进入俄商新泰洋行，曾任该洋行负责收购茶叶的“庄首”和生产砖茶的“管厂”，后又进入俄商阜昌洋行当买办。刘子敬曾进文华书院读书，21岁时即进阜昌洋行，后又兼任华俄道胜银行买办，他还有3个兄弟亦是买办。1905年刘仁贵死时，已有资金200万两银，到刘子敬最盛时，拥资800万两银。清末刘家成片修建了汉口辅堂里、辅义里、辅仁里、方正里的房屋，出租收入每月即达数万元，还开有广大钱庄、广昌和茶栈及砖茶厂。刘子敬曾任汉口红十字会会长、汉口商务总会董事、华商跑马场董事。民国初年，他办起了蛋厂、纱厂、造纸厂、义隆油厂和义隆公司（出口桐油），在汉口华清街办辅德中学，在硚口办惠民高等小学。汉口最先出现汽车时，英国领事的车为第1号，刘子敬的车为第2号。每到周末，他都要乘自备小轮到金口、沌口等地打猎③。刘子敬是基督徒，颇热心社会公益活动，但不曾介入政治。当时日本人称他是

① 《武汉市工商联文史资料》，藏武汉市档案馆，目录130，卷号113。

② 金毓黻：《宣统政纪》第32卷，辽海书社1934年版，第7页。

③ 董明藏：《汉口大买办刘子敬的兴衰》，《武汉文史资料文库》1999年第8期，第92～99页。

“汉口首屈一指的资本家”。刘子敬在1928年破产后死去。

非买办出身的大商人，首推宋炜臣。宋是浙江镇海人，原为上海某店职员，1890年进其同乡大资本家叶澄衷开办的燮昌火柴厂，因善于经营管理获任经理。1896年，宋炜臣携资20万两来汉，先在汉口开设了华胜呢绒军装皮件号。为结交官员，他专辟华丽房间供张之洞、统制张彪、协统黎元洪等休息进餐住宿，并不惜重金捐得候补道衔，又获二品顶戴，从而打开了官府门路。1897年，宋炜臣投资创办汉口燮昌火柴厂，获得政府的专利保护和低捐税的支持，因而生产迅速发展，获丰厚利润。宋炜臣得以陆续在厦门开办信用银行（1905年），在汉口开办既济水电公司（1906年），在湖南常德开办德兴房地产公司（1906年），在汉口开办扬子机器厂（1907年），在阳新开办富池口铜煤矿（1910年），成为全国闻名的大资本家。宋炜臣是汉口总商会第一、四、五、六届议董，第七届会董。由于他对官府的依赖更深，故在政治上比刘歆生还保守。刘、宋都属于同情立宪的一派。刘曾在经济上大力支持汤化龙，宋在行动上则始终游离于立宪运动之外。刘卷入了拒款保路运动，担任铁路协会副会长，为此受到“鄂督之严斥”，宋则不同情拒款保路运动。武昌首义胜利之后，鄂督瑞澂躲上“楚豫号”兵轮，宋炜臣曾接济粮米，并暗中与清廷官吏往来。袁世凯上台后，宋又与袁“互通声气”，其后“拥袁称帝最力，并因替袁各方疏通说项，耗费甚巨，私人已有亏空”①。

还有祥丰厚土栈（批发鸦片烟土）总经理刘鹄臣，拥有巨资，当时与刘歆生、刘子敬并称“三刘”，曾任汉口总商会议董，经济上亦属商人上层。徐荣廷、吕逵先、万昭度、蔡辅卿等人，在财力上不及前述刘、宋等人，但在政治上较活跃，亦可算是商界头面人物。徐荣廷是江夏县人，原为川商德厚荣号管事，因同黎元洪是拜把兄弟，故很快发迹。武昌首义后不久，他出任武昌商会会长、湖北官钱局总办，又同德厚荣大

① 《武汉火柴工业历史资料》（未刊稿），转引自湖北省史学会：《辛亥革命论文集》，湖北人民出版社1981年版，第56页。

股东刘伟、蒋沛霖，刘歆生及汉口大商人毛树堂、周星棠、欧阳惠昌等合组楚兴公司，夺得布纱丝麻四局承租权。吕逵先、万昭度如前所述是谘议局议员，可算绅商；蔡辅卿亦捐有候补道职衔，且是汉口总商会要角。这些人在武昌首义后均附从甚至支持革命。

武汉的中层商人，除前述王明文之外，还有卢鸿沧（浙江人，江苏候补道，交通银行汉口分行经理）、齐相琴（汉阳人，盐运使衔，大清银行汉口分行经理）、汪炳生（浙江人，选用同知，太记洋油行行东）、孙涤甫（浙江人，盐运使衔，采章绸缎号店东）、李紫云（江夏人，福康隆字号店东）、盛竹书（即盛炳纪，浙江人，浙江兴业银行汉口分行经理，汉丰面粉公司股东之一）、吴干廷（安徽人，春源油行经理）、苏善夫（武昌人，福生苏货号店东）等。其他商号店东有张碧泉、汪益信等，钱庄经理则有叶东川、丁菊生、柳璧玉、张理耘、宋仪章、刘敦五、侯式依、杨文卿、王达夫等①，都是中等商人。上述诸人在后来成立的商会中，属于实权派和活跃分子。

此外，本章第一节“湖北民营工厂一览表”中列举的部分人，如开办美盛榨油厂的粤商关美盛、开办金龙面粉厂的粤商张绘初、开办汉口玻璃厂的林松唐、开办耀华玻璃厂的浙商林友梅、开办恒丰面粉厂的道员朱畴、开办元丰豆粕所的浙商阮雯衷、开办竟成电气公司的周秉忠、开办清华实业公司和湖北水泥公司的浙籍道员程祖福、开办天盛榨油厂的桑铁珊、开办振利砖茶总公司的万国梁等，也是一些中层商人，但在汉口和武昌商会的总理、协理、议董、会董的名单中，没有他们的名字。

至于下层商人，虽然多达1万余户，但出现于文献记载者更少。前列“湖北民营工厂一览表”中，资金在数千元至数万元之间者，自然属于下层商人。下层商人在政治活动中最突出者是刘少舫（广东帮小商人的头面人物）、黄小池、林醒侬、李鸿宾等人。刘少舫在1905年抵制美

① 侯祖畲、吕寅东：《夏口县志》，第12卷，“商务志”，湖北省长公署1920年铅印本，第15～19页。

货运动中是活跃的组织者和领导者，1906年以后曾和林醒侬，商业学堂学生邓汉鼎、李涛等人组织革命小团体神州学社，以后又并入文学社。1911年，汉口商会组织商团，刘少舫、林醒侬、黄小池、李鸿宾等均为商团团员，汉口光复后组织军政分府，刘少舫任庶务员①，是积极参加革命的代表人物。

从上述介绍中，不难看出湖北（主要是武汉）商人的构成特点。其一，武汉商人虽多，但旧式商人、采取旧式经营管理的商号多，新式商人、组织新式公司的少。后者基本上是1895年以后才出现的，即新式工商业资本家的出现，比沿海地区要晚10～20年，因而他们通过新型工商业获得的资金还不够多。其二，金融、商业资本家人数多，资金亦相对充足；而纯粹经营工业的资本家少，资金短绌，社会影响亦不大。其三，财力雄厚的大商人少，拥资数百万元（两）者屈指可数，保守一点说恐怕只有刘歆生、刘子敬、刘鹄臣等几个人。宋炜臣后来的场面大，其实从上海来汉时仅20余万两银子，是靠了官府的支持、保护及与人合股，以后才获巨利。上海商人李平书、朱葆三资金雄厚，但其经营的事业主要在上海，汉口不过是其分支。数量最多的仍是中小商人。其四，外地商人多。在上中层商人中，来自广东、浙江和上海的商人占优势。本地商人除个别者外，资金有限，本省籍绅商少，财大势大者几乎没有。

以上特点必然对湖北社会产生影响，具体表现为：制造业落后，商业亦资金不足，发展艰难；商人对外国资本主义和本国官府依赖性强、自主性弱；等等。当然，这是当时全国的普遍现象，具体到清末的湖北，还有两点值得注意。其一，除汉口之外，商人在社会上、在政治生活中的作用和影响，仍然不及士绅。尤其在湖北省谘议局中，汉口商界的头面人物一个也未进入。这一方面是因为省籍的限制，另一方面是因为本省没有有足够分量的绅商，故进入谘议局的两名绅商（江夏吕逵先和汉

---

① 温楚珩：《辛亥革命实践记》，《辛亥首义回忆录》第1辑，湖北人民出版社1979年版，第56页。

阳万昭度）在财力上充其量只属中等水平。其二，由于省籍和地方观念的影响，外地商人占较大势力的汉口商界，也就不太热心汉口以外的社会问题。如1909年春，浙江宁绍轮船公司到汉口招股，“浙籍商人约三百人集会于汉口宁绍会馆，当场演说签名，认定15 350股”①。相形之下，武汉三镇的外省商人对湖北商办铁路的认股却缺乏热情。于是，湖北的拒债保路运动只有靠谘议局汤化龙等人，再加刘心源、刘邦骥、吴兆泰、杨守敬等一班省绅去呼吁、集会、请愿等等，而实际的招股筹款、各种计划和准备工作，均落后于江浙、广东、四川等省。其中的原因之一，就是本省士绅和商人财力不足。同样，因为地方自治和宪政实施均带有一定的地方色彩，所以汉口商界的头面人物除刘歆生外，其余人思想上或许赞同，但行动并不踊跃。

湖北商人的自我组织，原有按地域或行业组成的会馆和公所（公所按行帮设立），此类传统组织，清末仍有存在和发展，19世纪末仅汉口就有各种大小商业团体200余个，但没有统一的组织机构。张之洞为了“启发商智，联络商情”，于1898年在汉口设立商务总局，以官员担任总办，故应说是官办商务机关。但商务总局“复邀各商帮选总董二十四人，分董三十六人”经常举行会议，讨论有关商务问题，可见商人亦参与了局内工作。1902年，商务局设立商务公所，处理各商帮的关系和商业纠纷争讼。1907年初，汉口商务总会成立，从此湖北出现了商人自主组织的新式合法社团。

汉口商务总会以“开通商智、协和商情、发达商业”为宗旨。其组成过程是先由汉口八大行帮各推选出帮董若干名，然后由帮董（即会员）全体会议选出议董，再由议董全体会议选出总理、协理各1人。由于商会是以行帮为单位选出帮董（各行帮的头面人物）组成，一般商户还不能称为商会会员，只有帮董才是会员，所以商会组织比较狭小。辛亥革命前汉口商务总会会员不足200人。另外，商会虽是商人的民间组织，

① 《浙商对于认集商股款之热心》，《绍兴公报》1909年4月。

但仍在官府控驭之下。商会的建立就是以农工商部的定章为依据，“总理协理经选举后禀请农工商部加札委用，并请督宪以一年为任满之期”①。

汉口总商会的领导层不仅带有行帮色彩，而且多为中上层商人。第一至八届的总理、协理（其中第七、八届称会长、副会长）分别是卢鸿沧、刘歆生，齐相琴、汪炳生，卢鸿沧、蔡辅卿，蔡辅卿、孙涤甫，李紫云、盛竹书，吴干廷、苏善夫，俞清澄（泰丰油行行东）、王明文，王明文、万泽生（丰成钱庄经理）。如前所述，计为大商号老板 11 人，银行或钱庄经理 5 人（刘歆生时任汉口法国东方汇理银行经理），而且其中 5 人有候补道、盐运使、候选同知的头衔。第一至八届的会员（即董事，包括会董、议董、特别会董）共 239 人，其中大商号号东 117 人，银行、钱庄、票号、当铺经理 99 人，洋行经理 15 人，工厂主仅 8 人②。可见商业、金融业资本家在汉口总商会中居绝对优势，工业资本家的势力很小。

在武昌商界，1907 年武昌劝业场商董张揖唐发起开办商会，但官府一直延宕未准。直到宣统元年（1909 年）才遵章正式成立，吕逵先、徐荣廷是武昌商会的领袖。不过，由于武昌小商人多，行帮组织不及汉口明显，故会员反而比汉口多出数倍。到 1911 年底以前，汉口、武昌、孝感、监利、蕲水、武穴、老河口、大冶、宜都、阳新、保康、钟祥、宜昌、郧阳、汉川、巴东、安陆、黄梅、沔阳、天门、京山、沙市、五峰、应城、樊城、新堤、南漳等县或镇一共组建了 29 个商会，会员多达八九千人③。商人显然已经成为一股有组织的社会力量。

商人的社会活动主要在市镇。故市镇中存在着一些主要由商人和士

① 《汉口商务总会章程》，转引自皮明庥：《武昌首义中的武汉商会、商团》，《纪念辛亥革命七十周年学术讨论会论文集》上册，中华书局 1983 年版，第 333 页。

② 侯祖畲、吕寅东：《夏口县志》第 12 卷，“商务志”，湖北省长公署 1920 年铅印本，第 15～19 页。

③ 苏云峰：《中国现代化的区域研究：湖北省，1860—1916》，台北近代史研究所 1981 年印，第 409 页。

绅掌握的社会机构，如善堂、义庄、水龙公所（有的叫水龙局，后来称救火会）、保安会（团）等，有的最终成为商团。

例如，武昌城内外在近代以前只有普济、育婴2个善堂，1个水龙公所和1个陈氏义庄，善堂只收养无人抚养的婴幼儿。进入近代以后，善堂数目大增。到清末民初，共有善堂近30个、义庄3个、水龙公所1个。这些社会慈善机构均是商人和当地绅民公建，既收养婴幼儿，亦收容老少孤贫，置有水龙（救火）、救生船、诊所和义冢，给穷苦生病者送诊施药，为死而不能葬者施棺木并送到义冢掩埋。汉阳城内外有善堂20多个、水龙公所1个。汉口在近代以前只有善堂2个，到清末民初增为30余个、水龙局16所（多为善堂所置）。沙市有由十三帮公建的善堂，名“济众堂”，建于咸丰八年（1858年）。宜昌亦有善堂7个、义冢3个、水龙公局1个。各县善堂少者1～2所，多者5～10所，分布在县城和商业市镇。大的善堂每月耗银100余两，小者每年耗银数十两①。汉口的善堂起初为各行帮分建，如仁善善堂为饮片、参燕、药材、酿酒行帮的商人捐资建于同治十年（1872年），其后的镇安善堂由粮帮商人捐资兴建。汉口商务总会成立后，以商会作号召，由刘子敬出资建立了化善善堂。善堂一般建筑较大，至少有两进，有的每进均为二楼，如化善善堂占地数千平方米。部分善堂办有义学，清末改称小学，一般不收学费。

在汉口商务总会成立前后，汉口既济水电公司的全市自来水工程告竣，为建立现代消防救火系统提供了条件。于是，汉口各地段分别建立保安会、自治会、消防会、公益会，负责各地段消防救火，并逐步扩展到负责商警和环境卫生。到1911年，汉口此类团体多达30余个。1911年4月，上述团体组成汉口各团联合会，以王明文为正会长，马刚侯、周韵轩为副会长。各团联合会的责任重在治安、消防，群众基础较广泛。

---

① 张仲炘、杨承禧：《湖北通志》第49卷，“经政志”7，“善举”，湖北省长公署1921年刻本，第37～59页。

其下层各地段的保安会会长为较大店东，团员有中小店东，亦有店员和学徒，人数多达 1 000 余人，前述刘少舫等即是各团联合会团员。

汉口以外的各城镇，在辛亥革命发生之前尚没有保安社（会）、各团联合会的组织，但如前所述，消防会、水龙局（公所）之类的机构是存在的。武昌在辛亥首义的第 3 天，即 1911 年 10 月 12 日，由武昌商会会长吕逵先发起组织武昌地方保安社，到 22 日共建立 21 个保安社。

三、新式学生和新军的躁动

湖北从 19 世纪 90 年代开始“书院改制”，到 1903 年后大办新式学堂，造就了一个新式学生群体。据《湖北教育官报》，宣统二年（1910 年）刊发的有关数字可知，到 1908 年，湖北省已有各级各类新式学堂1 972所，已毕业学生 1 287 人，在校学生为 72 634 人①。加上 1903 年以前的少量毕业学生和 1909 年以后的为数更多的学生，清末湖北学生群体（包括已毕业者和在校者）有 15 万左右。其中小学生占 2/3 以上，具有中等及以上文化水平者约 2 万～3 万人。另外，清末湖北还共有留日学生 5 000 余人②，留欧美学生近 200 人，这些人的文化水平自然在中等以上。

当时学生的来源和出身分两种情况。一是早期的学生，如前所述均是从接受传统教育者，甚至是青年士绅转化来的。两湖和经心书院、武备学堂的学生多属此类，如曾参与 1900 年汉口自立军起事的傅慈祥、刘成禺、孙武、沈翔云、胡石庵等人均是。1905 年以后，还有一些年龄稍长的学生，也曾接受过传统教育或有初等功名，如刘公、余诚、曹亚伯、居正、田桐、石瑛、吴昆、杨时杰、胡鄂公、熊得山、万声扬、李廉方、张振武、朱和中、胡秉柯、李作栋、杨玉如、刘英、詹大悲，以及在日本组织湖北同乡会、创办《湖北学生界》的李书城、张继煦、权量、但焘、程明超，还有组织新译界社和湖北译书社的范熙壬等人，都是当时

① 《湖北省学堂学生历年增减比较表》，《湖北教育官报》1910 年第 1 期。

② 贺觉非、冯天瑜：《辛亥武昌首义史》，湖北人民出版社 1985 年版，第 37 页。

学界的活跃分子和领导人物。当然，从 1906 年后留学日本习法政的汤化龙、张国溶、夏寿康那一批人，也可看作新式学生，但他们原先均已取得较高的传统功名，社会地位也比较高，和激进学生一开始就不属于一个营垒。

二是稍晚的、也更年轻的学生。他们既无各种职衔，也无科第功名，接受传统教育也比较少，基本上是在新式学堂里成长，或者在武昌起义前一直在校学习。这些学生的知识和阅历都比前面所说的学生少，“少年英俊，不似从前武备、两湖、经心两书院学生之稳健”①，而是急切躁进。如南路小学堂学生祁国钧读书时，“得以浏览革命书报，以图在学校放火反对清吏”②；测绘学堂学生为表示对朝廷的不满而剪辫子，“拿洗脸盆画一圆圈”，“围圈子签了名之后”，“不到半小时，就把一百数十人的辫子一剪而光了”③。这些学生年轻气盛，但只能接受前面所说的那些较成熟的已走上社会或留过学的学生的领导。

在日本的留学生，因中国官府难以对他们实行直接而有效的控制，故率先结成团体和自办刊物。1903 年春，湖北留日学生建立了爱国团体湖北同乡会，宗旨是“敦睦乡谊，砥砺学行，推广一切公益事件”，要使留学生和国内学生联合起来，共尽“输入文明，匡扶宗国之责任”。发起“缘起”中宣称“非合群策群力结一大团体，断不能立于生争竞存之恶风潮中”，“大团体由小团体相结而成，故爱国必自爱乡始”④。湖北同乡会设有总理、庶务、会计、书记等职员，并组织有杂志、编辑、教育、调查四部，展开了多方面的社会工作。其主办的《湖北学生界》（从第 5 期

---

① 朱和中：《革命思想在湖北的传播与党人活动》，《辛亥革命在湖北史料选辑》，湖北人民出版社 1981 年版，第 535 页。

② 江炳灵：《回忆祁国钧烈士》，《辛亥首义回忆录》第 3 辑，湖北人民出版社 1980 年版，第 122 页。

③《测绘学堂辛亥武昌首义纪实》，《辛亥首义回忆录》第 2 辑，湖北人民出版社 1980 年版，第52 页。

④《湖北同乡会缘起》，《湖北学生界》1903 年第 1 期，“留学记录”第 1～2 页。

起易名《汉声》）于1903年1月在东京创刊，在上海、武昌设发行所，主要撰稿和编辑人员有王璟芳、尹援一、张继煦、但焘、权量、蓝天蔚、刘成禺、李步青、金华祝、程明超、李书城、万声扬等人。该杂志以“输入东西之学说，唤起国民之精神”为宗旨，揭露帝国主义的侵略行径，斥责清王朝的腐败和黑暗专制，宣传政治改革，提倡社会调查和兴利除弊。湖北同乡会的成立和《湖北学生界》的创办，早于各省留日学生的同类刊物如《浙江潮》、《江苏》、《直说》、《云南》、《四川》、《河南》等，而且通过留学生往返国内的途径输回家乡，成为很有分量的启蒙读物。

《湖北学生界》的宣传内容之一，是教人们认清世界情势及中国所处危局，唤人奋起。他们指出：“自民族主义一变而为帝国主义，亚洲以外之天地，一草一石无不有主人翁矣。鹰瞵虎视者数强国，四顾皇皇无所用其武，于是风飚电激席卷而东，集矢于太平洋……危哉，中国其为各国竞争中心点也。”认识到20世纪初，世界大部分地区已被几个帝国主义国家瓜分完毕，于是中国成为他们争夺的焦点，并认为中国要想不完全沦为殖民地，前提在于我们自己的“内界之充实”。所谓内界之充实，像清政府那样“点缀一二新法”是根本不行的，关键在做到“养国民之资格”、“浚国民之知识”、“发达个人之特质”。他们进而提出“学战”的口号，认为“言兵战，言商战”，都必将“归之于学战”。“学战”就是从思想上促成人们的觉悟，“知吾身与国有直接之关系也，则不得不爱国以爱吾身；知外人之协以谋我也，则不得不合群以图抵制；知优胜劣败之必无幸免也，则不得不相竞以学、相角以智”。“学战”也包括向他人学习，“东西富强之陈迹，无一非吾之医案；其今日之所设施者，无一非吾之药品。吸其精华，视吾病症而利用焉”①。

为了让国民认识到时局的危急和救国的紧迫，《湖北学生界》不仅向读者介绍世界各国的历史和地理知识，还着重介绍时事，发表时评，揭

① 张继煦：《叙论》，《湖北学生界》1903年第1期，第1、4～5、9、12页。

露和批评朝廷的失策。如《学生之竞争》一文形象地论述危局说："今日之世界，非竞争风潮最剧烈之世界哉？今日之中国，非世界竞争风潮最剧烈之漩涡哉？俄虎、英豹、德熊、法貔、美狼、日豺，眈眈逐逐，露爪张牙，环伺于四千余年病狮之旁。割要地租军港以扼其咽喉，开矿山筑铁道以断其筋络，借债索款推广工商以朘其膏血，开放门户割势力圈，搏肥而食无所顾忌。官吏黜陟听其指使，政府机关使司转捩。呜呼，望中国之前途，如风前烛水中泡耳。"① 这篇文章发挥了叙论提出的危局观念，不仅全面地概括了列强对中国的侵略掠夺，并暗指清政府已与外来之敌同流合污，已完全成为"洋人的朝廷"。

内容之二，是深入地揭露帝国主义的侵略本质、伪善手法和中国封建专制政权的腐朽落后。他们揭露说，欧美列强"如贪狼饿虎，四出搜索，不顾天理，不依公法，而惟以强权竞争为独一无二之目的，杀人如草不闻声，此帝国主义之真本领也"。但它们除了攻城略地式的赤裸裸的军事手段、公开的占领瓜分形式之外，对于中国还"用文明之手段亡之"，如"曰势力范围、曰特别利益，为各国独营之政策；曰国债、曰教务、曰商务、曰开矿筑路、曰内河航行，为各国共同之政策。美其名曰交通利益、输入文明，从表面观之一似平和无事，依然锦绣之山河，而不知夺我主权、灰我民气之狡谋，其毒不知几千万倍于枪林弹雨也。夫岂必待屠鼎易器、改正朔易服色而始谓之亡国哉？……主人之上复有主人，其国民不过奴隶之奴隶，终无自由独立之一日矣。无形之瓜分更惨于有形之瓜分"②。把帝国主义"文明"、"进步"的外衣逐一剥除，让中国人民认清其狡诈贪狠的用心和本质。

他们批判封建专制，也远比前人深刻，指出"专制政治者，依一人之意旨而行国家之主权者也"③。而最为尖锐系统地揭露清王朝对内专

① 李书城：《学生之竞争》，《湖北学生界》1903年第2期，第1～2页。
② 《论中国之前途及国民应尽之责任》，《湖北学生界》1903年第3期，第2～3页。
③ 权量：《宪政平议》，《湖北学生界》1903年第2期，"政法"第1页。

制、对外投降的罪恶的文章，乃是《痛黑暗世界》这篇译文，译者借日本“支那论丛”之文，对中国的君主专制从其愚民弱民的教育举措到赋税土地制度均作了猛烈批判。他们揭露，中国历代统治者“独提一忠字以示标本于国民……以束缚国民之言论，钳制国民之举动。一夫为刚，万夫为柔，雷霆万钧，惊神疑鬼，必使全国士夫之廉耻既殄既狝，尽为一姓之家奴走狗”。“君主愚民弱民之罪，诚所谓罄南山之竹而笔不能书者矣。而贱儒之仆妾色以求容、俳优狗马行以求售者，又从而附和之文饰之，以诗书为文奸具，假孔学为贩卖符，创为君虽不仁臣不可以不忠之谬言。……学堂科举，直制造奴隶之机器场；六经四子，直熔铸奴隶之化合料。……遂不知国家为何物、朝廷为何物、国民为何物，惟以盲从神圣不可侵犯之君主为独一无二之义务。”从思想上、制度上对君权独尊的专制制度作了全面申讨。

文章认为，专制政府在经济上对人民的剥夺也是最突出的，“取人民之赋税而不与以相等之利益”乃其一贯原则。庚子赔款“虽卖尽支那中人之产不足以偿之”，朝廷不仅不考虑“如何清理财政，为国民轻担负”，而只知“敲肌剥髓”，并以大量金钱供“梨园子弟、太平歌舞之余欢”，“御厨珍馐连宵不绝”，“直以四万万人之血肉为香花美饵”。而中国人民“乃相率而辗转横死于刀锯鼎俎之下”。再如土地本为“国民所有也”，而清王朝数十年之外交“专以此好锦绣山河为奉申敬候之礼物，不恤全数以献诸外人，以图小朝廷恒舞酣歌之宴乐”，致使中国人如鸟之“无巢可归”①。

内容之三，是中国应自立，中国人该享受平等、民主、自由之权利。他们强调中国一定要从印度、埃及、波兰亡国的历史汲取教训，养成中国人“完备之人格”并“固内界之团体”，以加强“对外界之竞争”，使“我之国家非寄庑他族之国家，而完全自主之国家”②。这种自主的中国，

① 《痛黑暗世界》，《湖北学生界》1903 年第 4 期，“时评”第 3～6 页。

② 《尊我篇》，《湖北学生界》1903 年第 4 期，第 4～5 页。

不应再是“君主一人一家之囊中私物也，故论主权之所在，则马佣、佔保、妇孺、仆隶皆有国之一分”。为了实现这一目的，中国应以西方国家为榜样，来一番斗争改造，“大地之运，日趋文明。天赋人权之学说，已如火山之爆裂，轰轰烈烈，放万丈光焰……而大西洋以东、红海以西之各国士民，皆风发雷动，争权利于君主贵族，蹈白刃流膏血而不悔，卒使专制政体如秋风之扫败叶而渺然绝迹焉”①。他们深信这一历史的潮流将不可抗拒地波及中国，中国也必将破除君主专制，建成民主共和的国家。在新的国家中，“人人皆治者，人人皆被治者”，“以其新精神新心血新脑质新眼泪，率其同胞而争得其地位”；“一治事、一言论、一思想、一操笔、一交接之顷，莫不有我行我法，为外国所不能侵蚀者存”，有“个人自治之人权”和“合群共治之人权”②。他们还用诗的语言讴歌自由平等：“庄严自由花，慷慨自由士，海石有枯烂，自由终不死”；“茫茫大陆隅，千年长屈伏，吁嗟专制人，不如自由物”③。

内容之四，是主张以西学补充中学，以新学代替旧学。他们认为，中国传统文化确曾有其辉煌灿烂的时候，“当成周之末，为学界大放光彩时代。若儒家、若法家、若农家、若名家，类皆持之有故，言之有物，蔚然成专门之学”；然而“递嬗递降，二千余年，一坏于训诂，再坏于老庄，三坏于词赋，四坏于章句考据。匪唯精神无存，而形式亦不知归于何乡矣”。在中国传统学术文化“徒托空言”而西人之学“由虚而渐趋于实”的情况下，“取他人之长以补我之短”势在必行。鉴于有些人士“疑孔孟之道将自此而废”，或提倡“保存国粹”，均“适足为新学之敌而阻维新之进步”且使“新旧之界断断然守之甚严”，他们强调不能矫枉过正，不能一意“取泰西诸哲之学说”而对自己的固有文化“尽摈弃而弗择”。而且学术文化是人类共同的创造，“取他人之学能食而化之，则学

① 《痛黑暗世界》，《湖北学生界》1903 年第 4 期，“时评”第 2 页。
② 《敬告同乡学生》，《湖北学生界》1903 年第 5 期，第 2、3 页。
③ 《自由吟》，《湖北学生界》1903 年第 4 期，“词薮”第 4～5 页。

即为其人之所自有。……吾国诚取东西而熔为一冶，发挥之，光大之"①，中国文化就能复兴。

中国传统文化的核心是伦理，"中国伦理有二大字焉，其光烂可以夺日月，其高深可以逾山海，其名词可以历百千万亿年而不磨"，这两个字就是"忠孝"。但由于历代专制君主的歪曲利用，小儒的晦蚀割裂，使得一般人以为"除事一人（君主）以外无所用其忠。故其痛亡国亡种之祸，不如其痛亡君之祸，宁杀身死节以报吾君，而国亡种亡之关系俱置诸脑后"，又以为"除事父母以外无所用其孝"，致使"忠孝二字之真理不明"。这些觉醒的青年们强调，"忠于一人不忠于一国，不得谓之忠；孝于父母不孝于祖宗，不得谓之孝"②。这些说法表明，他们在继承中国传统文化的时候，加以了必要的改造，而不是全盘照搬。

上述文章不仅教人认清形势，明确自己的责任，鼓舞人们发扬爱国主义精神，与帝国主义作针锋相对的斗争，反对封建专制的残民愚民政策，号召人们争取"国民"或"新人"的尊严，为实现平等、自由、民主而自强不息；还以一定的篇幅针砭学生、士人乃至一般社会的落后思想和种种陈规陋习，进一步强调具有新思想新知识的青年的责任。他们认为"挟持政柄"的"上等社会"，"大率皆顽钝腐败之魁桀"，"彼辈除考据词章以外无学问，除奔竞钻营以外无阅历，除美缺优差以外无识见"，多年的上层社会生活使他们"于宦海养成一种柔猾狡狯麻木不知痛痒之性质。治内专务压制，对外只知唯诺，任列强弄之股掌之上"，故他们只能是革新的对象，而不能对其抱任何希望。认为由工农大众组成的"下等社会"，由于"识字者盖寡"，不全然了解大局，于"爱国之心"缺乏深刻"感触"，故还需要人们去启发开导。只有"中等社会"的学生，是"革新之健将"，故应该也能够承担起爱国救国和革新社会的重任。

然而他们也感到，学生身上也仍然存有许多严重弱点，必须首先加

① 张继煦：《叙论》，《湖北学生界》1903 年第 1 期，第 5～6 页。

② 李书城：《学生之竞争》，《湖北学生界》1903 年第 2 期，第 10～11 页。

以自省和改造，才能担当起历史的重任。如他们中仍然有些人“知有朝廷不知有国家，则无爱国心；染数十代社会凉薄之风，重个人不重合群，则无博爱心；狃于迂儒保守之见，知崇古不知爱今，则无进取心；堕于懦夫依赖之习，能蹈人窠臼，不能自树旗帜，则无独立心；震于大圣贤大豪杰之名，能谦逊不能豪宕，则无自尊心；热于目前苟安之计，蹐跼于现在，不为将来悬想一飞跃之地步，则无希望心；浸先入为主之毒，终身寄于腐儒篱藩之下，不吸纳新理想新道德以补其缺漏，则无怀疑心；习闻瓜分保护之论，依然燕雀处堂争稻粱之谋，不知栋折梁摧在旦夕，则无知耻心；瞶于天空诸星球旋转之理，不知躯壳之在尘世为至小不可名状之点，而贸贸然恋此数十年之光阴，不自尊其灵魂界，则无敢死心”等等，希望青年学生尽快克服上述毛病，使自己“具武健果毅之气概，伟大磅礴之精神，恺切诚挚之肝胆，明敏活泼之脑浆，投身于二十世纪竞争之点，从事于竞争之术，以立于百折不挠之地”①。

另外一篇文章则强调，包括学生在内的全国群众，都应该去掉“依赖官吏之根性”和“奴隶外人之根性”，“别开生面以求自立之道”，以成为真正的国民。这种国民具有“非望人之助己而自助”、“非求人之利己而自利”、“非专欲自由而不能自治”、“非专求权利而不尽义务”等“新人”特征，只有他们懂得“身家不足爱，土地财产不足恤，而惟爱国二字为国民无上之天职”② 的道理，并身体力行，中国才有真正的希望。

《湖北学生界》还专门辟有“杂俎”栏目，其中在批判“亡国之言”时，编者认为“观其一国之俗谚，而其盛衰强弱即可了于指掌”，因而将“卑鄙猥琐”、“人格丧失”而又被人们奉为“金科玉律而莫敢稍违”的民间俗语“撮而录之”，意在促人反省，挣脱这些恶劣观念的束缚。诸如“好铁不打钉，好儿不当兵”、“女子无才便是德”、“强者为王，弱者为

---

① 李书城：《学生之竞争》，《湖北学生界》1903 年第 2 期，第 4～6 页。

②《论中国之前途及国民应尽之责任》，《湖北学生界》1903 年第 3 期，第 11～12 页。

寇”、“八字衙门朝南开，有理无钱莫进来”、“朝里无人莫做官”、“要得无事，不管闲事”、“万般皆是命，半点不由人”、“有钱买得鬼上树”等等①，这些俗谚虽然有些揭露了黑暗社会种种不合理的现象，但消极性十分明显，所以仍应予以批判。尤其是指出“食人之禄者，死人之事”与“忠君”理念结合，实即意味着谁“予以啖饭之所、顶戴之荣，则甘为异族之伥，以屠戮同胞为得计”②。于是，童昏做皇帝也可，桀纣做皇帝也可，阉宦当政也可，优伶得势也可，盗贼称王也可，异族入主也可。只要主子给予禄位，就心甘情愿地易服式变语言，巧舌如簧，歌功颂德，甚至不惜为虎作伥，杀戮同胞。作者和译者在谈到我国国民性的缺陷时，一再表示不忍谈而又不得不谈，因为一来是“爱之深则责之切”，二来是认为如果不去掉人们头脑中的依赖根性、奴隶根性、守旧根性和自私自利根性，仍旧“服从势力”、“服从强权”、“墨守成规”、“自私自利”，中国就难有振兴之日。

除此之外，《湖北学生界》还大力宣传国民教育和女子解放，批评抑商传统和“有农业无农学”的落后状况。他们尤其重视省情调查，设计了详细的调查计划，每期都刊有湖北现状的调查报告。诸如“政法上之调查”，包括官吏、机构、狱讼、制度；“教育上之调查”，包括学堂、学生、学会、报馆、图书、“腐败教育之余毒”；“经济上之调查”，包括生产、分配、消费、岁入、岁出、钱法、积储等；“实业上之调查”，包括“实业教育之影响”、局厂、农业、工业、商业等。此外还有“军事上之调查”、“历史上之调查”、“地理上之调查”、“民族上之调查”、“交通上之调查”、“外人势力上之调查”等。他们调查，“今日调查之事，则主人翁之事也，举一省巨细之务而一一归其运筹，一一受其支配，以为吾国民发其智、通其情、兴其利、剔其害，凡有为主人翁思想者必当于此乎注目”③。这些反

① 《亡国之言》，《湖北学生界》1903 年第 1 期，“杂俎”第 3～4 页。

② 《痛黑暗世界》，《湖北学生界》1903 年第 4 期，“时评”第 7 页。

③ 程明超：《湖北调查部纪事叙例》，《湖北学生界》1903 年第 1 期，“附湖北调查部纪事”，第 6～15 页。

映出当时这批青年学生爱国爱乡的思想和理论结合实际的精神，他们有世界性的胸怀和眼光，有从具体细致问题入手的科学态度，还有一种高度负责的主人翁精神，体现出了一代新型知识分子的风貌。

比留日湖北同乡会和《湖北学生界》晚两年，湖北留日学生范熙壬又发起成立了湖北译书社，成员最多时达100多人。他们创办了《新译界》杂志，宗旨是“研究实学，推广公益”，注重政法、文学、时事等书刊的译述。其认为改造中国的办法不外两条：“一曰维持吾国固有之文明以求合于世界，为世界所同认者则存之，否则去之；一曰拣译世界最新之学理以输入于吾国，为吾国所适宜者则取之，否则去之。”而最终目的是：“一变吾国政法界为极良政法界；二变吾国文学界为绝妙文学界；三变吾国理学界为最精理学界；四变吾国实业界为至足实业界；五变吾国教育界为完美教育界；六变吾国军事界为强大军事界；七变吾国外交界为灵敏外交界；八变吾国时事界为光荣时事界。”理想宏远，但限于人手和杂志的篇幅，译述作品零散杂乱，影响有限。该杂志引人注意之处，还是在其对王朝专制的抨击。中国历代王朝都给自己披上一层“神造”的外衣，把君主作为“神之代理人”，从而使“一国制度乃至王家统系不可变更”，“以大地为一家之私产，以人民为一家之奴隶，以人权为一人所独有，以主权为一人之财产，大逆不道竟至若是其极!”《新译界》对这种“荒诞不经”的“帝王神权”论的批判①，与当时激昂的“排满”宣传相比，更显出历史深度和思想高度。

由于当时有许多学生投入新军，故武汉社会上常将“军学两界”并称。

前已说到，张之洞在19世纪90年代开始创办各种军事学堂，招收青年士绅和小学以上的士子入堂学习，到19世纪末20世纪初又派出数百人到日本学习军事。“估计在清季的16年间，共约造就4 500～5 000人，

① 《新译界》1906年第1、4期，李喜所：《近代留学生与中外文化》，天津人民出版社1992年版，第217～218、241～242页。

分布在湖北新军各级领导阶层，还有许多人奉调到中央及他省工作。”① 据统计，湖北新军第8镇有各级军官686人，其中出身于国内学堂者154人，留学生12人，士人497人，行伍23人。第21混成协有军官133人，其中出身于国内学堂者53人，留学生4人，士人73人，行伍3人②。可见接受过新教育新训练的传统士绅士人和从国内新式学堂毕业及留学归来者，已占军官比例的95%以上。前述吴禄贞、蓝天蔚等虽已赴外地担任高级军官，但孙武、赵鹏飞、季雨霖、蔡济民、吴兆麟、杨鹏程、杨玺章、梁钟汉、梁耀汉、蔡大辅、高尚志、查光佛、熊秉坤、吕大森、邓玉麟等人，却一直在湖北新军中活动。

另外，张之洞在编练新军时，对士兵亦强调招募“体质强壮、略无疾病，实能识字、写字，并能略通文理之人”，故士兵即已具有一定文化。1905年“科举停后，学堂又不容易考进……适军队鼓励秀才从军，故上进只有投军一途”③，这是为个人寻求出路的动机所驱使。还有相当一部分下层知识分子，已经萌发改造社会的迫切愿望，认为从军是最直接有效的途径。如聂洸“以为天下强有力者莫如军人”④，遂入陆军小学；蒋翊武认为“学界中人只能以文字鼓吹革命，无大宗武器不能举事”⑤；李鹏升图谋“以铁血为举义之资，兵术为革命之助”而“侧身军界”⑥。还有张难先、彭楚藩、李西屏、潘康时、胡祖舜、耿伯钊、朱子龙、甘绩熙、范腾霄、李长龄等一批秀才和学生，都是抱着“运动军队”的目的而投军当普通士兵、正目、副目或文书的。这批人后来成为新军基层中的革命骨干分子。

---

① 苏云峰：《中国现代化的区域研究：湖北省，1860—1916》，台北近代史研究所1981年印，第260页。

② 桑兵：《晚清学堂学生与社会变迁》，学林出版社1995年版，第404页。

③ 朱峙三：《辛亥武昌起义前后记》，《辛亥首义回忆录》第3辑，湖北人民出版社1980年版，第149页。

④⑤ 湖北省博物馆、武汉市档案馆：《武昌起义档案资料选编》（中），湖北人民出版社1982年版，第582、645页。

⑥ 黄世杰：《第二十一混成协工程队首义经过》，《辛亥首义回忆录》第2辑，湖北人民出版社1980年版，第93页。

湖北新军与旧式军队相比，不仅在于以新式后膛枪炮取代了刀矛土枪，以新型的编制和训练取代了旧式建制和操练，而且在于其各级军官多由军事学堂毕业生和留学生担任，而由行伍出身者甚少，士兵精壮，具有较高的文化素质。“旧军中军官的成分，大多行伍出身，多数目不识丁，识字不过百分二三；至于士兵，大半是游手好闲之徒，不识字，不明理，朝被某营开除，夕往另营补名，习以为常。”① 下层官兵皆以“当兵为贫民生计”，缺额浮冒，乌合纠集，“出必闹娼打戏，入则酗酒狂赌”②。这样的军队必然缺乏战斗力，平日也遭社会轻视。新军则以全新的面貌出现，成为有志青年的向往之处。于是，“秀才当兵，一时成为风气”。如吴禄贞曾利用其新军教官身份，介绍二三十人入伍，大半是秀才。据曾经军营训练的胡祖舜说：“平情而论，余之学识、品性、精神、体力及公私生活方面……不为乡愿，不玷祖先，实植基于此二十余月之军中生活，有以坚忍磨练使然也。”③ 当时湖北新军中有高等小学及以上文化者，至少占军中人数的“百分之二三十”④，这一比例亦远远高于北洋六镇新军和其他省的新军。

湖北新军具有较好的文化基础和素质，因而有利于革命党人的宣传教育和组织活动。如梁耀汉从日本留学回国投入军中以后，常在军中讲述外国维新、革命故事及世界大局，每谈到中国民族危机时，“慷慨淋漓，声泪俱下”，听者无不感动。新军士兵和下层军官通过阅读进步乃至革命的书报刊物，通过思想交流和组织活动，“由是知识浚开，憾专制之淫威，痛种族之沦亡”⑤，很多人自然形成了改造社会的责任感和以天下

① 祁楚才：《湖北新军编练的经过》，《武汉文史资料》1986 年第 1 辑，第 93 页。

② 潘康时：《潘怡如自传》，《辛亥首义回忆录》第 3 辑，湖北人民出版社 1980 年版，第 34 页。

③ 胡祖舜：《六十谈往》，《辛亥革命在湖北史料选辑》，湖北人民出版社 1981 年版，第 48 页。

④ 王时杰：《第三十二标辛亥首义真相》，《辛亥首义回忆录》第 2 辑，湖北人民出版社 1980 年版，第 105 页。

⑤ 湖北省博物馆、武汉市档案馆：《武昌起义档案资料选编》（上），湖北人民出版社 1981 年版，第 214 页。

为己任的抱负。

湖北新军有较广泛的社会联系。首先是和学界及文化界的联系。由于新军中有较多新式学生和青年士子，故军学两界互相走动联络，极为频繁。士兵常给《大江报》投稿，《大江报》更时常安排版面反映军中情况，因而“每日到报社之士兵同志，户限为穿”①。再加上湖北新军绝大部分人为本省籍，故可由家庭、亲友、同学、同乡等关系，与社会保持着密切的联系。这种与社会的密切联系，不仅体现在众多的官兵卷入了清末的拒债保路运动，还体现在他们与工农大众的联系上，如刘英、刘铁兄弟和梁钟汉、梁耀汉兄弟各自组织家乡的农民，黄申芗、向海潜等能够号召会党等。

反之，新军与立宪派不仅关系疏远，而且一贯反感。如学兵梁邦福从“陆军特别学堂肄业，是时知识日开，思想日张。尝与同学痛论时事，如国会请愿而视若仇敌，民办铁路而夺诸国家，假立宪之名称行专制之手段，凡我国民，宁不愤懑？是故欲求完善之建设，势不得不先求血肉之破坏”②。他们多不以士绅群体“以秩序求进步”的改革主张为然，而向往“用武力推翻专制，建立民国”③。

通过革命派的长期努力，到辛亥革命前夕，加入革命组织的士兵和下级军官，以“炮兵营最多，几乎达三分之二以上，其次为工程营，再其次为护军营”。当时湖北的一镇一混成协新军，大约1.5万人，其中“纯粹革命党人将近两千人，经过联系而同情革命的约四千人”④。武昌起义爆发以后，湖北新军几乎完全转向革命，已经退伍还乡的新军士兵，也大批重返革命军部队。

---

① 温楚珩：《辛亥革命实践记》，《辛亥首义回忆录》第1辑，湖北人民出版社1979年版，第52页。

② 湖北省博物馆、武汉市档案馆：《武昌起义档案资料选编》（中），湖北人民出版社1982年版，第580页。

③ 贺觉非：《辛亥武昌首义人物传》上册，中华书局1982年版，第257页。

④ 万鸿喈：《辛亥革命酝酿时期的回忆》，《辛亥首义回忆录》第1辑，湖北人民出版社1979年版，第125页。

第七章　体制内外变革活动的曲折行进

第一节　学生、新军、人民群众的反帝反封建斗争

20 世纪初，中国社会出现了复杂的变化趋势：一方面，帝国主义对中国的侵略控制日益加强，清王朝对列强的妥协和依赖日益加剧，造成中国殖民地化的程度加深；另一方面，中国社会的民族资本主义得到初步发展，具有新观念新力量的群体开始登上历史舞台，并且为了挽救祖国的危亡、改革陈旧腐朽的专制制度，或者至少是为了改变自己艰难困苦的生活状况，而开始以不同的方式向帝国主义和清王朝展开斗争。

一、学生群体的爱国进步活动

青年学生的政治活动，首先是从爱国救国开始的。但是，他们的爱国之举得不到清朝政府的理解和支持，反而一再遭到镇压和打击。这使他们认识到，要救国，就必须推翻清王朝。这就是人们常说的“由爱国而革命”。

1900 年 7 月下旬，汉口自立军起事未曾发动即遭镇压之后，湖北学生的爱国救亡活动并未停止。同年 9 月 22 日，两湖书院学生听说东三省已遍插俄国旗帜，曾集会要求政府对俄国宣战①。农务学堂亦有学生和译员因涉嫌革命活动，而被开除和解聘②。

---

① 张知本：《武昌首义成功之因素》，《中华杂志》1914 年第 1 卷第 3 期。

② 苏云峰：《武昌学界与清季革命运动》，《中国现代史专题研究报告》1982 年第 4 辑，第 303 页。

在自立军起事失败后逃亡日本的吴禄贞、戢翼翚等人，迅速与康有为、梁启超的保皇路线决裂，与冯自由等人在东京创办《国民报》月刊，于1901年5月出版第1期，“专提倡革命排满及排斥保皇邪说”①。1903年初，湖北留日学生在东京组成湖北同乡会，编辑出版《湖北学生界》月刊，以“唤醒国民”、“革除陋习”相号召。

1903年是学生运动最频繁的一年。这年4月29日，留日学生500多人在东京神田区锦辉馆集会，掀起了声势浩大的拒俄运动，向在1900年镇压义和团运动期间占领我国东北到此时还不依约撤退的俄国表示抗议，要求清政府对俄宣战。湖北留日学生李书城、蓝天蔚、王璟芳等上台演说。会上决定成立“拒俄义勇队”（后改名“学生军”），湖北留学生踊跃参加，蓝天蔚被推选为队长。由于清廷派出的留学生监督和日本警方干预，5月11日“学生军”再改名为“军国民教育会”，并派出“运动员”回国联络国内学生。6月初，黄兴、余德元回到武昌，在两湖书院（时称两湖师范学堂）发表演说，鼓吹反清革命，并散发邹容撰写的《革命军》、陈天华撰写的《猛回头》等革命书刊4 000多册。

实际上国内的青年学生也早在行动。在东京中国留学生举行拒俄集会的次日，即4月30日，京师大学堂学生集会，响应留学生的拒俄运动，并向各省督抚、学堂通电，要求一致拒俄。两湖师范学堂学生迅速与各校学生联系，举行罢课。5月13日，吕大森、朱和中、孔庚等发动数百名学生，在省城曾公祠、三佛阁等处集会。他们在街头发表演说，揭露沙皇俄国的侵华罪行，痛斥朝廷的丧权辱国，庄严宣告不准外国人侵犯中国的一草一木。各校学生还约定不进校门，罢课以示抗议。但武昌知府、学务处提调梁鼎芬却斥责学生为“无理取闹”，并说学生“只宜用功写字读书，以图上进。此等不干己之事，管他则甚？就使以东三省送给俄人，以广西送给法人，尔等亦不必干预！”② 梁鼎芬的谬论使学生

① 冯自由：《中国革命运动二十六年组织史》，商务印书馆1948年版，第56页。
② 杨天石、王学庄：《拒俄运动》，中国社会科学出版社1979年版，第277页。

既愤怒又失望，他们开始与归国留学生联系，以“联络感情，互换消息”，实质是需要进一步讨论爱国革命斗争的进行方略。

同年春天，吴禄贞已经从日本毕业回国，被安排在将弁学堂和武普通中学堂任教。他留学归国较早，此前又与孙中山先生领导的兴中会有联系（一说吴即为兴中会会员），还组织过自立军起事，因而自然被视为革命先觉。他在武昌水陆街的住址就成了革命青年常去的联络地点。

5月中旬，吴禄贞邀集刚从日本回国的蓝天蔚、李伯刚、万声扬、李书城、李廉方和武昌学堂的一些爱国学生，在武昌花园山李廉方的寓所聚会。此后这里便成为革命爱国青年经常交流讨论、阅读和散发革命书刊的地方。常去者除前述诸人外，还有吕大森、朱和中、胡秉柯、曹亚伯、时功璧、时功玖、冯特民、徐祝平、周维桢、张荣楣、耿伯钊、刘道仁、陈问淦等。他们“倡谈革命，隐然以领导自任，黄立猷、范鸿泰、屈德泽、郭肇明、闵毅、余德元、张立侯、张春霆等，亦常奔走其间”①。“学界往来者颇多，凡以后留学东西各国者，十之八九曾到是处”②，“各省志士之至武昌者，莫不赴花园山接洽。而各同志之在营校者，亦每星期来报告运动经过及其发展之状况”③。估计参加过花园山聚会活动者，不会少于一二百人。

以吴禄贞为首的花园山聚会活动，虽无正式团体名称和组织形式，但有大致分工：李廉方、耿伯钊、万声扬常住并负责日常事务和对外联络；李书城负责运动新军士兵；孔庚负责革命书报的发行；李廉方、朱和中、张荣楣负责筹集或承担经费。经费主要靠向学生募捐。朱和中赴德国留学之前，把自己每月可领20两银子的安家费银折，交给聚会之用。聚会虽未留下成文的纲领、宣言之类，但目标明确，即讨论和宣传

---

① 胡祖舜：《武昌开国实录》（上），武昌久华印书馆1948年版，第9页。

② 李廉方：《辛亥武昌首义纪》，湖北通志馆1947年版，第2页。

③ 朱和中：《革命思想在湖北的传播与党人活动》，《辛亥革命在湖北史料选辑》，湖北人民出版社1981年版，第532页。

反清革命，并且确定以“运动新军”、“以改换新军脑筋为成事之根本”的主要工作方向。为此，大家设法“以最好之同志，投入军中当兵”①，实施“抬营主义”计划。朱子龙、张难先、胡瑛、熊十力、范腾霄、曹进、刘静庵等一批秀才和文人，就是按照这一计划进入新军的。

花园山的聚会活动在湖北军学两界造成了一定影响，自然也被官府侦知。张之洞既忧虑事态扩大，又害怕朝廷深究，遂决定把聚会的骨干分子分别遣离。据朱和中回忆，“当时清吏定议，激烈者派往西洋，纯谨者派往日本。故予与胡秉柯、贺子才、魏宸组、史青等，则派往德比等国，李书城改名丁人后与胡炳宗、耿觐文（伯钊）等则派往日本。于是花园山之同志风流云散，只剩下吴禄贞与各营校中同志而已”②。不久，吴禄贞“亦以调任骑兵监督赴北京”③。到1904年春，聚会的骨干分子大多离开湖北，聚会活动亦随之停止。花园山聚会虽然只持续了大半年，但却播下了革命的种子。

二、革命小团体的先后组建

1904年春，武昌革命青年已将聚会中心转移到多宝寺街时象晋家，骨干分子有刘静庵、曹亚伯、胡瑛、张难先、吕大森、朱子龙、何自新、欧阳瑞骅等。经过一段时间酝酿，于“是年四月，假座斗级营同兴楼商议组织机关，定名科学补习所”。同年7月30日，科学补习所正式成立，“推举所长吕大森，总干事胡瑛，文书宋教仁，会计时功璧，庶务高建唐，宣传曹亚伯等”④。另一说是“推吕（大森）为总理，胡（瑛）为招待兼庶务，何（自新）为文牍，康（秉钧）为会计。复推宋教仁、刘复、欧阳瑞骅为文普通（学堂）代表，刘度成（庶咸）为武高等（学堂）代

① 朱和中：《革命思想在湖北的传播与党人活动》，《辛亥革命在湖北史料选辑》，湖北人民出版社1981年版，第531～532页。

② 朱和中：《欧洲同盟会纪实》，《革命文献》1958年第2辑，第113页。

③ 胡祖舜：《武昌开国实录》（上），武昌文华印书馆1948年版，第9页。

④ 李廉方：《辛亥武昌首义纪》，湖北通志馆1947年版，第4页。

表，刘大雄（静庵）为前锋营代表，朱元成（子龙）、李胜美为工程营代表，陈应甲为武普通（学堂）代表”①。成立会到者30余人，“以各学堂及各军营中人为最多”。所址初设在多宝寺街，由于所务发展，不久迁到武昌魏家巷1号。

科学补习所对外是一个文化补习学校，主要招收在校学生进行课余补习，故见于报端的“章程”声称，“集合省同志，取长补短，以期知识发达无不完全”②；实则以科学补习之名“愚官府耳目”，补习所成员“以心记之宗旨‘革命排满’四字为主”③。其工作内容除了在军学两界进行反清革命的宣传鼓动之外，还有一项重要活动，即招待“远来愿入学堂及入营者”，“代为安置一切”。这实际上是由当时在黎元洪属下当书记的刘静庵、已在新军中的胡瑛等人，介绍有志青年学生和坚持反清的会党分子进入新军，即继续执行花园山聚会的既定方针。

科学补习所成立伊始，即与湖南华兴会建立了密切联系。1904年秋，黄兴从上海返长沙，经过武昌时，告知湖南华兴会准备在11月16日（慈禧太后70岁生日，届时各地文武官员须集会庆祝）发动长沙起义，希望湖北同志一致行动。科学补习所成员热烈响应，约定湖南发难后，湖北立即行动。为此，科学补习所曾派吕大森、胡瑛到长沙开会，又指定时在长沙传教的曹亚伯为联络员，还议决由本所印制军用票30万张，作为起义经费，还“议派吕大森、高建唐往施南，何季达往荆宜，联络会党，宋教仁往长沙接洽”④。胡瑛、刘静庵还计划，一得湖南举义消息，即设法刺杀张之洞、张彪等人。“王怒涛（汉）任刺张之洞，易本羲任刺张彪，李胜美任率工程营同志先劫火药库，刘大雄则督率前锋营为接应。”⑤科学补习所在湖南华兴会的影响下，迅速把武装起义提上了议事日程。

---

①⑤ 湖北省博物馆、武汉市档案馆：《武昌起义档案资料选编》（上），湖北人民出版社1981版，第4页。

② 《专件：补习所章程》，《警钟日报》1904年7月26日。

③ 张难先：《湖北革命知之录》，商务印书馆1946年版，第55页。

④ 李廉方：《辛亥武昌首义纪》，湖北通志馆1947年版，第5页。

讵料10月下旬，湖南华兴会事泄，科学补习所先得知“湘事破坏之警电”，胡瑛、王汉等将军械转移到汉阳鹦鹉洲，刘静庵销毁所内文件，张难先则通知成员避走。28日，张之洞得到湖南官方“科学补习所亦有同谋”的电报，连夜派兵到魏家巷1号搜查，但一无所获。张之洞与梁鼎芬商议后，把欧阳瑞骅、宋教仁二人从文普通学堂开除学籍，把刘静庵“革除营籍”。科学补习所虽未受重大损失，但已不能再用原有名称公开活动。

科学补习所遭破坏后，革命志士仍继续进行活动。1904年底，风传朝廷户部侍郎铁良为搜刮东南财富，将于1905年初抵鄂，刘静庵、胡瑛、王汉、胡石庵等商定在汉口刺杀铁良。王汉携手枪赶到大智门车站，铁良已乘车北上。但王汉闻知铁良会在河南彰德停留，遂尾追到彰德火车站，待铁良乘轿时以枪击之。可惜未打中，铁良“杂人丛中逸。搜索急，汉以膏虏廷刃为羞，于是投井死”。王汉是蕲水人，出身于秀才之家，“通五经大义”，“间涉新闻杂志，觉亡国无日，愤慨而究兵书，讲剑术，结纳当代豪俊”，1904年来武昌，结识刘静庵等人，加入科学补习所，死时年仅23岁①。

1904年冬，湖北留欧学生朱和中、贺子才等人，与当时在伦敦的孙中山先生建立联系，并汇去路费请他赴欧洲大陆。孙中山到达布鲁塞尔后，住在胡秉柯处，相与讨论革命进行方略。孙中山接受了湖北留学生“更换新军脑筋，开通士子知识”的建议，同意以运动新军和学生、借助会党的途径“双方并进”。同时建立了欧洲同盟会。随后，湖北留德学生宾步程又请孙中山到柏林，组织一批留欧学生加盟，并组织了同盟会驻欧洲执行小组。欧洲同盟会会员约有60人，骨干均是湖北留欧学生，如朱和中、贺子才、胡秉柯、史青、魏宸组、李蕃昌、宾步程、潘宗瑞、程光鑫、陈宽沆、孔庆睿等②。欧洲同盟会比东京同盟会要早成立几个月。

1905年7月，以孙中山为领袖的中国同盟会总部在日本东京成立。

① 冯自由：《革命逸史》第3集，中华书局1981年版，第188～189页。

② 朱和中：《欧洲同盟会纪实》，《革命文献》1958年第2辑，第117页。

湖北留日学生踊跃加盟。据《中国同盟会最初三年会员人名册》统计，1905—1907年在日本加入同盟会者共960人，按省籍统计，人数最多的几个省分别是：湖南156人，四川127人，广东109人，湖北106人，其他各省多者五六十人，少者十数人甚至只有数人①。

在东京加入同盟会的湖北留学生，有许多人成为革命骨干、先锋和无名英雄。如刘公曾资助翻印陈天华的《猛回头》，支持创办《民报》，以后又多次出资资助革命活动；田桐任同盟会总部评议员，并一度主持南洋《中兴日报》、《泗滨日报》，与保皇派展开大辩论；居正曾任仰光《光华报》总编辑，宣传“排满”革命，参与策划武昌起义；李书城是东京同盟会的重要发起人之一，在留学的陆军同学中组织“丈夫团”，在阳夏战争中任黄兴的参谋长；胡石庵曾在同盟会机关刊物《民报》上撰文，武昌首义后在汉口创办名震一时的《大汉报》，得到孙中山“《大汉》扬天声”的赞语；刘成禺曾主美国旧金山《大同日报》的笔政，批驳保皇谬论，又在孙中山的授意下，撰写“扬皇汉之武功”、鼓吹“民族大革命”的《太平天国战史》，孙中山为该书作序，并称赞其为“宣传‘排满’的好资料”。

东京同盟会总部成立之后，余诚被派回湖北主持湖北分会。其时武昌日知会已有相当工作基础，且日知会成员曹亚伯、范腾霄已在日本加入同盟会，故双方关系极为密切。余诚回湖北后，亦主要依靠刘静庵等日知会会员进行活动。余诚和刘静庵所吸收的同志，名义上是日知会会员，实际上也可说是同盟会湖北分会会员。而同盟会湖北分会并未建立明确的组织机构。

武昌日知会原是美国基督教中华圣公会会长黄吉亭（华人牧师）于1901年开办的一个阅览室的名称。1902年，黄吉亭奉命去长沙租屋开堂，武昌圣公会会长由胡兰亭（亦为华人牧师）继任，阅览室事务亦由他主持。刘静庵因常到阅览室读书看报，遂与胡兰亭成为好友，并因此

① 冯自由：《革命逸史》第6集，中华书局1981年版，第63～86页。

而受洗入教。黄吉亭、胡兰亭亦倾向支持革命。科学补习所被搜查时，刘静庵避入圣公会中。他被革除营籍后，胡兰亭聘其为圣公会阅报所司理，刘静庵遂在1906年2月再次组建革命团体，沿用“日知会”名称。日知会成立时，“到会者百余人。何季达（自新）、朱元成（子龙）、冯特民、孙武等皆有沉痛演说，听众非常感动”①。不久，日知会把会址从武昌府街迁到高家巷。

日知会设有干事会和评议会。刘静庵任总干事，干事有辜天保、李亚东、潘善伯、李胜美、徐祝平等，评议员有冯特民、陆费逵、张汉杰、濮以正等。武昌各军营和各学校均派有本单位会员作代表，从事联络。日知会在武昌设立学社，名为寄寓学子，实则结纳同志。日知会既接纳原本独立的革命小团体，如群治学社，亦允许会员另立名目以为羽翼，如黄冈军学界讲习所等。因科学补习所被破坏而走避家乡的吕大森，则在施南设立日知会分会。

日知会的活动不限于湖北。会员文晋介、柳世裕回南京，濮以正回安徽，徐干等人到奉天，各自进行革命活动。已调到北方的吴禄贞、蓝天蔚，一直同日知会保持联系，并给予资助。关于日知会会员的人数，说法不一，曹亚伯和欧阳瑞骅称近万人，范腾霄说以数千计，范鸿勋、张难先、李廉方等的记载为一二百人。盖一二百人有确切姓名，且有活动记载，更多的人则只是参加了日知会的阅读书报活动而已。

日知会很重视思想教育和革命宣传。每逢星期六和星期日，日知会都举行演讲。刘静庵、冯特民极善演说，宣讲次数亦最多。文华书院教员张纯一、文华中学校长余日章创作《军歌》，并代日知会写过许多宣传品。文华书院原不重视国文，后采纳余日章的建议，安排刘静庵、张纯一、范焕文给学生讲国文。这些人乘机宣传民族、民权思想，对学生进行革命教育。少数日知会会员还办有学校。刘静庵筹办了江汉公学。梁耀汉办有明新公学，并入日知会。日知会又办有东游补习班②。

---

① 李廉方：《辛亥武昌首义纪》，湖北通志馆1947年版，第5～6页。

② 贺觉非、冯天瑜：《辛亥武昌首义史》，湖北人民出版社1985年版，第78页。

会员张汉杰、陆费逵、冯特民亦是汉口中文《楚报》的主笔、经理，报馆职员亦多为日知会会员。1905 年秋，张之洞秘密与美国人签订粤汉铁路借款合同。冯特民侦知此事，将其公诸报端，并载文抨击。张之洞令夏口厅严办。于是，中文《楚报》被封，陆费逵、冯特民避走上海，冯特民以后又去了新疆，张汉杰则被判处 10 年监禁。1906 年 3 月，由余日章主编，刘静庵、韦卓民编辑的教会刊物《文华学界》在武昌创刊，日知会会员常在该刊撰文，宣传反清思想①。

日知会还在黄冈设有秘密印刷机关，由吴贡三、殷子衡负责，他们大量翻印《革命军》、《警世钟》、《猛回头》等革命书籍。吴贡三并仿石介《孔子之心肝》一书，写成《孔孟心肝》，宣传民贵君轻思想。同盟会机关刊物《民报》在东京创刊后，每期都由范腾霄半价购寄给武昌日知会三五千份不等，再由日知会转发②。

1906 年，法国人布加卑向孙中山表示愿意支持中国革命，派法国人欧几罗来华考察。9 月，欧几罗由同盟会会员乔义生陪同，到达武昌，刘静庵到码头迎接，并召集百余人的会议表示欢迎。会上，欧几罗和日知会会员分别发表演说，公开宣传革命。湖北官府对此密切注视，派侦探一直尾随跟踪。但由于欧几罗是外国人，又是在外国教会所在地集会演讲，故官府不敢采取行动。但自此以后，官府加强了对刘静庵和日知会活动的监视。

同年 10 月，江西、湖南发生萍浏醴起义，孙中山指派朱元成、胡瑛、梁钟汉从日本回湖北，与刘静庵、梁耀汉等商议，联络武汉同志响应。梁钟汉和朱元成分别通知刘静庵、冯特民、任重远、何子植、季雨霖、周耀东、黄警亚等人到汉阳伯牙台开会。其时，季雨霖任清军督队官，正在武昌皇殿（今紫阳路烈士祠）募集新兵，并准备联络其他营队起事。

---

① 刘望龄：《黑血金鼓——辛亥前后湖北报刊史事长编》，湖北教育出版社 1991 年版，第 95、99 页。

② 范腾霄：《辛亥首义前后》，《辛亥首义回忆录》第 3 辑，湖北人民出版社 1980 年版，第 71 页。

正当革命志士紧急动员组织之际，曾与革命党人有过接触的骗子郭尧阶，向巡警道冯启钧告密邀赏。冯启钧在汉口苗家码头伪设留学生招待所，于农历丙午年十一月二十三日（1907年1月7日）将朱元成骗至招待所并逮捕。同日晚，清军在汉口名利栈逮捕了胡瑛，在汉阳青莲寺逮捕了梁钟汉，在军营逮捕了季雨霖、李亚东。又分别派兵赴仙桃逮捕了张难先，赴黄冈逮捕了吴贡三、殷子衡，十一月二十九日在黄陂乡下逮捕了刘静庵。梁耀汉在汉川，其家被军警包围，他化装逃脱。清兵围搜日知会机关，因册籍文件俱已焚毁而未获实据。

萍浏醴起义被镇压下去后，张之洞悬赏通缉王胜、陈金、姜守旦、陈绍庄、刘家运、曹玉英、黄庆武（应为廑午，即黄兴）等15人，日知会会员不在其中。但冯启钧贪功领赏心切，硬指刘静庵为刘家运，并以此株连上述诸人。刘静庵等9人在“审讯时备受严刑……终无一人承认”①。但刘静庵仍被判处终身监禁，其余8人除朱元成未定案外，分别被判处监禁。将近一年后，张难先、季雨霖因病交保释放，由原籍监护，梁钟汉被解回原籍汉川监禁，朱元成、刘静庵先后于1907、1911年病死狱中，胡瑛、李亚东、吴贡三、殷子衡在武昌起义后出狱。这件事被称为“丙午之狱”②。

日知会经此打击后，组织瓦解，但革命党人仍在继续活动。在日知会同时及其后，湖北先后有二三十个革命团体出现，大多数属于军学两界，人员亦互相交叉渗透，地下活动十分活跃。兹择其要者分述如下：

群学社。1905年，梁耀汉从日本回国，入湖北陆军特别小学堂，组织黄警亚、吴昆、徐竹坪、冯特民、熊子真（十力）、辜天保等70余人，成立了群学社。社址在武昌左二巷，经费由梁耀汉、黄警亚分担。群学社在武昌郎家巷开办明新公学，招中级学员200人，开设有国文、历史、物理、经学、哲学、算术、英文、体操、图画等课程。群学社以孙中山

---

① 李廉方：《辛亥武昌首义纪》，湖北通志馆1947年版，第8页。

② 湖北省地方志编纂委员会：《湖北省志·大事记》，湖北人民出版社1990年版，第127页。

为“革命共主”，主张反清革命。曾与日知会互争群众，后经李亚东（与刘静庵、梁耀汉均有深交）力劝，梁耀汉乃取消群学社名义，全体并入日知会，明新公学亦由日知会接办。梁耀汉称群学社社员近千人，故日知会被破坏时，他和刘静庵同被视为首犯。后梁耀汉从汉川避走四川，仍积极从事革命活动①。

黄冈军学界讲习社。1906年春成立，是日知会的下属团体。社员用订兰谱方式结合，10人为1谱，此10人又各约10人而扩大之。社址设在武昌正卫街，房屋为由黄冈来省寄寓的士绅张炳南所借用。社员有熊子真、熊持中、童愚、张其亚、张炳南、张海涛等31人。因军人参加者甚多，同年夏天被张彪查封②。

鸠译书社。由吴贡三、殷子衡于1906年设于黄冈，大量印刷革命宣传品，运至省城及各地出售或散发。该书社既是革命团体，又是日知会的印刷机关，1907年1月在“丙午之狱”中被破坏。

天锡会。吕大森在科学补习所被封后避回施南，旋知日知会成立，便同康秉钧、刘汉卿等人在恩施城设立日知分会。武昌日知会事败后，该分会改名天锡会，继续联络会党。1907年7月，刘汉卿被捕系狱，吕大森等坚持革命活动，为后来施南光复打下了基础③。

铁血军。刘静庵等入狱后，仍暗中组织铁血军以为号召。吴贡三预拟了起义檄文，李亚东指派陈少武办白话报作为宣传工具，还在狱中为之撰稿。后因清吏防备日严而停止活动④。

安郡公益社。安郡指安陆府，公益社原为同乡会组织，原由钟祥人

① 梁钟汉：《我参加革命的经过》，《辛亥首义回忆录》第2辑，湖北人民出版社1980年版，第4～6页。

② 童愚：《八月十九夜所见及其他》，《辛亥首义回忆录》第1辑，湖北人民出版社1979年版，第112页。

③ 湖北省博物馆、武汉市档案馆：《武昌起义档案资料选编》（中），湖北人民出版社1982年版，第135～139页。

④ 李西屏：《武昌首义纪事》，《辛亥首义回忆录》第4辑，湖北人民出版社1981年版，第11页。

彭养光、赵鹏飞开办于1906年，附设于学社内。日知会被破坏后，不少会员投靠该社，彭养光、赵鹏飞因参加革命活动亦不能出面，遂由李长龄接管其事，仅以“公益社”名义，仍暗中做联络工作①。

集贤学社。约成立于1907年春，由陆军特别小学堂学生方孝纯、李岳崧、郑国栋、梅治逸、武丹书等人与同情革命的商人张聘安共同组织。先以武昌大朝街鄂州旅馆为集合地点，后迁至黄土坡集贤学社，每星期日在学社聚会。鉴于日知会事败，湖北革命一时尚难以下手，集贤学社遂决定派社员分赴云南、贵州、四川、安徽等地活动，留下方孝纯、张森任联络②。

自治团。约成立于1907年，由陆军特别小学堂学生组成。团长贺公侠，团员有江炳灵、高尚志、单道康、方孝纯、杜武库、唐牺支等40余人。自治团以“研究军人自治”和“文学创作”为名，团员每周作文一篇，借以抒发心得。学堂监督刘邦骥闻知自治团有政治意图，加以清查，贺公侠、江炳灵等避走四川，该组织无形解散。其后鄂籍团员转入共进会，湘籍团员加入文学社③。

将校研究团。约成立于1908年。主要人员有蔡济民、王宪章、张廷辅、吴醒汉、谢元恺、王文锦、沈权等，多为新军第29、30标下级军官和士兵。研究团以上课形式，讨论时政得失，暗中进行革命活动，并附设下士班，吸收正副目和优秀正副兵听讲。故武昌起义时，第29、30标官兵投入革命者较多④。

种族研究会。约成立于1908年，发起人为黄申芗、戴鸿炳等，会员有林兆栋、曾楚藩、覃秉钧等80余人，均为新军第32标士兵。1910年春，长沙发生饥民抢米风潮，黄申芗谋响应不成，被迫出走，该会停止

---

① 李西屏：《武昌首义纪事》，《辛亥首义回忆录》第4辑，湖北人民出版社1981年版，第8页。

② 方孝纯：《辛亥首义之片断回忆》，《辛亥首义回忆录》第3辑，湖北人民出版社1980年版，第106页。

③ 贺觉非、冯天瑜：《辛亥武昌首义史》，湖北人民出版社1985年版，第87页。

④ 杨玉如：《辛亥革命先著记》，科学出版社1958年版，第22页。

活动①。

竞存社。约在1908年成立，是武昌陆军第三中学学生的革命组织，成员有孙毅、萧弘济、向明瓒、杨泽民、严午樵、刘文岛、许崇灏、张致伦等人②。

义谱社。约于1908年开始出现于新军第41标，以订兰谱方式联络同志，社员有杜邦俊、张融、杨永康、杨秉之、叶茂林、罗良俊、黄维汉、李承裕等人。后并入文学社③。

湖北军队同盟会。1908年7月28日在洪山罗公祠正式成立，实际领导人是原日知会会员、同盟会会员、新军第41标士兵任重远。该会决定以同盟会之章则为章则，以同盟会之领袖为领袖。据说各标营新军均有人参加，会员多达400余人，骨干分子除任重远外，还有覃秉钧、黄申芗、郭抚宸、黄元吉、张文远、唐牺支、李抱良（六如）、钟畸、杨王鹏、林兆栋、单道康、祝制六等。任重远计划刺杀湖广总督陈夔龙，不料事泄，只得只身避往四川，会务遂停④。

群治学社。军队同盟会解体之后，新军第41标的革命党人在1908年11月安徽太湖秋操时议论另组团体群治学社，12月回防后即在武昌小东门外金台茶馆召开成立会。群治学社简章规定有社长、文书、会计、庶务、评议员等职，因社务尚未开展，先暂设庶务1人，由钟畸担任。经费以社员薪饷1/10充之。入社须社员3人以上介绍，每个社员每月须介绍新社员2人，不得介绍官佐。但个别进步开明官佐例外，如队官潘康时（怡如），就由杨王鹏等介绍入社。当时，宛思演、詹大悲在汉口办《商务报》，意在宣传反清革命，与群治学社往来密切，报社中人如刘复基、蒋翊武因而入社。后钟畸赴南京，社务由李抱良继任。群治学社社

---

① 湖北省博物馆、武汉市档案馆：《武昌起义档案资料选编》（中），湖北人民出版社1982年版，第614页。

② 贺觉非、冯天瑜：《辛亥武昌首义史》，湖北人民出版社1985年版，第92页。

③ 杨玉如：《辛亥革命先著记》，科学出版社1957年版，第23页。

④ 章裕昆：《文学社辛亥武昌首义纪实》，生活·读书·新知三联书店1952年版，第4页。

员多为湘、鄂籍士兵。湘籍人士如钟畸、杨王鹏、李抱良、单道康、章裕昆、廖湘芸、唐牺支、张文远、黄驾白、何海鸣、蒋翊武、龚侠初、刘复基、黄占元等，鄂籍人士如潘康时、杜邦俊、李济臣、阙龙、梁维亚、宛思演、詹大悲、曾省三、蔡大辅、王守愚、林兆栋、黄元吉、郭抚宸、覃秉钧、祝制六、黄申芗等。长沙发生抢米风潮时，激进社员力主乘机起事，未及发难而风声外泄，黄申芗、林兆栋、贺公侠、江炳灵等逃走，群治学社和《商务报》均停止活动①。

振武学社。群治学社停止活动后，留在湖北的革命同志酝酿再建组织，遂由杨王鹏起草简章，以“联络军界同胞”为宗旨。1910 年中秋，在黄土坡“开一天酒馆”举行成立会。杨王鹏任社长，李抱良任文书兼庶务，江光国任第 31 标代表，单道康任第 32 标代表，廖湘芸任第 41 标代表，祝制六任第 42 标代表，李慕尧任炮 8 标代表。社员除上述诸人外，较著名者还有王宪章、彭楚藩、冯中兴、罗良俊、杨选青、吴醒汉、杜武库、高尚志、向海潜、萧国宝、李建中、陈孝芬、陈子龙、方兴、刘化欧、金兆龙、徐达明、陈国桢、王华国等。原群治学社社员未及参加者，亦承认其为振武学社社员，故社员多达 240 余人，大多为新军士兵。第 41 标队官潘康时，曾入群治学社，对革命组织极力掩护，被黎元洪知悉后革职。黎元洪派亲信施化龙继任队官。施化龙将所侦知情况报告黎元洪，黎元洪又将杨王鹏、李抱良革职。振武学社社务遂由蒋翊武接任，文书和庶务则由邹毓林接手②。群治学社和振武学社是文学社的前驱。

神州学社。约在 1908 年由商业学堂学生邓汉鼎、李涛和汉口广东帮小商人刘少舫、林醒农、黄小池、李鸿宾等共同发起，秘密进行革命活动。后经祝制六介绍，全体加入文学社③。

蕲春学社。约在 1909 年由查光佛创设于武昌蛇山西段，联络军学两界，并存放有关文件和武器。1910 年 4 月，因黄申芗欲趁长沙抢米风潮

①② 章裕昆：《文学社辛亥武昌首义纪实》，生活·读书·新知三联书店 1952 年版，第 5～13、13～17 页。

③ 杨玉如：《辛亥革命先著记》，科学出版社 1957 年版，第 22 页。

发动起义事泄，该学社由查光佛转移他处①。

忠汉团。约成立于1909年，团员均为新军第8镇炮8标士兵，陈国桢为团长。到1910年，团员已发展为近百人。该团与文学社、共进会均有联系，后来大部分加入共进会，武昌首义时全标参加革命②。

兰友社。1909年冬成立，由胡祖舜、赵士龙发起，罗一安、刘国桢、徐邦俊、张振翮襄助。以后加入者有赵振民、孙斌、萧鸿飞、余鹤翔、杨毓林、罗仁俊等。后并入共进会③。

益智社。约1909年成立于汉阳。由新军第42标士兵胡玉珍、张步瀛、邱文彬、张大鹏、郑兆兰、戈承元、陈建章等组成。后并入文学社④。

军队同盟。1906年后，湖北革命小团体蜂起，交相罗致同志，力量分散。新军第29标哨官、原日知会会员、同盟会会员蔡济民，为统一组织和步骤，于1909年在本标组成军队同盟，规定加盟者不论已加入何种团体，均须接受本标同盟统一调度。蔡济民、高尚志任本标正、副代表，下设交际、宣传、登记、军备、庶务5组，各选专人负责，营、队、排均设有代表。第29标军队同盟的盟员有王益芳、陶福森、刘占鳌、张保国、邱明清、徐振华、诸义平等数十人⑤。

武德自治社。由新军士兵在1909年、1910年间组成，其宗旨是"发扬武德，以自治代替官治"。主要成员有董天人、李岳崧、高世杰、李建中、李镜明、何见龙、宋韬、张羽等⑥。

---

①② 贺觉非、冯天瑜：《辛亥武昌首义史》，湖北人民出版社1985年版，第86、87页。

③ 胡祖舜：《六十谈往》，《辛亥革命在湖北史料选辑》，湖北人民出版社1981年版，第49～50页。

④ 邱文彬：《辛亥阳夏光复史略》，《辛亥首义回忆录》第3辑，湖北人民出版社1980年版，第98页。

⑤ 诸义平：《辛亥革命二十九标首义纪实》，《辛亥首义回忆录》第2辑，湖北人民出版社1980年版，第64页。

⑥ 杨玉如：《辛亥革命先著记》，科学出版社1957年版，第22页。

辅仁会。1910 年秋由新军第 30 标士兵陈佐黄等发起成立，取“以文会友，以友辅仁”之义。会员约有四五十人，后并入文学社①。

德育会。1910 年秋由郑江灏、谢石钦、黄丽中、董祖椿、李福昌、高振霄、康建唐、向炳坤等人发起成立，其章程强调“修私德以完人格，重公德以结团体”。后并入共进会②。

黄汉光复党。约在 1910 年成立，是武昌陆军第三中学的革命组织。陆军第三中学学生为两湖、广西、云南、贵州、甘肃等省陆军小学毕业生升入，宗旨是“光复黄帝子孙地位和汉族固有河山”。其成员后来多数转入共进会，少数转入文学社。武昌首义爆发后，陆军三中学生全体加入革命，此后该组织不复存在③。

群英会。约成立于 1910 年，由新军第 32 标士兵向海潜发起，成员有 108 人，不限于某一标营，亦无固定会址和组织形式。该会成员多为共进会员和会党分子，在武昌起义和阳夏保卫战中勇敢善战。1912 年 2 月 27 日驱逐孙武事件，仍以向海潜及其群英会为先锋。

柳营诗社。由新军第 29 标士兵杜武库、谢超武、涂吉祥等发起成立。该团体标以诗社之名，实为联络同志，不久并入共进会④。

数学研究会。1911 年初，由两湖总师范学堂理化专修科学生李作栋、李钦、饶校文、费振华、何世昌、邓国栋等人组建于武昌三道街。万声扬任会长，李作栋任财务，饶校文任教务。主要活动是调查研究湖北的财政收入、钱票、银两和物资储存情况，为革命者掌握政权后预谋对策。该会解散于 1914 年⑤。

振团尊心会。又称振国尊心会或振武尊心会。成立于 1911 年春，即武昌首义前数月，由聂豫发起并自任会长。组织办法略如共进会，在军

---

① 湖北省博物馆、武汉市档案馆：《武昌起义档案资料选编》（中），湖北人民出版社 1982 年版，第 344 页。

② 杨玉如：《辛亥革命先著记》，科学出版社 1957 年版，第 23 页。

③④⑤ 贺觉非、冯天瑜：《辛亥武昌首义史》，湖北人民出版社 1985 年版，第 94、95、94 页。

队、学校、商场分设代表。军队中有杨选青、吴超、陈人杰、马骥云、康锡之、杨永康等人；学校中有熊品三、罗云波、冉剑虹、朱复汉、张明斋等人；商界有罗鑫堂、陈习之、尹洪、郑楚珩等人。聂豫与共进会，尤其是孙武的关系密切。武昌首义后，不少振团尊心会会员在湖北军政府效力①。

此外，贺公侠、丁仁杰组织过文学研究社。曾省三、黄元吉等组织过自新文学会。

当时武汉各种革命和进步的小团体林立，正如后之史家所说，20 世纪初的武汉三镇，"是革命小团体最发达的地方"②。这一情况说明当时湖北已成为有志之士的荟萃之所和革命策源地之一，因而极具革命的潜力；但是团体众多，群龙无首，有待于协调组织和统一领导。这一历史使命落到了共进会和文学社两个较大的革命组织的肩上。

三、共进会、文学社的成立、发展和联合

1907 年春，部分在东京的同盟会员和留学生认为同盟会专注于华南沿海起事，"缓不济急"，酝酿另组实行团体，联络内地会党尽快举行武装起义。9 月 8 日，湖北人刘公、孙武、居正、彭汉遗、杨时杰、郑江灏，湖南人焦达峰、杨晋康，四川人张伯祥、何枢垣、喻培伦，江西人邓文翚，安徽人方汉城，浙江人傅梦豪，贵州人王武，云南人吕志伊，广东人聂荆、孙光庭，广西人刘玉山、黄镕等，发起成立共进会。共进会宣称以同盟会之总理为总理，以同盟会之宗旨为宗旨，但将入会誓词中的"平均地权"改为"平均人权"，表示要破除满汉之间的不平等，因而重点在"排满革命"。

共进会采取同盟会的做法，在各省设立分会，并确定分会负责人即

① 湖北省博物馆、武汉市档案馆：《武昌起义档案资料选编》（中），湖北人民出版社 1982 年版，第 584 页。

② 李新：《中华民国史》第一编（上），中华书局 1981 年版，第 285 页。

为该省起义后的都督，湖北和湖南分会的负责人分别是孙武和焦达峰。共进会的第一、二、三任会长，分别是张伯祥、邓文翚、刘公，但他们在1908年间先后回到各省从事革命活动，共进会的领导机关实际上从东京移回了国内。共进会用会党形式组织群众，以山、水、堂、香为暗号。山名中华山，水名兴汉水，堂名光复堂，香名报国香。所用旗帜为红黑两色的九角十八星旗（十八星代表当时国内十八行省）①。

共进会在湖北的活动，主要依靠孙武组织进行。孙武在日知会被破坏后，于1907年秋绕道东北到日本。共进会考虑其为武备学堂学生，又曾任军官，任其为军务部长。1908年冬，孙武携带应用文件、印信和旗帜样式回到武汉，发展刘玉堂、丁立中、汪性唐、钟雨亭、刘夑卿、李白贞等人为会员，在刘玉堂开办的新大方客栈和各人寓所设联络机关。先期回鄂的共进会员郑江灏，亦在其任主编的湖北日报社内设置联络处。

1910年春，新军第31标士兵邓玉麟、第32标士兵黄申芗加入共进会。经邓、黄二人介绍，不少士兵和会党分子成为共进会会员。不久，京山刘英、刘铁兄弟从日本回国。刘家为京山富豪，亦素以结纳会党著称。孙武等经过讨论，认为会党难以约束，必须予以军事编制，方能进退有度。遂编襄阳会党为第1镇，由袁菊山率领；安陆会党为第2镇，由刘英率领；武汉会党为第3镇，由刘玉堂率领；兴国会党为第4镇，由黄申芗率领；黄州会党为第5镇，由彭汉遗率领。另设总机关于汉口鸿顺里34号，作为指挥联络和重要人员集议之所。

由于各地会党的自行其是引起湖北官府严密注意，共进会湖北分会决定暂时收缩。孙武于同年10月赴广西活动，黄申芗欲响应长沙抢米风潮，事泄而避走。到1911年春，刘公从日本回到湖北，孙武亦经上海返回，又在武汉重设联络机关，整顿组织。

为了加强纪律，共进会将已有的会党5个镇改为5个军，以刘英为

① 邓文翚：《共进会的原起及其若干制度》，《近代史资料》1956年第3期，第10～18页。

副都督，统一约束和指挥。同时，共进会决定把工作重点转向军队，计划把新军逐队、逐营、逐标争取过来。为此，又对军队内的共进会组织加以改进，即按新军编制，在队、营、标中各设代表，分层负责。各单位会员，20 人为 1 支队，设正副支队长；每 3 支队为 1 正队，设正副队长；每 1 正队设参谋和书记兼交通各 1 人。所有军队同志共编成 6 个军，议定分别由李成牧、江庆林、萧国宝、高尚志、丁仁杰、陈孝芬 6 人指挥。但由于同年春广州“三二九”起义失败后，形势紧张，共进会湖北分会的编军计划未能实现。

共进会在武昌黄土坡（今首义路）开设同兴酒楼，由邓玉麟负责，借此联络士兵，发展组织。不久恐引起官府怀疑，将酒楼关闭，另在武昌巡道岭（今粮道街东段）设同兴学社，专供同志寄宿联络之用。到武昌起义前夕，共进会主要依靠邓玉麟、高尚志、陈孝芬等人联络军队，在陆军第 8 镇的步队第 29、30、31、32 标，马队第 8 标，炮队第 8 标，工程第 8 营，宪兵第 8 营等标营，在陆军第 21 混成协的步队第 41、42 标，马队第 11 标，炮队第 11 营，工程队，辎重队，以及陆军第三中学、陆军测绘学堂、退伍士兵中建立了组织，设置了各级代表。军人加入共进会者有一千四五百人。主要依靠胡襄、田采堂、牟鸿勋、苏成章联络学界，在两湖总师范学堂、法官养成所、铁路学堂、方言学堂、巡警学校、工艺学堂、矿业学堂等单位亦建立了组织，设置代表，学界加入共进会者 400 余人。商界、新闻界、其他社会阶层加入共进会者亦有 200 余人。依靠黄申芗、向海潜、彭汉遗和刘英、刘铁兄弟联络会党，会党加入共进会者约等于军、学、社会其他阶层之和①。故湖北（主要在武汉）的共进会员总数多达 4 000 余人。

文学社系由前述革命小团体群治学社、振武学社等发展而来。1910 年秋，振武学社因施化龙向黎元洪告密，杨王鹏、李抱良被开革，

① 贺觉非、冯天瑜：《辛亥武昌首义史》，湖北人民出版社 1985 年版，第 96～104 页。

社务由刚投入第41标当兵的蒋翊武主持。1911年1月下旬，在各标营革命党人的催促下，蒋翊武与一同投军的刘复基，邀集军界的章裕昆、蔡大辅和报界的詹大悲等人，在武昌阅马场集贤酒馆讨论团体发展问题。詹大悲和刘复基提议另改名称，以免引起官方注意，并把社务由军营扩大到学界甚至“江湖一带游人”。于是决议把振武学社改名为文学社，推举詹大悲起草简章。詹大悲认为，“吾辈革命，所重者在精神，不在名称警耸”。文学社简章仅称“本社以联合同志研究文学，故名曰文学社”。但其宗旨仍是“推翻清朝专制，反对康、梁的保皇政策，拥护孙文的革命主张”①。

1911年1月30日（农历辛亥年春节），文学社以新年团拜名义，在黄鹤矶风度楼召开成立大会。到会者有蒋翊武、章裕昆、刘复基、詹大悲、蔡大辅、王守愚、邹毓林及各标代表。会议推举蒋翊武为正社长，詹大悲为文书部长，刘复基为评议部长，蔡大辅、王守愚为文书员，邹毓林为会计兼庶务。胡瑛在狱中亦曾参与策划。文学社成立月余，除马队第8标之外，新军各标营均有社员。3月15日，文学社在黄土坡招鹤酒楼举行代表会议，增选第30标正目王宪章为副社长，取消前定关于社员月捐和入社捐的规定，派章裕昆到马队第8标当兵，以发展社员。不久，驻汉阳第42标胡玉珍、邱文彬等组织的益智社全体加入文学社。5月10日，文学社在黄土坡同兴酒楼再次召开代表会，决议在武昌小朝街85号张廷辅寓所楼上设总机关部，张廷辅任机关部部长，刘复基、蔡大辅等常赴机关部办公。为加强组织联络，刘复基向军营请了长假，潜居阅马场文昌阁经办社务。6月1日，文学社召开第三次代表会议，议决设立阳夏支部，以胡玉珍为支部长；在汉口郑兆兰寓所设置交通处，以郑兆兰任交通②。

文学社在武昌的发展，先在第41标和第31标，再到第29标和第

① 万鸿喈：《辛亥革命酝酿时期的回忆》，《辛亥首义回忆录》第1辑，湖北人民出版社1979年版，第123页。

② 张难先：《湖北革命知之录》，商务印书馆1946年版，第159页。

30 标，继而及于马、炮、工、辎各标营和驻南湖的第 32 标。蒋翊武、刘复基所在的第 41 标是策源地，王宪章、张廷辅所在的第 30 标次之。第 42 标的发展在后，而社员人数却最多。该标驻地自汉阳起，到河南信阳止，是重要的战略地带。此外，文学社在新闻界如詹大悲所在的大江报社，学界如工艺学堂、汉阳工农中学也有社员和代表。到 6 月，经过文学社的组织发展，新军中“纯粹革命党人将近两千人，经过联系而同情革命的约四千多人”①。到武昌起义前夕，社员多达三千之众②，与共进会一样成为湖北最大的两个革命团体。

文学社的社员主要是新军士兵，与湖北地方的联系有限。领导干部除詹大悲之外，全是湖南人，引起湖北籍士兵的不满，故振武学社有一部分湖北籍社员转入共进会。1911 年夏，文学社大发展，更与共进会产生争夺社（会）员的矛盾。两团体的领导人常以人数众多自炫，甚至彼此歧视。但两大团体的政治目标一致，而且革命的形势和任务迫切需要革命者加强团结。于是，能从大局考虑的刘复基、陈孝芬、蔡济民、查光佛、梅宝玑、牟鸿勋、陈磊等人，在两团体间“往返奔走，多方斡旋，使得两个团体同意推举代表，互相协商”③。

1911 年 5 月初，共进会负责人在武昌胭脂巷 24 号机关开会，主张联合者说服刘公放弃视文学社社员“脑筋简单”、“缺乏革命性”的偏见，决定派杨时杰、查光佛、杨玉如主动与文学社联络④。5 月 11 日，双方首次协商会议在武昌分水岭 7 号孙武住处召开。共进会有孙武、邓玉麟、高尚志、杨玉如出席，文学社则以蒋翊武、刘复基等为代表。初次协商并不顺利：蒋翊武提出文学社在新军中力量强大，联合组织应以文学社

---

① 万鸿喈：《辛亥革命酝酿时期的回忆》，《辛亥首义回忆录》第 1 辑，湖北人民出版社 1979 年版，第 125 页。

② 《武汉革命团体文学社之历史》，《民立报》1912 年 10 月 7 日及 8 日。

③ 李白贞：《共进会从成立到武昌起义前夕的活动》，《辛亥革命回忆录》第 1 集，文史资料出版社 1981 年版，第 515 页。

④ 杨玉如：《辛亥革命先著记》，科学出版社 1957 年版，第 37 页。

为主体；孙武则认为共进会属同盟会系统，与各省均有联络，在军队中人数亦不在文学社之下，因而共进会应居领导地位①。双方各执一词，协商未获结果。

会后，文学社召开代表会。蒋翊武说，“穿长褂的文人难以共事”，“出了洋的人不好惹”，甚至“会上他们的当”。刘复基等则强调双方“合则两利，离则俱伤”，对蒋翊武有所规劝。文学社的基层干部和广大群众亦迫切要求联合。在共进会内部，邓玉麟等对孙武亦有所规劝。6月初，全国保路风潮高涨，联合的必要性更显得迫切，两团体遂于6月14日在武昌长湖堤龚霞初家中举行第二次协商会议。这次协商时，孙武、蒋翊武均未出席，共进会由邓玉麟、杨时杰、杨玉如、李作栋代表，文学社则由刘复基、王守愚代表。双方表达了“风雨同舟”、“和衷共济”的愿望，并达成“万不可互争党员”的协议，但对联合后的领导人选问题仍然“各不相下”②。

1911年9月，因四川保路风潮扩大，湖北新军一部调入四川。同时，湖广总督瑞澂风闻各地形势紧急和新军不稳，陆续分调武昌新军开赴各地。在此紧急情况下，两团体的第三次协商会议于9月14日在武昌雄楚楼10号刘公住宅举行。这次协商会议除蒋翊武随军调防到岳州之外，双方重要负责人均到会，孙武、刘复基、刘公、王宪章、杨玉如、居正等一致赞成联合。他们讨论了起义的各项计划，指派居正、杨玉如立即赴上海，邀请黄兴、宋教仁和谭人凤速来武汉主持大计③。

9月23日，刘复基（代表蒋翊武）、孙武、邓玉麟、蔡济民、李作栋（春萱）、彭楚藩等数人又在刘公住宅举行了一次小型会议，研究领导人选问题。经过充分讨论和孙武的让步，初步决定由蒋翊武担任军事总

① 李春萱：《辛亥首义纪事本末》，《辛亥首义回忆录》第2辑，湖北人民出版社1980年版，第136页。

② 李廉方：《辛亥武昌首义纪》，湖北通志馆1947年版，第72页。

③ 李白贞：《共进会从成立到武昌起义前夕的活动》，《辛亥革命回忆录》第1集，文史资料出版社1981年版，第516～518页。

指挥，管军令；孙武为军务部长，管军政；刘公为总理，管民事。翌日又在武昌胭脂巷 11 号胡祖舜家召开大会，各标营代表均出席会议，因蒋翊武仍在岳州未回，遂由孙武任会议主席，由刘复基报告拟订的“人事草案”和起义计划。

会议通过了“人事草案”，确定了军政府的组成人员：总理刘公，军事总指挥蒋翊武，参谋长孙武。军政府下设军务部，孙武、蒋翊武兼任正、副部长；参议部，蔡济民、高尚志、徐达明分任正、副部长；内务部，杨时杰、杨玉如分任正、副部长；外交部，宋教仁、居正分任正、副部长；理财部，李作栋、张振武分任正、副部长；调查部，邓玉麟、彭楚藩、刘复基分任正、副部长；交通部，丁立中、王炳楚分任正、副部长。参谋为张廷辅、徐万年、杜武库、王宪章、吴醒汉、唐牺支、李济臣、黄元吉、宋镇华等。秘书为谢石钦、邢伯谦、苏成章、蔡大辅等。军械为熊秉坤。司刑为潘善伯。司勋为牟鸿勋。司书为黄元斌、袁汉南等。会计为梅宝玑、赵学诗等。庶务为刘玉堂、李白贞等。还设有政治筹备员，由刘公、孙武、居正等 19 人担任；军务筹备员，由蒋翊武、刘复基、邓玉麟、蔡济民等 30 人担任。起义时输送弹药等事，则由邓玉麟、杨洪胜负责。

会议通过了刘复基拟订的起义计划，决定在 10 月 6 日（农历八月十五日）在武昌举行起义①。会上还议定在汉口成立政治筹备处，加紧制作起义时需用的旗帜、印信、文告；在武昌设立军事指挥部，加紧制订军事行动计划。

9 月 24 日的会议具有重大意义，它不仅最终解决了共进会、文学社的联合问题，确定了未来军政府的组织体制和人选，还决定了武装起义的计划和行动时间。虽然其后的事态发展使原定计划略有改变，但是武装起义已经提上了议事日程，革命者已经分头进行准备。

---

① 李春萱：《辛亥首义纪事本末》，《辛亥首义回忆录》第 2 辑，湖北人民出版社 1980 年版，第 138～141 页。

还需补记一笔的是起义经费的筹措。文学社的成员多为士兵，其章程曾规定，社员须缴纳入社金一元，然后每月交纳薪饷的十分之一。当时士兵的月饷约为四两二钱，故社员每月须交四钱二分。文学社一切活动的开支均仰赖于此，故经费十分拮据。

共进会不对入会士兵收取月捐，而靠军队以外的会员各就所业收入提供经费。1911 年初，谭人凤奉黄兴之命视察内地革命运动情况，曾以 1 000 元交居正和孙武，不久很快用尽。为了筹措经费，焦达峰、居正等人曾到广济县达城庙盗取“金菩萨”（其实为木雕刷金粉而成），被当地乡民发觉而未成。共进会员邹永成，设法硬向其婶母索款 800 元。浏阳夏布商人刘贤构，因焦达峰之劝，加入共进会，并将其贩运到汉口的夏布全数捐给共进会。张振武在共进会分工管财政，见会中经费困难，便把原籍罗田和现籍竹山的财产卖掉，将所得之款尽作革命经费①。

这些革命志士的日常生活均十分节俭、困窘，尤其是既不能入营当兵，又没有公开职业的邓玉麟、孙武、焦达峰等人，他们“衣服典尽，终日枵腹，至求一面包果腹不能得”，三人“仅一衣掩体，长衫则公共互着而出，汗衫则寝后脱下……孙君武夫人夜为浆洗，日出晒干，始能起着而出”②。

刘公家为襄阳巨富，他本人在日本加入同盟会时就曾大力资助出版《民报》。1910 年，刘公回国，以捐官为名，向其父索得 2 万两银子，遂携银票到武昌，以 1 万两交共进会作革命费用，另 1 万两托其表弟陶德琨（亦参加了当时的革命活动）保管③。共进会和文学社联合之后，就主要是依靠刘公的这笔捐款，进行各种准备工作，如印制旗帜文告、中

---

① 贺觉非、冯天瑜：《辛亥武昌首义史》，湖北人民出版社 1985 年版，第 157～158 页。

② 湖北省博物馆、武汉市档案馆：《武昌起义档案资料选编》（中），湖北人民出版社 1982 年版，第 223 页。

③ 陶德琨：《有关武昌首义的若干重要史实》，《湖北文史集粹》第 1 卷，湖北人民出版社 1999 年版，第 121～122 页。

华银行钞票，收购和制造子弹、炸药，派人四处联络各地响应等。

四、城乡群众和会党分子的自发反抗

在军学两界成立革命团体、准备有组织进行反清斗争的同时，湖北城乡广大群众和会党分子已经在开展多种形式的自发反抗斗争。

武汉是工人和市民集中的地方。前已说到，到武昌起义爆发之前，在外资工厂、官办新式工厂和民营工厂做工的工人各有万人左右，所以三镇在机器动力工厂做工的工人超过 3 万人。此外，在 800 余家手工工场和手工作坊做工者有 8.7 万余人①。茶厂、纱厂、砖厂的临时工和季节工亦有数万人，人力车夫 2 000 余人，各船帮水手有 1 万余人，滩夫有 2 万余人，还有码头工人、挑水工人等，他们多为失去了土地和谋生手段而流入城市的无业游民，通称“苦力”。据清末有关统计，不计武汉以外的矿工和修筑铁路的数万人，武汉三镇（以汉口为主）的苦力多达“九、十万人”②。

在官办工厂做工的工人，劳动时间和工资待遇均有一定规定。如汉阳铁厂 10 小时，兵工厂 9 小时，布纱丝麻四局 12 小时，劳动时间均超过 8 小时。普通工人月工资则相当于当时步兵的月饷，即 3～4 两银；有一定技术的工人月薪可达 7 两，相当于马兵的月饷；童工和粗工的工资则不足 3 两。外资工厂和民营工厂的劳动时间比官办工厂要长，而工资待遇还略低。而 1907—1912 年间汉口一个居民每月的基本生活费（纯粹指购买柴米油盐，不包括居住、衣着、医药、娱乐开支）最低需要铜钱 7 800 文，3～4 两银折合铜钱仅够此数③。所以，如果不是技术工人和师傅，一般童工、粗工、学徒是无力赡养家人的。不是固定在工厂做工，

---

① 汪敬虞：《中国近代工业史资料》第 2 辑，科学出版社 1957 年版，第 433～449 页。

② 《武汉苦力众多》，《湖北官报》第 2 期，第 1 181～1 182 页。

③ 苏云峰：《中国现代化的区域研究：湖北省，1860—1916》，台北近代史研究所 1981 年印，第 485～488 页。

而靠临时出卖劳动力和技术的苦力和佣工，则不仅工作没有保障，工薪也很低廉。如木工、泥匠、石工等，“一日二百文以至三百文。一般劳动者亦三百文以内。而仆婢工钱，男则一月二元（食于主人）至四元（自食），女则一元（食于主人或自食者），若用十二三岁之女孩，一月以八百文之薄给已足”①。没有工作的游民和贫民，生计更无着落，当时汉口的汉水堤边、铁路内外，布满“棚户”，就是贫民、苦力、游民的栖身之所。至于一般市民，谋生亦不易，且受各种苛捐杂税的剥削和地痞流氓的敲诈，生活也很凄苦。

然而，当时生活在武汉的工人、苦力、游民和一般市民，既没有组织起来，也缺乏明确的政治目标，故其反抗斗争只是自发的、零星的且此起彼伏、互不联系的。早在 1895 年 3 月，汉阳铁厂就有 200 余名粤籍工人为抗议译员粗暴，罢工 2 天，要求撤换 3 名译员。张之洞虽知错在译员，但不肯向工人让步，调兵压服，并强迫工头出具“永不再犯甘结”②。到 20 世纪初，武汉劳动群众的反抗斗争层出不穷。1905 年，汉口铜货帮 3 000 多名工人为反对行东店东克扣工资而罢工。1907 年，官办铜币局工人为反对降低工资定额而罢工。1909 年，汉口俄商顺丰、阜昌等砖茶厂的八九千名工人举行同盟罢工，反对工头盘剥，要求增加工资。遭厂方拒绝后，工人“聚众数千人”，将工头“痛殴一顿”，几至酿成暴动。1909 年春，汉口布店的店员和帮工因争工资，发动本行业停业罢市，举行“布店帮伙罢工”③。同年，曾为陆军第 8 镇修造营房的木工因要回家过年，向军队要求发给所欠工钱，标统龚光明居然出动马队，进行弹压，工匠七八百人将营房内器物捣毁，几至酿成事件④。上述事

① 徐焕斗：《汉口小志》，“商业志第八”，商务印书馆汉口分馆 1915 年版，第 9～10 页。

② 孙毓棠：《中国近代工业史资料》第 1 辑下册，科学出版社 1957 年版，第 1 251～1 252 页。

③《布店帮伙之罢工》，《时报》己酉年闰二月初十日（1909 年 3 月 31 日）。

④《木工之斗争》，《时报》己酉年正月初五日（1909 年 1 月 26 日）。

件虽然仍属经济斗争，缺乏政治目的，但已具有行业集体行动的特征。

摊贩、居民也常和市政当局发生冲突。湖北巡警于1902年创办以后，警政迅速腐败，巡警凭借各种权力，经常借故欺压居民，盘剥商贩。1908年5月，巡警道饬令整顿市容，正遇卸任总督赵尔巽赴四川前到汉口拜客，巡警沿街逐段驱逐摊贩，为清道路竟以斧砍来威胁小贩。3天后仍置摊贩家小生计于不顾，“摊贩撤去不准再设”，致犯众怒。13日晨，小商贩代表数十人至上百人在涵芬茶楼集会，商量对策。到正午，约3 000名摊贩拥至江汉关道请愿。适逢江汉关道桑宝出署为赵尔巽送行，被群众围住论理，备乘大轿亦被挤坏。夏口厅出动防营弹压，请愿群众暂退长沙会馆静候。但桑宝走后一直没有回音，愤怒的群众已达8 000余人，遂将警察总局、分局“全行捣毁”，见到站岗巡警则“抛砖掷瓦”，并进行驱赶。新任总督陈夔龙命令第八镇统制张彪率新军两标会同巡警道冯启钧进行镇压，群众便于当夜纵火焚烧了第一、第三警察分局和冯启钧的私邸，并殴伤一名在现场指挥弹压的巡警科长。14日，摊贩继续罢市。汉口人力车夫罢工响应，要求降低车捐。因摊贩与工商大户之间有批发代销关系，故各商户亦以罢市表示同情和支援。15日，龙王庙河街的日商泰兴1号、2号等店开门营业，示威摊贩加以干涉，日商竟枪杀数名群众。群众遂将该店捣毁，该日商因官兵保护而逃脱性命。群众还捣毁另外几家日本商号。事件发展到高潮时，群众多达数万人。陈夔龙恐事态扩及租界，引起外国干涉，委托商会出面调解，并发布手谕，“命尔等各安生业，照旧设摊，不再滋事端”。至此，摊贩反对巡警压迫的斗争才告结束①。

摊贩斗争结束才半个多月，同年6月初，汉口市郊后湖又发生了反清丈田亩的风潮。自1905年后湖长堤建成以后，滨湖地带围垦耕地近10万亩，官府无视从前居民因水灾兵燹而地产“红契”大多遗失的历史

① 湖北省地方志编纂委员会：《湖北省志·大事记》，湖北人民出版社1990年版，第144～146页。

事实，亦不论当地居民筑堤抗水之功，一直企图把涸出的土地收归官有。1908年5月底，夏口厅清丈局发布章程，规定："凡后湖基地无约据为凭者，即是官荒，一律充公；即有约书，写丈尺不符，亦是官荒，照章充公。"后湖一带地户面临破产失业的威胁。6月1日，清丈委员前来丈地，地户群集诉苦，央求停止丈量，而清丈局竟请兵弹压，巡警营捕头徐升指挥营兵对手无寸铁的群众大施毒手，殴伤群众8人，砍伤2人。群众奋起反抗，击伤4名巡警，夺去枪械，又拥至清丈局，将门窗捣毁，参加暴动的人"难以万计"。陈夔龙急忙调兵防守江汉关道和夏口厅衙署，并声明将"体察现在情形，斟酌妥善办法"，群众才逐渐散去①。事后地方当局惩办了凶恶捕头徐升，并令商会召开特别大会，商讨开导地户办法，继续进行清丈。瑞澂接任总督后，迫于民愤，不得不奏准将巡警道冯启钧革职，将徐升等人正法。

辛亥武昌起义前夕，汉口发生人力车夫吴一狗事件，把武汉人民的反抗斗争推向高潮。1911年1月21日（农历庚戌年腊月二十一日）黄昏，吴一狗（应城人，与家属住汉口后湖）拉着空车自英租界大汉舞台向怡园方向行走，碰上诨名黄胡子的英籍巡捕。黄胡子以棍敲击人力车，吴一狗以为他要乘车，遂将车停下，不意车轮误触了他。黄胡子大怒，向吴头部猛击一棍。吴应声倒地，又被黄胡子连踢数脚，当即毙命。当场有4名华人目睹，表示不平，亦被黄胡子招来同伙拘至捕房关押。黄胡子谎称吴系"气厥"而死，将尸体弃置在租界外后城空地，交值岗巡警招人认领。汉口大智门至一码头，共有人力车夫3 000余人，闻讯后当晚在华景街一带鸣锣，约定次日一齐罢业，并到巡捕房论理。

翌日上午9时，后湖一带的车夫、土工一律停业罢工。10时，车夫、土工包围英租界巡捕房，码头工人闻风响应。英国驻汉口领事急调海军陆战队上岸弹压。12时30分，英军在一码头开枪，当场打死13人，伤者

---

①《汉口后湖地户反清丈之风潮》，《江汉日报》光绪三十四年五月初四、初七日（1908年6月2、7日）。

十余人（这是《民立报》的报道。《时报》则说当场倒地者 21 人，7 人已毙，14 人被抬到医院，次日死重伤 3 人，共毙 10 人，还有 2 人恐怕“命亦难保”），示威群众被迫以石块自卫还击。江汉关道齐耀珊率官员军警赶到现场，喝令群众散去。群众愤恨当局袒护洋人，“遂举石击官”，齐耀珊等狼狈逃走，总督瑞澂命张彪率领新军第 29、41 标迅即渡江，于下午 2 时 15 分在英租界码头登岸，一面劝导，表示“和平弹压”，一面恫吓，宣布“有不散者，格杀勿论”。示威群众才含恨散去①。

汉口市民和商人对这场斗争进行了声援。22 日当天，花楼街及租界上下一带的中国商店一齐罢市，抗议英军暴行。23 日夜，商、绅、学界 36 个团体的代表齐集小关帝庙开会，谴责地方当局“袒护西人”，要求对吴一狗重新验尸。但官府和军警仍旧维持无伤结论。此后，瑞澂向英领事要求抚恤，英领事借口示威群众损坏租界设施，反向中国索赔。最后以江汉关道给予死者家属 2 万元抚恤金而告终②。

在武汉以外的州县城镇和广大乡村，各地群众的反抗斗争一直连续不断。

反抗斗争的第一种类型，仍是前已谈到的反洋教斗争。20 世纪初，由于外国教会深入湖北城乡，教堂和传教士乃至教民依仗外国教会的势力和中国官府的保护，勒购土地，强占民房，包揽狱讼，欺压平民，致使教案迭起。如 1900 年蕲春、黄梅、广济三县教案，1901 年襄阳教案，1904 年恩施、利川教案，1905 年京山教案，1906 年黄安教案，1907 年蒲圻县羊楼洞教案、蕲水（今浠水）县巴河镇教案、宜城县教案，1908 年枣阳县教案，1909 年襄阳府教案等，几乎是无年不有。

上述教案，多由洋教士或教民欺压非教群众所引起，而地方官府偏

---

① 《汉口惨风潮补记》，《民立报》1911 年 2 月 2 日；《时报》报道见武汉大学历史系中国近代史教研室：《辛亥革命在湖北史料选辑》，湖北人民出版社 1981 年版，第 410～412 页。

② 湖北省地方志编纂委员会：《湖北省志·大事记》，湖北人民出版社 1990 年版，第 165 页。

袒教会、迁就教民，则往往起了火上浇油的作用。而“闹教”的结果，一般以肇事绅、民受到惩处，官府向教会作出赔偿了结，教会和教民更加肆行无忌。因此更加深了人民群众对教会和外国侵略者以及朝廷和官府的仇恨。但20世纪初的湖北教案，除1904年的恩施教案规模较大以外，其他教案规模均比较小。

反抗斗争的第二种类型，是农民的抗粮抗捐和饥民抢米。20世纪初，由于苛捐杂税众多，水旱灾害连年，乡村贫苦群众连最起码的生存都成问题。为了求生，贫苦群众只能运用最初级的自发形式，同当地富户和官府作斗争。1904年12月，宜城县军户反对“改屯为民”，“二三百人潜行入城，鸣锣呐喊，将差家拆毁，并要求县令宽免”①。紧接着，另一卫所的军户聚众1 000余人，进入县城，把委员书办的家用什物毁尽，并提出要拆毁宜城县清理卫田局。军户首领闻知知县请兵弹压之后，更在宜城的枣林地方树起“扫清灭洋”大旗起事。张之洞急忙分别从襄阳、荆州和省城派大军进剿。由于军户分散，起事仓促，缺乏必要的武器装备，地理上又无险可守，故起事军户未能进行有效抵抗即行瓦解，首事诸人逃走②。

1906年5月，湖南洞庭湖区饥民流徙至沔阳新堤一带，同当地饥民会合，“乘机抢夺”，州县惊呼“大有揭竿为乱之势”③，督署命令加强防备。6月下旬，饥民酝酿抢粮。同时，沔阳知州为筹备修建工艺传习所的经费，亲到新堤勒令铺户认捐。商人因生意萧条求免，知州居然将为首请免的商人和绅士拘押。会党乘机鼓动，遂酿成全镇罢市。知州因尤其担心饥民闹事，遂经新关委员调停，风波才告平息。

与此同时，武穴发生饥民暴动。由于米价腾涨，饥民无钱买米，便

---

① 《军户抗粮聚众》，《时报》甲辰年十一月二十二日（1904年12月28日）。

② 王树枬：《张文襄公全集》第191卷，“电牍”70，北平文华斋1928年刻，第25～26页。

③ 《湖北新堤饥民抢粮》，《大同报》1906年5月18日。

结伙抢了当地两家钱庄。警报到省后，省城驻军赶往弹压。武穴对岸的兴国州，米价同样飞涨，地方官府又加抽米捐，拨充开办学堂经费。贫民和饥民忍无可忍，遂“相率将该处学堂打毁”①。鄂东南的通山县因耕地甚少，上年受灾，米贵如珠。青壮农民相约揭竿起事，抢米抢钱者多达1 000余人。张之洞特地从省城派兵前去镇压②。

黄陂杨家河为米粮荟萃之地，船工分属黄陂、孝感两帮。1907年春，“黄陂、孝感两帮雇工因议涨工价，齐集黄陂公所，与各行主人开议，彼此各执不下，以致大起冲突”，雇工聚集数千人，“将公所打毁”，并与警察械斗③。1909年，枣阳“各乡饥民大起，竟集有大小男女三四千人，齐赴县署要求赈济，任意抢劫富户”④。同年，广济“武穴镇米店职工为争工资而组织同盟罢工，职工约有三百余人，集在一起。罢工已达三日，地方官劝谕不服，且有骚扰行为”⑤。

1910年，武穴饥民“连抢米店”，广济其他地方饥民亦“连抢米店数家”⑥。同年，“崇阳县民聚众数百，将商人贩运之米拦抢一空。知县将为首之人拘押。众人即围哄县署，打毁二堂，夺回被拘之人，并捉去练勇司事各一名”⑦。

饥民起事并与清政府发生较激烈的一次冲突，是1910年夏天的沔阳事件。当时沔阳“迭遭水灾”，群众困苦不堪，遂有饥民千余人，把本地某富户围抢一空。驻扎沔阳的陆军第41标2营派兵10余名前往弹压，“饥民竟敢与抗，格毙副目一名”。该营管带率全营士兵赶至，“饥民等又各执土枪鸟枪列队对抗，新军伤者数人，饥民死伤者亦十余人”。瑞澂闻

① 《湖北兴国州饥民毁学》，《大同报》1906年6月23日。
② 《湖北通山千余人抢米抢钱》，《大同报》1906年7月7日。
③ 《船工打毁黄陂公所》，《时报》丁未年三月十七日（1907年4月29日）。
④ 《湖北枣阳三四千人抢劫富户》，《时报》己酉年四月初八日（1909年5月26日）。
⑤ 东亚同文会：《支那经济报告书》1909年5月31日第26号，第28页。
⑥ 《附志各省抢米风潮·湖北》，《东方杂志》1908年第5卷第5期，“中国大事记补遗”，第29页。
⑦ 《东方杂志》1908年第5卷第4期，“中国大事记”，第63～64页。

警，赶派第21混成协协统黎元洪率第42标精锐目兵一队，前往防守。沔阳湖民于湖内各口设卡，于要道架设大炮。黎元洪赶到后，收缴枪炮，拿办多人①。

反抗斗争的第三种类型，是以会党为主的反清斗争。会党是清代盛行于中国南部的民间秘密结社，主要成员是运输工人、破产农民、手工业者、无业游民、退伍士兵（在营士兵亦有秘密入会者）等。会党的宗旨原是"反清复明"，到清末则演变为团体互助为主。当时长江流域的会党，有哥老会、洪江会、三点会、江湖会、红灯会等名目，势力最大的是哥老会。湖北的哥老会，"上起荆岳，下至武汉以下，皆已联为一气"②，"兄弟"多达数万至十数万，一直被官府视为心腹之患。

20世纪初，湖北的会党起事连续不断，见诸记载的有：1904年冬襄阳和宜城的"游勇肇乱"及该地的"刀会"应和；1906年1月光化县老河口江湖会首领柯了凡、孙明喜筹划的起事和同年8月该会骨干周志雄、周友芝谋划的重新举义③；1906年罗田张正金发动的会党起事及同年张正金联络麻城会首李仕英、郑大鹏、胡巨成发动的起事，黄冈上巴河会党起事④，通山县会首吴有元、吴松林趁年荒"纠众倡乱"；随州大碑店红灯会起事；1907—1908年罗田、麻城、英山的会党起事，德安府双河集的红灯会起事⑤。

值得指出的是，从20世纪初开始，资产阶级革命党人已注意联络和发动会党，部分会党亦愿意接受革命党人的领导。1900年自立军起事前，

① 《湖北沔阳州饥民滋事经官派兵弹压互有杀伤》，《东方杂志》1908年第5卷第6期，"中国大事记"，第83页。

② 王树枏：《张文襄公全集》第31卷，"奏议"31，北平文华斋1928年刻，第9页。

③ 湖北省地方志编纂委员会：《湖北省志·大事记》，湖北人民出版社1990年版，第123～124页。

④ 《湖北添兵驻防》，《时报》丙午年六月二十日（1906年8月8日）。

⑤ 《各省军事纪要》，《东方杂志》1906年第3卷第10期，第173页；《各省军事纪要》，《东方杂志》1907年第4卷第10期，第118页。

兴中会曾派史坚如、毕永年到长江中游各省与哥老会联络，从此双方建立了初步联系。共进会成立以后，相当重视吸收会党，做了不少工作。但会党对革命的理解只限于“排满”、“兴汉”、“灭洋”，对民主共和等知之不多，加上地域观念浓厚，组织散漫，很难统御。1909 年，刘英下属的龚自英、刘伯旗部自行在汉水中游发动暴动，黄申芗下辖的柯玉山部也在咸宁、通城、通山一带自行起事①。这些斗争虽造成了一定的声势，但由于会党缺乏号召力，各自为战，缺乏有力的统一指挥和战略眼光，均很快在清军的镇压下失败。

辛亥革命前，湖北最大规模的会党起义，是温朝钟于 1910 年冬在川鄂交界处发动的铁血英雄会起义。温朝钟是湖北咸丰县人，1906 年在四川加入同盟会，回乡后与黄明星等发起组织风俗改良会和铁血英雄会，当地土家族、汉族群众加入者甚众。1910 年，温、黄集合 200 余人在四川彭水凤池山起事，四川黔江县令派兵围剿。起义者全体剃发下山，突破包围，于 1911 年 1 月 7 日乘胜攻进黔江县城，稍后又进驻咸丰县城。温朝钟的起义队伍取名“国民军”，温朝钟自任司令总长，黄明星任军需，人员达 8 000 余，在咸丰、黔江一带宣传革命，威震川鄂。1 月 12 日，国民军在黔江城西被大队清军打败。27 日，温朝钟等数十人壮烈就义②。铁血英雄会的起义，显示出在革命党人领导下的会党起义已逐渐具备近代民主革命的思想特征。

以上学生和新军群体中有组织的革命活动、工农群众和会党分子的自发反抗，大多属于体制外的政治斗争。即这种斗争不具有“合法”的性质，而被清政府视为要从根本上推翻自己的统治。因而这些反抗斗争，无不受到官府的武力镇压，在革命条件尚不具备时一再归于失败。但是，

---

① 《秘密会党起事》，武汉大学历史系中国近代史教研室：《辛亥革命在湖北史料选辑》，湖北人民出版社 1981 年版，第 424～429 页。

② 湖北省博物馆、武汉市档案馆：《武昌起义档案资料选编》（中），湖北人民出版社 1982 年版，第 157 页。

连续不断的反抗斗争，提高了人民群众的思想觉悟，推动了革命形势的发展，有力地动摇着清王朝的腐朽统治，也迫使顽固守旧的统治集团进行若干自救性的改革。

第二节 政治参与的扩大和体制内外斗争的汇合

清末新政催生出了近代商人群体，这个群体在20世纪初的湖北已成为一支不容忽视的社会力量。新式教育造就了一批新士绅和新型知识分子，而1906年以后的“宪政”给他们提供了难得一见的政治参与和表达意见的合法机会。但是，清王朝的若干举措和根本目标，同商人、立宪派的经济、政治诉求常相冲突，于是形成体制内的矛盾和斗争。清末由于召开国会和铁路国有两大问题，使立宪派和商人丧失了对清王朝的最后一点期望和忠心，于是出现了体制内、外的斗争未能同心，却已协力的客观情势。

一、商人群体的温和抗争

湖北新式工商业主在追求自身利益时，对外商和官府既有某种程度的依赖，也存在着利益冲突，因而商人群体对中外反动势力作过一些温和的抗争。1904年，汉口各商宣布与德国礼和、瑞记两洋行断绝贸易关系。1905年，汉口钱业界公议禁用英国麦加利银行票据。1906年6月，武昌白沙洲和汉阳鹦鹉洲两地的竹木商人一因捐税过重，二因初次勘测粤汉、川汉铁路路基，计划占用此两处竹木集散地，遂连日在湖南会馆集会，决定一致拒交竹木捐，以示抵制。张之洞急调“楚材”、“金瓯”两舰移泊两地江岸，以防暴动，同时被迫更改铁道线①。1907年，汉口大同钱庄因英国麦加利银行拒付拆银票4.5万两，“特邀詹文律师至英京

① 湖北省地方志编纂委员会：《湖北省志·大事记》，湖北人民出版社1990年版，第131页。

大审院控告，经大审院讯供得直断，令该银行照付并偿还常年七厘息银，所需讼费亦由该行偿还”①。

以商人群体为主的反抗斗争，主要是1905年的抵制美货运动。1894年，美国政府与清政府续订《限制来美华工保护寓美华人条约》，表面声称保护寓美华人，实质是限制中国人赴美，歧视虐待华工。1904年条约期满，国内舆论和各界群众要求废约，而美国执意延长条约，激起中国人民的义愤。1905年5月，上海新闻界和商务总会号召全国抵制美货，旨在迫使美国修订条约，汉口各帮商董闻风而动。6月，汉口各界在大董家巷长郡会馆召开千人以上的群众大会，表示一致抵制美货。7月28日，各帮商董在四官殿集会，决议“凡办美货者，一律停办；其本不销美货者，一律不购用美货”。8月6日，汉口商界再次集会于华景街人镜学社，商人刘少舫、梁泽声、徐励身、李鹤群等相继发表演说。会后人镜学社和文明拒约社印发传单，通电国内外同胞“加厉抵制”，“坚持到底”。

正当抵制美货运动蓬勃发展之时，清政府却连续发布诏令，声称“禁用美货”等“有碍邦交”，“且于华民商务亦大有损失”②。但直到10月，报载汉口抵制美货运动“近来较前益勇”。如武昌、汉口的百余家缝衣店不顾生意损失，协议同业各店概不收做美国衣料。本小利微的摊贩也将美国香烟“悉付一炬”。码头搬运工“相约不运美货”。连美国教会圣公会开设的英翰印字馆的中国工头，亦不顾被革出教门、解雇甚至入狱的危险，主动承印抵制美货的传单，以至被传教士扭送巡捕房拘押，引起全体工匠的罢工抗议③。商人胡德隆、朱益敬等，为抵制美国面粉进口，集资60万元，在硚口创办了瑞丰面粉公司。

---

① 《各省商务汇志·湖北》，《东方杂志》1907年第4卷第9期，“商务”，第100页。
② 世恭：《清实录·德宗景皇帝实录》第59册，中华书局1986年影印本，第271页。
③ 湖北省地方志编纂委员会：《湖北省志·大事记》，湖北人民出版社1990年版，第118～119页。

武汉商人的抵制美货运动坚持了半年多，终因清王朝和美国政府的勾结镇压，上海商人的率先动摇、分化、退缩而趋于沉寂。但这场斗争亦取得了一些成果：首先是清政府终究未敢与美国政府续签限制华工赴美条约；其次，使美国对中国出口的商品，尤其是煤油和面粉在1905—1906年间大幅度下降，而同期国内的民族工业，如机器工业、纺织工业、面粉工业都乘机得到了一定的发展；此外，这场运动还提高了人民群众的爱国觉悟和斗争精神，商人群体此后更踊跃地参加了立宪运动和保路运动。

二、新士绅领导的湖北立宪运动

20世纪初，由于内外危机的加深，清王朝也感到无法按照原样维持统治了，遂于1905年秋作出“预备立宪”的姿态，派载泽等五大臣出洋考察宪政。1906年又宣布“仿行预备立宪”，1907年谕令各省筹办谘议局，并在北京筹设资政院。朝廷的本意不过是装门面，但在国内以新士绅为主体的立宪派却抓住时机，力图登上政治舞台。

根据清王朝颁布的《钦定谘议局章程》，谘议局每年应召开一次为期四五十天的“常年会议”，此外如有需要也可召开若干次临时会议。其作用是“采取舆论”、“指陈通省利弊，筹计地方治安”，亦有审查预算、提出各种建议之权。从谘议局成立到武昌起义爆发的两年内，湖北省谘议局开过两次“常年会议”和若干次临时会议，共计提出107项议案，主要集中于“兴办教育”、“发展实业”、“维护主权”和“整饬吏治”等问题。其中《整顿湖北吏治案》、《严禁违律苛罚案》、《整顿统捐案》等议案，对当时的法弊和时弊作了深刻剖析，对贪官污吏加以纠举弹劾，亦有一定作用。如侵占堤工款项、贪污赈粮的荆州知府斌守俊，就是因谘议局的提案而遭到惩处。同时，谘议局要求湖北官府“裁冗员”、“勤考核”、“定公费”、“专责任”、“禁积压”，并强调财政开支“费定后划清界限，某为官款，某为地方款。已定官款，地方不得剥削，已定地方款，官亦不得挪用”，“凡地方自筹之款，听其存案，上不得提，官不过问”①。在1910年12月上旬的一次临时会议上，审查藩司的财政预算时，谘议局表示对追加的80万元欠款不予认可。可见谘议局是不甘当政治摆设，而想有所作为的。

但是清王朝既抱定了“大权统于朝廷，庶政公诸言论”的宗旨，各省督抚亦想操纵和控制谘议局，于是出现“言者谆谆，听者藐藐”的局面。谘议局的建议和提案，首先要经督抚裁夺，双方意见相持不下时，提交资政院，而资政院议论后仍须请旨，等待最高统治者一言定夺。即使督抚同意施行的，各主管衙门亦会“视之为例行公牍，毫未确定遵办”。而且，根据光绪三十三年（1907年）九月十三日以“上谕”形式发布的《各省谘议局章程》，督抚如果认为谘议局“议事有逾越权限”，“所决事件违背法律”，或者“有轻蔑朝廷情形”，“妨害国家治安”等，可以“令其停会”甚至“奏请解散”②。湖北谘议局第二次常年会议提出的《法令公布规则十六条案》就被督署逐条驳斥，并被认为此类事情“非谘议局所能提议”。其他建议和提案被督署采纳，并真正由各衙门贯彻施行者，多为无关大局的琐屑之事。朝廷和督抚对待谘议局的这种态度，迫使湖北谘议局中的立宪派紧密配合全国的立宪运动，进行更加激烈的政治抗争。

还在湖北谘议局第一次常年会议之前，即1909年秋，张国溶就在武昌成立了宪政筹备会。同年12月，外省国会请愿代表于定一、孙洪伊、罗杰等人来湖北，张国溶等邀请武昌商会和湖北教育总会等团体一起欢迎，这是湖北谘议局与武汉商、学社团联系的开端。随后，为响应江苏省谘议局议长张謇对朝廷提出的“一年之内召集国会”的要求，湖北省谘议局派代表赴上海参加“请愿国会代表团谈话会”。1910年1月，第

---

① 《谘议局关于整顿湖北吏治之议案》，武汉大学历史系中国近现代史教研室：《辛亥革命在湖北史料选辑》，湖北人民出版社1981年版，第217～219页。

② 故宫博物院明清档案部：《清末筹备立宪档案史料》（下册），中华书局1979年版，第681页。

一次国会请愿失败后，湖北立宪派马上组织了以张国溶为干事长的“湖北国会请愿同志会”（又称“汉口宪政同志会”），鼓动各界向督署上书，并派代表联络各省进京陈诉。同年夏天，滞留北京的国会请愿代表组织各省谘议局联合会，汤化龙出任主席，表示誓“以请开国会及结合谘议局争预算为职志”①，回鄂以后继续推动国会请愿运动。

1910年6月，第二次国会请愿又被朝廷拒绝之后，湖北省谘议局、国会请愿同志会及绅商学界团体于7月12日召开数百人的大会，提出“不开国会，人民不承认捐税”的口号，表示坚决响应各省国会请愿代表发出的“再作第三次请愿之举，矢以百折不挠之心，持以万夫莫拔之力，三续四续，以至十续”的号召②。同年11月11日，张国溶等在汉口岭南会馆召开大会，共有39个团体的2 000余人参加。次日，在湖北国会请愿同志会的带领下，4 000余人齐聚谘议局，公推张国溶、吕逵先及其他团体代表8人，同赴督署请愿，向瑞澂呈递请愿书。瑞澂虚与委蛇，表示愿意“上奏续请”，要求请愿诸人“静候”③。这次请愿活动，是武汉地区当时规模最大的政治事件之一。

1910年9月下旬，在各省谘议局均已产生的基础上，资政院组成并开议。立宪派抓住这一时机，决定提前发动第三次国会请愿。10月，国会请愿代表团迭向资政院和监国摄政王载沣上书。同时，由东三省总督锡良领衔，计有总督、巡抚、将军、都统18人联名上奏，请即时设立内阁，明年召开国会。这些督抚、将军之所以配合立宪派，一是受到各省立宪派官绅的压力和影响，二是希望摆脱一些朝廷亲贵集权的束缚，争得较多的地方权力。在这种情况下，朝廷才于11月4日发出“谕旨”，

① 《汤化龙行状》，武汉大学历史系中国近代史教研室：《辛亥革命在湖北史料选辑》，湖北人民出版社1981年版，第387页。

② 《国会请愿之近状》，《东方杂志》1910年第7卷第7期，“中国时事汇录”，第177页。

③ 湖北地方志编纂委员会：《湖北省志·大事记》，湖北人民出版社1990年版，第160页。

宣布“预备立宪”期限由原定9年改为5年，定于宣统五年开设议院，并宣称“年限一经宣布，万不能再议更张”；同时谕令各省国会请愿代表“即日散归，各安职业，静候朝廷详定一切，次第施行”①。第三次国会请愿活动实际上仍归于失败，汤化龙等人“郁郁归鄂”。

假立宪之名、行集权之实的清王朝，于1911年5月8日发布上谕，宣布组成以庆亲王奕劻为总理大臣的内阁。内阁的总理、协理、各部大臣共13人，其中皇族7人。全国舆论大哗，称之为“皇族内阁”。各省立宪派相约提前到京，召开各省谘议局联合会的第二次会议，主要目标是推翻皇族内阁。

1911年5月中旬，汤化龙、张国溶、陈登山等人“自鄂入京。发汉口时，送行者达万人”。汤化龙行前“演说至愤激，誓不获所求不止”②。在北京召开的各省谘议局联合会第二次会议上，胡瑞霖强调：“现在一切政治之中心在于内阁，须由此处着手。若不以推倒现内阁为先决问题，则其余皆无讨论之价值。”他还对具体做法提出建议：“递呈（要求撤销皇族内阁的上书）之后，可往劝庆亲王自己辞职，并请诸亲贵劝其辞职。不得，则同到上海开商务、教育、谘议局三联合会，将其罪状布告天下。再不得，则宣布外国，不认新债。”③ 当时，汤化龙、张国溶、胡瑞霖都积极推动倒阁，被视为立宪派中的激进派，汤化龙被推举为各省谘议局联合会第二届会议的审查长。

会议期间，立宪派进行了组党活动。5月30日，宪友会在松筠庵召开发起会，张国溶被推定为“章程”和“政纲”的起草人之一。6月4日，宪友会在湖广会馆召开成立会，汤化龙等参与其事并成为其中骨干。宪友会决定将总部设在北京，各省成立支部。湖北支部就以谘议局

① 金毓黻编：《宣统政纪》第28卷，辽海书社1934年版，第2页。

②《汤化龙行状》，武汉大学历史系中国近代史教研室：《辛亥革命在湖北史料选辑》，湖北人民出版社1981年版，第387页。

③《直省谘议局联合会第二届报告书》，转引自贺觉非、冯天瑜：《辛亥武昌首义史》，湖北人民出版社1985年版，第123页。

为中心，汤化龙、张国淦、胡瑞霖、郑万瞻（在京师大学堂任教）为负责人①。宪友会是立宪派中的激进派政党。

6月11日和7月5日，各省谘议局联合会两次上书请都察院代奏，援引各国公例，以“君主不担负责任，皇族不组织内阁”为由，要求撤销皇族内阁。但均被冥顽不化的最高统治者拒绝。联合会的代表遂连续发表《宣告全国书》和《通告各团体书》，斥责朝廷所作所为是“名为内阁，实则军机；名为立宪，实则为专制”②，公开对“上谕”逐条批驳。他们相约到农历八月间再聚北京“续行请愿……竭诚呼吁”③。但到农历八月中旬，武昌起义已经爆发。

湖北立宪派中的汤化龙等人，在进行国会请愿和反对皇族内阁的同时，还积极参加了拒债保路运动。

三、各界卷入的拒债保路风潮

从19世纪末开始，清王朝陆续筹建铁路，由于财政亏空，只好举借外债。而帝国主义列强正好把划分势力范围与包揽铁路建筑权、借款权结合起来，作为其扩大经济、政治、军事侵略，吮吸中国人民膏血的重要渠道。截至1911年，在已完成的9 618公里铁路中，受列强直接或间接控制的约占93.1%④。清政府举借的铁路债款，合计高达库平银3.3亿两，而实收银为2.94亿两。究其原因，首先是由于利率很高，铁路还未修筑，借款回扣等盘剥就索去了大约10%的数额，铁路修成通车，还须按约偿还借款本息，这种还本付息的开支，一般占各条铁路每年总支出的16.36%～35.11%⑤，致使中国大量财富外溢。

---

① 《宪友会政党开幕记》，《申报》1911年6月7日，第1张第2～3页；《宪友会开大会纪事》，《申报》1911年6月10日，第1张第2页。

② 《谘议局联合会宣告全国书》，《国风报》第2年第14期，“文牍”第12页。

③ 《直省谘议局联合会为阁制案续行请愿通告各团体书》，《国风报》第2年第16期，“文牍”第8页。

④ 严中平等：《中国近代经济史统计资料选辑》，科学出版社1955年版，第190页。

⑤ 徐义生：《中国近代外债史统计资料》，中华书局1962年版，第26页。

更为严重的是，不论是通过直接投资修筑还是通过贷款间接控制的铁路，投资国除了包揽或参与铁路的经营管理外，都还要或多或少地取得开采沿线矿产、森林，架设电线的权利和其他通商的优惠条件。尤其是对于直接投资的铁路，投资国甚至还攫取了设置路警、驻兵运兵、减免课税等特权，进而干涉沿线的行政和司法。所以，举借外债修筑铁路之举，历来受到各地各界的高度关注和强烈反对。

与湖北有关的铁路，主要是卢（京）汉、粤汉、川汉 3 条铁路。

卢汉铁路的借款始于 1895 年。在英、美、德诸国相持不下的情况下，法、俄集团由比利时出面，承揽了全部巨额借款。督办铁路大臣盛宣怀与比利时公司代表，分别于 1897 年 5 月和 7 月签订了草约和正式合同。合同规定：借款总额为 450 万英镑，9 折实付，年息 5 厘，偿还期限 30 年，以该铁路及其所属财产和通车后进款作担保；筑路时和行车后所需材料、设备，除汉阳铁厂供应者外，均归比利时承办。清政府除向比利时借款外，亦拨有官款。卢汉铁路于 1899 年动工兴建，1906 年 4 月通车，铁路行车管理权及营业收入支配实权全由比利时的合股公司掌握①。到 1909 年，清王朝决意以高价赎回路权，自行管理，但“仍是借英人之款偿比国之债，前门拒虎，后门进狼”，“不知何年月日能了此债务，斩此胶葛”②。

1896 年，清政府在成立卢汉铁路公司的同时，又批准了张之洞的建议，允许美国兴筑粤汉铁路。通过谈判，美国垄断资本集团设立的华美合兴公司于 1898 年获得了兴筑粤汉铁路的“让与权”，连带夺取了开采沿线矿产等权益。由于丧失利权太甚，鄂、湘、粤 3 省人民一直坚持反对。而且合兴公司未能在合同规定的 5 年内把铁路筑成，直到 1904 年秋，仅修筑了广州至佛山一段全长 32 英里的支线，干路工程则尺轨未

① 湖北省地方志编纂委员会：《湖北省志・大事记》，湖北人民出版社 1990 年版，第 82、127 页。

②《湖北商办铁路意见书》，汉口汪日升石印局 1909 年冬印行，第 3 页。

铺。加上从1902年起，合兴公司股票已有2/3被法、俄支持的比利时资本家买去，这种拖延工期、暗售股票的行为均违反合同，因此激起了鄂、湘、粤三省的“废约争路”斗争。

1904年春，湖北士绅上书张之洞，称“美商违约，全楚受害，众愤莫遏，公恳挽回，以泯巨患”①。湘、粤两省绅民和留日学生也纷纷要求收回路权。张之洞鉴于“三省绅民，万口一词，力持废约”，也认为“比股即是法股。法与俄合，是此路仍在俄、法掌握之中，危险不可思议。非但英国必有责言，即三省绅民及中国在东西洋留学生，亦必群起哗噪，竭力愤争，不成不休，势将横生枝节，别酿事端”，自己亦“不能当此重咎”②，因而也主张收回自办，不过提出将“废约”改为“赎买”。

经过反复交涉，尤其是1905年中国人民的抵制美货运动，给美帝国主义以沉重打击，美国不得不同意中国的要求。同年8月，中国以675万美元的代价赎回了粤汉铁路建筑权，由鄂、湘、粤三省各自筹款分段修筑。但是，赎回粤汉铁路修筑权的款项，仍是张之洞向英国汇丰银行举借的，这笔借款为110万英镑（约合华银800万两）。约定10年还清，年息4.5厘，每年应还本息10万余英镑。三省按7股分摊，粤、湘两省各摊3股，湖北分摊1股。此笔债款虽不以铁路作抵押，但须“以三省自有之膏捐作抵”，且规定以后粤汉铁路和新修铁路如果举借外债，英国银行有优先承办权，如需向外洋购买铁路机器材料，也应按上述原则办理③。很明显，粤汉铁路摆脱了美国、比利时、法国、俄国的控制，但又陷入受英国控制的危险之中。

粤汉铁路修筑权赎回之后，鄂、湘、粤三省均因官资不足，便改为官督商办。湖北因张之洞厉行“新政”，百般搜刮，加上分摊庚子赔款，

---

① 宓汝成：《中国近代铁路史资料》第2册，中华书局1963年版，第759页。

② 王树枏：《张文襄公全集》第85卷，“电奏”14，北平文华斋1928年刻，第24～26页。

③ 湖北省地方志编纂委员会：《湖北省志·大事记》，湖北人民出版社1990年版，第119～121页。

以至“湖北筹款之多，甲于天下”，商民财力十分困窘。但各界对自办铁路仍怀有很高热情，“开会招股，飙驰云涌”。仅沙市一埠，3天内便认报股金500万元。但张之洞坚持铁路官办的方针，对此不予支持和认可。朝廷亦支持张之洞，于1908年7月任命其为督办粤汉铁路大臣，12月又令其兼办川汉铁路湖北境内段。朝廷和各省官场，将商办铁路收归官办的主张一时甚嚣尘上。

帝国主义国家深知清王朝和张之洞“以官力压商力，以外资杜内资”① 的本意，争相向张之洞借款。从1909年3月到1910年5月，经过一年多的倾轧争夺，最后由英、法、德、美四国组成银行团，共同向粤汉、川汉铁路借款600万英镑。8月，四国照会清政府，要求速订正式合同。而1909年6月已签订的草约规定：借款以95%交付（即回扣为5%），年息5厘，25年还清，以两湖厘金盐税收入作担保；此外，修筑铁路时必须聘用上述四国的工程师，粤汉、川汉铁路如果延长，四国享有继续投资的优先权。

湖北商民风闻铁路建筑权将再次落入外国人之手后，十分气愤。1908年10月，上千群众齐集贡院示威，并通电声明：“官方如借外债，不得以铁路作抵。”② 1909年夏天，草签合同的消息传出之后，湖北“各界人士闻之，大惧利权之外溢，且贻巨患于地方也。群情汹汹，奔走呼号，几如大乱之将至”③。湖北留日学生迅即致函张之洞，表示反对。在东京的湖北留日同乡会、地方自治研究会、教育会等团体联合召开大会，共同组成湖北留日学生铁路会，并发表《致湖北当道书》，谴责向四国银行团举债是“前收回于美，今送之四国”④。

---

① 《光绪三十四年九月大事记·初十日》，《东方杂志》1908年第5卷第10期，“记载”，第94页。

② 宓汝成：《中国近代铁路史资料》第3册，中华书局1963年版，第1197页。

③ 侯祖畲、吕寅东：《夏口县志》第9卷，“交通志”，湖北省长公署1920年版，第3页。

④ 《湖北留日学生铁路会致湖北当道书》，《趣报》1909年11月16、17日。

与此同时，湖北宪政筹备会以“主权利害系于合同”、“庶政公诸舆论”为由，要求张之洞将草签合同交该会审议，被张之洞拒绝。不久，已升任内阁大学士、军机大臣的张之洞死去，拒债保路运动更加形成高潮。此时湖北省谘议局已经成立，于是士绅、商人、学生甚至部分新军官兵，在保路运动中呈合作之势。

10月20日，湖北留日学生代表张伯烈、夏道南回到武汉，部分谘议局议员和绅学各界人士在劝业公所召开欢迎大会，张、夏二人“痛陈借款之病与商办路事之利益及方法”。议员刘赓藻提出，“拟请各议员将所得薪金以九五助捐，即在办事处扣提，以作组织铁路协会经费”。会上还推举“刘赓藻、张国溶、夏寿康、汤化龙、魏寅宾等十人为铁路协会会员”，委托张伯烈、夏道南拟订铁路协会草章①。22日，各界代表40余人在教育会集会，宣布成立湖北铁路协会，以李哲明、吴兆泰为正、副会长。

在此前后，由两湖绅、商发起，联合川、粤绅、商，组成了四省铁路协会，作为维持和监督粤汉、川汉铁路的常设机构。旅沪湖北同乡会由徐士夔领衔发出通电，要求湖北省谘议局和各商会“合力筹拒”，并向邮传部严正声明“不认借款”②。在北京的王鲁香，在奉天（今沈阳）的卢弼，在南京的樊增祥，在河南的李维桢、周兆源，以及在籍的吴兆泰、刘心源、刘邦骥、李绍万、杨守敬等鄂籍著名官、绅，均先后致函湖北省谘议局，建议“以拒借款归商办为唯一主义”。张伯烈、夏道南二人还撰写《湖北商办铁路意见书》，由汉口汪日升石印局印行，广为散发，产生了很大影响。

1909年11月12日，铁路协会以拒债须“重在筹款”，开会讨论具体筹款数额。吴庆焘代表谘议局承担100万元，时象晋代表荆州府承担100万元，卫寅宾代表襄阳府承担50万元，李继膺代表德安府承担50万

---

①《鄂路拒款大会志盛》，《趣报》1909年11月14日。

②《旅沪湖北同乡会公电》，《民呼报》1909年10月28日。

元，郭肇明代表郧阳府承担12万元，吴兆泰代表麻城县承担10万元，黄福代表沔阳州承担10万元，刘洪烈代表汉川县承担10万元，夏寿康代表黄冈县承担10万元，胡汝霖代表江夏县承担10万元。合计口头认款362万元，但后来实际征收极不理想。各界代表“言及筹款，莫不挺身而出，一经征收，往往十不得一”①。

11月14日，湖北铁路协会在汉口四官殿召开特别大会，到会者近3 000人。会议“先由书记员散发东京拒款会代表意见书，次由会长报告立会宗旨，愿牺牲一身，与路事相终始。次由东京代表张伯烈、夏道南登台演说……次由湖北同乡京官举派回鄂代表人张仲炘报告旅京各同乡官集会力争废约情形。以下有商会会长、学生代表、陆军军官、绅士、农人、兵士代表演说，均慷慨激昂。又次有星士（相卜江湖人士）黄孝春演说，并捐钱四串，充协会经费，为富有力者倡。直至下午五时始闭会”。

特别大会之后四天，铁路协会“复在四官殿开会选举职员，到会者千余人”，刘心源为正会长，刘歆生、万昭度为副会长。又推举出晋京代表吴兆泰、宓昌墀、张仲炘、张伯烈等人。“时张伯烈以人微言轻为辞，有军人陶勋臣登台，拔刀断指，坚举张伯烈北上，张即慨允。”七天之后，铁路协会“又在汉口四官殿开商办铁路会议，商界到者千余人。……是日认股约五十万之谱，最多者以刘君歆生为甚，万扔伯诸人次之……湖北绅商学军各界，刻下争相开会筹款……如两湖师范、方言、法政、警察、农业、商业、陆军、特别海军以及各官立、私立学堂，皆提倡捐集路股，不惟教员学生集股，而火房斋役人等，亦各踊跃路事。各初等学生，亦出簿集股”。新军军官中也有人支持自办铁路，“黎统领元洪，曾统带广大，陆军（测绘）学堂刘监督邦骥，已拟提倡军界集股办法”②。

---

① 《湖北铁路协会记录》，转引自贺觉非、冯天瑜：《辛亥武昌首义史》，湖北人民出版社1985年版，第127页。

② 《九记湘鄂路线商借外款情形》，《东方杂志》1909年第6卷第12期，“记事”，第427～430页。

1909年底，湖北铁路协会会长刘心源率代表宓昌墀、张伯烈等启程北上，进京请愿。送行者千余人。刘心源等到北京后，三次上书邮传部，力陈“铁路宜予湖北自办”，延至1910年初仍无结果。“二月初十日后，代表张伯烈日至邮部及徐尚书（世昌）私宅，痛哭力争。”湖北同乡京官及学界、商界600余人，亦在农历二月十二日开会集议办法。“护理湖广总督及铁路协会、湖北谘议局、湖北教育总会、武昌商务总会、汉口商界、善堂、报界，咸有电致军机处、外务、度支、邮传诸部，陈明股款已齐，要求准予商办。”① 声势浩大的拒债保路斗争，迫使朝廷不敢与四国银行团正式签约，并在1910年3月准许湖北设立商办粤汉、川汉铁路公司。但英、美、法、德四国代表马上向清廷外务部施加压力，“催逼外、邮各部签约”②。

邮传部批示揭晓后，湖北各界筹组湖北商办铁路股份公司。因湖北财力不足，各界意见亦不一致，经过多次反复，到1910年9月中旬才正式产生公司领导人。名誉总理柯逢时，总理为旗人扎勒哈理，协理为刘歆生和刘心源。与此同时，征集股款进展迟缓。一因1910年夏秋，湖北大水成灾，市面萧条，各业不振。二因领导人常有变易和意外情况，如铁路公司曾举札凤池为总理，札以无款认股辞而不就；举黎大钧为总理，汉口商界不予承认；柯逢时、扎勒哈理等人，既不认股，亦乏人望；刘歆生“因受鄂督之严斥，颇有辞职之意”；万昭度因“源茂钱庄倒塌”，“顿失财产之信用”。种种原因使“人心多存疑虑，缴股又咸观望不前，以致改设公司以来，所有股款仅实有一百六十万两”③。而鄂境川汉铁路估资约需三千万两，鄂境粤汉铁路亦需近千万两，自筹资金所得与实际需要相去甚远。但湖北商办铁路公司仍在继续征股，且川汉铁路宜昌段

① 《邮传部批准湖北设立商办粤汉川铁路公司》，《东方杂志》1910年第7卷第3期，“中国大事记”，第39页。

② 《十七记湘鄂路线商借外款情形》，《东方杂志》1910年第7卷第8期，“中国时事汇录”，第222页。

③ 《鄂人士之铁路荒》，《民立报》1911年1月16日。

也在1911年春动工。

然而，清政府为了挽救自己行将崩溃的腐朽统治，决意接受奴役性的外债，出卖路权，借以取得帝国主义的支持。1911年1月，盛宣怀出任邮传部大臣，即先后向日本正金银行借款1 000万日元，向英、美、法、德四国银行团借款1 600万英镑，准备推行铁路国有政策。5月8日皇族内阁成立后，次日就公布了铁道干路国有的“上谕”，宣布将“所有宣统三年以前各省分设公司集股商办之干路”，“即由国家收回”，“其从前批准干路各案一律取消”①。5月18日，清政府任命端方为督办粤汉、川汉铁路大臣，20日即与四国银行团签订了借款600万英镑的正式合同。清政府的铁道干路国有政策，不仅是要向外国出卖路权，还蓄意盘剥侵吞各省业已集到的民间铁路股金。如有关政策规定，官办铁路公司接手之后，对于以前已征到商股的处置办法是：对四川省发给国家保利股票，对湖北、湖南两省还本不还息，对广东发还六成，下余四成给无利股票。于是再度激起川、鄂、湘、粤四省的铁路风潮。

湖北方面，在1911年春即已风闻铁路政策有变。为保护路权，各界推举谘议局议长汤化龙进京，在提前举行的各省谘议局联合会上筹议对付办法。4月26日，各界代表数百人在汉口六渡桥宪政同志会办公处所开会，为汤化龙送行②。汤化龙到京不久，皇族内阁成立并公布了铁道国有上谕，他和张国溶等遂把推倒皇族内阁作为主要目标，三次来电请刘心源进京协同争路之事，但刘心源以老病推辞不赴。汤化龙只有“改变方向，隐收民有之实效”，要求对“本年四月以前之民股，不向政府索回，仍归入路股”，由“邮传部发给商民股票”，“嗣后商民有愿附路股者，仍准随时加入”，“川鄂湘等省设置查账会，有稽察铁路用款之权”③。这些要

① 金毓黻编：《宣统政纪》第34卷，辽海书社1934年版，第12页。

②《湖北各界为汤化龙入都拒债争路饯行》，《时报》辛亥年四月初四日（1911年5月2日）。

③《新闻一：湖北人之铁路政策》，《民立报》1911年6月15日。

求显然已失去斗争锋芒，而只求保住若干经济利益，但仍被清政府拒绝。

6月8日，湖北省谘议局邀请来汉的3名四川代表赴谘议局，由副议长夏寿康和17名常驻议员与之会商，决定对邮传部大臣盛宣怀滥借外债，“收路于民，转奉外人，丧尽国权”的行径采取一致抵制行动。湖北在京议员郑万瞻、京官哈汉章等人，联名参劾盛宣怀罪状多端，要求罢免其职。6月17日，军、绅、商、学各界数千人在四官殿铁路公司集会，谘议局散发指控盛宣怀、反对铁路国有的传单。会场中，爱国军人、学生占大多数，他们大呼“救国”。留日学生江元吉以鲜血书写“流血争路，路亡流血，路存国存，存路救国”16个大字①，激励群众。

湖北境内川汉铁路工人“数逾四万……自闻收回国有之命，谣言四起，各包工异常惶骇”。“夫役骚动”，“无日不滋事端，兵警弹压为难”。川汉铁路被迫停工后，商股群起质问，纷纷向川汉铁路宜昌分公司索回股本。筑路工人起而支持，警察“不敢犯其锋芒”。宜昌知府“即请宜防营管带陈嘉猷率队弹压。众股东一见军队弹压，愈为愤极，遂各回乡村，纠集农民二千多人，执械抗拒，殴毙兵士二十余名。……人心惶惶，城内商民亦因之罢市”②。

湖北的铁路风潮自1904年延续到1911年，历时颇长，最先号召鼓动者为学生和士绅，到1908年以后则又加入了立宪派和商人，谘议局、铁路协会成了拒债保路运动的领导者，社会各阶层、各群体均有人卷入，造成很大的声势和影响。但由于湖北士绅和商人软弱，组织不力，意见分歧，加上革命党人正计划利用铁路风潮的时机举行武装起义，受革命党人影响的大多数学生、新军和会党不便直接投入，故湖北的保路斗争远不及四川激烈。但这场斗争深刻地教育了人民群众，使人们清醒地看到了清王朝的不可救药，也加剧了立宪派、商人对清朝统治的离心。全国范围的铁路风潮加速了革命高潮的到来，四川人民的保路斗争则成了

---

① 蔡寄鸥：《鄂州血史》，龙门联合书局1958年版，第52页。

②《宜昌众股东因向公司索还股款与官兵械斗》，《时报》辛亥年六月初三日（1911年6月28日）。

武昌起义的导火线。

四、进步和革命书报的宣传活动

辛亥革命基本上是由新式知识分子发动和领导的一场革命，因而带有强烈的文化色彩。清末湖北在经济上、文化上均属相对发达地区，大批留学生、新式学堂培养的学生、投笔从戎的新军士兵、接受过一定新知识教育的士绅和商人，还有一些有文化的市民，共同形成了武汉浓厚的文化氛围。其具体表现之一，是从外地输进湖北流传和销售的书刊报纸众多，在武汉创办出版的报刊也不少。

由于20世纪初中国的社会矛盾尖锐，各派政治力量、各种社会群体都注重文字舆论工作。湖北官府创办把持的几种官报，自然以宣达政令、传播忠君卫道思想为职志，但因为清王朝已渐失民心，人们对派发派购的各种官报缺乏兴趣。据上海《警钟日报》1904年11月30日刊载的《武汉报刊销数调查》（见表7-1），即可知道当时武汉各界读者选择报刊的大致趋势。

表7-1　武汉报刊销数调查表

报名	销数	读者对象	报名	销数	读者对象
《中外日报》	500	官、商及学堂	《江　苏》	30	新学界
《申　报》	300	官、商及学堂	《政法学报》	30	新学界
《新闻报》	300	官、商及学堂	《湖北学生界》	20	新学界
《国文沪报》	200	官、商及学堂	《东方杂志》	80	官、商、新学界
《时　报》	300	官、商及学堂	《中国白话报》	80	学堂
《警钟日报》	300	新学界	《安徽俗话报》	20	学堂
《汉　报》	300	官、商	《新白话报》	10	学堂
《武汉小报》	20	官、商	《新小说》	30	新学界
《外交报》	50	官、商	《新民丛报》	50	新学界
《政艺通报》	70	学堂	《新新小说》	10	学堂
《浙江潮》	40	新学界			

从上述调查可知，当时态度温和、主张改革而讳言革命的《中外日报》、《申报》、《时报》销数最多，湖北本地报纸则以《汉报》拥有多数读者，《东方杂志》、《新民丛报》亦有相当市场。上述报刊的读者多为官吏和商人。宣传反帝爱国、“排满”革命的《警钟日报》，发行量亦与《申报》、《时报》相等，《湖北学生界》、《浙江潮》和几种白话报，均比较激进，故受到学堂和新学界的喜爱。清末报刊大多兴灭无常，到辛亥革命前夕，《警钟日报》、《新民丛报》和几种留学生创办的刊物早已不复存在，但《申报》、《时报》、《东方杂志》在湖北一直有众多读者。

1905年以后，同盟会的机关刊物《民报》，革命派创办的《复报》，以及1909年后于右任等人在上海创办的《民立报》、《民呼日报》、《民吁日报》等报，均在湖北形成了一定影响。1905年前后，除了公开发行的报刊外，留学生和革命青年为了动员和教育群众，都冒着危险多方设法向湖北输送进步书刊，范腾霄、郑赤帆、曹亚伯、梁钟汉等人对此尤其致力。不少学堂学生和新军士兵都秘密争阅《湖北学生界》、《二十世纪之支那》、《民报》等刊物，以及《革命军》、《警世钟》、《猛回头》、《扬州十日记》、《嘉定三屠记》和《太平天国战史》等书。不少青年读了这些报刊书籍之后，“知道孙中山革命宗旨与康、梁不同。……只有推翻清政府，中国才有复兴希望”①，从而接受了革命的思想主张。

再谈武汉当地报刊的情况。正如当时的有识之士所说，革命和进步的报刊是“无声之金鼓，诛奸之妙器”②。他们一直坚持创办或利用报刊，揭露帝国主义的侵略行径和反动当局的各种罪行，号召人们起来斗争。故清末武汉的报社常被封闭，社长、主笔屡遭迫害，但武汉的革命和进步报纸，亦如当时的革命团体，此伏彼起，赓续不断。还有一些原

---

① 朱峙三：《辛亥武昌起义前后记》，《辛亥首义回忆录》第3辑，湖北人民出版社1980年版，第151页。

② 胡石庵：《湖北革命实见记·绪言》，《辛亥革命在湖北史料选辑》，湖北人民出版社1981年版，第4页。

本持论温和的报纸，在当时深刻危机的刺激下，也逐渐转变立场，勇于针砭时弊，呼吁改革。

清末湖北历时较长的《汉报》，系1893年由英国人创办，初名《字林汉报》。1896年由日本人接办，张之洞于1900年将该报买下，宣布闭馆。1903年重新发行的《汉报》，主要反映绅、商的观点。1903年5月，《汉报》在拒俄运动中，刊载武汉江南旅鄂学生的“拒俄公告”，表示声援拒俄运动，因而引起沙俄驻华公使干涉。1904年7月，《汉报》又触犯武昌知府梁鼎芬，遂改为官商合办。1906年2月，由有江苏候补知县衔、开办了瑞丰面粉公司的朱益敬出资顶办《汉报》后，坚持民办精神，大力鼓吹“从舆论者兴，违舆论者亡”的观点，从1907年起又鼓吹铁路商办，批评清政府预备立宪有名无实，终于在1908年2月被汉口巡警道会同夏口厅以“违背报律”之名封禁①。

还有华字《楚报》，是英文《楚报》开辟的中文版，1904年4月创刊。主办人刘歆生延聘具有革命思想的冯特民、张汉杰等日知会会员担任经理和主笔，因而该报“纵论鄂省政治，不避嫌忌”，“持论颇激昂”。1905年秋，张之洞与英美密订粤汉铁路借款合同，被冯特民、张汉杰觅得草约，于是载诸该报，并撰文抨击张之洞“丧权辱国”。张之洞盛怒之下，命夏口厅将华字《楚报》封闭，并处主笔张汉杰10年监禁②。还有1909年4月由胡玉梅、胡玉潜主办、自称为“风月报章”的《趣报》，其实与立宪派、铁路协会关系密切，自创办后数月，一直连续报道各地的拒债保路斗争情况，毫不避讳各种集会上的激烈言论，尤详载湖北各府县踊跃认购路股的消息，以鼓舞人心，又开辟《谘议局辑录》和《立宪菁华录》两副刊，宣传政治改革③。以刊登商务和商业信息为主的《汉口中西报》，也曾批评清政府“媚外”、“禁止立会结社”和“钳制舆论”。

---

①②③ 刘望龄：《黑血金鼓——辛亥前后湖北报刊史事长编》，湖北教育出版社1991年版，第141、93～95、198～214页。

湖北革命团体从一开始就重视刊物和报纸的作用，在《湖北学生界》上撰文的作者，大多是花园山机关的聚谈者。从科学补习所成立起，革命者就设法利用外国人在武汉的报刊阵地。继前述冯特民、张汉杰出任华字《楚报》的经理、主笔之后，日知会会员余日章、刘静庵于1906年开始主编圣公会的《文华学界》杂志，也乘机宣传反清革命。从1908年开始，湖北革命党人和革命团体更直接自办报纸。如同盟会派姜旭溟等人回武汉办《江汉日报》，共进会派郑江灏等人办《湖北日报》、《政学日报》、《雄风报》，群治学社办了《汉口商务报》，振武学社办了《大江白话报》，文学社续办了《大江报》，李亚东、陈少武等在狱中办起了《通俗白话报》等。

《江汉日报》发刊于1908年3月，主办者姜旭溟、陈伯龙、金鍼三、胡石庵均为留日归国学生。该报存在时间前后不足5个月，但革命色彩最强烈鲜明。该报创办伊始，即标揭“张吾自由之帜”，抨击清政府“仇视舆论”的《新定报律》，宣传三民主义。如该报词林栏刊载勉励主笔的诗云：“民权民族理皆明，贫富相悬恨未平。此去好凭三寸管，纵横江汉说民生。”① 该报对于日本阴谋侵吞我国东北的领土间岛（今吉林延吉地区），对于美国政府的歧视虐待华工，均一一予以揭露。

1908年5月，汉口日本商人枪击中国摊贩，引起罢市风潮。《江汉日报》连日刊载《因摊商纠众捣局罢市系之以论》、《论日商在华界枪伤华民之非理》、《论过去之逐摊、策将来之徙摊》等文，又开辟“汉上大风潮汇志”专栏，编辑《汉口罢市始末记》，介绍事件真相，批判帝国主义的罪行。接着，汉口当局清丈后湖地亩，当地住户发起反清丈斗争。《江汉日报》载文揭露清丈总局兼并湖地，抗议清兵打伤湖民：“后湖一带无约业主惊吓失业，群相聚议，已刊刻申诉苦惨传单，遍贴街市。迨至昨，后湖一带老幼男妇数千余人，拥至清丈局，将该局捣毁。”“巡警

① 《词林·送公无之汉》，《江汉日报》光绪三十四年三月十八日（1908年4月18日）。

遂调来之巡捕营徐升统率营兵，各带枪械……相持之下，打伤湖民八人。”①

当清王朝提出“预备立宪”，以欺骗人民并阻遏革命时，《江汉日报》连续载文加以批驳说：“政府所最不满人意者，一方曰国家预备立宪，一方曰国民程度不及；一方为庶政公诸舆论，士民应准陈言，一方为禁止集会言论，毋许干预政治。至内阁为行政机关，乃以个人私见至未成立，其余组织之资政院、改革之新官制，盖可不问而可知其程度矣。”② 其后，该报又发表《政府立宪之概观》一文，认为“宪政”所设计的资政院，“其职权为政府所总揽矣，其行为被部院之指挥矣。倚命令为支配，视进退于长官”，故未来之“议院亦不动之死物，国会乃无用之空名”；各省之谘议局，“系官绅所合组，而地方之团体无与也……平民之代表何有焉？且也以属吏为委绅，则如附设之局所；俾部院为长督，则如下级之官厅，以故对大府厥有服从之义务，于地方且无责任之行为”。其结论是：清王朝“名曰立宪，实不过专制之变相耳”③。

《江汉日报》从 5 月 30 日起，大胆译载日本《大阪每日新闻》上的长篇文章《革命党史》（日文原名《清国革命党》），至 6 月 19 日全文刊完。译文内容包括革命党有关团体、主义、领袖、起义斗争以及与立宪派的歧异，重点是宣传孙中山先生领导的革命的勃兴、组织、奋斗过程，称赞孙中山是“革命党之急先锋”，是“民族民权主义急进派”的领袖，“法欧美之学说，倒现在之政府，建社会民主政体，且直以武力而期成功”④。这是武汉地区首次公开刊登评介孙中山先生和革命党的文章，其

① 《汉口后湖地户反清丈之风潮》，《辛亥革命在湖北史料选辑》，湖北人民出版社 1981 年版，第 404～407 页。

② 《论中国立宪当求唯一之方法》，《江汉日报》光绪三十四年三月初三日（1908 年 4 月 3 日）。

③ 《政府立宪之概观》，《江汉日报》光绪三十四年四月初二日（1908 年 5 月 1 日）。

④ 《革命党史》，《江汉日报》光绪三十四年五月初一日至五月二十一日（1908 年 5 月 30 日至 6 月 19 日）。

影响自是非同凡响。同年 8 月 14 日，《江汉日报》终于被清廷军机处下令湖广总督陈夔龙严行查禁而终刊。

革命志士常在报纸上议论时政，或对清廷官吏进行抨击。如对张之洞，"各报对他当时施政和他的一言一论，也不客气地加议评，甚至他在金口玩月、洪山登高、两湖师范学堂水阁宴客，也都被骂"。《湖北日报》刊登《石龙》、《怪物图》等诗画，讽刺湖广总督陈夔龙和新军第 8 镇统制张彪，结果报社被封，主编郑江灏和作者向炎生被捕下狱。当清廷颁布铁路干道国有"上谕"后，武汉各报对主持其事的邮传部大臣盛宣怀、督办川汉铁路大臣端方等，"无日不作讥刺之评论"，"笔锋所至，怒骂随之"。1911 年 1 月，汉口发生人力车夫吴一狗事件，地方当局委曲求全，并禁止各报报道。《大江白话报》挺身而出，刊载《洋大人何敢在汉口打死吴一狗》一文，严斥帝国主义的蛮不讲理，并抨击武汉当局，认为"外人这样虐待我们，与当局的腐朽是分不开的"①。

这些进步和革命的报纸，同革命士兵和人民群众保持着密切的联系，反映他们的愿望和要求，因而得到革命者和市民的拥护。群治学社用社内基金补助《汉口商务报》，新军各营队设立了报纸分销处，聘有特约通讯员。文学社成立时还通过决定：军中"社员采访之新闻及其言论，务请《大江报》尽量登载。各营队送义务报一份，以供同志阅览"②。军队中的革命者每月自动捐款订报，而《汉口商务报》、《大江白话报》和《大江报》对于"政军各界腐败黑暗以及种种劣迹"，尤其是长官"克扣军饷、不合舆情之处，无不尽情揭露"，"军中各种事实，一经投稿，必即登载，借以训练社员之胆识，而取得其同情，兼以坚其志"③。

---

① 李春萱：《辛亥首义纪事本末》，《辛亥首义回忆录》第 2 辑，湖北人民出版社 1980 年版，第124 页。

② 章裕昆：《文学社武昌首义纪实》，生活·读书·新知三联书店 1952 年版，第 22 页。

③ 潘康时：《记文学社》，《辛亥首义回忆录》第 3 辑，湖北人民出版社 1980 年版，第 55 页。

《汉口商务报》于1909年10月创办，次年2月由革命党人宛思演变卖田产而得以收购该报，自此成为革命党人的活动据点，享有“革命先锋”的美誉。4月中旬被江汉关道“勒令停版”。1911年1月，革命党人又创办《大江白话报》，继续“抗言时政”，“鼓吹革命”。约在1911年三四月间，詹大悲将其更名为《大江报》，三者一脉相承，主持笔政和参与撰述者有何海鸣、邢伯谦、刘复基、詹大悲、梅宝玑、查光佛、杨王鹏、李抱良、黄侃等人。

1911年春黄花岗之役后，《大江报》把诸烈士的遗文遗信印成单行本，随报分送。又遇事敢言，“每日著论攻刺时政，鼓吹革命不稍讳”。保路风潮中，“痛人心之已死，念大局之垂危，逐日著评论，为鄂人之针砭，意在鼓动社会结团抵抗”，“敢言之名，唯该报首屈一指”①。尤其是当各地武装起义迭遭失败，党人一片悲观情绪，立宪和速开国会的请愿活动也被朝廷压制的时候，《大江报》连续刊登鼓吹激烈行动的时评。如1911年7月17日，该报刊登何海鸣所写题为《亡中国者和平也》的短文，称“政府守和平，即示割让之意。国民不甘，伏阙上书，不足以动政府；有时大张联合之雄风，倡言种种不承认、不纳税之要挟，然亦藏头缩尾，其和平更甚于政府之对外人”②。认为中国对外来之敌不反抗，人民对反动政府不斗争，则中国只有在“和平”中灭亡。

9天后，即7月26日，《大江报》又刊登黄侃所写的时评《大乱者救中国之妙药也》。文曰：“中国情势，事事皆现死机，处处皆成死境。膏肓之疾，已不可为。然犹上下醉梦，不知死期之将至。长日如年，昏沉虚度，软痈一朵，人人病夫。此时非有极大之震动、极烈之改革，唤醒四万万人之沉梦，亡国奴之官衔，行见人人欢然自戴而不自知耳。和平改革既为事理所必无，次之则无规则之大乱，予人民以深创巨痛，使至于绝地，而顿易其亡国之观念，是亦无可奈何之希望。故大乱者，实

---

①《汉口大江报被封情形》，《时报》辛亥年闰六月十二日（1911年8月6日）。

②《时评：亡中国者和平也》，《大江报》1911年7月17日。

今日救中国之妙药也。呜呼，爱国之志士乎！救国之健儿乎！和平已无可望矣。国危如是，男儿死耳！好自为之，毋令黄祖呼佞而已。”①

文章既给醉生梦死者和官迷们以有力鞭挞，也给寄希望于和平改革的立宪派当头棒喝，充满了革命者对专制王权的痛恨和渴望决一死战的豪情。清政府大为震怒，8 月 1 日以“淆乱政体，扰害治安”的罪名查封大江报社，逮捕詹大悲、何海鸣。时黄侃已回家乡蕲州联络会党和发动群众，詹大悲为掩护战友，承认文章为自己所写，“大江报案”一时为全国所关注。

在此前后，湖北还发生了多起封禁报纸的事件，如杨玉如主编的《雄风报》在 1911 年 4 月被查封，《夏报》、《鄂报》（查封前刚改名为《新鄂报》）因揭露官吏丑闻、议论时政分别在 1911 年 8 月 10 日、8 月 19 日被查封，《武汉白话新报》因刊登《大江报被封一月之哀辞》于 9 月1 日被查封。清政府钳制舆论、迫害报人的行径激起社会更大反感，上海的《民立报》、《时报》一再刊登消息，载文抗议。武汉各界的反响更为强烈，尤其出力为《大江报》声援。“汉口各团体以《大江报》平日敢言，一旦被官场摧残，殊为惋惜。拟即代为辩护，将一切情形陈请湖北谘议局提议，以昭平允。汉口各界舆论哗然，连日该馆门口安慰之纸条，哭吊之短文甚多。”② 湖北谘议局亦曾在 8 月 15 日集议，公决由张国溶起草《呈请书》，要求督署从宽处置，如不公正解决，誓以解散谘议局相抗议，并支持《大江报》同人对外散发《通告书》，斥责清政府凶残。但因官方坚持严办，谘议局即软化了态度，撤销呈请。清王朝恨不得置詹大悲、何海鸣于死地，但顾忌中外舆论，判处詹、何一年半监禁。

但仅两个多月以后，武昌起义就爆发了，清王朝转瞬之间寿终正寝。

---

① 《黄季刚诗文钞》，湖北人民出版社 1985 年版，第 29 页。

② 《汉口大江报被封三志》，《时报》辛亥年闰六月十五日（1911 年 8 月 9 日）。

第八章　旧民主主义革命浪潮的涨落

第一节　革命武装斗争在湖北的胜利

20 世纪初，武汉乃至湖北全省的社会矛盾日益激化，各阶层群众的反抗斗争迅猛发展，清王朝在湖北的统治已经动摇。与此同时，湖北的革命党人通过长期艰苦扎实的宣传、发动和组织工作，已暗中形成一支队伍庞大的反清力量。在张之洞为维护王朝政权而建立的湖北新军中，革命党人和同情革命者将近半数，还有一部分动摇观望者可以争取，坚持与革命为敌者成了少数。在武汉各学校和广大市民中，还有许多革命党人和同情革命者。在湖北各地，如大冶、汉川、京山、宜昌、恩施、襄阳、郧阳等地，也都有革命党人在联络会党、农民、学生和驻防士兵。武装斗争的基础已经形成，只要时机成熟和一声令下，革命的枪声就会打响。

一、武昌起义的迅速成功

在 1911 年 9 月 24 日共进会和文学社联合举行的会议上，已经确定了武装起义的指挥、领导人选，布置了有关标、营、学堂战斗行动计划，还确定了起义时间为 10 月 6 日（农历八月十五日）。但南湖炮队事件使起义时间被迫推迟。

就在 24 日会议的前一天（即 23 日）晚上，驻在武昌南湖的第 8 镇炮队有几名士兵将请假离营，同营已加入革命团体的士兵赵楚屏、霍殿臣等为离营士兵置酒饯行，值日排长斥责他们不该在营中酗酒，遭到士兵抢白。24 日上午，值日排长将情况报告该营管带（营长），管带将上述士兵传到营部，滥施刑罚，激起士兵愤慨。赵楚屏、霍殿臣等人当即将营房的家具、玻璃捣毁，并拖出大炮、夺取弹药，准备暴动。张彪闻变，即令马队第8标标统领骑兵就近弹压。而暴动士兵虽夺得大炮，却没有炮门撞针，无法战斗，加上附和士兵不多，只好夺门而出，派人到城内革命机关报告情况，并建议提前起义。

指挥机关诸人通过讨论，最后采纳了刘复基的分析和建议。刘复基认为，如果提前起义，由于“百无一备”，“功亦难幸成”，反而会打乱原定起义的整个部署；另一方面，湖北新军将领和地方官员既害怕朝廷追究，又畏惧激起剧变，可能不会深究①。遂决定坚持原来的起义计划，只令当事的赵、霍二人走避。地方军政当局果然仅以“酗酒闹事”为由，将赵、霍开除，其余概未追究。

但是湖北当局事后加强了戒备。社会上亦纷纷传说革命党将在中秋节举事。10月初，瑞澂、张彪召开防务会议，决定对省城武昌、汉口租界加强防守；“楚豫”、“建威”等军舰起锚，游弋于金口到阳逻一带的江面；城门加派双岗，并实行宵禁。同时下令“将各营所存枪炮机纽拆卸，连同各种子弹一并缴送军械总局敬慎库收藏。所有标统以下、排长以上各军官，每日一律驻营歇宿，不准擅离……一时军纪至为严肃”②。又决定提前一日发放新军中秋节“犒赏”，取消中秋假日，不准士兵外出，发现可疑者即“格杀勿论”。由于军警戒备森严，革命党人觉得不便行动，加上此前派人去上海催促黄兴、宋教仁来汉一事未见消息，故总指挥部又决定把起义日期推迟为10月11日（农历八月二十日）。但宝善里机关暴露事件迫使起义提前了一天。

10月9日（农历八月十八日）下午，孙武等数人在汉口俄租界宝善里14号机关部检验炸药，适值刘公之弟刘同进来，指间所挟香烟的烟灰余烬引燃炸药，顿时硝烟弥漫。孙武面部和右手受伤，当即由同志用衣

---

① 李春萱：《辛亥首义纪事本末》，《辛亥首义回忆录》第2辑，湖北人民出版社1980年版，第141～142页。

②《异哉鄂省若大乱之将至者》，《时报》辛亥年八月十六日（1911年10月7日）。

服蒙住头部，送往法租界同仁医院就医；留下的同志本拟将党人名册和重要文件转移，但管钥匙者不在，无法打开柜锁。此时“浓烟从窗户、屋顶冒出，四邻大呼救火。俄捕四处奔集”，在场诸人只好仓皇逃避。俄租界巡捕进入宝善里 14 号，“即将前后门监守，向楼上各处搜查”，发现炸药，又“用斧把大柜砍开”，发现旗帜、袖章、名册、文告、盖印纸钞，遂将“各物搜洗一空，并将未逃出的刘燮卿带走”①。随后，俄捕又在宝善里 1 号刘公住所逮去了刘同、刘公之妾李淑卿等数人。躲避在俄租界长清里的刘公、李作栋、邓玉麟等人，忙派人到同仁医院将孙武转移。孙武转移之前，要邓玉麟马上到武昌小朝街 85 号起义指挥部报告情况，并建议“马上动手，还可死里求生”。

宝善里失事后，俄国驻汉口总领事当即通告了江汉关道齐耀珊，并转交了搜获各物和刘同、刘燮卿、李淑卿等人。瑞澂得报，首先向俄国领事“致函申谢”，接着下令紧闭武昌城门，调集巡防营、守卫队、教练队巡查街巷，把刘同等人押解武昌湖广总督督署审讯。刘同为青年学生，李淑卿是家庭妇女，他们虽不是革命党人，但因刘公的缘故，仍然知道若干革命党的活动情况和机关所在地，于是在严刑威逼之下作了招供。瑞澂下令当夜进行搜捕。革命党人面临被一网打尽的危险。

与宝善里事故发生的同时，蒋翊武、刘复基、彭楚藩、张廷辅、杨洪胜、蔡大辅、陈磊等人聚集在武昌小朝街 85 号，讨论发动起义的时间，但尚未作出最后决定。下午，邓玉麟、谢石钦、梅宝玑、邢伯谦赶至，报告宝善里失事消息，并转达孙武立即举义的建议。在革命者名册被缴获、地下机关亦已暴露的严峻形势下，刘复基主张马上下令行动，蒋翊武和在场诸人亦纷纷赞成。刘复基当即起草起义通知，蒋翊武阅后签字表示同意。通知的要点是：八月十八日（10 月 9 日）夜 12 点钟举义，以南湖炮队的炮声为信号，起义部队左臂系白布为标志。由工程营

① 李白贞：《共进会从成立到武昌起义前夕的活动》，《辛亥革命回忆录》第 1 集，中华书局 1981 年版，第 525 页。

夺取楚望台弹药库，南湖炮队第 8 标由中和门进城，据楚望台及蛇山攻击督署、藩署。第 29 标、30 标、31 标、32 标在分头控制旗营之后，即分兵把守城门及各要地，并配合主力进攻督署。第 41 标留守兵夺取并守卫官钱局、善后局、电报局。马队进城后，一营配合各处搜索，二营向各城门外搜索 40 里。塘角辎重队于当夜 12 时在驻地纵火助威，塘角工程队掩护炮队十一营由武胜门进城，占领凤凰山。炮队三营占领青山一带，防守江中兵舰。第 42 标一营进攻汉阳，占领大别山（龟山）及汉阳兵工厂，二营占领汉口大智门、硚口一带，三营堵塞祁家湾、花园至武胜关的铁路要地。武昌方面的弹药枪支由楚望台军械库接济，汉阳、汉口则由兵工厂接济①。

通知拟定以后，即由在场同志抄写若干份，派人分送各联络机关、有关标营和测绘学堂，并派邓玉麟、杨洪胜伺机把一批炸弹分送给各营同志。到晚间 10 时，城内各军营均已接到通知，革命者暗中准备，只等南湖炮队的信号。但在这通知和准备的过程中又出了意外：一是杨洪胜在当晚 7 时第二次送炸弹给工程营同志时，见营门戒备森严返身离去，因而被军警怀疑尾追，杨洪胜见不能脱身，返身掷弹，自己亦受伤被捕，押往总督衙门。二是当晚 10 时，邓玉麟“偕徐万年、艾良臣，各执炸弹一个，拟出文昌门至炮队 8 标。不料城门戒严，搜缉甚苛”，邓玉麟等“将炸弹弃置道旁沟内，乃得出。十二时抵南湖，则营门紧闭，不得入。与徐、艾分路逾营墙而入……引至马房，招集代表蔡汉卿、孟华臣、王鹤年、杜鼎、王广聚、张抚国，告以汉口总机关败露，今晚务为破釜沉舟，并力一举。……不幸时间仓猝，消息不灵。城外各营，则俟工程营举事，然后响应；城内各营，又俟炮队举事，然后响应”②。因而通知的

① 此据《武昌两日记》、《文学社武昌首义纪实》、《辛亥武昌首义记》、《鄂州血史》等书记载，但共进会诸人的回忆，均不承认有此书面通知，此事遂成为争讼不决的问题。从后来各起义部队的战斗行动来看，大多数队伍是有步骤、有计划地进行的，可见新军中的革命者早已起草了起义时各部队的行动方案。

② 湖北省博物馆、武汉市档案馆：《武昌起义档案资料选编》（中），湖北人民出版社 1982 年版，第 224～225 页。

9日午夜起义未能发动。

当晚，蒋翊武、刘复基、彭楚藩、陈宏诰、牟鸿勋、龚霞初等人，一直在小朝街85号等候各营起义。而11点钟时，第8镇统制张彪已获“革命党秘居小朝街82号、85号、92号”① 的密报。他在禀告瑞澂后，亲率兵勇数十来小朝街捕人。刘复基守在楼梯口，向上楼的清军投弹，但炸弹未炸。清军一拥而上，将刘复基、彭楚藩、牟鸿勋、龚霞初等人逮捕。与此同时，武昌大朝街、保安门等地各机关及旅社、学社也遭查抄，40余人被捕。蒋翊武因为蓄有长辫，身穿白布长衫，未引起军警注意，得以逾墙逃走，当夜避至汉川。

瑞澂见捕获多人，连夜组织军法会审。他以督练公所总办铁忠为主审，武昌知府双寿、督署参议官陈树屏为陪审，自己坐镇签押房指挥。最先提审彭楚藩，铁忠见彭楚藩身穿宪兵服，而宪兵营管带果兴阿是自己的妹夫，便有意开脱，暗示说：“你是宪兵，何得在此，是去捉革命党的吧?”彭楚藩却大声宣称：“我就是革命党！我就是要为祖宗报仇的。除了满奴汉奸，都是革命党，你们杀也杀不完。”铁忠语塞，禀明瑞澂，判以斩刑。其次提审刘复基。刘一进公堂即说：“要杀便杀，何必多问?”被推出门时还一路高呼：“同胞们，大家起来革命!”接着提审杨洪胜。杨已负重伤，面部焦黑。铁忠等私语几句，即书写斩标。杨洪胜大骂道：“好！只管杀，你们奴才们的末日就要到了!”10月10日凌晨，彭楚藩、刘复基、杨洪胜3人在督署东辕门外从容就义②，时年分别为27岁、26岁、28岁。其他被捕者暂被收监。

10月10日白天，军警又分别在各处逮捕了张廷辅等近20人。瑞澂以为危机已经过去，连连电告朝廷，吹嘘自己“弭患于初萌，定乱于俄顷”，“地方一律安谧”，“堪以上慰宸廑”。朝廷亦回电表彰：“该督弥患

① 湖北省博物馆、武汉市档案馆：《武昌起义档案资料选编》（下），湖北人民出版社1983年版，第619页。

② 李廉方：《辛亥武昌首义纪》，湖北通志馆1947年版，第83页。

初萌，定乱俄顷，办理尚属迅速；在事文武，亦皆奋勇可嘉。”① 但事实证明，统治者高兴得太早了。

新军中的革命党人，在孙武受伤养病，刘公避而不出，蒋翊武遁走外地，彭、刘、杨牺牲，数十人被捕的紧急情况下，面对凶恶的敌人，深知退后一步则死无所，决心冒险发难，奋勇一搏，替烈士报仇，为共和献身。工程营的熊秉坤在本营作了首先发难的布置，又与第 29、30 标取得了联系。塘角辎重队的革命党人也不约而同地进行了当晚举义的部署，并派人进城沟通消息。炮队第 8 标亦被通知，晚间听到城内枪响，即拖炮入城，发动进攻。鸣枪、举火、发炮等信号，在各标营互相联系中很快商定下来。10 月 9 日的行动命令，在推迟一天之后，终于在英勇的新军下层军官和革命士兵的主动行动中，得到了执行。

10 月 10 日（农历八月十九日）晚上 8 时半，武昌起义爆发了。首先行动的是第 8 镇工程第 8 营。革命的新军士兵打响了武昌起义的第一枪。

工程第 8 营驻在中和门内，邻近楚望台军械库。该营士兵有 40％是革命党人，组织较为健全。共进会员熊秉坤（正目）担任革命党总代表，素有威信。10 日清晨得知三烈士死难的确信，熊秉坤即召集各队代表，布置在晚间点二道名时，由工程营鸣枪三发为号，立即起义。

当晚 8 时多，第 8 营第 2 排正目金兆龙、士兵程正瀛等整装实弹以待，被巡棚查哨的排长发觉。金兆龙大呼：“众同志再不动手，更待何时?”程正瀛当即举枪射击，排长负伤而逃。革命士兵听到枪声，立即持枪出棚（宿舍）。代理管带阮荣发、队官黄坤荣、司务长张文涛，闻声持枪前来弹压，当即被程正瀛、吕中秋击毙。熊秉坤立即鸣笛集合队伍，并率领四五十名士兵冲出营门。经过右旗营门时，熊又放三枪为信号，然后率队奔向楚望台。守卫楚望台的工程第 8 营左队党人，也立即起义

① 中国史学会：《中国近代史资料丛刊·辛亥革命》（五），上海人民出版社 1957 年版，第 289～290 页。

占领军械库。两支队伍胜利会师，并掌握了步枪 3.5 万余枝，各类火炮 130 余尊，炮弹充足。熊秉坤以工程营革命党代表名义，宣布起义部队称“湖北革命军”，并下达数道战斗命令①。

继工程营而来的是第 29 标，该标的革命力量亦较雄厚。标代表蔡济民在当天早晨经熊秉坤前来约定后，已经作了布置。工程营起义枪声传来时，蔡济民立刻率数十人鸣枪响应，击退阻挠起义的军官并冲出营门，沿途击毙第 30 标反抗起义的数名旗兵，赶到楚望台与工程营会合。紧随第 29 标之后赶到的是测绘学堂的学兵。该学堂的学兵 100 余人，在方兴、李翊东、甘绩熙的带领下，全部加入了共进会。当晚起义枪声传来后，他们排成队伍，成建制地到达楚望台，装备枪支弹药后，担任通湘门、楚望台一带的防卫。

第 30 标与第 29 标同住一个营区，其第 1 营多为旗兵，在管带部翔宸的控制下，多反对革命；第 2 营大部调到汉口；第 3 营 500 余人中文学社社员将及一半。在第 29 标起义之后，方维、吴醒汉、徐达明等分别带领本班士兵响应，来到楚望台集结待命。

驻扎在南湖的炮 8 标起义，对首义胜利起了重大作用。炮 8 标的革命势力较强，士兵中革命党人甚多，一些排长、队官乃至个别管带（如姜明经）亦倾向革命。该标的革命党总代表为徐万年，代表有孟发承、王鹤年、艾良臣、蔡汉卿、陈天寅等。起义指挥部原定 9 日午夜起义，以炮声为信号，但传令者在 12 时过后才到，以致未能如约举事。10 月 10 日，徐万年等确定了当晚发动的计划，即作了部署。入晚，点二道名的号音刚落，城内枪声骤响，城北塘角火光冲天。徐万年、王鹤年、蔡汉卿等立即将大炮从炮房拖出，先燃炮响应，然后拖炮向中和门进发。炮 8 标除统带龚光明及两名管带未参加起义外，管带姜明经、队官张文鼎等以下军官皆随同反正，故几乎是全标起义。进城途中，炮 8 标在长

① 熊秉坤：《辛亥首义工程营发难概述》，《辛亥首义回忆录》第 1 辑，湖北人民出版社 1979 年版，第 37～38 页。

虹桥击溃了第 32 标中反动军官所率两个队的伏击，并与城内派来迎接的金兆龙等人，绕城而来的辎重、工程两队起义者会合，进中和门抵达楚望台。随即在楚望台、中和门、保安门、蛇山等处，布设炮兵阵地，向督署猛烈开炮①。

在武昌草湖门（后改武胜门）外驻扎的混成协所属炮队第 11 营、辎重队和工程队，在时间上可能还略早于工程的第 8 营举事。当晚 6 时许，各队官集中在炮营开会，辎重队中的革命党人以为机不可失，不如提前发动。遂发一号枪，起义士兵蜂拥集合，夺取子弹分发备用。晚 7 时余，蔡鹏来在炮营马棚放火，炮营管带率部分官兵走避青山。李鹏昇、赵鸿声等率领辎重队起义士兵，因不能进城，遂绕城，经武胜、忠孝、宾阳（今大东门）、通湘诸门，在长虹桥遇上炮 8 标进城队伍，一同来到楚望台。驻塘角工程队亦在 7 时余点燃营房，不久进驻武胜门，并占领凤凰山炮台。炮队蔡鹏来率起义士兵于9 时出营，至次日晨携炮 4 尊进武胜门，协守蛇山头。

第 31 标主力已调往四川，留守武昌者仅百余人。士兵中的革命党人黄元吉、赵士龙得知工程营发难、炮 8 标进城的消息，即率数十人冲出营房，赶到楚望台。第 41 标也有两个营开赴宜昌和岳州，留守武昌的不足一营人，其中革命党人虽多，因黎元洪坐镇指挥，不便行动。黎元洪接到塘角炮营电话，知道塘角驻军起义后，即禁止士兵出入，又把军官集中开会，借以拖延时间。到炮 8 标进城，并发炮攻击第 41 标营房后，该标革命士兵阙龙、岳绳武、廖湘云、邓飞鹏等一哄而起，其他士兵紧随其后，由队官胡廷佐（曾参加日知会和共进会）集合带往楚望台。第 41 标参加起义者约 400 人，先被分配守武胜门，后改作进攻藩署的主力。黎元洪无以为计，避走黄土坡他的参谋刘文吉家中②。

---

① 张文鼎：《炮八标起义经过与汉口战役》，《辛亥首义回忆录》第 1 辑，湖北人民出版社 1979 年版，第 134 ～135 页。

② 阙龙、邓飞鹏 1956 年谈话记录，转引自贺觉非、冯天瑜：《辛亥武昌首义史》，湖北人民出版社 1985 年版，第 195 页。

第32标驻南湖，亦只有400余人留守在营，见起义发动后，党人郑文斌、王立鹏在厨房纵火响应。适炮8标派人来动员他们掩护炮队，单道康、戴鸿炳等遂率起义士兵进城。新军第8镇骑兵第8标第1营亦驻在南湖，其中参加革命活动的士兵已达70%。当晚起义发动之后，各官佐均逃避一空，党人代表祁国钧、沙金海、刘国佐等率领起义骑兵，随炮8标之后行动，进城之后担任通讯任务，当时叫"传骑队"。此外，陆军第三中学的党人代表雷洪、席正铭在起义爆发后即赶到楚望台联系，回学堂后宣布组成学生军，次日整队到谘议局待命。陆军特别小学堂的学生本系各标营抽调而来，故都在原标营参加了起义。

总之，当时驻扎在武昌城内外的新军各标营，均有大部或一部分参加了起义。在起义之初，人数即有2 000左右，到攻下督署时已有4 000之众。除了不肯附从革命而逃走的之外，此时站在革命对立面的，只有辎重第8营、宪兵营、督署卫队、教练队、巡防营、第30标第1营（旗兵占多数）。而具有战斗力的仅是城西南守卫督署和第8镇司令部的兵弁警宪及平湖门外的辎重第8营，兵力在1 500人左右①。

各路起义队伍汇集楚望台之后，熊秉坤自己觉得作为一个正目（班长）难以指挥全局，恰巧有起义士兵引吴兆麟来到。吴兆麟参加过日知会，是参谋学校毕业生，其军事学识为工程营士兵所深知，时任左队队官（连长）。熊秉坤为加强指挥，经过商量，推举吴担任革命军临时总指挥，熊退居副职。吴受任后，对士兵讲话，严申服从命令，共同遵守约章，接着组织兵力进攻督署。当时，从起义士兵到熊秉坤、吴兆麟等均认识一致：只有迅速攻克督署，才能完全控制武昌城内局势。

接近午夜时，进攻督署的第一次战斗展开。当时一共派兵4排，从保安门正街和王府口前后两路攻击督署，无功而返。炮8标进城以后，吴兆麟令其在中和门、蛇山等处布好阵地，发炮助战，同时组织第二次进攻，从保安门正街、王府口、水陆街三路前进。当时夜空漆黑，炮弹

---

① 熊秉坤：《辛亥首义工程营发难概述》，《辛亥首义回忆录》第1辑，湖北人民出版社1979年版，第37页。

难以命中，炮兵建议在督署附近纵火照明。蔡济民在点火之前，劝谕王府口、水陆街一带商民和住户，得到他们的充分理解和配合，迅速举火①。顿时火光冲天，炮兵发炮猛击，督署的钟楼、花厅、签押房，第8镇司令部的马房等处相继中弹。瑞澂慌乱不堪，眼看防线将被起义军突破，深恐无法逃命，于是令张彪坚守，自己却带上家小，以及督练公所总办铁忠、宪兵营管带果兴阿等人，在督署后围墙凿开一洞，带着一排卫兵，仓皇钻出，然后出文昌门逃到江边，躲上“楚豫号”兵轮。

凌晨2时，吴兆麟发令，再次兵分3路向督署进攻。张彪亲自督队，从望山门城上窜下反扑，迫使进攻的起义军退守保安门下。熊秉坤、马荣、伍正林、杜武库、徐兆宾等20余人组成敢死队，一直冲上城墙，与城下革命军相呼应，挫败了张彪的嚣张气焰。同时，起义军在紫阳桥、大都司巷打败清军，攻抵督署辕门。守敌退至大堂，仍凭机枪顽抗。熊秉坤、阙龙等奋勇向前。王世龙、纪鸿钧取煤油在督署纵火，中弹牺牲。起义军在督署战死者多人，但督署连连被炮弹击中，加上烈火焚烧，宪兵、警察、巡防营、教练队及骑兵第11营两队，或死或俘，或溃或降。张彪见大势已去，逃出文昌门，胁迫未响应起义的辎重8营和残兵败卒逃往汉阳，次日黎明被日本领事馆的汽艇送上“楚豫号”兵轮，然后转至汉口刘家庙。

起义军占领督署之后，即转攻藩署。藩署即湖北布政使司和藩库所在地。第41标胡廷佐曾在夜间率起义士兵进攻，但未得手。11日黎明，蔡济民率队来助，凤凰山炮兵阵地发炮攻击，布政使连甲越墙逃走。旗兵队官企图抢劫库银，被革命军捕杀。革命军当即清点，计缴获藩库存银120余万两，造币厂存银80万两，银元70万元，铜元40万串，官钱局铜元200万封，台票800万张，官票2 000万张，银元票240万张，银20万两，银元30万元，总计约4 000万元②。胡廷佐奉命率部守卫藩

① 蔡寄鸥：《鄂州血史》，龙门联合书局1958年版，第87页。

②《黎都督答美国访员问》，《民立报》1911年11月4日；湖北省社会科学院历史研究所：《湖北简史》，湖北教育出版社1994年版，第414页。

库，士兵恪遵纪律，不私掠分文。这笔银钱的缴获，不仅使革命军薪饷和新政权的财政支出得到了保障，而且对湖北军政府拨款支援邻省的革命斗争，颁布一系列减免苛捐杂税的政策，稳定物价和安定社会秩序，均起了重大作用。

武昌起义从10月10日晚上8时余开始举行，历经不到12小时，至11日天明，武昌全城即被革命军占领。一面红底黑边的九角十八星旗，高高地飘扬在滨江的黄鹄矶上空。而且，当天武昌就张贴出了《中华民国军政府鄂军都督黎布告》，标志着革命新政权的诞生。

二、阳夏光复和省内外部分地方反正

与武昌一江之隔的汉阳和汉口的革命党人，亦在积极行动。属于第21协的步队第42标第1营驻汉阳，第2营驻汉口，第3营驻京汉铁路黄河以南沿线。文学社在该标的组织机构称阳夏支部，胡玉珍任支部长兼标代表，邱文彬为副代表。9月24日，文学社和共进会联合制定起义计划，第42标就分配了在汉阳和汉口举义的任务。但是，10月9日汉口宝善里和武昌小朝街机关被破坏的消息，以及刘复基和蒋翊武作出的当晚起义的决定，第42标的革命党人却未得知。

10月11日正午，该标负责联络的文学社社员从汉口到武昌，得知武昌起义已经成功，胡玉珍遂决定当晚10时发难。武昌方面亦派王宪章前去协助。他们与驻汉口第2营的赵承武约定同时行动，并通知驻兵工厂的左队，驻钢药厂的前队闻枪声集合。当晚入夜，胡玉珍鸣枪为号，右、后两队齐赴操场集合，进子弹库夺取弹药。该营管带逃走，右队队官宋锡全（本为日知会会员）临场“反正”，被推为指挥官。后队队官亦参加起义。驻兵工厂的左队，由邱文彬鸣枪集合，并占领龟山，拖大炮3尊布防。驻钢药厂的前队起义，驱散厂警，并以一小队分防黑（赫）山。从武昌逃来的清军辎重第8营残部见汉阳已变，转逃汉口刘家庙①。

① 湖北省博物馆、武汉市档案馆：《武昌起义档案资料选编》（上），湖北人民出版社1981年版，第88页。

10月12日清晨，一艘满载清兵的军舰由刘家庙驶向龟山，系奉瑞澂、张彪之命准备进驻兵工厂。邱文彬下令开炮射击，击中舰尾。清舰见有戒备，向下游逃去。第42标占领汉阳，掌握了兵工厂和钢药厂。这不仅关系到武汉战守局势，起义者亦因此而拥有了大量军火。当时，兵工厂有快枪8 000余枝，半成品11万余枝，子弹200余万发，过山炮56尊，钢炮108尊，已装成的炮弹3万发；钢药厂存有一仓库棉花，硫黄、无烟白药等数百罐①。此后，阳夏战争所需和接济湖南、江西和四川等省的枪炮火药，多仰赖于此。

汉口的革命党人大致与汉阳同时举事。10月11日上午，驻汉口居仁门的第42标第2营革命党人代表赵承武，风闻武昌起义消息，即召开会议，准备起义。适逢汉阳派人来联络，赵承武遂决定两地同时发动。傍晚6时余，赵承武首先率队在居仁门起义，左、右两队响应集合。标统和管带逃走，遂举排长林翼支为指挥。稍后，江汉关卫队和汉防警队百人亦归起义队伍，汉阳援军又到，革命军遂控制了除刘家庙以外的全部汉口市区②。

汉阳、汉口驻军起义后，革命党人认为非扩军不能保护市面和应付即将到来的战争，遂决定由原第42标的两个营扩编为一镇（师）。胡玉珍负责此事，他力荐宋锡全任统制，王宪章、林翼支分任一、二协统领，邱文彬任参谋长，赵承武等人任管带，呈报湖北军政府加委。10月14日武昌批复，对胡玉珍所请各降一级任命，即以宋锡全为协统领，王宪章、林翼支为标统。

林翼支当天以标统名义布告安民：号召商民切勿徒自虚惊，应与起义军共灭满清仇敌；劝告各商照常贸易，所有钱币仍然通行；并申明起

① 邱文彬：《辛亥阳夏光复史略》，《辛亥首义回忆录》第3辑，湖北人民出版社1980年版，第101页。

② 湖北省博物馆、武汉市档案馆：《武昌起义档案资料选编》（上），湖北人民出版社1981年版，第91～92页。

义军派人巡逻街市，维护治安，均为贯彻“保商第一宗旨”。同时，他还派人邀约汉口商界首领到四官殿，共同制定“保商办法五条”：“（一）各商家一律开市。（二）所有台票、洋钱票仍照常通行。（三）各段保安会派员巡街，遇有放火劫抢流氓，送往居仁门营中处决，以保商务。（四）各团体操员，任其领枪械巡街，不愿者听。（五）所有驻汉歆生路余庆里该军一百六十人、驻四官殿六十人、驻居仁门连新招之三百人，共六百余人；驻沈家庙二百余人，其伙食俱归商会供给。”① 两天之后，即从10月14日起，汉口市面的秩序即开始恢复。

由于清王朝政权在武汉统治的崩溃，因日知会丙午之狱而身陷囹圄的胡瑛、李亚东、殷子衡，因“大江报案”被监禁的詹大悲、何海鸣，以及起义前夕因宝善里机关、小朝街机关被破获而被捕的诸人，均得以出狱。李亚东被推为汉阳府知事，詹大悲则由武昌的湖北军政府委派到汉口组织军政分府。

汉口军政分府于10月14日成立，先设于四官殿，旋迁至原汉黄德道衙署（今江汉关大楼背后）。军政分府完全由革命党人组成（且多为文学社社员），詹大悲、何海鸣分别为正、副主任，温楚珩任秘书，胡廷佐任司令，林翼支任指挥，胡瑛任参谋并负责与汉口各国领事的外事干涉。下设司令、参谋、军需、军政、军法、军械、交涉、稽查八处，亦尽由革命党人掌握②。湖北军政府都督黎元洪、原立宪党人汤化龙等，以及孙武等少数共进会会员，对汉口军政分府心存疑忌，曾设法限制、削弱汉口军政分府。但文学社社员在起义军中势力较大，在湖北军政府中握有一定军权的蔡济民、武昌起义后从汉川赶回的蒋翊武以及汉阳的革命军指挥宋锡全，均大力支持汉口军政分府。汉口军政分府的成立，对稳定汉口局势、招募士兵、清除内奸和抗击清军，均发挥了巨大作用。此

① 胡石庵：《湖北革命实见记》，武汉大学历史系中国近代史教研室：《辛亥革命在湖北史料选辑》，湖北人民出版社1981年版，第21页。

② 胡祖舜：《武昌开国实录》（上），武昌久华印书馆1948年版，第53页。

外，汉口军政分府还曾派人分赴湖南、安徽，联络湘、皖两省响应起义。它的存在，对湖北军政府中的旧官僚、立宪派等破坏势力也是一个牵制。

在长期的革命斗争中，湖北革命党人既以武汉为中心开展活动，亦在省内各州县有所布置，同时和外省如湖南、江西、安徽、四川、江苏及上海的革命党人保持密切联系。同盟会亦早制定有“数省同时发难”或“一省发难，各地响应”的战略计划。故在武汉起义爆发之后，省内外各地纷纷响应，共同汇合成一股不可阻挡的反清革命洪流。

湖北境内最先响应起义的是汉川。汉川当时属汉阳府，距离武汉仅数十公里，加上系马口梁钟汉、梁耀汉、梁辉汉兄弟均留学日本并参加革命，故有较坚实的革命基础。1907 年初日知会狱发生，梁耀汉逃往四川，梁钟汉被捕入狱，先监禁于武昌，1909 年递解回籍押监。由于当地绅商的支持，梁钟汉仍得以较公开地进行革命宣传和组织活动。其妻张荫兰在武昌女子职业学校任教，常往来于武昌和汉川，传递消息和运送武器。10 月初，张荫兰从武昌运炸弹回汉川，并告知了武昌起义的计划，梁钟汉便加紧暗中准备。

10 月 11 日，武昌起义胜利的消息传到汉川。当天下午，张荫兰、梁辉汉、黄警亚、童义轩、张殿臣等，在系马口集合数百群众，准备行动。当晚，县城绅商各界代表、城防队长和典狱请梁钟汉出狱，并拥至县衙，知县只好表示顺从，交出印信簿籍。10 月 12 日，梁钟汉在县高等小学堂召开会议，宣布组成汉川军政分府，下设参谋、秘书、军需、稽察等处，全由革命党人担任工作。梁钟汉被举为总司令，并派人到武昌向湖北军政府报告情况。14 日，湖北军政府派张卿云等多人到汉川协助整编队伍，因汉口军政分府已成立第一支队司令部，故以汉川为第二支队，梁钟汉、张卿云分任正、副司令，王守愚为参谋长。起义队伍编为 5 个营，共约 1 000 人，枪械装备由湖北军政府拨给①。汉川革命政权

① 梁钟汉：《我参加革命的经过》，《辛亥首义回忆录》第 2 辑，湖北人民出版社 1980 年版，第 19～22 页。

的建立，对稳定武汉外围，协助以后的武汉保卫战，起到了一定的作用。

与汉川起义同时发动的是京山起义。清末京山会党势力很大，永滗河一带尤甚。出身于当地地主兼资本家的刘英，游学日本并加入同盟会，回国后与胞弟刘铁、族弟刘杰及同志宋镇华，都一直与会党联系。1911 年初，文学社、共进会共推刘英为副都督，稍后共进会把湖北会党编制成军，刘英以副都督兼任第 2 镇统制。刘英在地方具有实力，故一直竭力主张湖北首先举义，甚至表示不惜以京山一隅发难，以为天下倡。

10 月 9 日，汉口宝善里机关失事，杨玉如避走京山，告知有关情况。刘英在 11 日夜即集合千人，袭击清军永滗河巡防营驻兵，缴其枪械。12 日，他打出“兴汉灭满”大旗，适逢武昌派来革命党人报告首义成功的消息。刘英在永滗河发动起义后，很快光复京山县城，19 日又攻克天门县，杀掉知县，开仓济贫。农民踊跃投军，不数日起义队伍发展到 5 000 余人。刘英向湖北军政府请派干部协助，并补充枪械子弹。湖北军政府派去张鹏程、艾良臣、李济臣等数十人，并运去快枪 300 枝，子弹 20 万发。刘英把起义军编为两标，自己兼第 1 标标统，刘铁任第 2 标标统，以李济臣为参谋长，张鹏程负责教练，在天门县设立司令部。

不久，驻扎襄阳的清军巡防营统领刘韫玉率部顺汉水而下，企图到汉口刘家庙与张彪会合，抗击民军。刘英立即在天门县张截港阻击，大败刘韫玉部，迫其向西北逃窜。接着，刘英所部与汉川梁钟汉部配合，先后攻占潜江、公安、监利等县广大地区，又分兵 2 000 人，由刘铁率领，支援武汉防卫①。

紧跟汉川、京山之后光复的是黄州。武昌起义的消息传到黄州，和革命党人已有联系的巡防营士兵乘机活动。10 月 13 日，士兵们拥入府衙索饷，并焚烧标署，知府和巡防营统领慌忙避匿。黄州绅、商、学界代表人物迫使黄冈知县将因日知会案而系狱的吴贡三礼迎出狱，请吴主

① 张难先：《湖北革命知之录》，商务印书馆 1946 年版，第 199 页；杨玉如：《辛亥革命先著记》，科学出版社 1958 年版，第 96～97 页。

持府事。吴贡三奔走各县劝谕反正，自己却不愿做官，故一面暂时维持局面，一面与自治局、保卫局联名报告湖北军政府，请派员前来招抚。

15 日，湖北军政府接到黄州的报告，当即派黄州在省城的革命人士黄楚楠、彭汉遗、李长庚、熊持中、涂觉民、董必武、刘子通、方孝正等人乘江轮前往黄州。当夜，巡防营革命士兵按通知鸣枪示威，举火焚河东书院。黄州知府和巡防营统领终于弃官逃窜。江岸聚集千余人，欢迎黄楚楠等进城①。黄楚楠等进城后，即宣布反正，布告安民。17 日，黄楚楠成立黄州招抚临时办事处，并宣布成立鄂东军政支部（后按黎元洪令改称黄州军事办事处），黄楚楠、彭汉遗分任正、副主任。复将巡防营扩充为一个标的建制，黄楚楠兼任标统②。

黄州革命政权派员到广济田家镇抚慰江防士兵，又分赴各县动员各界响应革命。于是，鄂东各县相继反正，只有麻城县发生了知县、巡防营管带和劣绅合谋杀害策划反正的县议事会议长屈开埏的惨案，旋经鄂东军政支部报告武昌，湖北军政府派兵镇压反动势力，建立革命政权。黄州府各县的光复，使清廷监视武汉的长江水师舰队受到威胁，而湖北革命军得以凭据鄂东，攻击京汉铁路清军，并与江西、安徽的起义军联系，对拱卫武汉具有一定作用。

鄂西以宜昌为中心和先导，亦很快脱离清朝统治。

革命党人从 1910 年起加强了在宜昌的活动，鄂人胡冠南、川人胡绍尧、滇人严绍陵等，先后投入警察界，并与地方人士联络，组成秘密团体公益会，发展会员 200 余人。1911 年春，川汉铁路宜昌至秭归段动工，数万名从各地招募来的筑路工人云集。共进会领导人、四川孝义会首领张百祥到宜昌，在工人中进行组织动员；又同胡绍尧等人的公益会

---

① 李长庚：《黄州光复》，《辛亥首义回忆录》第 1 辑，湖北人民出版社 1979 年版，第 176 页。

② 李西屏：《武昌首义纪事》，《辛亥首义回忆录》第 4 辑，湖北人民出版社 1981 年版，第 94～95 页。

取得联系，在宜昌的四川会馆（川主宫）成立川汉铁路研究会。后来张百祥、胡绍尧被捕下狱。由于保路风潮愈演愈烈，清政府调派湖北新军第 41 标第 1 营及第 32 标第2 营的两个队，进驻宜昌弹压。文学社社员唐牺支、共进会会员胡云龙等，随军到达宜昌，也在这里积极准备。

10 月 13 日，驻宜昌的新军得到武昌起义的胜利消息，胡云龙、杨柱臣、邓金标等即代表军界，与公益会领导人、警界代表严绍陵等取得联系。14 日，上述诸人在宜昌东山寺召开会议，分配任务，准备举事。宜昌清军巡防营统领崇欢闻讯率其一部逃窜，新军管带戴南山、杨正坤、队官施化龙等亦弃军远避。18 日，唐牺支派第 41 标起义部队把守城门，包围荆宜施道行署和宜昌府署，并占领川路弹压局。清廷的道、府官员投诚归顺，宜昌即于当夜宣告反正。19 日，宜昌各界召开会议，推举唐牺支为司令官，成立司令部。宜昌府属各县闻风归顺①。

司令部成立后，除把部分会党编入新军外，又募集新兵，将部队扩建为两个标。新入伍的士兵以筑路工人占多数，他们后来在进攻荆州时起了很大作用。宜昌的起义军曾派一部进驻巴东、巫山和夔府，屏障上游并声援四川革命。

恩施原有吕大森组织的日知会分会、刘汉卿的天锡会等秘密组织，为当地的革命打下了基础。1911 年九十月间，革命党人向炳煜奉命回到恩施，设置多处机关，结纳会党，运动军队。驻恩施的新军第 32 标第 3 营和两个巡防营中的下级军官和多数士兵，通过联络已同意举义。只有新军第 32 标第 3 营管带李汝魁、巡防营管带陈金瑞（后改名朱扬武）、王泽吾举棋不定。

10 月 14 日，武昌起义胜利的消息传到恩施，李汝魁等亦先后接到逃亡在“楚豫”兵轮上的瑞澂和湖北军政府的两份电令。向炳煜先派人致函，后亲自出面向李汝魁劝说和敦促，表示再不作决定，其左右均将

① 胡祖舜：《武昌开国实录》（下），武昌久华印书馆 1948 年版，第 2 页；杨玉如：《辛亥革命先著记》，科学出版社 1958 年版，第 197 页。

倒戈相向。宜昌唐牺支亦派人来晓以利害。李汝魁、陈金瑞、王泽吾见无法抗拒，遂于10月28日正式宣布反正，众推李汝魁为驻恩施分司令部部长，向炳焜为参谋兼书记。施南府属州县遂脱离清政府统治。此后李汝魁被杀，陈金瑞胡作非为，向炳焜被迫返回武昌。湖北军政府派出施鹤安抚使，下令调陈金瑞来省城，陈畏罪逃走，施南得以平定①。

在此期间，湖北新军第42标第3营的革命党人亦进行了英勇的斗争。该营驻防河南信阳，南起武胜关、北到黄河南岸的地区，均为其防区。该营革命党代表刘化欧参加9月中旬的起义筹备会议时，接受了炸毁黄河铁桥，据守武胜关的任务。10月4日，该营革命党人在信阳秘密开会，决定一接到通知，即集合农民、会党、工人数千人行动。但武汉起义后，汉阳支部长胡玉珍派出的送信人迟至18日才到信阳。此时，清军已大举南下，郑州—信阳—孝感的铁路沿线，已有清军重兵把守。炸黄河铁桥已不可能，且第3营营部已处在河南第59混成协清军的包围之中。15日，清廷陆军大臣荫昌率领的大军已抵信阳，该营革命党人只能分散潜伏，相机出击。

10月23日，该营党人王春华率队与清军段芝贵部战于周家洼，起义军死伤20余人，配合作战的铁路工人亦有数人牺牲，终于败退。刘化欧决定改变作战方式，着重破坏交通，炸敌粮食仓库和枪弹运输车。11月1日，起义军炸漯河大桥，未成；7日在东篁店设路障，使清军运兵车出轨，同日晚又炸明港清军粮食仓库；10日纵火焚烧花园源成转运弹药库；17日在祁家湾拆毁路轨一段，使南下清军军车倾覆，死伤众多，同日又在萧家港燃烧清军子弹车。上述行动对清军造成了有力打击。还有一些革命党人经云梦、汉川到达汉阳，参加了汉阳保卫战②。

① 湖北省博物馆、武汉市档案馆：《武昌起义档案资料选编》（中），湖北人民出版社1982年版，第135～139页。

② 刘化欧：《我参加革命经过》，《辛亥首义回忆录》第1辑，湖北人民出版社1979年版，第86～88页。

武昌起义震动了全国，各省革命党人和反清力量大受鼓舞，迅即响应。到10月下旬，已有湖南、陕西、江西、山西、云南5省先后发动起义并建立了革命政权。

最先响应武昌起义的是湖南，发动者是共进会首领焦达峰。1911年9月湖北革命党人举行起义筹备会议时，焦达峰曾出席，当时约定无论谁先发动起义，后者须在10天内响应支援。会后焦达峰即回湖南积极准备。武昌起义的第二天，湖北革命党人派人赶赴湖南，报告消息，长沙全城轰动。18日，湖南革命党人阎鸿飞到湖北请求派兵支援，湖北军政府即命李树芝、阎鸿飞组成湘鄂义军，乘小火轮向湖南进发。10月22日拂晓，焦达峰、陈作新率起义部队攻进长沙城，巡抚余诚格逃走，巡防营统领黄忠浩被杀。湖南成立了中华民国湖南军政府，焦达峰、陈作新分任正、副都督。湘鄂义军于24日光复岳州，两湖连为一气。焦达峰"以援鄂为唯一重大事务"，下令扩军，并于10月28日派王隆中率独立第1协乘船赴鄂，参加武汉保卫战。湖北军政府则以枪械、款项接济湖南。

陕西与湖南同日举义。这天防守军装局的巡防营士兵休假外出，革命党人率起义新军和会党迅速占领军装局，各支起义队伍来局领取弹械后，分头攻占城内各官署和军事要点。陕西巡抚钱能训逃走。次日起义军又进据满城，西安将军文瑞自杀。25日，革命党人和会党首领聚集于军装局，组织军政府，共推留日士官生、同盟会会员、陕西新军营管带张凤翙，哥老会首领万炳南为秦陇复汉军正、副大统领（后改称都督和副都督）。陕西反正之后，清军从河南、甘肃东西两路向陕西进攻，情形危急，赖湖北为之牵制和声援。湖北陆军特别学堂毕业生李载煦，在陕西从事革命活动有年，曾经担任起义军参谋总长。

江西的起义最先实现于九江。武昌起义后，湖北军政府派人前往九江联系。10月23日夜间，驻九江新军起义，九江道、府官员逃走，众推新军标统马毓宝为都督，成立九江军政分府。接着，九江附近的湖口炮台、马当炮台守军相继起义，切断了清军从下游进攻武汉的路线，有力地支援了湖北，湖北军政府亦给九江起义军多方援助。在省会南昌方面，湖北共进会已派人到南昌策动当地新军。随后，湖北军政府又派革命党数十人到南昌，“在商会邀集议绅、军界开会，宣布独立”。10月30日深夜，驻南昌新军第54标起义，南昌的城守、巡防、水师各军挂白旗响应。江西遂脱离清王朝统治。

山西新军中的革命党人，于10月28日夜间发动起义，次日拂晓攻进太原城，击毙巡抚陆钟琦和第43混成协统领谭振德，不到半天占领太原全城。当天，起义领导人和各界代表组织山西军政府，善于投机的阎锡山当了都督，湖北留日士官生孔庚担任起义军参谋长。

云南新军于10月30日晚起义，战斗到次日上午9时，终于攻克军械局和九华山，占领昆明。新军第19镇统制钟麟同、兵备处总办王振畿被杀，总参谋靳云鹏化装潜逃，总督李经羲被礼送出云南。当天，起义者推蔡锷为都督。不久，蔡锷以“援鄂”为名，出兵川黔。在云南参加起义的有湖北籍革命党人李镜明、梅治逸、武丹书、萧兴汉等多人。

在上述起义及其后还要谈到的各省城起义中，还是武昌起义的战斗最激烈，付出的代价和产生的影响也最大。清王朝作垂死挣扎，对各地革命进行反扑，故武汉保卫战也最激烈。

三、激烈的武汉保卫战及其影响

九省通衢的武汉被湖北革命军占领，使清王朝感到极大威胁。清王朝视能否夺回武汉为“存亡关键”，声称“今日必以急复武昌为第一义”①。10月12日，清廷将瑞澂革职，由陆军大臣荫昌指挥清军南下。荫昌先令河南新军第52标张锡元部就近先调汉口，与张彪的残部会合；接着，荫昌自任第1军军统，率第4镇吴凤岑部、第2镇混成第3协王占元部、第6镇混成第11协李纯部经河南进军湖北；又命军谘府正使冯

---

① 中国史学会：《中国近代史资料丛刊·辛亥革命》（五），上海人民出版社1957年版，第342、406页。

国璋为第2军军统，指挥第5镇张永成部、第3镇混成第5协卢永祥部、第20镇混成第39协伍祥祯部为预备队，随后进发。清廷为扑灭武汉革命，调动陆军五六万人，实际投入战斗的达2万以上。此外，清廷还命令曾任海军大臣的萨镇冰为统制官，调动巡洋舰队和长江舰队镇压武汉革命。10月17日，萨镇冰乘“楚有”舰抵达武汉江面，陆续到来的还有“海琛”、“海容”、“海筹”等主力舰和“楚同”、“楚泰”、“江贞”、“江利”、“建安”、“建威”、“湖鹰”、“湖隼”等，总共有10余艘，停泊在阳逻一带，伺机进攻。

湖北革命党人在军政府成立伊始，即作出“先击攘汉口之敌，逐次向北进攻，以阻止清军南下”① 的战略计划。同盟会领导人黄兴、宋教仁得知武汉起义，兼程赴鄂，参与军政指挥。但由于黎元洪的消极和军政府内部旧官僚作梗，革命军主力未从汉口北进。而驻扎信阳的湖北新军第42标第3营，如前所述得到消息较晚，动作慢了一步，南下清军得以从京汉铁路长驱直入，直抵汉口近郊的滠口。而盘踞在汉口刘家庙一带的张彪残部，始终坚持与革命为敌，故滠口至刘家庙一带就成了清军进攻汉口的前沿阵地。

湖北军政府为了抗击清军，10月14日开始募兵，不到5天即招足4个协的新兵约2万人，以后又增招了4个协。到12月，湖北军政府已拥有8个协的革命武装。军政府把武汉三镇划为4个防区：第1区汉阳，由吴兆麟率第1协负责；第2区汉口，由何锡蕃率第2协负责；第3区为武昌武胜门外至青山，由成炳荣率第3协负责；第4区武昌城，由张廷辅率第4协负责；第5协由熊秉坤任协统，作为预备队。另扩充炮队两标、马队两标、敢死队两个大队。敢死队以工程营和第29标中的老兵为基干力量，方兴、马荣、徐少斌、程正瀛分任两队正副队长，在战斗中表现得特别出色。

武汉保卫战于10月18日正式开始。整个保卫战包括汉口战役（10月

---

① 辛亥革命武昌起义纪念馆：《湖北军政府文献资料汇编》，武汉大学出版社1986年版，第315页。

18日至11月1日)、汉阳战役(11月2日至11月20日),即所谓阳夏之战,以及汉阳失守后的武昌保卫战,历时一个多月。

18日凌晨3时,革命军姚金镛部和林翼支部1 300多人,从大智门出发,分兵3路沿铁道线向刘家庙之敌进攻。上午8时,在车站附近展开肉搏战,清军大败。武昌的革命军炮台亦向江中敌舰射击。大约在正午,清军军舰开炮轰击,刘家庙之敌2 000余人分左右两路,向革命军反扑。革命军暂时退回大智门,到下午3时,调换部队轮番冲锋,进展极快。在旁助阵的铁路和铁厂工人、近郊农民,拆毁铁路十余丈,使装载清兵的车头出轨,车厢倾覆。革命军乘胜猛攻,工人、农民手拿铁棍、锄头助战。清军刚从车厢中爬出,即遭迎头痛击,数百人被歼。傍晚,革命军在大智门车站宿营。

19日清晨,革命军步、骑、炮、工、辎共3 000余人,协同进攻刘家庙车站。清军军舰开炮射击,革命军青山炮队亦向清舰开炮,迫使清舰退往阳逻。下午,方兴、马荣率敢死队奋勇突击,张彪残部及河南张锡元等部清军丢枪弃械,逃往滠口,凭借穿过湖面的铁道的三道桥固守。到下午3时,革命军完全占领刘家庙车站,缴获清军帐篷140余顶,粮食600余石,火车头1辆,货车10辆及大量枪炮弹药。革命军留下1 200人在刘家庙阵地防守,其余部队带着战利品返回市区,受到汉口市民和外国侨民的热烈欢迎。

从20日到25日,革命军和清军各以刘家庙、滠口为前沿,在三道桥反复展开攻守战。革命军曾两次占领三道桥,又被清军夺去。敢死队副队长徐少斌在桥上中弹落水牺牲。革命军前线指挥、第2协统领何锡蕃以手枪自伤左臂,住进医院。湖北军政府委派原新军第29标统带,时在军政府任参谋的张景良接任汉口革命军总指挥,同时陆续增派张廷辅的第4协、熊秉坤的第5协等部增援汉口。

26日拂晓,清舰躲过青山炮兵阵地的监视,未遇阻击即达谌家矶造纸厂江面,炮轰革命军阵地,革命军500余人牺牲。清军王占元部、李纯部在清舰炮火支援下进攻刘家庙,革命军退守大智门。下午清舰退走,第2协标统谢元恺组织反攻，又夺回刘家庙。

27日拂晓，清军分3路向革命军进攻，革命军亦分路迎击。双方人数虽大体相等，但革命军的武器处于劣势，且士兵多为未经训练的新兵，缺乏实战经验，全赖士气高昂，英勇抗击。战至下午，清军用大炮、机枪掩护前进，第4协统领张廷辅受伤，所部亦伤亡过大，被迫后退。革命军炮队第2标统带蔡德懋、敢死队队长马荣等壮烈牺牲。而汉口前线总指挥张景良在关键时刻暴露出其内奸面目：当清军还未攻到刘家庙时，他下令焚烧革命军的弹药辎重；前线吃紧时，他竟逃走，不知去向。随后有人发现他正与匿居汉口的原清军第八镇司令部参谋刘锡祺密谋，当场将其抓获，扭送汉口军政分府。

27日一番苦战，双方各伤亡2 000余人，清军占领了刘家庙江岸车站、大智门等地。革命军退入市区歆生路一带，准备巷战。当晚，革命军各部指挥官在华洋宾馆会商，将汉口防御阵地分为5区，分别由熊秉坤、胡效骞、甘绩熙、杨传建、伍正林负责。湖北军政府继续派兵增援汉口。汉口军政分府的詹大悲等人审讯了内奸张景良，因恐解押武昌后被黎元洪宽纵，遂在江汉关将其处决①。

清王朝加强了进攻武汉的军事部署。27日，内阁奉上谕任命袁世凯为钦差大臣，指挥湖北战场作战，冯国璋统率的第一军、段祺瑞统率的第二军及海军舰队均归袁世凯调遣节制。袁世凯动身南下，荫昌在孝感向袁世凯交代之后回京。清廷不仅继续把大量军火运往前线，还拨出宫中内帑银100万两作军饷，让前线官兵为朝廷卖命。

28日，黄兴、宋教仁一行从上海来到武汉，受到黎元洪及军政府的热烈欢迎。黄兴欣然接受指挥汉口作战的任务，并于当晚赶到汉口视察阵地。军政府特制一丈二尺长的大旗两面，上书斗大“黄”字，“由领队

① 剑农：《武汉革命始末记》，《民国报》第1号；中国史学会：《中国近代史资料丛刊·辛亥革命》（五），上海人民出版社1957年版，第231、336～337页；辜仁发：《辛亥革命阳夏战争述略》，《辛亥首义回忆录》第1辑，湖北人民出版社1979年版，第188～189页。

人手执前进，使沿途人人知道黄兴到汉督战”①。吴兆麟、杨玺章、蔡济民、徐达明等随行，以备咨询。汉口防御阵地情况尚佳，军心稳定。湖北军政府又调杨载雄所率第6协、汉阳宋锡全所率第1协的大部增援汉口前线。此时湖南、九江、陕西、山西等地起义的消息频频传来，更给革命军将士以极大鼓舞。当晚，黄兴在汉口满春茶园设立司令部，部署防务。

29日，清军抵汉口的已有第2、4两镇，计1.5万人，加上刘家庙、滠口原有清军，人数多达2万以上，且第5、20镇正在南下途中；而守卫汉口的革命军总数不到6 000人。是日拂晓，清军以重炮轰击，革命军火力不济，常待清军逼近，始出与之肉搏。清军遂不轻进，专用大炮摧毁革命军工事，造成革命军较大伤亡。革命军只好缩短防线，集中兵力于张美之巷、土垱、六渡桥、满春茶园一带。

当天，黄兴为了扭转被动局面，亲自指挥各军向大智门清军阵地反攻。黄兴身先士卒，率先头部队攻至歆生路一带，给予清军重创，并夺回前失山炮数尊。但清军调来大量增援部队，并沿铁路线向玉带门进犯，企图截断革命军后路。革命军遂转攻为守，依托街市楼房顽强抵抗，使清军每前进一步都付出重大伤亡代价。

30日，清军第2镇统帅冯国璋到汉口，见革命军拼死抵抗，清军难以长驱直入，遂命令所部采取纵火焚烧一段街道、前进一段的凶残手段。从10月31日起，清军连日四处举火，从歆生路、花楼街开始，一直烧到满春茶园，又从满春茶园烧到硚口。汉口繁华市区化作一片火海，市民有出而救火者，清军即开枪射杀。大火一连三日三夜不熄，十里长街成为焦土，遭难者不下数十万家，财产损失无法统计。在清军的火攻之下，革命军被迫节节后退，先退至玉带门，然后渡过汉水，退守汉阳②。

---

① 李春萱：《辛亥首义纪事本末》，《辛亥首义回忆录》第2辑，湖北人民出版社1980年版，第192页。

② 湖北省博物馆、武汉市档案馆：《武昌起义档案资料选编》（上），湖北人民出版社1981年版，第91～98页；《武昌起义档案资料选编》（中），湖北人民出版社1981年版，第255～282页。

黄兴尚不肯撤退，军政府特地派出多人，会同黄兴身边随从，挟以渡江。11月2日晨，汉口陷落。

冯国璋指挥兵卒纵火焚烧数日，在日本驻汉口领事馆的情报、英国公使给英国外交部的电文中，均有确切记载。冯国璋在给袁世凯的电报中亦说："徒步匪人众多，皆匿汉镇，多方诱击，终不显露。街市复杂，断难冒放。……汉镇连日为炮火轰击，焚烧多处，料匪难驻足。"①尽管闪烁其词，但仍表明纵火对清军有利，显系清军所为。事后有本小书《金城湘汉百事》记载："民军抵汉，尽力保护居民安宁。讵自九月初九日夜，清军进据华界，即纵火焚烧，惨无人理。兹将被焚地址调查志之：一、河街上至大通巷河下止。一、中街至安善堂止。一、后街至马路止。一、下街至招商局止。一、黄陂街后仅帝主宫、万寿宫两处尚存，余尽被烧。一、大智门一带至新马路兴业银行旁止。统计华界房屋烧去十成之九，汉镇精华至此殆尽。"②冯国璋的暴行，不仅激起湖北和全国民众的愤怒，在北方统率新军的部分将领如张绍曾、卢永祥、伍祥桢和暗中策划革命的蓝天蔚都电请清廷惩办冯国璋。列强驻汉口领事馆因大火危及租界利益，也向清廷致电抗议，并宣称"现各国代表拟请鄂军政府担负汉口交涉全权，并将与中国政府要求重大赔偿"③。清军虽用火攻夺取了汉口，但政治上、外交上却陷入被动。

在历时半个月的汉口争夺战中，革命军民牺牲数千人。刘家庙下段江岸长湖地、刘家庙后古德寺东南大冢、大智门的内球场街、利济北路的烈士坟，硚口罗家墩、萧家地的若干丛葬，均掩埋有牺牲者的遗体。受伤者更不计其数。清军伤亡亦重，只得在占领汉口后休兵十日待援。

汉口失陷前夕，起义者在汉阳、汉口的军政机构相继解体。担任湖

---

①《闵尔昌旧存有关武昌起义的函电》，《近代史资料》1954年第1期，第66页。

② 王葆心：《续汉口丛谈·再续汉口丛谈》，湖北教育出版社2002年版，第22页。

③《黎元洪为奉闻北京各国外交团致汉口领袖领事电致各省都督电》，《湖北军政府文献资料汇编》，武汉大学出版社1986年版，第598～599页。

北军政府外交部长的胡瑛，对自己的职权地位很不满足，见汉口败局已定，遂指使同为湖南人的第 41 标统领宋锡全带兵回湖南夺权。宋锡全于 11 月 1 日晚谎称奉黄兴之命，率同王宪章、胡玉珍等携带大批士兵饷械撤离汉阳，溯长江而上，退回湖南。湖北军政府电告湖南军政府，逮捕宋锡全并就地正法，王宪章等被拘押多日始获保释。在汉阳驻军撤走时，汉阳府知事李亚东也随之出走。汉口方面，革命军第 3 协统领林翼支在汉口作战颇著功绩，但到 10 月底，其部属溃散，林翼支力不能支，弃职逃回随县老家。詹大悲主持汉口军政分府，在汉口之役中贡献很大，但他与共进会领导人孙武素有矛盾，因杀张景良一事又引起黎元洪的不满。故在汉口危急之际，詹大悲同温楚珩、何海鸣等人于 10 月 29 日乘船东下，去争取江西、安徽革命党人的支援。这一系列事件均有文学社和共进会重生裂痕的因素。

不仅如此，孙武等人还逐渐与汤化龙等立宪派、黎元洪等旧军官沆瀣一气，压制在革命党人中声望极高的黄兴。11 月初，黄兴从汉口退回武昌之后，湖北军政府由黎元洪主持，召开紧急军事会议，会上黄兴首先对汉口之战作了总结，分析汉口失守的原因，提出坚守汉阳的建议，与会者均表示赞同。但接下来讨论黄兴的职务问题，蒋翊武、杨王鹏等根据早先提出的请黄兴“主持大计”的方案，提议以黄兴为两湖大都督或南方民军总司令，使其地位和职权在黎元洪之上；旧军官和立宪派则均表示反对，力主黄兴应由黎元洪委任和统率。他们说：“大敌当前，目前首要任务是驱逐清兵出境，促成各省响应……亟应团结军心，黄兴由黎元洪委任，就是团结一致的最好机会，不可更张，以生内乱。”① 孙武、刘公亦随声附合，黄兴、宋教仁只得迁就。

依照汤化龙、胡瑞霖等人的提议，湖北军政府在阅马场搭起“拜将台”，效法历史上刘邦拜韩信为大将的故事，于 11 月 3 日举行拜将仪式。

---

① 李春萱：《辛亥首义纪事本末》，《辛亥首义回忆录》第 2 辑，湖北人民出版社 1980 年版，第205 页。

湖北军政府都督黎元洪俨然以“主公”的姿态，授给黄兴战时总司令的委任状、印信和令箭，并对黄兴作了推崇备至的讲话。黄兴亦当场发表演说，表示“为国尽瘁，义不容辞”，“军人以服从命令为天职。……兄弟愿从黎都督与诸同志后，直捣虏廷，恢复神州”①。

拜将之后，黄兴即着手组建总司令部，以李书城为参谋长，田桐为秘书长，王安澜主持总粮台。武昌起义人员、留日归国人员和各方投效人员如高尚志、甘绩熙、耿丹、吴兆麟、唐蟒、程子楷、蒋光鼐、陈铭枢、张我权、辜仁发、王孝缜等人，分任参谋、副官、督战员等职。日本友人萱野长知等十余人，也参加总司令部的工作。总司令部先设于汉阳古琴台，后移昭忠祠。

革命军从汉口撤退时，尽管有宋锡全、林翼支等擅自离开，但撤退仍是有条不紊，枪炮辎重转移到汉阳，大小船只均驶离汉口，不留给清军使用。退到汉阳的部队积极设防，“沿襄河岸至赫山一带，均建坚垒”②。汉阳琴断口、汉阳兵工厂各有一标革命军驻守。11月4日，湖南援军王隆中所率第1协到达武昌，5日开赴汉阳；8日，湖南援军甘兴典所率第2协亦到达汉阳。到10日为止，总司令黄兴在汉阳所辖各部计有：鄂军第1协蒋肇标2标，第4协张廷辅2标，第5协熊秉坤2标，第4协1标，炮队1团，工程、辎重各1营，湘军2协（即王隆中、甘兴典所部，但兵不足额，每协实际只有一标人），总计兵员2万余人。

清军方面，此时到达武汉及外围的部队计有第4镇、第2镇、第6镇各1个混成协，共3万多人，集中在汉口刘家庙至硚口一线的有1万人以上。宗关、花楼、汉水和长江沿岸均构筑地堡或设置炮位。冯国璋的司令部设在汉口大智门，袁世凯在孝感坐镇指挥。从11月3日到13日，两军隔汉水对峙。由于全国各地纷纷举行反清起义，清王朝惊恐

---

① 杨玉如：《辛亥革命先著记》，科学出版社1958年版，第160页。

② 中国史学会：《中国近代史资料丛刊·辛亥革命》（五），上海人民出版社1957年版，第234页。

不安，汉口清军亦无斗志，对汉阳的炮击很不准确，革命军无多大损失，汉阳兵工厂照旧加班生产。

在此期间发生了“海军反正”事件，又使清王朝受一沉重打击。武昌起义之后，清政府命令海军提督萨镇冰带舰抵汉，率十余艘军舰停泊阳逻，协同陆军进攻汉口革命军，曾给革命军造成一定伤亡。但海军中虽无革命组织，一些官兵却“同具政治革命思想和民族革命的意识”，各地起义的消息激发了他们的革命热情，许多人自动离舰投奔革命。10月中旬，已任湖北军政府都督的黎元洪两次致函萨镇冰，劝其响应起义。汤化龙亦致书任舰队代理参谋官的弟弟汤芗铭，促其策动海军反正。“海琛”、“海容”、“海筹”3艘主力舰的正电官张怿伯、金琢章、何渭生积极联络，“海筹”舰舰长黄钟瑛等人因同情革命而赞许反正。

11月11日，3艘主力舰及部分舰只从阳逻启碇下驶，途中拔掉龙旗，换上白旗，表示归向革命。14日抵九江，受到九江军政分府热烈欢迎。“海琛”舰舰长、旗人荣续和“海容”舰舰长、旗人喜昌自动去职，“飞鹰”舰帮带旗人吉升投江自尽。被撇在武汉江面的萨镇冰，既不愿协同清军攻击起义军，也不肯反戈相向，遂离开座舰“江贞号”，改乘商轮赴上海。黎元洪致电九江军政分府，又派李作栋持汤化龙信件赴九江慰劳，并请起义舰只来鄂助战。19日下午，黄钟瑛、杜锡珪、汤芗铭等率“海容”、“海琛”、“湖鹄”等舰回到阳逻①。此后陆续到武汉的还有“楚同”、“楚泰”、“楚谦”、“楚观”、“江贞”等舰。在鄂舰只由“楚泰”管带马埙钰指挥，对抗击清军起了一定作用。“海筹”和其他舰只分赴安徽、镇江、上海。

11月14日，黄兴在总司令部召开军事会议，决定反攻汉口。15日作了各种战前准备，计划反攻分两路进行：一路担任主攻，由汉阳渡过

① 中国史学会：《中国近代史资料丛刊·辛亥革命》（七），上海人民出版社1957年版，第474～476页。对到武汉指挥海军者，一说完全不涉及汤芗铭，一说完全不涉及黄钟瑛。

汉水攻打硚口一带，渡河之后分兵三路，集中力量歼灭玉带门的清军；另一路起牵制作用，由武昌青山渡长江进攻刘家庙的清军。

11 月 16 日下午 5 时，革命军在汉水上架起浮桥。入夜之后，各路军均通过浮桥到达对岸，按原计划行动：王隆中率湘军第 1 协为右翼，在博学书院北端至汉水左岸之间展开；甘兴典率湘军第 2 协居中，在博学书院以北堤防上展开；熊秉坤率鄂军第 5 协为左翼，一齐向清军进攻。开始时，王隆中部进展迅速，迫使清军退至韩家墩。玉带门一带战斗激烈，清军有不支之势。至 17 日凌晨 3 时，清军向东北方向退却；上午 9 时，甘兴典部迫近居仁门，鄂军第 9 标进至王家墩。清军惶恐万分，已经准备火车，打算退却。海军起义舰只、武昌凤凰山炮队、汉阳龟山炮队亦向汉口清军阵地开炮，汉阳兵工厂至赫山一线革命军阵地上则不断向汉口清军放枪。

但是，熊秉坤的鄂军第 5 协进展迟缓，新兵缺乏战斗经验。黄兴催令增援的鄂军第 4 协、第 6 协，在清军机枪的不断扫射下未能完成渡河增援任务。计划由武昌青山渡江进攻刘家庙的牵制部队，因指挥杨选青当天未赴前线，贻误了军机，未能起到掩护主攻部队的作用。杨选青后被湖北军政府处决。

下午 2 时，清军援军赶到，形势顿时逆转。革命军因通宵作战，已有损失，加上增援部队未能渡河，牵制部队未能行动，左、中、右翼进攻部队渐渐动摇。左翼新兵先退，中路甘兴典乘马疾走，右翼王隆中头部受伤，被人扶下战场。于是左翼和中路部队大多蜂拥退至汉水岸边，溃兵争渡，溺毙者不少。但王隆中部仍坚持到夜晚才整军退回汉阳。清军又占领了硚口、玉带门等地①。这次反攻的失败，革命军死伤军官 57 人，士兵近 800 人，武器损失甚巨。黄兴回到昭忠祠司令部，愤欲自

① 李廉方：《辛亥武昌首义纪》，湖北通志馆 1947 年版，第 170～174 页；李春萱：《辛亥首义纪事本末》，《辛亥首义回忆录》第 2 辑，湖北人民出版社 1980 年版，第 208～209 页。

杀，经左右力劝乃止，下令加强防守汉阳。

清军见革命军战斗力有限，且北方援军陆续抵达，遂从18日起开始进攻汉阳。清军先在汉口东亚面粉厂附近建筑炮垒，向汉阳射击，掩护架桥，又以大炮多门布列江岸，阻止海军舰只西上。前来增援的部分清军集结于汉水北岸的新沟。19日，清军在新沟架桥，派步兵1标、炮兵1营、马队1队向汉阳前进，下午4时抵马家湖；别遣一部兵力经蔡甸占领城头山。黄兴立即派湘军第2协1个标赴蔡甸阻挡清军渡河，派工程营在三眼桥、仙女山等地构筑防御工事。湖北军政府加派黄申芗率鄂军第7标增援，海军舰只亦与清军炮战。

11月21日，清军由蔡甸渡河，向汉阳进攻，革命军退守三眼桥。经过彻夜激战，到22日，革命军的锅底山、美娘山、仙女山阵地失守。23日下午，革命军曾发起反攻，但湘军两协全无斗志，形同瓦解，革命军只好退守扁担山、汤家山一线。24日，刘玉堂率湖南援军一标赶到汉阳十里铺增援，但扁担山、磨子山又相继失守。

21日至24日期间，湖北军政府曾组织牵制部队，由青山渡江，在海军掩护下进攻刘家庙。但担任指挥的鄂军第3协统领成炳荣昏聩贪杯，毫无斗志。22日晚，他率队出发时，居然走错了方向，后折回青山江边，在“海容”、“海琛”两舰掩护下渡江，在谌家矶以下登岸，行军到三道桥时，遭清军猛烈射击，即不支后撤，退到江边乘船回青山。24日再次渡江，行前成炳荣自己投水，被救起后，部队临时由刘廷璧、胡廷佐指挥。革命军渡江登岸之后，行抵五通口即遭遇早有戒备的清军，双方交战3小时，革命军牺牲300余人，只好退回青山。

在此期间，海军舰船也参加了战斗，除护送革命军从青山渡江、炮轰二道桥和三道桥之外，还上行到江汉会合之处，炮击清军，阻其渡河。但清军据点和大部队均在蔡甸，距离甚远，海军炮火不能到达。而且入冬之后水浅，“海容”、“海琛”吃水较深，不能深入，故只能在长江上下逡巡，炮击清军的沿江工事。

11月25日，革命军与清军仍在十里铺相持，但王隆中擅自率领湘军第1协撤离前线，渡江回到武昌，甘兴典亦率湘军第2协经鹦鹉洲向岳阳撤退。湖北军政府闻讯，先后由蒋翊武、李作栋、谭人凤、李国镛及黎元洪本人，3次犒劳王隆中部，并促请其重返汉阳前线。王隆中一意孤行，次日晚率部潜回湖南。后甘兴典在岳阳被捕正法，王隆中逃匿。

当天，湖北军政府稽查部部长蔡汉卿、军务部副部长张振武等率学生军数百人，渡江到汉阳助战。总司令部参谋甘绩熙抱病赶赴汉阳，从各标营征选敢死之士145人，由甘绩熙、朱树烈等4人率领，于夜间11时偷袭磨子山、扁担山成功。甘绩熙两处受伤，黄兴令刘玉堂接替甘等坚守。但到26日凌晨2时，磨子山、扁担山得而复失，刘玉堂在山头阵亡。

26日上午，两军在汉阳之十里铺一带激战。黄兴亲自督战，总司令部副参谋长杨玺章、鄂军第3协管带王殿甲先后阵亡，赫山炮兵阵地失守。下午4时，清军攻占十里铺。黄兴回到昭忠祠总司令部，下令将汉阳兵工厂中重要机件和所存弹械抢运武昌，焚毁存放在归元寺来不及运走的辎重，然后于晚间渡江撤回武昌。部分革命军和汉阳居民随行。

27日晨，清军由赫山向汉阳城挺进。革命军掩护部队凭借城墙，且战且退。上午10时，清军占领龟山，下午占领汉阳城。坚守到最后的革命军，有的向鹦鹉洲退去，有的乘船渡江。占领龟山的清军向江中开炮，革命军损失惨重①。

总计汉阳之战，革命军军官牺牲137人，伤85人；士兵牺牲2 693人，伤400余人，共计伤亡3 300余人②。清军伤亡亦不下此数。

11月27日上午，湖北军政府召开大会，黄兴、黎元洪等多人出席。会上少数人提议放弃武昌，但多数人坚决反对。当晚黄兴离开武汉，乘船东下，前往江浙就任东南联军总司令之职。继黄兴离汉的有李书城、

---

① 李廉方：《辛亥武昌首义纪》，湖北通志馆1947年版，第170～180页；李春萱：《辛亥首义纪事本末》，《辛亥首义回忆录》第2辑，湖北人民出版社1980年版，第209～214页；辜仁发：《辛亥革命阳夏战争述略》，《辛亥首义回忆录》第1辑，湖北人民出版社1979年版，第195～196页。

② 贺觉非、冯天瑜：《辛亥武昌首义史》，湖北人民出版社1985年版，第309页。

汤化龙、黄恺元、黄中垲、陈登山、雷寿荣、陈磊等人。其他人士离开的亦不少，黎元洪亦将眷属迁往上海。当时武昌形势危急，清军大炮从汉阳龟山上向武昌城内轰击，城内房屋遭到不同程度的破坏，机关职员、居民和投效人员纷纷走避，秩序混乱。革命军的凤凰山炮台、蛇山和黄鹤楼炮队亦向汉阳还击，江面交通断绝，双方隔江对峙。

因黄兴既去，总司令一职开缺，军务部部长孙武与黎元洪商议，命万廷献为护理总司令，蒋翊武为监军。万廷献任职仅一天，即离开武昌去上海。继由蒋翊武任护理总司令，吴兆麟任参谋长。29 日在洪山宝通寺设立战时总司令部，革命军各部按命令进入阵地，构筑工事，加强防守。海军仍有部分舰船在阳逻附近游弋，掩护武昌。江西援军亦于同日开到阳逻。武昌城内经刘公、蒋翊武、吴兆麟、蔡济民、张振武等日夜巡逻布置，人心渐趋安定。

黎元洪自汉阳失守后一直惊恐不安，预作逃走打算。11 月 30 日，都督府被清军炮弹击中后起火，火虽很快被扑灭，但到傍晚黎元洪仍率亲信秘密出城，往葛店方向而去。当晚，蒋翊武、吴兆麟巡视回城，不见黎元洪，忙赶至洪山宝通寺总司令部，打听到黎元洪的去向。12 月 1 日上午，蒋翊武等派甘绩熙、谢洪涛、吴兆鲤持手书追赶，傍晚在王家店追上黎元洪，请其回洪山总司令部，黎不允。这几个人遂一同在王家店住宿，由吴兆鲤回洪山报告。

适值英国驻汉口代理总领事戈飞（H. Goffe，一译作葛福）秉承英国政府旨意，提议停战议和，于 12 月 1 日派英国人盘恩持英领事拟定的停战条款到武昌，并说经双方盖印即可停战。因黎元洪、孙武均不在，遂由蒋翊武、吴兆麟等决定临时刻印盖上。12 月 2 日，吴兆鲤又赶至王家店向黎元洪报告，黎元洪顿时喜形于色，当天赶回武昌办公①。

从 12 月 2 日起，对峙双方停战 3 天，到期后又继续延长 15 天。此后南北和谈正式开始，革命军保卫武汉的战斗遂告结束。

---

① 张国淦：《辛亥革命史料》，龙门联合书局 1958 年版，第 283～285 页。

在将近50天的武汉保卫战中，湖北革命军民主要依靠一省之力，英勇抵抗清王朝的反革命主力部队——以袁世凯为头子的北洋新军的凶狠进攻，付出了沉重的生命和财产的代价。当然，革命军也犯下了许多战略错误：如光复汉阳和汉口之后，没有迅速出兵武胜关，阻挡清军南下；开战后又没有以精兵攻敌后路，而只是在武汉被动防守。还有内部不团结，以黎元洪为首的旧官僚、以汤化龙为首的立宪派在政治上极不坚定，对军事行动多所梗阻；军事指挥员中有部分不能用命的旧军官，屡屡失机误事；文学社和共进会时有龃龉，造成指挥不能统一，命令不能彻底执行。再加上新兵众多，缺乏实战经验，武器装备也不及清军先进。多种因素造成了汉口和汉阳的失守。尽管如此，首义之区的革命旗帜未倒，而且由于武汉战场牵制了清军主力，这使得湖北省内和全国各地的反清斗争继续在多处取得胜利。

在湖北省内，继汉川、京山、黄州、宜昌、恩施等地光复之后，宜昌分司令部于11月16日派出革命军向荆州进发，于11月26日光复沙市。12月初，革命军开始进攻荆州。17日，荆州将军连魁投降，湖北革命军唐牺支部和湖南援鄂部队王正雅部接管荆州。11月14日，郧阳光复。11月25日，安陆光复。11月30日，襄阳光复。

与此同时，湖北军政府设置安（陆）襄（阳）郧（阳）荆（门州）招讨使一职，目的是安定和统一鄂中鄂北地区，既拱卫武汉，又拟经襄阳出南阳，进行北伐，于11月委任湖北将弁学堂毕业生、日知会会员、革命军标统季雨霖为招讨使。季雨霖于11月20日从武汉出发，当时汉阳战事正紧，故只带走步兵一营和僚属数十人。当月下旬，季雨霖在仙桃镇设行辕，合并汉川梁钟汉、天门刘英及从汉阳溃退下来的李亚东三部，12月上旬进驻荆门州的沙洋，然后一路赴沙市，一路北上。1912年1月中旬，季雨霖部聚集襄阳，改编军队，计有步队一协三标，水师三营，还有马队一标和炮队两营，待命北伐①。故在阳夏之战和后来的南

① 高仲和：《北征记》，《辛亥首义回忆录》第4辑，湖北人民出版社1981年版，第152页。

北和谈时期，湖北除了境内京汉铁路沿线为清军控制，汉口和汉阳失守之外，全省十府一州和省会武昌都为革命势力所掌控。

在全国范围内，如前所述，到10月底已有湖南、陕西、江西、山西、云南五省脱离清王朝统治。进入11月，各地武装起义及和平“易帜”形成高潮。

11月3日晚，贵州新军起事，4日成立都督府，不久由杨荩诚率军援鄂。同在11月3日，上海商团、学生和市民组成的群众队伍开始进攻高昌庙制造局，4日占领制造局。在战斗中，湖北枝江人张承樵率领的敢死队作用甚大。11月7日，上海成立沪军都督府。浙江新军亦在11月3日夜间举义，4日开始选举都督。11月5日，江苏巡抚程德全在革命党人的逼迫和士绅的要求下，宣布反正。

湖北革命先驱吴禄贞，武昌起义前任清军第6镇统制，驻扎石家庄。武昌起义后，山西响应，朝廷任命吴禄贞为山西巡抚，意在解除山西的威胁，并借吴禄贞牵制实力最强的袁世凯。吴禄贞乘机于11月6日与山西都督阎锡山合作，宣布成立燕晋联军，自任大都督，率军进驻保定—石家庄一线，扣留由北京运往汉口给冯国璋部的弹械，并拟截断京汉铁路，先翦灭袁世凯部北洋军，再推翻清王朝。袁世凯视吴禄贞为致命威胁，重金收买刺客，于11月7日晚间将吴禄贞刺杀于石家庄火车站。吴禄贞被刺，使北方革命因失去重心而受挫，也使湖北的武汉保卫战更加艰难。

11月7日，广西宣布反正，举出正、副都督，不久由沈秉堃率师援鄂。11月8日，安徽巡抚朱家宝宣布脱离清王朝统治，不久李烈钧率赣皖联军援鄂。同日，革命党人、新军管带林述庆在镇江起义，被推举为镇军都督，占领镇江。11月9日，福建起义，组成福建军政府。同日，已先在广东各属起义的革命军进入省城广州，清朝文武大吏逃走，众推胡汉民为都督。

11月13日，山东巡抚孙宝琦宣布脱离清王朝统治，旋又向袁世凯告罪，取消都督名号。11月22日，重庆的革命党人宣布反正，建立蜀军政府。同日，原被调入川镇压保路起义的湖北新军第22标第1营、第

31标第2、3营在四川资州起义。起义士兵杀死率队入川的督办川汉铁路大臣端方，并占领资州城，宣布组成大汉民国军，推军中党人、原督队官陈镇藩为统领。起义部队自资州开拔返鄂，沿途在内江、荣昌等地协助建立革命政权。部队经过重庆、万县时，受到当地革命政权的欢迎接待，并助以军饷。万县都督还拨盐款10万两、川盐81船运送湖北，接济湖北革命军。12月27日，陈镇藩率部回到宜昌。四川省会成都，也在11月27日成立了脱离清王朝统治的新政权。

浙江、上海、镇江、苏州等地光复之后，浙军、苏军、镇军、光复军及在南京城外的新军第9镇，合称江浙联军，于11月24日开始进攻南京，到12月2日即攻克南京城。攻占南京时湖北革命党人文晋介、柳世裕等，以及由湖北军政府派去的苏良斌等，均发挥了一定的作用。新军第9镇中有鄂籍军官50余人，在战斗中亦有贡献。南京既克，公议由黎天才率光复军援鄂。

湖北江陵人胡鄂公、熊得山，蕲州人蔡得辰，天门人白逾桓等，辛亥革命前在天津、保定、北京等地从事革命活动有年。胡鄂公、熊得山、蔡得辰曾组织共和会。武昌首义之后，胡鄂公曾一度回鄂任职。10月下旬，胡鄂公奉湖北军政府之命，携带经费北上，推动北方革命。12月14日，胡鄂公、熊得山在天津组成北方革命协会，在北京、天津、通州、任丘、滦州多处发动起义，均告失败，蔡得辰和襄阳人陈雄等英勇牺牲。

湖北革命志士蓝天蔚，任新军第2混成协统领，辛亥革命前驻防奉天（今沈阳）。武昌首义后，他与吴禄贞、张绍曾密谋响应。不久，吴禄贞被刺，蓝天蔚被东三省总督赵尔巽逐出奉天，回到关内。上海光复后，蓝天蔚被任命为关东革命大都督、北伐军总司令，统率海陆军，进驻山东烟台。

湖北新军标统杨缵绪，于1908年率同各兵种600余人赴新疆伊犁，日知会会员冯特民、冯大树、李辅黄、郝可权等亦到伊犁。经过几年苦心经营，在伊犁新军中形成了一支革命力量。1912年1月7日，伊犁新军起义，组成临时都督府，杨缵绪任总司令，李辅黄为总指挥，冯特民为外交部部长，郝可权为参议院议长。但新疆大局仍为旧官僚所控制。

总之，武昌首义和武汉保卫战，既牵制了清军主力，又给各地反清革命力量以极大鼓舞。全国大多数地区爆发了革命，建立了脱离清王朝统治的地方政权。尽管北方地区的反清起义基本失败，袁世凯乘机控制了中央政府和直隶、河南、山东等省，还有相当一部分地方所谓的“光复”、“反正”，实为换汤不换药，旧秩序、旧体制甚至旧官僚基本未动，即便是真正由革命者掌握政权的地方，也频频出现倾轧、内争、蜕变或者被旧势力篡夺权力的情形；但是，当时全中国确实出现了一股声势浩大的民主革命高潮。在中国延续了两千多年的专制帝制，统治中国两百多年的清王朝，终于被革命人民推到了历史的尽头。中国大地上出现了新的气象，人们的心中充满了新的希望。

四、湖北各界群众和外地对首义壮举的支持

在历时50天的武昌首义和阳夏之战中，湖北各界人民群众表现出极大的革命热情和牺牲精神，以多种形式直接投入或协助支持这场革命斗争。

先谈武汉地区的情况。前已说到，10月10日夜武昌革命军进攻督署时，需要在水陆街、王府口烧屋照明，以便炮队准确击中目标。蔡济民等对商人和居民加以晓谕，让他们速避，并承诺战后赔偿损失。商民却说：“何须赔！煤油在此，请君等动手。”①他们毫不犹豫地舍弃房屋财产，以利革命军作战。10月14日，湖北军政府下令募兵之后，武汉及附近的工农商学各界及退伍军人奋勇投军，教师、秀才也争相报名。应募者除以个人单独从军者外，还有很多是成批入伍，如熊秉坤的第5协中，有大冶矿工1 000多人②，汉口布帮的工人也是整批从军。革命军

① 居正：《辛亥札记·攻克督署》，《居正文集》上册，华中师范大学出版社1989年版，第44页。

② 熊秉坤：《回忆辛亥首义后的两件事》，《辛亥首义回忆录》第4辑，湖北人民出版社1981年版，第102页。

的兵源相对充足。

在10月16日至27日的汉口刘家庙争夺战中，有成百上千的铁路工人、铁厂工人和附近农民助战。16日下午，当满载清军的火车奔驰而来时，工人农民冒险拆毁铁轨十余丈，使车头脱轨，车厢倾覆。工人农民手持铁棍锄头，配合革命军战士，对从车厢中爬出来的清军迎头痛击，清军“一时死者如墙倒”①。在连续几天的战斗中，“百姓随观者甚众，亦不知身临火线之危，见汉军败衄，则皆愤懑呼詈，直欲徒手助战”②。而在革命军凯旋时，市区一片欢腾。工人争先抢上车厢，卸运战利品；市民为官兵披红挂彩；各饭店、酒家、菜馆争相拿出饭菜酒水，犒劳革命军③。各工厂工人主动为革命军修理炮架，担任运输。当清军企图包抄革命军时，附近居民立即向革命军报告清军的动向。可惜当时革命军对工人、市民、郊区农民未能很好地加以组织。

随后，当黄兴在汉阳组织反攻汉口时，附近的居民、船民积极为搭建浮桥出力。汉阳兵工厂的工人表现尤其突出。枪厂领工余庆鳌、机器厂领工张德芳、炮厂技工曾德胜、枪弹厂技工张家生、炮弹厂技工董绍等，在汉阳光复后立即回厂，招集工人赶制军火。工人“无不奋勉工作，以资军需”，故连日产量大增，“平时每日造枪六十支，现加至八十支，夜工倍之”④。即使在清军炮火威胁之下，工人“仍日夜兴工”⑤，坚持生产。当时子弹需求量极大，库储为之一空，三千多工人日夜加班，有力地支援了革命战争。革命军在龟山构筑防御工事，也“均由厂拨工，

---

① 佚名：《中国革命日记》，转引自章开沅、林增平：《辛亥革命史》下册，人民出版社1981年版，第77页。

② 胡石庵：《湖北革命实见记》，《辛亥革命在湖北史料选辑》，湖北人民出版社1981年版，第33页。

③ 汉口日报编辑部：《革命日志》，转引自章开沅、林增平：《辛亥革命史》下册，人民出版社1981年版，第77页。

④ 中国史学会：《中国近代史资料丛刊·辛亥革命》（五），上海人民出版社1957年版，第174页。

⑤ 杨玉如：《辛亥革命先著记》，科学出版社1958年版，第168页。

（工人）冒险以钢板作掩护，并于赫山搭浮桥”①。汉阳失守以后，不少兵工厂工人转至武昌，在湖北军政府的兵工修理处继续工作。

武汉商界亦踊跃援助革命，且组织工作做得较好。10 月 10 日晚，湖广总督瑞澂逃上“楚豫”兵轮，派人赴汉口商会“央请设法”。商会总理蔡辅卿召集会议讨论，与会者均表示愿“以白布为标记”，服从革命军，只有宋炜臣暗中接济过瑞澂。11 日下午，汉口光复。12 日下午，革命军在四官殿设立司令部，蔡辅卿和商会议董李紫云等主动与詹大悲接洽，决定当晚即由起义军、商团和各段保安会合作，“分巡街市”，“维持地方秩序”。李紫云“深夜率人以馒头、酒肉等数十担，犒劳枵腹终日之军士”。汉口军政分府成立，商团团员刘少舫担任庶务员，在军政分府与商会之间沟通联络。军政分府成立卫队三营，缺乏伙食给养，商会“慨允送十万元以济军需。并分配全市蒸馍店负责蒸馍，汇送分府，每日不下数百担，更有酱菜、牛肉等副食品”②。数天后汉口革命军扩军，湖北军政府始在汉口设置粮台，但仍靠汉口商会接济。商会除一再捐资外，还发起国民捐，募得款项 7 万多元，代筹巨款数十万元③。总计汉口商界资助革命军经费达 100 多万元。此外，湖北军政府还计划以汉口巨商刘歆生、韦紫封的私有土地为抵押，向湖北官钱局借债 300 万两。两巨商表示同意。由于汉口商界的大力支持，“从十月十一日起，迄汉口陷落，分府一切用度，未动武昌官库分文，此实在情形也”④。

汉口军政分府为维持市面，要求各商一律开市，所有货币照旧通行。商会积极响应，动员各店开业，并按军政府指示，发纸币 50 万两，以俾

---

① 章开沅、林增平：《辛亥革命史》下册，人民出版社 1981 年版，第 86 页。

② 温楚珩：《辛亥革命实践记》，《辛亥首义回忆录》第 1 辑，湖北人民出版社 1979 年版，第 55～56 页。

③ 卢智泉、温楚珩：《记詹大悲办〈大江报〉和汉口军政分府》，《辛亥革命回忆录》第 2 册，湖北人民出版社 1980 年版，第 52 页。

④ 温楚珩：《辛亥革命实践记》，《辛亥首义回忆录》第 1 辑，湖北人民出版社 1979 年版，第 57 页。

周转，由各钱庄票号代为兑换，故金融秩序亦趋稳定①。商会的刘子敬、王琴甫等人组织红十字会，并联系了仁济医院、中西医院救治伤兵，共收治伤兵 1 300 多人，药品由商民捐助。

王琴甫、马刚侯领导的汉口各团体联合会，不仅荷枪实弹，操练巡逻，维持治安，捕捉抢劫匪徒，还缉拿奸细，劝谕清军反正。不少人在向火线运送食品、武器和侦察敌情时牺牲。还有部分地段的商团直接和革命军一起对清军作战，如汉口堤口下段商团有 18 人在火线作战；四官殿保安会周松樵等 26 人为革命军助战；汉口龙王庙船帮、土果帮自治会团员，在清军攻占汉口时，冒着枪弹“曳去船只，阻碍北人”。冯国璋纵兵火烧汉口时，汉口商会及各团拼力抢救，有人中流弹牺牲，有人被清军枪杀。清军疯狂报复，专门找到公善保安会所和夏口四区公益会所等处，“特用炸药将会所焚毁，会中器具付之一炬”②。

清军攻占汉口之后，曾邀请当地绅商出来维持市面，大多数商界头面人物避而不出，表现出不肯合作的态度。但当袁世凯得到帝国主义支持后掌握大权，革命派高层领导亦表现出妥协意向，南北和谈公开进行时，汉口商会的上层领导多转向中立、求和，一再呈请把汉口设为自由市和中立区。宋炜臣还提议“请黎副总统转请大总统（指孙中山）与清政府开正式谈判，以其内帑赔偿汉口之损失”③。可见他们最关心的始终是自己的经济利益。

武昌方面，1911 年 10 月 12 日，商会会长吕逵先发起组织地方保安社，旨在协助革命军维持地方治安和市面秩序。典商张良卿捐助万金作开办费。首义之初，革命军膳食支出，曾由商会垫借5 万元。湖北军政府成立，吕逵先、刘树杞、陈英芳等多名商人出任军政府政事部参议，

① 胡祖舜：《武昌开国实录》（下），武昌久华印书馆 1948 年版，第 62 页。

② 扬铎：《辛亥革命时汉口大火及其扑灭经过》，转引自《纪念辛亥革命七十周年学术讨论会论文集》上册，中华书局 1983 年版，第 354 页。

③ 中国社科院近代史研究所：《辛亥革命资料》，中华书局 1961 年版，第 612 页。

黎元洪的“金兰之交”、大商人徐荣廷出任官钱局总理，革命党人时功璧（教育家兼开明资本家时象晋之子）担任造币厂厂长。汉口商会发起募集国民捐时，武昌商会亦募得 4.5 万元。武昌保安社对维护社会治安亦有贡献，10 月 12 日都督府被清军炮弹击中起火，保安社用善堂所备水龙扑救几小时，将火扑灭。吕逵先、徐荣廷也参加了组织红十字会的工作。当然，武昌商会、保安社的头面人物的政治投机色彩很浓。徐荣廷事后利用与黎元洪的交情和关系，以不正当的竞争取得布纱丝麻四局的承租权，经济上发了大财。保安社总绅柯逢时，更是有名的唯利是趋、善于投机之徒。首义之前，他与湖北布政使连甲关系密切，首义当天曾为连甲作掩护，还曾策划致电清廷，出谋镇压武昌起义①。只是因为革命形势发展迅猛，清军难以卷土重来，柯逢时才表示赞成为保安社、军政府筹款。

汉阳方面，光复之后亦由万昭度、张仁芳等出面组织商团，“维持秩序”，“防杜汉奸”，“代汉军押运粮食，不遗余力”，并将谷米三千多担“援救民国”②。还有一位旅鄂的湖南商人李炳炎，“鄂省起义，督粮到鄂，承办鄂省湘米公司。……李奔走呼号，将储存湘米全数接济，复在同乡富商处，劝捐军米约四百石”。军务部长孙武委任其为采购员，接济粮台军需③。

当时积极参加和支援武汉革命的，除工人、商界、市民和郊区农民之外，还有军校学生、普通学堂学生、旧式青年文士、女子、旧军退伍官兵、湖北籍在外地任职和在日本留学的人员等。

湖北陆军特别小学堂的同学，在武昌首义后即发起组织陆军特别同

---

① 胡祖舜：《六十谈往》，《辛亥革命在湖北史料选辑》，湖北人民出版社 1981 年版，第 78～79 页。

②《汉阳商团大概记》，转引自《纪念辛亥革命七十周年学术讨论会论文集》上册，中华书局 1983 年版，第 336 页。

③《湘乡李炳炎援民军》，转引自《纪念辛亥革命七十周年学术讨论会论文集》上册，中华书局 1983 年版，第 352 页。

学后盾军，在湖北军政府的《中华民国公报》上刊登布告，称颂革命，号召同学入伍参战。矿业学堂、工业讲习所、法政养成所、汉口商业学堂以及一些中等学校的学生组成学生军，以陆军第三中学学生为骨干，共有三个营，由军务部派人管训教练。学生军先在武昌担任警戒，缉捕盗匪，汉阳战事紧张时，曾赴汉阳火线和守卫汉阳兵工厂①。当时年龄在 14 岁以上的高等小学一、二年级学生，则组成童子军，驻在方言学堂。童子军的任务是巡查街巷，防止奸人放火投毒，维持市面交通等。都督府中炮起火时，童子军亦拥入扑救。廪生夏显微、夏显柏等人，见已有学生军、童子军，以为文人学士正值壮年，理应益加奋勉，便发出启事倡议成立学士军。还有女志士吴淑卿、陆国香、姚雪琴等呈请成立了湖北女子北伐队。文华学堂女生曹道新等募成女生一队，投军从戎②，一时传为美谈。

来军政府集贤馆的投效人员中，有不少军事人才。他们或者是已经退伍的清军官兵，或者是从外地弃职归来的鄂籍军人。这些人曾组织过独立将校决死团，奉命出黄陂扰敌后路，配合保卫汉阳。他们还曾组成 100 余人的游击队，渡江转战于汉口郊区。汉阳失守以后，原鄂籍新军下级军官潘康时、潘正道、徐镇坤等，又各集旧日袍泽，组成奋勇军，由青山渡江至仓子埠，侧击清军，掩护江西、江南援军渡江。奋勇军转战黄陂，潘正道部还光复了河南罗山③。另一支奋勇军由王安澜召集在汉阳战役中被打散的革命军编成，有 3 800 余人，改编为第 6 镇，驻防随县、枣阳一带④。

在日本各军事学校学习的湖北籍士官生，得知武昌起义的消息后，

---

① 路之炳：《辛亥首义时的学生军》，《辛亥首义回忆录》第 4 辑，湖北人民出版社 1981 年版，第 189～198 页。

② 《武汉革命大风云 · 女生从戎》，《民立报》1911 年 10 月 23 日。

③ 潘康时：《潘怡如自传》，《辛亥首义回忆录》第 3 辑，湖北人民出版社 1980 年版，第 38～39 页。

④ 贺觉非、冯天瑜：《辛亥武昌首义史》，湖北人民出版社 1985 年版，第 316 页。

不少人潜行回国，投入革命军参加作战。在日本明治、高工、正则、铁道、法政、早稻田等校留学的各省学生，组成中国学生决死队，不少人在湖北革命中效力。旅沪湖北人士会同其他志士，组成上海援鄂志愿决死队①，但抵湖北时已经停战，多数团员加入了军政府宪兵队。

在湖北各州县的光复中，主力仍是新军中的革命党人，其他社会阶层和群体亦发挥了巨大作用。

如汉川起义，岑伟生等数十名自治学校、高等小学及圣公会所办学校的进步学生，受梁钟汉的影响而成为发动起义的骨干。汉川的商会会长毛玉成、邑绅周植兰亦支持梁钟汉，汉川革命军中也有农民群众。黄州光复的情形和汉川类似。京山刘英领导的起义，则以会党和农民为基本力量。宜昌的起义也是以新军为主力，联合警界、学界、商界共同发动。商会总理曹启荣在革命军答允“不扰地方”的条件后，同意一同宣布反正。招募的新兵中，“以铁路工人居其多数”②。光复沙市、荆州时，沙市市民和青年组织演说团，宣传革命宗旨和革命形势，群众自动前往听讲者每日达万人。革命军进荆州城时，旗民亦上街表示欢迎。

湖北北部的郧阳、襄阳、安陆等地，距离武汉较远，革命党人在此展开工作极少，革命基础较为薄弱，但是会党组织（主要是江湖会）势力很大。故各地的起义和反正均由保路风潮中调来驻防的湖北新军第29标第3营和马队第8标第3营中的革命党人、下级官兵，特别是江湖会成员所促成。如士兵张国荃、李秀昂等本身又是江湖会会员，故在老河口起义、光化县光复及进攻襄阳、枣阳的战斗中发挥了主力军作用。各地的绅士、商人均以革命党、会党承诺“保全治安”和保护人民生命财产为条件，赞同或附从反正，人民群众更是主动欢迎起义军。

武昌首义之后，湖北军政府曾通电各省，敦促各地起义响应，阳夏之战危急时也曾向已起义的有关省份致电求援。湖北的革命鼓舞了各省的革

① 《组织决死队大会之布告》，《民立报》1911年11月14日。

② 胡祖舜：《武昌开国实录》（下），武昌久华印书馆1948年版，第2～12页。

命反正，并以牵制北洋新军主力及以物力、财力、人力支持湖南、江西、陕西等省的形式，援助了外省的革命斗争。同样，湖北的革命斗争也得到了其他地方的大力援助。当时报纸上有消息说："日来各省志士来此投效者踵相接，尤以军学两界为最多。军政府均量才录用，礼遇优隆。"①

在1911年11月27日即汉阳失陷之前，来鄂援助者以湖南为最多。这就是前述湘军王隆中、甘兴典、刘玉堂三部，还有协助进攻荆州的湘军王正雅部。甘兴典全然为旧式军人，所部原为清军巡防营，思想基础和战斗力都很差，反攻汉口时率先溃退，汉阳战斗最激烈时又擅自撤往岳州。王隆中部多为新军，战斗力较强，反攻汉口时开始颇有进展，王隆中本人亦在火线受伤，但意志不坚定，所部纪律亦差，士兵不用命，故亦擅自从汉阳前线撤走。刘玉堂部在汉阳战斗最激烈时赶到，他本人在火线上牺牲。王正雅部12月初从湖南澧州率1 000余人向沙市进军，12月7日抵沙市。时沙市已经光复，王正雅部遂协同湖北革命军进攻荆州。17日，两军进入荆州城②。但王正雅部后来驻扎荆州、沙市、监利一带时，勒索地方，被湖北军政府驱走。

其他自动来武汉参加战斗者，组织和人数众多。如黄兴来汉时，有一批留日学生随行，还有同情革命的女医师张竹君率领的红十字救伤队，亦同时从上海赶到武汉战场为革命军服务③。有来自广东的200多人，曾组织决死队，参加汉阳作战。又有"决胜团"的组织名称，亦见于当时的文字记载。以北方各军事学校学生为主，加上各省投效人员组成的中央敢死队，抵汉即参加战斗，翌日始过江到武昌休整，然已伤亡不少。在南京的陆军第四中学学生闻武昌起义，即集合同学和其他青年组成江南敢死队，来鄂助战，在阳夏之役中牺牲多人。10月下旬，当汉阳守军

① 《本馆汉口革命之专电》，《民立报》1911年10月25日。

② 湖北省博物馆、武汉市档案馆：《武昌起义档案资料选辑》（中），湖北人民出版社1982年版，第64页。

③ 《女子红十字会之可敬》，《民立报》1911年10月19日；《大革命之大风云·初七日之汉口》，《民立报》1911年11月4日。

宋锡全部擅自撤退时，军务部长孙武曾派蒋肇鉴率领南洋敢死队 80 余人赴汉阳协助防守。此处的“南洋”，亦指以南京为中心的两江地区。另外，武汉首义时，河南为清军进攻湖北的基地，河南旅汉人士对此十分气愤，曾集会发表宣言，号召河南人民响应湖北革命。在汉河南革命人士马云卿、刘凤桐、樊钟秀等，招纳留鄂之豫籍青年，组成北伐先锋队，集合 300 余人，先期北伐抵达南阳①。在各地来汉投效的志士中，李儒清、王佐才、赵启瑞、刘以东等人尤其英勇壮烈。他们明知汉阳不守，犹自奋击清军，死而后已。留日士官生萧钟英在汉阳失守之后，仍组织敢死队员若干人，赴汉阳作战，遭清军机枪扫射，无一生还。

尤其值得一书的，是当时还有华侨协助和实际参加武汉保卫战。日本横滨某华侨，曾招募华侨 60 人，自备火轮 1 艘来鄂，作为战时运输队，专为革命军运送军火。同是横滨华侨 80 余人组成的敢死团，乘“博爱丸”到上海，然后转轮来鄂助战。可惜具体情况记载未详。

记载详细的是广东华侨敢死队的英雄事迹。武昌起义后，黄兴曾致电香港同志驰援。当时在香港的海外归国侨工及受雇于外国商船的海员，如凌定邦、严兆聪、刘元兴等 70 余人，迅即自购武器，举马超俊为领队，由香港乘船到上海。到上海后又有华侨海员马伯麟、马福麟兄弟（曾在英国兵舰工作，通晓军事）等 20 余人加入，组成广东华侨敢死队。马超俊、马福麟分任正、副队长。敢死队下设 3 个分队，凌定邦、严兆聪、刘元兴分别担任分队长。他们自备旅费，乘法国“蓝烟囱号”轮船，于 11 月 10 日到达武汉，然后到汉阳向黄兴报到。11 月 16 日夜，广东华侨敢死队亦参加了反攻汉口之战，他们“勇不可挡，两次冲杀，均有斩获”。11 月 21 日，敢死队和学生军奉命坚守汉阳兵工厂。他们苦战四昼夜，全队人员死伤过半，严兆聪、马福麟战死，马超俊负伤。敢死队突围撤退时，分乘 10 余只小船渡江，船至江中又遭清军炮击，仅有马超

① 《马云卿、刘凤桐北伐殉国》，《辛亥革命史料选辑》下册，湖南人民出版社 1981 年版，第 265～266 页。

俊、凌定邦等20余人生还武昌。此后这少数幸存者仍不肯留守后方，先后在黄陂、阳逻一带与冯国璋、段祺瑞部清军打游击，终因众寡悬殊，战败溃散，余众乘小船漂往九江，再乘“江永号”轮船去上海①。

11月18日，湖北军政府军务部曾发出通告，称“各省热心之士，组独立将校团、敢死团、决死团等战团”，“同仇敌忾，舍死驱敌”，“惟名目繁多，统率不一”，故要求一律“将固有名目取消，另造清名册，送往汉阳战时总司令官处，听候编制，以归统率”②。可知在汉阳陷落之前，各地来援的战斗团体已为数众多，湖北军政府亦有意加以切实组织和有力领导，俾能更好地发挥其作用。

汉阳失陷后，江西、安徽、广西、湖南、江苏等地的援鄂部队，先后抵达武汉附近或经过湖北北上。

最先到来的是江西援军。11月28日，江西援军一个标由冯嗣鸿率领抵达阳逻。不久，安徽都督李烈钧率皖军2 000多人西进，在九江又有2 000余人和几艘兵船加入，一起开到湖北，驻扎在上起阳逻、下到黄梅的黄州地区。湖北军政府编李烈钧部为右翼军，后改称北伐第二军，由李烈钧任总司令。李烈钧本人驻黄州3个月，派海军日夜游弋江面，又以陆军威胁袁世凯部队的后路。李烈钧转任江西都督后，仍留下部分军队，改派胡谦为领队，驻扎在鄂东。

其次是广西援军。援鄂桂军约3 000人，由赵恒惕、耿毅率领，1911年11月5日从桂林出发，经金口渡江，1912年1月初到达蔡甸，随即推进到孝感驻扎。该部被湖北军政府编为北伐第三军，赵恒惕任司令，耿毅为参谋长。另一支援鄂桂军由广西都督沈秉堃率领，亦在1912年1月6日到达金口，不久东下南京。第三支援鄂桂军由广西副都督王芝

① 华侨革命史编纂委员会：《华侨革命史》下册，台北正中书局1981年版，第284～285页。

②《军务部关于取消独立将校各战团名目的布告》，《湖北军政府文献资料汇编》，武汉大学出版社1986年版，第374页。

祥率领，约 4 000 人，到湖北不久后亦去南京。

与广西援军同时抵达的还有湖南援军。湖南军政府派梅馨率兵 1 协从长沙乘船出发，1912 年 1 月 14 日到金口，渡江后驻扎在汉阳大、小军山。湖南、广西两省的援鄂部队合称湘桂联军。此外，湖南沅州曾组成北伐军 1 协，提出“自备口粮来鄂投效”，因黎元洪认为湖北形势已转危为安，且一意妥协求和，遂不允其来鄂。云南蒙自民团组成 500 人的敢死队，提出自备经费来鄂北伐，黎元洪亦致电嘱其“勿庸来鄂”。

贵州援军由都督杨荩诚率领，行至湖南常德，闻武昌停战议和，遂就地待命。后来，贵州政局发生变化，该部自行撤回贵州。江苏大通军政分府组成援鄂步兵 1 联队、军需 1 中队、炮兵 2 中队，1912 年 1 月27 日出发，在武昌青山登陆。吴淞都督李柱中曾派黎天才部光复军在攻克南京后，于 1912 年 1 月底从镇江出发来鄂。此后黎天才率部驻鄂有年。

11 月 27 日后到达湖北的各地援军，虽然没有赶上保卫汉阳，而且此后也没有进行对袁世凯部队的大规模作战，但是对于保卫武昌、壮大革命声威以及准备北伐，应该说具有明显的作用。“旬月之间，鄂省萃有客军近十万众”①，使双方军力的对比发生变化，袁军的优势很快丧失。加之长江上有起义海军舰只巡弋，袁军的后路和两侧均有革命军和湖北北部州县人民武装力量的威胁，使袁世凯“断无余力再图武昌”②，而且颇感进退两难，一度考虑把全军撤回武胜关以北，以免输掉老本。此时革命军如果坚定地举行北伐，亦未尝不能取得军事上的成功，进而在政治上获得更有利的地位。

但是，由于帝国主义的支持和全国各地立宪派的“拥袁”，尤其是革命派内部意见分歧，妥协主张一度占了上风，袁世凯得以玩弄两面手法，终于保住了前段军事行动的成果，进而取得政治上的优势。而在首义之

---

① 《强国公报》，1912 年 4 月 11 日。按此说略有夸大，当时到达湖北的各省援军不会超过 6 万～7 万人。

② 李廉方：《辛亥武昌首义纪》，湖北通志馆 1947 年版，第 210 页。

区的湖北，旧军官出身的黎元洪对袁世凯从妥协进而为虎作伥，革命派孙武等人迅速蜕化变质并引起革命阵营内部分裂，致使革命斗争的成果和大好形势率先丧失。

第二节　前期湖北军政府

武昌首义的第二天，即1911年10月11日，起义的革命党人找到黎元洪，迫使其担任都督，组成湖北军政府，全称“中华民国军政府鄂军都督府”，立宪派人士亦参与其事。故湖北军政府从一开始就隐含着各种矛盾，潜伏着危机。只是在公开进行南北和谈之前，由于当务之急是同清军和袁世凯作战，黎元洪地位未稳，权力有限，革命党人在军政府内势力较大，且内部矛盾尚未显现，所以尽管军政府内机构屡变，但其作为辛亥革命时期全国第一个省级革命政权，仍对反清革命起到了先锋和旗帜的作用。

一、军政府的组成和人事、机构状况

武昌起义爆发之前，湖北革命党人围绕着起义后军政府的都督人选问题就有多种议论，“曾推举刘公为都督，刘英副之，亦有议及黎元洪者”①。举刘公、刘英为正、副都督，虽然符合《中国同盟会革命方略》中“地方行政由军政府总摄之，各地国民军设一都督，由起义之首领任之”的规定（刘公为同盟会员，又以共进会第三任会长回鄂主盟），但毕竟只是共进会内部的决定。加上刘公体弱多病，平时不大出面，魄力、胆识、资望也不足，本人亦一再表示难以胜任。

文学社中有人属意蒋翊武，但蒋翊武亦自知能力与资望不足，再加上文学社与共进会的隔阂和省籍观念的压力（蒋翊武和文学社社员多为

---

① 李西屏：《武昌首义纪事》，《辛亥首义回忆录》第4辑，湖北人民出版社1981年版，第33页。

湘籍），提出“都督一席应属鄂人”，但对刘公、孙武等显然是不服的。而共进会、文学社双方都能接受的吴禄贞、蓝天蔚此时均在北方担任军职。因此，当 1911 年 4 月蒋翊武、孙武约集一些标、营代表到洪山宝通寺开会，商量推举都督问题时，蒋翊武提议推举黎元洪为临时都督，竟为多数人所赞成①。不过这仍只是有此一说，不算决定。

9 月 14 日，文学社、共进会正式召开联席会议，讨论军政府的组成人员，考虑到蒋翊武、孙武、刘公三人之间的矛盾，商定“蒋翊武为军事总指挥，专管军事。孙武为军务部长，专管军事行政。刘公任总理，专管民政。总理职权小于都督，因为都督综理军、民两政。刘公如推为都督，位置在孙、蒋之上，恐孙、蒋二人不愿意，所以推为总理”。“军政大权，指定由孙、蒋二人分担，关于全体重大事件，由三人集合大家共同商议处理。”② 这次没有提出黎元洪任都督之事，且决定派居正、杨玉如二人赴上海邀请黄兴、宋教仁、谭人凤来湖北“主持大计”③，也有请黄兴领导起义和担任都督的意图。可知都督一职，至此尚无定论。

10 月 11 日上午，革命军已经控制武昌城，刚从火线上下来的蔡济民、吴醒汉、高尚志、张振武、李作栋、徐达明、邢伯谦、苏成章、陈磊、李翊东等十余人，陆续赶到谘议局大楼，商议组织军政府的问题。此时都督一职更无合适人选。吴禄贞、蓝天蔚、黄兴、宋教仁、谭人凤等人倒是合适人选，可惜均在外地。有些人虽在武汉，也勉强够格，但此时亦不能前来：孙武因宝善里机关失事受伤，刘公亦因此匿居，两人均在汉口，而此时汉口尚未光复；蒋翊武则因小朝街机关被破坏而避走外地。领导 10 月 10 日夜间起义和指挥攻打督署的熊秉坤、蔡济民、吴兆麟等人，均自感或被视为资历威望不足以号令全国。而客观形势迫切

① 万鸿喈：《辛亥革命酝酿时期的回忆》，《辛亥首义回忆录》第 1 辑，湖北人民出版社 1979 年版，第 126～127 页。

② 李春萱：《辛亥首义纪事本末》，《辛亥首义回忆录》第 2 辑，湖北人民出版社 1980 年版，第138～139 页。

③ 杨玉如：《辛亥革命先著记》，科学出版社 1958 年版，第 71 页。

要求有领袖人物出来安定人心、统一军心，以便对清军作战，并号召全国，促成各省响应，还要与列强交涉，要求列强不要支持清王朝。

当时，聚集在谘议局的蔡济民等人认为，谘议局是“民意机关”，议员都是各县有代表性的人物，应该同他们合作。为此，他们主动派人求访议长汤化龙，并分别召集议员来局开会。晌午刚过，议长汤化龙，副议长张国溶、夏寿康，议员胡瑞霖、刘赓藻等先后到来，起义的各标、营、队的代表也多人出席。会上有人推举汤化龙任都督。汤化龙推辞不受，说：“革命事业，鄙人素表赞成。……此时正是军事时代，兄弟非军人，不知用兵。关于军事，请诸位筹划，兄弟无不尽力帮忙。”吴兆麟紧接着发言，声称：“拟请在座诸位同志、先生，公举黎元洪统领为湖北都督，汤化龙先生为湖北民政总长。两公系湖北人望，如出来主持大计，号召天下，则各省必易响应。”① 议员刘赓藻马上附和。会议遂决定谘议局以刘赓藻为代表、革命党人以蔡济民为代表，迎黎元洪担任都督。

黎元洪青年时从天津北洋水师学堂毕业后在北洋海军服役。甲午中日海战时，所在战舰被日军炮弹击中，黎元洪漂流至大连获救。1896 年被湖广总督张之洞选至湖北，从炮台监制、护军后营帮带干起，曾三次派赴日本考察军事。1904 年任护军前锋营帮带，翌年任新军第 2 镇第 3 协统领兼该镇统制。因为得到张之洞赏识，黎元洪从 1906 年夏天起担任第 21 混成协统领。与新军第 8 镇统制张彪相比，黎元洪显得军务娴熟、为人厚重，能说一口流利的英语，平日对从军的文士也颇爱护，因而在军中口碑尚可。1909 年，他曾以军界代表身份参加湖北铁路协会，表示反对借债筑路，支持铁路商办。因此，他赢得了部分士兵的好感。但黎元洪的立场显然是反对革命的，1909 年湖北发生水灾，他曾奉命弹压江陵“吃大户”的灾民，1910 年还曾亲赴沔阳芦林湖屠杀饥民。1911 年 10 月 10 日晚工程 8 营起义后，他亲自坐镇第 41 标第 3 营，阻止士兵响应。

---

① 张国淦：《辛亥革命史料》，龙门联合书局 1958 年版，第 83 页；杨玉如：《辛亥革命先著记》，科学出版社 1958 年版，第 74～75 页。

共进会员邹玉溪夺门欲出，起义士兵周荣棠前来送信，约第41标会攻督署，均遭黎元洪指挥手下人杀害。当夜12点过后，黎元洪见大势已去，才避至参谋刘文吉在黄土坡的家中。随后，他又更换衣服，转移到第41标第3营管带谢国超家中。天明后，担任巡查的马荣、程正瀛获悉，遂带领一排士兵将黎元洪从谢家拥至楚望台①。马荣曾拔刀威胁，逼黎元洪"革命"。随后，蔡济民、刘赓藻、吴兆麟、邓玉麟等人将黎元洪拥至谘议局。

在谘议局继续进行的会议上，尽管有多人劝说，黎元洪仍对都督一职固辞不就。李翊东拿出已经写好的"中华民国军政府鄂军都督"的布告，"援笔代书一'黎'字，众鼓掌称善"②。大家见黎元洪仍沉默不语，遂将其置于楼上议长室，派兵看守起来。直到13日，汉阳、汉口均已光复，汉川、京山亦爆发起义，革命声势日益高涨，黎元洪才表示："自此以后，我即为军政府之一人，不计成败利钝，与诸君共生死。"③ 但实际上此后好多天，黎元洪仍然"守中立，不可测"，寡言少语，被讥为"泥菩萨"。

黎元洪被拥戴为都督，显然是起义之初革命党人承认现状是"群龙无首"，又自认为"资望不足"，因而迫切要寻找出一个领袖的结果。而且，当时的革命者固然信仰民主共和，但是也有强烈的种族界限和地域观念。黎元洪是汉人高级军官，还是本省人，再加上他宽厚沉稳的表象，这都是一些革命者内心虽有疑虑，但仍然赞同拥黎的原因。黎元洪上台，应该承认具有两方面的后果：一方面，有助于壮大反清阵营和扩大影响。湖北及起义各省的旧文武大员和地方官吏，见黎元洪不仅未被杀被黜，反而出任要职，遂纷纷附从革命，"咸与维新"。另一方面，对清王朝是一个震动，对一直在关注中国事务的列强也产生了一定的影响。但是，

① 张国淦：《辛亥革命史料》，龙门联合书局1958年版，第85～86页。

② 李西屏：《武昌首义纪事》，《辛亥首义回忆录》第4辑，湖北人民出版社1981年版，第34页。

③ 张难先：《湖北革命知之录》，商务印书馆1946年版，第280页。

黎元洪和大批旧文武官员“咸与维新”，造成了革命阵营和思想的混乱，使不少革命党人失去警觉；而旧官僚和立宪派相勾结，分化部分革命党人，窃夺各地的领导权，改变革命的性质和方向，是辛亥革命极不彻底，且最终归于失败的重要原因之一。事情就是这样具有两面性。

湖北军政府成立之初，事务丛集，而黎元洪消极不主事，革命派的领袖人物尚未到场，遂由革命党人和附从起义的新军军官临时组成有关机构，分头进行工作。原新军第30标标统杨开甲主持参谋部，李作栋主持交通部，杨霆垣主持外交部，向吁谟主持军需部，冯昌言主持书记部，邢伯谦主持庶务处、统计处和总务科。李翊东出任赏叙长，此职三五天后撤销。为看守黎元洪而专设警卫司令，司令先为方定国，两天后方定国以内奸嫌疑被杀，遂改由甘绩熙担任，稍后又改为高尚志。

10月11日晚7时，革命党人蔡济民、吴醒汉、邓玉麟、张廷辅、高尚志、徐达明、李作栋、谢石钦、王宪章、胡瑛、牟鸿勋，以及临时加入的原新军军官吴兆麟、杨开甲、王安澜、马祖全等十余人，在谘议局继续开会，就如何进一步完善各机构问题进行磋商。会议还讨论了几项有关政权的标志问题，决定中华民国军政府鄂军都督府设在原谘议局，废除清帝年号，以辛亥年为黄帝四千六百零九年，使用共进会的九角十八星旗为军政府旗帜。当晚10时过后，会议刚散，突然有原清军第30标第1营管带部翔宸率所部旗籍士兵百余人，从蛇山偷袭军政府，幸被守卫军政府的测绘学堂学生和赶来参加战斗的陆军第3中学学生击溃。

11日、12日汉阳、汉口光复之后，吴兆麟提出在楚望台成立的“临时指挥部”已不必再存在，应以都督名义发布各项命令。当天下午6时，前述蔡济民等人再次开会，决定继续以黎元洪的都督名义通饬各省，促其响应起义；照会各国驻汉口领事，要求其保持中立；用大总统孙文的名义向全国发布文告，扩大影响；设立招纳处，接待各方投效人员；以原有标营为基础，扩编军队；请谘议局通电各省谘议局，以谋响应；严禁滥杀旗人；等等。

蔡济民等人还决定先正式成立参谋、军务、政务、外交四部。人选是：参谋部部长杨开甲，副部长杨玺章、吴兆麟；军务部部长孙武（孙未到任前由张振武代理），副部长蒋翊武、蔡绍忠；政务部部长汤化龙，副部长张知本；外交部部长胡瑛，副部长王正廷。10月14日，蒋翊武从新沟回来，刘公亦从汉口来到武昌。大家请蒋翊武以副部长主持军务部，蒋意在帮助汉口军政分府工作，只肯出任顾问。刘公亦只以顾问名义主管机要，旋改任监察处总监察。上述各部实际上在17日以前未能组织就绪，此后又多有改变。

以蔡济民为首的诸人，在军政府成立之初做了大量工作。此后的有关回忆文章和研究成果，遂说成从11日起就存在着一个以蔡济民为首的，由10余位革命党人组成的谋略处。近年有学者深入研究后指出，10月17日之前，所有军政大权实集于军政府参谋部，参谋长为杨开甲，副参谋长张景良（原新军第29标标统）和杨玺章（原新军第21混成协司令部军官），参谋官20余人，由革命党人蔡济民、吴醒汉、邓玉麟、熊秉坤、甘绩熙和若干旧军官充任。10月14日设立兵谋科，稍后改称谋略处，仍隶属于参谋部。蔡济民等召集的几次会议就是以兵谋科诸人为主，故还有几名并非革命党人的旧军官加入；改为谋略处后更有杜锡钧、张景良、汤化龙、胡子笏等参与其事①。可知说10月11日就组成了谋略处，称谋略处为“临时最高政权机关”，并认为该机构全由革命者组成，是多少加入了后来的附会和想象之辞。湖北军政府成立之初，意见不一，政出多门，且真假革命阵线不明确，倒是当时的实况。

汤化龙等立宪派从一开始就很清楚自己的政治主张与革命党人相去甚远，但由于革命派气势正盛，只有先帮助黎元洪改变傀儡地位，继而与其结成联盟，才能逐步夺取领导大权。黎元洪亦一再表示对立宪派的倚重。约在10月14日，汤化龙与胡瑞霖、黄中恺、舒礼鉴等人，即已拟出一个军政府组织草案，但不敢贸然提交讨论。适值14日居正、谭人

① 吴剑杰：《谋略处考》，《近代史研究》1987年第2期。

凤自沪抵汉，居正等见军政府秩序混乱，组织不健全，也很着急。汤化龙等遂以先入为主，对居正等出示条例，请居正出面召集会议，并说明此条例系由居正经同盟会同意而从上海带回的。居正对武汉的有关情况并不熟悉，且又急于健全军政府的组织并加强其职能，遂一一应允。16日晚间在教育会召开大会，居正出面提出条例，与会的革命党人缺乏经验，未能识别真伪，竟然逐条宣读讨论通过①。

该条例全称《中华民国军政府暂行条例》，10月17日正式公布，全文6章24条。其要害之一是黎元洪统辖军政大权，都督府下设的军令、军务、参谋、政事四部，均直接“受都督之指挥命令”，凡发布命令、任免文武官员，“均属都督之大权”②。根据这个暂行条例组织的湖北军政府，以黎元洪任都督兼总司令；杨开甲任参谋部部长（亦有记载为张景良），吴兆麟、杨玺章（新军队官）为副部长；孙武任军务部部长，张振武、蔡绍忠（原督练公所课员）为副部长；杜锡钧（原清军管带）为军令部部长。要害之二是汤化龙掌握了民政大权。由汤化龙出任部长的政事部，下设七局，名称和人选分别是：外交局局长黄中恺（日本留学生，政治立场接近立宪派）；内务局局长舒礼鉴（旧官僚，湖北候补知县）；财政局局长胡瑞霖（立宪派）、副局长沈维周（立宪派）；编制局局长张国溶（立宪派）；文书局局长阮毓崧（立宪派）、副局长万声扬（革命党人）；交通局局长马刚侯（进步资本家）；司法局局长陈登山（立宪派，一说为同盟会员张知本）。可见在军政部门中，旧军官把持了大权；民事部门中，则是立宪派居绝对优势。除孙武得任军务部部长、张振武得任军务部副部长外，在发动起义及组织军政府初期作出重大贡献的蔡济民、邓玉麟、吴醒汉、熊秉坤、徐达明、高尚志等革命党人士，均只担任参谋而

---

① 李春萱：《辛亥首义纪事本末》，《辛亥首义回忆录》第2辑，湖北人民出版社1980年版，第181页。

②《中华民国军政府暂行条例》，《湖北军政府文献资料汇编》，武汉大学出版社1986年版，第50～51页。

无职权。刘公任军政府总监察，蒋翊武任军政府顾问，均无实权。居正、谭人凤、宋教仁等人，更无固定实职。革命党人成了陪衬和配角①。

在颁布暂行条例的同一天，立宪派又拉拢部分革命党人，组织了一场都督就职的典礼仪式。军政府前的阅马场筑起高坛，坛前设燎火，坛上设轩辕（黄帝）灵位。灵前设香案，陈玄酒，旗帜分立两侧。黎元洪在鼓乐声中由汤化龙和胡瑞霖引导行礼。党人公推谭人凤授旗授剑，居正演说革命意义。然后由黎元洪跪读祝文，继由读祝官读誓师词，最后宣读祭天地及列祖列宗文，三军举枪齐呼“万岁”。这次典礼对于振奋武汉军民的革命热情也有一定意义，但黎元洪因此装扮成“投袂而起，以承天庥”②的开国元勋，无疑抬高了他的地位，为他增加了麻痹群众、攫夺权力的资本。

上述种种情况，引起了部分革命者的警觉和不满，他们决定加以反击。10月25日，孙武到职，他邀约部分革命党人，推翻《中华民国军政府暂行条例》，制订了《中华民国鄂军政府改订暂行条例》，并改组了政事部。改订暂行条例规定：各部部长得兼参议员，可参与立法、议政；由起义人员公推稽查员，对有关机构进行监督，重要会议和人事安排须有稽查员参加；秘书、顾问、参议、稽查之下都加一“员”字，以示“公仆”之意。尤其是限制都督滥用权力，规定都督是“代表军政府（和）人民施行职务，除关于战事外，所有发布命令关系人民权利自由者，须由都督召集军事参议会议决施行”；“军政府恢复土地所有建设各事宜，暂由都督咨询参议会议决施行”③。

革命者改组军政府时，对军令、军务、参谋三部未作变动；但撤销了政事部，将原政事部下属各局升格为部，更换部分人事。以杨时杰（同盟会员）为内务部部长，胡瑛（日知会员、同盟会员）为外交部部

①② 胡祖舜：《武昌开国实录》（上），武昌久华印书馆1948年版，第45、61页。

③《中华民国鄂军政府改订暂行条例》，《湖北军政府文献资料汇编》，武汉大学出版社1986年版，第53～54页。

长，李作栋（共进会员）为理财部部长，熊继贞（同盟会员）为交通部部长，张知本（同盟会员）为司法部部长，汤化龙只担任编制部部长。尤其在军政府“都督置僚属”的安排方面，使革命党人和回国留学生占了主导地位，如李步青曾任首席秘书，杨玉如曾任秘书长。由蔡济民等8名稽查员组成的“各部稽查总部”颇具权威，他们可以直接干预各部行政，亦负责处理特殊事务，重要会议和人事安排，例由稽查员出面，报纸上称之为“八大金刚”。主要由革命派和进步人士主持的各部（1912年元月起又增加教育、实业二部）对革命和建设亦多有贡献。

湖北军政府改组之后，汤化龙退居编制部部长，毫无实权，“居常郁郁”，只能更加依附于黎元洪。黎元洪继续受到种种限制，遂一方面依靠“集贤馆”招纳的内奸孙发绪、反动文人兼政客饶汉祥等“襄助军政”，掌管机要和起草文件；另一方面组织“鄂军都督府内部稽查科”和“鄂军都督府外部稽查科”，作为他控制军政的特务机关，待机而动。此外，在扩充编成的军队中，8个协统、21个标统中，非革命党人的原新军队官以上者占了一半（15人）。这些人中除少数人表现较好，如谢元恺、杨玺章英勇牺牲之外，多数人缺乏斗志，表现一般，还有人如宋锡全擅自撤退，何锡蕃畏难自伤，成炳荣酗酒自行投水，曾任参谋部长的张景良因通敌被杀。军令部长杜锡钧、参谋部长杨开甲、奋勇军领导人王安澜（原第21混成协司令部执事官）等则始终追随黎元洪。所以黎元洪仍然有一定实力。

10月28日，革命领袖黄兴到达武汉，使湖北革命党人气势大增，蒋翊武等文学社社员提出举黄兴为两湖大都督，直接掌握两湖军政事宜，鄂籍旧军官吴兆麟等立即表示反对。黎元洪未尝不想借重黄兴的声望和影响来保卫武汉，但绝对不会主动让出权力；再加上孙武亦想贬抑黄兴，故黄兴只能出任战时总司令。而且，由黎元洪在拜将仪式上对黄兴予以委任，显示出黎元洪仍然位居黄兴之上。11月27日黄兴从汉阳撤回武昌之后，当晚即乘船去上海，汤化龙、胡瑞霖、黄中恺、陈登山等立宪派人士也相继离鄂，于是人事情况再次发生变动。当时，孙武同黎元洪商量，任命万廷献（原南京陆军第四中学总办，阳夏之战中回到武昌）为护理总司令，蒋翊武为监军。但万廷献仅任职一天也去了上海，于是由蒋翊武为护理总司令。原参谋部长杨开甲亦辞职，吴兆麟被任命为参谋部长。

11月30日，都督府中炮起火，黎元洪率军令部长杜锡钧及数名亲信出城逃往葛店。此时在武昌的主要革命党人，还有刘公、蒋翊武、谭人凤、张振武、孙武、蔡济民、熊秉坤等人，应该是革命党人重掌军政府大权的好机会。当时也有部分革命者议举刘公以总监察名义主持大计，一切政令须经刘公认可后方可施行。但旧军官出身的军务部要员何锡蕃公开表示不服从刘公调遣；军务部长孙武亦不听革命同志劝告，不与刘公合作，反而一意扩充私人势力，在革命阵营内制造矛盾。12月2日黎元洪回城之前，刘公、张振武曾主张通电宣布黎元洪“弃城出走”、“违法失职”的“轻举妄动”，但蒋翊武、孙武、李作栋却认为此举“对革命不利”，“等革命大功告成之后，再提出也不算迟”，因此没有采取行动①，并一致同意派人把黎元洪请回来。

12月6日晚，谭人凤主持会议，讨论军事领导权的分配问题。会议决定取消黄兴走后所遗的战时总司令一职，由谭人凤担任武昌防御使兼北面招讨使，调护理总司令蒋翊武为都督府顾问。蒋翊武向谭人凤办了移交，自请到汉口去负责招降北军。不久，刘公亦自请率军北伐，担任北伐左翼军总司令，离开武昌，总监察处随之取消。孙武马上鼓动各部队长官向黎元洪陈述意见，声称谭人凤不知兵，一旦作战必误大局。黎元洪遂请谭人凤改任鄂省赴沪议和代表。谭人凤亦感到受孙武排挤，立辞军职，其任武昌防御使兼北面招讨使不过三天。

12月10日，军政府召开军事会议，公举吴兆麟为战时总司令，孙武仍任军务部长。由于吴兆麟同黎元洪关系一向密切，孙武也日渐靠拢

---

① 李春萱：《辛亥首义纪事本末》，《辛亥首义回忆录》第2辑，湖北人民出版社1980年版，第223页。

黎元洪；加上列强和袁世凯对湖北的交涉均以黎元洪为对象，江、浙等南方起义各省就联合问题所进行的商讨也很重视黎元洪的意见，故黎元洪的地位已经难以动摇。

二、各项革命政策和《鄂州临时约法草案》

尽管湖北军政府从开始成立就包含着许多矛盾，潜伏着危机，而且权力机构和人事安排屡有变动，从初期的立宪派干扰到后期的黎元洪逐步掌权，使得真正的革命者未能很好地贯彻实施有关革命主张。但是，当时革命气氛高涨，起义的革命党人以主动进取的精神在军政府各机构内担负多种实际工作，“当时一切计划，均由重要党人作主，黎不过画诺而已”①。故在 1911 年 12 月中旬以前，湖北军政府具有较强的革命色彩，其所发布的多种文告和有关政令，大多具有民主主义的革命性质。

湖北军政府成立后，迅即发布了《传檄全国电》、《布告海内人士电》、《谕湖北各府州县及自治公所电》、《通告城镇乡自治职员电》、《檄各府州县电》、《檄各督抚电》、《通告各省城镇乡地方巡警电》、《电告汉族同胞之为满洲将士者》、《宣布满洲罪状檄》、《致满清政府电》等一系列重要电文、告示、檄文等。这些电文严正地声讨清王朝的残暴统治和卖国罪行，宣传反清革命的正义性和必要性；号召全国人民迅速奋起，响应起义，推翻清王朝政权，“永久建立共和政体，与世界列强并峙于太平洋之上，而共享万国和平之福”；规劝汉族官僚及早醒悟，“翻然来归”；敦促清朝王室尽快降服，以得到保护。所有电文都伸张了革命正气，宣告了推翻专制制度、建立共和民国的进步宗旨，起到了动员人民、瓦解敌人的作用。所以在湖北省内，不少州县得以传檄而定，对全国各地同样产生了巨大的影响。

与此同时，湖北军政府颁行了一系列具有进步意义的政策法令，内

① 童愚：《八月十九夜所见及其他》，《辛亥首义回忆录》第 1 辑，湖北人民出版社 1979 年版，第 110～111 页。

容涉及社会生活的各个方面。

（一）废除苛捐杂税，减轻人民负担，并保护和发展实业。10 月 15 日，军政府发布告示：（1）除盐、煤、酒、土膏等税捐外，所有税捐局卡，一律永远裁撤；（2）除海关外，所有税关一律永远裁撤；（3）本年下忙丁漕，概行蠲免；（4）本年以前积欠丁漕，概行豁免；（5）各属杂税除为地方所用者外，概行豁免①。以后实行的货物过境销场税实施办法又规定：商货纳税以一次为限；竹木等税境内值百抽三，出口值百抽六。这些规定较之清政府时的商货税捐，减轻了许多，使乡村农民和城市贫民如释重负，也得到了商人的拥护，从而不仅在起义省区，就是对尚在清政府统治下地区的人民，都产生了很大影响。军政府又派人将原劝业道署卷宗，及省城内外各实业学堂、农工场所的一切器物财产，加以调查、注册、加封，派人管理；还发布《保存实业告示》，“无论军民人等，不准破坏侵占”。武汉的布纱丝麻四局、造纸厂、水电公司、机器厂、工艺传习所、农事试验场，各州县的银、铜、煤、铁、硝磺等矿，都受到保护②。系列举措显示出政府“谋将来实业之发达，而筹民生主义之进行”的态度。

（二）稳定金融，稳定物价，整顿财政。由于战争和政权更替，人们担心旧货币失去信用，汉口、宜昌都曾短期出现挤兑及纸币不通行的情况。为了稳定市面，并使人民不受损失，军政府保证货币兑换，允许以前在湖北市面流通的银两、银元、铜元和制钱照常使用；对湖北官钱局发行的银票、银元票和制钱票，亦允许按面值流通，并设立军界兑换所和商界兑换处，限额兑换，使市面很快安定下来。军政府成立以后，由于军费开支浩大，两个月时间用去银 500 万两，加之大幅度减免捐税。难免造成财政支绌，只得陆续募集国外军事公债 2 000 万元，国内军事公债 400 万元，又设置国民公捐局，募集捐款（不久停办）。后来，军政

①② 湖北省博物馆、武汉市档案馆：《武昌起义档案资料选编》（上），湖北人民出版社 1981 年版，第 275～276、299～300 页。

府又设法整顿税收，颁行整顿钱漕暂行条例，革除中饱、转嫁、漏收等弊端，有助于自耕农免受粮书、包户、粮差的额外苛索，也增加了政府的收入①。当然，军政府没有废除封建土地所有制，更未计划实行“耕者有其田”，土地问题不可能解决。

（三）对文武官员实行低薪制。军政府设部任官时，曾议及薪俸问题。由于蔡济民、蒋翊武、邓玉麟、甘绩熙等竭力主张低薪，于是决定自都督以下，参军官月薪 50 元、队官（连长）40 元、排长 25 元、班长 12 元、士兵 10 元②。官兵收入接近，体现出平等和民主的精神，也反映当时革命党人具有公而忘私的奉献思想。

（四）司法制度改革。武昌起义之初，军政府即设立执法处，管理司法事务。10 月底，军政府司法部发布文告，谴责清政府司法机关的种种罪恶。11 月初，军政府设置江夏审判所，并颁布《江夏临时审判所暂行条例》，规定实行“司法独立”，“依法律审判民事诉讼及刑事诉讼”；又设临时上诉审判所，颁布《临时上诉审判所暂行条例》，专理各府州县人民上诉事件。设有民、刑审判员，且规定采用会议制公开审判（有特殊理由才闭庭审判）。到年底，省内“各属审判厅亦先后开办，故从前知事之兼行司法权者，均应划归各审判厅主政”，“而免清末诉讼黑暗之弊”③。这些无疑属于资产阶级民主的司法制度。

（五）革除社会陋习。11 月 15 日，军政府出告示禁止种植罂粟和贩卖、吸食鸦片，规定“种者按亩重罚，贩则全数焚毁”；各膏店土栈“只准销完存货，不得违示再贩，倘敢不遵，即将该店栈房屋封闭充公”④。

---

① 章开沅、林增平：《辛亥革命史》下册，人民出版社 1981 年版，第 67～68 页。

②《军政府暂定饷章》，辛亥革命武昌起义纪念馆：《湖北军政府文献资料汇编》，武汉大学出版社 1986 年版，第 55 页。

③ 湖北省博物馆、武汉市档案馆：《武昌起义档案资料选编》（上），湖北人民出版社 1981 年版，第 322 页。

④《内务部关于严禁洋烟的告示》，《湖北军政府文献资料汇编》，武汉大学出版社 1986 年版，第 723 页。

还设立禁烟总局，拟订了一整套禁烟计划。军政府又发布禁止蓄辫文，首先要求官兵“从初十日起，三日之内，由各长官调查，一律除去发辫，否则革除，听其自便”。又下文禁止妇女缠足，称女子“为国民之母，岂可玩忽因循，特此示令放足，其各毋违凛遵”①。此外，起义者还相约不坐轿，不用“老爷”、“大人”等称呼，摒弃官场陋习。

（六）采取若干保证人民生活和发展生产的措施。为了满足市民食用之需，军政府在武昌劝业场设准盐局，准许商民自由贩运和销售5引以上、10引以下的食盐，并由九江军政分府派轮船帮助运往湘鄂的盐船。军政府还在武昌城内设平粜所11处，暂以军米接济民食，准许市民每次购米1斗，并从湖南采购湘米运来武汉。军政府对各属机关的书吏、差役加以考察，凡嗜好不良、品行不端者均行裁汰。尽管戎马倥偬，硝烟未靖，军政府还在工、农、林、蚕等试验或生产单位推广新的生产技术。湖北绝大多数工厂、矿山均很快恢复生产。水利事业亦着手进行，武昌的武太、平湖、津水、通湖、万年、七星各闸，都得到浚修，鄂城樊口大堤的缺口、沙洋的溃堤，都得到了修复加固。

（七）对外交涉。10月12日，湖北军政府照会各国驻汉口领事，阐明中国革命的宗旨，宣称军政府是中国唯一合法的政权，并表示军政府的对外政策是与各国建立“益敦睦谊”的友好关系，反对国与国之间的战争掠夺，“以期维持世界之和平”。照会要求各国政府不得与中国革命政权为敌，不得帮助清政府“妨害军政府”，否则即视其为中国革命的敌人，遇有接济清政府的军事物资，一经查获，即予没收。照会还宣布，此后凡是各国与清政府订立的条约、所得权利、所借予的国债，“军政府概不承认”②。照会申言了中国革命的正义性和革命政权的合法性，表示

① 《内务部关于一律剪发暂不易服的告示》、《内务部关于妇女放足的告示》，《湖北军政府文献资料汇编》，武汉大学出版社1986年版，第720、721页。

② 《中华国民军政府鄂省都督致汉口各国领事照会》，《湖北军政府文献资料汇编》，武汉大学出版社1986年版，第593页。

清政府再不是中国的代表，警告任何外国政府不得干涉中国革命。军政府曾先后扣留英国、日本、德国的商船，进行检查，并迫使德国驻上海总领事馆出具该船无接济清政府军用物资的保证书。当汉口德商卖给清政府木材等物资遭到谴责时，德国领事不得不出面声明这些商人不能代表德国，要求谅解。革命军的炮台还炮击了在长江中航行的日本军舰，日本政府也只能提请军政府注意，要求不再发生类似事件，而未借机寻衅扩大事端。凡此说明革命高潮时的湖北军政府具有一定的权威。

当然，湖北军政府给各国驻汉领事的照会，所依据的是同盟会对外宣言的内容，没有明确表达摆脱帝国主义统治，求得完全独立的意愿。照会“声明遵守条约，担负前清赔款外债”，所欠各款“仍由各省按期如数摊还”；还表示对各国“既得权利，亦一体保护”①。这些都明显地反映出中国资产阶级既渴望国家独立，又不敢得罪帝国主义的矛盾心理和软弱态度。

前期的湖北军政府具有资产阶级的革命和民主性质，还突出地表现为制定和颁布了《中华民国鄂州约法》。

10 月 28 日，宋教仁从上海来到武昌，居正、孙武、刘公等人与他商议，制定一个约法，作为中华民国中央政府正式成立之前，其效力等同于宪法的根本大法，以为各省倡。宋教仁经过几个日夜的努力写成后，刘公、孙武、谭人凤、汤化龙、胡瑞霖、黄中恺等一致称赞，遂加以颁布。

《中华民国鄂州约法》共计七章六十条。其“总纲”规定：凡鄂州政府取得之土地均由鄂州政府统治，至中华民国正式成立、另定区划为止；鄂州政府由都督及其任命之政务委员与议会、法司构成，议会则在约法实行三个月后设立。约法“人民”章规定：人民一律平等，享有言论、

---

① 张难先：《湖北革命知之录》，商务印书馆 1946 年版，第 271～272 页；湖北省博物馆、武汉市档案馆：《武昌起义档案资料选编》（上），湖北人民出版社 1981 年版，第 277 页。

著作刊行、集会、结社、信教、居住迁徙、保有财产、营业等自由；有人身、住宅不受侵犯，非依法律不受逮捕审问及搜索的权利；有诉讼于法司、求其审判，诉讼于行政审判院、控告行政官署违法损害其利益的权利；有陈情于议会、陈诉于行政官署的权利；有任官考试、投票选举及被选举的权利；有依法纳税和依法当兵的义务。约法“都督”章规定：都督由人民公举，任期三年，连任以一次为限；都督总揽政务，在议会未开设之前，有暂时制定法律之权；有统率水陆各军、对外宣战讲和之权；有依法律任命官吏，宣布戒严、大赦、特赦、减刑等权；都督于议会开会时得出席，或令政务委员出席发言。约法“议会”章规定：议会由人民选举议员组成；议会议决法律、议定条约以及预算、决算；议会有权向政务委员提出条陈和质询；议会应受理人民之陈请，转送政务委员；议会可自制内部法规、自选议长，每年在法定时间自行开会闭会；议会议事必须公开。“法司”章规定：法司之编制及法官之资格，须由法律规定；法官非依法律不得免职；审判须公开进行等①。约法规定的都督职权，类似于总统，但须对议会负责。作为行政机关的政务委员、作为立法机关的议会和作为司法机关的法司，各有权限，互相制衡。

《中华民国鄂州约法》是以资产阶级自由、平等、博爱和“天赋人权”论为思想基础，以“三权分立”为理论基础的一部大法。它基本上勾画出了以总统制为蓝本的共和国方案，不仅充分反映出湖北革命党人要把军政府建成名副其实的资产阶级革命政权的愿望，而且表示了对中国传统的君主专制制度和“君主立宪”方案的根本否定。这部约法不仅对动员、鼓舞中国人民奋起摆脱清王朝专制统治起了巨大作用，也是中国历史上的一个重要文献。稍后的《江西临时约法》几乎全文仿照《中华民国鄂州约法》，南京临时政府颁布的《中华民国临时约法》也以《中华民国鄂州约法》为蓝本。

---

① 《中华民国鄂州约法》全文见《湖北军政府文献资料汇编》，武汉大学出版社 1986 年版，第 40～44 页。

但是，《中华民国鄂州约法》毕竟是初生不久的中国民族资产阶级的政治述作，所以它存在着严重的局限性。它照搬西方国家的政治制度和权力结构模式，以资产阶级的民主掩盖了实质上的资产阶级专政，而且，约法没有具体指出革命的总任务是反对帝国主义与封建主义，也没有指出要完成这个总任务必须以武装的革命扫除封建制度与帝国主义殖民制度。约法未指明主权属于人民，政权应该保护人民，也未涉及如何实施同盟会的三民主义纲领，没有规定在建立的新国家中由哪些阶级及其政党来领导。此后，由于形势的变化，这部约法实际上也没有得到贯彻实行。

按照《中华民国鄂州约法》的规定，湖北的政治架构除已组建的军政府外，还应成立临时参议会，但是由于当时阳夏之战胜负前景不明，临时参议会未被提上日程安排。直到 1912 年元旦南京临时政府成立以后，湖北军政府才在 1 月 6 日开会议决，由各部总稽查部为选举筹备和监督机关，并由该部拟定选举办法：全省每县定议员 1 人，由各县旅省人士集会，用单记名投票法互选，以得票最多者当选；各县在省人士未满10 人以上的，其当选者须得同府议员公认方为有效；候选者须为年满二十三岁之男性，素无嗜好（指没有吸食鸦片等不良习惯），得有学校毕业或同等学力证明文件者。

各县参议员的选举从 1 月 20 日开始，到 2 月 1 日才结束。因此时汉口、汉阳先后失陷，武昌亦成危城，选举并不热烈，当选者多为在军政府机关办事和“集贤馆”的投效者。2 月 7 日，当选议员 40 余人开筹备会，决定 2 月 10 日湖北临时议会开幕，选举正、副议长并发表宣言。2 月 9 日，黎元洪决定选举时由“军政府派员监选”，议员均以为这是政府和议会地位的颠倒，因而“恚甚，致书诘问都督”，黎元洪才答允仅派人“经理发票开票等事”。

2 月 10 日，湖北临时议会如期开幕，到会议员 60 人。会上发布了成立宣言，宣言高度肯定了武昌起义，指出“铲除君主专制之流毒，特创四千余年未有之局”是“人心所向，沛然若决江河，群以共和为惟一之目的”。黎元洪致辞祝贺之后，由苏成章、牟鸿勋发选举票，议员互选，开票结果是刘心源当选正议长，郑万瞻、汪恺为副议长。翌日再决会议，选定法律股、财政股、军政股、教育股、实业股、民政股、陈请股、惩罚股、资格审查股一共八股的审查委员。由于南京已于1月28日设立临时参议院，要求各省临时议会派三名代表为临时参议院参议员，故湖北临时议会又推选刘成禺、时功玖、张伯烈三人为南京临时参议院参议员①。

湖北临时议会成立时，黎元洪已基本掌控湖北军政大权，并明显与南京临时政府离心离德。而当选的参议员中，有正确革命方向的志士极少。如正议长刘心源，光绪二年（1876年）进士，官至按察使，致仕回省后曾被推举为反对借债筑路的进京请愿代表，担任商办的湖北铁路公司协理。他在金石学方面著述不少，但并无革命思想，且年已垂老。作为代表担任南京临时参议院议员的张伯烈，1905年留学日本学习法政，热衷于地方自治，也是当年为路事进京请愿的代表，但此时已成为黎元洪“民社”的骨干。刘成禺、时功玖曾是革命志士，但此时已听命于黎元洪。所以省临时议会在湖北几乎成为摆设，而派往南京的刘成禺、时功玖、张伯烈则因为当了黎元洪的耳目和枪手，在临时参议院中成了声音刺耳的反对派。

第三节　辛亥革命在首义之区的失败

由于武昌首义和湖北军政府在全国的率先成立，帝国主义和国内旧势力的代表袁世凯自然要把湖北作为打击、讹诈或拉拢的首选对象。在国内外反动派的两手做法面前，湖北革命党人显得幼稚软弱、缺乏经验，而黎元洪更是一味屈从甚至主动迎合，逐渐落入袁世凯的圈套。另一方

---

①《鄂省临时议会始末记》，《武昌起义档案资料选编》（上卷），湖北人民出版社1981年版，第428～429页。

面，在南方起义各省的阵营内部，地域和派系之分错综复杂。从12月中旬起，黎元洪和孙武等人逐渐操纵把持湖北军政府，先是与江浙集团暗中较劲，进而与同盟会和南京临时政府离心离德，给全国革命造成了种种困难。随着全国资产阶级革命派的节节妥协退让，袁世凯终于窃取了辛亥革命的果实；而黎元洪则掌控了湖北大局，并最终完全倒向袁世凯一边。

一、列强的“助北压南”和袁世凯的剿抚兼施

在武昌起义后最初的一个多星期中，帝国主义列强对湖北革命充满恐惧和仇恨，企图帮助清政府尽快把革命镇压下去。当湖广总督瑞澂在“楚豫”舰上请求英国军舰“阻止叛军渡江到汉”时，英国公使朱尔典(J. N. Jordan)立即表示接受这一请求，商请英国驻华海军司令给予“力所能及的一切援助”①。德国和日本也都表示要用武力支援清政府。日本还于10月14日作出决定，由旅顺、横须贺、濑户等地赶调6艘军舰驶入长江。其他国家的军舰亦连樯而至。到10月22日，集中在武汉江面的外国军舰多达20艘，其中英舰8艘、德舰5艘、美舰3艘、日舰2艘、俄舰与奥舰各1艘。德国军舰“老虎号”、“祖国号”和“水獭号”于10月12日匆匆赶来后，还公然向革命军挑衅，协同清军卷入了“热烈的战争”②。其他外国军舰亦都升火待发，摆出随时开战的姿态。驻汉口的各国领事还聚集在一起开会商讨武装干涉的可行性。

由于革命形势发展迅猛，英国公使朱尔典在10月16日即已判断出“满清之前途，实属黑暗”，同时因为湖北军政府在致汉口各国领事的照会中语气平和，表示承认以前中外所订一切条约以及所欠赔款和借款，

---

① 《英国蓝皮书》，1912年中国1号第1页，转引自章开沅、林增平：《辛亥革命史》下册，人民出版社1981年版，第221页。

② 孙瑞芹：《德国外交文件有关中国交涉史料选译》第3卷，商务印书馆1960年版，第231页。

在汉口的革命军亦未损及租界和外商利益，故朱尔典在报告英国政府时说："此次革命举动，秩序井然，并于外人利益，非常尊重，与从前此等乱事，大不相侔。"① 再加上列强担心举动不当而引起中国人民的激烈反抗，危及自己的既得利益，彼此之间矛盾重重，各有打算，再也不可能像镇压义和团时那样组织起联合部队。由于上述种种原因，各帝国主义国家在 10 月 17 日至 18 日，分别由其驻汉口领事和北京公使出面宣布"严守中立"。

但帝国主义的"中立"显然是虚假的。列强不仅在暗中做好了武装干涉中国革命的准备，而且在行动上也有表现。如 1911 年 11 月初，清王朝的荆州将军连魁，请求英国驻宜昌领事向革命军宜昌分司令部提出"荆州中立自保"，革命军和清军"彼此两不侵犯"，其实质是企图以缓兵之计阻止革命军进攻沙市和荆州。英国驻宜昌领事居然接受这一请求，并向革命军转达②。只是由于革命军拒绝了这一无理要求，坚持进军沙市、荆州，上述两地才得以光复。在阳夏之战中，经效命清廷的茶商欧阳萼的联络筹划，德商瑞记、礼和两洋行曾向清军供应煤、米、面粉、马料、柴草，建桥用的松木、机器、铁索，乃至"新式快枪及子弹等"，并用船只"常川转运"；又派出工程师协助在汉水上造桥，以利清军进攻汉阳；还"遴派洋员，以充侦探"，"请丹国（丹麦）人另设电局，借通消息"③。日本政府亦让商人出面，在武器方面"绝对秘密地"给清军"以充分援助"④。英国商人也有以军用物资帮助清军的举动，为此湖北军政府曾照会英国驻汉口领事，要求其"严禁英国官商人等，违背国际

① 中国史学会：《中国近代史资料丛刊·辛亥革命》（八），上海人民出版社 1957 年版，第 291～292 页。

② 湖北省博物馆、武汉市档案馆：《武昌起义档案资料选编》（中），湖北人民出版社 1982 年版，第 73 页。

③《闵尔昌旧存有关武昌起义的函电》，《近代史资料》1954 年第 1 期，第 78～79 页。

④《日本外交文书选译》，中国社会科学出版社 1980 年版，第 41、43 页。

公法，将……战时禁制品之各物，供卖敌军”①。

而且，各帝国主义国家始终没有放弃对中国进行武力威胁的行动。到10月下旬，进入北京、天津的外国军队已达三四千人。上海光复以后，列强驻上海的军队迅速增至3 000余人。11月中旬，在中国领水和领海内的外国军舰共达51艘，兵员达1.9万人。俄国先是将“彼尔塔瓦号”舰调到汉口江面，后又从海参崴增调来了“满洲号”。12月5日，俄国又借口防卫租界，增派陆军一个中队272人到汉口。随后，英国、日本亦以同样理由各派成批的侵略军抵汉。帝国主义摆出武装干涉的架势，正好给旧势力提供了逼迫革命派妥协的有力借口。

帝国主义出于破坏中国革命和进一步扩大侵略权益的目的，还利用已经攫取到的海关管理权，作为绞杀中国革命的手段。10月15日，总税务司安格联（F. Agien）命令汉口江汉关税务司苏古敦（A. Sugden)，要他设法将税款汇入安格联在汇丰银行账上，“等候事态发展”，不能“让税款跑到革命党的库里去”②。而湖北革命党人最担心的是帝国主义国家支持清政府，故当各国宣布虚伪“中立”、承认湖北军政府是与清廷对等的“交战团体”时，就已经欢欣鼓舞，并向列强表示“感激”了，因而也就轻易同意把江汉关关税以总税务司的名义存入外国银行，未曾取用。但与此同时，在清政府仍保有管理权的北方各口岸，“税务司们协征的很大数目的税款，还毫无限制地继续流入帝国的金库”③。帝国主义列强这样做，显然意在加剧起义各省的财政困难，而公开给清政府输血。

帝国主义仇恨和反对中国革命的最主要表现是全力扶植袁世凯。

10月11日，即武昌起义的第二天，四国银行团的美国代表司戴德

① 中国史学会：《中国近代史资料丛刊·辛亥革命》（八），上海人民出版社1957年版，第344页。

② 对外贸易部：《中国海关与辛亥革命》，中华书局1964年版，第8页。

③ 马士：《中华帝国对外关系史》第3卷，商务印书馆1960年版，第429页。

(W. Straight)就散布舆论:"如果清廷能获得一个强有力的人的襄助,并承诺某些立宪革新,叛乱自得平息,并会很快地被镇压下去。"① 这个"强有力的人"就是指袁世凯。接着,美国驻北京公使嘉乐恒(W. Calhoun)就在外交使团会议上公开倡议,要清王朝赶紧起用袁世凯。在得到各国公使的一致赞同之后,嘉乐恒亲自向摄政王载沣表达了这一要求。载沣迫于形势,不得不在10月14日下诏任命袁世凯为湖广总督,"督办剿抚事宜"。当时即有人指出:"政府之召用项城,为其能联络外人以为己助。"②

富有政治斗争经验的袁世凯却不肯轻易出山,先是借口"足疾未愈",继而又提出六点要求:明年召开国会;组织责任内阁;宽容参与此次事变诸人;解除党禁;授予其指挥和编制全军的大权;给予充足军费。载沣因其条件苛刻,不肯答应。袁世凯也就待在彰德家中不出。但在载沣和袁世凯讨价还价期间,各地革命迅猛发展,帝国主义加大了对清政府的压力,加上荫昌指挥的清军在汉口作战不利,载沣不得不再次退让。10月27日,清王朝召荫昌回京,任袁世凯为钦差大臣,以袁的亲信冯国璋、段祺瑞分别统率北洋第一、第二两军,并命令所有在湖北的海陆各军均归袁世凯节制。

革命形势的迅猛发展,使得袁世凯不能继续留在彰德装腔作势。10月30日,袁世凯离开彰德南下,第二天在信阳接任钦差大臣,并部署对武汉的进攻。11月1日,清廷皇族内阁宣布总辞职,袁世凯被任命为内阁总理大臣。11月13日,袁世凯抵京就任内阁总理大臣之职,16日组成责任内阁。北京的全部权力落入了以袁世凯为首的北洋军阀官僚集团手中。

袁世凯出任内阁总理大臣之后,帝国主义国家主动表示愿意为其提供短期贷款。12月,四国银行团与袁世凯开始进行借款谈判。1912年

---

① Herbert Croly, *Willard Straight*, New York, 1925, p. 417.

②《神州日报》,1911年10月19日,转引自章开沅、林增平:《辛亥革命史》下册,人民出版社1981年版,第236页。

1月，由袁世凯内阁的度支部出面，向德商瑞记洋行借款两次共75万英镑（合银730多万两），名义上是供救济京津市面之用，实则大部分用于向德、奥等国购置军火和支付其他各项镇压革命的军政所需。

帝国主义列强和袁世凯都知道，要想仅凭武力完全迅速地扑灭革命，显然难以做到。所以他们在使用武力，尤其是重兵进攻武汉的同时，还运用和平谈判、讹诈诱降的另一手来对付湖北军政府和南方起义各省。以黎元洪为代表的湖北旧势力则一因其政治本质，二因其与江浙集团、同盟会及南京临时政府的矛盾，逐步屈从并主动靠拢袁世凯集团。

武昌起义后第9天，即1911年10月19日，袁世凯还留在彰德家中与清廷讨价还价的时候，即电令湖北谷城人刘承恩赶赴彰德。刘承恩曾任道员和湖北新军管带，既是袁世凯的幕客，又是黎元洪的旧交，所以袁世凯委托他出面向黎元洪游说。刘承恩领命之后，即通过由京返汉的湖北争路代表、立宪派人士张伯烈，向梁钟汉、黎元洪等转告："袁氏可与革命军合作。……目前战事不能长久，当有和议的转机。"① 11月1日，冯国璋率军攻陷汉口。次日，袁世凯抵达孝感。其随员刘承恩偕同另一代表、海军正参领蔡廷干于11月初到武汉，执行向黎元洪诱和的计划。

刘承恩以"乡愚弟"的身份，连续三次给黎元洪写信，请三井洋行的两名日本商人送到武昌。前两函内容已不可考，黎元洪亦未作复。第三函是转达袁世凯的意图，声称朝廷将"下罪己之诏；实行立宪；赦开党禁；皇族不问国政"，并引诱黎元洪等人说："诸公皆大材榱檠，不独不咎既往，尚可定必重用，相助办理朝政。"② 对第三函黎元洪以军政府名义作了回答，申述此次起义"复九世之大仇"、"救济人道"的正义性，奉劝袁世凯勿学曾国藩、胡林翼、左宗棠，"力为满奴以残同族"，同时也表达了对袁世凯的幻想："公果能来归乎？与吾侪共扶大义，将见四百

① 梁钟汉：《我参加革命的经过》，《辛亥首义回忆录》第2辑，湖北人民出版社1980年版，第26页。

② 张国淦：《辛亥革命史料》，龙门联合书局1958年版，第278页。

兆之人，皆皈心于公，将来民国总统选举时，第一任之中华共和大总统，公固不难从容猎取也。”① 从各种资料考辨，黎元洪作出首次书面答复的时间是 11 月 3 日或 4 日。

11 月 7 日，刘承恩派襄阳人王洪胜到武昌面见黎元洪。黎元洪回答说，和谈之事，“要是未打汉口以前来说，就好说了，可惜来晚了”。黎又说：“这个时候不将皇上推倒，随便和了，以后大权归他，他更比从前加一倍的狠，我们更无有法子了。”② 不过黎元洪还表示，刘承恩如能过江到武昌会谈，军政府将会接待。

刘承恩遂央请俄国驻汉口领事致信同黎元洪接洽，又请英国驻汉口领事戈飞写了介绍信。11 月 10 日，刘承恩与蔡廷干乘俄国领事提供的小轮到达武昌。次日，他们在军政府与黎元洪及军政府各部部长举行会谈。刘承恩、蔡廷干陈述了袁世凯的“和平”计划。其计划的主要意思是只要清廷实行君主立宪，双方就应“息战”，实质仍是要湖北军政府接受“招抚”。对此，黎元洪的反应“尚温和”，但大多数革命党人表示拒绝，声称“万无与朱温同类之袁世凯相妥协之理，并痛责其谋杀吴禄贞之罪”。汤化龙、胡瑞霖等人也讲了主张民主共和，不要君主立宪的道理③。武汉的一些民众闻讯赶来，在军政府门前示威，愤怒声讨袁世凯。刘承恩、蔡廷干只得于 12 日渡江北上，向袁世凯复命。

袁世凯见用君主立宪的条件来“招抚”湖北军政府不成，又感到攻下汉口后兵力不足，遂一面增派军队南下，一面加紧向帝国主义求助。11 月下旬以前，各帝国主义国家虽一致支持袁世凯出山，但仍然倾向于继续保留清王朝，这样对他们将更为有利。执行这一方针最积极的是俄

---

① 李西屏：《武昌首义纪事》，《辛亥首义回忆录》第 4 辑，湖北人民出版社 1981 年版，第 52～54 页。

②《闵尔昌旧存有关武昌起义的函电》，《近代史资料》1954 年第 1 期，第 69～70 页。

③ 张国淦：《辛亥革命史料》，龙门联合书局 1958 年版，第 279 页；杨玉如：《辛亥革命先著记》，科学出版社 1958 年版，第 190 页。

国。俄国驻汉口领事（时兼各国领事团首席领事）敖康夫在 11 月 14 至 15 日、20 至 22 日曾多次出面撮合刘承恩与武昌方面的代表晤商，由于军政府方面坚持“建立民主”，而袁世凯只答应实行君主立宪，因而和谈未能成功。

与此同时，英帝国主义保留清王朝的想法有了改变。长江流域是英国的势力范围，英国不愿武汉的战争长期延续，危及其自身利益。英国公使朱尔典在北京与袁世凯经过密商，达成三点默契，即停战议和、清帝退位、由袁世凯出任大总统。朱尔典于 11 月 26 日致电英国驻汉领事戈飞，令其转告武昌方面：“如能两方面设一满意之停战之法”，袁世凯“甚愿饬停战争”；英国亦认为，战争“不宜再任其迁延，且无用之流血，亦宜停止”①。袁世凯为了增加谈判资本，先“夺革命之气”，在大量援军赶到之后，下令前线军队猛攻汉阳。11 月 27 日清军占领汉阳之后，袁世凯即阻止冯国璋进攻武昌，他和朱尔典商定了停战条款，分别电告冯国璋和戈飞相机行事。

黎元洪名为湖北军政府都督，实则从未改变其旧官僚的立场。袁世凯出山之后，黎元洪已有意“主和”，只是由于害怕革命党人和首义之区广大群众的强烈反对，才采取暧昧不明的态度。汉阳陷落之后，黎元洪即由军政府外交次长王正廷出面，吁请英美驻汉领事“调停”，并以都督的名义由戈飞提出停战 15 天的要求。12 月 1 日，当戈飞派英国人盘恩持停战条款渡江到武昌时，黎元洪已因为都督府中炮起火而逃至王家店。留下来主持工作的蒋翊武、吴兆麟、孙发绪等人，在军事失利、全城慌乱的情况下，立即全盘接受停战条款。黎元洪对此自然十分高兴，他感到帝国主义和袁世凯在诱和过程中，处处对他表示推重和扶掖；而湖北革命党人对他的弃城出走不仅丝毫未加责难，反而请他回武昌继续坐镇，因而他觉得自己地位已固，身价颇高，遂有恃无恐地出卖革命，向袁世

① 中国史学会：《中国近代史料丛刊·辛亥革命》（八），上海人民出版社 1957 年版，第 328 页。

凯邀宠。

12 月 3 日武汉停战之后，袁世凯就公开与湖北军政府接触谈判。当时各省代表会议正在汉口召开，亦曾议决各省停战条件。12 月 9 日，双方正式签订停战协议。于是，这场由资产阶级革命派发动和领导的革命战争，在湖北和其他省份基本上都停止下来。

12 月 7 日，清廷以袁世凯为全权大臣，命其委派代表赴南方讨论大局。9 日，袁世凯委任唐绍仪为自己的全权代表，带领参赞严修、杨士琦，以及经袁世凯挑选的各省在京官绅代表一人（湖北为张国淦），启程南下，于 12 月 11 日抵达汉口。起义的南方各省，亦在 9 日接受了苏、浙、沪都督府的推荐，确定以伍廷芳为议和全权代表。因议和地点确定在汉口，故黎元洪以大都督的名义于 9 日致电伍廷芳，命其速从上海来汉，并称已派出代表前往迎接。次日，黎元洪又致电催促。但伍廷芳不肯来汉口，并要求北方代表唐绍仪等前往上海谈判。

袁世凯认为，黎元洪已被制服，较易对付，且武汉的军事形势对北洋军较为有利，故愿意以黎元洪为主要谈判对手。黎元洪亦愿借此机会抬高和巩固自己的地位。故 12 月 11 日唐绍仪一行到汉口后，唐绍仪即过江到武昌，与黎元洪晤面。13 日，双方正式会见。尽管汉口的各省代表会在 12 月5 日拟定的“对北使开议各条”中，头两条就是“推翻满洲政府”和“主张共和政体”①，但在黎元洪把持下的湖北军政府所提出的谈判条件中，却抽掉了“主张共和政体”一条，只以“推翻满清”为满足②。袁世凯对此很满意，“一直希望在汉口开会”③。

但是，南方谈判全权代表伍廷芳，却主要反映江浙集团的利益和意

---

① 刘星楠：《辛亥各省代表会议日志》，《辛亥革命回忆录》第 6 集，中华书局 1963 年版，第 246 页。

②《英国蓝皮书》，1912 年中国 1 号，第 127 页，转引自章开沅、林增平：《辛亥革命史》下册，人民出版社 1981 年版，第 277 页。

③ 1911 年 12 月 17 日朱尔典呈葛雷电，《辛亥革命在上海史料选辑》，上海人民出版社 1981 年版，第 1 189 页。

志。江浙立宪派代表人物张謇和政客汤寿潜、赵凤昌为了便于操纵谈判，亦坚持和谈地点应改在上海。而且，与武汉相比，上海在全国占有更重要的地位，也是所有帝国主义国家势力集中之所在。伍廷芳深知此中关系，故在复电黎元洪拒绝来汉的同时，又致函英国驻上海总领事法磊士（E. Fraser)，提出“以上海为开会地点，实较汉口更为适宜”。法磊士把伍廷芳的建议电告朱尔典后，朱尔典立即与袁世凯联系。果然外国主子的话更灵，12 月 12 日，朱尔典回电法磊士，告诉他袁世凯“要唐绍仪前往上海举行会议的指示已经发出”①。在江浙集团坚持，帝国主义国家支持，加上袁世凯改变主意的情况下，黎元洪独力难支，只得于 14 日表示同意将谈判地点改在上海。同日，唐绍仪一行乘船东下，黎元洪派王正廷、胡瑛、温宗尧、钮永建、汪精卫等同行。其中，王正廷作为黎元洪的代表，出席了 18 日在上海开始举行的南北议和会议。

二、武昌集团渐与南京临时政府离心离德

湖北军政府成立之后，不仅如前所述存在着革命派同立宪派及旧官僚争夺领导权的问题，随着脱离清政府统治的省份的增加，也产生了争夺筹建中央政府的主导权问题。如前所述，黎元洪并没有主动参加武昌首义，被迫附从革命之后亦无具体建树。但是，为了巩固自己的地位，他却不肯轻易放过任何可以抬高自己身价的机会，并在这些活动中排挤革命党人，破坏革命。

1911 年 11 月 9 日，湖北军政府即以都督黎元洪的名义通电各省，请速派全权代表来鄂商组临时政府。由于电报在各地分别有所延误，上海迟至 17 日才知道有此电报。但此前由江浙旧官僚程德全，立宪派张謇、汤寿潜，上海都督陈其美以及政客赵凤昌、伍廷芳等人形成的江浙集团亦已于 12 日电邀各省代表，到上海会商组织临时政府。他们考虑到

① 《英国蓝皮书》，1912 年中国 1 号，第 111 页，转引自章开沅、林增平：《辛亥革命史》下册，人民出版社 1981 年版，第 278 页。

武汉是中外瞩目的首义之区，黄兴、宋教仁等人此时又在武汉，湖北对筹组全国临时政府有较大的发言权和影响力，因此提出“公认武昌为中华民国新政府”，即“政府设鄂，议会设沪”的方案。于是，11月中旬出现了苏、浙、闽、湘、直、鲁、豫、沪等省市代表到沪，赣、粤、桂、鄂等省代表在鄂筹备开会的“双包案”。

此时的黎元洪，地位已初步稳固。黎元洪的周围除了一大批旧官绅之外，还有逐渐接近的以孙武为首的一派革命党人，武汉的资本家如刘歆生、宋炜臣、蔡辅卿、徐荣廷亦给他以支持。于是，他利用“起义首功，同盟牛耳”的特殊地位，拒不接受“政府设鄂，议会设沪”的方案，宣称“既以湖北为中央军政府，则代表会亦自应在政府所在地。府、院地隔数千里，办事实多迟滞，非常时期，恐失机宜”①。他派居正、陶凤集等人于23日赶到上海，力争各省代表转赴武汉参加会议。江浙集团不便与首义之区争执，遂于当日议决各省代表均赴湖北与会，两天后又决定每省各留一名代表在沪“联络声气，以为鄂会后援”。这实际上是以退为进，为以后争夺筹组中央政府的主导权埋下伏笔。

11月底至12月初，鄂、湘、闽、鲁、苏、皖、桂、直、豫、浙、川等11省共23名代表先后抵达武汉（其中直隶、河南尚未脱离清政府组成军政府，代表由谘议局派出）。此时恰值汉阳失陷，武昌危急，代表会议只好在汉口英租界顺昌洋行内举行。11月30日举行第一次会议，谭人凤为临时议长。会议开至12月10日，主要通过了请黎元洪以大都督名义执行中央政务、“虚临时总统之席以待袁君世凯反正来归”等决议，体现出各省代表的严重妥协倾向。

会议期间全国政局发生变化。11月30日，黎元洪曾弃城逃跑。12月2日，南京光复。12月4日，江浙集团由陈其美、汤寿潜、程德全三都督出面，邀请各省留沪代表举行会议，决定暂以南京为临时政府所在地，并选举黄兴为大元帅，负责筹组临时政府，黎元洪只担任副元帅。

---

① 张难先：《湖北革命知之录》，商务印书馆1946年版，第390页。

在汉口召开的各省代表会议亦同意以南京为临时政府所在地，各省代表到南京开会，并设想有十省以上代表出席即开会选举临时总统。

武昌集团在第一个回合的争夺中先胜后败，实有多方面原因。其一，江浙集团的活动虽然先由江浙旧官僚、政客和立宪派筹划发起，后来实有同盟会的陈其美、宋教仁等加入。“宋教仁、陈其美二人恐怕武昌真成了中央政府，于同盟会不利”①。黎元洪作为一个旧官僚，已经掌握了湖北军政府的领导权，如果让他进而掌握中央政府的领导权，将更不利于同盟会。宋教仁、陈其美为维护同盟会的领导权而参与其事，其动机和后果显然有别于江浙旧官僚、政客和立宪派的争权夺利。其二，当时参与争夺中央政府组织大权的，实有袁世凯集团、江浙集团、武昌集团三者。尽管江浙集团、武昌集团均有向袁世凯妥协、同意袁世凯担任临时大总统的意向，但袁世凯同江浙集团的张謇、赵凤昌关系更好，配合更默契。加上武昌已成危城，在全国的影响力已开始下降，袁世凯自然愿意以江浙集团为主要交涉对象。

各方同意以南京为临时政府所在地之后，原先各省的赴鄂代表、留沪代表以及原未派人的几省的代表，陆续抵达南京。12 月 15 日，代表会议得到袁世凯的议和代表唐绍仪传达的信息，称“袁内阁亦主张共和，但须由国民会议议决后，袁内阁据以告清廷，即可实行逊位”②。代表会议中的立宪派和投机政客立即乘机操纵会议，议决缓举临时大总统（目的是虚位以待袁世凯）；承认上海推举的大元帅（黄兴）、副元帅（黎元洪）；大总统未举定之前，其职权由大元帅暂任之。

黎元洪对虚位以待袁世凯自然赞同，但绝不同意对大元帅、副元帅的安排。武昌集团中反对黄兴的人群起鼓噪，江浙部分军人亦表示不服“汉阳败将”黄兴。革命党人阵营内以章太炎为代表的光复会一派人，也贬抑黄兴而抬举黎元洪。黄兴遂坚持不就大元帅之职，推荐黎元洪担任。17 日，代表会议改举黎元洪为大元帅，暂驻武昌；黄兴为副元帅，而代

---

①② 刘星楠：《辛亥各省代表会议日志》，《辛亥革命回忆录》第 6 辑，中华书局 1963 年版，第 248、250 页。

行大元帅职权。黎元洪当上了大元帅，却不肯承担责任，他关心的只是阻止选举临时大总统。他曾致电在南京开会的湖北代表说："和议未决，不宜先举总统，致后日兵连祸结，涂炭生灵，追悔莫及。公等系鄂全权代表，责任綦重，兹事体大，亟宜注意。"① 言辞冠冕堂皇，但真实目的是不让孙中山担任临时大总统，以便和议达成后由袁世凯出任大总统，他当副总统。

但在当时全国人民的心目中，孙中山理应出任临时大总统，起义各省的军界、学界和商界均认为临时大总统一职非孙中山莫属，在南京开会的各省代表也并非完全受江浙、武昌两集团左右。1911 年 12 月 25 日，孙中山从国外经香港抵达上海，29 日即被 17 省代表选举为临时大总统。1912 年 1 月 3 日，黎元洪亦当选为副总统，他居然摆出"首义元勋"的姿态，堂而皇之地教训别人"勿争权利而越范围，勿怀意见而分门户，勿轻敌而有骄心，勿畏难而萌退志"②。事实上他却仍在继续结党营私，遇事对南京临时政府掣肘。

在南京临时政府中，除黎元洪担任副总统外，还有 5 名鄂籍人士担任次长，即陆军部次长蒋作宾、海军部次长汤芗铭、财政部次长王鸿猷、外交部次长魏宸组、内务部次长居正，多是首义时不在现场的留学生。此外，黄兴还任命汤化龙为陆军部秘书长，宋教仁又任汤化龙为法制局副局长。但首义诸将未得安排，尤其是孙武有意担任陆军部次长不得，还有唐克明、石星川、夏占奎等想到南京做官的鄂籍军人未获重要军职，遂对南京临时政府产生怨怼，再加上长期在黎元洪身边任秘书的孙发绪挑拨离间，说什么"南京政府排鄂，鄂人功高材多，应另树一帜，以与之相抗"③。孙武得到这批人的支持和黎元洪的暗中怂恿，便跑到上海，与鄂

① 《复驻宁代表》，《黎副总统政书》第 2 卷，上海古今图书局 1915 年版，第 10 页。

② 《致南京临时政府并各省代表各省都督电》，《黎副总统政书》第 4 卷，上海古今图书局 1915 年版，第 6 页。

③ 李西屏：《武昌首义纪事》，《辛亥首义回忆录》第 4 辑，湖北人民出版社 1981 年版，第 83 页。

籍代表刘成禺联络失意党人和政客，于 1912 年 1 月 20 日组成“民社”。列名发起者有鄂籍的黎元洪、孙武、刘成禺、蓝天蔚、张振武、饶汉祥等，外省人士有谭延闿、朱瑞、王正廷、吴敬恒、宁调元、孙发绪等，意在与同盟会争权。时鄂籍学者、同盟会员黄侃在上海担任《民声日报》的经理，他亦因地域观念和受到章太炎的影响（黄侃在东京留学时曾从章太炎受学，以后一直奉章太炎为师，而章太炎支持光复会，反对同盟会），亦支持民社，《民声日报》遂成民社喉舌。民社在上海成立后，孙武回到湖北，在武昌成立民社分社，拥黎元洪为董事长。武汉大商人宋炜臣、蔡辅卿、徐荣廷亦支持民社。南京临时参议会里的湖北参议员刘成禺、时功玖，则成为民社在南京的代理人。

武昌集团与南京临时政府闹独立，一是表现在经济上。南京临时政府成立后，各项开支浩大，尤其军饷负担极重，起义各省不仅未向南京给予支持，反而函电频催中央拨款。南京临时政府曾要求湖北将沙市、宜昌、江汉三海关的部分税收（主要是淮南盐税）解交南京，黎元洪予以拒绝。南京临时政府拟向招商局借款，先致电湖北，希望湖北表示赞成，黎元洪答以“人心已离”，“抗议之声达于道路”①。不仅如此，他反而极力强调本省困难，“要求中央政府极力维持”②。而最激烈的冲突是体现为反对中日合办汉冶萍以向日本借款。

武昌起义爆发，各地革命风潮腾涌，清王朝摇摇欲坠，此前极力推行铁道国有政策的清廷邮传部大臣盛宣怀，因面临“国人皆曰可杀”的险境而流亡日本神户。湖北军政府以“私产”论没收了汉冶萍公司的马鞍山煤矿，并拟接管大冶铁矿，盛宣怀依据汉冶萍公司与日本有巨大债务关系，请求日本保护。日本果然派出海军陆战队控制大冶铁矿，并向

---

① 《致南京临时政府》，《黎副总统政书》第 6 卷，上海古今图书局 1915 年版，第 28 页。

② 《复南京财政部》，《黎副总统政书》第 5 卷，上海古今图书局 1915 年版，第 13 页。

黎元洪施压，迫其撤回洽谈接管大冶铁矿的代表。此时南京临时政府因为财政极度困窘，曾经试探让盛宣怀出面，以汉冶萍公司股票为抵押，向日本横滨正金银行借款五百万日元（相当于中国五百万银元），被日方以“贵公司前借敝款项为数已巨”为由拒绝。盛宣怀乘机向孙中山提出他自己在革命爆发前即已谋划过的中日合办公司计划，称“华日合办，或可筹措”。孙中山认为，如果由政府出面与日本合办公司，不仅会让中国政府担负股东数千万股款的偿付，而且会遭受“以国家利权抵押日本谋求借款”的严重批评，故以此为“非妥当办法”。作为变通，孙中山让盛宣怀代表汉冶萍公司于 1912 年 1 月 29 日在神户与“日商代表会”签订了《华日合办煤铁厂矿有限公司草约》，规定“合办”的中日公司股本为三千万元，双方各占五成，日本原有借款一千万元，再借五百万元，均作为股本。草约另签有附件三条：一是中华民国政府“承认”本件；二是中华民国政府“应使公司董事（对本件）予以承认，并使股东大会予以通过”；三是中华民国政府同意在股东大会之前，“公司先以大冶铁矿为抵押，借入二百万乃至三百万日元，作为该合同草案所订之公司借与中华民国政府五百万日元之一部分，交付给中华民国政府”①。

消息经报纸披露以后，全国舆论沸腾，不仅敌对势力一致攻讦，革命阵营内也一片反对之声，湘、鄂、赣公私各界都表示无法接受。代表光复会一派的章太炎在《大共和日报》上刊登致孙中山函，要求“速与挽回”。江浙立宪派头面人物、实业家且已被举为南京临时政府实业部总长的张謇亦致函孙中山和黄兴，认为“中日合办之说，万不可行”。孙中山复函解释，称“度支困极，而民军待哺，日有哗溃之虞”，且“于众多矿中，分一矿利与日人，未见大害”。张謇居然以此为借口，坚辞实业部总长。

在当时的反对声中，武昌集团的声音和行动最为激烈。黎元洪先是得知抵押汉冶萍向日本借款的消息，即在致孙中山的两份电报（正月十

① 代鲁：《汉冶萍公司史研究》，武汉大学出版社 2013 年版，第 61 页。

七“霰电”、正月二十七“沁电”）表示，“汉冶萍公司纯属盛宣怀之私产，湖北军政府有权接收”，“非经湖北军政府认可，任何人不得擅自处理”①。中日合办汉冶萍的详情被报纸披露之后，黎元洪再次致函南京临时政府暨参议院，称“汉冶萍公司产业，前因有抵借之说，屡经敝处电请尊处阻止在案。查该项产业，关系民国前途最为重大。只以盛宣怀于满清时代营私舞弊，致丧失一切权利，几乎不可收拾。目前饬由理财部收归鄂有，意在消除外患，挽回国权，并借以保守物品，留备全国军民之用。顷闻尊处拟与外人合资开办，借资挹注，虽系一时权宜之计，但对外政策种种失败，实由于此。刻下民国新建，事事须确求正当办法，万不可再蹈满清覆辙，致以机会均等、利益均沾之说，启外人干预之渐。此间议会全体及各部处职员，均不敢承认此举。贵处如果有合资开办情事，希迅即设法取消，切勿任少数人颟顸之为，致拂舆情而生恶感”②。电文不仅冠冕堂皇，义正词严，而且含沙射影，视此“颟顸之为”如蹈盛宣怀和清廷覆辙。

不仅如此，受黎元洪操控的湖北共和促进会也致电孙中山，各部总长和参议院，称“汉冶萍煤铁矿厂，虽系盛氏投资，究属鄂赣公产，民国命脉。用以抵押借款，犹当杜渐防微，讵可用国际合办名义吸引外资？辱国丧权，莫此为甚！他国从而生心，后患何堪设想？无论已否签约，鄂人誓不承认，请即设法挽回”③。鉴于汉冶萍公司股东大会上以 8∶2 的表决“反对合办”，孙中山于 2 月 23 日表示取消中日合办草约。但湖北参议员刘成禺、时功玖仍在南京临时参议院会上提议，称南京临时政府：“一、以兵力强迫招商局押借外款；二、擅发军用钞票；三、以汉冶

① 邹念之：《日本外交文书选译——关于辛亥革命》，中国社会科学出版社 1980 年版，第 365 页。

②《黎元洪为请取消与外人合资开办汉冶萍公司产业合约致南京临时政府暨参议院电》，《湖北军政府文献资料汇编》，武汉大学出版社 1986 年版，第 704 页，

③《湖北共和促进会致大总统、各部总长暨参议院电》，《民立报》1912 年 2 月 25 日。

萍合同押借巨款，致成中日合办。凡此三端，既失政府信用，又足激变民心，应请公决，□警告政府，另议善法。”28 日，孙中山被迫对参议院的质询进行解释，承认“因火急借入二百万元以应军队之需要，手续未及分明”，并派胡汉民将借款各种文件交参议院，咨复说明有关情况及取消草约之决定①。

事后来看，孙中山因临时政府财政困难，要借款发放军饷，实为万不得已，但因此答允盛宣怀的“中日合办”汉冶萍公司，确如孙中山自认的“非妥当办法”，“恐有流弊”。而黎元洪为首的武昌集团抓住机会，抢占爱国的道义高地，再三攻讦孙中山和临时政府，使孙中山和临时政府的信用和威望受到了重大打击。

武昌集团与南京临时政府闹独立，二是表现在政治上。1911 年12 月 15 日，黎元洪在得知南京各省代表会拟举临时大总统的消息后，立即致电在南京的湖北代表，称“和议未决，不宜先举总统，致后日兵连祸结，涂炭生灵，追悔莫及”②。黎的意见未被采纳，12 月 29 日，在南京的 17 省代表选出孙中山为临时大总统，并在 1912 年元旦就职。黎元洪一面致电孙中山和临时政府表示庆祝，并颂扬孙中山“先生首倡大义，奔走呼号二十年如一日，薄海内外莫不钦仰高风，濡沐仁化”③。一面又在当天致电临时政府和各省都督，说“项城（即袁世凯）胸怀磊落、名满天下，此次以仕清廷，未克与选，识者惜之。方期和议早成，彼此共享共和之福，人望如项城，何至不能与选?”④ 公开表示对孙中山担任临时大总统的不满，而为袁世凯抱不平。1912 年 1 月 9 日，各省代表议决以

① 湖北省档案馆：《汉冶萍公司档案史料选编》上册，中国社会科学出版社 1994 年版，第 331～333 页；陈锡祺：《孙中山年谱长编》上册，中华书局 1991 年版，第 666 页。

②《复驻宁代表》，《黎副总统政书》第 2 卷，上海古今图书局 1915 年版，第 10 页。

③《致临时政府暨大总统电》，《黎副总统政书》第 4 卷，上海古今图书局 1915 年版，第 6～7 页。

④《致南京临时政府并各省都督》，《黎副总统政书》第 4 卷，上海古今图书局 1915 年版，第 1 页。

五色旗为国旗，请临时大总统通告各省，但武昌方面坚持以十八星旗作国旗。临时政府只好作出让步，以五色旗为国旗，十八星旗为陆军旗，青天白日旗为海军旗。还有当选的湖北省参议员与临时政府为难，违反会议规则，议长予以纠正，湖北参议员即拒绝出席会议，并电告武昌，以辞职相要挟。黎元洪却袒护湖北参议员，诘责参议院，表示“该议员等辞职，敝省决不承认”①。再如，孙中山就任临时大总统后，黎元洪于1月3日当选为副总统，他原先的大元帅一职理应取消，但黎元洪却一直拒绝辞去这一并未实际负责的大元帅之职。但到2月15日，南京临时参议院选举袁世凯为临时大总统、黎元洪为副总统之后，黎元洪唯恐“避席”不及，立即电称辞去原副总统及大元帅之职，足见其不尊重孙中山而甘愿臣服于袁世凯。

孙中山等革命者在让位于袁世凯之后，曾坚定地主张建都南京，但袁世凯却不肯离开他经营多年的老巢，于是1912年2月又发生了一场定都之争。在这场斗争中，武昌集团又顽固地站在孙中山等人的对立面。2月21日，民社在上海的喉舌《民声日报》称：“武汉军界闻参议院受政府之指挥，决定南京为临时政府地点，宣言将与段祺瑞军联合，拟为倾倒南京政府之行动。”《民声日报》企图利用北京、南京两个方案相持不下的形势，以建都武昌作为替代方案，故引用英文《楚报》所载纽约电讯说：“美政府谓中国建都武昌为最相宜，极反对南京。”② 2月24日，湖北省议会正式作出了“请以武昌为国都”的决议。26日，民社发出通电，称：“参议院附和政府少数人之私见，率定南京为临时政府地点，既昧大势，复拂舆情，此吾党所绝对不敢赞同者。际南北纷争之日，新旧暗斗之时……折中定制，莫若武昌。”③ 据《民立报》事后披露，湖北军

① 转引自冯天瑜、张笃勤：《辛亥首义史》，湖北人民出版社2011年版，第559页。

②《参议院会议补记·临时政府地点问题》，《民立报》1912年2月25日。

③《上大总统并致各机关（附上海民社通电）》，《黎副总统政书》第7卷，上海古今图书局1915年版，第23页。

政府还曾以本省的地方税收作抵押，“向美商达拉公司借款三百五十万英镑”，作为在武汉“建筑新都”① 的需用。由于袁世凯坚决不肯离开北方，列强对在武汉建都亦不支持，黎元洪在 2 月 27 日给袁世凯的电报中就改变了口气，表示赞同定都北京，此后更一再向南京临时政府施加压力，为袁世凯张目。

三、北伐中止和孙中山访汉

在 1912 年 2 月 12 日清帝宣布退位之前，武昌集团虽然屡与南京临时政府闹独立性，黎元洪更是从内心反对孙中山而迎合袁世凯，但湖北仍被视为革命力量占主导地位的省份。湖北的民军队伍和各省援军仍与袁世凯的北洋军队处于对峙状态。1912 年初，黎元洪还半真半假地组织了在湖北境内的军队的北伐。

1911 年 12 月中旬，各省留沪代表举行会议，先举黄兴为大元帅，黎元洪为副元帅，继而交换位置，以黎元洪为大元帅，黄兴为副元帅。此时南北和谈虽已开始，但双方各持“建立民主共和”和“实行君主立宪”的前提条件互不相让，因而各省代表会议和大多数起义省份都主张准备北伐。黎元洪便以大元帅的名义，将各省起义队伍编为四支大军，统归大元帅节制，以武昌为大本营，以北京为进攻目标，部署北伐：一军由武昌向武胜关进发，一军由山西、陕西出河南，一军由南京出颍上、宿州，一军由秦皇岛进军北京。

当时湖北境内的军事态势是：袁世凯的北洋军仍然占据汉阳、汉口及武胜关至汉口的铁路沿线，虽然气势汹汹，但仍形同孤军深入。湖北革命军共有 8 协，不仅以长江为防线，坚守武昌，而且从宜昌、沙市、荆州到安陆、随州、襄阳等广大地区，仍在唐牺支、刘英、季雨霖各部的管辖之下，汉口以下有李烈钧率领的援鄂赣军和皖军，汉阳以上有赵恒惕率领的援鄂桂军，还有沈秉堃率领的桂军、梅馨率领的湘军亦在来

① 《论汉口建筑有三大利》，《民立报》1912 年 6 月 19 日。

鄂途中，总兵力已经远远超过在湖北的北洋军，并对其形成包围之势。黎元洪对湖北境内的作战计划是：以主力固守武昌，待机转入攻势，一部由武昌下游渡江进军黄陂，一部由武昌上游渡江进军孝感，以威胁阳夏北洋军两侧和后路；海军起义舰只在阳逻、青山江面游弋，支援渡江；各省援军亦分别在汉阳以上、汉口以下集中，分别从左、右两翼包抄北洋军。时间安排则是在停战期满以前做好一切准备，12 月 31 日上午 8 时以前停战期满，如不续行停战即发起攻击。

帝国主义列强认为，如果在武汉再度发生战事，其利益难免不受损失，而且袁世凯在军事上也可能遭到失败。故在停战期满之前，英国驻汉口领事一再向湖北军政府传话，声称可由各国驻汉口领事出面担保武汉三镇的战事平息。武昌方面的答复是：北洋军须在五日之内悉数撤至武胜关以北，如此则革命军不予追击，且北洋军各种辎重准其带走。但袁世凯借口辎重甚多，五日之内难以尽行撤走，于是双方又由“五日退兵之约”而同意继续停战。加上上海议和会议“继续停战”的电报到达，黎元洪遂命令各部在原地待命。

但北洋军并未遵守如期退兵之约，亦未真正完全停战，相反曾多次炮击武昌。尤其是 1912 年 1 月 1 日，南京临时政府成立，孙中山就任临时大总统，使袁世凯大为恼怒。在武汉前线的北洋军秉承其意，向武昌开火，以施加压力。黎元洪果然出面为袁世凯说话，此即他在前引电报中的吹嘘袁世凯“胸怀磊落，名满天下，此次以仕清廷，未克与选，识者惜之。方期和议早成，彼此共享共和之福，人望如项城，何至不能与选?”黎元洪并要伍廷芳转告唐绍仪：希望袁世凯立即休战，以免“冠裳之会，变为干戈”①。袁世凯从南京临时政府和已任副总统的黎元洪处得到将让其担任临时大总统的保证之后，才命北洋军从前线撤退，1912 年 1 月 5 日，北洋军撤出汉阳，1 月 6 日撤出汉口。1 月 10 日，段祺瑞把司

① 《致南京临时政府并各省都督》，《黎副总统政书》第 4 卷，上海古今图书局 1915 年版，第 1 页。

令部自汉口迁到孝感。湖北革命军亦未追击。

南京临时政府成立之后，南北双方继续谈判。孙中山和多数革命者认为袁世凯缺乏和谈诚意，且一直在对南方施缓兵之计，而加紧进攻山西、陕西的革命军，故主张武力北伐的意见一度占了上风。南京临时政府遂致电黎元洪，命其准备继续"北伐"。

1912 年 1 月 8 日，黎元洪召集军事会议，组织北伐军，以战时总司令官吴兆麟为北伐军第一军司令官，右翼军李烈钧为第二军司令官，左翼军赵恒惕为第三军司令官。第一军为鄂军，时已将前之 8 协扩为 8 镇，分别以黎本唐、张廷辅、窦秉钧、邓玉麟、吴兆麟（兼）、王安澜、唐牺支、季雨霖为各镇统制①。其中第 1～5 镇在武汉，第 6 镇在随州、枣阳，第 7 镇在荆州、宜昌，第 8 镇在襄阳。李烈钧指挥的第二军包括皖军、赣军、浔军、宁军。赵恒惕指挥的第三军包括桂军、湘军、河南奋勇军。

1 月 11 日，黎元洪对三军下达进军命令。驻扎在武昌的鄂军于12 日开始行动。吴兆麟本人也决定于次日从洪山出发，准备经阳逻向黄陂前进，攻击集结在孝感的北洋军主力。但此时军务部长孙武忧虑吴兆麟权大难制，请黎元洪只任吴兆麟指挥鄂军第 5 镇。黎元洪遂调吴兆麟任大元帅府参谋总长，以孙武为第一军总司令官。而孙武既达到了免除吴兆麟第一军总司令官的目的，本人又不愿放弃军务部长大权，遂保荐杜锡钧代理第一军总司令官。都督府总监察刘公不愿长居武昌是非之地，多次要求率军北伐。黎元洪遂于 1 月 24 日委其任北伐左翼军总司令官，带鄂军两标前往襄阳，会同季雨霖部向北进攻。河南奋勇军亦归刘公节制。

1 月 28 日，黎元洪发出准备进攻的命令。驻武昌鄂军各部于 29 日渡江，分别进据汉口、汉阳各要点，并将兵力延伸至郊外谌家矶、三眼桥、岱家山、琴断口等地，熊炳坤率部收复麻城。第二军、第三军亦向

---

① 李西屏：《武昌首义纪事》，《辛亥首义回忆录》第 4 辑，湖北人民出版社 1981 年版，第 85～86 页。

北进军，担任中路攻击的援鄂桂军沿京汉路向孝感挺进。这时段祺瑞已将司令部迁到河南信阳，留守孝感的北洋军 1 000 余人缺乏斗志，未加抵抗即登车北逃，遗弃枪弹、服装、粮秣甚多。收复孝感之后，各军分驻孝感、黄陂、麻城、云梦等地①。

在湖北各路军队的北伐中，以刘公、季雨霖指挥的从襄阳出发的一路作战范围较大。1912 年 2 月 3 日，季雨霖、刘公在襄阳集中各部，亦分左、中、右三路进军。左路军从老河口出发，在鲁家寨与北洋军激战两昼夜，打败敌军，挥师直指河南邓州（今邓县），邓州各界出城欢迎北伐军，2 月 12 日遂不战而克该城。右路军经湖北枣阳、随县，向河南唐县进军，2 月 11 日不战而下唐县，绕新店铺进攻河南新野。中路军 13 日经过新店铺时，与敌军六七百人激战半日，战胜后与右路军合攻新野。同日，北伐军攻破新野县城东门，敌军从北门逃走，北伐军遂占领新野，并追击至数十里以外。与此同时，驻防郧阳的原湖北新军第 29 标第 3 营，扩充成 1 协 2 标，为了援助陕西革命，亦向河南淅川紫荆关进军，2 月 15 日占领紫荆关②。

尽管湖北的北伐军不乏斗志和锐气，作战也取得了一些胜利，但黎元洪所谓的“北伐”部署实际上是表面文章。不仅黎元洪如此，包括南京临时政府在内，思想上均已经和袁世凯妥协。一直在上海进行的南北和谈，已于 1912 年 1 月中旬达成秘密协议：袁世凯迫使清帝退位，同意建立共和政体，孙中山即将临时大总统之职让予袁世凯。所以“北伐”从一开始就带有虚张声势的意味。2 月 12 日，清宣统帝溥仪颁布诏书，宣告退位。次日，孙中山即宣布辞职，并推荐袁世凯继任。15 日，南京临时参议院选举袁世凯为临时大总统，20 日又选举黎元洪为副总统。半

① 高震中：《辛亥首义前后的一点回忆》，《辛亥首义回忆录》第 4 辑，湖北人民出版社 1981 年版，第 122 页。

② 高仲和：《北征记》，《辛亥首义回忆录》第 4 辑，湖北人民出版社 1981 年版，第 158～160 页。

真半假的“北伐”终于被明令取消，攻入河南的湖北各路北伐军，从21日开始撤回湖北。

1912年2月中旬，孙中山宣布让位给袁世凯之后，黎元洪更加倒向袁世凯，湖北军政府的革命色彩丧失殆尽。而军务部长、原湖北共进会领导人孙武，不仅多次公开宣称拥挤袁世凯，攻击同盟会和孙中山，而且为了巩固个人权位，亦更加拥黎元洪以自重，他千方百计打击原文学社诸领导人，与原为共进会的张振武也势成水火。他作风跋扈，趾高气扬，引起大多数起义人士不满。于是，与文学社关系密切的黄申芗、向海潜等人在1910年前后结成的反清会党小团体群英会，与从四川返鄂的原新军第31标组成的教导团，以及文学社员为主体的首义伤兵团体毕血会，共同决定发动“改良政治”的“二次革命”，起义老兵组成的将校团及义勇团等闻讯加入。黎元洪侦知此次起事宣称“只诛孙武一人”，遂作壁上观。

2月27日夜，数千起事者拥黄申芗为总司令，上街游行，鸣枪示警，包围军务部和孙武官邸。孙武事前闻讯，避往汉口租界。起事者遂将“孙武家抄捣”，随后“举动紊暴，秩序大乱，军政机关破坏殆尽，乱兵盛行抢劫”，还误毙原文学社重要成员、第二镇统制张廷辅，并伤及张的家人。黎元洪“下令闭城，派出宪兵卫队弹压，当场捕获四人正法，始复平静”①。

事后，经绅商与黎元洪、孙武协商，孙武发表了“今后入山，谢绝世事”的辞职声明，黎元洪趁机应群英会等起事者的要求，于3月2日免去孙武的军务部长之职，由黎的心腹、旧军官曾广大接任。又以文学社多人参加“叛乱”为由，对文学社革命志士加紧迫害。共进会、文学社两败俱伤，黎元洪更牢固地控制了湖北政权。

群英会事件发生时，孙中山已声明辞去临时大总统，但尚未卸任，

① 《群英会“倒孙”及孙武临时宣言》，《辛亥革命在湖北史料选辑》，湖北人民出版社1981年版，第619～620页。

当他获悉武昌方面的报告后，曾电湖北进行调解，表示“其中理由虽不甚悉，惟我民国军宗旨不外厚爱同胞，保全大局”，故“务望各同志和平为主，毋伤同胞同志之意，毋启外人干涉之端”①。虽然是鞭长莫及，未能从根本上解决湖北军政府内部的深刻问题，但事态得以暂时平息。

孙中山于 4 月 1 日正式解除临时大总统职务后，原拟回广东处置与湖北类似的军政府内部矛盾问题，“适奉黎副总统函约相见”，“故中道来鄂”。在黎元洪方面，此时刚刚平息群英会“倒武”事件，不得志的首义诸人“时露拔剑断柱之态”，黎元洪仍然心有不安，认为“孙先生若惠然肯来，必有以说服而调伏之”；而“同盟会支部中坚同志，往往受本为同盟会会员而脱离同盟会自组民社者欺压，（以为）总理一到，则声威立壮，而欺压亦自敛迹”。两方面动机不一，但一致同意请孙中山来汉一行，故同盟会会员田桐、李基鸿得以黎元洪之名到上海面请孙中山②。而在孙中山方面，正如 4 月 11 日胡汉民在演讲中所说，孙先生来汉是要表达三股感情：“一则调查战绩，凭吊忠魂，即对于我武汉军人之感情；二则伤痛瓦砾，督促建筑，即对于我武汉商人之感情；三则哀念流离，抚恤疮痍，即对于我一般国民之感情。”③ 正是抱着这种情怀，才有了孙中山这次唯一留有众多文献记载的武汉之行（孙中山自叙其在 1894 年夏赴天津上书李鸿章无果，南返途中曾“深入武汉以观长江之形势”，但并未留下任何文字记载）。孙中山此时的身份是同盟会总理，黎元洪则是协理。

1912 年 4 月 9 日晨，孙中山与随行家属及胡汉民、汪精卫、宋子文、景耀月、程明超、马伯援等人（据居正记载还有孙科、廖仲恺、庞青城、陈汉元、魏宸组、章士钊、秘书朱蔼龄），乘“联鲸号”军舰抵汉口谌家矶，旋至江汉关附近的招商局码头停泊。孙武、第 2 镇统制王国

---

① 《致鄂省同志电》，《孙中山全集》第 2 卷，中华书局 1981 年版，第 137 页。

② 《梅川日记·总理游鄂》，《居正文集》上册，华中师范大学出版社 1989 年版，第 102 页。

③ 陈霁云：《中山先生驻鄂记》，《湖北文史集粹》第 1 册，湖北人民出版社 1999 年版，第 183 页。

华、夏口县县长、江汉关监督等迎孙中山登岸，在英租界今沿江大道上海路口的熙泰昌茶栈小憩后，换乘“湖鹗号”军舰，王国华等乘裕川轮导行。渡江至武昌，泊文昌门外江边，第4镇统制蔡汉卿登舰请孙中山登岸，检阅仪仗队后乘马车入城，经长街（今解放路）至都督府（今阅马场辛亥革命纪念馆）。沿途张灯结彩，军民夹道欢迎。黎元洪在鄂督府大门迎接，同入会议室，以西式餐点招待，然后在会客厅晚餐。有记载说，孙中山称黎元洪为“民国首义之第一伟人”，两人还谈及在武汉建设“纪念铁桥”的设想。餐后，孙中山等前往胭脂山同盟会湖北支部办事处（原湖北盐道署）下榻，寝前还接见了湖北议会议员，并和章士钊（时任《民立报》的主笔）讨论社会革命问题。

第二天（即4月10日）10时前，孙中山在住所接见有关政党、社团代表。10时黎元洪来回拜，随即陪同孙中山巡视楚望台，到旧督署（今武昌造船厂）前凭吊彭刘杨三烈士就义处。继至都督府会议厅接见军队各司各镇、水师统领以上军官130余人，在简短谈话中，肯定“民国成立”“皆诸君子义同袍泽，首复武汉所致”，勉励军人“维持公益，敦促进行，恢复主权，奠定邦本”。孙中山讲完后，黎元洪接过话题加以发挥，他首先肯定，“鄂省虽首发大难”，但革命成功“皆各省响应之赐。而尤非中山先生预为奔走呼号，预为秘密运动，响应正不易易也”。他的重点意思则是后面的讲话：“再者革命事起，革命党销，鄙人与诸君幸勿昧革命二字宗旨，长以意气相搀，当思战争时之荆棘，勿挟和平后之芥蒂，自私自利，使诈使贪，皆非我辈革命之初心也。务望力持斯义，善始善终，念前此伟大功业。若嗣后自行抛弃，实为有负忠告焉。”① 这段话不仅附和了当时喧嚣一时的“革命事起，革命党销”的谬论，而且暗含对坚持革命立场者的警告。

接着，军政界代表300多人仍在都督府举行欢迎大会，孙中山再作讲演。这篇讲演较长，重点有二，一是“共和与自由”的关系，一是

① 陈雾云：《中山先生驻鄂记》，《湖北文史集粹》第1册，湖北人民出版社1999年版，第175、177页。

“社会革命”的问题。关于第一点，孙中山指出，“共和与自由，专为人民说法”，“全为人民全体而讲”；至于官吏和军人，“不过为国民公仆”，“不过为国家一种机关，为全国人民办事”，因而所贵“全在服从纪律”。“人民终岁勤动，以谋其生”，并“出其所有之一部，供养少数人（指军人、官吏），代彼办事”，“于是在办事期内，此少数人者当停止其自由，为民尽职，以答人民之供奉”，“倘此少数人而欲自由，非退为人民不可”。关于第二点，孙中山认为，“吾国种族革命、政治革命俱已成功，惟社会革命尚未着手，故社会事业，在今日非常紧要”，孙中山强调，所谓社会事业，就是居全国最大多数的普通人的生计和自由问题，并表示他“此次解职，即愿为一人民事业之发起人”①。

欢迎会后，在都督府门前拍照，遂留下了孙中山与武汉各界代表150余人、孙中山与黎元洪两人的具有历史意义的合影照。回到胭脂山临时住所，时才下午3点，孙中山遂与随同诸人出住所，“登蛇山，自抱冰堂南楼直下”，“抵阅马场”，应武昌各界民众露天大会，讲述革命是“破坏中求建设，武阳夏三镇，宜联成一片，汉口为商业区，汉阳为工业区，武昌为政治、文化区，在江上建筑大桥，或凿隧道（视工程计划而定，我以为科学进步，防空种种，是隧道好），联络武汉。从汉口后湖上通襄河，下至谌家矶，开一运河，引汉水入江，将襄河口慢慢填起，使阳夏毗连成一起。复在武昌上游开一运河，经南湖、东湖、下新河入江。于是武汉三镇，中有大江，南北有两运河，又为京汉、粤汉两路中心，形成一个大都会。若以之建都，亦是理想上之都城云云。众大拍掌，高呼万岁。散会回行辕”②。

对于孙中山4月10日下午的活动，与居正上述略有不同的是记者陈霁云的报道。报道说，下午3点钟后，孙中山等人“由行辕之西市，假

① 《在湖北军政界代表欢迎大会上的演说》，《湖北军政府文献资料汇编》，武汉大学出版社1986年版，第256～258页。

② 《梅川日记·总理游鄂》，《居正文集》上册，华中师范大学出版社1989年版，第105页。

甬道于南楼，经官钱局，随绕泮宫，出平湖门，因观江水”。“延伫江干，钟移申刻”，即到下午四五点钟，“中山先生乃拟循黄鹄矶晋城”。此时，有汉阳门城内居民、演说团、社会党各代表聚集奥略楼下欢迎，“中山先生不拂群情”，又作即兴简短讲演，要旨是，民国成立，人民大众“既系中华民国国民，已非满清专制时代百姓。自今伊始，即当各行中华民国事业，既当各尽中华民国国民义务。……惟既有第一等国民思想造成民国，更须以热心毅力，再将此民国造成世界上第一等民国”。随后胡汉民、汪精卫、景耀月也作了讲话。散会之后，孙中山与随行人员，“并与登楼，极目望远，旋至抱膝亭，至吕祖阁，而婆娑鹅字碑下久之”①。直到夕阳西下，一行才回到住所。

而《民立报》4 月 13 日的报道说：“（下午）四时，在共和促进会受（武昌）十三团体联合欢迎，演说谓吾国种族、政治革命已成功，当即着手社会革命，联合各团体一致进行。”“旋又赴黄鹤楼受演说团招待，又演述革命后吾人应担之责任心。”三天后，该报又详细刊载了行严（即章士钊）亲自在共和促进会等团体欢迎会上听孙中山演说的记录，讲话较知，要点是称当初欧美改良政治（指发生资本主义革命）时，社会流弊未显，及至社会事业败坏，则欲收拾而无从。而“今吾国之革命乃为国利民福革命，拥护国利民福者，实社会主义。故欲巩固国利民福，不可不注重社会问题”。孙中山还对美国的政治和欧美的资本家做了严重的批评，说“夫美洲之不自由，更甚于专制国。盖专制皇帝且口不离爱民，虽专横无艺，犹不敢公然以压抑平民为职志。若资本家则不然，资本家者，以压抑平民为本分者也，对于人民之痛苦，全然不负责任者也。一言以蔽之，资本家无良心者也”②。孙中山后由面的这段话，有的报纸（如本地记者陈霁云的报道）未予报道，有的报道不合孙讲话原意，故有

① 陈霁云：《中山先生驻鄂记》，《湖北文史集粹》第 1 册，湖北人民出版社 1999 年版，第 179～180 页。

② 《武昌电报》，《民立报》，1912 年 4 月 13 日，第 5 页；行严：《孙前总统社会革命谈》，《民立报》，1912 年 4 月 16 日，第 2 页。

章士钊几天后的当场记录刊登。也正因为社会上对孙中山此番讲话的不以为然，于是有次日孙武的发问和孙中山的答疑。

至于10日傍晚孙山等在武昌江边黄鹄矶所登临之楼，多数报道包括本地记者陈霁云都称为黄鹤楼，其报道文章的标题就有“将登黄鹤楼之中山先生”、“黄鹤楼上演说之中山先生”等。而孙中山的演说开头就说：“今得至武昌城头，奥略楼下，与诸君仪容接谈”，即称此楼为奥略楼，足见孙中山之遇事之认真仔细。原来，历史上黄鹤楼几毁几建，至清初毁于战火，到1868年才重建，仅仅16年，到1884年又毁于大火。因张之洞在湖北经营多年，1907年调任军机大臣入京之后，其在湖北的门生故吏和当地绅、商，为纪念张之洞而在原黄鹤楼旧址附近建造一楼，命名风度楼。张之洞在北京得知此事，曾假意致电阻止，楼建成之后，张根据《晋书·刘弘传》中“恢宏奥略，镇绥南海”的语意，亲书匾额“奥略楼”三字送鄂，故风度楼改名奥略楼（该楼因1955年修建长江大桥而被拆除）。由于奥略楼与张之洞的这层关系，孙中山等登临时自然会想到去世才四个年头的张之洞，孙中山说：“以南皮造成楚材，颠覆满祚，可谓为不言革命之大革命家。”① 此语虽只独见于《时报》四天后之报道，但应该不是向壁虚构，孙中山触景生感，且仅就张之洞造就的军学两界人才的客观后果而言，亦庄亦谐，又用“可谓”二字置于定性判断之前，留给后人讨论空间。

4月11日，早餐后有革命党人牟鸿勋、李四光、熊继贞、李春萱等，到孙中山住所请示机宜，孙中山就当时局势出示“八大政纲”：“一、搜罗人才；二、建设议院；三、订办选举；四、绘制服图；五、研究官制；六、改编军队；七、厘定饷章；八、振兴利源。”② 上午10时，由黎元洪派第1镇统制黎本唐随行护卫，乘船到汉阳，赴汉阳铁厂、湖北兵工厂巡视。目睹工厂在阳夏之战中所遭破坏，指示须在两三年内修复，

---

① 《孙中山游鄂之续志》，《时报》农历壬子年二月二十八日（1912年4月15日）。

② 陈霁云：《中山先生驻鄂记》，《湖北文史集粹》第1册，湖北人民出版社1999年版，第181页。

迅速开工，有人报告约需五六百万经费，孙中山表示将设法筹措。随后孙中山与随行人员登车，“纵览战时火线一周”，凭吊牺牲将士。本拟登上龟山，报告汉口欢迎团已恭候多时，遂乘江东小轮，渡汉水。到汉口武圣庙码头，乘马车，从存仁巷沿后城马路（今中山大道六渡桥至江汉路段）转至英租界。所经之处原为繁华市廛，半年前被清军烧成一片废墟，此时仍是触目惊心的残垣断壁，孙中山面色沉重，仍不断向夹道欢迎的市民挥手致意，表示决心为重建汉口筹集资金。然后孙中山一行在9日停留过的熙泰昌茶栈小憩。

下午，包括夏口公署、民社的孙武等共计三十六个团体联合举行欢迎会，会上胡汉民介绍了孙中山革命奋斗历史。有代表致欢迎辞后，孙中山发表讲话，他先说“今之团体发达，种种自由，固属莫大之幸事”，“然团体太多，则势分而力弱，党派众而意见纷歧……故鲜能出其真实血忱，为民国谋公共利益。窃谓宜成一极大之民党，始足为政府之监督”。此言显然是为同盟会在全国各地大力发展预留空间。其后，由于孙武在致辞中针对前一天孙中山讲演中说及社会革命的必要，孙武略谓：“先生讲社会革命，我们知道是民生问题必须解决，但恐武汉人无此程度。若生误解，视夺人财产、扰乱秩序为社会革命，则甚危险，希望先生多为学理之说明。”孙中山在讲演中答复说，“今之反对社会革命者……真浅见之徒，不足与言治也”。他引证欧美的历史和现状，指出其发生近代革命时，以为有政治革命就好，遂不注意社会问题，于是资本家与平民严重对立，贫富分化，“常为同盟罢工之事”，故“今日之欧美，则欲收拾之”，以“补苴罅陋之政策”而无从解决。中国今天以此为鉴，就应在政治革命的同时提倡社会革命，这样中国才不会“再有流血之革命”。孙中山还说，“世间颇误认同盟罢工为社会主义，而实非也。罢工一事，乃无法行其社会主义而始用之，以发表其痛苦，非即社会主义也”①。

① 《中山先生社会革命谈》，《申报》1912年4月15日，第1张第3版；《在武昌十三团体联合欢迎会的演说》，《孙中山全集》第2卷，中华书局1981年版，第332～333页。

大会结束以后，孙中山与其随从及欢迎代表同赴清理阳夏公产局摄影留念。清理阳夏公产局原是大清银行楼房，为汉口大火中华界仅存之建筑地标。晚间孙中山出席广东同乡会汉口商会举行的宴会。前引居正的《梅川日记·总理游鄂》记曰："夜十时返，宿联鲸座舰。"

4月12日晨8时，孙中山自座舰动身前往武昌都督府辞行，与黎元洪谈要政甚久。经催请，孙中山与黎元洪乘马车到都督府左后侧山坡的湖南会馆，出席同盟会湖北支部举行的欢送大会。支部张道仁致辞之后，黎元洪发表讲话，简单说到"民国有成……皆中山先生万斛血泪，廿载热忱，有以鼓吹而激荡之，督促而收拾之也"的恭维话之后，所说多为"心往空同之巅，兴寄广漠之野，而神游乎天地之一气"，"万方多难，吾固愿先生底定人寰；五蕴皆空，吾又愿先生坐观自在"① 等令人难解其意的文言。

继之孙中山作了讲演。他先说，共和政体建立，"犹未组织美备，难语完全，而民族、民权之目的，已庶几达其八九。惟民生问题，种种繁难。建设方兴，动形滞碍"，尚须同盟"会员及海内外同胞齐心协力，急起直追，务达此目的而已"。接下来，孙中山着重讲到国家首都建于何处的问题，他强调，首都如"木之根本，而人之头目"，为"民国存亡利害之关系"。目前的讨论，主要有燕京（北京）、江宁（南京）、武昌三说，但孙中山认为，主张燕京者以为可以借此"控制满洲，驾驭蒙古"，但没考虑到"日、俄逼处"，满蒙"早在其势力范围以内，即燕云诸州孤悬"，而且都城"外兵云屯，眈眈虎视，沽津等炮台既撤，永难添筑"，生死存亡，几乎由外人决定，故"欲求巩固安全之策，（首都）诚非改设南方不可"。设在南方，又有人认为"海岸线之短长"关系"国家文明发达之迟速"，因而"宜都辐辏殷繁之上海"，孙中山以为"堂奥不深，徒有门户，街衢相接，奚持关键？上海孤峙海隅，环伺租界，屏障而资航线，尾闾而

① 《黎元洪在同盟会鄂支部欢迎孙中山大会上的演说》，《湖北军政府文献资料汇编》，武汉大学出版社1986年版，第264页。

建屋瓴，均势理之所未堪信者”。故溯江而上，武昌又优于南京，“其枢轴总揽，水陆交通，南足以连巴蜀滇黔，北足以控秦晋伊洛，指臂两湖，角犄三镇”。一江之通，“溯吴淞而上，镇（江）、燕（子矶）、宁（南京）、皖，叠锁重关，居中驭外，终当目武昌为天府”。也即是“天下之根本，而上游之头目”。但由于袁世凯借口北方形势不稳而拒绝南下，南京临时参议院也被迫同意袁世凯在北京就任临时大总统，所以孙中山在这篇讲演的最后说：“刻惟局势窘迫，不得不权行迁就焉耳。”① 按孙中山讲演之意，是在当时国防千孔百疮的危险时刻，仅就地理、形胜和防备列强的干涉甚至武力侵略而言，中国当时和此后一段时间，武昌最适于建都。之所以这样看待孙中山的这篇讲演，是因为武昌同盟会支部致《民立报》的电报上还有这样几句话：“至建都于南京、武昌，皆有同等价值，而武昌距海远为最安全，先生主张建都武昌。三十年后，国事巩固，则都城无论在何处皆可。”② 显然不是仅仅针对袁世凯的政争策略。

其后，胡汉民、汪精卫、景耀月皆有发言。散会后同盟会湖北支部设宴饯民孙中山一行。下午5时左右，孙中山与黎元洪等送行人士握别，出武昌文昌门，登上“联鲸号”军舰，随即鸣笛下驶。

启行之前，孙中山留书，一致武汉欢迎团各团体，向“首义诸君子暨父老昆弟”表示谢悃。一致武汉报界联合会，称此次来汉，意在“慰百战之辛劳，谋建设之端绪，诚知非数日间所能竣事，只愿以最短之时间，慰向来之渴想”。又说：“此次民国成立，舆论之势力与军队之势力相辅而行，故曾不数月，遂竟全功。我报界诸公鼓吹宣导于前，尤望指引维持于后，俾我国民得所指南。”③ 高度肯定武汉报界在辛亥革命中的

① 陈霁云：《中山先生驻鄂记》，《湖北文史集粹》第1册，湖北人民出版社1999年版，第187～188页。

② 《同盟会鄂支部关于集会欢迎孙中山致〈民立报〉电》，《湖北政府文献资料汇编》，武汉大学出版社1986年版，第267页。

③ 《孙中山答谢武汉各团体布告》、《孙中山致武汉报界各联合会函》，均见《湖北军政府文献资料汇编》，武汉大学出版社1986年版，第268页。

宣传鼓动之功，并勉励其嗣后继续努力。

孙中山访汉时，所有的报道都未见有戒备森严、军警维持秩序的文字记载。孙中山受到湖北各界，尤其是武汉市民自发的热烈欢迎，表明他的崇高威望已经自然形成。尽管孙中山此行未能解决民初湖北地方政权内部的各种矛盾，也未能扭转黎元洪逐步倒向袁世凯的趋向，但此行彰显了武昌首义的历史地位，也体现了革命领袖对湖北人民在阳夏之战中作出的贡献和牺牲的肯定。联系地看，几年之后，孙中山在描绘中国现代化的蓝图——《实业计划》中，高瞻远瞩地具体提出武汉的城市建设（包括港口、长江大桥和江底隧道）和长江上游的三峡大坝等具体工程，应该说和此次访汉的感受和认知有关。

第九章　清末民初湖北的科技、文化及风俗习惯

第一节　文化设施与科技应用

广义的文化、教育、娱乐设施，应该包括藏书楼（图书馆）、书局（印刷、出版乃至编译机构）、新旧书院学堂、报纸杂志社，以及各种娱乐休闲场所。在19世纪60年代以前，湖北除了在教育方面有学宫、书院、各种学塾，娱乐方面有城镇中的酒肆茶楼以外，其他可说一概阙如。如前所述，60年代西方教会进入湖北之后，办起了教会学校和报纸杂志，汉口亦有人仿办新闻报纸。80年代末张之洞督鄂以后，开办各级各类新式学堂，并派遣留学生，还办了数种官报，商学等界也办了报纸杂志。在娱乐设施方面，汉口有西商跑马场和华商跑马场，外商和上层华商有俱乐部（时称“波罗馆”），中国市民的主要娱乐场所则是茶园。涉及学堂、留学、新闻报刊的情况，本书在前面有关章节已作过介绍，这里不再重复。至于近代科技的引入和应用，在湖北也是19世纪90年代以后的事，故在本节略加介绍。

一、书局、舆图局和图书馆

前已说到，1867年湖广总督李瀚章曾在武昌候补街正觉寺内开设湖北官书局。1870年李瀚章又在武昌开办营利性的崇文书局，时张之洞任湖北学政，曾赞助此事。不久官书局与崇文书局合并，刊行过善本经、史、小学、《资治通鉴》、《通鉴辑览》等古籍，版片积累达250余种，共

14 万余号①。但是当时刻书全属旧籍。

张之洞督鄂伊始，认为“今日商务日兴，铁路将开，则商务律、铁路律等类亦宜逐渐译出，以资参考”；其他专门之学，“如种植、畜牧等利用厚生之书，以及西国治国养民之术，由贫而富、由弱而强之陈迹”，亦应“刊布流传，为未通洋文者收集思广益之效”②。为此，他曾议定体例，请上海格致书院山长王韬搜罗外洋书籍，分 12 门，并请执教于两湖书院和自强学堂的著名数学家华蘅芳翻译编纂。因卷帙浩繁，旷日持久，1893 年又增加人员，重新选择，删其繁复，补其未备。1891—1893 年开办的方言、商务、自强等学堂，均附译外洋书籍。初时以商务、铁路、法律等有关书籍为主，以补北京同文馆、上海江南制造局译书之不足。

1894 年，张之洞正式开办湖北译书局，译印了《格致学丛编》、《化学全书》等，为学校提供教材。1902 年，他又开办江楚编译局。20 世纪初的译书，颇重视教育一类，如曾经翻译出版日本教育学家波多野贞之助的《教育学》、《教育学原理》，长谷川乙彦的《新编童蒙养正教育学》，德国教育学家赫尔巴特的“五段教学法”及佚名作者的《师范讲义》等③。

1903 年，上海商务印书馆在汉口开设分馆，主要经营教科书、教学参考书、科教图书及部分外文期刊。此后，大同书局、世界书局、中华书局等国内第一批新式书局均在汉口开设分局或分店。这些分局或分店拥有较先进的出版印刷设备，几乎垄断了华中地区新式教科书的市场。从事传统木刻印刷的民营机构，汉口有宏道堂、善仁堂等，武昌有聚有堂等。加上教会所办的书局，清末武汉共有印刷局三四十所。汉口交通

① 湖北省地方志编纂委员会：《湖北省志·大事记》，湖北人民出版社 1990 年版，第 46 页。

② 王树枏：《张文襄公全集》第 100 卷，“公牍”15，北平文华斋 1928 年刻，第 26 页。

③ 湖北省社会科学院历史研究所：《湖北简史》，湖北教育出版社 1994 年版，第 459 页；皮明庥：《近代武汉城市史》，中国科学出版社 1993 年版，第 260 页。

路成为著名的文化街。

在地方文献的刻印方面，光绪中叶有赵尚辅其人曾辑湖北历代名家著述31种，加以校雠刊刻，取名“湖北丛书”，光绪十七年（1891年）由三余草堂刻印。张之洞后来从善后局拨银4 000两，购去版片，归于湖北官书局。此后陆续刊刻，并扩大范围，改名“江汉丛书”①。

此外，《续修湖北通志》的工作在清末进行了多年。1880年，省城武昌设立了修志局，先征集嘉庆年间章学诚所修《湖北通志》未刊稿，印成《湖北通志检存稿》6册，以备参考。1889年，张之洞督鄂后聘人继续修纂。1900年，他又将经心书院年长学优者10余人调充通志校订。1910年，张仲炘任总纂。辛亥革命时，修志中断，1914年重新进行，1921年全部刊出②。其主要工作在清末已经完成，记事亦止于清宣统三年十二月（1912年1月），故又称《宣统湖北通志》。

1891年，朝廷会典馆编制《大清会典舆图》，催索湖北提供省内府、厅、州、县地图。张之洞遂在武昌设置湖北舆图总局，以湖南新化人、候补知县邹代钧为总纂。邹代钧出身于舆图世家，其父辈邹世治早在1858年即应胡林翼之聘到武昌，参与绘制《大清一统舆图》，成图32卷，为当时最精确的地图集。80年代续修《湖北通志》工作开始，邹世治又为之编制《湖北通志图》。邹代钧曾作为太常寺卿刘瑞芬的随员出使英、俄，广为搜集各国地图册，借鉴学习西方地图学知识。邹代钧1892年来鄂主持舆图总局后，购置测绘器具，延聘专精舆地和近代测绘地图的员绅、教授、学生32人，分作四路，实测全省各州县之地。两年测地，一年绘图，共三年峻事③。1894年，出版《湖北舆地记）24卷。1901年，又出版湖北新测会典本《湖北舆地图》4卷175幅④。这项工作不仅完成

①③ 张继煦：《张文襄公治鄂记》，湖北通志馆1947年版，第23、22页。

② 张仲炘、杨承禧：《湖北通志》卷首“序例”，湖北省长公署1921年版。

④ 湖北省地方志编纂委员会：《湖北省志·大事记》，湖北人民出版社1990年版，第67页。

了湖北全省地面的测量和分州分县地图的绘制，还记载了全省 11 府 68 县的地理沿革、区划建置，并首次有了标准尺寸。这对以后湖北的各项近代化建设事业，可说多有裨益。

邹代钧当时还执教于两湖书院，培养了一批地图学者。1896 年，邹代钧与友人陈三立、汪康年、吴德潇、邹世可等人，在武昌横街头（今民主路）创立武昌舆地学会。武昌舆地学会不仅是湖北最早的自然科学研究学会，也是全国最早的自然科学研究团体之一。舆地学会不仅交流学术，而且集资印制中外地图，先后编译、绘制并出版中外地图 700 余幅，行销国内外。所制地图不仅有标准尺寸，还有中英尺寸比例，以先进的胶版印刷。其最先完成的《中外舆地全图》68 幅，以圆锥投影，用晕滃法表示地貌，精确新颖，经审定用作中学课本①。

邹代钧之侄邹永煊（字焕廷）1899 年（一说为 1902 年）在武昌舆地学会的基础上，创办了我国最早的民办地图出版社——武昌亚新地学社。该社初创时，仅有 100 余平方米面积的车间和手摇石印机 2 部，全由家人操作。以后事业逐渐发展，添置了机动印刷机器，接过武昌舆地学会所造铜版。1908 年邹代钧逝世后，武昌舆地学会随之解散，赖有亚新地学社而使武昌的地图出版业持续不衰。亚新地学社惨淡经营 30 余年，到抗日战争前已有员工 80 余人，并在上海、南京、广州、长沙等地设立了分发行所，共出版各类地图、地学书刊 200 余种②，对湖北和全国的文教、科技乃至抗日战争事业都起到了不小的作用。

湖北没有传统的藏书楼，近代的图书馆出现于 20 世纪初。随着各类新式学堂的开办，对各种新书的需求日增。在张之洞的倡议下，1904 年在武昌长街（今解放路）三佛阁益智场设置了学堂应用图书馆。该馆从上海及国外购进各种图书和仪器、表尺、纸笔、标本、模

① 皮明庥：《近代武汉城市史》，中国社会科学出版社 1993 年版，第 266 页。
② 湖北省地方志编纂委员会：《湖北省志·大事记》，湖北人民出版社 1990 年版，第 93 页。

型、桌椅等学堂所需用品，对学生和教师降价出售，实际并非供人读书的图书馆。

同年8月，鄂省图书馆在武昌兰陵街西侧（今解放路人民电影院处）建立。湖北巡抚端方派人从上海、日本购回一批新书，另又集中武昌各书院的藏书4万余册，古今中外书籍兼收并蓄。图书借阅限于社会缙绅，进馆者必须衣着整齐，购票借阅。1908年，该馆迁入博文书院校舍①。除省图书馆外，当时较大的学堂亦设有书库。如两湖书院的书库藏书已很丰富，可供学生借阅。书院改为两湖总师范学堂后，建有南北两书库，"藏书四万余卷，经史子集均皆备齐"②。

教会学校所办的图书馆，以1902年文华书院内的小图书馆为开端。该校美籍女教师韦隶华（原名伍德·玛丽·伊丽莎白），从1903年到1907年在中、美各地奔走劝募，得到一笔资金，1908年回到武昌，在昙华林龚家花园买下地皮，开始动工兴建新图书馆——文华公书林。1910年5月该馆落成，共耗资10万美元，藏有中文图书1 012种11 771册，西文图书670册，除西方宗教、科学书籍外，还有一批各省府州县的地方志和早期报刊。文华公书林虽是文华中学、文华大学的学校图书馆，同时亦为其他学校师生、机关和社会上的读者服务，还办理大学推广教育、巡回文库、书报阅览处、支馆等，每季度阅书人数达7 000余人③，是近代影响较大的首批公共图书馆之一。

此外，上海科学仪器馆1905年在汉口设立了分馆，经营教学仪器、测绘仪器、化学药品、标本模型、工业原料、各类文具等，能够满足大中小学教学实验和当时少数人员的科研之所需。该馆除了不经营书籍之外，其作用相当于前述湖北学堂应用图书馆。

---

① 张继煦：《张文襄公治鄂记》，湖北通志馆1947年版，第23页。

② 朱峙三：《张之洞与两湖总师范学堂》，《湖北文史集粹》，湖北人民出版社1999年版，第22页。

③ 李希泌、张椒华：《中国古代藏书与近代图书馆史料》，中华书局1982年版，第192、530页。

二、工业技术的应用和军工产品

随着19世纪末20世纪初湖北近代工业的发展，近代的工业技术被普遍引入应用。

在重工业方面，冶炼钢铁的技术进步最引人注目。1890年动工兴建的汉阳铁厂，有大型高炉和平炉数座，炼钢平炉是当时最先进的贝色麻式酸性转炉和西门子—马丁平炉。这种先进炼钢炉的采用，把中国的炼钢技术推进到了一个新阶段。当时汉阳铁厂所产之钢，能“卷成炮管、枪筒并大小钢条，精纯坚实，与购自外洋者无殊”①。后来卢汉铁路的钢轨，亦出自汉阳铁厂。

1908年，汉阳铁厂与大冶铁矿、萍乡煤矿合并为汉冶萍煤铁厂矿公司，成为中国最大的包括采矿、炼钢炼铁及加工生产在内的钢铁联合企业，拥有100吨高炉2座，250吨高炉1座，50吨平炉6座，各种轧机4套，形成较大的生产能力。据记载，当时100吨的高炉，容积为240立方米，日出铁水6次，可产钢90～100吨，250吨的高炉，容积为477.5立方米，日出铁水8次，可产钢230～250吨。炼钢厂有煤气发生炉18座，平炉配有50吨吊车2台、30吨吊车1台。平炉每炉可装铁水20吨、废铁10吨，每8小时出钢1炉。上述设备大都从西方国家引进，技术水平在当时也是比较先进的②。

部分民营的轻工业工厂，也采用了蒸汽或电作为动力，并用机器来加工和生产。如各种纺织厂、制砖厂、榨油厂、面粉厂、碾米厂、茶厂、纸烟厂、造纸厂、火柴厂等，都用上了机器。到1913年，全省较大工厂共有598家，其中使用机器作动力设备者为59家，约占全部工厂数的10％，所用动力之和为43 174匹马力③。

---

① 中国史学会：《中国近代史资料丛刊·洋务运动》（四），上海人民出版社1961年版，第67～68页。

② 杜石然等：《中国科学技术史稿》下册，科学出版社1985年版，第281～282页。

③ 苏云峰：《中国现代化的区域研究：湖北省，1860—1916》，台北近代史研究所1981年印，第395～396页。

由于当时湖北的新式学堂和各种工厂为数较多，清末又在修筑卢汉、川汉铁路，因此吸引了数位全国第一流的科学家和技术专家来鄂工作。如前述数学家华蘅芳在武昌执教和翻译西书，邹代钧主持舆图总局，还有化工学家徐建寅任汉阳兵工厂无烟火药厂总办，詹天佑曾在湖北勘测兴筑铁路等。当时湖北颇有一股从事科学试验和研究改良的风气，如前述工业学堂、农务学堂在制造机器、改良农事方面，均有一些试验获得成功。个人研究也有成功的事例，如曾留学日本横滨松田造物厂的杜权，回国后在汉口设厂研究造纸，制成 80 磅夫士纸，质量可同洋纸媲美①。广济木工周某，试制人力纺纱机成功，每架纺纱机可日纺纱 80 支，受到当地政府嘉许。当地政府定造二三百架，在广济城乡推广②。兴国州州判周本荣，从麻壳中提取纤维，织成光细布料。还有前已介绍过的宜昌李正顺机器厂，仿制日本的铁木结构织布机，并改造成为脚踏式，价廉物美，畅销鄂西。

汉阳铁厂和湖北兵工厂的配套，使晚清湖北的军工产品在全国进入先进行列。其中对当时和此后较有影响的，是无烟火药的研制和新式枪炮的大批生产。

火药是我国古代的四大发明之一。黑火药用于火枪火炮，亦有相当长的历史，但一直没有多大改进，直到晚清我国仿制的后装炮，仍然使用黑火药。黑火药的主要成分是硝、硫黄和碳粉，使用起来有两大缺陷：一是爆炸时产生大量烟雾，每次发射炮弹后需等烟雾消散或移动炮位才能重新瞄准，因而发射速度很慢，使用黑火药的野炮和山炮，每分钟仅能发射 2～4 发炮弹；二是使用过后有一定量的残渣。随着晚清军事工业的发展和购买西方精良枪炮的增多，火药已成为制约兵器进步的一大关键。当时中国的军事技术人员，纷纷开始研制硝化棉无烟火药。

1900 年夏，清末杰出的化工学家、二品衔直隶候补道徐建寅被张之

① 《各省工艺汇志·湖北》，《东方杂志》1906 年第 3 卷第 8 期，“实业”，第 172 页。
② 《各省工艺汇志·湖北》，《东方杂志》1907 年第 4 卷第 6 期，“实业”，第 162 页。

洞奏调湖北差委，初任省营务处及教馆武备总教习，后兼管省城保安所改进黑色炸药工作。徐建寅与工匠合作，反复试验，使黑色炸药质量有所提高。接着，徐建寅被任命为兵工厂无烟火药厂总办，主持研制无烟火药。徐建寅“勇于任事，不避嫌怨”，“毅然以设法造成为己任”。他精心研究，以镪水、酒精、棉花等物为原料，自行配方，反复试验，终于在 1901 年 3 月 25 日首次制出数磅无烟无渣的新火药，爆炸力达到先进水平。31 日正式投产时，徐建寅亲临拌药房，督同委员、工匠拌和药料。因机器开关在拌药房墙外，司机工匠未听清开车车速指令，车速过快，致使机器过度发热引起药料爆炸，拌药房被轰毁，徐建寅及在场委员、工匠 14 人同时死难。但无烟火药终于在同年冬正式生产，由于“规模极为完备”①，10 分钟能产药 33 磅。无烟火药的生产，在我国军火工业的发展过程中是一件具有重大意义的技术发明。

新式枪炮的生产也值得记上一笔。1890 年春，湖北枪炮厂在汉阳龟山北麓动工兴建，到 1895 年 7 月正式试车生产，仿制德国 1888 年造口径 7.9 毫米 5 响毛瑟枪，每日试产 5～12 枝不等。9 月，湖北枪炮厂开始仿造德国格鲁森口径 3.7 厘米的陆路快炮、5.7 厘米的过山快炮，并批量生产枪弹和炮弹，月产枪弹 10 余万发、炮弹 7 000 余发。1898 年，张之洞在赫山设罐子钢和无烟火药两车间，稍后又成立炮弹壳车间，使炮弹、火药的生产得以配套。

此后，枪炮厂的产品不断改进。如该厂的最著名产品汉阳式七九步枪的原型是德国八八式毛瑟枪，但“汉阳式”省去了枪管外的套筒，而把枪管外径加厚 0.14 毫米，把表尺由直立式改为固定弧形式，因而枪机构造简单，闭锁容易保持，机件坚固耐用。此后，汉阳式步枪成为步兵的主要使用枪种，一直沿用到 20 世纪 40 年代末。此外，枪炮厂还生产出克虏伯新式六生快炮、八生七车炮、十二生快炮、前膛西门钢车炮，

① 王树枏：《张文襄公全集》第 25 卷，“奏议”25，北平文华斋 1928 年刻，第 5～6 页。

以及口径为10厘米的野战车炮与配套炮弹，各种枪炮附件亦都能自制。

据统计，从1895年至1908年，枪炮厂共造步、马快枪11万余枝，枪弹4 000万余发，各种炮985门，炮弹98万余发，无烟火药约15万公斤，镪水约90万公斤①。就数量来说，前期产量不高，经改进和设备配套后效率尚不算很低，基本可以满足湖北全省及其他一些省份的部分需求，因而可以减少对外国的依赖。就质量而言，尽管张之洞及当时有部分人肯定该厂“所造各种枪炮弹药与购自外洋者无所区别”②，但就实际情况看，由于该厂机器、技术、枪炮弹药原型乃至工程师均来自德国，一些关键性生产技术仍为德国人所控制，质量并不尽如人意。当然，枪炮厂的建成和生产，毕竟为我国近代军火工业奠定了基础。

第二节　时局变化中的相关著述

据《湖北文征》和《湖北诗征》的目录统计，从道光年间到宣统年间，湖北省有以诗文行世者达数百人，曾刻印文集诗集近百种，还有各种经史、金石、语言文字等专门之作，以及散见于各种记载的讽时经世文章。对于19世纪80年代以前的情况，本书已在有关章节分别谈到刘淳、王柏心、彭崧毓等人的思想和言论，故不拟在此重述。对于80年代以后的文人著述，也只能扼要介绍数人。需要说明的是，清末士人的活动范围已经不限于省内，他们讨论的问题和产生的影响也是全国性的。

一、杨守敬的古地理学和曹廷杰的边疆地理研究

杨守敬和曹廷杰的地理学在清末可谓独步一时，前者的成就在古代

---

① 湖北省地方志编纂委员会：《湖北省志·大事记》，湖北人民出版社1990年版，第56页。

② 陈真：《中国近代工业史资料》第3辑，生活·读书·新知三联书店1961年版，第246页。

地理，后者的成就则在东北中俄边界问题研究。

杨守敬（1839—1915），字惺吾，号邻苏，宜都人。同治元年（1862 年）举人，后考取北京景山官学教习，着意搜求古书和碑刻。光绪初年曾作为外交使团随员两赴日本，借机广集散佚在日本的中国善本古籍，撰有《日本访书志》，并编成《留真谱》和《古逸丛书》，多为宋元旧刻或数百年前抄本，而在中国已失传者，故极珍贵。杨守敬归国后，任黄冈县教谕和黄州府教授，张之洞督鄂时曾聘其为两湖书院地理教习及勤成、存古两学堂教长。1903 年，清廷开经济特科，张之洞荐其名列第一。次年选授安徽霍山知县，因老病未赴，以内阁中书用为礼部顾问官。辛亥革命中避居上海，1913 年被袁世凯征为参政院参政，两年后病逝。

杨守敬学问渊博，既精舆地，亦通训诂，兼长金石文字考证，所作骈体文古奥耸拔，书法尤负盛名。著有《禹贡本义》、《历代舆地沿革险要图》、《水经注图》、《水经注要删》及《补遗》、《汉书地理志补校》、《隋书地理志考证》、《辑古地志》、《晦明轩稿》等书。

《晦明轩稿》成书于 1901 年，为作者所撰短文结集，上卷为考证水地之作，下卷为群书序跋，其中多有考证理论和论定学术公案者。作者考订和补正河川、古邑及有关书籍作者结论，已见于其所著诸书之中，而《晦明轩稿》则是选择历来误说最多，而作者考证最为惬心者，再加以申论，故具有某些理论总结和方法论的色彩，足补考据家琐屑无文之陋。从该书可以看出杨守敬研究舆地之学的方法和特点。

其一，广稽博考，参证异同，不以一家之说遽定是非。为了探明一些古地名的真正地点，他除征引舆地之书以外，还往往从各种史传中记载的行军路线、交战地点寻求参证。其二，善于归纳地志古书的体例，甚至进而讨论其行文用字的规律，以准确理解每一字句的意义。因而他对《禹贡》、《汉书·地理志》、《说文解字》、《水经注》诸书中一些“非可以今日概言者”之处，作出了精确的评断。其三，对水名、山名、地名总结出许多特例，如“两汉侯国不必尽与县治同城……且有县治与侯国地实相近而分属两郡者”①；“《汉志》异郡同名之县甚多，或加东西南北字，或加上下字，或竟不加字”；“倒置其文”而实为两地者，如“城父县”与“父城县”，不可混为一谈②；还有郡名与山名、水名不一定在一处③。类似不少自古纠缠不清的问题，在杨守敬的研究中得到了解决。

杨守敬尊重前人的研究成果，但绝不盲从和迷信，故不仅对许慎、应劭、杜佑、全祖望、赵一清、戴震等人的失误都有指摘，对《汉书·地理志》、《水经注》也多所匡正。此外，他对胡林翼主持编辑的《读史兵略》和汪士铎的《汉志释地》纠谬尤多。杨守敬自言：“余寻绎有年，颇有异同，其所辩驳，大抵当世魁硕。”④ 足见其一丝不苟的认真态度、求实精神以及廓清诸家谬误的勇气，实堪为后人楷模。故罗振玉十分推崇杨守敬的古地理学，称其“纠正全、戴、赵三家之失，创获真谛，可与王（念孙、引之父子）、段（玉裁）之小学，李壬叔（善兰）之数学，同为千古绝业”⑤。费行简在《近代名人小传》中则称赞杨守敬“为鄂学灵光者垂二十年”。

曹廷杰（1850—1926），字彝卿，亦名楚训，枝江人。他于同治九年（1870年）中秀才，4年后考取北京国史馆誊录。1883年到吉林，在靖边军后路营中办理边务文案。曹廷杰目睹祖国东北河山的丧失和危殆，抓紧一切机会实地调查，荟萃群书，对东三省地理险要、前人用兵遗迹及有关当时防务等，一一深入研究。从1884年冬到次年初夏，他编成《古迹考》和《东北边防辑要》二书。1885年5月，曹廷杰被派往黑龙江中下游和乌苏里江以东的俄国境内搞调查。他从三姓（地名，满语称

---

① 杨守敬：《淯水考》，《晦明轩稿》，光绪辛丑邻苏园刻本，第4页。
② 杨守敬：《城父父城考》，《晦明轩稿》，光绪辛丑邻苏园刻本，第25页。
③ 杨守敬：《山海经汉志水经注庐江异同答问》，《晦明轩稿》，光绪辛丑邻苏园刻本，第10页。
④ 杨守敬：《自序》，《晦明轩稿》，光绪辛丑邻苏园刻本，卷首。
⑤ 转引自支伟成：《清代朴学大师列传》下册，岳麓书社1986年版，第474～475页。

"依兰哈喇"）起程，顺松花江而下，至该江与黑龙江会合处，上溯黑龙江至海兰泡，再返伯力，循乌苏里江过兴凯湖，经旱道至海参崴，再坐海船到岩楚河海口，经珲春回吉林。在俄境历时 129 天，往返 8 000 余公里，把途中见闻和考辨一一默识在心，回国后迅速写成《西伯利东偏纪要》。1887 年，他又出版了《东三省舆地图说》，以后还写了《伯利探路记》、《永宁寺碑释文》，以及代吉林将军希元所拟的奏稿等。

《东北边防辑要》不仅考论了盛京险要、朝鲜沿革及形胜、三姓辖地、库页岛沿革及形胜、吉林根本、尼布楚事迹、外兴安岭山脉河流、黑龙江险要等，还追溯了后金建国之初满族与边疆各族的关系，回顾了自努尔哈赤到康熙四代人与索伦（黑龙江诸部的总称）、罗刹（俄罗斯）的战争。据此证明，康熙二十八年（1689 年）签订的《中俄尼布楚条约》已经确定两国边界，"黑龙江全境索伦诸部皆称臣妾"①；三姓所辖诺雷三部、赫哲、飞雅喀、额登喀喇、奇勒尔、木抡及奇雅喀喇，直至远在海中的库页一部，"皆宁古塔属地，雍正七年设立三姓副都统分治之"，"其北境大山老林，直接俄罗斯界……盖东北抵海，西北抵外兴安岭"②，皆属中国版图。该书不仅揭露了俄国侵占中国领土的罪行，还对一些具体地点提出了加强防务的建议。如在"盛京险要考"条下提出凤凰城和牛庄应加强据守，数年后中日甲午战争时，这两处果然成为东北的两个主要战场。

《西伯利东偏纪要》系曹廷杰深入俄境调查回来后所写。全书 118 条，"凡彼（指俄国）东海滨省所占吉、江二省地界、兵数多寡、地理险要、道路出入、屯站人民总数、土产赋税大概、各国在彼贸易、各种土人数目、风俗及古人用兵成迹，有关于今日边防……或证据往事堪补史书之阙者"③，均一一诉诸笔端。其特点在重视对各地现状的分析，以服务于抵御俄国侵略这一中心任务。其中第 64 ～67 条，记载混同江东岸"特

①② 曹廷杰：《东北边防辑要》，《曹廷杰集》，中华书局 1985 年版，第 39、14 页。
③ 曹廷杰：《上希元禀文》，《曹廷杰集》，中华书局 1985 年版，第 62～63 页。

林”原为明代奴儿干都司所在地，有都司城基、永宁寺基和两块明代碑刻。作者拓下了数份碑文带回，从此碑文为世人所知。1896 年春，吉林将军希元从《西伯利东偏纪要》中摘录 85 条咨送军机处备查，又择其最要者 35 条送呈御览。当年夏，曹廷杰被送京引见，“面陈俄情”，又上《条陈十六事》，提出只有在军事上加强兵备，经济上开发和利用边疆资源，外交上阻止和牵制俄国，政治上修明内政，才能抵御俄国侵略并进而收复失地。

《东三省舆地图说》汇集了曹廷杰有关东北考古、地理、民族、边界等问题的学术札记。文字部分如“特林碑说”、“永宁寺碑释文”最堪重视。作者不仅详述了自己在特林地区的踏勘情形，指出了明代寺碑与清初界碑的区别，还识出了《永宁寺记》碑文中的 362 个字和《重建永宁寺记》碑文中的 344 个字。他是第一个进行此项工作的人，故日本学者岛田好曾称赞曹氏对永宁寺碑的发现和研究，是震惊当时学术界的重大贡献。其他还有关于“扶余”、得胜陀碑、渤海国、白城、韩州等地的研究，亦多有创见。该书所绘的地图也极有价值。当时通行的最新的东三省地图，一为湖北书局所刻，一为俄国人所绘。但前者“于奉（天）、吉（林）二省交界之威远堡门外一带，吉、（黑龙）江二省交界之松花江一带，皆龃龉不相接”；后者“所绘东海滨省图，又皆详于彼界，而于我东三省地方则俱从略”。而曹廷杰所绘图，先以“经纬度为纲，山水为目”，再以宁古塔、吉林市、伯都纳之处为中心，考订各处距其里数，一一标明，最后把各处的沿革、险要亦一一注明，因而“较中俄两图为胜”①。

曹廷杰由于受边疆危机感和爱国主义精神的驱动，在短短的数年时间里，博览群书，汲取前人文化遗产的养分，又不畏艰难险阻，深入各地认真调查踏勘，故很快成为清末研究东北史地的名家。当时的日本学者内藤虎次郎称曹廷杰“在精通吉林掌故方面首屈一指”，他和同时的中

① 曹廷杰：《东三省舆地图说·补注图说·考定里数》，《曹廷杰集》，中华书局 1985 年版，第 147～149 页。

国学者杨守敬、甘鹏云曾分别向曹廷杰请教好太王碑、永宁寺碑、阿什哈达摩崖的有关问题。稍后的东北史地名家金毓黻先生曾肯定曹廷杰的《东三省舆地图说》，称“此书精于考证，为讲辽东舆地必读之作”，“其所考证，多发前人所未发，宜全看”①。可知曹廷杰的有关著作极有水平，也极有价值。

二、张裕钊和樊增祥的诗文

清末湖北以诗文著称者，前有张裕钊，后有樊增祥。

张裕钊（1823—1894），字濂卿，武昌县人。晚清著名学者、文学家兼书法家。咸丰元年（1851 年）中举，四年后任国子监学正，再后曾做曾国藩幕僚，学术上受曾国藩影响，与黎庶昌、吴汝纶、薛福成并称“曾门四弟子”。但张氏不热心政事，故离开曾幕，退出仕途甚早。从 60 年代初起，他先后在武昌勺庭书院、河北莲池书院、武昌江汉书院、襄阳鹿门书院及陕西关中书院执教 30 余年，门生满天下，较著名者有江苏学者范当世、朱铭盘，状元实业家张謇，湖北金石学家刘心源，日本学者宫岛勇士等。

张裕钊具有一定的历史进化论观点，认为“天地之道，日新而不已，则文明亦日辟而莫知所穷”②。而要文明日进，一方面必须光大中国的“周孔之教”，另一方面必须引进西学。他曾批评顽固守旧的人士说：“当世学士大夫或乃拘守旧故，犹自鄙夷诋斥（西学），羞称其事，以谓守正不挠。呜呼，司马长卿有言，鹪明已翔于寥廓，而罗者犹视夫薮泽，岂非其惑欤!”③ 所以张裕钊对于曾国藩办“夷务”，对于友人黎庶昌和曾国藩之子曾纪泽出国了解外部世界，“得其要得其情”，坚定地表示支持。

---

① 从佩远、赵鸣歧：《曹廷杰集前言》，《曹廷杰集》卷首，中华书局 1985 年版。

② 张裕钊：《养浩堂诗集序》，《濂亭集》，“遗文”卷 1，光绪八年苏州查氏木渐斋刻本，第 79 页。

③ 张裕钊：《送黎莼斋使西域序》，《濂亭集》，“遗文”卷 2，光绪八年苏州查氏木渐斋刻本，第 13 页。

与一般人不同的是，张裕钊对办“夷务”和引进西学，始终强调求实效和重人才。他曾批评办“夷务”时的虚应故事，说：“天下之患，莫大于任事者好为虚伪。……自夷务兴，内自京师，外至沿海之地，纷纷借译语言文字，制火器，修轮舟，筑炮垒，历十有余年，糜帑金且数千万。一旦有事，责其效而茫如捕辰，不实之裀至于如此。”① 到 1884 年中法战争前夕，他进一步认识到单纯讲求翻译西书、购炮筑垒、工艺制造和通商阜财，“抑其次也。夫穷天下古今，尊主庇民、批患折难之要，一言以蔽之，曰得人而已”②。张裕钊不热衷仕宦，在诸书院度过 30 余年，正是因为他厌恶官场的黑暗腐败，而愿尽力作育人才。

在培养人才的问题上，张裕钊多次批评当时沿袭已久的“学为科举之文”和“苟得之弊中于人心”的社会风气，辛辣地讽刺读书人和士大夫追求功名利禄的卑劣贪婪：“士大夫一沉于室家之累。身之不显则内愧妻子，而若不可为人；为子者亦若唯是可以奉承其亲，非是则危不可以为子。悉家人父子恤乎唯一官之得失为愉戚。……夫俗之日坏，而人才之所以不振，职是故而已。”③ 张裕钊满腹忧虑：“以彼其人服中外官、膺社稷人民之寄，生民何由而乂安、内忧外患何恃而无惧哉？”④ 所以张裕钊在各书院执教时，总是谆谆告诫“士莫先于尚志”⑤，“一介之士皆与有天下之责”；并鼓励士人“讲求经世之大法”，读书亦不能“骛其近小而不急者，而转遗其大者远者”⑥。凡此皆体现出张氏力挽颓风、育才

---

① 张裕钊：《送吴小轩军门序》，《濂亭集》，“遗文”卷 2，光绪八年苏州查氏木渐斋刻本，第 16 页。

② 张裕钊：《送张振轩宫保还粤东治所序》，《濂亭集》，“遗文”卷 2，光绪八年苏州查氏木渐斋刻本，第 81 页。

③ 张裕钊：《夏润之孙桐之母姚宜人六十寿序》，《濂亭集》，“遗文”卷 2，光绪八年苏州查氏木渐斋刻本，第 86 页。

④⑤ 张裕钊：《南宫县学记》，《濂亭集》，“遗文”卷 5，光绪八年苏州查氏木渐斋刻本，第 112 页。

⑥ 张裕钊：《策莲池书院诸生》，《濂亭集》，“遗文”卷 3，光绪八年苏州查氏木渐斋刻本，第91 页。

救国的思想。

张裕钊论文，以意为主，而以词、气、法辅意，并进而强调出乎自然。他有一段著名文论曰："古之论文者曰文以意为主，而辞欲能副其意，气欲能举其辞。譬之车然，意为之御，词为之载，而气则所以行也。欲学古人之文，其始在因声以求气；得其气，则意与词往往因之而益显，而法不外是矣。是故契其一而其余可以绪引也。盖曰意曰词曰气曰法之数者，非判然自为一事……唯其妙之一出于自然而已。自然者，无意于是而莫不备，动皆中乎其节，而莫或知其然，日星之布列，山川之流峙是也。……及吾所自为文，则一以意为主，而词、气与法胥从之矣。"①张氏的散文，讲求意、词、气、法，而又互相连贯，浑然自成且渊懿高穆。

张裕钊的诗多为五言和七言，亦是抒发情怀之作。他淡泊名利而又满腔幽愤，早年多为个人怀才不遇而感慨，晚年则更为国势倾颓而忧惧。中年以前的诗作如《端居》云："我生固坦荡，畏从簪绂俦。多仪困缠缚，貌语强咿嗳。……古来贤达人，往往沈林邱。跌荡从野老，傥遇东陵侯。"② 可知他十分反感官场的繁文缛节和装腔作势，不愿同官宦为伍。但他能离开龌龊的官场，却无法摆脱危殆的时局。到中法战争时，他为国事而发的忧愤更加深刻沉重，如《孤愤》云："议和议战国如狂，目论纷纷实可伤。万事总为浮伪败，一言无过得人强。尽焚刍狗收真效，宁要束蠡列众芳。独把罪言倚枕读，一声白雁泪千行。"③

张裕钊在世的最后一年，已是中日甲午战争前夕，此时他对国事已完全绝望。其《冬暝》云："……贪污成俗国维破，砥柱无人士气孤。世

---

① 张裕钊：《答吴挚甫书》，《濂亭集》，"遗文"卷 4，光绪八年苏州查氏木渐斋刻本，第 30～31 页。

② 张裕钊：《濂亭遗诗・端居》，《濂亭集》，"遗诗"卷 1，光绪八年苏州查氏木渐斋刻本，第116 页。

③ 张裕钊：《濂亭遗诗・孤愤》，《濂亭集》，"遗诗"卷 2，光绪八年苏州查氏木渐斋刻本，第138 页。

事久经归袖手，年除聊复醉屠苏。"① 其绝笔《眼底》更云："眼底喧嚣实可怜，江河日下作深渊……散人岂合知时事，独念皇家一怆然。"② 他深感中国已面临更大的灾难，但只能长歌当哭。但在灾难到来前，张裕钊首先为之悲痛的却是"皇家"，这说明像张氏这样的传统士人，此时仍旧以君主为国家和社稷的代表，而不知要挽救中国的危局，正应首先推翻反动腐朽的君主专制制度。

张裕钊酷嗜书法，由魏晋六朝之书法而上窥汉隶，经数十年的揣摩钻研，尽得汉魏人用笔真谛，并融合北碑的高浑、唐碑的整肃而自成一家。张氏的文章书法驰名国内外，日本人宫岛勇士在 20 岁时，秉其父（著名学者宫岛栗香）之意来华，师从张裕钊整整七年，师生情同父子。直到张裕钊去世，宫岛勇士才回日本，创立善邻书院，教授汉文和书法。宫岛既得张裕钊书法真传，而张氏书法在日本通过宫岛的弘扬传播，已俨然成为一大流派。

樊增祥（1846—1931），字嘉父，号云门，又号樊山，恩施人。同治六年（1867 年）中举。张之洞赏识其文，一度招为幕宾。后在潜江书院、江陵书院执教近 10 年。光绪三年（1877 年）中进士，80 年代分发陕西，历任知县、按察使、布政使，掌管过该省钱粮、学校、报馆、课吏馆，主办"新政"。光绪三十四年（1908 年）调任江苏布政使，辛亥革命时携官印逃往上海。后长居北京，袁世凯、徐世昌曾委以闲职。樊氏在清末所作的诗文（包括函牍、公文、判词），数量很多，尽收于《樊山集》、《樊山续集》和《樊山政书》中。

樊增祥的诗作很多，《近代诗钞》说他"平生以诗为茶饭，无日不作，无地不作，所存万余首"。他的诗作可分为几类。第一类是写山水景

---

① 张裕钊：《濂亭遗诗·冬暝》，《濂亭集》，"遗诗"卷 2，光绪八年苏州查氏木渐斋刻本，第 145 页。

② 张裕钊：《濂亭遗诗·眼底》，《濂亭集》，"遗诗"卷 2，光绪八年苏州查氏木渐斋刻本，第 145 页。

致和心情感受的。他做官以前的作品，大都清新自然，有唐代王维、孟浩然诗的风格；也不乏对穷苦人民表示同情的诗句，但流于轻描淡写。中年出仕以后，感触转深，尤其是在陕北瘠苦穷县任地方官时，所作诗较有现实主义色彩。《春兴》八首多写民生艰辛，表达自己的同情和不安，如："采薇曾陟北山阿，土旷丁稀可奈何。蓬户生男应受赏，荒田无主尚催科。河山残破春无色，亭堠凋疏盗转多。为语司农经国计，莫教穷鸟困虞罗。"① 同时对王朝政权的横征暴敛予以谴责："计相持筹在庙堂，监门图里任流亡。青苗已算民钱尽，墨牒徒令士气伤。"② 并对朝廷不容骨鲠敢言之士表示不满："频闻直节投边徼，稍感危言取上憎"③，认为这样朝中就会只剩下阿谀奉承的小人和曲言粉饰的庸人了。

第二类诗作是记战乱及作者对国事的看法。中日甲午战争使樊增祥的心绪难平，他为中国军队的惨败、苛刻的"和约"而悲愤，如《有感》云："薄海争擎万寿觥，鲸鱼跋浪起东瀛。乾坤黯淡风尘色，台省纷纭水火争。玉塞已亡常十万，瑶池新谪董双成。冕旒休御排云殿，狼藉沙虫满旧京。"④ 把朝廷事前毫无准备、事起众说纷纭、战争中触敌即溃的情况，刻画得淋漓尽致。《陆沉》更云："不分神州竟陆沉，鲸牙高啄海云阴。平章尚诩擎天手，义士宁亡蹈海心。铸错六州烦聚铁，罢兵九牧更输金。君家世世修降表，始自南唐直到今。"⑤ 对朝廷的丧师失地、屈膝求和表示谴责。围绕甲午战争及此后的签订"和约"、割让台湾等，樊增祥共写诗 20 余首，均体现出强烈的爱国主义感情。

在义和团运动和八国联军战争期间，樊增祥写诗多达五六十首。其

① 樊增祥：《春兴》（八首之一），《樊山集》第 10 卷，光绪癸巳渭南县署刻本，第 9 页。
② 樊增祥：《感事》，《樊山集》第 10 卷，光绪癸巳渭南县署刻本，第 8 页。
③ 樊增祥：《春兴》（八首之一），《樊山集》第 10 卷，光绪癸巳渭南县署刻本，第 9 页。
④ 樊增祥：《有感》，《樊山集》第 25 卷，光绪癸巳渭南县署刻本，第 8 页。
⑤ 樊增祥：《陆沉》，《樊山集》第 25 卷，光绪癸巳渭南县署刻本，第 17 页。

内容之一，是反对朝廷向列强开战，尤其不满朝廷招抚义和团攻打洋人。他轻视义和团，畏惧帝国主义，称“和戎利大”，而向列强宣战是“崇仇弃好”，完全颠倒了敌我关系，说明其立场根本错误。当然他批评朝廷中的顽固派出于派系利益，处死反对开战的敢言之士，又不能知己知彼，认真作战守准备，视国脉民命为儿戏的鲁莽轻率态度，应该说有正确的一面。内容之二，是谴责八国联军的暴行，描写北京居民在混乱和战争中所受的苦难。如“十国夺门操锁钥，五城无地不干戈”①；“京师赫赫陷鲸牙，十国纵横万户嗟”②；“民命累累轻似草”③；“朝家宁不念苍生”④ 等诗句，均体现了作者的爱憎。

第三类是樊增祥中年时写的一些香奁诗（青楼诗）。这是清末官吏士人的通疾。樊氏是性情中人，有感必书，写得很多，因此颇招后人诟病，甚至因此掩盖了他的现实主义诗作。樊氏此类诗作影响最大的是长诗前后《彩云曲》，记当时名妓赛金花（真名傅彩云）之事。前诗作于 1899 年，写傅彩云与洪钧（同治年间状元，曾任官学政、兵部侍郎、总理衙门大臣，出使俄、德、奥、荷四国，对蒙古史、元史有精深研究）的关系，完全不脱名士赎妓为妾、后来名士先死而女子重新沦落风尘的俗套，不过比以前同类的诗歌多了男女出国、出尽风头的情节。后诗作于 1901 年，写八国联军统帅瓦德西到北京后召傅彩云相会，傅彩云既无耻地向洋酋出卖色相，又乘机劝瓦德西下令停止淫掠的传说。后诗较前诗略有意义之处：一是写了八国联军入京后的暴行及北京的残破，二是着重表现了傅彩云的行为矛盾。作者认为她以身侍奉洋酋，礼属“不赦”，但她只是一风尘女子，能设法减少北京居民的一些灾难，亦不失为有“一点菩提

① 樊增祥：《感事》，《樊山续集》第 11 卷，光绪癸巳渭南县署刻本，第 1 页。
② 樊增祥：《闻都门消息》，《樊山续集》第 12 卷，光绪癸巳渭南县署刻本，第 14 页。
③ 樊增祥：《庚子五月都门纪事》，《樊山续集》第 11 卷，光绪癸巳渭南县署刻本，第 1 页。
④ 樊增祥：《连横》，《樊山续集》第 11 卷，光绪癸巳渭南县署刻本，第 3 页。

心”。前后《彩云曲》的总体情调是不健康的，体现了当时士大夫猎奇、猎艳的习气，但在当时影响很大，著名文士沈曾植评其为“的是香山，不止梅村也”，即认为樊氏此作超过了清初吴伟业，可与唐代白居易的《长恨歌》、《琵琶行》等长诗媲美。

樊增祥的文章数量也很多，集中于《樊山政书》和《樊山集·批判卷》，前者为公牍书函，后者为狱讼判决，从这些文字中可以看出樊氏的有关思想主张。

其一，樊氏一贯持“民本位”观点，认为为官者对待老百姓，“与其为刻也，不如其宽也；与其朘民之膏也，不如受民之给也”①。当下属建议开办铺捐膏捐时，他断然否定，“铺捐膏捐，扰民已甚，本司决意不办”②。1903年后，朝廷为练兵筹饷和各地举办新政，严令实行“随粮带征”、“规复差钱”、盐酒烟糖加价。他一再表示，“军国之急，罗掘在所不辞；而吏民之穷，搜刮亦所不忍”，并多次要求“不限定办法，不拘定数目，期于筹措有得而已”③。

其二，樊氏重视文教事业和人才问题。他曾说：“有识之士不以兵岁两荒为可忧，而以学校一荒为大惧。”④ 清末办学，缺校舍、缺师资、缺经费，甚至学生亦难招到，困难极多。但樊增祥认为：“此皆不足难。所难者仍在有本有文、实心办事之地方官。官得其人，不学可教之使学，无师则身之为师。官非其人，纵使身居大邑，人才盛而物力充，而座鲜佳宾、胸无墨水，虽欲兴学从何下手？”⑤ 他还强调办报，以“开民智”、

---

① 樊增祥：《上边中丞论宜民赔纳荒粮状》，《樊山续集》，“公牍”卷1，光绪癸巳渭南县署刻本，第16页。

② 樊增祥：《批课程科书办控词》，《樊山政书》第2卷，宣统庚戌年金陵刻本，第30页。

③ 樊增祥：《会臬司详抚部院》，《樊山政书》第8卷，宣统庚戌年金陵刻本，第17～18页。

④ 樊增祥：《到宜川任观风示》，《樊山续集》第1卷，光绪癸巳渭南县署刻本，第5页。

⑤ 樊增祥：《批郃阳县仇令禀》，《樊山政书》第10卷，宣统庚戌年金陵刻本，第22页。

“裨治术”，视“民智之通塞，为人材消长、国家强弱之所系”①。

其三，批评吏治窳败和官场的不良积习。他曾说：“中国吏治之坏，冤狱之滋，皆由不学而入官，既入官而仍不学。不习吏事，不识物情，卤莽升堂，颟顸办事，民安得不冤？吏治安得有起色乎？”② 又发感慨说：“吾中国之所以不竞，曰情面、曰贿赂、曰丁役婪索舞弊、曰官员纵丁渔利暗地分肥，事犯又纵庇之。只此数端，而天下事不可问矣。”③ 樊增祥任地方官多年，一部《樊山政书》所记所评皆属真人真事，故对当时官吏素质之差、不思振作、患得患失、敷衍迁就、贪污渎职以及种种腐败黑暗，揭露并批评得入木三分。

樊增祥的《书王令景峨试卷后》集中体现了他在清末“新政”时期的社会政治思想和文化观念。他说：“毗于旧者，谓中国自有制度，西人之学皆窃我圣帝明王之绪余以致富强；毗于新者，则欲一切规仿西人，学西学、行西政、习西艺、居处饮食衣服无不效之……然而择之无方也，行之无序也，徒歆羡乎外人而不自度其能否也，忘其高卑远迩之程度而侥幸于速成也。”这表明他既反对自尊自大、泥古守旧，但也反对全盘仿效西方和幻想速成。接着，他还比较分析了西方与中国发展道路的不同和文化差异，认为西方“重商务”而中国“安农业”，西方上下相“折衷”，而中国“以一人坐制天下”，“西人唯恐一民不智”，而中国“唯恐一人不愚”，因而出现“外人凌铄若彼，中国孱恭若此”的局面。他主张保存中国固有文化的精华，同时加强对西方的学习，那么“风气渐开，运会渐转，百年内外，学益精而工益巧，天悔其祸，人竭其才，地呈其宝，必有驯致富强之一日，则中国漫漫长夜有时而旦矣”④。其对中西发展道路差异的分析，对中国未来的预计，还是有某些可取之处。

---

① 樊增祥：《秦中官报序二》，《樊山政书》第6卷，宣统庚戌年金陵刻本，第41页。

② 樊增祥：《批拣选知县马象雍等禀》，《樊山政书》第20卷，宣统庚戌年金陵刻本，第56页。

③ 樊增祥：《牌示》，《樊山政书》第19卷，宣统庚戌年金陵刻本，第24页。

④ 樊增祥：《书王令景峨试卷后》，《樊山政书》第10卷，宣统庚戌年金陵刻本，第38～41页。

三、谔谔多士的谠论鳞爪

清末国政日非，社会问题丛集，一些湖北籍的有识之士，或就朝廷大事，或就地方庶政，直言无隐，其忧国忧民之忱，值得载入史册。此类人士甚多，限于篇幅，只能简介周恒祺、何金寿、黄元善、吴兆泰、屠仁守和甘鹏云等数人。

19世纪60年代末，曾任山东巡抚的周恒祺，认为当时最突出的问题，一是民众生活困苦，二是吏治混乱腐败，故上疏建议"苏民困"和"整饬吏治"。他说："军兴以来，民生之凋敝已极。各省筹兵筹饷，日不暇给，吏治不无废弛。"他列举了各级官吏精神不振、保举人才不核事实、品秩官阶淆滥等等情形，尤其尖锐地批评了捐纳之弊，称"捐纳州县，不过费一二千金，得之原易。一旦出膺民社，无不肆其掊克之谋，以为取偿之计"。他提出整饬吏治的方法，是"重诏令以肃纪律"，"核名实以举人才"，"惜名器以待有功"，"减捐纳以肃官方"，"综厘局以征实数"，"省差徭以抒民困"，考虑比较周全。对当时最为人诟病的捐纳和征厘二事，周恒祺对其弊害作了深入分析。不过，他没有提出完全废止这两项弊政，只是建议"减捐纳"和"免浮征"，其中"免浮征"的具体做法是，"将从前所设之局悉数开陈……报部以便稽察，所有应捐应免之货物，亦必详细开列，刊刻告示，遍贴各局之前，俾商民共见共闻"①。这恐怕只能说是弥缝补隙，不能解决根本问题。

70年代曾任监察御史的何金寿，对1876—1878年北方10省连年大旱给人民造成的灾难，作了触目惊心的描述："山西死亡过半，骨肉相食，析骸而炊；河南市鬻人肉，行旅断绝……畿辅赤地数百里，道殣相望，流民数万哄集京师。"但是，朝廷既未采取得力措施帮助灾民，也未处责失职和渎职官员，原因就在于"疆臣讳灾而养祸，部臣屯膏而殃

① 周恒祺：《请整饬吏治疏》，盛康：《皇朝经世文续编》第22卷，"吏政"5，"考察"，光绪二十三年武进思补楼刻本，第27～29页。

民”。何金寿特别指出“枢臣”的误国，批评“枢臣”多年来对于“内外诸臣之进退”，采取“援引保护”的态度，没有认真选择督察各级官吏及考核其劳绩。“各省之年谷，丰则听其丰，荒则听其荒；各省之人民，生则听其生，死则听其死；各省之疆吏，贤则听其贤，否则听其否；行下之诏令，奉则听其奉，违则听其违；部臣之奏议，准则听其准，驳则听其驳。不知痛痒，委诸自然，时局之坏，实由于此。”① 他把中国当时的问题归诸“枢臣”，不敢触及最高统治者和整个制度，显然有其不足；但是他敢于反映人民的疾苦，并认为人民疾苦的根源就在于官吏不负责任，尤其是手握重权的“枢臣”形同傀儡，泄沓瞻徇，不管老百姓死活。这种批评也是很深刻尖锐的。

与何金寿同时的监察御史黄元善，也以敢言著称。1879 年，他曾连上二疏，强调朝廷应该节用爱民。因光绪四年（1878 年）朝廷虽一度下诏停止捐纳，但并未找到解决财政困难的根本途径，而且很多在战争中开办的机构，战后十余年仍未裁撤，如“曰防剿、曰捐输、曰牙厘、曰善后、曰营务、曰忠义、曰书局、曰工程，种种名目”，不胜枚举。如既停捐纳，又保留捐输局，显然是打算以后“再行开捐”。他指出要真正永停捐纳，就必须多方设法，如“开从前未有之利源”，“并使所生之财皆为自然之利”；“节从前未有之浮费”，裁撤机构，减少冗员，整顿“滥支浮冒”②；等等。他强调，“藏富于国不如藏富于民，利民即所以裕国”，而“言利之徒事事与民争利，不知为国养民、藏富于民之道”，欲使国富只是缘木求鱼。黄元善提出的解决之道，一是朝廷应该“节用”，二是地方官应“招徕薄赋以利农，宽厘减征以利商”，“凡有益于农商者，次第举行”③。

① 何金寿：《请训责枢臣疏》，盛康：《皇朝经世文续编》第 17 卷，“治体”10，“臣职”，光绪二十三年武进思补楼刻本，第 30 页。

② 黄元善：《请饬力筹节用永停捐输疏》，盛康：《皇朝经世文续编》第 31 卷，“户政”3，“理财下”，光绪二十三年武进思补楼刻本，第 7～8 页。

③ 黄元善：《利农恤商培养元气片》，盛康：《皇朝经世文续编》第 32 卷，“户政”4，“养民”，光绪二十三年武进思补楼刻本，第 12 页。

御史吴兆泰也强烈要求朝廷“节用”。清末国防废弛，海军尤其落后，但慈禧太后却追求游乐享受，花费巨资修颐和园。多数朝臣明知此举不当，但慑于慈禧淫威，不敢直言。吴兆泰率先上疏劝阻，力言当时“畿辅奇灾，嗷鸿遍野，僵仆载途。此正朝廷减膳撤乐之时，非土木兴作之日。气罢园工，以慰民望”①。结果招慈禧盛怒而被罢官，但吴氏的犯颜直谏却传颂一时。

光绪中期，屡就经世问题发表言论而且影响较大的还有屠仁守。屠仁守，字梅君，孝感人，曾在京师同文馆从李善兰受学。同治十三年（1874 年）中进士，选庶吉士，授编修，光绪中期任御史，与吴兆泰友善，亦以直言敢谏著称。

光绪十年（1884 年）初，屠仁守甫任御史，即上疏全面剖析了当时政局之艰危、时政之流弊。他与那些沾沾自喜于“同光中兴”，为“自强新政”的表象所迷惑的人不同，敏锐地看到了堆积如山的问题和江河日下的国势，称“今日时事亦孔棘矣，政颓法敝而善变之未能，力竭财殚而自强之无术”，“化理未兴，善俗未成，威不足以服远，力不足以瞻近”；而造成这种困局的最根本原因，是朝廷“疲精于庶务，所以图其本者尚疏”。因此，他主张强化“朝权”。屠氏解释说，“朝权”并非仅指“厉威严、任智数”，而是“定天下之大计、决天下之大疑、进退人材、兴利除病”的“卓识定力”。用今天的话说，即认为最高当局缺乏“治本”的识见和权威。他建议：“以振朝权责枢辅，使力持定计而综万事之纲；以正学术责学官，使士风丕变而人才兴；以课吏治责督抚，使民气不伤而邦本固；以修军政责将帅，使威棱日振；以理财用责中外司计之臣，使帑藏日充。”② 其见解和主张抓住了根本，具体而且系统。

同年爆发了中法战争，李鸿章自始至终力主“言和”，屠仁守一连上三疏表示反对。他指出，晚清朝廷历次与外国交涉，“其始盖莫不盛语怀

① 赵尔巽：《清史稿》第 445 卷，“列传”232，中华书局 1977 年版，总第 12 466 页。

② 屠仁守：《奏陈求治当务本图、济时必有要道疏》，《屠光禄疏稿》第 1 卷，宣统壬戌年潜楼校刻本，第 16～22 页。

柔，怀柔不效遂至于用兵，用兵不效遂至于纳赂，纳赂不效遂至于割地。至于割地不效，国家于是乎不可问矣”。他批评朝廷“视境土太轻，视国体过亵，苟安旦夕，无复奋发有为之气，此实不能自强之根源”。他强调，中国与法国交战失利，“非主战之误，由委任非人之误也”，立足于抵抗，实为上策，因为“战则振国势而固人心，和则中敌谋而招外侮。……如此定计，或可战而后和，亦或可以不战而和”。如果一意妥协求和，“唯图暂安之计……适堕敌人术中。欲过此以往，更图自强，诚恐国势愈衰，不可振也”①。屠氏的见解和议论得到多人赞同。

屠仁守曾对湖北征收钱粮的情况作过调查，发现浮收敲诈、刁难农户的行为触目皆是。如“催役”，“皆以钱买或窝缺，开征之时揭票下乡，向粮户催收。酒肉供给外，每票勒索钱数百文甚至数千文，稍不遂意辄以抗粮报官”。如“柜书”，“任意浮收，无敢致诘，复不当时给票。乡民羁候，恒误农业；或且终不得票，被催重纳”。再如，官吏们在字据和银两成色上做手脚，“州县粮票，于几升几合字样，皆故作大草，使人不得辨识，以为任意浮收地步”，而“折色”（即以钱折粮）时，“小民不谙钱色，复受胥吏愚弄”。种种积弊，使得“三农憔悴，百室怨咨”，而且是“利归官吏，怨归朝廷”。

针对上述情况，屠仁守以为先不用唱轻征薄赋的高调，只力求把实征数字公开，使老百姓免受州县和胥吏盘剥。具体做法如下：一是“预给易知由单，按照粮户册名，依定章核算，载明纳钱若干”，通知到农户；二是征收时用“联三印票，以给纳户征信”；三是“各督抚于开征之先，按时价核定换银上库之数，每两征收大钱若干，出示晓谕”；四是农户如受到盘剥和刁难，“准纳户即时禀诉”②。可见屠氏对农户抱有一定

① 屠仁守：《遵旨复奏疏》，《奏陈法人和议宜详慎疏》，《奏自强之道不宜畏避迁延疏》，均见《屠光禄疏稿》第2卷，宣统壬戌年潜楼校刻本，第1～2、14～15、19页。

② 屠仁守：《请查湖北积弊片》，《陈湖北钱粮积弊片》，均见《屠光禄疏稿》第2卷，宣统壬戌年潜楼校刻本，第9～10、26页，第27～28页。

的同情，所提出的办法也较切实可行。

屠仁守曾同康有为有过一段交往合作。1887年，康有为到北京，上书吏部尚书徐桐，恳请代奏和接见，被徐桐拒之门外。当时官员中最先与康有为结交者，是两个湖北籍御史，一是洪良品，一是屠仁守。康有为曾代屠氏拟过一篇重要疏稿，这说明当时他们两人在思想上有某些共同之处。

疏稿是当年农历七月的《奏请勤修政治以答天戒疏》，借大内太和门火灾而系统表达政见："综其大纲曰杜诿卸、曰开壅蔽、曰慎动作、曰抑近习、曰轸民瘼、曰重国计。"在"杜诿卸"下批评以亲王主持海军衙门，群下"左瞻右顾，各怀推诿之心"。在"开壅蔽"下称赞"外洋各国且设上下议院，凡有举动，必众议胥协，然后施行"，而中国"内廷事务，上海报馆往往辄述其详，朝中政要部院臣工乃不得悉闻其概"。在"慎动作"下批评朝廷大兴土木，"兴修三海（北海、中海、中南海），历岁经营"。在"抑近习"下批评朝廷对太监"假之以权"、"委之以事"。在"轸民瘼"下痛陈百姓疾苦，称"今天下之民，水旱灾伤困之，钱粮追呼迫之，官吏贪残扰之。厘金征及谷米，未能尽裁；狱讼关乎民教，孰为公断？百货利夺于外洋，而民之贸迁者生计渐穷；轮船行于内地，而民之食力者糊口无所"。在"重国计"下论及海防、炮台、兵轮、机器、水师学堂和武备学堂等问题。最后强调"当改者不惮更张，当守者不轻变易。一以大公至正、敬天勤民为心"①。

清末皇室的权力之争不断。光绪十年（1884年），慈禧下令"军机处遇有紧要条件，着会同醇亲王商办"，事情的实质是光绪帝生父醇亲王奕谖仗慈禧之威，牵制主管军机处的恭亲王奕䜣。屠仁守认为此举于体制不合，实行不便，且有害无益，因而上疏说："军机大臣恃有商办之名，即可为将来卸肩地步，设有贻误，廷臣即欲论列，将无从得其主名。

① 屠仁守：《奏请勤修政治以答天戒疏》，《屠光禄疏稿》第3卷，宣统壬戌年潜楼校刻本，第16～22页。

而事之功过、朝廷之赏罚，上有廷宪、下有清议，不能或假。不唯使醇亲王谋国之苦心与引嫌之初志不能表著于天下，而名实相违，政纲必紊，庸流不免观望，宵小妄生窥测。”① 屠仁守尽管言之成理，但仍无法使慈禧收回成命。

事过5年，到1889年春，已是慈禧“训政”期满，将归政光绪的时候了。醇亲王按慈禧之意，提出归政后军机大臣奏议、在京各衙门每日具奏折件由“皇上披阅，得旨后发交军机大臣另缮清单恭呈皇太后慈览”，意即事无巨细，仍须由慈禧最后定夺。屠仁守再次上疏，指出“事有缓急，于中多一辗转即恐难迅赴机宜”，建议“各部院衙门题本及奏派各项差使”，只需“进呈皇上御览”即可，而“凡有紧要章奏”、“外省密奏、廷臣封奏仍恭书皇太后皇上圣览，伏恳慈恩俯赐披览，然后施行”。他还建议慈禧居慈宁宫，节制游观，“不敢自暇自逸”，“西苑只备岁时临幸，以节勤劳。则有节之游观，迥异流连之燕乐”。又强调太后与皇上要多接近，“皇太后颐养宫廷，皇上朝夕承颜，足彰累洽重熙之庆”②。慈禧认为，这一上疏的实质不仅是要她少过问政事，而且还要限制她的游乐，当然很不高兴，加上以前屠仁守多次上疏直言，使她嫌恶已久，遂以“谗构两宫”为由，下令交部拟处。结果，屠仁守被革去御史，永不叙用。

到了90年代，屠仁守的思想已渐趋保守消极。戊戌维新那年，屠氏因早年与康有为有所往来，故也列名于上海强学会，但其思想显然与其他维新人士有很大差距。严复发表《辟韩》一文后，屠仁守致书《时务报》，加以反驳，一是称“君臣之义，与天无极”，认为尊君乃天经地义；二是强调孔子之学不仅是富强之学，而且是治国“必探其本、必进其治”的根本大道；三是反驳只有“民主”才会使国人“能同心耳、能并力耳”的观点，认为古代中国治理得好，就是全国同心并力的结果。“今以挫于

① 屠仁守：《奏请收回醇亲王会办成命疏》，《屠光禄疏稿》第3卷，宣统壬戌年潜楼校刻本，第1～3页。

② 屠仁守：《奏归政届期谨陈旧章疏》，《屠光禄疏稿》第4卷，宣统壬戌潜楼校刻本，第20～22页。

倭之忿恨，有慕于欧洲之富强，直欲去人伦无君子，下而等于民主之国，亦已误矣”，即认为民主政体比君主政体是等而下之的体制。他承认当时的中国贫弱落后，甚至“一切烂坏，不可收拾”，但认为造成这一切的原因乃是“付托非人，师不武，臣不力”，而非“先王先圣所以为治为道者”，否认传统的制度和文化有不善之处。相反，屠仁守认为，如能“昭揭荡平正直之王道于薄海内外，使凡业臻富强之国，皤然知仁义之为福而当务，争攘之为祸而当戒，有以淡其欲念，戢其雄心，则岂惟中夏安，四裔亦且俱安”①。他寄希望于用中国的王道教化、仁义学说去感化列强，显然只是一厢情愿的幻想。

最后对甘鹏云的有关言论略加介绍。甘鹏云，字药樵，号翼父，潜江人，1883年中秀才，1888年赴武昌，以后在经心、两湖书院读书近10年，1902年中举，次年中进士，任工部主事。1906—1908年，甘鹏云赴日本游历，回国后调任度支部主事。1909年，任黑龙江财政监理官。民国肇建后亦长期从事理财工作。甘鹏云在清末民初宦海沉浮20年，写下大量诗文，《潜庐类稿》、《潜庐续稿》、《潜庐随笔》、《潜庐诗录》等虽然刊刻于20世纪30年代，但绝大部分写于清末。

甘鹏云具有强烈的爱国主义精神，曾激烈批评清朝统治者不能有效抵御外来入侵，称“国家大患，莫患于阃外主战而政府主和。其始也各争意见，将相水火；其终也是非颠倒，功罪混淆。政令不行，赏罚不明，而国事遂不可问”②。这种概括可说极为准确。他对清王朝的屈膝媚外更直接加以鞭挞：“虽然治国之道以柔为用，尤贵以刚为体。……有兵不练，有财不理，有才不求，器械朽败，台垒空虚，文酣武戏，无所事事，而唯日以柔道媚强邻，以翼庇于他人之宇下，是又与于可耻之甚者也。”③甘鹏

① 《屠侍御仁守致时务报馆辨辟韩书》，《翼教丛编》第3卷，文海出版社1966年影印，第26～29页。

② 甘鹏云：《读宋史虞允文传二》，《潜庐类稿》第1卷，潜江崇雅堂民国辛未年刻本，第15页。

③ 甘鹏云：《汉文帝》，《潜庐类稿》第5卷，潜江崇雅堂民国辛未年刻本，第15页。

云见到同乡曹廷杰从永宁寺碑制成的拓片，迅即加以研究，连写三篇跋文，考论中国在东北的失地。后来，他又写《吴禄贞传》，高度赞扬吴禄贞在1907年与日本侵略者交涉、保住延吉大片土地不失的功绩。

甘鹏云还揭露朝廷对人民的“钤压”。他认为清朝统治者从根本上违背了“天地之间民为贵”的道理，“为国者，自贤其所为，则必独行其是；自雄其才，虽有善言不可得而入矣……小民疾痛不可得而达矣”。结果通常是“下之所甚苦之政，上锐意行之，甚者雷厉风行以督之；下之所甚恶之人，上违众用之，甚者推心置腹以任之”，于是人民对政府充满了离心感和对立情绪。他说：“民者国之本也，顾使之涣其情而离其心，岂复可以为国欤?”① 他强调指出，“中国今日欲图自强，当以除忌讳为亟”，“凡民生之利病、时政之得失、用人之当否、国用之盈绌、物产之丰瘠、兵力之增减、交涉之机宜，皆宜详载以觉聩聋”②。即以言论自由冲破封锁压制，沟通上下之情而固结人心。

对于当时社会的贫穷落后和不良风气，甘鹏云也有所指陈。他说：“尝谓民之穷蹙，其弊有三：曰惰、曰拙、曰楛。……三家之村，必有烟窟，一哄之市，必有赌场，不能养人，并不能自养……此惰之弊也。日用物品，尽属舶来，工艺制造不求进步，事事仰给他人，中国漏卮遂至不可胜计，此拙之弊也。中商积习，喜贩楛货，专工作伪，群务投机之业，不求自治之方……以此破产者多矣，楛之弊也。三弊不去，虽海禁未开，饥寒亦必不免。”③ 针对这种情况，甘氏指出，唯有“整顿吏治”、“作育人才”、“化民成俗”，视“农实为工商之本”，以“工艺之事为立国之本”，并以“商为国家大政”，实心办事，中国才能“图自强”④。

---

① 甘鹏云：《导郁》，《潜庐类稿》第5卷，潜江崇雅堂民国辛未年刻本，第1～2页。

② 甘鹏云：《菱湖日记·戊戌五月二十八日》，《潜庐随笔》第9卷，潜江崇雅堂民国癸酉年刻本，第15页。

③ 甘鹏云：《与杨久香学博论织局书》，《潜庐类稿》第12卷，潜江崇雅堂民国辛未年刻本，第7页。

④ 甘鹏云：《史榷》，《潜庐类稿》第5卷，潜江崇雅堂民国辛未年刻本，第8～11页。

从周恒祺、何金寿、黄元善、吴兆泰、屠仁守到甘鹏云，无不关心现实，讲求经世，举凡国家大政、教化风俗、吏治民生，乃至钱粮积弊、水旱灾荒，都在他们的考论之列。但时至清末，王朝政权已腐朽至无可救药。言者谆谆，听者藐藐，各种谠论危言，都难使反动统治者改弦易辙，中国社会只有依靠革命来改造。

四、首义人士的纪实书写

辛亥革命的硝烟未散，以这场革命为记载和研究对象的史学著作就已在酝酿当中。到五四运动之前，就湖北以外的研究情况而言，已经问世的史书即有苏生的《中国革命史》(1911 年)，渤海寿民的《辛亥革命始末记》(1912 年 6 月)，高劳的《辛亥革命史》，郭孝成的《中国革命纪事本末》(1912 年)，王树枬的《武汉战纪》、《辛亥粤乱汇编》和《辛亥殉难记》，张篁溪的《辛亥革命征信录》，剑农的《武汉革命始末记》，贝华的《中国革命史》，谷钟秀的《中华民国开国史》(1914 年) 等。这些书的作者绝大多数没有参加这场革命，因而在很短的时间内无法得到革命组织的内部资料和有关记载，所以只能从外部描述有关过程，像渤海寿民和张篁溪的书，均系披览各种报纸的报道，将有关消息分类辑录而已。还有些作者是站在清王朝的立场，仇视这场革命的，如王树枬最为典型，他把广东的革命活动称为“粤乱”，其《辛亥殉难记》更完全是为清王朝死节者树碑立传。即使是影响较大的郭孝成的《中国革命纪事本末》，在对待革命党人的态度上也不无可以商榷之处。

湖北的情况不同。一是有众多的辛亥革命直接参与者投入写史的活动，他们有的及时成书，有的事后回忆并多方搜集第一手资料，所以材料真实，叙述具体详尽，而且作者们几乎无一例外对这场革命持高度肯定的态度。二是有组织有计划地搜集资料，准备编写大型详尽的史书的工作，在湖北开始着手亦最早。湖北在 1912 年 6 月即成立了湖北革命实录馆，革命党人谢石钦、苏成章为正副馆长，王葆心为总纂。该馆以“发潜德之幽光、演民族之进化，表彰忠烈、诛伐奸邪”为宗旨，以“调查事迹、搜罗材料”为入手办法，并致函湖北各商会、商团、共进会、调查会、日知会调查会以及各省临时议会，征集各种有关资料。据该馆“登录簿”记载，自1912年7月工作开始，到1913年8月该馆被黎元洪下令解散为止，共收到各地寄送材料530余件。在此基础上编出的《湖北革命实录长编》分订为八册。

但是因为实录馆仅仅存在了一年，工作还在草创阶段即告夭折，《湖北革命实录长编》自然不能定稿，故当时未能公之于世，后来更发生散失，到目前为止，只有据天津历史博物馆收藏的第一册，刊登在《武昌起义档案资料选编》下卷。从这第一册的情况看，所记起义之日的农历八月十八日至八月二十三日这六天的史事，编者只是从实录馆搜集到的各种不同来源的资料中，摘引局部，稍加编辑，顺序连缀而成，因而颇有错误和矛盾之处，如记武昌起义的第二天（农历八月十九日）黎元洪即已主事，下令“不准在城内放炮，免伤平民”，又传令“不得妄杀满人”等，实际上黎元洪是在第三天才勉强表态、协助工作。又如把汉口宝善里试制炸弹受伤一事系于刘复基事下，实际乃是孙武事迹。此外《长编》所载湖北军政府最初的檄文、布告等，与他书所记常有出入，还有待考订。但《长编》史料丰富，涉及较多为他书未曾载入的人物和事件，如记十八日晚在汉口英租界有留学生、革命党二人被捕，小朝街机关被破，有三十余人被捕等，尤其是记彭、刘、杨烈士被审讯一节，十分详细生动，为他处记载所不及①。

黎元洪亦在民国初年组织人编写了《武汉战纪初稿》，该书分上下册，四万余字，已于近几年发现刊出。其内容专记“辛亥年八月武昌首义日起至十二月民国统一日止，关于武汉一方面战争情况”，侧重于军事史，而内政外交和与战争无涉者不记。文字均据当事者的回忆和原始材料，逐日逐事排列，叙述清晰扼要，对湖北军政府的军事组织、兵力情

① 《湖北革命实录长编》第1册，《武昌起义档案资料选编》下卷，湖北人民出版社1983年版，第618～648页。

况、军事部署、战略要点、各处兵力配备与调动及火器配置等，均有翔实记载，对于清军情况介绍虽略，但于获取的各种情报却都原文录存，因而保存了较多军事方面的原始材料。书中对于广大群众拥护民军、积极参加后勤运输等亦有叙述，特别指出了某些战斗的胜利，完全靠人民的支持①。

个人撰写的武昌首义和各地响应的有关史著尤多。此中最早的是咏簪（龚霞初）的《武昌两日记》（1912 年）、高仲和的《北征纪略》（1912 年）、胡石庵的《湖北革命实见记》（1912 年）、胡鄂公的《辛亥革命北方实录》（1912 年）等，接着有查光佛的《武汉阳秋》（1914 年）、熊秉坤的《武昌起义谈》（稿本，1918 年）等，20 年代及其以后则有曹亚伯的《武昌革命真史》（1927 年）、吴醒汉的《武昌起义三日记》（1929 年）、邱文彬的《辛亥阳夏起义史略》（1939 年）、章裕昆的《文学社武昌首义纪实》（1944 年）、张难先的《湖北革命知之录》（1945 年）、李廉方的《辛亥武昌首义记》（1947 年）、胡祖舜的《六十谈往》（1944 年）与《武昌开国实录》（1948 年）、居正的《辛亥札记》与《梅川日记》（1945 年）等等。上述著述成书有先有后，篇幅大小不一，着眼点侧重面亦不相同，作者的见识也有高下之分。就时间而言，有的只记最关键的两天或三天，有的则写到前后十年；就空间来说，有的只写一支队伍的活动范围，有的则写到武汉三镇、湖北全省乃至全国的有关状况。

但这些书有共同特点，其一是作者均为辛亥革命的亲自参加者，而且除了《武昌革命真史》和《湖北革命知之录》等少数著作之外，多数史著以作者个人的经历和见闻为素材，因而所述较为可信，史料也很丰富和生动。如 1912 年 2 月 10 日即已脱稿的《湖北革命实见记》，就明确宣称“必从实以记……可褒者褒，可诛者诛”，“不为曲隐，不为巧饰”②。作者当时

---

① 《武汉战纪初稿》，《辛亥革命史丛刊》第 3 辑，中华书局 1981 年版，第 130～162 页。

② 胡石庵：《湖北革命实见记》“绪言”及“叙例”，《辛亥革命在湖北史料选辑》，湖北人民出版社 1981 年版，第 3～5 页。

在汉口，于首义爆发五天后即独立创办《大汉报》，为革命宣传鼓吹，立下功劳，后又写了这篇实见记，内中有价值者甚多。如作者亲见汉口刘家庙战斗时，“百姓……直欲徒手助战”，工人协助拆除铁路，战斗胜利后“市民争运捕获品物，欢声雷动，络绎不途”的动人场面，把广大群众同仇敌忾、奋不顾身的情景忠实记载下来。作者对清军的暴虐，尤其是纵火焚烧汉口的罪行表达了强烈谴责。对汉口军政分府的作为予以肯定，但对其下令封闭中立的《公论报》并欲捕杀该报经理宦屏凤，则表示“大不服”，对武昌城内个别起义者戮及满族妇女老人的行为亦“大不为然”，认为“革命宗旨在光复，不在报复。……戮杀满人，目下万不可再为”①。可知作者所褒，在革命者和人民群众；作者所（笔）诛，在维护旧势力的鹰犬。对少数革命者的非理性行为亦加以正确的批评。

其二，作者们撰写有关首义史书，除了保存资料以成信史、表彰先烈先进供人景仰外，还都有较为明确具体的现实目的，故其揭露批判的对象不限于清王朝这只“死老虎”。

最明显的例子是1912年3月9日脱稿的《辛亥革命北方实录》。作者胡鄂公以其亲历亲见亲闻，详细记叙了京津保（定）地区的革命运动，诸如共和会、同盟会京津支部的组建和工作、滦州起义的失败、天津起义的夭折等等，使辛亥前后京津地区的革命运动情形得以为人知悉，还尤其着重揭露了汪精卫与袁世凯勾结、破坏革命的罪行。作者指出，在孙中山先生回国就任临时大总统以前，袁世凯把汪精卫留在北京，“则为京津保革命党人之控制与听取南方革命党人内部之情势，借以操纵捭阖”，所以袁世凯不仅对革命党人内部和南方形势了如指掌，更利用汪精卫策划了十月初九日晚在正阳门、崇文门、宣武门等处的发难，把北京革命党的骨干一网打尽。而在孙中山先生归国之后，袁世凯“则知非（唐）绍仪之外交所能胜任，遂使兆铭（汪精卫）南下以周旋于内”，即

① 胡石庵：《湖北革命实见记》，《辛亥革命在湖北史料选辑》，湖北人民出版社1981年版，第33～35页，第22～23页。

再派这个变节分子回到孙中山身边作内应。作者因为深知袁世凯的反动本质和汪精卫的内奸嘴脸，因而强烈反对与袁世凯和谈，称“处今日而言革命，其最可虑者，则为以大总统饵袁世凯而推翻清室。……北方军政大权已入于袁世凯一人之手，是与革命军争天下者则袁氏也”。他批评革命派与袁世凯和谈是“图功之心太急所致”，并借陈其美的话强调“此则成败之所系”①。作者主张清除内奸，反对让权于袁世凯，把辛亥革命进行到底的态度十分明确。

再如《北征纪略》，其作者高仲和，时在民军安襄郧荆招讨使季雨霖部任参谋。他写此书不仅真实地记录了民军光复荆州、出师襄阳、进军河南攻克新野、唐县、邓州，以及招抚南阳的过程，而且着重指出，当时多数革命者专注于武汉的防卫，未下决心反攻为守，因而使得季雨霖部出师延期，力量单薄，未能迅速深入河南，截断清军后路，牵制其力乃至从背后进攻武胜关，将湖北境内清军全部肃清。作者认为，没有军事上足够的胜利，是造成政治上被动的主要原因，“今日者共和虽成，而遗虏犹刻思蠢动。……使我军战胜攻取，一如安、襄、郧、荆北征之师，师虏王退位，不借项城（袁世凯）之转圜。而余虏亦且救死不瞻，更何敢肆不腆反复之想!”② 在清帝刚刚退位的1912年2—3月，作者即对前途表示忧虑，认为辛亥革命并未取得切实胜利。这种认识可说非同一般。

袁世凯终于窃取了政权，革命者的心头蒙上了阴影。武昌首义中功勋卓著的英雄战士蔡济民的诗《书愤》，“风云变幻感沧桑，拒虎谁知又进狼。无量金钱无量血，可怜购得假共和”，就是这种心情的写照。为此，革命党人一方面继续用多种形式对袁世凯作限制和斗争，一方面以回顾辛亥革命斗争历史来说明民主共和的来之不易，告诫人们提高警惕。

---

① 胡鄂公：《辛亥革命北方实录》，《中国近代史资料丛刊·辛亥革命》（六），上海人民出版社1957年版，第271～328页。

② 高仲和：《北征纪略序》，《武昌起义档案资料选编》上卷，湖北人民出版社1981年版，第116～117页。

1912年10月辛亥革命周年纪念时编印龚霞初的《武昌两日记》，就明显含有这一意图，宋教仁为之作序，明言此书是要让“国人知缔造民国之艰难，而益深警奋发有为心”，蒋翊武则强调“已死之诸君已达破坏之目的者也，未死之诸君则更有建设之责任焉”。作者龚霞初是武昌小朝街机关被破坏时的被捕者之一，故关于起义前的紧急筹划、被关押审问的情形都记载得十分详细生动①。

袁世凯的反动面目明确暴露以后，部分武昌首义的革命者继续追随孙中山先生参加“二次革命”、护国运动和护法运动。他们在这期间写下的有关首义史著，目的之一仍是宣传和肯定孙中山领导的民主革命，表示继续同袁世凯及北洋军阀斗争的决心。如查光佛在1914年写的《武汉阳秋》中，开头就说：“满清之季，内政不修，外侮日亟，种族大义，深中人心。孙总理提倡革命，号召全国，而革命思潮更有一日千里之势。”② 此时孙中山正因为发动了反袁的“二次革命”而流亡日本，故查光佛之作《武汉阳秋》，历史意义在保存信史，现实意义则明显为支持孙中山而反对袁世凯。同样，熊秉坤1918年作《武昌起义谈》也不外这双重目的。熊秉坤是被孙中山称为打响武昌首义第一枪的人，从辛亥革命到护法战争，无役不与，且目光远大，胸襟宽阔。他总结辛亥革命的起因，认为“远因甚多，可总括为欧力东渐一语，戊戌政变，实已开其端倪。……后中山之民主主义传播国内，志士仁人前仆后继不知凡几”。谈到武昌起义时广大革命志士的作用，熊秉坤强调：“其发生非一日，人物非一派……合群策群力，共冶一炉，此武昌之所由发难为天下雄欤！”③ 其高度肯定孙中山先生的革命思想，希望各种进步力量团结对敌的目的不言自明。

① 咏簪（龚霞初）：《武昌两日记》，《中国近代史资料丛刊·辛亥革命》（五），上海人民出版社1957年版，第38～77页。

② 查光佛：《武汉阳秋》，《辛亥革命在湖北史料选辑》，湖北人民出版社1981年版，第540页。

③ 熊秉坤：《武昌起义谈》，《中国近代史资料丛刊·辛亥革命》（五），上海人民出版社1957年版，第85～98页。

到1927年，孙中山先生逝世已两年，北洋军阀亦接近垮台之际，曹亚伯的《武昌革命真史》脱稿，这是新中国成立以前关于武昌首义乃至辛亥革命这一专史中分量最重的著作。其写作动机也比较复杂。曹亚伯从1903年参加花园山聚会开始投身革命，直到1921年，一直是坚定的民主革命者和孙中山先生的信徒，对革命事业亦有建树。但从1921年起，他受到胡汉民、胡毅生兄弟的多方排斥，甚为郁郁，而陈炯明乘机对其拉拢煽动，几至被陈氏所利用。经陈少白、冯自由的劝告，曹亚伯于1922年离开当时的革命中心也是政治漩涡中心的广州，在江苏昆山隐居，潜心于研究中国传统文化，并由信仰基督转而信佛。1926年北伐军进入江苏时，北洋军阀孙传芳部密谋在淞沪一带大肆劫掠后逃走，曹亚伯组织乡民武装自卫，当地得以安宁。但北伐军白崇禧部到昆山后，反将曹亚伯视为“投机分子”诱禁于上海司令部，幸亏原同盟会的好友出力营救，他才免除了一场无妄之灾。

曹亚伯自此不仅“厌闻时政”，尤其认为当时的党政军新贵“数典忘祖，鄙视吾辈，皆不知革命历史所致”。故其写作《武昌革命真史》的动机可说是多方面的，有肯定这段血与火的历史，希望人们尤其是要求新贵尊重前人业绩的意思，亦有个人忏悔之意，“予愧不学，少未闻释老孔墨诸胜义……未免蔑视旧有礼教，而于家国之革命，不无过勇之愆。……今为此言，所以忏悔三十年来一切昏动之罪”。进而认为，民国成立之后内乱不断，同胞痛苦日增，原因乃在“革命者不能自苦以利天下”，故希望革命者“先自革其我见之非始”①。他告诫某些革命的有功之士，尤其是手握兵权的人说：“满清之亡，非徒亡于湖北军队，实亡于中国总民意也”；又说：“所谓满清之亡，实非革命军之力，乃天心民心所趋向耳。”这些话或许有贬低革命军事力量的作用之嫌，但曹氏当时不满于恃兵弄权、贪人民之功为己有的武人的心情是可以理解的。

---

① 曹亚伯：《武昌革命真史·自叙》。《武昌革命真史》1930年出版，由中华书局代发行。上海书店1982年据原本影印。

正因为这样，《武昌革命真史》一书在把主要批评矛头对准袁世凯的同时，对革命阵营内部的不良现象，尤其是一些人的具体错误，也有暴露和批评。他运用了大量资料，剖析袁世凯的反动本质，揭露其两面手法，斥责袁世凯“甘心作贼”，“不自知其无耻至此极也”①。并总结民国年间内乱的起源说：“自武昌起义至袁世凯接收南京政府，即开汉奸乱国之端矣。……于是莫礼逊以灭埃及之法灭中国，利用洪宪以实行，民国之乱无已时矣。”毫无疑问，作者认定袁世凯是造成辛亥革命失败的祸首，是民国年间中国内乱的祸根，对其加以彻底批判的用意十分明确。同时作者对黎元洪及旧官僚亦予揭露，称“官僚党老奸巨猾，阴狠而貌为谦恭，黎元洪与官僚党接近……深恨革命党，但不露于形色，惟对于革命党绝口不言事而已。在一般无德无学、喜人逢迎之无大志党人，亦为官僚派所默化，渐对于同志顿改面目，亦与官僚多方联络；而官僚派更从中挑拨，使之同室操戈，故不转瞬而武昌之一切政权，皆操之于官僚之手”②。作者剖析湖北革命政权之蜕变，还是很有见地的。

该书引起非议的原因，明显是对革命党人微词过多。如多次说孙武、蒋翊武、张振武等“专以膨胀势力为主”，以至几度造成“党内交哄”、“同室操戈”③；又说张振武携巨款赴日本购买枪弹，结果购回陈旧过时乃至不适用之物，且将公款在上海挥霍浪费而无法交待④。还批评孙武受旧军官杜锡钧之逢迎，网罗投机分子石星川、唐克明为党羽，勾结黎元洪，排斥文学社同志，打击真懂军事的吴兆麟等⑤。该书还泛指一些不良现象，批评“当时革命党人，大半年少气盛，性情暴烈。既不能容人，又不为人所容，而又无观察力。能切实作事、脚踏实地者，即以为迂阔；专尚虚华言巧心诈者，即以为奇力。所以每每办事，纠纷多而成绩少。加以骄气凌人，贤者不出；而投机攀援之士只知因缘时会、名利

①②③④⑤ 曹亚伯：《武昌革命真史》，上海书店 1982 年影印，“正编”第 78～79、372、172 页，第 789、572 页，第 87、108～109、182 页，第 651 页，第 534、538、573～578 页。

是图。若当危急存亡之秋，即风流云散；既见时局日趋安定，即趋之恐后。此当时之现象也”。又说，“是时清廷将终局，而南北无战事。一般无德无学之冒充革命党，招摇放纵，皆以功加海内自居，不可一世，挥金如土，假公济私，穷奢极侈。其一幅不自爱、不自重、不可载道之器，群表现于花天酒地之中。人民对之渐有失望之态，外人见之极不满意”①。总之批评较多而尖锐。

要而言之，《武昌革命真史》在写作意图上颇偏重于从反面总结教训，故在议论中对革命党人（包括投机革命者和革命后迅即蜕变者）的批评较多。故书甫出即遭部分首义者非议，且被国民党当局封禁。但客观而论，作者的动机并非否定这场革命，而且多数批评并非蹈空之言，不可简单以“抹黑”、“玷污”视之。同时，作者充分肯定了这场革命的合理性，强调辛亥革命之所以能推翻清王朝，虽有湖北革命党人和军队同志的重要作用，但不能仅仅归功于少数人，尤其是一些品质恶劣、居功要挟的人。他认为民心归向是最根本的原因，“是时民气之盛，为古今所未有”，其次是“当时军政府一般纯洁爱国同志竭力维持”，还有“各省响应，派兵援助”，否则“仅湖北一省之力，满清孽数，尚不知何日能终也”②。这些看法是比较冷静、客观、全面的总结。

继《武昌革命真史》之后而称得上有分量的首义史学著作，是张难先1944年写成的《湖北革命知之录》。该书写作于已见抗日战争胜利曙光的历史转折前夕，写作意图当然也在保存信史、表彰先烈、总结经验，但与《武昌革命真史》的批评倾向不同，乃是侧重于褒扬辛亥革命精神之优长。作者在《后序》中设问，武汉乃四战之地，容易多面受敌，“何以公然发难，并且成功”？一群乡村出身的学生和士兵群众，无文采、寡见闻、小声气，为政府所忽视，为社会所菲薄，“何以竟倾动世界文明之大国”，“成此有史以来之奇迹”？起义前夕，机关被破，领导干部或被捕

①② 曹亚伯：《武昌革命真史》，上海书店1982年影印，“正编”第394～395、643页，第91、182、221页。

或逃亡，为何能仅以下级干部“举其事”？仓卒集成之民军，为何能“不扰市民、不费约束、人自为战、动协机宜”？武昌光复之后，“有猎都督之资格者为数尚多，何以俱谦让未遑、毫无争都督之事”？和议告成，政府成立，“何以当事党人，视禄位若敝屣，袁世凯屡电不至，或至亦望望然去之，极少热中富贵者”？作者的这些设问，显系有为而发，这从作者的经历、其他有关著作如《义痴六十自述》，以及在抗日战争中对“人民力量之伟大和无名英雄之可敬”的感叹，均可知其用意。故作者主张对这一“数千年之大革命”应有“伟大之纪念。以扬国光，策励后进”。因为“武昌首义，实维国魂，不有表示，直衣绣夜行耳，将何以扬国威而销隐患哉？”① 所谓“扬国威”，具体说就是争取抗日战争的胜利；所谓“销隐患”，即预防抗战胜利后又起内战，希望人们以当年的首义英雄为榜样，“视禄位若敝屣”，不要“热中富贵”。

《湖北革命知之录》认为辛亥革命的精神动力，“乃吾国穷变通久之大道”的潜在影响，至孙中山先生“坐言起行，奔走海内外，期诸实践，并不仅为种族狭义之革命，兼倡民权民生诸学说”，故“较之汤、武、汉高、明祖之革命，尤为进步”②。具体论及湖北革命志士的思想发展过程，则认为当时的“英异之伦，不羁之士，读石庄（胡承诺）茶村（杜浚）遗书，览异域殊方志乘，勃然兴起，不为（张之洞）所囿”③。即以为读清初遗民之书，并且了解外国历史上的革命情形，是突破张之洞思想控制的起点。而到了1900年，“因庚子汉口之大流血，如梦方醒；嗣经壬癸海内外笔舌之战，结果革命说为全国公认之救国途径。于是热烈之志士，时时有一中山先生印象，盘旋牢结于脑海，几欲破浪走海外从之”④。作者的这种总结比较深远全面，而且注意考察到思想的前进和变化。

---

① 张难先：《后序》，《湖北革命知之录》，商务印书馆（重庆）1945年版，第414～416页。

②③④ 张难先：《湖北革命知之录》，商务印书馆（重庆）1945年版，第2～3、18、103页。

作者高度赞扬了湖北革命志士的实干精神，称："历来志士，即在此环境下造成一特殊风气，即不竞声华、埋头苦干是也。庚子以后，士人多投笔从戎，不以苍头为耻；甚或累年不迁，亦安之若素。遇有风潮，则易名再入他营……所以无营不有知识分子。革命党人意态冷静沉默，匿儒冠而讳新民……不数年间竟将政府之军队，于不知不觉中尽变为吾党之势力。"① 指出了湖北革命的一大特点，或者说是成功的重要原因。

作者尤其着力歌颂为革命牺牲的普通英雄，于总结每次战斗行动之时，对牺牲而有姓名者一一郑重标举，对未知姓名的则作人数统计。并写有《无名英雄传》，称赞"欧美各国之崇拜无名英雄也，有以哉!"他指出，包括武昌首义和阳夏之战，革命者死亡"约计总在万人以上"，而有姓名者仅数十人而已。他强调"此万余无名英雄，关系实非常重大"，"有此万余人之头颅，支持武昌根据地两月，使各省胆气雄壮，次第反正。……则此万余无名英雄之功绩，顾可湮没耶?"他对比1900年汉口庚子之役，1904年长沙之役，辛亥年"三二九"黄花岗之役，称"其领导人才之雄伟之众多，实属超越千祀。然悉无成者，以无名英雄少也"。进而更说："吾不敢作夸大之词，谓中华民国纯由此万余之无名英雄所缔造。然至少武汉之光复之支持，甚或湖北之军政府、都督府、大都督、总司令等等，悉由此万余无名英雄之血肉换来，洵事实也。"②

总之，《湖北革命知之录》和《武昌革命真史》不仅是建国以前分量最重的两本首义史著，而且两书均超出了以个人经历见闻为基本线索和材料的回忆录或实录范围，因而胸有全局，视野开阔，虽以记湖北革命事迹为主，但不局限于湖北一隅，于全国形势乃至革命党人在海外的活动均作了联系的考察交待。两书有意保存的史料，不仅重要而且较有系统，剪裁弃取均见功力。虽然《湖北革命知之录》以歌颂肯定为主，但其主要赞扬的乃是烈士和无名英雄；《武昌革命真史》批评暴露较多，但其所指责的乃是投机者和蜕变者，对于"民气"、"民心"亦作高度肯定。

---

①② 张难先：《湖北革命知之录》，商务印书馆（重庆）1945年版，第234、379页。

因此两书可谓异曲同工，且都含义深远。

辛亥革命是一场波及全国的重大军事、政治斗争，各地亲历此役的革命人士为数不少，但像湖北这样有众多人士迅即写成史书的情形，在各地可说是独一无二。这些分量不一的史著，虽然多数局限于当事人的亲历和见闻，尚不足以反映辛亥革命的全貌，而且在某些局部和细节上还有争论，但对武昌首义和湖北辛亥革命而言，基本可视为信史。尤其应该指出的是，在民国初年国内多数地方却是仇视辛亥革命的逊清遗民留下了不少所谓"纪乱"之作，湖北辛亥人士的有关史著，不仅与遗民贬斥革命的态度形成了鲜明的对比，而且构成了辛亥革命研究中主流记忆的基础。

第三节　晚清大众文化和民间风俗

大众文化具有群众性和娱乐性，这里主要是指地方性的民间戏剧和说唱之类。在晚清，这是对人民大众最直接，也最具有潜移默化的教育功能的文化表现形式。民间风俗则是在更长的时间内积淀、筛选、形成、变化和发展而成的一种文化标识，既有经济的、政治的、宗教的、伦理的内涵，也有民族的、地域的、时代的印记。风俗习惯是社会特征的反映，反之又能动地塑造和影响着社会。

一、民间戏剧和各种说唱

晚清时期，湖北的民间戏剧，有属于皮黄系统的汉剧、南剧和湖北越调，属于花鼓系统的东路花鼓、天沔花鼓、襄阳花鼓、远安花鼓、黄梅采茶戏、二棚子、梁山调、提琴戏和文曲，还有属于高腔系统的清戏，以及由外省传入的高台曲、灯戏等，其中影响最大的是汉剧和花鼓戏。

汉剧的前身是明代的楚调，又名楚曲、楚腔、汉调、汉二黄和黄腔等，原属湖北的高腔类清戏。乾隆末年，清戏衰落，其中用三弦伴奏、以敲梆作节拍的一支楚调，继承了清戏的许多剧目，逐渐流传下来。到嘉庆、道光年间，这支楚调融合了来自陕西秦腔的西皮和在长江中游形成的新唱腔二黄，转化为皮黄系统的剧种；又吸收了昆山腔（又名昆曲，出自江苏昆山）和弋阳腔（出自江西弋阳）的某些唱腔，逐渐完善并基本定型。据叶调元《汉口竹枝词》记载，嘉庆、道光年间汉口的戏剧舞台，是“吴讴楚调管弦催，翠鬓红裙结伴来”，可知当时汉剧的前身楚调已能与昆腔、弋阳腔（均属“吴讴”）并行。《汉口竹枝词》还说，当时汉口已有十几个楚调班社，楚调有两个主要唱腔：“曲中反调最凄凉，急是西皮缓二黄。”① 可知楚调的主要唱腔西皮、二黄至迟在道光时已经为人所熟知。当然，把这种楚调定名为“汉剧”，是辛亥革命以后的事。

汉剧的传统剧目很多，历史故事、公案戏、神话戏、婚姻爱情戏、民间生活戏均有。但连台大戏多为历史剧，如三国戏、岳飞戏（《精忠传》）等。这类戏扬善抑恶、褒忠贬奸，虽然免不了封建的伦理纲常说教，但是非标准大致不误。反映民间生活和婚姻爱情的戏多半生动活泼，但也不越出伦理纲常允许的范围。

汉剧的角色分十大行，即一末二净三生四旦五丑六外七小八贴九夫十杂，分工较细。除了唱腔之外，还有念白。念白除韵白（念押韵的诗或句）外，有时还夹杂有多种方言，如京白、苏白、川白、汉口土白和沔阳土白，反映出汉剧广泛的影响和联系。在湖北境内，汉剧分为四大流派：即以荆州、沙市为中心的荆河派，以襄阳、樊城为中心的襄河派，以德安（今安陆）、随州为中心的府河派和以武汉为中心的汉河派。汉河派是汉剧的主流。

汉剧及其前身楚调在发展过程中，兼收并蓄，博采众长，因而唱腔丰富、角色众多、表现力强，反过来又给其他剧种以很大影响。首先是对京剧的影响。嘉庆年间，湖北崇阳著名的楚调生角米应先到北京加入春台班（徽剧四大班之一），成为该戏班台柱，驰名京师 20 年。道光初

---

① 徐明庭、马昌松：《汉口竹枝词校注》，湖北人民出版社 1985 年版，第 102、144 页。

年，楚调艺人王洪贵、李六进京加入春台班。粟海庵《燕台鸿爪录》记曰：“京师尚楚调，乐工中如王洪贵、李六，以善为新声称于时。”这“新声”就是他们从湖北带去的西皮、二黄合奏的皮黄声腔。随后，罗田楚调艺人余三胜也到京加入春台班，他以楚调为主，兼融徽调，形成悲凉苍劲的“二黄反调”，使人耳目一新。《都门杂咏》写道：“时尚黄腔喊似雷，当代昆弋话无媒。而今特重余三胜，年少争传张二奎。”可见余三胜当时在京城戏班中很有影响。同治末光绪初，江夏楚调夫角谭志道由水路到天津一带演出，后辗转入京，把汉调九夫的念唱功夫传入京剧，得名“谭叫天”。其子谭鑫培，又师从余三胜，开创京剧中的“谭派”。光绪年间还有楚调旦角吴鸿喜亦到北京，把楚调中旦、贴两行的传统戏传给了京剧。因此京剧在形成和发展的过程中，受楚调影响很大，故《旧剧丛谈》说，“梨园老伶念字多本楚音”。也正因为京剧同汉剧有一定的联系，所以19世纪末20世纪初京剧传入武汉时，马上受到观众欢迎，不仅有京、汉两剧的同台会演，而且彼此切磋，传授剧目。如谭鑫培每回到湖北，必看“汉剧大王”余洪元的戏，双方互相学习、推重；著名京剧剧本作者、演员汪笑侬，亦曾和余洪元合作演出，并互相传授《哭祖庙》、《刀劈三关》等剧本。

汉剧对其他剧种和别的省区也有一定影响。中部和南方多处有汉调班、黄腔班，湖南的巴陵戏是最明显的汉剧支派，流行于岳阳、常德、衡阳等地区。荆河汉剧则影响到重庆、成都。楚调也已成为川剧、徽剧、滇剧中的一个组成部分。陕西、四川、河南、安徽、湖南、广东、广西、江西、福建、台湾等地，均曾有汉剧流行。

晚清著名的楚调和汉剧演员，除上述之外，还有任天泉、范三元、蔡炳南、钟华卿、胡双喜、钱文奎、董瑶阶等。清末汉口最有名的汉剧戏班是老天字班和福兴班等。

楚剧原名花鼓戏，确切地说，是指湖北西路花鼓中的黄（陂）孝（感）花鼓。鸦片战争前后，汉口的土垱（今长堤街、统一街的下段）就常有黄孝花鼓演出。演出地点有时在街边空旷处，有时在名叫“早逢春”、“望湖泉”的两个茶园。观众多是住在土垱一带的黄陂、孝感苦力和市民。

黄孝花鼓的曲调，除了继承湖北高腔的部分之外，可以分为两大类：一是板腔类，适于表达情节曲折、情绪变化较多的大戏；一是小曲类，适于故事简单、情调欢快活泼的小戏，常用的小曲有二三十种之多。19世纪的黄孝花鼓，舞台只用一个帐帘、四把椅子，没有其他布景；音乐只有打击乐，没有丝弦伴奏，全靠后台的人来帮腔和接腔。花鼓戏的历史不及汉剧古老，亦少有历史剧、公案剧等大戏。剧目多为民间生活小戏，到清末有近百个剧目，常演的有“三个辞店四个楼”（《蔡鸣凤辞店》、《胡彦昌辞店》、《张德和辞店》，《东楼会》、《西楼会》、《方楼会》、《花楼会》），以及《十里亭》、《送端阳》、《白扇记》、《雪梅吊孝》、《喻老四拜年》之类，内容贴近常人生活。表现正当和不正当的男女之情的剧目，占有较大分量，因而常遭禁止，戏箱被毁、演员被拘的事情屡有发生。汉口出现租界之后，花鼓戏班往往被迫托庇于租界，或依赖黑社会势力和地痞流氓的“保护”，受到多种凌辱和欺压。

清末汉口较有名的花鼓戏班是黄子云组织的同庆班。1902年秋，同庆班率先进入租界内的茶园演出，此后茶园演戏渐成风气。清末汉口较著名的花鼓戏演员，有黄官保、陈彬卿、甘石生、余天保、李品三等。经过几十年的努力，花鼓戏剧目逐渐增加，唱腔曲调亦有所丰富。民国初年，花鼓戏进行了两大改革，一是开始使用布景，二是开始运用胡琴伴奏，艺术效果渐有提高。1926—1927年，黄孝花鼓正式取名为“楚剧”。

戏剧均以城镇为成长发展的摇篮，汉剧和楚剧也不例外。汉口和沙市在晚清是聚集戏班最多的地方。演出之所，起初多在宫、庙等娱神场所，以及会馆、公所等商人聚集之地。如沙市有“九宫十八庙”，每逢时令节日或菩萨神祇的某种纪念日，就必有唱戏酬神之举。会馆、公所的演出更多，除时令节日、神祇纪念之外，遇有大宗生意谈判，各商帮交涉往来及交接官府，也要演戏。达官贵人也常邀请戏班到家宅唱“堂会”。汉口开埠以后，无论华界或租界，均建起了大量茶园，大小戏班遂按自己的不同档次，分别在各等茶园演戏。到清末民初，汉口有满春、天一、丹桂、群仙、贤乐、望江、清正、美观、春桂、双桂、天声、文明、福朗、福和、临汉、东记、怡红、金谷、玉壶春等20余家茶园，分别演唱京剧、汉剧和楚剧。

乡镇演戏，则多在庙会、祠堂举行，亦有临时搭起“土台”（或称“草台”）在空旷之处进行的。较大的市镇往往建有坚固的戏台，石基石柱，飞檐斗拱，覆以瓦，俗称“万年台”，是公用的演戏场所。

其他地方戏剧亦各有流传范围。鄂东流行黄梅戏，鄂北流行河南梆子戏，江汉平原还流行天沔花鼓（与定名为楚剧的黄孝花鼓相似），鄂西南还流行南剧（施南调）。南剧兴起于康熙年间，剧目有连台本戏《封神》、《吴越春秋》、《楚汉相争》、三国戏、隋唐戏、岳飞戏等20多部，还有《杀狗惊妻》、《双槐树》、《王宝钏》、《活捉子都》等小戏。南剧与荆河汉剧有相近之处，也带有一些土家族特色。

除地方戏剧外，湖北小曲（又名“丝弦小曲”）也值得略加介绍。

小曲在明代称为“民间俗曲”（又叫“时尚小令”或“时调小曲”），清代称为“南北俗曲”。湖北小曲属南俗曲范围，有些曲牌也在湖北以外的南方流行，而北俗曲也有少数传入。具体地说，“文词调”由江西流入，“鲜花调”从安徽流入，“滩簧调”受吴越影响，广西“文场”和湖北小曲中均有南曲，河南大调和湖北小曲中均有“叠断桥”（均为曲牌名），可见各省小曲的相互渗透。当然，湖北小曲受到本地群众欢迎，与其植根于当地民歌也有关系。

湖北小曲在光绪年间达到极盛。1875年，《汉口竹枝词》中就记有艺人专唱小曲的情形。20世纪初的《汉口小志》也说：“大智坊各行寓中，商贾杂处。时有少妇，青衣布素，手挈竹篮，入市若缝纫者，实善歌小调也，名曰‘唱婆子’。”又有诗记其情形云：“黑漆包头白粉腮，竹筐携去店门开。等闲爱听清平调，十个金钱唱一回。”① 除了在旅馆客店

---

① 徐焕斗：《汉口小志》，“风俗志第五”，商务印书馆汉口分馆1915年版，第16页。

演唱外，茶馆、茶园也是主要的演出场所。中等以上的人家遇有红白喜事、老人庆寿、小孩做汤饼会等，也有请小曲艺人来唱堂会的。小曲艺人到处流浪，以卖唱为生，其中还有不少盲人，地位低下，生活困苦。演唱时两人一组或三四人一组，围桌而坐，桌上摆有花瓶、八卦等物。必不可少的主要乐器是四胡，艺人较多的班组则加上二胡、高胡、扬琴、琵琶、月琴、三弦，并用云板、碰铃、碟子、杯子等敲击节奏。文词大多以唱为主，兼有少量道白、对白，都用方言。内容来自传奇杂剧和民间故事，爱情题材居多，也有反映民间疾苦和讽刺丑恶现象的，做堂会时常唱的是《大堂庆寿》、《天官赐福》之类。小曲虽来自民间，但受商业化影响很明显，鲜有反映时政时事和抒发豪情壮志的。

湖北小曲是音乐性较强的曲唱艺术，曲调通俗生动，曲腔婉转动听。其结构类型有四：一是单曲体，即用一支曲牌反复演唱多段文词；二是联曲体，用几支曲牌连缀起来演唱有一定故事情节的文词；三是板腔体，以一种曲腔为基础，通过多种变换手法而形成系列不同格式的唱腔；四是短歌体，以单曲多词表达片断之情。湖北小曲的唱腔曲牌有100余支，包括板腔体曲牌和民歌小调体曲牌两类。前者主要指“南曲”、“文词”、“西腔”、“滩簧”四大腔系，后者指具有一曲多用功能的单曲牌和由民歌小调演变而来的曲牌。传统曲目有200个左右，且其中大部分曲牌和曲目同名。这些小曲，有的曲调平稳，长于叙事；有的曲调流畅，叙事抒情并重；有的曲折缠绵，有的轻快活泼，能抒发多种感情。

湖北小曲的种类很多，最主要的是汉滩小曲。汉滩小曲又名汉滩丝弦或外江小曲，流行于武汉、荆沙、宜昌广大地区，有几十支曲牌，近百个不同体裁、题材和情趣的传统曲目。其次是天沔小曲，又叫内河小曲，流行于天门、沔阳、潜江一带。再次是长阳南曲、恩施扬琴，流行于鄂西南。还有襄阳小曲、郧西三弦，流行于鄂西北。

其他曲唱艺术还有三弦、河南坠子、鼓词、道情、渔鼓等，识字艺人均带有木刻印刷的唱本。

曲说艺术则有评书和“讲善书”。评书至今尚为多数人所熟悉，而讲善书则已不为人所知，故在此略作介绍。“善书”又称“劝善书”，宋、明两代流行的《太上感应篇》、《关圣帝君觉世真经》、《文昌帝君阴骘文》等即属此类。清乾隆帝大力提倡，下令翻刻了大量善书，最有名者如周心耕刻的《敬信录》，全国流行。讲善书多在城镇进行，武汉、宜昌尤盛，地点可在茶馆、茶园、善堂、会馆公所和大户人家。讲前要设坛，即用几条板凳、一张桌子搭台，坛中立一木牌，上书“谨遵圣谕”或“宣讲圣谕”，坛前设炉焚香，两旁贴有劝人行善的对联。一人主讲，讲时有说有唱（叙述过程和情节时用说，抒发喜怒哀乐的心情时用唱），有问有答。当故事情节需要别的角色加入时，就由台后协助的角色出场（均不化妆），或婆或媳，或官或犯，问答哭笑，绘声绘色。所讲内容多为历史题材或神话故事，亦有把现实中发生的人事编作善书的，主旨不外教忠教孝，劝善戒恶。听众少则十几人，多则上百人，以妇女、小孩居多。19 世纪末，主讲善书的人多为有文化的年高德劭之士，讲善书不收报酬。从 20 世纪初起，一些为了养家糊口的艺人、灾民，也组成讲善书的班子讲善书，就要由组织者（茶馆、善堂、会馆公所或大户人家）付给酬金了，听众则不付钱。宜昌讲善书的活动在 1926 年大革命中即已停止，而武汉则一直盛行到 40 年代末。

二、清末湖北风俗的变易

风俗本身及其附着在人们行为上的表现，可以说无所不在，诸如岁时节令、衣食住行、器用、娱乐、宗教信仰、社会组织、群体地位及人际关系等等，均能体现各地风俗及当时社会风气。而时势变迁、生产发展和生活变化、文化交流、教育的影响作用等，又使各地的风俗在延续中出现若干变易。晚清是中国传统社会转型的开端，此时湖北固有风俗习惯既有不变也有改变，此处着重介绍有关改变的状况。

湖北地处中部腹地，较易受到周围各省的影响，故风俗中无论是不变的部分还是改变的部分，均与全国大部分地区的情形大同小异。但另一方面，晚清湖北社会已初呈城乡二元结构，城镇中商业化、移民杂处乃至中外习俗的并行，十分引人注目，乡村却另是一种风习和景观。

首先谈岁时节令。这方面变化不多，乡村改变尤少。清末中国仍普遍沿用传统农历（即夏历，俗称阴历），官书则以帝王年号纪年，辅以干支。但汉口商人在与外商打交道时，亦会用公历（即西历，俗称阳历）。教会和学校的活动，则用“礼拜”（星期）安排。节日方面，清末是传统节日最多的时候，诸如送灶（农历腊月二十四或前后一日）、除夕、新年、元宵、社日（春、秋两次祭祀土神，一般在立春、立秋后第五个戊日）、清明、端午、天贶（又叫中天节，农历六月初六）、中元（农历七月十五）、中秋、重阳等等，一仍其旧。再加上太后、皇帝生日的“万寿节”，西教徒和带有西化色彩的人士还有圣诞节、公历元旦节等，所以城镇几乎月月有节甚至一月数节。但乡村的穷苦群众多只能在除夕、新年、元宵、清明、端午、中秋数节随俗略示不忘而已。辛亥革命推翻了清王朝，“万寿节”自然取消。民国肇建以后，改用公历纪年，10 月 10 日被定为中华民国国庆纪念日，2 月12 日被定为“南北统一纪念日”（即清帝逊位日）。到民国时期，又加上了一些国际上通用的节日，如妇女节、劳动节，国内的各种政治纪念日、国耻日等。但多数“乡民之于岁时伏腊，只知中历不知有西历”①，故对各种新定的节日亦知之甚少。岁时节令的情况可概括为“中西并存”、“新旧并用”。

衣食住行、器用、娱乐方面的变化较大。19 世纪中叶以前，除了城市中的官员、富商等少数人之外，绝大多数人穿土布衣袜，食物为“饭稻羹鱼”，住宅无论豪华还是简陋，均属中式，出行时远路乘骡马车、木船，近路官员坐大轿，商旅、士人、妇孺则坐小轿，大多数人则只能坐手推车或者步行，应酬游乐则是喝酒饮茶、看戏听曲、博戏之类。生活用具多为国内手工制品。虽然鸦片战争之前湖北即有洋货输入和少数传教士的非法活动，但影响很小。不过，在汉口、沙市这样传统商业发达

---

① 侯祖畲、吕寅东：《夏口县志》第 2 卷，“风土志”，湖北省长公署 1920 年铅印，第 3 页。

的城市，富商巨贾的生活方式已很侈靡。“服食华侈，汉口独盛，则以商贾辐辏，杂有吴越川广之风焉”；沙市则是“天天有戏”的“戏窝子”。

19世纪60年代汉口开埠通商之后，风气渐渐发生变化。“汉镇自中外互市以来，习俗益靡。阛阓多仿西式，服饰宴会，务为豪侈。歌馆舞台，茶寮酒肆之间，冶游者车水马龙，昼夜无有止息。”① 随后相继开埠的沙市、宜昌，均被冠以“小汉口”之名，说明商业繁盛和社会风气改变。“流佣浮食者众，五方杂处，风俗大变，奢靡之习百倍于前。”②影响所及，凡工商发达的州县城镇，均有类似情况。

具体地说，清末湖北城镇已有部分人穿戴洋布制成的，甚至式样也属洋式的衣袜鞋帽，吃进口食品。洋酒、西菜、糖食、蛋品、冰块、洋面粉，乃至西药，都有人购买。住的方面，不仅有钱人的房屋做成西式或中西合璧式，市政设施如街道、公园、路灯、自来水等也借鉴外国。行的方面，水路远行在19世纪70年代已开始有轮船，打破了木船的一统天下；陆路19世纪末有短距离的大冶矿山铁路通车，20世纪初更有卢汉铁路通车，已不再全靠畜力和人力；城镇中大小轿子、人力车（俗称东洋车或黄包车）、马车并用。20世纪初，汉口还出现了小汽车，但仅为外国领事和大买办商人拥有。辛亥革命中一度禁止官员坐轿。日常生活用品方面的变化最大，诸如城镇中煤油灯取代植物油灯，外国化妆品取代胭脂花粉，洋针、洋线、洋伞、洋肥皂、洋颜料、洋五金分别取代土针、土线、纸伞、土皂、土颜料、土五金，还有以前仅为上层家庭使用的玻璃器皿、火柴、钟表、玩具、洋灯泡、牙刷牙膏之类，更有较大的市场。当然，上述物品起初皆属舶来，到清末已有相当部分能由国内自产或仿造，故被称为“仿洋货”。在游乐方面，由于在汉口的外国人开办了波罗馆（俱乐部）、赌场、跑马场之类，上层华商也逐渐仿效，办起了俱乐部、赌场和跑马场。上述变化多出现于城镇，尤其是汉口。

---

①② 张仲炘、杨承禧：《湖北通志》第21卷，“舆地志”21，“风俗”，湖北省长公署1921年刻本，第7、26页。

衣食住行、器用、娱乐方面的变化，属于物质层面的变化。这种变化出自多方面的原因，如经济上的图价廉物美，办事上的讲效率省时间，生活上的求舒适讲卫生甚至讲科学，心理上的好奇、追逐时髦等。对于这些，本不应一概以“侈靡”、“奢华”来责备和苛求，也不应视为“西化”和“洋化”，而只能说是一种“趋新”。当然，富有之家为讲排场、比阔气而一掷千金，暴殄天物，唯洋是尚，理当批判；一般人家也“勉强徇俗，惟务外饰，内鲜积藏”①，“以质朴为鄙陋，以奢侈为华美”②，同样也不足取。

随着新式教育的出现和社会商业化程度的加深，青少年读书和男女择业的情况也有所变化。武昌、黄冈、汉阳、荆州等府，在近代以前均被称为“衣冠薮泽”，士人“读诗书”，“志儒业”，“学古高蹈”，劳苦群众“男耕女织”，“非耕则渔”，“罕营商贩”。武昌的手工艺人多系外来，黄冈有“老死不窥城市者”；罗田“邑人重去其乡，离家百里有难色”，故被称为“俗朴而知礼让”。19世纪中叶以后，各地风气渐变，经商者大增，武昌帮、黄州帮、汉阳帮商人活跃于省内外。鄂东南山区的崇阳县，“工商离乡十之四，肩贩盈道”。应城“男妇皆舍本逐末”。鄂西宜昌“商贾土著者（十之）七八，即士农亦兼营之，滇黔吴越，靡远不到”③。清末废科举后，多数青少年不再专读儒家诗书，而是进新式学堂或军事学堂，学习外文、格致、军事、工艺制造、法律、商业等多种新学。

宗教信仰方面，晚清湖北仍然沿袭古代荆楚“信巫鬼，重淫祀”的习俗，尤盛行佛、道。仅汉口市区即有较大寺、观24座，较小者更多达94处④。武昌、汉阳亦有大小寺、观数十座。省内各县的寺、观、庵、

---

① 侯祖畲、吕寅东：《夏口县志》第2卷，“风土志”，湖北省长公署1920年铅印，第2页。

② 彭崧毓：《江夏县志》第1卷，同治四年县署刻本，“凡例”，第5页。

③ 张仲炘、杨承禧：《湖北通志》第21卷，“舆地志”21，“风俗”，湖北省长公署1921年刻本，第3、26页。

④ 徐焕斗：《汉口小志》，“寺观志第十一”，商务印书馆汉口分馆1915年版，第1～5页。

庙、祠、殿、阁等，多者在150座以上，少者也有数十。除了崇敬祭祀佛道二教的各种菩萨、真君之外，还有各种历史故事中的英雄忠烈，民间传说中的贤德之士，神话中的人物灵怪，各行业的始祖、名人，以及难以计数的地方神祇。此中最有地方特色的是，由于湖北易受水旱之灾，所以龙王庙和其他水神的庙宇特别多。光绪年间，有一位由蜀仕鄂的官员曾见到“沿江数千里俱有镇江王庙”。可知除了龙王庙之外，还有很多镇江王庙。黄州府“以杨四将军为镇江王”，而考其来历，“杨四将军”实为抗清英雄史可法。史可法明末曾任官安庆，鄂东蕲黄人民的抗清斗争曾受其影响和领导。后来史可法抗清失败，鄂东人民传说他在扬州投泗水而死，遂隐其名而称之为“扬泗将军”（民间记为杨四将军，“四”显系“泗”之误），尊为江神。可知这一祭祀起于清代。湖北民间流传的江神，还有何三王、丁山王，以及晏公、萧公等，“其事均不可考”①。《黄梅地名志》记载有该县西乡的福主菩萨的传说。福主原名宋益，当地人，弃刺史之职归隐，因救旱灾被后人立庙祭祀，虽不详年代，却定下了农历八月二十二日为祭祀之日。广济东乡每年农历六月初二祭“费龙生王”。费龙生实为一农家少年，某年的六月初二在田间劳动时在暴风雨中失踪，其父当夜梦见他被封为王，专司风云雷雨，遂成为该地神祇②。其他江河湖沼地区，各有地方神祇，甚至有的“伏波将军”原型是“神鳖”、“神龟”和“神牛”。各地乡村中，往往二三十户左右的村庄，即有一座土地庙；多数城镇则有火神庙，可见“淫祀”既是源于“信巫鬼”的传统，也同当时生产力低下，人们渴求免除水、旱、火、疫的心理有关。

清末宗教方面的变化有几点是值得一提的。一是国外的天主教、基督教、东正教传入，起初颇引起冲突，酿成教案。但汉口这样的开放城市，教案极少，部分人转“奉天主耶稣教，每值星期，亦赴会堂做礼拜，

---

① 戴昌言：《黄冈县志》第3卷，“祠祀”，光绪八年黄冈县署刻，第32页。

② 干国勋：《泷湫夜雨》，《湖北文献》，1983年4月总第67期。

人不以为异也”①。清末以降，外国宗教的影响在乡间、城镇均越来越大。二是回教清真寺的出现。湖北之有回民，最早在元代，但早先杂居的回民已高度汉化，如太平天国初期曾任两江总督的陆建瀛，其先世就是定居沔阳的回民。清末人口流动较大，从北方（主要是河南）到武汉的回民大增。这些新来的回民多以宰牛、卖馍、做手艺或经商为业，清末在其聚集最多的江岸地区建起了武汉第一座清真寺。三是佛教的商业化趋势。以前佛教虽在各种场合“弘法”，但于民间最多也仅限于参加丧葬仪式。而清末武汉各丛林寺庙不再把主要精力放在“做功课”（诵经、礼佛）上，而是花相当人力和时间去“化缘”，尤热衷于为会馆、公所、官商大户“做佛事”，以获取钱物。此举曾遭到社会和佛教界部分人士的批评。

在社会组织方面，广大乡村仍然重血缘和地缘，“聚族而居”，宗族有族长行使族权，“家法一听长约”②。乡村普遍建有祠堂，修有族谱，置有祠产，各种义学、塾学亦以宗族组织开办。鄂东宗族组织较为发达完善，因而各宗族间纠纷不断，晚清常为争夺湖泊、山林、水源等，发生成百上千人的械斗。玩龙灯、唱戏等娱乐活动有时也成为各宗族较劲争雄的机会。商贸发达的地方，更有争夺港口码头和市场的行为。在汉口这样的商业城市中，由于“五方杂寓，家自为俗”，“九分商贾一分民”，“本乡人少异乡多”，所以血缘宗族的组织较少，影响有限。但地缘和业缘的组织极多，如汉口的八大行帮就是按业缘构成，而沙市的十三帮则按地缘称谓。会馆、公所、同乡会组织、同业公会及后来的商会、救火会、保安社等，已几乎没有血缘宗族的印记。乡村中几世同堂的大家庭多为官绅富户，在湖北本就极少；到清末，由于读书、入伍、从事

① 侯祖畲、吕寅东：《夏口县志》第2卷，“风土志”，湖北省长公署1920年铅印，第3页。

② 张仲炘、杨承禧：《湖北通志》第21卷，“舆地志”21，“风俗”，湖北省长公署1921年刻本，第6页。

工商的人渐多，人们不再“安土重迁”，不少人已“轻去其乡”了。故宗族对家庭、家庭对个人的控制力日益弱化，而“族长无以号令族众，父兄难以约束子弟”① 的现象已屡见不鲜。

体现于群体地位、人际关系的社会风气变化，最显著者有三。

第一是商人地位的上升。湖北直到胡林翼任巡抚的时候，官府仍然公开主张“抑末”，文告中亦把商人排在四民之末（所谓“士农工商”）。但到张之洞督鄂时，富商大贾已能和官员彼此往来，且被视为上宾。商人亦可乘坐大轿，两湖茶商子弟进入两湖书院读书。从官方文件到报刊文章，均称“工商皆为立国之本”。商人不仅过着远远优于士、农、工的生活，对自己的社会地位、职责、功能也充满自信。如 1908 年 5 月，在武汉的湖南会馆议改为商学会时，到会的商人发表意见说：“诚以商务一道，在中国古代误置之于士农工商之末，乃不知现在列强均借此以应优胜劣败之雄谟。譬如在座诸君，官界、军界、学界以及农工均有人，然使无工商界供给财政，则诸君之运动必不亨通。”② 其自信和优越感溢于言表。

第二是由于清王朝的举措日益不得人心，官威亦随之失落。近代以前，并不算闭绝落后的黄冈县，士绅亦“弗干谒有司”，农户“输纳趋时，畏官府如神”③，可见官府权威之重。但到清末，各地呈现一派“昔讷而今嚣，昔等威而今逾侈，先民轨物，几经变易”④ 的景象，抗粮抗捐事件层出不穷。官府的权威不仅在群众的自发反抗中下降，城市中的进步人士和革命者更屡屡在报刊上撰文，揭发官场的腐败无能，作各种讽刺图画，描绘官员的丑态。社会上种种对官员权威的挑战，除了反抗意思之外，还有一种民主精神在内。

---

① 武昌（鄂州）《罗氏族谱·序言》，宣统元年报本堂刻本。

②《武昌湖南会馆特别大会议改汉口湖南会馆为商学会之演说》，《江汉日报》光绪三十四年五月十九日（1908 年 6 月 17 日）。

③ 戴昌言：《黄冈县志》第 2 卷，“风俗”，光绪八年黄冈县署刻，第 68 页。

④ 张仲炘、杨承禧：《湖北通志》第 21 卷，“舆地志” 21，“风俗”，湖北省长公署 1921 年刻本，第 4 页。

第三是女性地位的提高。开埠通商以前的湖北，女子并非全然封闭在家中，不能抛头露面，如乡村穷苦妇女要在田间劳作，城市女子上街购物，做小买卖，稍富有人家的女子更是“烧香也，看会也，龙船也，下湖也，看戏与看花也，地方稍有胜举，逐队成群，出头露面，谈笑无忌，饮啖自如”①。妇女地位的低下，主要是体现在不能进学校读书，除了家务女红之外，不能在社会上工作，还有受到沿袭已久的缠足、做婢做妾，乃至被迫卖笑为娼的痛苦和凌辱。

西方教会在湖北的活动，首先在某种程度上影响到女性。教会吸收的女信徒可以和男信徒一样到教堂做礼拜。教会还率先兴办女学，戒缠足，要求教徒实行严格的一夫一妻制。19 世纪 90 年代，官办布纱丝麻四局成立。在最先开工生产的织布、纺纱二局中，由于张之洞反对，未能招收女工。但到 1895 年，缫丝局已用了七八十名女工。

官办女子教育始于 1902 年，当时省城开办第一所幼稚园，附有一班“保育科”，招收 15～35 岁已婚妇女，学习师范和保育方法。翌年开办女子学堂 1 所，招生 34 人。1905 年增至 4 所，收学生 207 人。同年，中国教育会在武昌设立“第一幼女学堂”，收女童 40 人。1909 年，武昌设立了女子师范 1 所，创办官立“启秀女塾”和女子两等小学堂及女子职业学堂。同年，荆州增设“淑英”、“启华”等女子小学堂 10 所，并成立了女学教育会。综计清末湖北有女子学堂共 20 余所，接受教育的女子近千人②。惟当时的女学主要集中于武汉、荆州两地，其他州县甚少。除小学外，女子职业教育限于师范、保育、缝纫、蚕丝，教育思想以培养贤妻良母为准则。此外，1904 年，江陵县有 5 名女生，自费偕同县男生 10 余人赴日本留学，途经上海时受到同乡会欢迎，成为轰动妇女界的举动③。

---

① 徐明庭、马昌松：《汉口竹枝词校注》，湖北人民出版社 1985 年版，第 98～99 页。

② 苏云峰：《中国现代化的区域研究：湖北省，1860—1916》，台北近代史研究所 1981 年印，第 504～505 页。

③《上海江陵同乡会欢送本县赴日留学生》，《警钟日报》1904 年 4 月 28 日。

社会风俗的变易有随经济基础和政治等上层建筑的变化发展而自然演进的一面，也有因为政府和各界人士有意识地运用教育、宣传乃至行政手段，而使其得到改变的情况。在清末的湖北，西方教会在改良风俗中起了若干作用，但由于文化隔膜和绝大多数群众对教会的疏远甚至反抗，其影响很有限。一些正派有识之士亦在各种场合或撰文，或演说，呼吁禁止不良风习。1907 年，部分士绅在武昌成立改良风俗会，宣布以实行“戒缠足、戒绝鸦片、戒迷信邪神、戒嫁娶之非礼、戒丧祭之非礼”五事为宗旨，并刊行会报①，在当时造成了一定的声势。1909 年，还有人建议设立风俗警察，以干涉、取缔“射幸行为”、“未成年者之吃烟”、“娼妓”和“密卖淫妇”以及“裸体画”②，表明社会风俗问题已经相当引人注意。

官方人士和官府因为拥有行政权力，对于改良社会风俗，能发挥更大的作用。事实上，晚清湖北的督、抚、府、县对改良风俗也做了一些工作。以“开风气”为己任的张之洞，不仅办工厂、兴学堂、派留学、劝工商，还提倡戒浮华、崇俭约，禁止官场赌博、演剧，规定“每宴客不得过五簋”，对民间的吸食鸦片、缠足、风水迷信多有批评劝诫。1897 年，张之洞应广东不缠足会之请，写了《不缠足会叙》一文，主张从教育及降低缠足女子的社会和法律地位入手，改变缠足陋习。他于 1898 年写的《劝学篇》中，有“去毒”一节，历数鸦片之害。1902 年任湖北巡抚的端方，写有《劝汉人妇女勿缠足》一文，并晓谕所属官绅士庶推行禁止缠足。1904 年，汉阳知府宋康德，在省城设立不缠足会，并在武昌（今鄂州）、汉阳、大冶、黄冈、蕲水（今浠水）、安陆、应山、天门 8 县设立分会，刊行章程，印发画报并附浅近解说，使不识字妇女认识缠足之害③。在办女学方面，如前所述，端方以及 1909 年担任鄂督

① 《各省内务汇志·湖北》，《东方杂志》1908 年第 5 卷第 1 期，“内务”，第 56 页。
② 吴耀南：《论湖北宜设风俗警察》，《湖北地方自治研究会杂志》1909 年第 2 号。
③ 《各省报界汇志·湖北》，《东方杂志》1905 年第 2 卷第 11 期，“教育”，第 296 页。

的陈夔龙、学政高凌蔚，还有荆州知府等，一度还算积极。另外，从1908年起，政府迫于舆论压力，强忍土膏土药厘捐损失之痛，一度下令禁止鸦片买卖。

但是，官方的改良风俗是不彻底、不全面的。官场腐败、官员讲排场阔气一如其旧，赌博、婢妾、娼妓照样存在；女子入学人数极少，且仅以造就贤妻良母为目标；不缠足尚未普遍推行；禁烟有名无实；风水迷信更丝毫未能减少。尤其是涉及纲常伦纪，或在政治思想及制度上有碍皇权或体现出一定民主色彩者，官方必然固守不让。例如，张之洞不仅一度反对女子进厂，对办女学亦不积极。他在去世前不久，还上奏《创立存古学堂折》，不是把矛头指向陈规陋俗，而是对民主新风大加挞伐："近来学堂新进之士，蔑先正而喜新奇，急功利而忘道谊，种种怪风恶俗，令人不能睹闻。……此如籍谈自忘其祖，司城自贱其宗，正学既衰，人伦亦废。为国家计，则必有乱臣贼子之祸；为世道计，则不啻有洪水猛兽之忧。"① 他所不能接受的，既包括饮食、服玩、闺门习尚的趋新，也包括取消读经功课，废除三纲之义，及父子异财、兄弟析产、夫妇分资，更不能容忍群众的抗粮抗捐，新式知识分子的议政和批评官府，以及革命者的结社植党，向王权制度和传统纲常挑战。由于剪辫带有强烈的政治色彩，所以官府和官员个人均不敢表示赞同。从湖北的资料看，只有黎元洪一人曾在私下表示不反对剪辫，但他自己也还是在被推为都督三天后，才剪去辫子。

资产阶级革命派主张进行较为彻底全面的大变革。在辛亥革命发生之前，一些革命志士不仅致力于反清革命，还大力呼吁移风易俗。不少人身体力行，剪去发辫，号召女子不缠足和进学堂，教育群众破除迷信和种种陈规陋习。武昌起义之后，新生的革命政权曾下令改革那些有碍于政治、经济发展，违反科学、卫生、人道的习俗，如规定军、警、政

① 王树枬：《张文襄公全集》第68卷，"奏议"68，北平文华斋1928年刻，第31～32页。

界人员“除去发辫”，否则自动离开公职；在武昌城门设立检查哨，禁止蓄辫者出入，甚至有“士兵携带剪刀拦阻行人，强行剪发”①。经过辛亥革命的洗礼，男子蓄辫者此后渐渐绝迹。

再如废除体现尊卑等级的某些形式。湖北军政府下令停止使用“老爷”、“大人”之类的称呼，用鞠躬礼代替跪拜礼，简化官员仪仗，不许乘坐轿子。亲历其境者回忆说：“起义以后，人人都讲平等，所有起义的同志，都能够以身作则，不许喊老爷，不许喊大人，不许坐轿，尤其是不准坐四人大轿。”②

此外，军政府和革命人士还号召禁止女子缠足，禁止贩卖和吸食鸦片，批评迷信活动。一时社会上颇有视缠足为“不文明”、称吸鸦片烟为“有嗜好”的风气。不少庙宇在战火中被毁，“官民置不经意”，祭祀香火一度大减。丧葬礼仪也有所简化，延请僧道、厚葬之风也渐减少。由于服饰的变化，旧官式衣服鞋帽以及女子出嫁穿用的蟒衣、凤冠、霞帔等，成为历史陈迹，只有男子的长袍马褂、女子的旗袍坎肩，此后还有所沿用。

辛亥革命中还有部分女性勇敢地走上社会，她们不仅投入政治、教育、风俗改良活动，有的还参加了武装斗争。如武昌首义、湖北革命军占领武汉三镇之后，出告示招募军队，女子吴淑卿上书投效。《时报》在报道此事时说：“招女军一队，由淑卿任之，文告一布，来者数百人。”③这支女子军不但担任过武昌的守备，其后还参加了汉口保卫战，有半数人牺牲。民国初年的教育界、医疗机构、慈善机构乃至政治界，均有女性活动。

风俗的改良是无止境的，因为它受制于经济、政治、社会、教育等

① 《日本驻汉口总领事馆情报》第58号，《辛亥革命资料》，中华书局1961年版，第600页。

② 蔡寄鸥：《鄂州血史》，龙门联合书局1958年版，第105～106页。

③ 《吴淑卿招募女军》，《时报》辛亥年十月十二日（1911年12月2日）。

的发展程度，也牵涉到人们对传统文化和伦理道德的不同看法。而且，由于中国资产阶级本身的缺陷和旧势力、旧习俗的顽固，即使在辛亥革命高潮中，也仍有一些陋俗未受冲击，如纳妾、蓄婢、娼妓、赌博，不仅在社会上普遍存在，一些知名的革命者也未能免俗。辛亥革命失败之后，不良风气和陈规陋俗或公然复活，或改头换面仍然流行，诸如吸食鸦片、嫖娼卖淫、赌博、纳妾、歧视和买卖妇女、包办婚姻、官场讲排场摆阔气等等，在整个民国时期仍然屡禁不绝。

大 事 记

1838 年（道光十八年）

6—9 月，湖广总督林则徐下令在武昌、汉阳、汉口等地设立禁烟局，缉拿烟贩朱运升等数人，没收烟土烟膏 2 万余两。10 月 27 日，林则徐在武昌阅马场当众销毁烟土烟膏。

1840 年（道光二十年）

鸦片战争爆发。

1841 年（道光二十一年）

1 月，英军进攻广东沙角炮台，守将湖北鹤峰人陈连升及其子陈长鹏力战牺牲。同月，湖北营兵 1 000 余人调赴广东，参加保卫广州、石门、佛山的战斗。湖北提督刘允孝率另一支营兵 1 800 余人增援浙江战场，后奉命返回镇压钟人杰起义。

1842 年（道光二十二年）

年初，崇阳钟人杰、陈宝铭、汪敦族等率贫苦农民数千人起义，迅速攻占崇阳、通山两座县城，并在蒲圻、咸宁等地与清军激战，队伍发展至万余人。湖广总督裕泰指挥围剿。3 月初，起义失败，钟、陈、汪被俘，槛送京师，6 月 6 日遭杀害。

天主教意大利方济各会士、湖广区主教李文秀在汉口远郊柏泉筹建修院未成，转入武昌城内活动，暗中办起修院，吸收中国信徒。

1845 年（道光二十五年）

4 月，在武昌城内潜伏活动的青莲教被侦破。湖广总督裕泰下令捕杀教主程依精及有关骨干分子。是年，李文秀在襄阳、郧阳一带游行布道。

1847 年（道光二十七年）

武昌士民控告天主教活动扰乱治安。武昌官府将李文秀、主教助理赵德馨、神父陆怀仁、小修院院长王永安及数十名天主教修士缉拿归案。不久，李文秀、赵德馨、陆怀仁被押解至广州。

1848 年（道光二十八年）

夏，湖北大水，32 个州县受灾，1 800 余座村庄荡然无存，武昌城内“水深丈余”，汉口更成泽国，灾民数百万，“饿死者无算”。

1849 年（道光二十九年）

夏，湖北大水，武汉三镇及 30 个州县受灾严重。

1852 年（咸丰二年）

12 月中旬，太平军进入湖北，19 日攻克蒲圻。22 日，太平军水师抵达武汉江面，当天攻克汉阳，29 日占领汉口，并开始围攻武昌城。

1853 年（咸丰三年）

1 月 12 日，太平军从文昌门攻入武昌城，歼灭清军 6 000 余人。布政使梁星源、提督双福等被击毙，巡抚常大淳、按察使瑞元等自杀。16 日，洪秀全进武昌城，改抚署大厅为天朝殿。2 月 9 日，太平军离开武汉，水陆两师顺江东下。

3 月，广济宋关佑率农民万余人起义，占领广济县城梅川。湖北按察使江忠源、督粮道徐丰玉等率兵镇压，起义军战败，宋关佑投奔太平军。3—4月，襄阳郭大安、鄢鸣琴等率民众千余在襄阳北乡起义。云贵总督罗绕典率军镇压，屠杀400余人。郭大安、鄢鸣琴被杀，余部由高二先、范二娃等率领，转入秘密活动。同一时期，方九五、刘定渝、罗基仁等在通城起义，攻破县城。陈申子在崇阳率天地会会众千余人起义。熊开宇在嘉鱼起义。陈、熊两部会合，众至数千。江忠济率湘军前往镇压。前后历时9个月，起义失败，诸主事者均被杀害。

10月，太平军将领石祥祯、韦俊率西征军回攻湖北，迅速攻克武穴、黄州。20日再次攻占汉口、汉阳，围攻武昌不下，分兵略取黄陂、云梦、德安（今安陆）。旋因抽调西征军参加扬州大战，太平军于11月6日撤出汉阳、汉口，退守黄州一带。

1854年（咸丰四年）

2月，沔阳陈苦鸹子、李喜贵等趁太平军攻占仙桃镇时聚众起义，此后与官军、团练多次作战，直至11月，因清军大队来剿，起义群众解散。

2月12日，太平军在黄冈堵城大败清军，湖广总督吴文镕投水自杀。16日，太平军第三次占领汉口、汉阳，并追击按察使唐树义所率残部至金口，唐落水死。太平军包围武昌，并分兵经略除施南（今恩施）、郧阳之外的湖北各府州县。

3月，胡林翼任湖北按察使，率数千黔勇进入湖北。胡厉行保甲团练，在崇阳、通城等地用保甲法一次捆斩3 000人。

4月，京山孔昭潆、刘花子等揭竿起义。5月底一度攻占京山县城，至10月遭清军镇压而失败。

6月，困守武昌城的清军弹尽粮绝。26日，太平军发起猛攻，陈玉成率先登城，第二次占领武昌。布政使岳兴阿被击毙，巡抚青麟逃至荆州，被清廷问斩。

8—9月，太平军在武昌举行考试，青年士子及农工隶卒踊跃应考，全省中试者800余人。太平军西征失败后，曾国藩、胡林翼下令大杀

“伪举”。

10 月，曾国藩率湘军进攻武昌。太平军在武汉外围据点尽失，而援军不至，14 日被迫放弃武汉，退守田家镇、半壁山一线。12 月，太平军在半壁山、田家镇与湘军罗泽南、塔齐布部激战，太平军战败。

1855 年（咸丰五年）

1—2 月，太平军派将领石达开、罗大纲率兵再次西征。石达开部先后攻克黄梅、广济、蕲州、黄州等地。2 月 23 日，罗大纲、陈玉成率兵第四次攻占汉口、汉阳。湖广总督杨霈逃往德安。太平军兵分三路，一路西进天门、沔阳、荆州，一路北上应城、云梦、随州，一路攻占崇阳、通山、咸宁，对武昌形成包围之势。4 月 3 日，太平军勇夺汉阳门，第三次占领武昌。武昌知府多山和湖北巡抚陶恩培被击毙，胡林翼退守沌口。不久，总督杨霈被革职问罪，胡林翼任湖北巡抚，力图收复武汉。太平军从本月开始，至翌年 12 月 19 日，进行了长达 600 余天的武昌保卫战。

是年胡林翼开始在湖北多处水陆要冲广设盐茶牙厘局卡征收钱粮，以接济与太平军作战的清军兵勇，并为此在汉口设立捐输转运局，任命在籍礼部侍郎胡大任（字莲舫，监利人）主持其事。

1856 年（咸丰六年）

5 月，彭升科、邓正雷率领松滋穷团起义。6 月，穷团遭镇压而失败。

7 月，全省大旱，并发生蝗灾和瘟疫，死者枕藉。

9 月，朱中立、高二先、冯三典、范二娃等率白莲教徒在襄阳起义。10 月，起义军攻打樊城未克，朱中立牺牲。11 月，高二先率起义军攻克谷城和河南邓州（今邓县）。12 月，起义军发展至 2 万余人，转战于郧阳、均州（今均县）、竹山、保康、兴山。

9 月，赵邦璧在随州率众数千，聚义于大洪山。12 月 8 日攻入随州城，年底失败，赵邦璧牺牲。

12月19日，坚守武昌的太平军突围而走，武昌城保卫战结束。清军占领汉阳、汉口。

1857年（咸丰七年）

2月，高二先、冯三典、范二娃所率起义军攻占宜昌，队伍发展到10万人，但不久在郧阳金斗坡被清军击败，范二娃、冯三典投降被杀。4月，起义军在南漳张家集被清军包围，高二先等牺牲，起义军败没。

3—5月，太平军陈玉成部在黄州府境与清军作战。

1858年（咸丰八年）

3—6月，太平军陈玉成、韦俊等联合捻军，从安徽进入湖北，在黄州府各县与清军作战。

6月，清政府与英国签订《天津条约》，规定汉口为通商口岸之一。12月初，英军全权专使额尔金率军舰一艘，载英兵370余人，到汉口查看，10日会见湖广总督官文。18日，英舰下驶离去。

是年，意大利籍天主教传教士徐伯达被任为湖北教区代牧主教。徐伯达于11月到湖北，在天门、应城等地开设修院。

1861年（咸丰十一年）

3月7日，英商韦伯、官员威利斯、随员翻译共40余人，乘英舰1艘抵汉口。11日，英国参赞巴夏礼、海军中将何伯（又译贺布）率舰船4艘、官兵400余人，从上海抵汉口。巴夏礼、何伯先后会见总督官文，随即在汉口镇下街杨林口划定英国租界，面积458亩。随后，英国首任驻汉口领事到任，英国、俄国商船开始“任意装载往来”。5月，美国军舰2艘抵达汉口。美国驻汉口领事到任。不久，法、俄两国亦在汉口设领事馆。6月，基督教英国伦敦会传教士杨格非到汉口，在汉正街立堂传教。

3 月，陈玉成联合捻军，再次从安徽进入湖北，攻占英山、蕲水（今浠水）、黄州、孝感，兵临汉口近郊。湖北巡抚胡林翼惊恐成疾，咯血而死。巴夏礼到黄州会见陈玉成，以有碍通商为由，阻止太平军进攻汉口。在江西的太平军李秀成部进展迟缓，未能如期与陈玉成会合，陈玉成对进攻武汉犹豫不决，4 月率军回救安庆。6 月，李秀成部进入鄂南，见陈玉成已撤回安徽，亦在 7 月退出湖北。太平军会师武汉的计划落空。是年冬，太平军石达开部由贵州转战入川东南，经过鄂西来凤、咸丰时，与清军发生战斗。

11 月，总督官文奏请设立江汉关海关。关署设在汉口青龙巷，大关设于汉口英租界江滨。在汉阳南岸嘴，汉口沙包、硚口，广济武穴分设关卡。

1862 年（同治元年）

3 月，美国旗昌洋行在上海开设旗昌轮船公司，开始经营上海—汉口间的客货运输。接着，英商怡和洋行在汉口设立分行，经营航运、造船、房地产、纺纱、缫丝、货物进出口和多种公用事业。怡和洋行汉口分行还统辖芜湖、九江、沙市、宜昌、万县、重庆、岳阳、长沙、益阳、常德等支行，拥有轮船多艘，被称为“洋行之王”。

是年，基督教英国循道会传教士郭修理到汉口，与杨格非擅自划分地区，分头传教。不久，循道会到武昌活动。意大利天主教传教士明维笃继徐伯达任湖北教区主教。

1863 年（同治二年）

俄国皇族财阀巴提耶夫开始在崇阳大沙坪、蒲圻羊楼洞开设阜昌、顺丰、隆昌茶庄，收购当地茶叶制造砖茶。

1864 年（同治三年）

3 月，天京危急。此前进入陕西的太平军回师，与捻军联合，由赖文光、张宗禹、陈得才、任化邦等率领，在郧阳、襄阳、德安、黄州诸府与清军多次交战。11月初，太平军、捻军撤出湖北。

12月，长阳田士珺起义，建军5营，自称“天下倡义都统领”，在资丘、石羊滩、株栗山等地多次与清军交战。至翌年3月失败，田士珺负伤身死。

1865年（同治四年）

5月，清将鲍超所部霆军8 000余人奉调入川，行经金口时，因索欠饷不得，拒绝开拔西行。该部被俘和被强行改编的原太平军战士乘机发动兵变，经鄂东南、江西进入广东，与太平军余部汪海洋部会合。

是年，俄商阜昌、顺丰、隆昌等茶庄从崇阳、蒲圻迁到汉口，并改用机器生产。英国麦加利银行（亦译渣打银行）在汉口英租界设立分行。

1866年（同治五年）

1月，美国人汤普生、富瑞德在汉口创办英文日报《汉口时报》，是为武汉乃至湖北新闻报纸之始。

1月，赖文光率捻军、太平军余部从河南进入湖北，“大江以北，烽火弥月不绝”。捻军一度迫近溭口，清将彭玉麟、刘铭传反击，捻军于3月北上河南。11月，赖文光再率东捻军攻入湖北北部，李鸿章采用“扼地兜剿”的战略对抗。

是年，英国汇丰银行在汉口设立分行。

1867年（同治六年）

1月，东捻军在钟祥臼口镇大败清军，乘胜攻克应城、云梦、天门。2月，东捻军与清军在京山永漋河激战，东捻军先胜后败。3月，东捻军在蕲水打败湘军。5月，东捻军突破清军包围，进入河南、山东。

11月，江夏火药局发生大爆炸，“毙者以千百计”，火药局及附近民房大量倒塌。

是年，湖广总督李瀚章在武昌正觉寺内开设湖北官书局，但业务进展不大。

1868 年（同治七年）

美国基督教差会圣公会传教士到汉口和武昌传教。天主教在汉口开办第一所天主堂医院。

1869 年（同治八年）

天门县绅民发动乡勇毁掉天主堂 1 所，毁坏 60 余户天主教教徒房屋。

1870 年（同治九年）

湖北大水成灾，20 余县堤防溃决，田园淹没，数十万人流离失所。总督李瀚章在武昌开设崇文书局，湖北官书局合并其中，刻印经史子集诸书数十种。天主教会在宜昌开办爱德医院。

1871 年（同治十年）

圣公会在武昌昙华林开办文氏纪念学堂，以后发展成文华书院、文华中学和文华大学。循道会在汉口开办普爱医院。

1872 年（同治十一年）

伦敦会在汉口创办宗教杂志《谈道新编》，中文印刷，月出一期。

1873 年（同治十二年）

艾小梅在汉口创办《昭文新报》，是为湖北第一份民办新闻报纸。初为日刊，旋改为 5 日一刊，不及一年停办。

轮船招商局汉口分局成立，投资 3 万余两，在汉口购建码头栈房，招商局轮船驶进湖北。

老河口天主教教区成立。

1875年（光绪元年）

教会人士宇阿鲁在汉口创办中文刊物《开风报》。兴国州（今阳新县）筠山群众拆毁天主堂一所。

1877年（光绪三年）

根据1876年中英政府签订的《烟台条约》，宜昌成为通商口岸。是年设立宜昌海关。英国人在宜昌设领事馆，英国、日本商人进入宜昌。循道会在武昌开办博文书院。

1878年（光绪四年）

英国苏格兰长老会（福音会）传教士到宜昌，旋即开办普济医院。

1880年（光绪六年）

宇阿鲁创办中文《新民报》。基督教会创办中文《昭文日报》。

总督李瀚章在省城武昌设立修志局，着手修纂《湖北通志》，旋即中辍。到1889年又重新着手，辛亥武昌起义时再次搁置。1914年重又进行，1921年刊成。

1884年（光绪十年）

5月，汉口设立电报局，与沪宁线接通。两年后又设武昌电报局，并接通汉口至沙市、荆门、宜昌，直至重庆、成都的电信。

是年，德商美最时洋行在汉口开业。

1887年（光绪十三年）

汉口商务日兴，金融市场活跃，湖广总督裕禄在武昌重开宝武局，制造铸（铜）钱。英美内地会传教士进入老河口。

1889 年（光绪十五年）

杨格非在汉口开办伦敦会中学校。12 月，张之洞出任湖广总督。

1890 年（光绪十六年）

4 月，湖北铁政局成立，以蔡锡勇为总办。湖北枪炮厂、湖北炼铁厂开始兴建。大冶铁矿及矿区铁道、大冶王三石煤矿、江夏马鞍山煤矿亦开始动工。年底，湖北织布官局开始兴建。6 月，两湖书院动工兴建，翌年 2 月开学。

1891 年（光绪十七年）

铁政局设算学学堂，并附方言（外语）、商务两学堂于其中。

4 月，大冶铁矿开始采矿。王三石、马鞍山煤矿开始出煤。6 月，湖北舆图总局在武昌成立。

6 月，因天主教徒运送小儿去九江天主堂，广济会党分子郭六寿等聚众焚毁武穴教堂，殴毙 2 名传教士。张之洞处死郭六寿等数人，赔教会银 4 万余两。是为“武穴教案”。9 月，宜昌一游民拐骗幼女送往天主堂。朱金发、赵宗雅率数千人焚毁宜昌圣公会、天主堂和圣母堂，捣毁传教士和英商住宅及英国领事馆，殴伤外国传教士 4 人。张之洞派兵镇压，惩办朱、赵等多人，赔偿教会银 10 余万两。是为“宜昌教案”。

8 月，哥老会高德华、李洪等在上海订购军火，确定 11 月在沙市举行起义。9 月，所运军火在上海海关被查获，事泄，高德华等多人遭捕杀。

1892 年（光绪十八年）

大冶铁矿从铁山到石灰窑全长 35 公里的运矿铁道建成通车。11 月，耗资 130 余万元的湖北织布官局正式投产。工业学堂、矿务学堂开办。是年，襄阳、谷城、光化等发生多起民教冲突。

1893年（光绪十九年）

大冶铁矿产出矿沙，马鞍山煤矿炼出焦炭。11月，武昌开办自强学堂和农业学堂。

1894年（光绪二十年）

中日甲午战争爆发。

6月，湖北炼铁厂开始出铁。湖北织布官局因资金周转不灵，准许招商入股。湖北枪炮厂在耗资200余万两之后，于是年夏竣工，但开工不几日即发生火灾，经修复和重购设备，至翌年才正式生产。1904年，湖北枪炮厂更名为湖北兵工厂，1908年再改名为汉阳兵工厂。

1895年（光绪二十一年）

中日签订《马关条约》，沙市被辟为通商口岸。10月，德国在汉口划定租界。

4月，湖北纺纱官局动工兴建。5月，投资银十万两的缫丝局动工兴建，并在当年投产。

1896年（光绪二十二年）

1月，沙市设立海关，正式开埠。5—6月，法、俄两国在汉口划定租界。8—9月，武穴发生民教冲突。

湖北炼铁厂自1890年筹办，到此时共耗银558万余两，无法再筹款维持，于5月奏准招商承办，交由盛宣怀经营。盛宣怀同年开办江西萍乡煤矿。

10月，张之洞建立湖北护军和工程营，聘用外国军事教习，进行新式操练，成为湖北编练新军之始。为培养军事人才，同年设立武备学堂。

是年，张之洞批准与美商合兴公司签订合同，授权该公司修筑粤汉铁路。

1897年（光绪二十三年）

2月，湖北正式设立邮政局。5月，盛宣怀与比利时代表签订《卢汉铁路借款合同（草约）》。6月，两湖士绅试办湘鄂善后轮船局。

是年，投资60万两的纺纱官局（商股占一半）开始正式生产。湖北官砖厂建成投产。江浙商人叶衷澄、宋炜臣合资兴办汉口燮昌火柴厂，资本银42万两，成为湖北商办近代企业之始。汉口买办刘歆生投资银16余万两，开办阳新炭山湾煤矿。

张之洞改革书院教育，在江汉、经心、两湖书院增设算学、格致、天文、兵法、制造、时务、法政、外政等课。

荆州府城和南漳发生民教冲突。

1898年（光绪二十四年）

3月，投资70余万两的湖北制麻局动工兴建，当年建成投产。武昌设立农务学堂和工艺学堂。张之洞批准设立汉口商务局。

4月，维新变法运动形成高潮。张之洞撰写《劝学篇》。沙市发生以湖南帮为主的群众火烧招商局、海关、码头及英商怡和洋行货物的事件。英国、日本提出交涉，中国赔偿英、日银各1万两。6月，日本乘机在汉口和沙市划定租界。

10月，汉口大火，烧死1 000余人，2.2万余户无家可归。

11—12月，鄂西巴东、利川、建始、长阳发生多起教案。因传教士作威作福，教徒仗势欺人，会党和非教群众杀死外国传教士和中国教徒多人，毁坏教堂、育婴堂和教徒房屋多所，并发展成为反清武装起义。张之洞调大军镇压，会党和群众死伤甚众。地方政府向教会和教徒赔款数万两。

1899年（光绪二十五年）

1月，卢汉铁路动工兴建。

是年，英国传教士杨格非在汉口开办博学书院。武昌开办高等农业学堂。张之洞在军中设立六营公所，训练军队干部。湖北开始成批派遣留日学生。

1900年（光绪二十六年）

义和团运动在山东、直隶蓬勃发展。张之洞在湖北严加防范。枣阳、黄陂有“立坛演习”和传授义和团符箓事，张之洞下令“诛戮数人”，防患于“乱萌初见”。6月，湖广总督张之洞、两江总督刘坤一与英国驻上海总领事达成“东南互保”协议。7月，唐才常等到汉口租界主持组织自立军起事。张之洞征得租界当局同意，派兵逮捕唐才常、林圭、傅慈祥等20余人，当夜将其杀害。此后连日屠杀会党成员数百人。

1901年（光绪二十七年）

3月，化工学家徐建寅等10余人在枪炮厂研制无烟火药时发生爆炸，徐建寅当场死难。

夏，襄阳知县李祖荫支持群众毁坏县内黄龙垱天主堂，查抄城内天主堂器物。张之洞将李祖荫及其下属文武官吏撤职，对参加反教的士绅革除功名，判刑监禁。群众领袖多人亦遭惩处。

张之洞改六营公所为将弁学堂。

从11月起，因筹集赔款，湖北实施“盐厘加价”，开办多种名目的捐税。

1902年（光绪二十八年）

张之洞在武昌兰陵街开设两湖劝业场。武昌布纱丝麻四局交由汇丰银行买办邓纪常、粤商韦应南等合组的应昌公司承租。张之洞设武普通中学和武高等学堂，开办湖北省师范学堂，把江汉书院并入经心书院，旋又将经心书院改为勤成学堂。张之洞把护军营和省城31个防营整编成常备军两翼28个营，把省城之外的13个防营编为续备军，均用新法操练。

是年，法国以其在汉口租界面积不及英租界 1/3、德租界 1/2，要求扩大。湖北官府允其将租界在原 11 000 平方米（合 189 亩）的基础上再增加 11 600 平方米，扩大一倍。

1903 年（光绪二十九年）

1 月，留日鄂籍学生创办《湖北学生界》杂志，发行 4 期，5～6 期改名《汉声》。4 月，留日学生组织拒俄义勇队，旋改名学生军，蓝天蔚任队长。5 月，武昌数百名学生举行拒俄集会。爱国青年学生在武昌花园山设置机关，经常聚会，讨论“开通士子知识”和反清宣传活动。夏，湖北开始派遣学生留学欧洲。

是年，两湖书院改为文高等学堂（又名两湖大学堂）；自强学堂改为方言学堂，其原址办起文普通学堂。

1904 年（光绪三十年）

7 月，天主教比利时传教士德希贤、德希圣等在恩施欺侮乡民，反教群众愤而殴毙德希贤等 3 人。张之洞下令处死 11 人，赔偿银 10 余万两。是为“恩施教案”。12 月，宜城屯户抗官起事。

张之洞改湖北常备军两翼为两镇（师），因经费不足，每镇均先设左协（旅）。张彪为第 1 镇镇统兼左协协统，黎元洪为第 2 镇左协协统兼护镇统。

湖北第一个革命小团体科学补习所成立。8 月，湖北图书馆设立。

是年，文高等学堂改为两湖总师范学堂。将弁学堂并入武高等学堂。武昌开办东南西北中五路高等小学堂。

是年，汉口各华商宣布与德商礼和、瑞记两洋行断绝生意往来。荆州知府开办八旗劝工厂。清政府在宜昌设立膏捐总局。

1905年（光绪三十一年）

1月，科学补习所成员王汉从汉口赶至河南彰德，谋枪击清户部侍郎铁良，未成身死。

5—6月，湖北裁并百货厘卡，改征统捐。

7月，为反对美国的排华政策，上海发起抵制美货运动。汉口华商于28日在四官殿集会，议决一律不办不购美货。

8月，中国同盟会在日本东京成立，鄂籍留学生多人加盟。

10月，张之洞在各界推动下同意从美商合兴公司赎回粤汉铁路建筑权，但又向英国汇丰银行借款筑路。冯特民在华字《楚报》上撰文抨击，夏口厅封禁《楚报》，主笔张汉杰被判处10年监禁。

是年，湖北新军第1镇扩充为2协，有官兵12 000余人；第2镇仍为5 600余人。武高等学堂改为武师范学堂。

汉口后湖长堤筑成，涸出土地9万余亩。汉阳出现商办赫山钢丝厂。宜昌知府开办劝工导善习艺所。湖北民间掀起创立近代企业热潮，陆续开办一批面粉厂、粮油加工厂、纺织厂、卷烟厂、造纸厂、砖厂、工艺品厂。

1906年（光绪三十二年）

1月，江湖会柯了凡在老河口谋划起事，因外国牧师向官府告密，未发动即遭失败，柯了凡等被杀害。

3月，刘静庵以圣公会阅报室为掩护，组织革命团体日知会。群学会、黄冈军学界讲习所合并于日知会。

4月，卢汉铁路通车。

5月，湖北新军纳入全国统一建制，张彪所率第1镇改为第8镇，黎元洪所率第2镇改为第21混成协。武师范学堂改为陆军小学。武普通中学改为陆军第三中学。

5—7月，沔阳州、兴国州、通山等地发生饥民抢米事件。

6月，同盟会湖北分会会长余诚从东京回鄂活动，与日知会建立联系。日知会欢迎支持同盟会活动的法国人欧几罗到武汉视察和发表讲演。汉阳、武昌竹木商人抗捐。

8月，汉口既济水电公司、武昌竟成水电公司创办。支郡师范学堂开办。

12月，萍浏醴起义爆发。湖北新军前往镇压。日知会密谋响应起义。

1907年（光绪三十三年）

1月，日知会事泄，刘静庵等9人被捕，多人逃亡，是为“丙午之狱”。

2月，日本在汉口扩大租界。

8月，汉口商务局改为汉口总商会。汉口扬子机器制造公司、黄石湖北水泥厂创办。又一批民营小厂诞生。共进会在日本东京成立，刘公任总理。

9月，张之洞调京任大学士、军机大臣。赵尔巽继任湖广总督，10月奉谕设立湖北谘议局创办所。

是年，湖北设立巡警营和宪兵营。宜城、枣阳、钟祥、潜江等县发生民教冲突。武昌新办中等商业学堂。工艺学堂改为中等工业学堂。勤成学堂改为存古学堂。湖北官府新办造纸厂、毡呢厂、制革厂，改兰陵街劝工院为模范大工厂，在硚口办起贫民大工厂。

1908年（光绪三十四年）

2月，继任湖广总督陈夔龙奉谕设立湖北全省自治局，附设调查局、调查研究所、自治研究班、公民养成所等。4月，改谘议局创办所为谘议局筹办处，以喜源为总办。

3月，汉水上游陡降暴雨，下游不知水警，河中船只及两岸田庐损失惨重。

5 月，汉口摊贩发起反巡警压迫暴动。6 月，汉口后湖地户掀起反清丈风潮。

7 月，革命团体军队同盟会成立，不久事泄，会务停顿。

8 月，汉口三怡钱庄（怡和兴、怡和永、怡和生）倒闭。

10 月，湖北立宪派人士集体质问谘议局筹办进展情况，总办喜源辞职。

11 月，光绪帝、西太后相继死去。

12 月，革命团体群治学社成立，大力在新军中发展社员。宛思演变卖家产，在汉口创办《商务报》，詹大悲担任主笔。

是年，办法政学堂和陆军特别小学堂。汉阳铁厂、大冶铁矿、萍乡煤矿合并组成股份制的汉冶萍煤铁公司。

1909 年（宣统元年）

1 月，清帝溥仪继位，改元宣统，由其生父醇亲王载沣摄政。

3 月，清廷下旨表示决定“立宪”，令各省成立谘议局。

4 月，共进会湖北总部成立，孙武、刘公、焦达峰等在武汉设置多处机关。

6 月，张之洞以大学士、军机大臣兼任督办粤汉、川汉铁路大臣，亟谋借外债筑路。湖北各界群起反对。

7 月，大水。长江、汉水堤防多处溃决，武昌、汉阳、黄冈、德安、安陆、荆州六府和荆门州受灾。

8 月，湖北谘议局成立，吴庆焘任议长，不久辞职。汤化龙任议长，张国溶、夏寿康任副议长。张国溶组织宪政筹备会。10 月，谘议局举行第一次常年会议。

9 月，张之洞病故。

10 月，湖北各界组成铁路协会，选出正副会长、总理、协理等。又连续多次集合，抗议政府举借外债筑路，要求准许粤汉、川汉铁路商办。各界踊跃认股集资。11 月，选举代表赴京请愿。

是年，武汉商民发起抵制日货。俄商顺昌、阜昌茶厂工人举行同盟罢工，反对工头盘剥，要求增加工资。武昌刷印局在官报局的基础上建成。陆军测绘学堂以陆军小学测绘班为基础创办。新办中等农业学堂。襄阳府属各县发生多起反教事件。

1910年（宣统二年）

1月，请开国会代表团在京向都察院请愿，未果。立宪派号召组织国会请愿同志会，继续要求速开国会。4月，湖北国会请愿同志会成立，又称为汉口宪政同志会，张国溶任干事长。6月，第二次国会请愿失败。7月，湖北立宪派召集数百人开大会，提出“不开国会，人民不承认新捐税”的口号。8月，各省谘议局联合会在北京开会，汤化龙被推为会议主席，积极筹划第三次国会请愿活动。10月，湖北谘议局举行第二次常年会议。11月，武汉39团体在湖北国会请愿同志会带领下，聚集400人到督署请愿。

2月，汉口源茂隆钱庄倒闭。12月，汉口源丰润钱庄倒闭。

3月，邮传部准许湖北成立商办粤汉、川汉铁路公司。

夏，沙洋大堤再次决口，荆门州、钟祥、潜江、沔阳、监利数县被淹，灾民数十万。沔阳饥民暴动，与前来镇压的官兵对抗。

9月，群治学社改为振武学社，蒋翊武主持社务。

是年，清廷度支部在武昌设造币分厂，在汉口谌家矶设造纸厂。刘歆生开办普润毛革厂。

1911年（宣统三年）

1月，咸丰县温朝钟、黄明星领导铁血英雄会在川鄂边境举义，队伍有8 000余人，号称国民军。旋遭清军镇压，温、黄英勇就义。

21日，汉口英租界巡捕踢死人力车夫吴一狗。次日，汉口人力车夫集会抗议，英兵开枪镇压，杀7人，伤14人。地方当局派兵弹压，保护租界，武汉各界数万人集会抗议。

月底，文学社借旧历新年团拜为名，在蛇山风度楼（即奥略楼）召开成立大会。蒋翊武任社长，詹大悲任文书部长，刘复基任评议长，设置机构，发展会员。

2月，文学社在汉口创办《大江白话报》，由詹大悲主编。后改名为《大江报》，鼓吹革命。川汉铁路宜昌—秭归段动工。

5月，清廷组成皇族内阁，并宣布铁路国有政策，以前所批准的粤汉、川汉铁路商办各案一律取消。湖北谘议局召开大会，表示坚决反对。文学社与共进会召开第一次联合会议，未果；6月，召开第二次联合会议，达成初步协议。

7月，湖北当局为分散新军中的革命力量，调部分新军出防郧阳、襄阳、宜昌、岳阳。汉口《大江报》刊登《亡中国者和平也》、《大乱者救中国之妙药也》两篇短评。大江报馆被查封，主笔詹大悲、何海鸣被捕入狱。

9月，四川保路同志会起义，督办川汉铁路大臣端方奉命率部分湖北新军入川镇压。文学社与共进会连续举行两次联合会议，决心统一行动，以蒋翊武为军事总指挥，孙武为参谋长，刘公为总理，决定于10月6日（农历八月十五日）在武昌举行起义。

10月9日，革命党人在汉口宝善里机关配制炸药时发生爆炸，俄租界巡捕赶来搜查，拘捕数人，抄获党人旗帜和名册，交给湖北当局。孙武受伤避入医院，刘公亦藏匿。蒋翊武从岳阳赶回武昌，在小朝街机关部下达起义命令，以当夜12点南湖炮队的炮声为号，城内外各营同时行动。晚10时许，清军警破获小朝街机关，刘复基、彭楚藩等6人被捕，蒋翊武走脱，连夜去汉川。当晚革命机关被破坏多处，杨洪胜等40余人被捕。而送往南湖炮队的起义命令误时，故当夜12时起义没有发动。

10日凌晨，彭楚藩、刘复基、杨洪胜在督署门前英勇就义。下午6时许，武胜门外混成协辎重营革命党人燃火发难，但城内各营尚未知觉。8时许，城内工程营革命党人熊炳坤、金兆龙、程定国等鸣枪起义，占领楚望台军械库。各营起义者陆续到楚望台集中。南湖炮队进城。当晚攻下督署，湖广总督瑞澂、第 8 镇镇统张彪逃走，起义军占领武昌全城。

11 日，起义者推举黎元洪为鄂军都督，成立湖北军政府。同日晚，驻汉阳新军起义，占领汉阳全城。同日，梁钟汉在汉川起义，刘英在京山起义。12 日，驻汉口新军中的革命党人起义，占领汉口。13 日，詹大悲等出狱，组织汉口军政分府。

14 日，湖北军政府出告示募兵，各界群众踊跃参军。清廷陆军大臣荫昌督师南下，清军陆续抵达信阳、孝感、滠口、刘家庙一线。15 日，黄州反正。新军中的革命者在信阳发动起义，未成。谭人凤、居正从上海抵武汉。胡石庵创办《大汉报》，鼓吹革命。16 日，汉口革命军进攻驻刘家庙清军，清军败退至滠口。湖北军政府创办《中华民国公报》。

17 日，湖北军政府举行祭天仪式。有利于立宪派掌权的《中华民国军政府暂行条例》颁布。萨镇冰率清海军舰队到达武汉江面。18 日，汉口革命军再次攻击刘家庙清军，大胜。宜昌府反正。驻汉口各外国领事馆宣告“严守中立”。19—24 日，革命军与清军一直在汉口刘家庙—滠口一线交战。

22 日，湖南、陕西响应起义。25 日，孙武等革命党人制定《中华民国鄂军政府改订暂行条例》。27 日，清廷召还荫昌，袁世凯任钦差大臣，加紧进攻武汉。清军向汉口市区逼近，革命军退至大智门一带。28 日，黄兴、宋教仁抵武汉。黄兴在汉口视察阵地。施南府反正。29 日，清军以重炮轰击革命军阵地，革命军伤亡甚众，退守六渡桥一线。黄兴到汉口前线督战，在满春茶园设总司令部。

30 日，黄兴指挥反攻，革命军进至歆生路一带，重创清军。宋锡全擅自率领部分汉阳革命军退往岳阳。清廷以宣统帝名义下“罪己诏”，并宣布开放党禁，赦免党人。

31 日，清军冯国璋部进攻汉口市区，革命军据街道房屋英勇抵抗，巷战激烈。清军为迫使革命军后退，焚烧汉口街市，大火持续两三天不熄。同日，詹大悲率汉口军政分府人员乘船东下。袁世凯抵信阳。

11月1日，清军占领汉口，革命军退守汉阳。清海军“海琛”、“海容”、“海筹”三大舰及各炮艇由汉口下驶九江，宣布归附革命军，萨镇冰离去。皇族内阁辞职，袁世凯出任内阁总理大臣。

3日，湖北军政府在阅马场举行拜将仪式，黎元洪委任黄兴为战时总司令。黄兴在汉阳昭忠祠设总司令部。袁世凯抵孝感前线。4日，湖南援鄂军王隆中部到武昌。6日，吴禄贞在石家庄被袁世凯派人刺死。8日，湖南援军甘兴典部到武汉。9日，黎元洪致电起义各省派代表到武汉开会，筹组临时政府。

11日，江苏、浙江、上海都督致电起义各省派代表到上海开会，筹组临时政府。14日，颁布《中华民国鄂州临时约法草案》。郧阳府反正。16日晚，黄兴指挥汉阳革命军渡过汉水，反攻汉口，与清军激战于玉带门一带。至17日中午，反攻失利，下午退回汉阳。18—20日，清军炮击汉阳，并在新沟渡过汉水，向汉阳逼近。各省代表在上海议决，以湖北军政府为民国中央军政府，黎元洪为军政府大都督，各省代表赴武汉开会。20日，季雨霖首途招讨安、襄、郧、荆。

22—26日，革命军在汉阳与清军激战，反复争夺美娘山、仙女山、三眼桥、扁担山、十里铺、磨子山等地。24日，湖南援军刘玉堂部到汉阳参战。25日，湖南援军王隆中部、甘兴典部擅自撤离汉阳。安陆府反正。26日，湖北入川新军在资州起义，杀死端方。清军占领十里铺和龟山，革命军开始向武昌撤退。

27日，清军占领汉阳。湖北军政府召开紧急会议，商讨守御武昌方略。黄兴离汉赴沪，武昌以万廷献为护理总司令。28日，万廷献离汉赴沪，蒋翊武以监军护理战时总司令职。老河口反正。29日，清军在龟山架大炮轰击武昌。起义各省所派代表抵达汉口。30日，各省到汉代表在汉口英租界举行会议。武昌都督府中炮起火，黎元洪逃往郊区王家店。襄阳反正。

12月1日，英国驻汉口领事戈飞（一译葛福）派馆员盘恩渡江到武昌，斡旋停战。蒋翊武、吴兆麟接谈后，就盘恩所执条款略作修改，临时刻成都督大印盖上，并派人追赶黎元洪。2日，黎元洪返回武昌洪山。苏浙联军攻克南京。4日，各省代表会议决定临时政府改设南京，并决定移往南京继续开会。留沪各省代表举黄兴为大元帅，负责在南京组织临时政府；以黎元洪为副元帅，黎不受。5日，各省代表会议议决议和条款，举伍廷芳为代表与袁世凯议和。

7日，清廷任袁世凯为全权大臣，与南方商讨大局。8日，袁世凯以唐绍仪为全权代表南下议和。江西、安徽援鄂军队到达湖北。12日，起义的14省代表在南京开会。17日，改举黎元洪为大元帅，黄兴为副元帅。荆州光复。18日，南北和谈在上海英租界开始进行。广西援鄂军队开始到达湖北。

25日，孙中山由海外经广东抵达上海。29日，17省代表会议公选孙中山为中华民国临时大总统，并决定采用公历纪年。

1912年

1月1日，中华民国诞生。孙中山在南京就任临时大总统职。3日，各省代表会议选举黎元洪为副总统。5—10日，按南北和议协定，清军从汉阳、汉口撤退，清军司令部由汉口迁往孝感。10日，湖北临时议会成立，刘心源任议长。

11日，黎元洪以大元帅名义，下令准备北伐。12日，吴兆麟所率的第一军为中路，经阳逻向黄陂移动；右翼为李烈钧率领的安徽、江西援鄂军（第二军）；左翼为赵恒惕率领的援鄂湘桂联军（第三军），目标均为孝感。但此时清军主力已退至信阳。

20日，孙武纠集一些不满同盟会的湖北人在上海成立“民社”，拥戴黎元洪为领袖。随即在汉口成立民社湖北分社。

24日，湖北军政府总监察刘公被黎元洪任命为北伐左翼军总司令官，带部队两标离开武汉，与季雨霖所部会合，进驻襄阳。28日，黎元洪再次下令北伐。刘公所率北伐左翼军和季雨霖部进入河南。熊炳坤率部收复麻城。其他各路北伐军分驻孝感、黄陂、云梦等地。经过多次扩

本卷增订后记

《湖北通史·晚清卷》在20世纪90年代后期出版之后，编纂者一直很关注读者的反应。这些反应有些是直接有形的，如一些高校的本科生、研究生在学位论文中对晚清卷的引用；一些辛亥志士后裔来信甚至来访，并就武昌首义和阳夏战争的若干事件或具体人物的所作所为展开讨论；有人还带了文献资料供我参考，对此我一并表示感谢。此次增订，我也尽可能考虑和部分采纳了这些热心人士的建议。

有些反应则是无形的。近一二十年来，对晚清时期湖北的经济转型，和担任了十几年湖广总督的张之洞的作为，评价越来越高。相形之下，晚清卷对19世纪末20世纪初湖北经济长期困局的描述，称张之洞为"忠心卫道，甘当鹰犬"的表述，常常引起我的反思。这次增订时，我通过反复考虑，回头仔细审读原书，以为还是实事求是、固执求真为好。

此次增订，主要内容有如下几处。

一是鸦片战争期间湖北崇阳发生的农民起义问题，对其首领钟人杰、汪敦族等人的秀才出身有所强调，意在说明农民起义的首领往往不是真正的农民，这种"代言人"的出现是常见的历史现象。

二是对太平天国农民战争给湖北的人口、经济、文化所造成的巨大破坏，作了如实的描述。同时依据曾国藩幕僚王家璧的文稿，对胡林翼治鄂时在各地遍设关卡、广增船只货物过境税的搜刮行为作了深入统计，意在说明太平天国农民战争期间及战后相当长时间内的湖北经济和民生的凋敝，是农民起义者和一心维护其统治地位的清政府的"共业"。

三是对汉冶萍公司的创办、发展及其中途落入日本帝国主义魔爪的情形作了增补。汉冶萍公司史近几年成为湖北学者研究的热点之一，发掘出不少新资料，其经营管理的不善最令人瞩目。编纂者认为，让读者全面了解汉冶萍，不仅仅是记住这个在当时号称“亚洲第一”的现代化钢铁企业的荣耀，而是能深入了解其不能取得成功的原因，才更能体现史学资智育人的意义。

四是对 20 世纪初年湖北社会的分析，既强调当时发展进步的一面，如工商业初步发达，新式教育取得一定成效，城市人口增长等等；同时亦真实描绘当时半殖民地程度加深，下层百姓生存艰难，社会矛盾日益尖锐的一面。这是理解武昌起义爆发既是偶然也是必然的背景。

五是对阳夏战争的过程和清军火烧汉口市街的残暴行径作了详细描述。这样既能体现当时革命士兵的英勇牺牲，也能反映战争对人的生命和财产造成的巨大损失。同时也是为民国初年作为首义之区的湖北，各项事业陷入停滞甚至倒退交待一下背景和原因。

最后是对 1912 年 4 月孙中山先生访问武汉作了详细描述和深入分析。孙先生访汉是一件极具历史意义的事件，但依据《湖北通史》各卷起止时间的划分，该事件应置于民国卷的开头，但民国卷的开头是写黎元洪投靠袁世凯后造成的湖北乱象，对孙中山访汉一事仅是一笔带过，所以把孙先生访汉一事看作辛亥革命的尾声，放在本卷还是适合的。

罗福惠
2017 年 1 月